An Cló
Gias

Air fhoillseachadh ann an Canada:
An Clò Glas
West Montrose, Ontario
fios@ancloglas.com

Cruthan-clò air an cur gu feum: *Gadelica* le Séamas Ó Brógáin, *Schotis Text* le Huy!Fonts.

B' ann le *Dream* le WOMBO a rinneadh ìomhaigh a' chòmhdaich.

Tha na bannan-tiotail is -deiridh air an toirt bho Pixabay fon cheadachas *Pixabay License*.

ISBN: 978-1-7773288-3-2

Tiotal: An Ròsarnach

An Ròrannaċ

Ruaraiḋ Arrcain is Màrr
a dheasaich
eadar 1917 is 1930

Sgàire Uallas
a rinn ath-nuadhachadh
is a chothlaim anns an aona leabhar

Clàr-innse

Buaið!

Na Ceiltich

Aongas MacEannraig

Am bheil cunntas mionaideach agus fìrinneach againn air cuine no ciamar a thàinig na Ceiltich a-staigh do na h-eileanan seo? Am bheil eòlas soilleir agus coileanta againn air sean eachdraidh ar cinnich? Dè cho fad agus as urrainn dhuinn dol air ar n-ais an eachdraidh ar sinnsre? Bu mhiann leam na ceistean seo a fhreagairt ann am beagan fhacal.

Taing do àrd-sgoilearan Gearmailteach, Sasannach, Frangach, Eadailteach, Albannach, Èireannach, agus Cuimreach, thèid againn, a-nis, air beachdan a thoirt seachad le tomhas mòr de dhearbhachd agus de chinnt. Cha ruigear leas nas fhaide a bhith a' labhairt air thuaiream. Is urrainn dhuinn dol air ar n-ais gu Linn na Cloiche Nodha. Anns na làithean sin, bha an t-eilean ris an canar an-diugh *Breatann* air àiteachadh, cha b' ann a-mhàin le aon, ach le mòran fhineachan. Cò às a thàinig iad? No dè an dàimh no an ceangal a bh' eatorra? Is i a' bharail as fheàrr a th' againn gum buineadh iad, an tomhas air choreigin, don chinneach mhòr lìonmhor sin ris an abrar na h-Iberiaich. B' iad seo seann luchd-àiteachaidh an Rubha Spàinntich agus na dùthcha fharsaing, àlainn sin a tha a' sìneadh a-mach eadar na beanntan Pyrenees agus an abhainn Rhone.

Cha robh na h-Iberiaich iad fhèin de aon fhuil, oir bha iad air an dèanamh suas de mhòran threubhan. Bha iad rim faotainn air còrsaichean na Mara Meadhanaich fada mun d' rinn iad tuineachadh aon chuid san Spàinnt no an Gàidhealtachd na Frainge. Theagamh nach robh càirdeas dlùth no daingeann eadar sean mhuinntir an Eilein Bhreatannaich agus an sluagh ris an abair na seann sgrìobhadairean na h-Iberiaich; ach faodar a thuigsinn agus a chreidsinn gun tàinig iad le chèile o choire mòr, maiseach na Mara Meadhanaich, agus gun robh cuibhreann den aon fhuil a' ruith nan cuislean. Tha aon nì eile a-mach à teagamh. Mun do chuir na Ròmanaich riamh cas air an Rubha Spàinnteach, bha air an labhairt anns an dùthaich sin, a bharrachd air a' chànain Cheiltich, dà chainnt eile. B' e aon dhiubh Basg, agus b' e an t-aon eile a' chainnt Iberiach —cainnt a gheibhear an seann sgrìobhaidhean nach deachaidh fhathast a leughadh. Cho fad 's a chaidh a' chùis a sgrùdadh, chan eil an dàimh is lugha ri fhaicinn eadar a' chainnt Bhasgach agus a' chànain Cheilteach. Tha e, an-dràsta, air fàs fasanta a bhith a' cur an cèill na barail nach robh eadar-dhealachadh sam bith eadar sluagh na Cloiche Nodha agus na Cruithnich. Chaidh am fasan seo a thoirt a-staigh leis an Ollamh Rhys agus an Ollamh Zimmer.

Tha seo gar toirt dh'ionnsaigh na ceiste nach eil idir furasta a fhreagairt—Cò a b' iad na Cruithnich? Gheibhear a' chiad iomradh orra anns an dàn-molaidh eireachdail a chuireadh, sa bhliadhna 296, a dh'ionnsaigh Constantius Ceusar. Tha e air aideach gu coitcheann nach deachaidh sluagh na Cloiche Nodha a sguabadh, aig teachd nan Ceilteach, a-mach às an eilean seo an aon latha no an aon linn. Bha iarmad dhiubh ri fhaighinn fad ùine agus cian, cha b' ann a-mhàin sa chuid sin de Albainn a bha gu buileach an seilbh nan Cruithneach, ach, mar an ceudna, an iomadh ceàrna eile den Eilean Bhreatannach. Glè choltach, is e a bh' anns na Cruithnich ginealachd na Cloiche Nodha air a measgadh gu pailt le fuil Cheiltich. Is fiach e fharraid an robh na Cruithnich, an seagh àraidh, a' riochdachadh cinnich, no a' labhairt cainnt, na Cloiche Nodha—cainnt nach buineadh idir don chànain Iorànach. Is i an fhìrinn, mar a thuirt mi, gun robh, anns na treubhan coimeasgta ris an abrar na Cruithnich, mòran de fhuil Cheiltich, agus gun robh iad a' labhairt na cànain Cheiltich. Bheireadh seo oirnn a chreidsinn gun robh Ceiltich anns an eilean seo iomadh linn ro àm Chrìosta. Den chinneach seo, b' e an dream don goirear na Goideil a thàinig an toiseach.

Ann a bhith a' rannsachadh na cùise, bidh e feumail beachd a ghabhail air an eadar-dhealachadh a th' eadar caochladh mheuran den chànain Cheiltich. Ri sean Ghàidheil na Frainge agus ris na Breathannaich (on d' fhuair na Cuimrich an cainnt), theirear na "Ceiltich P." Ris na Goideil (on d' fhuair Gàidheil na h-Albann, na h-Èireann agus an Eilein Mhanainnich an cainnt), theirear na "Ceiltich C." Dè as adhbhar don eadar-dheal-achadh? Is e seo e—gun d' atharraich Gàidheil na Frainge agus na Breathannaich an fhuaim aig *c* gu *p,* nì nach do rinn na Goideil idir. An uair a thàinig na Ceiltich an toiseach do Bhreatann, bha a' chànain air a labhairt co-ionann—gun mhùthadh, gun atharrachadh—anns gach àite. Cha robh gin de na meuran Ceilteach a' cleachdadh *p* an àite *c*. Fada an dèidh an ama ud, rinneadh an t-atharrachadh leis na Ceiltich a cheannsaich Gàidhealtachd na Frainge—sinnsre na muinntir a cheannsaich a-rithist an t-eilean Breatannach.

On dàn-molaidh ud a chuireadh gu Constantius, bhiomaid ullamh gu a thuigsinn nach robh na Cruithnich rim faighinn an àite sam bith aig deireadh na treasamh linn ach a-mhàin an ceann tuath na h-Albann—tuath air bàghan Chluaidh agus Fhorchu. Tha na sgoilearan as ainmeile ag innseadh dhuinn gu h-aon-sgeulach nach eil an seo ach beachd mearachdach. Aig an àm ud, bha iad rim faotainn an iomadh àite mu dheas; agus tha seann litreachas a' toirt iomradh air Cruithnich a bha a' tuineachadh, an siud 's an seo, air feadh na h-Èireann. Tha seo a' nochdadh gun robh iad an seilbh air na h-Eileanan Breatann-ach gu h-iomlan. Chan eil an teagamh as lugha aig an Ollamh Rice Holmes nach robh, aig aon àm, an dùthaich gu buileach an seilbh nan Cruithneach. Aon dearbhadh air seo gheibhear an ainm a' chinnich. Am measg nan Èireannach theirte Cruthni riutha. A-nuas o na linntean meadhanach is e ainm an eilein Bhreatannaich, anns a' chainnt Chuimrich, *ynys Prydein.* Is e as brìgh do *ynys Prydein* innis, no eilean, nan Cruithneach—*c* air a h-atharrachadh gu *p*. Nis, tha *Prydein* a' riochdachadh sean fhacal Cuimreach *Priten*, agus bha samhlachadh nach bu bheag aige ris an fhacal Ghreugach *Pretavoi*. Feumar a chumail air chuimhne nach d' fhuair *Cruthni, Prydein* no *Priten* àite an litreachas gu fada an dèidh àm Cheusair. Ach tha dàimh shoilleir eadar *Pretavoi* nan Greugach agus *Priten* nan Cuimreach; agus b' e *Pretavoi* an t-ainm fon robh aithne aig Ptolemi agus sgrìobhadairean Greugach eile air "Breatann" Bha Ptolemi beò anns an dara linn ro Chrìosta. Tha an dlùth-cheangal a th' eadar an t-ainm Cuimreach agus an t-ainm Greugach air a ghabhail leis na h-àrd-sgoilearan mar dhearbhadh gun robh na Cruithnich, aig aon àm, nan uachdarain air Breatann o cheann gu ceann. Tha e soilleir gun robh an uachdaranachd seo aca an uair a ghabh Pitias cuairt tron eilean a-suas gu ruig Arcaibh. Bha seo trì cheud bliadhna ro Chrìosta.

Tha aon no dhà de dheagh luchd-eachdraidh a' cumail a-mach gum bu Ghearmailtich cuid de na Ceiltich a thàinig do Bhreatann agus a mheasgaich iad fhèin leis na Cruithnich. Chan eil an dearbhadh as lugha air a' bharail seo ach a-mhàin na briathran ud a sgrìobh Tacitus gun robh "falt ruadh agus mòr-mheudachd an t-sluaigh a leigeadh ris gun do shìolaich iad o stoc Gearmailteach." Tha fios aig gach neach gun robh suaip nach bu bheag aig na sean Ghearmailtich agus na sean Cheiltich ri chèile nan coltas, nan cruth, agus nam meudachd.

Ann a bhith ag oidhirpeachadh air a dhearbhadh gun robh na Cruithnich tur eadar-dhealaichte o na Ceiltich, tha an t-Ollamh Rhys a' cumail a-mach gun robh càirdeas soilleir eadar cainnt nan Cruithneach agus a' chainnt Bhasgach—cainnt nach buineadh idir don chànain Iorànaich. A rèir aidmheil fhèin, dh'fhairtlich air riamh dearbhadh seaghail fhaighinn airson na barail seo. Aig a' cheart àm, tha e a' toirt air aghaidh seann sgrìobhadh iomraiteach—sgrìobhadh oghamach a fhuaireadh san t-Sealtainn—agus ag ràdh nach eil an tuaileas as lugha aige ris a' Ghàidhlig, ris a' chainnt Chuimreach, no ri cànain Iorànaich sam bith eile. Is iad na facail:—*Xttocuhetts: ahebhttmnn: hccvvevv: nehhtonn.* Cò nach cuir aonta gu togarrach ris na briathran aig an Ollamh Alasdair MacBheathain nach buin an tòimhseachan seo "don chainnt Chuimrich no do

chainnt sam bith eile a chaidh riamh a labhairt air an talamh!"
A-rithist deiream gur e beachd nan sgoilearan as fiosraiche
agus as cinntiche gum b' i meur den chànain Iorànaich—eadhan
a' chainnt Cheilteach—a bh' air a labhairt leis na Cruithnich.
Cho fad 's a nithear a-mach, bha cainnt nan Cruithneach, a
thaobh fuaim-chruth, na bu choltaiche ris a' chainnt Chuimrich
na bha i ri Gàidhlig na h-Èireann no na h-Albann.

Cuine thàinig na Goideil—a' chiad bhuidheann de mhuinntir
a bha a' labhairt na cainnt Cheiltich—a-staigh do Bhreatann?
Tha cuid a' cumail a-mach gun d' rinn iad an imrich ri Linn na
Cloiche Nodha, no aig toiseach Linn an Umha—mun cuairt de
dhà mhìle bliadhna ro linn Chrìosta. Tha an t-àm duilich a
shocrachadh le cinnt, agus tha e coltach gu leòr gun tàinig cuid
dhiubh mun do chrìochnaich Linn an Umha. Is i a' bharail as
feàrr agus is diongmhalta gur anns a' chòigeamh no an t-sèath-
amh linn ro Chrìost a cheannsaich iad an t-eilean seo. Anns na
h-amanna sin, thòisich na Gearmailtich, a bha an tàmh air
taobh an ear na h-abhann Elbe, air sàrachadh agus teann-
achadh a dhèanamh air na Ceiltich, aig na robh an dachaigh
tuath air an abhainn Main, agus an ear air an Rhine. Chaidh
gluasad nach bu bheag a chur fo na Ceiltich, agus bhrùchd iad
a-staigh don Rubha Iberiach (an Rubha Spàinnteach); ràinig
iad geatachan na Ròimhe; ghabh iad seilbh air cuid de
Mhacedonia, agus chaidh iad thairis don Àisia Bhig (Galatia).
Goirid don cheart àm, agus airson a' cheart adhbhair, thàinig
laoman tiugha dhiubh à Gàidhealtachd na Frainge a-staigh
do na h-Eileanan Breatannach. Bha iad cho lìonmhor agus
nach bu strì dhaibh smachd agus ceannsal fhaighinn thairis
air a' mhòr-chuid de na cinnich a bha rompa. Chan eil e, mar
sin, iongantach gum bu Cheiltich an àireamh bu mhò de na
feachdan a choinnich na ciad Ròmanaich.

Thug mi tarraing uair no dhà air na Breathannaich. Dè an
cinneach a bha a' giùlan an ainm seo? Bu mheur e den teagh-
lach Cheilteach, ach, na thighinn, bha e deireannach seach na
Goideil. An uair a bha Pitias (air an tug mi iomradh cheana) a'
triall gu h-athaiseach air feadh an eilein seo, fhuair e na
Breathannaich an seilbh am mòran cheàrnachan. Bha e fhèin
agus iadsan gu tric a' coinneachadh agus a' conaltradh. Aig a'

chuid a b' anmoiche, rinn iad tuineachadh an seo còrr is leth-cheud bliadhna mun tàinig am fear-turais ainmeil ud an rathad.

B' ann sa bhliadhna 55 ro Chrìosta a thàinig Ceusar don Eilean Bhreatannach. Am feadh 's a bha e a' fuireach an ear-dheas an eilein chuala e iomradh air sluagh a bha a' tàmh a-staigh am meadhain na dùthcha. Chuala e gun robh iad a' cumail a-mach gum b' iadsan prìomh luchd-àiteachaidh na tìre, agus nach robh anns na Ceiltich, a bha chòmhnaidh mu na cladaichean, ach cinnich a thàinig, o cheann ùine nach robh fada, thairis o Ghàidhealtachd na Frainge. An dèidh do Cheusar tilleadh dhachaigh, chaidh dà fhichead 's a seachd de bhliadhn-achan seachad mun do chuir laochraidh Ròmanach cas a-rith-ist air fearann Bhreatainn. An uair a thàinig iad agus a theann iad ri obair, cha robh iad leasg no màirnealach. Mun deachaidh dà fhichead bliadhna seachad, dh'fhosgail iad suas an t-eil-ean air fhad agus air a tharsaing—air fhad, o chladach na roinn-dùthcha ris an abrar Sussex aig an latha diugh gu bàghan Chluaidh agus Fhorchu. Choinnich agus cheannsaich iad iom-adh cinneach; ach, cho fad is gun deachaidh iad air an aghaidh gu tuath, ar leotha gun robh na treubhan, a thaobh gineil, gun mhòran eadar-dhealachaidh on fheadhainn air an robh iad eòlach an Sussex, an Kent, agus an Essex. Theagamh, ri linn Cheusair, gun robh rim faighinn àireamh bheag de phrìomh threubhan a bha seasamh air leth leotha fhèin; ach, mu mheadhan ciad linn Chrìosta, bha iad uile air am measgadh gu buileach le fuil nan Ceilteach. An tràth a bhris Agricola a-staigh air a' cheàrna sin a tha tuath air bàghan Chluaidh agus Fhor-chu, b' e an sluagh a choinnich e, mar a thug sinn cheana fa-near, "populi Caledoniam incolentes. Rutilae comae, magni artus Germanicam originem adseverant". Bha eadar-dhealach-adh nach bu bheag eadar iad agus na Ceiltich Bhreathannach.

O làithean Sheveruis (anns an dara linn an dèidh Chrìosta) bha na Cruithnich nan dragh agus nan cunnart do cheannas nan Ròmanach am Breatann. Bha iad, mar an ceudna, nan eire thruim do na Ceiltich, a bha nan ìochdarain aig na coigrich uaibhreach. O mheadhan na ceathramh linn, chinn cumhachd nan Cruithneach na bu mhò agus na bu mhò an lorg a' chuideachaidh a bha iad a' faighinn on coimhearsnaich an Èirinn. Feumar a chuimhneachadh gun d' fhuair Agricola cuireadh o aon de chinnich na h-Èireann gu dol thairis don eilean sin agus oidhirp a thoirt air a cheannsachadh. Rinn seo dàimh a chruthachadh eadar Cruithnich na h-Albann agus Sgotaich na h-Èireann. Aig toiseach na còigeamh linn chaidh na feachdan Ròmanach a tharraing gu buileach air falbh à Breatann; agus, an sin, chaidh na Cruithnich agus na Sgotaich an co-bhuinn an aghaidh nam "Breatannach" (na Ceiltich Bhreathannach) a bh' air am fàgail nan aonar, a dh'easbhaidh neart agus a dh'easbhaidh armachd. Leth-cheud bliadhna na dhèidh sin, thàinig cùisean mun cuairt a thug air na fineachan a bha tuath air Callaid Hadrian—callaid a bha a' sìneadh eadar an Abhainn Tees agus Bàgh Sholabha—sìth a dhèanamh nam measg fhèin agus dol gu sùrdail, gramail an leisgeul a chèile.

Air còrsa na h-àird an ear agus air an dà thaobh de Challaid Hadrian, thòisich Sasgannaich Ghearmailteach ri socrachadh agus ri tuineachadh, agus stèidhich iad an Stàit chumhachdach sin ris an canta "Northumbria." Anns a' chuid sin de chòrsa na h-àird an iar ris an abrar an-diugh Earra-Ghàidheal theann Èireannaich o Aontroim agus o Dhùn ri dachaigh a dhèanamh dhaibh fhèin, agus chruthaich iad Stàit ùr don tugadh an t-ainm "Dail Riada." Thug na h-Èireannaich gach oidhirp air na Cruithnich a bha ag àiteachadh na dùthcha tuath air Cluaidh agus Forchu—thug iad gach oidhirp air an dream seo a thoirt fo chìs agus fo smachd. Aig a' cheart àm, bha na Sasgannaich Ghearmailteach a' dèanamh strì agus saothair a chum an làmh an uachdar fhaighinn thairis air na fineachan Breatannach a bha sa choimhearsnachd aca.

Anns an t-seachdamh linn, bha Albainn air a roinn mar a leanas:—Tuath air Cluaidh agus Forchu bha dà rìoghachd a bha dealaichte o chèile le monaidhean corrach Dhruim Albainn. Air an taobh an iar bha rìoghachd nan Sgotach Èireannach, agus air an taobh an ear (a bha a' gabhail a-staigh Arcaibh), bha rìoghachd nan Cruithneach. Deas air a' chrìch a dh'ainmich mi, bha, mar an ceudna, dà rìoghachd. Air an taobh an iar bha na Sgotaich Èireannach, agus air an taobh an ear bha na Sasgannaich Ghearmailteach.

Aig deireadh na h-ochdamh linn, thàinig na Lochlannaich, agus an sin bha an ceòl air feadh na fìdhle. Anns an ùdaig a bh' ann, fhuair an rìgh Sgotach, Coinneach Mac Ailpein, seilbh, sa bhliadhna 844, air rìgh-chathair nan Cruithneach, agus chuir e air bonn rìoghachd Sgotach-Cruithneach air an taobh tuath de Chluaidh agus de Fhorchu. Theirig na Cruithnich mar chinneach air leth. Còig fichead bliadhna na dhèidh seo, thàinig crìoch air an Stàit Bhreatannaich a bh' anns an àird an ear den dùthaich sin a bha deas den chrìch a dh'ainmich mi cho minig. Chaidh seo a thoirt mun cuairt le innleachdan an t-Sasgann-aich, Eadmund, aig an robh seilbh air Northumberland, agus Chaluim, a bha a' riaghladh na ceàrna a bhuineadh do na Cruithnich agus do na Sgotaich Èireannach. Roinn Eadmund agus Calum fearann nam Breatannach eatorra.

Rè chòig cheud bliadhna—o mheadhan na ceathramh linn gus an do thuit gu buileach rìoghachd nan Cruithneach—bha dàimh dhlùth agus làidir eadar an dà chinneach dom buineadh àird an iar na h-Albann. An toiseach, bha na Sgotaich Èireann-ach nan luchd-cuideachaidh leis na Cruithnich, agus an sin bha iad nan aoighean draghail aig nach robh guth air tilleadh dhachaigh. Spàrr iad orra an creideamh Crìostail agus a' chainnt Ghàidhlig (mar a bha i air a labhairt an Èirinn). Mu dheireadh, thug iad uatha, mar a chunnaic sinn, gach cumhachd agus neo-eisimeileachd air an robh iad thuige siud an seilbh.

A thaobh nan Sgotach Èireannach, feumar a chuimhn-eachadh nach robh ach an earrann bu lugha dhiubh nan Ceiltich Iorànach. Airson na cuid bu phailte is e a bh' annta prìomh shluagh a chaidh amaladh a-suas leis na coigrich Cheilteach, agus a dh'fhoghlaim an cànain. Tha seo a' cur solais air a' bhuaidh callachaidh agus iompachaidh a bh' aig na h-Èireannaich a shocraich a-sìos an àird an iar na h-Albann thairis air na fineachan Cruithneach a bha mun cuairt daibh. B' iad na Sgotaich Cruithnich na h-Èireann.

Co-dhùnaidh mi le bhith a' toirt seachad am beagan fhacal suim agus brìgh na thuirt mi.

Bhuineadh a' chiad chinneach as urrainn dhuinn a lorg-achadh am Breatann do chòrsa na Mara Meadhanaich. Ri

Linn na Cloiche Nodha, thàinig iad don eilean seo rathad na Spàinnte agus na Frainge. Is e bh' annta meur den chinneach lìonmhor, fhoghainteach sin ris an canar na h-Iberiaich.

B' e an ath chinneach mòr a cheannsaich an dùthaich a' mheur sin den teaghlach Cheilteach ris an abrar na Goideil —dream a bha a' labhairt na cànain sin on do shruth a-nuas thugainn Gàidhlig na h-Èireann, na h-Albann agus an Eilein Mhanainnich. Gheibh sinn a' chiad fhorfhais orrasan ro chrìch Linn an Umha—abramaid sa chòigeamh no an t-sèathamh linn ro Chrìosta.

B' ann mu thoiseach Linn an Iarainn—trì cheud bliadhna ro Chrìosta—a thàinig na Breathannaich, dream a bha a' labhairt meur den chànain Cheiltich on do chinn a' chainnt Chuim-reach.

Bha an cinneach Cruithneach air a dhèanamh suas de mhòran threubhan, cuidh dhiubh a bha tur eadar-dhealaichte a thaobh ginealachd agus sìolaidh. Bha deagh bhoinne de fhuil Cheiltich annta; ach, mun àm san tàinig na Ròmanaich, rachadh aca air càirdeas dlùth a thagradh ri muinntir na Cloiche Nodha. An cuid de cheàrnachan iomallach (mar a bha ceann tuath na h-Albann), theagamh gun robh iad a' labhairt, aig an àm ud, cainnt air choreigin nach buineadh don chànain Iorànaich; ach, len gabhail thar a chèile, bha iad air an toirt fo bhuaidh agus fo chumhachd nan Ceilteach. Bha iad a' labhairt na cainnt Cheiltich, air a measgadh an tomhas sònraichte le an sean chainnt fhèin.

Anns gach ceàrn de Bhreatann, tha an gineal aosta fhathast air mhaireann. Is ainneamh Cuimreach, Èireannach no Albannach as urrainn, le fìrinn agus eòlas, a ràdh nach eil a chuislean làn de fhuil nan gaisgeach smearail, curanta a bhuineadh do Linn an Umha, agus nan Ceilteach mòra, flathail a chathaich an aghaidh Cheusair, agus a thugadh, mu dheir-eadh, fo ghèill le treun-laoich Agricola. Agus, eadhan, an Sasannach, ma tha eadar-dhealachadh sam bith, a thaobh gnè, càil, agus biùthais, eadar esan agus a dhlùth-chàirdean, na Gearmailtich Thuathach, faodaidh e buidheachas a thoirt don bhoinne phailt de fhuil chraobhaich, Cheiltich a tha fhathast a' ruith na cholainn agus a' blàithteachadh a chridhe.

Innis Deòin a' Chrìdhe

Dòmhnall Mac na Ceàrdaich

Tha Mac nan Speur gu h-èibhinn, aoibhinn
Triall do Roinn na Sìth;
Tha copan nèamh fo sgèimh a shoillse
Dreacht' an aoibhneas-rìomh.
Tha seirm a' chuain a' luaidh air sòlas,
'S tonn ri pògadh tuinn:
'S mo chridhe fhèin air sgèith a' seòladh
Dh'Innis Deòin a' Chrìdh'.

Ò, siar—Ò, siar thar chian nan cuantan;
Null thar chuairt an là,
Tha ùidh mo chrìdh' is tìr mo bhruadair
Suaimhneach, suaint' an Àgh.
Tha Gaol as Bòidhche 's Ceòl a' lìonadh
Àras-miann nam bàrd,
Is Aoibhneas pòst' ri Òig' a' riaghladh
Chaoidh—gu sìor—gu bràth.

Mun cuairt da fhonn tha an tonn ag èirigh
'N ceum ri sèist nan dàn.
'S o chruitean còisir òg-lunn eutrom
Beò-ghuth rèidh gun tàmh.
Na sgàil-bhrat ùr man cùl ag iadhadh
Suas gu nialaibh tlàth—
A' falach rùn nan Dùilean Sìorraidh;
Draoidh-cheò siant' an Dàin.

Ò, thìr mo ghaoil tha daonnan Uaine;
Thìr nam buadhan còrr,

'S e deòin mo chlèibh do shlèibhtean buana
'S soillse nuadh do lò.
Do shruthan caoin 's do bhraon den fhìor-mhil;
Dibh bu mhiann leam òl.
Is deò gach ciùil tha 'd chùirtean dìomhair;
Cagar sìor mo leòin.

Do bhlàthan nèamhaidh ghnè nam bruadar
Sgaoilt' air d' uachdar ciùin:
Do luibhean-fàis len àileadh buadhmhor:
Àlainn, buan fo dhriùchd.
Do Cheòlraidh naomh le gaol tha dìleann
Seinn air pìoban cliù:
Is d' anail ùr mar thùis ga ìobradh
Suas do Rìgh nan Dùl.

Ò, beannachd uam o Thìr nam Beò
Thar cuain a' cheò don Ì;
Far bheil mo shinnsir cuidhte 's bròn
Gun dragh, gun deòir, gun dìth.
Mo dhùrachd fhèin gun tèid mi fòs
A-null thar sgleòthan Tìm
A mhealtainn Aoibhneis, Soillse 's Glòir
An Innis Deòin a' Chrìdh'.

Buaidh na Gàidhlig air Beurla nan Gall

Lachlann MacBheatain

Alba bheag an dà chànain! Beag am measg rìoghachdan an domhain, tha i mòr-chridheach, fialaidh, agus is iomadh cainnt don tug i riamh caidreamh. Fad còrr agus dà cheud bliadhna, chualas an Laideann air sràidean a bailtean gu deas o Shruighlea; fad mhòran de cheudaibh labhradh a' chànain Chuimreach anns na srathan mu Chluaidh; rè iomadh linn bha teanga gharg Lochlainn a' fuaimneach air feadh nan eileanan; agus an Fhraingis mhìn ga sanas le a rìgh agus a tighearnan.

Ach b' i a' Ghàidhlig o chian cànain ar gineal, agus na h-ionmhais iongantach gheibhear fhathast—seudan lom-chaithte a fhuair i mar thìodhlacan-dealachaidh o gach aon diubh siud; seadh agus a theagamh smùirneanan crìon o theangaidhean eile a fhuaras nar crìochaibh—o chainntean nan Ibhearach agus nam Fear-bolg, agus o chainnt nan Cruithneach, an sliochd lìonmhor sin on tàinig cuid mhòr de ar cinneach Albannach.

Ach ma chaidh bloighdean beaga diubh seo a ghlèidheadh tha iad uile air am mùthadh gu dreach na Gàidhlig, oir b' ise deagh chànain dhualach na dùthcha, a tha na neart agus na caomhalachd fìor-shamhlachail di. A-nuas o linntean dorcha, fad o chuimhne, gus an là an-diugh, chualas ann an Albainn a guthan iomadach, air monadh, air tràigh, agus am measg àrasan dhaoine. Is ann à anam ar cinnidh a fhuair i a beatha, a fàs agus a cruth. Is iad a briathran a ghiùlain bròn agus sòlas, dòchasan agus dealbhan-inntinn ar sluaigh, agus a thug dhaibh uile an cumadh agus an cuimse. Oir is iad a facail-se na clachan beò den do thogadh lùchairt allail bàrdachd nan Gàidheal, aitreabh buan a sheasas na mhaise nuair a bhitheas gach càrn-cuimhneachain faicsinneach na laighe anns an smùr.

Thall mu choinneimh na Gàidhlig, chan eil Beurla nan Gall ach òg ann an Albainn. Gidheadh tha ise cuideachd air tighinn gu ìre agus cliù. Tha a-nise mìle agus cùig ceud bliadhna on àm anns an robh i suidhichte ann an Innis Thorc mu thuath, agus à sin agus à tìrean eile bha i fad iomadh linn a' tadhal agus a' tolladh a-steach air crìochaibh nan Cruithneach. Cha bu tric a bha blàr cogaidh ann an Albainn anns nach d' èirich a caithream. Mu dheireadh, cho-mheasgaich i briathran Loch-lainneach, Shasannach, Fhriseanach, agus Òlaindeach nan aona chainnt, bhrùchd i oirnn o dheas agus fhuair i dol a-steach gu cùirt an rìgh. Mar seo thòisich i air ionad agus còir na Gàidh-lig agairt di fhèin. Thionail i neart. Le mòr-chleachdadh, dh'fhàs i na h-inneal deas ealamh airson bàrdachd agus each-draidh, agus rinn daoine comasach feum dith ann an sgeulachdan agus òrain ghaoil. Uidh air n-uidhe, thàinig ise cuideachd gu bhith na cànain Albannaich, làn agus lùthmhor le beatha ar cinnidh. Ach, chan abair na Gàidheil rithe fhathast ach 'Beurla,' is e sin beul-ràdh no dòigh-labhairt, agus riutha-san a labhras i their iad 'na Goill,' is e sin coigrich no eilthirich a tha a' tuineachadh anns an tìr.

Is iad seo, ma-tà, ar dà chànain; cànain Cheilteach agus cànain Thiutach. Air cho fada agus a tha iad nan còmhnaidh còmhla rinne agus ri chèile chan fhaicear mòr-choltas eatorra. Gidheadh, le beagan fiosrachaidh chì sinn nach eil iad gu tur eug-samhlach.

Ann an sealbh gach aoin diubh gheibhear ainmean airson nithean àraidh na beatha, agus anns an dà chànain tha na h-ainmean sin cosail—'Faither' agus 'athair,' 'mither' agus 'màthair,' 'brither' agus 'bràthair'—mar gum b' iad fuigheall de sheann àirneis theaghlaich a fhuair iad le chèile on aon shinnsireachd. Fo thriall nam bliadhna, le luasganadh agus le cion toigh, chaill na facail aosta seo an coslas ri chèile, ceart mar a chaill iad an ciad dhreach. A thuilleadh air sin, bha aig gach linn àbhaist fhèin ann am briathran, agus bu tric leotha a bhith a' snaidheadh agus a' snagaireachd air sean àirneis an teaghlaich a rèir gach nòis annasaich a bhiodh an uachdar. Thàinig uair anns nach b' fhiù leis na Gàidheil an litir 'p' an toiseach facail sam bith, agus le sin sgath iad i on phrìomh fhacal 'pater,' agus nuair a bhogaich iad an litir 't' gu 'th' is e bha aca 'athair.' Air an làimh eile, bha sinnsear nan Gall ag aomadh an litir 'p' gu 'ph' no 'f,' agus nuair a chiùinich iad 't' gu 'th' is e bha acasan 'faither.' Mar seo dh'fhuiling gach facal ciorram no cuaig air choireigin, toll an làimh nan Gàidheal, agus tulg an làimh nan Gall, agus, mu dheireadh, cha b' fhurasta an aithneachadh air a chèile. Cha d' fhan iad co-ionnan a chionn nach d' fhan iad coileanta.

Ach, a dh'aindeoin seo, chithear an-diugh a bheag no a mhòr de choslas eadar facail sean a bha an seilbh an dà chànain seo, mar a tha—be, bi; birth, breith; eat, ith; lie, laigh; meer, muir; facail airson àireimh mar—ane, aon; twa, dà; three, trì; na riochd-fhacail choitcheannta—me, mi; thou, thu; he, e; na ro-bhriathran as trice a chluinnear—to, do; over, far; through, tro. Dearbhaidh na nithean seo gu soilleir gun d' fhuair an dà chànain seo oighreachd mar aon, dìleab a shealbhaich iad on aon shinnsireachd, agus gur iad da-rìreadh oghachan an dà bhràthar.

Gidheadh nuair a thachair a' Ghàidhlig agus Beurla nan Gall air fonn na h-Albann, cha b' ann le fàilte no le furan. Cha tàinig am bàigh an cois an dàimh, oir bha eadar-dhealachadh nan àladh agus nan eachdraidh. Ach, thuit orra a bhith anns an aon tìr mar choimhearsnaich, agus tha a buaidh fhèin aig a' choimhearsnachd. Is fheudar don cho-ursainneach a bhith na cho-mharsannach, agus a bhith a' malairt eisimeil agus choingheall.

Eadar an dà chànain seo, ma-tà, tha a' choimhearsnachd fada, agus ged nach eil a' mharsannachd anabarrach tha a luach fhèin aice. Ghabh a' Ghàidhlig iomadh nì on Ghalltachd, agus gu tric gun fhàth sam bith ach neònachas, agus cha do dhiùlt a' Bheurla gu buileach dol an eisimeil na Gàidhealtachd. Cha robh i idir gionach, agus gu dearbh cha do ghlam i air na facail as fheàrr a tha againn. Anns an fhaclair Ghàidhlig, tha mòr-shaidhbhreas de nithean a bhuineas do inntinn agus aigne an duine, ach cha do shanntaich a' Bheurla dad dheth, ach an aon fhacal 'tuig,' agus sin mar gum b' ann mar abhcaid. Nì mò a roghnaich i ar facail airson maise, ged a tha pailteas againn diubh seo, mar a tha—sgiamhach, dreachmhor, grinn, bòidheach, brèagha, àlainn, laghach; no ar facail a tha annta fhèin taitneach leinne, mar a tha—mùirn, tlàth, caomh, caoin, binn, òirdheirc; no ar facail làidir ghramail, mar a tha—treun, gasta, gaisgeil. Cha b' iad an leithid siud a bha a dhìth air a' Bheurla Ghallta, agus cha ghabhadh i iad. Is e seo cothrom nan ceannaichean air feadh an t-saoghail, gun tagh iad an nì a thoilicheas iad fhèin, agus chan iad idir na nithean as luachmhoire a tha aig an reiceadair.

Nuair a dhùisg Beurla nan Gall do a h-uireasbhaidh fhèin anns an tìr àillidh seo, dh'fhairich i feum air facail fhreagarrach airson aghaidh na dùthcha. Bha ionmhas diubh seo aig a' Ghàidhlig, agus às an ionmhas sin ghabh i.

Srathan leathann, uaine na h-Albann, nach àlainn iad, le aonaich ùrar agus uisgeachan sèimhe! Càite am faighear ainm iomchaidh don fharsaingeachd agus don stròdh agus an stràille sin, ach am facal Gàidhlig—srath?

An gleann caol, cas, cumhang, a tha ag aomadh o thaobhan nam beann, càite am faigh an claonadh sin ainm nas iomchaidh na—an gleann?

An cnoc cnapach, cnotach cneasmhor, nach eil na thom no na thulach, nach math an t-ainm dha—an cnoc?

Agus mar sin le facail dùthchasach eile—a' chreag charraigeach, chruaidh; an càrn, an coire, an loch, an linne, agus a' bheinn—ghabh a' Bheurla gu a h-uchd iad uile, agus a-nis labhraidh na Goill gu fileanta mu straths, bens, glens, bogs, crags, knocks, corries, lochs, agus linns, mar gum bu leotha riamh iad.

Tha na coingheallan ud aca am feum gach latha, ach tha iasadan eile nach cluinnear cho tric, ged a leughar iad air uairibh ann an leabhraichibh Beurla, mar a tha—tor, dune, glack (is e sin glaic), schluchlan (is e sin sloc eadar dà bheinn), reesk (riasg), pow (poll), lerroch (làrach), agus clachan.

Tha aithris againn air "an àird an ear, 's an àird an iar, an àirde tuath is deas," ach cha robh an smuain seo aig na Goill, agus mar sin cha robh ainm coitcheannta aca dhaibh gus an cuala iad am facal am beul nan Gàidheal, agus o sin b' urrainn daibh seinn mu "a' the airts."

A' sealltainn a-mach air aghaidh na tìre, chunnaic na Goill, mar chunnaic na Gàidheil, a' chraobh iriosal as tric a sgaoileas a sgàil thar an uillt agus luaidh iad a h-ainm Gàidhealach, 'the arn,' an fheàrna. Fhuair am preas aitinn freumh anns a' Bheurla mar 'etnagh'; raineach a' mhonaidh agus canach an t-slèibh, mar 'ronach' agus 'canna.' Aig taobh na mara labhraidh na Goill mu 'claddoch' agus 'partan.' Anns a' mhuir gheibh iad 'pollack' agus 'glassock.' Am measg eunlaith an adhair bheir iad ainmean Gàidhlig don phioghaid (pyat), don chlochaire (clocharet), agus don chapall-coille (caper-cailzie). Agus innsidh iad gum bheil na h-achaidhean 'riach' (riabhach), agus na cluaintean 'lachtone' (lachdainn).

Is ann o aire a gheibhear ainmean, agus o spèis a dh'èireas aire. Thug na Gàidheil aire gheur don bheag agus don mhòr a chionn gun do dhrùidh air am mac-meanmna mothachail an sgèimh iongantach a tha a' crùnadh a' chruthachaidh gu lèir; agus bha ainm aca do gach taisbeanadh den ghlòir sin. Ma tha ann dream eile nach robh a ghnàth cho faireachail, is iomchaidh gun ìoc a' Ghàidhlig dhaibh briathran cearta nuair a mhothaicheas iad feum daibh.

Fhuair a' Bheurla sreath eile den Ghàidhlig tairbheach—na facail a bhuineas don dachaigh. Mar mhuinntir dhualach, dhìleas, chòir, bha na Gàidheil toigheach mun dachaigh agus mun teaghlach, agus bha ainm deas aca airson gach nì a bhuineadh dhaibh. Ar facal 'clann' ghabh a' Bheurla mar 'clan'; 'ogha' mar 'oe' (her ain oe, Nanny—Ramsay); agus 'iar-ogha' mar 'iar-oe' (wee curly John's iar-oe—Burns). Ghabh i gu sgiobalta ris an fhacal 'tochair' oir bu bheag air an aiteam ud 'a tocher-less lass.' Rinn na Goill 'bothy' de bothan, agus 'body' de bodach. Mu bhun an teine chuala iad am facal 'aingeal,' agus mhol iad an 'ingle-neuk.' Den ghrìosaich rinn iad 'grieschoch';

de lic an teine 'leck'; den chabar am mullach an taighe 'kebbar'; den chuaich 'quaich,' den spàin chutaich 'cutty,' den chrùisgean 'cruisie,' de brìgh 'bree,' den ghreadan 'graddan,' de bonnach 'bannock,' de mulchaig 'mullachan,' de blàthach 'bleddoch,' de sùghan 'sowens,' agus de uisge-beatha, 'whisky.' Is mòr a shluig an Gall de bhiadh agus de dheoch a' Ghàidheil!

Seadh, agus dh'uidheamaich se e fhèin ann an ciotagan de ar n-aodach dùthchail—'plaid' agus 'philabeg,' 'brats' agus 'brogaes,' 'sporran' agus 'mogan.'

Air taobh a-muigh an taighe Ghallta cluinnear ainmean Gàidhlig anns an iodhlainn—'croo,' is e sin crò; 'buil' is e sin buaile; 'bourock.' is e sin buarach; 'sock' is e sin soc a' chroinn; 'ure' is e sin ùr, no talamh; 'caib,' is e sin caibe; 'davoch' is e sin dabhach; 'mart' is e sin mart no bò-mharbhaidh; 'capall'; 'garron,' no gearran; agus 'messan' no measan.

Chan e an tuathanachas an aon cheàird anns a' Ghalltachd anns am faighear ainmean Gàidhlig. A chionn gum bi am figheadair a' breabadh air a' bheairt their sinn ris am breabadair, no am breabanair, agus is e seo an t-ainm a thug na Goill dha —braboner, agus a-nis is e Braboner an sloinneadh ann an iomadh teaghlach. Is e 'savorcoll' (sàbhair-coille) fear-ceàird eile a chum ainm Gàidhealach, agus, còmhla ris, an gille snasmhor sin an ceàrd fhèin, oir is math as aithne do na Goill 'the caird' agus is iomadh Gall urramach dom b' ainm 'Mr. Caird.'

Tha gairmean eile anns a' Ghalltachd a chum corra fhacal Gàidhlig. Aig an t-saor Ghallta tha e na shean-fhacal "It's a ticht 'caber' that has nae 'knap'," agus "Him that hews abune his heid may get a 'speal' in his e'e." Nì na h-iasgairean Gallta feum den tomhas Ghàidhealach, 'mais,' maois no mèis, sè ceud sgadan, agus chan eil iad aineolach air 'faddis,' no bàta fada, agus 'curach,' bàta beag.

Anns na làithean o shean bha dreuchdan nas inbhiche na iad seo a fhuair ainmean Gàidhlig—am maormor, an tòiseach, 'toshach,' an òg-thighearn, 'ochiern,' agus am breitheamhan, 'brehon.'

Tha againn ann an seo, ma-tà, ainmean Gàidhlig airson lìonmhorachd de ghnothaichean gasta—airson dreach agus aogais na tìre, airson dachaighean dhaoine agus gach saothair a bhitheas iad a' cleachdadh—nithean sìtheil, feumail, còire. Ach, cha robh na Gàidheil gu tur aineolach air cogadh, no mì-chomasach air iad fhèin a dhìon, nì a thàinig Goill nàimhdeil gu bhith a' tuigsinn uair no uaireigin. Is ann uatha a fhuair na Goill ainm airson a' chlaidheimh mhòir, 'claymore'; an 'dorlach' anns an do ghiùlain iad na saighdean; an 'cro' no dìol na fala; an sluagh-ghairm, 'slogan'; an crois-tara no crann-taraidh; 'kerne' agus 'cateran'; ceathairn no ceatharnach; 'spreagh' no 'spreith,' is e sin sprèidh a thogteadh le làimh làidir; 'kane' no càin a dh'ìobradh mar chìs; 'sauch' no sàmhach; 'fecht' no feachd, agus 'yalloch' no iolach a' chatha.

Ach, a thuilleadh air iasadan mar seo, mothaichear anail na Gàidhlig ann an cumadh cuid de bhriathran na Beurla agus fuaim an guth. Agus chan iongantach gum mothaicheadh. Oir ma bhitheas feadhainn a' fuireach fada còmhla bithidh iad, gun fhios daibh fhèin, a' leantainn a chèile ann an gluasad am beòil agus an dòighean an cainnt. Bu mhinig a chaidh Gàidheal a chòmhnaidh anns a' Ghalltachd, agus thàinig na Goill gu bhith eòlach air dòigh labhairt na Gàidhlig. Agus tha nì eile nach còir dhuinn a dhìochuimhneachadh. Cha do bhàsaich luchd àiteachaidh na tìre nuair a chaochail iad an cànain. B' iad an aon chinneadh a bha roimhe a' bruidhinn na Gàidhlig, agus a tha a-nis a' bruidhinn na Beurla. Agus lean riutha nì-eigin de nòs na Gàidhlig. Coltach ri Abel, ged fhuair i bàs tha i fhathast a' labhairt.

Theagamh gun d' fhuair a' Ghàidhlig Albannach mòran de a binneas agus a taiseachd o na Cruithnich a labhair i. Ge b' e air bith mar a tha sin is cinnteach gum bheil a' Ghàidhlig Albannach na cànain mhìn, mhàlda, cheòlmhoir, agus gum bheil Beurla nan Gall againn nas mìne, nas màlda agus nas gleusta na a' chainnt Shasannach. Tha an t-adhbhar soilleir gu leòr.

Tha Beurla nan Gall gu mòr fo chumhachd nan litrichean fuaimneach, agus a' seachnadh faobhar nan co-fhuaimneach. Thàtar ag innseadh gun robh ceannaiche anns a' Ghalltachd, agus nuair a dh'fhaighnicheadh ris an e an aon chlòimh a bha san aodach, fhreagair e "Oh, aye; aye a' a'e 'oo'." Sèimhidh na Goill 'love' gu 'lo'e,' 'pull' gu 'pu',' agus 'from' gu 'frae,' na co-fhuaimnich a' leaghadh air falbh ceart mar a leaghas iad nar beul-ne nuair a dh'abras sinn 'u' ri 'ubh,' 'ha' ri 'tha,' 'èi' ri 'fhèidh' agus 'u-a' ri 'umha.'

Ann an seo, tha a' Bheurla Ghallta a' leantainn na Gàidhlig, agus chan e idir an nòs Shasannach. Maothaichidh sinne 'màthair' gu 'ma-hur,' agus an cuid de cheàrnaidhean their na Goill 'wa'er' ri 'water' agus 'bu'er' ri 'butter.' Is toigh leinn anns a' Ghàidhlig an litir f an àite an 'w' Shasannach (fìon—wine; fàs—waste; feall—wile) agus their cuid de na Goill 'fan' agus 'far' ri 'when,' 'where.'

Anns a' Ghàidhlig their sinn 'orom,' na dhà lide, ri 'orm'; agus their an Gall 'faram' ri 'farm.' Their sinn 'cnoc,' gach litir dheth gu toigheach, agus their am fìor-Ghall 'knock,' ged nach amais an Sasannach air a' chiad 'k' idir. Thèid againn air 'tnùth' a ràdh, agus gun dragh sam bith their an Gall 'tnee' nuair bu leòr 'knee.' Chan eil againn anns a' Ghàidhlig am fuaim 'th' mar ann an 'three' agus their aon Ghall ris an fhacal sin 'chree' agus fear eile 'tree.'

Tha dà rùn sònraichte aig an t-seann Ghàidhlig. Cha toigh leatha an litir 'p' agus is ro-thoigh leatha an litir 'c.' Thug na Cruithnich beagan fhacal le 'p' a-steach don Ghàidhlig, mar a tha 'preas' agus 'pailt,' ach bu docha leis na Gàidheil litir eile. Anns an nì seo, leanaidh Beurla nan Gall gu tric ann an ceum na Gàidhlig. Tionndaidhidh i 'peep' gu 'teet' agus 'trump' gu 'trumf.' Ach is ann an taghadh na litir 'c' (no 'k') as fhaisge a coltas ris a' Ghàidhlig. Their sinne 'cas' agus 'clann' far an abair an Laideann 'pes' agus 'planta.' Air an dòigh cheudna, their an Gall 'keek' far an abair an Sasannach 'peep.' Chan e an litir 'p' a-mhàin a chuirear air cùl airson 'k'. Their sinne 'rachk' agus 'lochk' an àite 'reachd' agus 'lochd,' agus their na Goill 'ack, fack' an àite 'act, fact.' Bheir sinne fuaim cruaidh 'rak' don fhacal 'rag,' agus cuiridh na Goill 'c' an àite 'g' ann an 'grease' (creesh), agus an àite 'chalk' their iad cauk.' Mur leòr sin spadaidh iad an litir am meadhan no aig crìch fhacal—'sk-late' an àite 'slate,' 'windok' an àite 'window.'

Nuair a thachras ar dèidh air an litir 'c' agus ar dèidh air a bhith a' taiseachadh litrichean cruaidh gheibh sinn am fuaim tùchanach 'ch,' is e sin 'c' bhog. Tha am fuaim seo mòran nas pailt anns a' Ghàidhlig Albannaich agus ann am Beurla nan

Gall na tha e ann an cànainean eile mu ar timcheall. Their sinn anns a' Ghàidhlig "mo chreach, gach neach, a-mach 's a-steach," agus their na Goill "Baith heich and laich it's rouch and teuch eneuch." Ach chan eil e idir soilleir gun d' fhuair a' Bheurla a' mhodh-labhairt seo on Ghàidhlig, no idir a' Ghàidhlig on Bheurla.

A thaobh nan litir fhuaimneach ris an goir sinn na foghairean, tha nì no dhà anns am bheil Gàidhlig agus Beurla na h-Albann a' cumail an aona cheum. Tha iad le chèile dèidheil air an fhuaim 'a' an àite 'o.' Their sinn 'là, cas, facal,' an àite 'lò, cos, focal.' An àite 'off, drop, soft, song,' their na Goill 'aff, drap, saft, sang.' Ach chan eil againn cinnteas sam bith cia às a fhuair an dà chànain an claonadh seo.

Nochdar buaidh aon chànain air cànain eile chan e a-mhàin ann am facail agus fuaimean nam facal, ach gu tric ann an dòigh-labhairt agus dòigh-smaoineachaidh. Anns an dà nì seo cha do ghèarr muinntir na Machrach iad fhèin saor on Ghàidhlig fhathast.

'We winna let on' a deir iad nuair a tha nì-eigin ga chleith. Is e siud seòl na Gàidhlig—'cha leig sinn oirnn.' Tha e a' ciallachadh nach leig sinn gum faicear oirnn coltas an rud a tha nar n-inntinn.

'Tha fearg orm ris,' their an Gàidheal. 'I am angry with him,' their an Sasannach. 'I'm angered at him' their an Gall, a' leantainn na Gàidhlig ann an seo—gur ann ris agus nach ann idir leis—a tha an fhearg.

'Ask him,' their an Sasannach. 'Spier at him,' their an Gall. Carson? A chionn gun abrar anns a' Ghàidhlig 'faighnich ris.' Tha a' cheist a' dol a-null chuige.

'Do you remember?' faighnichear san aon chànain; 'hae ye mind?' sa chànain eile; ceart mar a theirear anns a Ghàidhlig "am bheil cuimhn' agad?"

'I am hopeful,' their an Sasannach. 'I am in hopes' their an Gall, ceart mar a their an Gàidheal 'Tha mi an dòchas.' Oir, seall, tha gach tionnsgnadh agus gnìomh inntinneach a' seasamh a-mach fa chomhair a' Ghàidheil mar nì làimhseachail faicsinneach. Chan e ar n-àbhaist a ràdh gum bheil sinn feargach, no dòchasach, ach gum bheil sinn aig an àm an dòchas no fon fheirg a tha mar neul mar timcheall; no, theagamh, gum bheil dùil againn, no dòchas againn, is e sin mar shealbh nar glaic. Is e seo ar dearbh smaoin, ar dòigh-labhairt, agus an seo tha Beurla nan Gall a' leantainn na Gàidhlig.

'I smell,' their an Sasannach. 'Tha mi a' faireachadh fàile,' their an Gàidheal. 'I feel a smell,' their an Gall.

'He was cripple,' their an Gall, an àite 'he was lame,' oir abrar anns a' Ghàidhlig, 'bha e crùbach.'

'Roasted cheese,' their e, an àite 'toasted,' oir their sinne 'càis ròiste.'

'Auld by me,' their e, a chionn gur e a' Ghàidhlig 'sean seach mise.' Ciallaichidh am facal 'seach' air uairibh 'than' agus air uairibh eile 'by.'

'Better nor me,' their e, an àite 'than me' air an adhbhar cheudna. Tha na facail 'no' agus 'na' a' ciallachadh 'nor' agus 'than'—'an e mise no thusa?' 'Is fheàrr thusa na mise.'

'A bit bread,' their na Goill, mar a their na Gàidheil 'mìr arain.'

An àite 'today' their iad 'the day,' oir theirear anns a' Ghàidhlig 'an-diugh.'

On Ghàidhlig, cuideachd, is coltach gun d' ionnsaich na Goill an crìochnachadh 'ock' no 'ack,' is e sin ar lide 'ag,' a' ciallachadh 'beag.' Theagamh gun d' fhuair a' Ghàidhlig fhèin e on fhacal 'òg.' Their sinne 'caileag,' is 'Annag,' agus their na Goill 'wifock,' is 'bittock.'

Ann an eachdraidh fhada na h-Albann, cha b' ainmig a bha bàrd agus seanchaidh, luchd-ceàird, agus luchd-teòma air chuairt am measg nan Gall, a' craobh-sgaoileadh eòlais agus càlltachd nan Gàidheal air dhìol aoigheachd. Mar seo, fhuair na facail seo—bard, crowder (is e sin cruitear), senachie, clarsach, duan, rane (no rann) agus coronach—aoigheachd ann an cànain nan Gall. Thug an luchd-turais siud don taobh deas sgeulachdan agus dàin mu na gaisgich a shoirbhich o shean nar tìr, le binn-luaidh air misneach agus mìlse nan aimsir a dh'fhalbh. O na cèilidhean ud fhuair na Goill cuspairean-foghlaim ùra, rùintean dùthchasach, agus dian-dhèidh air saorsa agus tapachd, agus thàinig Cù Chulainn agus Fionn gu bhith nam fìor shinnsear do Uallas agus do Bhrus.

Cha b' iad na fuinn Ghàidhealach an tìodhlac bu lugha a fhuair na Goill on coimhearsnaich mu thuath, oir an cois a' chiùil dh'èirich gu dealrach nam measg na h-òrain agus na dàin a bha an ceòl ud a' deachdadh. Air tùs, cha d' fhuaradh na facail Bheurla ro fhreagarrach airson nam fonn, agus b' fheudar gu tric am meudachadh le iomadh 'ie' agus 'o' aig ceann nan sreath.

Ach fhuaras rian air facail fhreagarrach fhaotainn on Ghàidhlig fhèin. Nuair a bha Raibeart Burns a' sgrìobhadh aoir mu neach-eigin airson a sgallais agus a 'sgeilm,' airson a bhladhmadh agus a 'bhlialam' rinn e deagh fheum den Ghàidhlig—

She tauld thee well thou wast a skellum,
A blethering, blustering, drunken blellum.

Cha b' e Burns an aon bhàrd Gallta a bheartaich a bhàrdachd le facail smearail on Ghàidhlig. Ghabh na Goill am facal 'smear' fhèin agus sgrìobh iad e 'smer' agus 'smergh.' Am facal làidir 'taom,' is e sin tuil gharg feirg, sgrìobh iad 'tawm'; 'gul' sgrìobh iad 'gowl,' 'sglaidse' mar 'sklatch,' 'beadaidh' mar 'beddy,' 'seang' mar 'shangie'; 'glamaich' mar 'glamach'; 'sgaoil' mar 'skale' no 'skail'; 'cleith' mar 'clyth,' agus 'bradach' mar 'wratack.' 'Ablach' agus 'agairt' ghabh iad gun atharrachadh.

Leis a' bhrosnachadh agus a' chobhair seo dh'fhàs suas ann am bàrdachd nan Gall aigeann agus suidheachadh ùr, le smuaintean farsaing agus briathran cuimseach dan rèir. Bha buaidh na seann chànain anns a' ghnothach, agus nuair a dhealbh Burns fa chomhair nan Gall Ceòlraidh uasal na h-Albann is ann mar rìbhinn fhìnealta Ghàidhealach, ann am fallaing rìomhaich den chadadh—

Down flowed her robe, a tartan sheen.

Tha e dearbhte, ma-tà, gum bheil an còir fhèin aig na Gàidheil ann am Beurla nan Gall—faclan cearta airson maise na dùthcha, airson maitheis an dachaigh, airson oibre feumail agus euchdan gaisgeil; fuaim binn an còmhraidh agus dòighean an smuain; geurachadh tuigse agus meudachadh eòlais; beòthachadh bàrdachd agus rùn àrd a' chridhe. Agus, tha a' chòir seo a' sìor-fhàs nas treasa.

Tha na leabhranna-treòrachaidh anns am faighear ainmean luchd-àiteachaidh nam bailtean mòra a' nochdadh gum bheil na h-ainmean Gàidhealach a ghnàth a' dol an lìonmhorachd. Far an robh aon ainm Gàidhealach anns a' cheud ri linn Bànrigh Màiri, bha aon san leth-cheud ri linn a' chiad Deòrsa, agus tha aon ann an deich an-diugh. Tha e mar fhiachan air na Gàidheil, ma-tà, gun cum iad suas ceòl, cànain, foghlam agus litreachas an sinnsir. Cha chòir dìmeas a dhèanamh air cliù no air cànain sluaigh eile. Na h-uile urram daibh uile. Ach, is e ar dlighe-ne aire a thoirt don dleasnas seo—gun aisig sinn don chinneadh-dhaonna an tairbhe a bhuineas duinne.

Tha an-diugh mòr-abhainn na cànain Shasannaich mar dhìle leathainn air a h-at le uisge o iomadh eileach, agus air a h-uallachadh agus a tachdadh le connlach tiugh de nithibh gun àireamh a tha a' snàmh air a h-aghaidh—ionnsachadh is innealan iongantach nan làithean a tha ann. Cha dèan sinn tàir air an tuil ud, no idir air allt eòlach na Beurla Ghallta a tha a' glugan agus a' crònan mu dhoras ceàrdaich a' bhaile bhig. Ach, tha fìor-uisge na Gàidhlig mar shruth fallan nam beann, a' sìor-mhonmhar mu na nithibh àrda on tàinig e, agus làraichean ar n-aithrichean. Ma tha sinn duineil agus dualach, òlaidh sinn a ghnàth ùr-neart agus slàinte à lànachd an t-sruith seo. Ma bhitheas sinn dleasnach agus dligheil nar ginealach, le tùr tionnsgalach, bheir sinn fa-near gun cumar an sruth seo làn agus glan, gu bhith a ghnàth mar amar-àiteachaidh a' co-roinn beartais a bheatha am fad agus am fagas, ionnas gum buanaich, chan e a-mhàin Albainn, ach iomadh sluagh agus teanga o bhuaidh àghaich na Gàidhlig, oir is deimhinn gum faigh iad feartan uaipese nach fhaigh iad gu bràth à fuaran eile.

"Na Trì Òrain"

Ùirdean Laing,
Eadar-theangaiche on Ghearmailtir aig Uhland

An coinneamh nan uaislean thuirt Sifrid an rìgh,
"Cò sheinneas dhomh duanag bhios luaineach is binn?"
Bha òigear an lathair, 's grad dh'èirich e suas,
Clàrsach na làimh, agus claidheamh san truaill.

"Trì òrain gun seinn mi; a' chiad fhear dhiubh
Chuala tu cheana, agus dhìochuimhnich thu:
'Dhìt thu mo bhràthair gu bàs led cheilg,
Dhìt thu mo bhràthair gu bàs led cheilg.'

An dara h-òran, rè oidhch' na h-anshìd'
Is tric mi ga sheinn le dùrachd mo chrìdh':
'Na smaointich gur mise a mhathas siud dhuit
Na smaointich gur mise a mhathas siud dhuit.'"

A chlàrsach gun d' rinn e thilgeil uaith'
'S bha claidhtean dithis rùisgte gu luath;
Bu ghleust' agus b' fhileanta 'n iomairt san t-srì
Gus 'n do thuit an rìgh, 's cha d' èirich e rìs.

"'S e 'n treas fear an t-òran as ceòlmhoire leam
'S cha sgithich mi dheth gum bi mi san ùir:
'Tha rìgh Sifrid sìnte na fhuil, na fhuil;
Tha rìgh Sifrid sìnte na fhuil, na fhuil.'"

Jeanne D'Arc

Aongas MacEanraig

Is mòr a b' fheàrr leam tàmh aig baile gu bhith a' fuaigheal agus a' calanas maille rim mhàthair. Chan i an obair seo mo roghainn, ach feumaidh mi dol ga dèanamh on as i sin toil mo Thighearna."

Mar seo labhair a' Mhaighdeann Orléanach ris an oifigeach spailpearra a bha a' toirmeasg dhi dol air a h-aghaidh gu cùirt an Dauphin.

A' Mhaighdeann Orléanach—Jeanne d'Arc—ainnir nam buadh, a chathaich gu fuil agus a sheas gu bàs airson a gràidh da dùthaich agus a h-ùmhlachd do àitheantan nèimh, a rèir mar a bha i gam faighinn agus gan tuigsinn. Cho fad 's a chuirear meas air misnich, gaisge, agus banalas, bidh a h-ainm air mhaireann, agus a cliù air aithris. Air boireannach a b' eireachdaile an teist agus an gnìomh, chan eil leabhar-cuimhne an domhain a' toirt iomraidh.

A chum beachd cothromach fhaighinn air beatha agus obair na Maighdinne, feumaidh sinn sealladh a ghlèidheadh air nithean a thachair fada mun tàinig ise am follais. Chan fhuilear dhuinn dol air ar n-ais gus a' cheathramh linn deug, an uair a bha Eideard III air rìgh-chathair Shasainn, agus Teàrlach IV air rìgh-chathair na Frainge. Aig bàs Theàrlaich, ruith teaghlach Chapet a-mach gun oighre, agus theann Eideard ris a' chathair rìoghail a thagradh mar an caraid bu dlùithe, a chionn gum b' e mac-peathar an fhir a dh'fhalbh. Bha an tagradh seo air a thilgeadh gu taobh, agus air a dhiùltadh leis an lagh Shalianach —lagh a tha a' dèanamh dìmeas agus tàir air càirdeas bhoireannach—agus b' e Philip à Valois, nach robh idir cho dàimheil, a bh' air a chrùnadh an àite Theàrlaich. Gu grad, thòisich an cogadh righinn, sgriosail sin eadar an dà dhùthaich —cogadh a bh' air a dhèanamh ainmeil leis na cathan gailbheach a bh' air an cur aig Crecy, Calais, agus Poictiers. Anns na trì cathan seo, bha glòir an latha le feachdan Shasainn. Fada an dèidh sin, thug iad buaidh shònraichte a-mach aig Agincourt.

Tha e feumail a thoirt fa-near nach robh an Fhraing, o chionn chòig cheud bliadhna, na h-aon chinneach mòr, aonaichte, mar a tha i air an latha an-diugh. An uair a bha i fhèin agus Sasann ri strì agus cogadh, bha i air a roinn na mòran bhuidhnean, agus cha robh iad uile air an aon taobh anns an iomairt. Bha eadhon prionnsachan a bhuineadh don aon teaghlach ag altram rùintean nàimhdeil do chàch a chèile; agus, an àite seasamh gu dìleas guala ri guala, bha cuid dhiubh daonnan a' toirt gach còmhnaidh is cobhair a bha nan cumhachd do na h-armailtean coimheach.

An-dràsta agus a-rithist, bha Albainn air a h-amaladh anns an spàirn sheirbh, fhadalaich. Bha bann-còrdaidh daonnan eadar i fhèin agus an Fhraing gu a chèile a neartachadh agus a chuideachadh an aghaidh Shasainn. Chaidh a' chiad nasgadh den t-seòrsa seo a dhèanamh am meadhan na dara linn deug, agus chaidh a h-ùrachadh aig toiseach na ceathramh linn deug, agus aig caochladh amannan eile.

Mu thoiseach na còigeamh linn deug, bha Eanraig V, rìgh Shasainn, a' cathachadh gu dìon, buadhmhor, air machraichean na Roinn Eòrpa, agus bha e an dèidh ceann a tuath na Frainge a chur gu buileach fo a chois. Bha cùisean cho cunnartach agus gun do chuir an Dauphin àrd-theachdairean a-nall do Albainn a dh'aslachadh cuideachaidh o a sheann chàirdean. Dh'aontaich Pàrlamaid na h-Albann dèanamh mar a bh' air a shireadh oirre. Aig an àm seo, bha Seumas I na leanabh, agus b' e Diùc Albani a b' fhear-ionaid-rìgh. Chuir an Diùc air falbh don Fhraing a mhac fhèin, Sir Iain Stiùbhart (Morair Bhochain), air ceann seachd mìle de threun-fhir smearail, chalma. Bha iad air an giùlan thairis le luingeis Fhrangaich. Thug na Sasannaich gach oidhirp air a' chabhlaich a ghlacadh, ach cha deachaidh leotha. Ràinig na h-Albannaich Normandi gu sàbhailte, agus, gun dàil, cheangail iad iad fhèin ri armailt an Dauphin, a bha a' feuchainn ri Languedoc a bhuntainn o an nàimhdean. Chathaich na coigrich gu sùrdail, gaisgeil, agus, an ùine gun a bhith fada, dh'earbadh riutha a' cheàrn ris an abrar Anjou a dhìon an aghaidh Dhiùc Chlarence, bràthair Rìgh Shasainn. Choinnich na feachdan aig Baugé, agus abhainn Choesnon eatorra. Air thoiseach nan Sasannach mharcaich Diùc Chlarence, air a sgeadachadh le mòr-ghreadhnachas agus a' giùlan ma cheann coron òir a bha sònraichte fìnealta. Chuir e spuir san each, agus thàinig e na leum a dh'ionnsaigh na drochaide. Na choinneamh thriall na ridirean Albannach, agus, an tiota, fhuair an Diùc fad a dhroma den talamh. Mar a bha e a' feuchainn ri èirigh agus faighinn air ais don dìollaid, fhuair e buille-bhàis o chuaille trom a bh' air a ghiùlan le Morair Bhochain. Thuit ceithir cheud deug de na Sasannaich, chaidh mòran diubh a ghlacadh, agus chuireadh an ruaig air a' chòrr.

Cha do shoirbhich leis na h-Albannaich cho math an còmhdhailean eile. Chaill iad cliù an latha an toiseach aig Crevant, agus a-rithist aig Verneuil. Na dhèidh sin, thairg Albainn tuillidh feachd a chur thairis don Fhraing, ach cha d' ràinig i leas sin a dhèanamh, chionn gun do thionndaidh cuibheall an fhortain gu riochdail an aghaidh nan Sasannach.

Nochd an Dauphin (Teàrlach VII) an dòigh no dhà gun robh e ga mhothachadh fhèin fad an comaine na h-Albann airson a còmhnaidh agus a dìlseachd. Thug e dreuchdan agus inbhean sònraichte do Mhorair Bhochain, agus do àrd-oifigeach eile, Sir Raibeart Stiùbhart. Thug e seachad, mar an ceudna, àithne rìoghail gum biodh gach Albannach a rachadh a chòmhnaidh don Fhraing an seilbh air gach cothrom agus sochair a bhuineadh do shluagh na Frainge fhèin.[*]

---

[*] A thaobh nan sochairean seo, mheasadh iomchaidh sgrìobhadh a dh'ionnsaigh Fear-ionaid na Frainge, an Lunnainn, a dh'fheuchainn am beil iad fhathast rim faighinn an seann laghanna na Frainge. Fhreagair an t-uasal sin air 6th den Iuchar, 1916, agus thuirt e: 'As far as the Embassy is aware, no special "Status" exists in France in favour of living Scotsmen. The privileges

B' ann mu na h-amanna seo a rugadh Jeanne d'Arc. Am feadh is a bha i fhathast na caileig, bha i a' cluinntinn gu math mar a bha an Rìgh Sasannach, Eanraig V, a' liodairt agus a' sàrachadh Theàrlaich VI, ceart mar a bha Eideard III a' dèanamh roimhe siud air Philip à Valois. Bha i a' cluinntinn gun robh suidheachadh Theàrlaich eadhon na bu mhiosa na suidheachadh Philip, oir bha e air a thrèigsinn gu tàmailteach le a chàirdean, agus le ìochdarain. Thionndaidh eadhon a bhean am foill air, agus thàinig i gu còrdadh agus cùmhnanta ris an nàmhaid aig an robh a chuid luingeis-chogaidh an acarsaidean na Frainge. Thug am boireannach carach, lùbach, a h-ighean mar mhnaoi do Eanraig, agus, le Cùmhnanta na Troyes, thug i crùn na Frainge do leanabh a' phòsaidh seo, an àite a aiseag air aghaidh don Dauphin, Teàrlach, neach a bha i deònach a dhèanamh dìolain. Dà bhliadhna an dèidh a' cho-cheangail seo a bhith air a sheulachadh, chaochail Eanraig V, agus, an ceann bheagan sheachdainean, Teàrlach VI.

Dè a thachair an dèidh sin? Chaidh an Dauphin, Teàrlach, èigheach na rìgh aig Mehun, agus, aig a' cheart àm, chuireadh an cèill le Diùc Bhedford, fear-ionaid an Rìgh Shasannaich, gum b' e an naoidhean, bliadhna a dh'aois, mac Eanraig V, a bu rìgh air an Fhraing agus air Sasann, agus gun gabhadh e an dreuchd fo ainm Eanraig VI.

Bha an iorghail gu grad air a h-ùrachadh. Aig an àm seo bha gach òirleach den Fhraing tuath air an Loire gu buileach an làmhan nan Sasannach. Aig Bedford bha a chairtealan am Paras. B' ann às a' bhaile sin a bha e a' toirt seachad reachdan agus òrduighean a chum peanais agus dìoghaltais a dhèanamh air gach neach nach aidicheadh gu h-ealamh gum b' e mac a bhràthar an rìgh dligheach—rex Franciae et Angliae. Dh'fheumadh an sluagh a bhith cho bìth, umhail, ri luchan fo ladhar chat, air neo bhiodh iad buailteach do gach ciorram agus droch ghiullachd.

De bhailtean-mòra làidir, foghainteach, b' e Orléans a-mhàin na bha an làmhan chàirdean Theàrlaich. Bha cumh-

granted to Scotsmen by King Charles VII. evidently fell in abeyance at the time of the French Revolution; and the Napoleonic code, on which French civil life is founded, does not discriminate between foreigners where the French State is concerned.'

achd Shasainn mòr, ach bhiodh e air a mheudachadh gu h-anabarrach nam faigheadh i seilbh air an daingnich cheutaich seo. An dèidh sin, chailleadh feachdan na dùthcha an lùths agus an leann-tàth, agus bhiodh iad gu buileach am mèin nan coimheach. B' e Orléans, air an adhbhar sin, iuchair a' chogaidh. Don bhaile seo chuir Bedford a bhràthair, Salisburi, le armailt làidir, agus ràinig, mar an ceudna, Diùc Bhurgundi, a bha an càirdeas agus an co-bhuinn ris na Sasannaich. Chaidh Orléans a chuartachadh agus a shèisteadh, agus air a chuartachadh agus air a shèisteadh bha e rè mhòran mhìosan. Làn geilt agus gioraig, theann Teàrlach ri cobhair a shireadh, an toiseach o Albainn, agus a-rithist o Naples. Leum e a dh'ionnsaigh a' chodhùnaidh nach gabhadh bacadh cur air na nàimhdean, agus gun robh an Fhraing caillte. Anns a' bharail seo dh'fhalbh e le cabhaig is dhùin e e fhèin an taobh a-staigh de bhallachan Chion. A thaobh na h-Albann agus na h-Eadailte, mum b' urrainn a h-aon dhiubh leum as ùr gu leisgeul na Frainge, thachair, mar a thuirt mi a-cheana, nithean mòra agus iongantach ris nach robh dùil no fiughair—nithean a leig ris nach ruigeadh iad leas tuilleadh feachd a chur don iomairt.

B' ann aig an àm chunnartach, chiogailteach seo a chualas an toiseach mun mhaighdinn chliùitich, mhòthair, Jeanne d'Arc, a bh' air a deachdadh le spiorad na saorsa a chum faochadh agus còmhnadh a thoirt don Fhraing. Bha a h-athair na thuathanach beag, iriosal, am baile Domremi, air a' chrìch eadar Lorraine agus Champagne. Dlùth do a dhachaigh bha coilltean mòra Vosges, agus, fo an sgàile, bu ghnàth le cloinn a' chlachain a bhith a' cluich, a' leum, a' mire, agus a' deoghal spiorad na bàrdachd—spiorad a bha gu dlùth a' tathaich gach tolmain uaine agus cluaineig shàmhaich. Bhiodh iad ag aithris do a chèile seann sgeulachdan an cinnich mu shìthichean, mu ghisean, agus mu thaibhsean. Cha robh cnocan gun a bhrugh, no sruthan gun a ghruagach.

Bha Jeanne na h-ighinn shnasail, ghràdhaich, agus b' e a tlachd agus a h-àbhaist a bhith a' cuideachadh le a màthair gus an fhàrdach a chumail air dealbh. Dh'ionnsaich i glè thràth obair snàthaid agus cuigeil. Bha i caomhail, suairce, ri luchd na trioblaid, agus daonnan frithealach air meadhanan nan gràs.

Bha aice triùir bhràithrean agus aon phiuthar. Bha sàmhchair a' chlachain air a briseadh gu minig le ùnaich is connas nan arm.

Bha eagal nan Sasannach anns gach dachaigh; bha misneach agus dòchas an t-sluaigh air an lagachadh, agus bha gach tubaist is dosgaidh air an cur air mhanadh don Fhraing. Air uairean, rachadh feuchainn ri cofhurtachd a tharraing o ghnàth-fhacail dhoilleir, a bh' air an aiseag o mhàthair gu leanabh tro iomadh linn. Bha seann fhiosachdan air an cuimhneachadh, agus air an ùrachadh. Nach do rinn Merlin fàisneachd mu mhàldaig bharrail a bha ri tighinn o dhoir-eachan daraich Lorraine? Nach robh e air a chreidsinn leis na seann daoine, ceart mar a chailleadh an Fhraing air tàillibh boireannaich, gun rachadh a saoradh gu foghainteach le oidh-irpean maighdinne? Nach fada on a bha e air innseadh gun tigeadh ainnir bhòidheach o chòmhnardan Lorraine a thilleadh air an ais nàimhdean na tìre? Eadar na h-iomraidhean fìora agus na h-uirsgeulan neònach, bha Jeanne air a deagh ullachadh, faodaidh sinn a chreidsinn, a chum cluas fhosgailte a thoirt do fhiosan dìomhair a bha i a' faotainn.

Thòisich i ri "fiosan" spioradail fhaighinn an uair a bha i trì bliadhna deug. An toiseach, thàinig da h-ionnsaigh an t-àrd-aingeal Gabriel, agus dh'earalaich e oirre tighinn beò gu h-ion-raic, naomh, beusach, agus i fhèin a choimhead gun smal on t-saoghal. An dèidh sin, fhuair i taisbean den Òighe Muire, den Bhan-naomh Caitrìona, agus den Bhan-naomh Mairearad, agus thug iad uile dhi àithne shoilleir i fhèin uidheamachadh gu teannadh a-mach an aghaidh luchd-fòirneirt a dùthcha. Gu minig labhair rithe mar an ceudna an t-àrd-aingeal Mìcheal, is e daonnan air a sgeadachadh le trusgan de sholas dealrach. Thug esan teann-sparradh dhi seasamh a-mach gu gramail às leth na cathrach rìoghail.

"Chan eil annamsa ach caileag bhochd," fhreagair ise; "chan aithne dhomh each a mharcachd no feachdan a threòrachadh."

Thill an t-àrd-aingeal a thoirt misnich dhi. Thuirt e gun robh nèamh a' beachdachadh le iochd agus truas air tìr agus sluagh na Frainge.

Ghuil an nìonag. B' e a miann agus a dùrachd gun giùlaineadh an t-aingeal leis i; ach, aig a' cheart àm, chunnaic i gun robh a dleasnas agus a h-obair gu soilleir fa comhair. Chuir i roimpe a' ghairm nèamhaidh a fhreagairt.

Rè thrì bliadhna bha Jeanne a' faicinn nan "seallaidhean" agus a' cluinntinn nan "guthannan;" agus, rè na h-ùine sin, cha do labhair i umpa ri caraid no coimheach. Mu dheireadh, mhothaich i gum feumadh i a h-inntinn a leigeadh ri neach air choreigin. Roghnaich i mar a fear-dìomharais an duine aig piuthair a màthar, Durand Laxart, a thachair a bhith air aoigheachd an Domremi. Dh'iarr i air a toirt dhachaigh leis, agus a ràdh ri a h-athair agus a màthair gun do chuir a bhean fios oirre. Bha Laxart na dhuine còir, cothromach, agus bha aige tuathanachas beag dlùth do Vaulcouleurs. B' e ceannard-airm a' bhaile sin a bh' air òrdachadh do Jeanne a ruigheachd anns a' chiad dol a-mach. Dh'aontaich a caraid le mòr-thogradh ris gach nì a dh'iarr i air, agus, an ceann latha no dhà, thriall iad a-mach air an turas.

11

Bha a' mhadainn ciatach, agus òg-ghathan na grèine ag òradh nan rèidhlean agus nan slios. Bha gach stùc is mullach air an leth-fhalach le sgàile de cheò tana anns an robh an gorm, an donn, agus am buidhe, air am measgadh gu maiseach. Aig ìochdar a' mhonaidh bha a' choille mhòr dharaich a' sìneadh a-mach gu fada mar bhrat-ùrlair uaine, beartach. Cha do rinn ceòlraidh nam preas an cadal-maidne. Bha an lon-dubh, an smeòrach agus am brù-deargan le mòr-dheòthas a' taomadh a-mach an ceilearadh bòidheach, milis. Bha uiseag no dhà a' cur nam both dhiubh gu h-àrd anns na speuran, agus bha iomadh eun eile a' gabhail pàirt anns a' cho-sheirm èibhinn. Bha an driùchd a' deàrrsadh air gach sop is gagan mar shradagan drilseach daoimein. Rathad mòr cha robh ann no iomradh air a leithid, agus b' ann le socair agus faicill a dh'fheumadh luchd-dìollaid triall feadh nam monaidhean. Bha a' mhaighdeann agus a caraid a' conaltradh a h-uile uair a gheibheadh iad cothrom. An tràth a fhuair iad a' chiad sealladh de an ceann-uidhe, sheas iad a dh'aon togradh a ghabhail beachd air an dùthaich eireachdail a bha man timcheall.

"Tha cor brònach na Frainge air a leigeadh fhaicinn gu ro-shoilleir," deir Jeanne, "leis na thachair aig Blàr nan Sgadan—is e sin an t-ainm fon tèid an cath a-sìos an eachdraidh."

"Cha chuala mi facal mu a leithid de chath," fhreagair bràthair a màthar.

"Fhuair mise brath air an dòigh nach aithne dhuibhse. Is leòr dhuibh a chluinntinn gun do chuir Sir Iain Fastolfe le prasgan Shasannach an ruaig air armailt Fhrangaich. Is leòr gun d' fhuair na nàimhdean an cuid sgadain a dh'ionnsaigh an càirdean a tha o chionn ràithe a' cuartachadh baile Orléans. Is leòr i gum bheil spiorad agus misneach ar luchd-feachd-ne air tuiteam cho ìosal is gun cuir ceudan de shaighdearan Bhedford an teicheadh air mìltean dhiubh. Is muladach, gun teagamh, suidheachadh ar dùthcha."

"Am bheil fiughair agad gur comasach dhuitse cùisean a chur ceart?"

"Tha e comasach dhomh dèanamh mar a dh'iarradh orm leis an àrd-aingeal."

Air an ath latha chaidh Jeanne agus Laxart a dh'fhaicinn caiptean Vaulcouleurs. Rinn esan tàir air a taisbeanan, agus fochaid air a tograidhean.

"Cuir dhachaigh i, agus iarr air a h-athair a deagh sgiùrs-adh."

B' iad seo briathran sgallaiseach a' chaiptein.

"Tha e mar fhiachaibh orm dol a chum an Rìgh," thuirt a' chaileag bhochd, "agus feumaidh mi a ruigheachd ged a chaith-inn mo chasan gu ruig na glùinean. Is mòr bu docha leam," thuirt i a-rithist, "tàmh aig baile gu bhith a' fuaigheal agus a' calanas maille rim mhàthair. Chan i an obair seo mo roghainn, ach feumaidh mi dol ga dèanamh on as i sin toil mo Thigh-earna."

"Cò do thighearna?"

"Is e Dia!"

Bu dìomhain gach nì a b' urrainn Jeanne a ràdh. Chan fhaigheadh i modh no meas on chaiptean, agus b' èiginn dhi tilleadh dhachaigh. Bhuanaich i air co-luadar a chumail ris na h-aingil, agus bhuanaich iadsan air a dreuchd agus a dleasnas a chumail ma coinneamh.

Mu thoiseach an earraich, 1429, thill an nìonag a-rithist do Vaulcouleurs, agus chur i an cèill le mòr-dhùrachd gum feumadh i an Rìgh fhaicinn ro mheadhan a' Charghais. Mu dheireadh, ràinig a briathran sìmplidh cridhe a' chaiptein, agus gheall e dhi air fhacal gun toireadh e i an làthair an Dauphin. An uair a ràinig i a' chùirt bha i a-rithist air a coinneachadh le teagamhan agus amharais. Dhearbh na diadhairean on cuid leabhraichean gun robh i gu buileach air a mealladh.

"Tha tuilleadh an leabhar Dhè na an leabhar sam bith a th' agaibhse," fhreagair Jeanne gu mìn, ciùin.

Coma co-dhiù, fhuair i am fianais an Dauphin.

"A Dhauphin ghaolaich," labhair a' mhaighdeann, "is e as ainm dhomh Jeanne, agus chuireadh mi le Rìgh nan Nèamhan a chum is gun innsinn dhuibh gum bi sibh air bhur n-ungadh agus air bhur crùnadh aig baile Rheims. An sin bidh sibh nur fo-uachdaran aig Rìgh nan Nèamhan, an tì sin as e mar an ceudna Rìgh na Frainge."

An dèidh iomadh deasbad agus cath-labhairt chaidh aontachadh mu dheireadh gum faigheadh Jeanne air cheann an airm. Chaidh *état majeur*, no àrd-oifigich, a thoirt dhi, agus a chur fo a facal; agus chaidh a sgeadachadh leis gach cumhachd agus ùghdarras a bha dligheach agus feumail. Thuirt i gun robh claidheamh air a thìodhlacadh air cùlaibh na h-àrd-altair an eaglais a bh' anns a' choimhearsnachd, agus gum bu mhath leatha fhaighinn. Fhuaradh e mar a dh'innis i. Ged nach do chuir i riamh gu feum e, ghiùlain i leatha e, agus cha do dhealaich i tuilleadh ris. Chuireadh e an truaill de shìoda molach, crò-dhearg, a bh' air a dèanamh rìomhach le òr agus airgead. Dh'ullaich Bànrigh Shicili air a son armachd gheal, loinnearach, a' chuid bu phailte air a dèanamh de airgead. Bha a' chulaidh seo a' dealradh gu ciatach an gathan na grèine, agus a' còmhdach Jeanne o a mullach gu a bonn—*de toutes pièces sauve la teste*. Bha an dùthaich còmhnard mar chridhe na boise, agus bha an cruth boillsgeach seo ri fhaicinn fad mòran mhìltean air gach taobh. Bhiodh e a' cur an cuimhne a' phobaill na dealbhan a b' aithne dhaibh den àrd-aingeal Mìcheal, air an robh an rìbhinn òg seo cho eòlach. Chuir i uimpe èideadh fireannaich.

B' ann air an 27mh den Ghiblean, 1429, a bha crìoch air gach ullachadh, agus a theann Jeanne a-mach air cheann a cuid feachd a chum cobhair agus furtachd a dhèanamh air Orléans. B' e a h-aois aig an àm seachd bliadhna deug. Thugadh dhi inbhe seanaileir, agus bha na cuideachd mòran de shean-ailearan eile agus de chaipteanan. Bha ise air steud-each geal, agus a' giùlan brataiche air a dèanamh de anart grinn, geal, le oir shìoda. Bha innte mar shuaicheantas dealbh an t-Slànaigh-eir, agus, air gach taobh dheth, aingeal ga shleuchdadh fhèin an suidheachadh adhraidh. Thriall am feachd air aghaidh ri taobh na Loire gu Tours, agus às an sin gu ruig Blois. An seo dh'fheith-eadh beagan làithnean gus an tàinig biadh agus goireasan eile air an aghaidh.

Bha Jeanne a-cheana an dèidh atharrachadh iongantach a thoirt air beusan agus cleachdaidhean na h-armailte bige a bha fo a facal. Roimhe siud, cha robh mòran eòlais no aithne aice air dòighean no cleachdaidhean shaighdearan. Gidheadh, chaidh i a-mach agus a-staigh air am feadh gun fhiamh gun eagal, agus chronaich agus thoirmisg i iomadh amhlaireachd choirbte a bh' air am meas làn-cheadaichte do luchd-airm. Chuir i grabadh gu buileach air gach mionnan agus toibheum a bha thuige siud cho coitcheann, agus bha eadhon cuid de na h-àrd-cheannardan am feum bòideachadh air am *bâton*, o nach faodadh iad ainmean naomha a thoirt an dìomhanas. Bha an t-atharrachadh cho iongantach agus a bha e coileanta. A' boillsgeadh gu ciatach na h-èideadh airgid, bha Jeanne daonn-an air a h-ais agus air a h-aghaidh am measg nam fear colgarra, agus bha gach teanga neo-gheamnaidh tostach, balbh an uair a thigeadh i am fradharc. Cha robh sgàth sam bith oirre a thaobh a banalais. Mar a shiubhail an armailt air a h-aghaidh b' iad laoidhean agus ceòl naomh a bu chaismeachd dhaibh. Feachd a b' iongantaiche cha d' imich riamh air rathad—a cho-sheirm ghasta, na brataichean len croisean, agus an cruth dealbhach, sneachd-gheal ud am marcachd air a cheann. Chuir Jeanne a thaobh mòran de a saidealtas agus de a h-àillealachd, agus thug i seachad gach òrdugh agus àithne am briathran àrda, smachd-ail. Mar bu trice, bha i a' giùlan na brataiche le a làimh fhèin.

Mu dheireadh, chaidh Orléans a ruigheachd. Gu grad, fhuair a' mhaighdeann a-mach gun deachaidh a treòrachadh a-staigh don bhaile air rathad cùil, ged a bha fios agus cinnt aig a companaich uile gun robh i deònach air a bhith am bad nan Sasannach gun dàil mionaide. Cha robh an seo ach toiseach nan cuilbheartan a bh' air an cleachdadh leis na seanailearan a chum a h-oidhirpean a mhilleadh agus a thoirt gu neo-bhrìgh. Bha eud agus diomb air na seann laoich seo ri bhith gam faicinn fhèin air an tilgeadh gu taobh air tàillibh caileig fhaoin, bhathaisich, o na h-achaidhean còmhnard (*une péronnelle de bas lieu*). An e gun dèanadh ise an nì sin a dh'fhairtlich orra-san? Nighean an dubh-obraiche ga coimeas fhèin ri ridirean eireachdail a chaith am beatha an cleasachd nan arm! Bu thàmailte leotha i bhith idir nan comann.

Air an ath fheasgar an dèidh faighinn gu Orléans, chaidh Jeanne a-mach le buidhinn bhig an aghaidh aon de dhaing-nichean nan Sasannach. Chaidh i gu ìochdar a' bhalla, agus ghairm i air na nàimhdean teannadh gu grad air falbh mum biodh e tuilleadh is anmoch. B' e an fhreagairt a fhuair i sruth bras de chainnt spìdeil, neo-chneasta, agus cha robh ainm bu mhiosa na chèile nach deachaidh èigheach rithe.

Air feasgar na ciad Sàbaide, thachair nì comharraichte as fiach aithris. An dèidh na dìnnearach, leig Jeanne i fhèin na sìneadh a dhèanamh tacan cadail. Bha cuid de na h-oifigich eile nan cadal mar an ceudna, agus bha sàmhchair a' riaghladh feadh an taighe. Às a tonn-tàmha, leum Jeanne air a h-uilinn le clisgeadh agus eagal. Chaidh a dùsgadh leis na "guthanna" air an robh i cho eòlach.

"Tha e air iarraidh orm," deir ise, "dol a-mach an aghaidh nan Sasannach."

Uidh air n-uidh, thàinig i gu bhith na geal-fhaireachadh.

"Tha fuil ar saighdearan ga dòrtadh," ars ise; "cha d'innis a h-aon agaibh dhomh gun robh a leithid a' dol air aghaidh. Thoiribh dhomh mo chlaidheamh agus mo bhratach."

A-sìos an staidhir ghabh i, agus leum i le cabhaig air muin an eich a bha a-nis ga feitheamh aig an doras. Mharcaich i air falbh le a leithid de astar is gun robh cruidhean an eich a' cur teine às na clachan ged a bha a' ghrian fhathast gu math àrd anns an adhar. Na dèidh thàinig a cuid feachd cho luath 's a bha nan comas. Fhuaradh a-mach gun mhòran maille gun robh cùisean ceart a rèir an rabhaidh a thug na "guthannan" do Jeanne. Dh'fhalbh cuid de na seanailearan, gun fhios, an aghaidh nan Sasannach, agus iad an geall air buadhan na maighdinne a chur gu feum gun i fhèin a bhith an làthair. B' e am miann glòir a' chatha a ghlèidheadh uaipese, agus a ghlacadh dhaibh fhèin. Cha do shoirbhich leis an ionnsaigh seo dad na b' fheàrr na leis na h-ionnsaighean eile a thugadh le muinntir Orléans.

Mar a bha Jeanne a' rèiseadh a-sìos am bruthach—a bratach a' crathadh, agus a h-armachd gheal a' deàrrsadh—thachair i air na treun-fhir a' teicheadh dhachaigh, agus na Sasannach gu dlùth air an luirg. Bha an ruaig ga cur gu teth, bras, an rathad Orléans. Mar ioma-ghaoth nan speur ghabh Jeanne air a h-aghaidh, agus stad no maille cha do rinn i gus an do ràinig i balla na daingnich Shasannaich. Chuir na Frangaich mun cuairt, agus thill iad na dèidh. Thòisich an cath as ùr, agus bha e anabarrach dian, fuileachdach. Far am bu teotha an strì bha Jeanne daonnan ri a faicinn, a' cumail an àird a brataich àlainn, agus a' toirt earail agus misnich do a càirdean. Air a son fhèin, cha do tharraing i claidheamh, agus cha do bhuail i buille o thoiseach gu deireadh na strìthe. Chaill na Sasannaich an càil agus an sùrd. Bha iad a' mothachadh gun robh an oidhirpean air an lagachadh le cumhachd neònach nach b' urrainn iad a thuigsinn. Bha an spiorad a' fàillingeachadh ceart mar a bha spiorad agus càil nam Frangach air an ùrachadh. Mun deachaidh a' ghrian fodha, bha an daingneach air a glacadh, agus bha na bh' air mhaireann de na nàimhdean air an cur fo ghlais agus fo iuchair am baile Orléans. Air an latha a-màireach chaidh daingneach eile a thoirt gu talamh, agus mar sin aon an dèidh aoin, gus an robh Orléans air a shaoradh o làmhan nan Sasannach.

Mhair an sèisteadh o thoiseach gu a dheireadh rè sheachd mìosan, ach chuir Jeanne crìoch air an ochd làithean. Is cleachdadh fhathast le muinntir a' bhaile coinneamh a ghlèidheadh gach bliadhna air an ochdamh latha den Chèitean, agus an taingealachd a chur an cèill airson mar a theasairg Dia an athraichean an 1429. An dèidh na buaidh iongantaich ud, fhuair a' mhaighdeann ainm ùr. Bha muinntir a' labhairt uimpe tuilleadh, cha b' ann mar Jeanne d'Arc ach mar La Pucelle d' Orléans.

Bha na seanailearan toileach fuireach car tamaill anns a'
bhaile, ach chan fhòghnadh sin le Jeanne. Bha a dhìth oirre
tilleadh gu grad a dh'ionnsaigh an Dauphin, agus fhaighinn air
aghaidh gu Rheims, far an robh e ri bhith air a chrùnadh.
Chaidh tilleadh mar a dh'iarr i. An seo a-rithist bha gach
cùirtear agus neach eile a' comhairleachadh dàil. Mu dheir-
eadh, chaidh aontachadh gu gluasad, agus chaidh Gien, Troyes,
agus àireamh de bhailtean mun cuairt a ghlacadh agus a thoirt
fo cheannsal. Fhuair am feachd buadhmhor air aghaidh gu ruig
Rheims; agus, mar a bha e a' siubhal tro shràidean a' bhaile sin,
bha Jeanne a' marcachd ri taobh an Dauphin. Bha gach sùil air
a' chruth dhreachmhor, gheal a bha a' giùlan na brataiche, agus
bha boireannaich a' cruinneachadh mun cuairt dhi a chum is
gum faigheadh iad iomall a h-aodaich a phògadh. Cho luath is a
bha gach ullachadh dèanta, chaidh an Dauphin a chrùnadh leis
gach greadhnachas agus mòralachd a bha iomchaidh agus
dligheach.

Bhrùchd an sluagh a-staigh às gach ceàrn a dh'fhaicinn nam
modhannan iongantach agus a bheachdachadh air na trusg-
anan eireachdail leis an robh an luchd-dreuchd air an
sgeadachadh. Am measg mhìltean eile, thàinig dàimhich
Jeanne chum a' bhaile—a h-athair agus a dà bhràthair. Bha am
poball làn dealais agus aoibhneis, agus bha biadh agus deoch air
an taomadh a-mach gun sòradh. Mun d' fhàg athair Jeanne
Rheims, thugadh dha, le àithne an rìgh agus a luchd-comhairle,
barantas laghail nach rachadh cìs no càin a thogail gu bràth
tuilleadh ann an sgìreachd Domremi. Chaidh an t-sochair a
mhealtainn a-nuas tro na linntean gus an tàinig Aramach na
Fraing.

<h2 style="text-align:center">III</h2>

Aon uair is gun deachaidh an crùn mu cheann an rìgh,
mhothaich Jeanne gun robh a h-obair agus a dleasnas air
tighinn gu crìch, agus air an coileanadh. Bhuanaich na "guth-
annan" agus na "seallaidhean" air tighinn ga h-ionnsaigh, ach
cha robh na seòlaidhean a bha iad a' toirt seachad cho rèidh no
cho soilleir is a b' àbhaist dhaibh a bhith.

"Ò, Rìgh ghaolaich," thuirt i, "tha ceann is crìoch air mo

shaothair, agus b' fheàrr leam gum faodainn tilleadh do Dom-remi. Ach tha slighe eile air a comharrachadh a-mach dhomh, agus feumaidh mi a leantainn gus an òirleach mu dheireadh."

An ceann trì làithean theann an Rìgh air falbh a chum seilbh a ghabhail air Paras. Fhuair e fàilte agus furan o gach baile tron robh e a' siubhal, agus cha robh neach a thuirt facal na aghaidh. Aig Château-Thierry thàinig Teàrlach agus Diùc Bhurgundi gu còrdadh airson fosadh-còmhraige rè chòig là deug, agus gheall an Diùc gun liùbhradh e thairis Paras aig ceann na h-ùine sin. Cha do thaitinn an cùmhnanta seo ri Jeanne, oir thuig i sa mhionaid gur e bh' aig an diùc anns an amharc ùine fhaighinn a chum tuilleadh feachd a chruinneachadh. Bha i ceart na barail. Mìosan an dèidh siud thog an obair an fhianais.

B' ann mun àm seo a chaill i a claidheamh—am ball-airm sin a ghiùlain i anns gach cath a chuir i, ged nach tug i riamh e às an truaill an aghaidh duine. Air latha sònraichte, thàinig i gun fhios air droch bhoireannach am measg nan saighdearan. Ghabh Jean a leithid de chorraich agus gun do bhuail i an creutair dona le bas a' chlaidheimh. Bhris e na sgealban, ceart mar a dhèanadh slat de ghlainne. Chuir an tachartas seo dragh agus smalan air inntinn na maighdinne. Ar leatha gum bu dhroch mhanadh e, agus gun do chaill i, maille ris a' chlaidh-eamh, mòran de a seòltachd agus de a cumhachd.

Cha robh am fosadh-còmhraige agus an dàil a' tighinn ro mhath ri càil Jeanne, agus, an ùine gun a bhith fada, thàinig crìoch air a foighidinn.

"*Beau duc*," thuirt i air madainn àraid ri aon de na sean-ailearan a bha càirdeil rithe, "ullaich an trup, agus faigh do chaipteanan an òrdugh. *En mon Dieu, par mon martin*, tha mi a' cur romham dèanamh air Paras gun an còrr fuirich."

Cha ghabhadh i bacadh. Chaidh falbh le cabhaig, chaidh Paras a ruigheachd, agus chaidh geata St. Honoré a ghlacadh mun d' fhuair na Sasannaich dol nan tarraing. Air an taobh a-staigh den gheata bha clais leathann, dhomhain, làn uisge. Cha robh fios aig Jeanne air seo ro làimh, agus b' èiginn dhi tilleadh air falbh a chum ullachadh feumail a dhèanamh gu faighinn thairis. Mar a bha i a' dol air a h-aghaidh air an là a-màireach, thàinig teann-sparradh on Rìgh nach robh i ris an còrr dragh a chur air Paras, ach gum feumadh i dol air a h-ais do St. Denis, far an robh e fhèin. Bu dìomhain don mhaighdinn a chur an cèill gun robh an ceann-bhaile furasta a ghlacadh, agus gun dèanadh aon oidhirp threubhach, dhiongmhalta a chur an làmhan Theàrlaich. B' e an t-òrdugh rìoghail gun robh i ri tilleadh do St. Denis, agus cha robh tuilleadh ri ràdh no ri dhèanamh.

B' e tilleadh a bh' ann, agus bha sin fada an aghaidh miann agus inntinn Jeanne. Thug e uaipe mòran de a misnich—bha a cridhe air a mheatachadh. Am b' ann an-asgaidh a bha gach ionnsaigh a thug i air a dùthaich agus a cinneach a shaoradh agus a theasairginn o chumhachd nan nàimhdean? Bu choltach gum b' ann. Bha aon nì sònraichte a' toirt dhi sòlais agus cofhurtachd. A dh'aindeoin cò theireadh e, chaidh Teàrlach a chrùnadh aig Rheims! Bha i fhathast air a tathaich le "guth-annan" agus "seallaidhean," agus bha iad seo ga seòladh gus an strì a chumail air a h-aghaidh, gun lasachadh, gun mhaille.

Ged a bha an Rìgh daonnan a' cur ìmpidh oirre fois a ghabh-ail agus foighidinn a chleachdadh, cha do sguir e riamh de bhith a' nochdadh dhi gu pearsanta gach coibhneas agus deagh-ghean. Thug e dhi taigh mòr, eireachdail, le greighean sheirbh-eiseach—mar a fhreagradh do àrd-sheanailear. Thug e dhi, mar an ceudna, cleòca àlainn òir, a' fosgladh air an dà chliathaich, gu bhith air a chaitheamh thairis air a h-armachd. Cha robh meas no modh a ghabhadh toirt do bhan-diùc nach tug e dhi, agus bha e a' nochdadh gu soilleir gun robh e na comaine airson a h-oidhirpean foghainteach às a leth fhèin agus a luchd-leanmhainn. Gidheadh, bha e a ghnàth a' diùltadh gu snasail, cùirteil gach aslachadh a bha i a' dèanamh a chum an cogadh a chumail air aghaidh. B' ann air èiginn a fhuair i a chead gu dol a-mach a chum St. Pierre-le-Moutier a bhuntainn o làmhan nan nàimhdean.

Dè a their mi mu na h-euchdan a rinn Jeanne aig a' bhaile seo? Chan urrainn mi nì a ràdh ach gun robh iad anabarrach agus mìorbhaileach. Cha do shoirbhich ro mhath leis a' chiad ionnsaigh a thug i fhèin agus a feachd, agus bhrùchd na treun-fhir air an ais—nan ceudan agus nam mìltean. Bha Jeanne cho dlùth don daingnich is a b' urrainn dhi faighinn, agus mu dheireadh cha robh leatha ach còignear no sèathnar a dh'fhuirich dìleas dhi. Dh'èigh neach-eigin rithe teicheadh le a beatha. Thug i dhith a clogaid, agus fhreagair i nach falbhadh i gus am faigheadh i seilbh air a' bhaile. Bha a dhìth oirre maidean agus connadh a thional a chum gun lìonta an dìg a bha mun cuairt don bhalla. Ma mhothaich i gun robh i ach beag na h-aonar, cha d' thuirt i smid ma dhèidhinn.

"Drochaid, drochaid," dh'èigh i; "*aux fagots et aux claies tout le monde!*"

B' ann dìomhain a bha gach earail gu i a theicheadh.

"Tha agam fhathast," ars ise, "leth-cheud mìle fear; obraicheamaid uile mar nach d' obraich sinn riamh roimhe."

Bha guth a beòil mar fhuaim thrompaid airgid, agus bha a gnùis air lasadh le àrd-dhealas. Làn faiteachais, tha eachdraidh ag innseadh dhuinn gun tug Jeanne a-mach Pierre-le-Moutier na h-aonar. Is e as fheàrr leinn a chreidsinn gun do thill an armailt a ghabh an ratreut, agus gun tug i cuideachadh feumail seachad. Eadhon aig an sin, tha a' chùis ach beag cho iongantach is a bha i roimhe, agus chan urrainn sinn a ràdh ach gun robh i mìorbhaileach.

Bha St. Pierre-le-Moutier air a ghlacadh don Rìgh. Gun dàil bha an ceòl air feadh na fìdhle. Chunnacas gu soilleir gum faodadh Paras a bhith air a chosnadh nan d' fhuair Jeanne cumail air a h-aghaidh, agus cha b' àm e do na Sasannaich gu cadal air an ràimh. Bha Diùc Bhedford a' siubhal air feadh na dùthcha mun cuairt, agus e a' creachadh agus a' losgadh, gun truas gun mheachainn. Bha e a' glacadh air an ais mòran de na bailtean a thugadh uaithe le Jeanne. Seo rinn e, agus bha Rìgh Teàrlach na thàmh—a' cur seachad na h-ùine gu sòghmhor, sunndach am measg a chùirtearan miodalach. Bha a ghiùlan agus a dhol a-mach a' cur mòr-champar air a' mhaighdinn, agus ga toirt ach beag gu eu-dòchas. Mu dheireadh chuir i roimpe a' chùis a ghabhail na làimh fhèin.

Gun fhacal a ràdh ri duine, dh'fhàg i an caisteal. Bha buillsgean a' chogaidh a-nis aig Melun, agus bha am baile sin air a bhagradh gu searbh leis na Sasannaich. Cha robh a' chuideachd a dh'fhalbh le Jeanne ro lìonmhor—cha robh annta ach àireamh bheag—ach nam measg bha a dà bhràthair. Thug na "guthannan" a-nis dhi rabhadh gum biodh i air a glacadh agus air a dèanamh na prìosanach uaireigin ro Là Fhèill Eathain. Rinn i aon ùrnaigh eagalach gun leigeadh Dia leatha bàs fhaghail an uair a rachadh a toirt am bràighdeanas. Don athchuinge seo cha d' fhuair i freagairt. Chuala i gun robh Compiègne an geàrr-chunnart.

"J'irai voir mes bons amis de Compiègne," thuirt i.

Ràinig i, agus an toiseach chaidh leatha gu math. Ar leatha gun toireadh i buaidh a-mach ach ion is na h-aonar, ceart mar a rinn i aig St. Pierre-le-Moutier. An uair a bha a choltas oirre gum bu leatha gun teagamh cliù an latha, ghabh earrann de a cuid feachd eagal agus giorag gun robh iad a' dol a bhith air an cuartachadh. Theann iad air an ais an deannaibh nam bonn. Fhuair na nàimhdean chìocrach iadhadh mu Jeanne.

"Rendez vous," ghlaoidh iad gu feargach, a' caitheamh oirre iomadh ainm gairisneach, breugach. Rinn ridire sònraichte greim air cirb a cleòca, agus spìon e i far an eich. Bha i a-nis gu tur am mèin a cuid nàimhdean. Bha i air a trèigsinn leis na cladhairean a bha i thuige seo a' treòrachadh. An robh i air a trèigsinn, mar an ceudna, le cumhachdan nan nèamhan? Mun toir sinn breith luath, lochdach mun ghnothach sin, feumaidh sinn a chuimhneachadh nach d' thuirt na "guthannan" riamh rithe—"Rach agus dèan cobhair air Compiègne." Thàinig i a-mach don chath seo gu buileach os a làimh fhèin, agus gun ghealladh sam bith ach gum biodh i air a glacadh ro Là Fhèill Eathain.

IV

Mar fhalaisg ris na slèibhtean casa, ruith an naidheachd air feadh na Frainge agus Shasainn gun robh a' "bhan-bhuidseach" air a toirt fo cheannsal. Bha sòlas, sùgradh agus aighear an cùirt Rìgh Eanraig VI. Cha lèir dhuinn mòran de threubhantas no de uaisle anns a' ghiullachd a fhuair Jeanne o a nàimhdean, aon uair is gun d' fhuair iad greim oirre. Chaidh a glacadh mar sheanailear air ceann a cuid feachd. Bu phrìosanach-cogaidh i. Anns na linntean a b' aineolaiche agus bu bhuirbe bha a leithid sin de phrìosanach saor o chunnart a bheatha. Bha e riamh air a thuigsinn gum b' fhiach e tuilleadh beò na marbh—theagamh gum faighte èirig mhath air a shon no gun leigte prìosanaich eile mu sgaoil na iomlaid. B' ann cruaidh-chridheach thar coimeis a bha an càramh a thugadh do Jeanne.

B' e ùmpaidh Frangach a ghlac i; ach, an dèidh a toirt o dhaingnich gu daingnich, chaidh mu dheireadh a liubhairt thairis do làmhan nan Sasannach. Uathasan cha b' ion fiughair a bhith ri mòran iochd no ceanail. Dhruid iad i a-suas am prìosan duaichnidh Rouen. Chaidh buntainn rithe air dòigh nach robh gu cliù nan Sasannach. Ceart mar a rinneadh air Baintighearna Bhochain le Eideard I, chaidh a cur a-staigh do chrò iarainn, a ceangal eadar làmhan, chasan agus amhaich ri posta làidir, daingeann ionnas nach b' urrainn dhi carachadh no amharc a-nunn no a-nall. Chaidh còignear de shaighdearan borba Sasannach a chur a-staigh don aon seòmar rithe a chum freiceadan a dhèanamh oirre a latha agus a dh'oidhche. Theagamh gum b' e seo am peanas bu mhiosa a bh' aice ri fhulang, oir, na cadal no na faireachadh cha robh i mionaid à sealladh nam fear seo rè thrì mìosan.

Aon uair is gun deachaidh a toirt gu deuchainn air beulaibh nam breitheamhnan chaidh a leigeadh a-mach às a' chrò, ged a bha i daonnan ceangailte air chois ri casan a leapa. Ach, car aon tiota, cha d' fhuair i à fianais nam fear-faire gus an latha san deachaidh crìoch air a beatha. Is dòcha gun robh a' ghiullachd seo co-shìnte ri spiorad dìoghaltach nan Sasannach. Cheannaich iad Jeanne o na Frangaich a ghlac i airson sè mìle franc —an t-suim a rachadh a phàigheadh airson àrd-phrionnsa. Bha iad a' cur rompa gum biodh luach am peighinn aca. Bha iad air an gluasad leis an spiorad a bha an Shylock.

Bha tuill air an dèanamh am ballachan an t-seòmair trom biodh na seanailearan agus na tighearnan ag amharc oirre gun fhios dhi. Gu minig bhiodh a' chòignear fhear ud a bha daonnan na cuideachd ri spòrs agus fanaid, agus a' toirt dhi gach mìmhoidh agus maslaidh a ghabhadh toirt do chaileig. Cha b' ann gun deagh adhbhar a lean i ri aodach fireannaich. Eadhon an uair a bha i ro-thinn—ri cluais bàis—air tàilleibh mìr de iasg mìfhallain a thugadh dhi, cha d' fhuasgladh a casan agus cha tugadh boireannach gu frithealadh dhi. Bha gach frithealadh air a dhèanamh leis na saighdearan fiadhaich, mì-chneasta ud.

Carson a chaidh càramh cho aingidh, neo-bhàidheil a thoirt don mhaighdinn mhì-fhortanaich—nìonag mhàlda nan naoi bliadhna deug? Chaidh a chionn gun robh eagal agus uamhann air feachdan Shasainn roimpe, agus gun do dhiùlt iad, às is às, carachadh no gluasad à Calais gus an rachadh cur às dhi.

Mu dheireadh chaidh a toirt gu a deuchainn. B' e talla a' bhreitheanais caibeal a' Chaisteil an Rouen, agus, air a' chiad latha, b' e àireamh nam breitheamhnan dà fhichead. Bha iad uile àrd an inbhe agus am foghlam—easbaigean, oideachan-oilein agus an leithidean sin. Dè an cothrom a bh' aig caileig nan naoi bliadhna deug, a bha buileach aineolach a thaobh eòlas litreach, an aghaidh na h-uiread seo de chiad sgoilearan na Roinn Eòrpa? Rè shè làithean bha i air a dlùth-cheasnachadh le fear mu seach o mhoch gu dubh. Cha robh seòltachd no innleachd nach do chleachdadh a chum a ribeadh agus a milleadh. Fhreagair i gach ceist gu sìmplidh ach, gidheadh, gu cùirteil, agus cha b' urrainnear cearb facail fhaighinn oirre. Riamh cha do ghabh i giorag no breisleach; agus ar leam gun robh a giùlan an staid a h-irioslachaidh mòran na b' iong-antaiche agus na bu mhìorbhailiche na bha e an uair a bha i aig àird a cumhachd agus ri cath agus strì air cheann na marc-shluaigh.

Cha deachaidh cùis-dhìtidh sam bith a leughadh a-mach na h-aghaidh, ach bha e air a thuigsinn gun robh iomadh droch-bheart air a chur às a leth—breugan, toirt an t-sluaigh air seachran, fiosachd agus gisreagan, mealltaireachd, toibheum an aghaidh Dhè, buidseachas, iodhal-adhraidh, co-luadar ri deamhain, agus trèigsinn an fhìor chreideimh. B' e suim agus brìgh nam freagairtean a bh' air an toirt seachad le Jeanne gun robh i a' làn-chreidsinn san Eaglais a-bhos, ach, a thaobh a dèanadais agus a briathran, gun robh i a' toirt gèill agus ùmh-lachd do Dhia a-mhàin; nach sguireadh i de bhith a' caitheamh aodaich fireannaich gus am faigheadh i àithne o a Tighearna —uaithesan a dh'iarr oirre an toiseach a leithid sin de sgeadach a ghabhail; nach do rinn i toibheum riamh an aghaidh Dhè no a chuid naomh; nach robh aice ri ràdh mu dhèidhinn nan "guthannan" agus nan "seallaidhean" a bh' air an deònachadh dhi ach gun robh a comann gu minig ris an aingeal Mìcheal agus ris na naoimh Caitrìona agus Mairearaid. Thuirt i nach b' urrainn i an còrr freagairt a thoirt seachad ged a shlaodadh iad a corp às a chèile eadar eachaibh no ged a thilgeadh iad beò i an teine lasrach.

Bha an deuchainn agus an ceasnachadh seo air an dèanamh gu follaiseach—am fianais gach neach a thogradh dol a dh'èisteachd. Bha clèirich an làthair, agus chum iad cunntas air gach nì a chaidh a ràdh agus a dhèanamh. Bha a' chùirt air a suidheachadh, cha b' ann airson ceartais, ach airson na Sasannaich a thoileachadh le Jeanne a dhìteadh. A dh'aindeoin an cuid chuilbheartan, cha robh nan comas cearb fhaighinn oirre, agus chaidh an deuchainn fhollaiseach a thoirt gu crìch. B' e beachd nan uile aig an robh inntinnean fosgailte nach do nochd Jeanne dad de nàdar uilc ach gur ann a nochd i, mur e nàdar aingil, co-dhiù nàdar maighdinn bheusaich, chaomhail, a chum i fhèin buileach glan—gun smal on t-saoghal.

Ged nach b' urrainn na breitheamhnan coire sam bith fhaighinn innte, cha robh nam beachd idir a leigeadh mu sgaoil. Mar thachair do Phìleat, bha eagal an t-sluaigh orra, eadhon eagal nan Sasannach. Chaidh a rùnachadh, uime sin, gun rachadh a cur air a deuchainn a-rithist—an turas seo gu dìomhair anns an t-seòmar bheag a bh' aice sa phrìosan. Rè shè làithean cianail, fadalach, chaidh an ceasnachadh air aghaidh aon uair eile. Chaidh ascaoin agus mallachd na h-Eaglais a bhagradh, a-rithist agus a-rithist, air an nìonaig eireachdail mur aidicheadh i gum b' ann o ifrinn agus nach b' ann o nèamh a bha na "guthannan" agus na "seallaidhean" san robh i a' cur na h-uiread de ùidh. B' fhaoin da-rìreadh mòran de na ceistean a bh' aice ri fhreagairt. Chan urrainn mi ach aon no dhà a thoirt seachad mar eisimpleir air an iomlan. Bha e air a shìor-fharraid dè an àirde bh' anns an aingeal Mìcheal; dè cho fad 's a bha fhalt; an robh sgiathan air, agus dè a' chuma a bh' orra; dè an trusgan a bha uime, agus dè a bha e a' giùlan ma cheann. A' chuid bu mhò dhiubh seo dhiùlt i a fhreagairt, do bhrìgh nach robh gnothach aca ris na ciontan a bh' air an cur às a leth. Dh'ainmich i, co-dhiù, gun robh aige ma cheann crùn òir a bha anabarrach bòidheach agus luachmhor. Chrìochnaich an ceasnachadh dìomhair amhail mar a rinn am fear follaiseach

—gun nì sam bith a bhith air a dhearbhadh an aghaidh Jeanne a bha a' toilltinn peanais.

An robh na Sasannaich a-nis riaraichte? B' iad nach robh. Dh'fheumta a' chaileag bhochd a chur air a deuchainn as ùr. Thòisich an ceasnachadh a-rithist—an uair seo an talla mòr a' chaisteil—agus mhair e o dheireadh a' Mhàirt gu toiseach a' Chèitein. A-rithist fhreagair Jeanne gach ceist air mhodh a chur gu amhladh na breitheamhnan a b' àirde am foghlam agus an seòltachd, agus a thug air prìomh chlèireach na cùirte sgrìobhadh gu minig an dèidh bhriathran na maighdinne— *Responsio Johannae superba*. Mu dheireadh, dhiùlt i an còrr a ràdh, agus chaidh am mòd mu sgaoil.

V

Eadhon fhathast, cha do strìochd cumhachdan Shasainn, agus chaidh teannadh ri innleachdan a dheilbh airson dearbhaidhean eile a chur air seasmhachd na maighdinne. An àite-mhargaidh chaidh sgàlan-losgaidh a thogail, an connadh air a chàramh gu sgoinneil, deas, ullamh gu dol ri bhuidealaich cho luath sa gheibheadh e an t-sradag. Bha àite na h-ìobairt air a dheagh-uidheamachadh. Cò a bha ri ìobradh? Am b' i maighdeann mhaiseach nam feartan agus nam buadh? Bha mìltean sluaigh cruinn, air an tarraing astair fhada às an dùthaich mun cuairt. Nan suidhe air cathraichean àrda, le cleòcanna àlainn bha na breitheamhnan gruamach, neobhàidheil—dà fhichead 's a dhà dhiubh. Thàinig fosadh air a' chuideachd an uair a chunnacas a' tighinn air aghaidh an carbad cuglach a bha a' giùlan na h-ighinne mhòthair, shìobhalta a dh'fheumta a dhìteadh a dheòin no dh'aindeoin. Shearmonaich aon de na pearsachan-eaglais gu snas-bhriathrach, fileanta. Thug e rabhadh do Jeanne mur h-aidicheadh i gur ann o Shàtan a bha na "guthannan" a bha a' labhairt rithe gum biodh i am mèin a bhith air a losgadh air an sgàlan ud, agus, an dèidh a bàis, nach robh leaba a' feitheamh oirre ach teine ifrinn.

Aig deireadh na searmoin, thòisich an ceasnachadh. Bha Jeanne an àmhghar agus an cruaidh-chàs. Bha a spiorad air a shàrachadh agus air a chlaoidh. Bha i air a trèigsinn leis an

Rìgh, leis an arm, agus leis an t-sluagh don do choisinn i fuasgladh agus saorsa o chuing an nàmhaid. Bha i a rèir coltais air a trèigsinn le cumhachdan nam flaitheas—leis na h-aingil agus na naoimh dom b' àbhaist tighinn a chum a misneachaidh. Cha robh sùil ri fhaicinn a bha a' gabhail truais dhi, agus cha robh làmh sìnte a chum cobhair a dhèanamh oirre. Bha i a' saltairt an amair-fhìona na h-aonar, agus cha b' iongnadh a h-anam a bhith air a leagadh a-sìos fo dhìobhail misnich. Bha a nàimhdean ag iadhadh gu dlùth ma timcheall, agus, ged a shaor i daoine eile, i fhèin a shaoradh cha b' urrainn dhi. B' ann fo a shamhail seo de shuidheachadh a bha eadhon Slànaighear an domhain air a cho-èigneachadh gu èigheach a-mach agus fharr-aid le mòr-dhoilgheas cuime thrèigeadh E.

Am b' iongnadh gun do bhris Jeanne bhochd a-sìos an uair a theannadh aon uair eile ri a ceasnachadh? Thuirt i gun robh i toileach anns gach nì a bhith air a stiùireadh leis an Eaglais, agus gun cuireadh i uimpe aodach boireannaich gun tuilleadh dàlach. Air a' bhonn seo fhuair i às le a beatha. B' i a' bhinn a thugadh a-mach nach robh i ri a losgadh, ach ri a cumail ri maireann am prìosan daingeann, air aran agus uisge.

"A mhuinntir na h-Eaglaise (*gens d'Église*)," thuirt i, "thoiribh mi do bhur prìosan fhèin, agus na fàgaibh mi nas fhaide an làmhan nan Sasannach."

Bha a dhìth oirre faighinn air falbh on t-slabhraidh iarainn agus o chomann piantach a luchd-coimhead. Chaidh innseadh dhi gum bu nithean sin nach gabhadh dèanamh, agus gum b' ann an làmhan nan Sasannach a dh'fheumadh i fuireach.

Chuir i uimpe deise boireannaich, ach cha b' fhada a rinn i a mealtainn. Air an ath latha b' aithreach leatha gun do ghèill i do luchd a geur-leanmhainn. Carson a rinn i an nì mì-cheutach seo gun chead iarraidh no fhaighinn o a "guthannan?" Gun dàil thill i air a h-ais a dh'ionnsaigh na culaidh a bha mar fhiachaibh oirre a chaitheamh le àithne nan naomh agus nan aingeal.

Fhuair na Sasannaich seo a-mach. An còrr fathamais cha robh ri thoirt dhi. Air an 30mh den Chèitean, 1431, chaidh a giùlan a-rithist do mheadhan na sràide, agus bha sluagh ana-barrach mòr an làthair. An uair a chunnaic i an connadh thàinig tiomadh air a h-anam.

"Cha deachaidh mo chorp riamh a thruailleadh, ach tha e an-diugh ri bhith air a losgadh gu luaithre."

Mar seo dh'èigh Jeanne bhochd agus a corp agus a spiorad a' criothnachadh agus a' fàillingeachadh.

"B' fheàrr leam," thuirt i a-rithist, "an ceann a bhith air a chur dhìom seachd uairean na bhith aon uair air mo losgadh. Tha mi a' togail mo chùis gu Dia an aghaidh na h-eucoir a th' air a dèanamh orm."

Chaidh an leus a chur ris a' chonnadh, agus, an ùine ghoirid, bha an toit dhòmhail, dhubh a' dorchachadh an adhair. Dh'iarr i crois a thoirt a-mach às an eaglais a chum is gum biodh a sùil oirre mar a bhiodh i a' dol gu bàs. Chaidh seo a dhiùltadh dhi; ach ghlac aon de na saighdearan Sasannach sgonn de shlait, bhris e i ri a ghlùn na dà leth, agus cheangail e an dà mhìr gu cabhagach ri chèile. Chaidh a' chrois seo a chumail suas mu choinneamh na caileige mar a bha na lasraichean ga cuart-achadh. Chualas i gu tric a' gairm air Ìosa; agus, leis an ainm naomh seo air a bilean, thug i suas a spiorad. Thuirt Iain Tressat, fear-ionaid Rìgh Shasainn—"Tha sinn uile caillte, oir loisg sinn ban-naomh!"

Fhuair na Sasannaich an toil, agus a-nis dh'fhaodadh am feachdan dol air an aghaidh. Cha robh mòran buaidh leotha an dèidh a' ghnìomh chiorramaich ud; agus, mar a dh'innseadh ro làimh leis a' mhaighdinn, chaidh an sgiùrsadh gu h-ealamh a-mach às an Fhraing.

An ceann fhichead bliadhna, chaidh cùirt ùr a chur air bonn airson fìor chliù na maighdinne fhaighinn a-mach. Cha robh buaidh na b' fhaide aig na Sasannaich thairis air na Frangaich, agus dh'fhaodadh ciall, ceartas agus onair an guthannan a thogail. Bha cuid de na breitheamhnan marbh, ach bha mòran dhiubh fhathast air mhaireann. Chaidh gathan de sholas dealrach a thilgeadh air beatha agus giùlan Jeanne o a breith gu a bàs, agus cha robh ri fhaicinn ach caomhalachd, banalas, bàidhealachd agus eireachdas. Chaidh a chur a-mach à teag-amh gun d' fhuiling i gu neo-chiontach; agus, a bharrachd air a beatha bhith ionraic, gur i a bha na meadhan air an Fhraing a theasairginn o chumhachd nan Sasannach. Chaidh a h-ainm agus a cliù a ghlanadh o gach sgleò agus smal, ach bha e eu-comasach am marbh a thoirt beò. Chaidh a bràthair a dhèanamh na ridire, agus chaidh a càirdean fhiosrachadh le iomadh meas agus urram. An dèidh Aramach na Frainge, is beag gun robh baile anns nach deachaidh carragh a chur a-suas mar chuimhneachan air a' mhaighdinn.

Thug mi seachad am briathran aithghearr eachdraidh iongantach Jeanne d'Arc. Is alladh gun chliù am feast air baile Rouen gum b' ann an taobh a-staigh de a bhallachan a chuireadh i gu bàs. Is e an t-ionad san robh i air a cumail an cuibhreach Gethsemane na Frainge, agus is e an t-àite san do losgadh i Calbhari na h-àird an iar. Bidh a luchd-dìtidh air an cumail air chuimhne mhaireann sa cheart rathad sam bheil Caiaphas, Herod, agus Pìleat.

Rob Ruadh MacGriogair

Dòmhnall MacCalum

Chan eil mi cho amaideach is gum bheil mi an dùil, ann a bhith a' sgrìobhadh nam briathran seo mu thimcheall Roib Ruaidh, gum bheil mi a' cur clach na chàrn. Cha bhiodh sin ach mar gum fàgadh faoileann slige-ghuileig air mullach beinne. Tha ainm, mar-thà, cho dealrach; a ghnìomhara cho iom-raiteach; a chliù cho sgaoilte is nach dèan moladh a thogail suas, no càineadh a leagail sìos.

Is e a b' àill leam, math rim cho-luchd-turais, ar n-anail a ghabhail car mionaid ri taobh an ròid gu bhith a' gabhail sonas na àileachd, iongnadh na threunachd, misneach na bhuaidh.

"Labhraidh na mairbh." 'S e seo a tha Rob Ruadh na bheatha ag ràdh: "Is iad àmhgar, cruaidh-ghleac, ìobairt, rongaisean an fhàraidh air an èirich anam gu glòir."

Am measg nan daoine mòra a thug glòir do Albainn tha dà Rob—aig na Goill, Rob Burns, am bàrd; aig na Gàidheil Rob Ruadh, an curaidh. Agus chan ann airson gum bheil e air dheireadh air ann am mòrachd a tha cuimhne Roib Ruaidh air a leigeil bàn, am feadh a tha cuimhne Roib Burns air a chumail uaine; ach do bhrìgh gur ann am facal a bha Rob Burns mòr, am feadh as ann an gnìomh a bha Rob Ruadh mòr. Tha fios aig an t-saoghal nach eil uiread oilbheum ri fhaotainn ann an gèiread facail agus tha ri fhaotainn ann an cudrom gnìomh. Bithidh

Maois sàbhailte gu leòr cho fada 's nach dèan e ach labhairt an aghaidh an droch mhaoir Èiphitich; ach an uair a mharbhas se e, agus a dh'fhalaicheas e a cholainn sa ghainmhich, thèid a bhrath don tighearna leis an Israeleach a shaor e, agus feumaidh e teicheadh le bheatha don fhàsaich.

Ann a bhith a' labhairt air Rob Ruadh, buinidh dha samhladh mòr. Air an adhbhar sin, gabhaidh sinn a' bheinn a dhealraicheas a' ghrian air a h-aghaidh, am feadh a bhitheas na slèibhtean mun cuairt air an slugadh suas sa cheò luasgaich.

Ann am mòrachd stèidh na beinne sin feuch mòrachd an dream on d' èirich ar curaidh. Tro na linntean cèin gun àireamh tha an cinneadh dom buineadh e air am faotainn cruaidh, fallain, treun mar a' chraobh-ghiuthais as suaicheantas dhaibh, a dh'aindeoin stoirm, fòirneart, beum-slèibhte mollachaidh, tuil làmhachas-làidir, as tric a thàinig orra, agus, le còir a' chlaidheimh, an aghaidh sgrios nam banna-sgrìobhta rìoghail, a' glèidheil an oighreachd, mar a fhuair siad i on athraichean, a chum is gum biodh an sliochd beò san tìr. "Cnuic is sluic is Artaraich, ach càit an d' fhàg thu Ailpeanaich." Chan eil e air iarraidh oirnn ar sinnsearachd a thaghadh; ach tha e am fiachaibh oirnn a bhith dìleas do chliù ar n-athraichean, agus a bhith a' leanail dlùth nan ceum. Nar cùrsa sa bheatha seo, bitheadh e air aithneachadh oirnn gur iad na Gàidheil threun air nach cuireadh nàmhaid cuing, nach trèigeadh caraid, a bha riamh misneachail ann an cruadail, seirceil ann an là na buaidh, dhìlis, chaoin, ar n-athraichean.

Mar aois na beinne, tha maireannachd cliù Roib Ruaidh. Nuair a bha e beò air thalamh, cha do shaoil a chompanaich mòran dheth. Tha adhbhar math air a shon sin. Ann a bhith dlùth dha bha iad a' faicinn a lochdan, a bha mòr agus lìonmhor gu leòr, nan uile shoilleireachd gach là, a' milleadh glòir a mhaith. Nuair a tha sinn dlùth don bheinn, chì sinn na creagan cruaidh agus na slocan domhain a' cur droch shealladh oirre; ach nuair a tha i fada bhuainn tha iad sin air an slugadh suas ann an glòir a' phurpair anns am bi i a' dealradh. Is ann fada uaipe, is chan ann dlùth dhi, a chì thu dè cho àrd 's a tha a' bheinn.

Is i a' bheinn dà chuid a bheir fasgadh air thalamh, agus

beannachadh o nèamh. "Togaidh mi mo shùilean a chum nam beann on tig mo chobhair." Ann am meadhan fàsaich Shahara bheireadh aon bheinn air tìr uaine èirigh suas ma timcheall. Air na Gàidheil, cha tàinig là riamh as motha mhaoidh air an cur à bith na là Roib Ruaidh; agus, ged as beag taing a tha aige air a shon, cha robh duine riamh ann as motha bha na bhalla-dìon na esan.

Chan eil na siantan a' milleadh dreach na beinne; is ann a tha iad a' meudachadh a h-àilleachd. Na sgoran geur tha iad a' grinneachadh. A' mhòinteach dhubh, an talamh dearg, an sgàrnach bhreac—seadh a' bheinn gu lèir—tha iad ag èideadh le trusgan air a lasadh le gorm is geal, le buidhe is uaine cho òir-dheirc is nach fhaod e bhith air a shamhlachadh air aodach-cainbe leis an tì as grinne làmh. Am fasgadh an t-sneachd a chrùnas i, mar neamhnaidean sa choron rìoghail, gheibh thu dìtheanan grinn an earraich a' sealltainn a-mach air an t-saoghal le sùil cho gàireach thoilichte 's a gheibh thu anns a' ghleann as fasgaiche san tìr. Nas mò na sin cha do dhrùidh na h-eu-ceartan a dh'fhuiling Rob Ruadh air, no na còmhragan san do ghabh e pàirt gun tilleadh, gu bhith ga dhèanamh na dhuine crosta, gulmach, dùr. Is ann a bhris iad a-sìos e gu bhith na dhuine sìmplidh, ciùin, coibhneil. Cha robh e na bu teinne air fear nam fòirneart gu luigheachd iomchaidh a thoirt dha, na bha e caoin ris an dìobrach, aig gach àm, a' dèanamh na bha na chomas airson na banntraich, agus an dìlleachdan a chuid-eachadh nan èiginn.

A rèir a sholais, a neirt, agus a chothruim, bha Rob Ruadh na là aig gach àm air fhaotainn dìleas, seasmhach, cruaidh; agus is e ar cuid-ne a-nis nar là fhèin, le uile dhìcheall ar dà làimhe, a bhith a' cur air aghaidh na h-oibre a chaidh a chur a-mach dhuinn.

Ann am shùilean-sa, chan eil nì air bith san t-saoghal seo cho mìorbhaileach ri fuar-chràbhadh coitcheann na tìre seo. A rèir a' chreideimh seo, tha e na nì diadhaidh dhuit do chòir a thagradh air nèamh, ach na nì aingidh a leigeil ort gum bheil thu a' faicinn an talaimh idir.

"Nach ann agaibh tha am bàrr math am bliadhna?" thuirt mi ri croitear là.

“B’ fheàrr leam,” fhreagair e, “nach robh e cho math.”

“Carson sin?”

“Tha e a’ toirt m’ aire còrr uair thar an leabhair.”

Is aoibhneach leam a bhith a’ foghlam gun do sheas ar curaidh gus a chrìch, agus gur ann mar seo a bha,

Dol Seaċaḋ Roib Ruaiḋ

Air leabaidh a’ bhàis bha
gu sàmhach Rob Ruadh,
’s le cridheachan cràiteach
shuidh chàirdean mun cuairt,
a-steach orr’ don fhàrdaich
gu fàilidh, gun fhuaim,
gill’ òg nuair a thàinig
’s e ag ràdhtainn nan cluais:

“MacLabhrainn thug òrdadh
dhomh fheòraich am bì
mac Griogair toirt còir dha
tigh’nn fòs ann an sìth,
gun chuimhne nas mò bhith
air dòmhlas na strì
a bh’ aca gu leòmh’nta
dol còmhladh san t-slìgh’.”

Deir Rob: “Faighibh m’ èideadh,”
’s e ag èirigh le spàirn,
“Mo bhreacan is m’ fhèile,
’s rim shlèist biodh an t-arm;
an nàmhaid a lèir mi
le h-eu-ceart a ghnàth
gam fhaicinn am shlèbhitrich
chan fheum bhith gu bràth.”

Gach nì mar a dh’iarr e
bha dèanta san uair,
’s MacLabhrainn chaidh fhiachadh
am fianais Roib Ruaidh;
ach feuch mar an t-iarann

an iargain bha cruaidh,
’s a dh’aindeoin deagh bhriathran
iad riarach’ cha d’ fhuair:

“A Ghriogaraich ghràdhaich,
ged bha sinn nar rè
ri aghaidh nam blàraibh
a ghnàth ’n aghaidh chèil’
an-diugh ghabh mi dhànachd
tigh’nn làmh riut chur seul
air sìorrachd ar càirdeis
o’r n-àit’ sinn mun tèid.”

“MhicLabhrainn, mo mhùirnean,
air chùl biodh gu bràth
gach aimhreit is tnùth bha
nar cùrsa gar cràdh,
’s nan àite deagh rùintean,
as ùr dhuinn gum fàs
gu dearbhadh mo dhùrachd
cha diùlt mi mo làmh.”

MacLabhrainn do thriall e
trom, cianail, gu leòr,
le mhuilchinn ’s e siabadh
o fhiasaig na deòir;
b’ e fìor chur am fiachadh
gun dèanadh aon stoirm
a chraobh thoirt o fhriamhan
rinn bliadhnachan mòr.

“Am filidh,” Rob Ruadh thuirt,
“bheir nuall air a’ phìob,
toirt dhuinn a’ phuirt uaibhrich,
mar fhuair e—Cha till,
cha till mi on chuairt seo
là tuasaid no sìth’—
is m’ anam bìth gluasad
gu suaimhneas gun chrìch.”

Am port thogt' an àird dha
gu tlàth-theirmeach, grinn—
"Le buaidh o na blàraibh
gu bràth cha tig mì"—
's am buillsgean a' mhànrain
bho àit' ann an tìm,
ghabh spiorad an àrmainn
gu Pàrras a shlìgh'.

'S e siud mar a chrìochnaich
gu sìtheil an sàr
a chùrs' bhios na mhìorbhail
san tìr seo gu bràth;
a shaorar 's a dhìtear,
gheibh mì-rùn is gràdh,
ach glòir do nach dìobair
na rìoghalachd stàit.

Air lic ainm is aois-san
b' e 'n fhaoineis bhith geàrrt';
càrn-cuimhne gun chlaochladh
Beinn Laomainn nì dha,
gun sgrìobhadh na h-aonaich
tha daonnan ag ràdh—
"Rob Ruadh chaith a shaoghal
le dhaoine fom sgàil'."

Neo-choireach an treun bhith
mo shèist-sa cha luaidh;
ach, feuch! mar ghath-grèin' air
na slèibhtean cur snuadh,
tha an coibhneas don èigneach,
e fhèin nochd gach uair,
a' dèanamh dhuinn èibhinn
gur Cèilteach Rob Ruadh.

Dàn-Cluiche Cinneachail Gàidhlig

Niall Ros

Bu mhiann leam an seagh as farsainge a thoirt do na facail "Dàn-Cluiche Cinneachail." Chan eil mi a' cleachdadh nam briathran a thaobh dàin-chluiche a tha a' dèanamh sgeòil air earann bheag a-mhàin de eachdraidh cinnich. Nì mò tha mi a' ciallachadh taighean-cluiche air an cumail suas air chosgais na stàta. Ach is e an seagh a bheirinn do na facail, meur de litreachas a ghabhas cur an riochd, agus a tha aig an àm cheudna a' dèanamh ath-aithris eagnaidh air gach cor agus prìomh chleachdadh ann an eachdraidh nan Gàidheal. Is ann den cheart ghnè seo a bha dàn-chluiche na Grèige bho shean. Chaidh solas ùr a chur air na h-uirsgeulan aosmhor le luchd-dealbh nan dàn-chluiche—le Aeschylus, Sophocles, agus Euripides. Fo làimh nan ùghdaran ainmeil sin thugadh beatha nuadh do bheul-aithris nan Greugach. An tlachd a bha aig na diathan ann an sluagh agus fearann na Grèige; cliù nan gaisgeach air bilean nam bàrd; eachdraidh nan taighean rìoghail a bha gan sloinneadh fhèin air cumhachdan a b' àirde na an cinneadh-daonda—is ann bho chuspairean mar iad sin a fhuair muinntir na h-Àithne fearachadh air beatha chinneadail aig an robh a sinnsireachd cian nan cian air ais ro thoiseach eachdraidh.

Anns an t-seagh fharsaing seo, chan eil cluich-dhàn Shasainn den ghnè chinneachail. Tha luchd-àiteachaidh Shasainn an-diugh air an tarraing bho iomadh treubh; agus cha tug a' mhòr-chuid den t-sluagh aire shònraichte don bheul-aithris aig treubh dhiubh sin seach a chèile. Is e *Beowulf* na aonar an aon dàn a tha a-nis air sgeulaibh de fhìor sheann litreachas nan Sasannach. Gidheadh cha b' ann le beul-aithris, ach le sgrìobh-adh a chaidh a chumail air chuimhne. Agus cha do rinneadh feum dheth ann an cluich-dhàin Shasainn. Tha sin a' nochdadh nach eil cluich-dhàin Shasainn a' gabhail suim de sheann each-draidh na dùthcha. Mar thoradh air an dearmad sin, tha cliù nan linntean gaisgeil a' dol bàs; tha uirsgeulan agus bàrdachd na seann aimsir a' dol air dìochuimhne; agus tha an sluagh miosgaichte a' call eud agus iomradh a thaobh gach nì a bha ionmholta nan sinnsir. Chithear an dearmad seo gu soilleir anns na dàin-chluiche Beurla a chaidh a sgrìobhadh ri linn Bànrighinn Ealasaid. An uair a bhiodh na h-ùghdaran foghain-teach a bha beò san latha sin a' sireadh cuspair an taobh a-mach den ginealach fhèin, thaghadh iad nì-eigin a bhuineadh do na Linntean Meadhanach, air neo bhiodh iad air an treòr-achadh air ais, fo bhuaidh ath-bheòthachadh an fhoghlaim, gu fiosrachadh nan Ròmanach agus nan Greugach. An dà dhàn-cluiche, *Lear* agus *Cymbeline*, a tha a-mhàin air an dealbh air sean uirsgeulan nan eilean seo fhèin, tha iad air an tarraing, chan ann bho eachdraidh nan Sasannach, ach bho eachdraidh nan Cuimreach. Agus ma bha na h-uirsgeulan Cuimreach sin freagarrach gu bhith air an suidheachadh ann an cruth dàn-cluiche, carson nach biodh na seann sgeulachdan Gàidhealach, an Èirinn agus an Alba, a cheart cho iom-fhuasglach anns an t-seagh seo ri uirsgeulan nan Cuimreach? Tha na h-uile coltas gu bheil iomradh Chù Chulainn agus ghaisgich na Craoibhe Ruaidhe dlùth air dà mhìle bliadhna a dh'aois. Faodaidh an Gàidheal da-rìreadh a bhith taingeil gu bheil eachdraidh a shinnsir air a cumail air chuimhne bhuan le beul-aithris nan ginealach.

Ach ciamar a bheirear an litreachas a tha a' toirt cunntas mu na linntean gaisgeil sin gu bhith a chum ùrachadh do mhuinntir an latha an-diugh? An dèanar sin le bhith beachdachadh air cuibhreann den t-sean bhàrdachd a-mhàin? An dèanar e le bhith a' sònrachadh earrannan a tha ro-bhinn agus maiseach? Cha dèanar! Chan eil rainn thaghta den t-sean bhàrdachd ach mar neamhnaidean a tha a' toirt eàrlas air luach an ionmhais litreachail. Nì mò a bheirear beachd cothromach air luach an ionmhais le sgeulachd air a h-innse no air a sgrìobhadh anns an dòigh choitcheann. Chan eil modh na sgeulachd èifeachdach gu leòr, oir tha e a' buntainn ris a' chluais a-mhàin. A chum gum bi aire a' Ghàidheil air a glacadh chan fhuilear gum bi a shùil air a cleachdadh cho math ri chluais. Chan fhuilear gum bi mac-meanmna air a bheòthachadh le riochd nan ginealach a chaidh seachad; le dealbh cleachdaidhean nan sinnsir air a cur gu litireil an gnìomh fa chomhair nan sùl. Agus a chum na crìche shònraichte seo, chan eil meadhan as freagarraiche na an dàn-cluiche Gàidhlig. Chuireadh am meadhan seo gu h-eagnaidh an cèill mar-aon cruth nan sean ghinealach don t-sùil, agus beartas an t-seann litreachais don chluais. Bhiodh buaidh agus beatha as ùr air am buileachadh air na seann sgeòil; gheibhte cunntas ceart air na rinn ar n-athraichean anns an àm a chaidh seachad; agus bheirte beachd misneachail air na dh'fhaoda-maid a dhèanamh anns na bliadhnaichean ri teachd. Ann a bhith a' beòthachadh na cuimhne chinneachail bhithte aig a' cheart àm a' dùsgadh dòchas cinneachail mar an ceudna.

Faodar aideachadh nach biodh dàn-chluiche cinneachail a chum buannachd shaoghalta don Ghàidheal. Cha chuireadh siud òr no airgead na char. Ciod e, ma-tà, am feum a dhèanadh an nì seo dha? Is e am feum sònraichte a dhèanadh seo dha, gum biodh a leithid seo de nì na mheadhan air a dhìon bho dhà chunnart a tha gu mòr a' bagairt air. Is e a' chiad chunnart diubh sin gu bheil e buailteach air e fhèin a chall, agus a bhith air a shlugadh suas am measg chinneadh eile. Ann a bhith a' dearmad a chànain mhàthaireil tha e maille ri sin a' dearmad "na carraig bhon do bhuineadh e." Is e an nì as riatanaiche don Ghàidheal an-diugh gum biodh e an-còmhnaidh a' cumail air chuimhne spiorad a shluaigh fhèin, air eagal gun caill e a chòir-bhreith. Cia dìblidh, tàireil, an neach sin a chaill a mheas air spiorad a shinnsir! Cha Ghàidheal e, agus cha Ghall e. Agus cha ghabh Sasannach duineil ris mar Shasannach. Their a leithid sin de neach gur e an saoghal mòr a dhùthaich, agus an cinn-

eadh-daonda air fad a shluagh. Ach is tearc a rinn a leithid sin
de neach mòran feuma riamh da mhuinntir no da dhùthaich.
Tha crìoch nàdarrach air a tarraing eadar cinneach is cinneach.
Chithear an t-eadar-sgaradh ann an cainnt, an cleachdadh,
agus an litreachas. Agus anns an t-seagh seo tha an Gàidheal
eadar-dhealaichte bho gach muinntir eile. Chan eil mi idir
a' dol cho fada is gun canainn gum bu chòir an t-eadar-
dhealachadh mòr seo a bhith a' seasamh ann an gnothaichean
riaghlaidh sìobhalta; ach tha e iomchaidh aig an àm cheudna
gum biodh an Gàidheal a' cumail greim daingeann air na nith-
ibh as luachmhoire ann an nàdar a mhuinntir. Agus is e am
feum sònraichte a dhèanadh dàn-chluiche Gàidhlig—a bhith a'
cur gu riochdail an gnìomh fa chomhair a shùl nam feartan
agus nan subhailcean a bhuineadh da shinnsir.

Is e an dara cunnart a tha a' bagairt air a' Ghàidheal—gu
bheil e so-aomta gu bhith a' call neart agus fìor-ghlaine a mhac-
meanmna. Is e an t-adhbhar, gu bheil e mar as trice air a
chuartachadh le strì agus ùpraid an tòir air saidhbhreas. A
latha agus a dh'oidhche is gann gu bheil nì as ionmholta a'
tighinn gu a shùil agus gu a chluais na malairt agus buannachd
aimsireil. Tha na nithibh sin, mar as math tha fios againn uile,
glè fheumail nan àite fhèin. Ged a tha iad an-còmhnaidh nam
buaireadh anns gach suidheachadh, gidheadh tha iad nam
buaireadh agus nan cunnart comharraichte don Ghàidheal.
Tha sin mar sin a thaobh a' chor anns am bheil e ga fhaotainn
fhèin an-diugh. An uair a tha an Gàidheal ag ionnsachadh fogh-
laim agus iomadh nì prìseil bho mhuinntir eile, is e a'
bhochdainn gu bheil e aig a' cheart àm a' call a ghreim agus a
mheas air na nithibh as glice agus as prìseile a bhuineadh da
mhuinntir fhèin. Nochdaidh mi ciod e tha mi a' ciallachadh le
bhith a' beachdachadh air eisimpleir a tha tuilleadh is cumanta.
Seallamaid air òganach a chaidh a bhreith is àrach ann an
ceàrn anns am bheil fhathast an t-sean chainnt air a labhairt,
agus na sean chleachdaidhean air an cumail suas. Gabhaidh an
t-òganach a thuras gu Galltachd, agus chan fhada gus an tog e
dòighean a' bhaile-mhòir. Tha e a' measgachadh leis a' chom-
ann, agus a' fàs eòlach air na gnàthan ùra a tha a' tachairt air.
Ann an ùine gun a bhith fada bidh e cho foghainteach, seòlta ris

gach dala fear ann an co-dheuchainn na beatha seo. Tha gnothaichean saoghalta a' dol leis gu math, agus is adhbhar uaill da chàirdean gu bheil e cho soirbheachail. Ach mo thruaighe, is ro-choltach gu bheil beud agus call ag èirigh dha fhèin aig an àm cheudna. Tha e a' call, a chuid 's a chuid, nam faireachdaidhean tìorail agus am mac-meanmna beòthail a bha buailteach dha ann an làithean òige. Aig toiseach a thurais, bha e cleachdta ri bhith a' cluinntinn nan sgeulachd agus na bàrdachd a thàinig a-nuas le beul-aithris nan ginealach. Tha fios gu math gu bheil buaidh air leth aig na nithibh sin gu bhith a' foghlam nam faireachdaidhean agus am mac-meanmna. Ach a-nis, air don òganach seo fàs na dhuine anns a' bhaile-mhòr, tha na h-uile coltas gun do leig e na nithibh sin air dìochuimhne. Tha beàrna mhòr eadar an cor anns am bheil e a-nis agus an cor anns an robh e uaireigin. Tha sin fìor a thaobh obair cinn agus obair làimhe. Ach tha e mar an ceudna fìor a thaobh na nithibh anns am bheil e a' faotainn fuasglaidh agus toil-inntinn bho a shaothair. Tha an fhearas-chuideachda anns am bheil e a-nis a' gabhail tlachd gu tur eadar-dhealaichte na gnè bhon cheòl-gàire a bheireadh subhachas dha an tùs òige. Tha beatha an duine seo uime sin air a roinn na dà earrainn—a' chiad chuid dhith air a cumadh fo bhuaidh na Gàidhealtachd, agus a' chuid eile fo riaghladh spiorad a' Ghoill. Is ann aig an leithid sin a dh'uair a bhiodh dàn-chluiche Gàidhlig a chum cuideachadh agus ùrachadh dha. Bheirte air an ais gu a chuimhne làithean òige len uile ghreadhnachas; bhiodh a chridhe air a cheangal as ùr ri dhùthaich fhèin; agus bhiodh fhaireachdaidhean agus a mhac-meanmna air an cumail gun bheud am measg malairt is còmhstri a' bhaile-mhòir.

Mhothaich cuid de sgrìobhaichean glice gu bheil air uairibh adhart iongantach a' tighinn air litreachas cinnich a thàinig tro dheuchainn cogaidh. Is ann mar sin a thachair anns a' Ghreug an dèidh a' chogaidh an aghaidh na Peirse, agus ann an Sasainn an dèidh a gleac ris an Spàinn. A rèir an eisimpleir cheudna is coltach gun tig iomadh atharrachadh air litreachas nan dùthchannan Eòrpach a tha an-diugh a' cur an cèill an uile neart ri uchd catha. Anns an rìoghachd seo fhèin chithear a-cheana gu bheil fèin-àicheadh, agus iomadh subhailc eile gan

nochdadh fhèin as ùr mar thoradh air na h-àmhgharan gus am
bheil an sluagh air an gairm. Is dualach mar an ceudna gum
faicear cuid de na subhailcean sin gan dèanamh aithnichte air
mhodh nuadh anns na litreachais Eòrpach. Chithear gun
teagamh an caochladh seo anns an dàn-chluiche mar anns gach
meur eile de litreachas. Dh'fhaodte uime sin dàn-cluiche
Gàidhlig a mhisneachadh anns an linn ùir a tha dlùth air làimh
—linn anns am bi (tha sinn an dòchas) gnàthan agus beusan air
an àrdachadh an dèidh gach trioblaid tron tàinig an sluagh. Air
an latha an-diugh, an uair a tha beatha agus inntleachd na
Roinn Eòrpa a' caochladh air dhòigh nach fhacas riamh a
coimhearta, tha cothrom ùr aig a' Ghàidheal gu bhith a' tais-
beanadh nam buadhan inntinn is spioraid a tha cho dualach
dha. Ann an ùine ghoirid, bidh tuigse agus aignidhean an
t-sluaigh deas gu bhith a' dèanamh greim air nithean annasach
ris nach robh iad cleachdta. Is e sin an cothrom a bu chòir a
ghlacadh gu bhith a' cur fa chomhair a' Ghàidheil nan smuain-
tean agus nan iarrtas a bha uaireigin cho beò, blàth, ann an
uchd a shinnsir. Tha aon nì cinnteach—gu bheil a' bhreug agus
an fhoill an-diugh air fàs cho suarach, neo-mheasail agus gum
feumar luach as ùr a chur air bòid agus briathar. Ri linn ar
sinnsir b' àbhaist do fhacal gaisgich a bhith cho urramach, seas-
mhach, ris a' ghaisgeach fhèin. Agus is ann mar sin a dh'fheum-
as a bhith anns an àm ri teachd, ma tha onair a' dol a mhairsinn
air thalamh am measg dhaoine. Dhèanadh dàn-chluiche
Gàidhlig seirbheis shònraichte le bhith a' càradh cudrom air
sòlaimteachd a' mhionnain a chaidh a dhaingneachadh le bann
cùmhnanta. Is ann den ghnè sin a tha na moraltan as fheàrr a
tha air an nochdadh ann an litreachas na Gàidhlig. Anns an
linn ùir, bidh mar an ceudna pilleadh a chum a bhith a' beachd-
achadh air obair Nàdair, agus bidh àicheadh air a dhèanamh air
iomadh nì feallsa gun bhrìgh. Is gann gum b' urrainn caochladh
teachd a bu mhò a gheibheadh a dh'fhàilte na sin, am measg
luchd labhairt na Gàidhlig co-dhiù—maise agus dìomhaireachd
Nàdair, air muir is tìr, air cuan is raoin is beinn, mar a chaidh
gach maise dhiubh sin a sheinn is a luaidh ann am bàrdachd
agus ann an sgeòil nan Gàidheal.

Chan eil fada bhon a b' àbhaist do bhàird is do sgrìobhaichean a bhith a' cur feum, araon ann an rann is an rosg, air cosalachdan bhon t-seann litreachas. Beagan is mu leth-cheud bliadhna air ais cha bhiodh tilleadh sam bith air na bàird a bhith a' tarraing bho na seann sgeòil mu Chù Chulainn, mu Fhionn, agus mu Dhiarmad, gu bhith a' cur solas air a' phuing a bhiodh iad a' làimhseachadh. Is tric a rinneadh sin gu h-eirmseach, abartach, agus bhiodh an luchd-leughaidh a' tuigsinn gu math ciod a bhiodh an t-iomradh a' ciallachadh. Leis a' mheadhan seo bha dlùth-cheangal air a chumail suas eadar an seann litreachas agus an ginealach a ta beò; agus bha rann is rosg na h-aimsir a ta an làthair a' faotainn snas is inbhe le earrannan taghta bho na seann sgeòil. Ach mu mheadhan an naoidheamh linn deug thòisich an cleachdadh seo ri dhol gu mòr air dearmad, gu h-àraidh ann an Alba. B' e an t-adhbhar gun teagamh air an atharrachadh sin gu bheil gnàth is dòigh na Beurla a' faotainn làmh an uachdar am measg nan sgrìobh-aichean Gàidhlig. Ach cia b' e air bith an t-adhbhar, tha e soill-eir gu bheil rosg is rann air an lagachadh agus a' call mòran dem brìgh mar thoradh air an dearmad sin; agus gu bheil mar an ceudna an dlùth-cheangal a bu chòir a bhith eadar saothair ar sinnsir is ar saothair fhèin ga shìor-fhuasgladh agus a' dol am mùthadh. Ach bhiodh e comasach do dhàn-cluiche Gàidhlig an dearmad mì-fhortanach seo a leasachadh. Bhiodh ùidh agus aire nam bàrd air an tionndadh a-rìs gu bhith a' dèanamh feum de chuibhreann de na seann dàin; bhiodh aonachd is càirdeas air am buileachadh mar-aon air na seann sgeòil, agus air saothair litireil a' ghinealaich seo fhèin; agus bhiodh an inntinn choitcheann air a beartachadh le tachartais is iomraidh bho eachdraidh nan linntean gaisgeil.

Is fìor gu bheil earrann mhòr de litreachas na Gàidhlig air a ghlasadh suas ann an cruth cainnte a tha dorcha do Ghàidheil an latha an diugh. Ged a thuigeas Gàidheil Albann is Èirinn cànain an athraichean mar a tha i air a labhairt aig an àm seo, gidheadh is e àireamh ro-bheag dhiubh a shaothraich gu bhith a' faotainn eòlas air a cheart chànain mar a bha i air a labhairt is air a sgrìobhadh bho chionn còrr is mìle bliadhna air ais. Seo ma-tà seirbheis àraidh a bhiodh e comasach do dhàn-cluiche a dhèanamh do ar ginealach fhèin. Dh'fhaodte, air a' mhodh seo,

na briathran aosmhor a tha air an tasgadh anns na seann rol-
aichean a chruth-atharrachadh gu cainnt an fhicheadamh linn.
Is cinnteach gum biodh seo annasach air a' chiad oidhirp, ach
chan eil fhios carson nach biodh am meadhan sin measail aig
an t-sluagh. Tha e dearbhta gun do nochd an Gàidheal iomadh
uair a chomas air a bhith a' gabhail eòlais air litreachais muinn-
tir eile. Ghlac e ann an tomhas mòr greim làidir air litreachas
nan Sasannach, nan Ròmanach, agus nan Greugach. An uair a
bha a litreachas dùthchasail fhèin air a ghlasadh suas mar a
thubhairt mi, rinn e greim air an ionnsachadh sin a bha fosg-
ailte dha. Rinn e greim air an ionnsachadh sin, cha b' ann a
chionn gun robh e na b' àirde na foghlam a shinnsir fhèin, ach a
chionn nach robh e cho duilich dha na cainntean sin a thogail a
bha coitcheann do iomadh cinneach eile mar an ceudna. An
dèidh na h-uile nì, is e a ghliocas dùthchasail fhèin as nàdarr-
aiche gu mòr don Ghàidheal. Tha an seann oideachadh Gàidh-
ealach a' taisbeanadh gu soilleir nam buadhan àraidh a tha
co-cheangailte ris a' Ghàidheal. Bu chòir gum biodh siud cho
taitneach leis agus cho buannachdail dha ri gaoth fhìor-ghlan
nam beann. Ged a nì Beurla a' chùis don Ghàidheal ann an
gnothaichean malairt, gidheadh tha nì-eigin na nàdar nach urr-
ainn do chainnt nan Gall a shàsachadh. An trusgan cainnte
anns an robh spiorad a' Ghàidheil air èideadh air tùs, am
bheilear a-nis a' dol a thilgeadh an trusgain sin air falbh mar nì
nach fiù, agus an dèan sinn oidhirp air spiorad a' Ghàidheil
èideadh ann an culaidh nach eil dualach dha? Ged a tha
litreachas nan Gall gun teagamh mòr agus cumhachdach, gidh-
eadh tha buadhan anns a' Ghàidheal nach eileas idir a' gairm
am follais le litreachas nan Gall. Agus is ann mar a bhios an
Gàidheal ann am beò-cheangal ri inntinn a shinnsir fhèin a
bhios e comasach air a bhith a' nochdadh a bhuadhan sònraichte
—mar a ta deòthas a mhac-meanmna, is an loinn neo-thal-
mhaidh a bhuineas do shaothair nam bàrd bho shean. Ma tha
Gàidheil an latha an-diugh riaraichte gum biodh iad air an dùn-
adh a-mach bho na nithean sin a tha cho dualach dhaibh, agus
mura bi na ceart bhuadhan a dh'ainmich mi air an cur gu feum,
is fìor gun tèid na buadhan sin bàs a chion cleachdaidh. Ach air
an làimh eile, nam bithte le dàin-chluiche Gàidhlig a' toirt

nan nithean luachmhor sin fa chomhair ginealach an latha an-diugh, bhiodh e buailteach gum biodh cridhe a' Ghàidheil a' freagairt na chom ri cuimhneachadh na dìleib a dh'fhàgadh aige; bhiodh a thoil is a dhealas air am brosnachadh; agus le bhith a' cur a chomasan-inntinn gu na buil a b' àirde, bhiodh e na bu choltaiche gun gabhadh an Gàidheal àite fhèin am measg nan cinneach foghlamaichte.

Tha trì nithean a tha iomchaidh gu sònraichte airson dàn-cluiche Gàidhlig anns am biodh susbaint agus cudrom. Is e a' chiad nì dhiubh sin an sgrìobhaiche a bhiodh comasach air na seann sgeòil a chur ann an alt cothromach. Is e an dara nì am fear-gnìomha a chuireas e fhèin ann an cruth is riochd neach eile; agus an treas nì an cànain, a tha mar inneal ann an làimh an sgrìobhaiche gu bhith a' cur an cèill gu cothromach seagh is brìgh nan sgeul. Chan fhuilear a bhith a' toirt fa-near uime sin co-dhiù a tha an Gàidheal, mar dhuine, foghainteach gu leòr gu bhith a' sgrìobhadh agus a' riochdachadh dàin-cluiche; agus, a thuilleadh air sin, co-dhiù a tha a' Ghàidhlig na meadhan freag-arrach airson na crìche ceudna.

Tha cuid de na h-ùghdaran Sasannach, mar a ta Matthew Arnold, a' cantainn gu bheil leth-sgod nàdarrach air a' Cheilt-each (an Gàidheal agus an Cuimreach mar-aon). Is e an leth-sgod sin eadhon, gu bheil na faireachaidhean a' riaghladh tuilleadh mòr is a' chòir ann an nàdar a' Cheiltich. Tha sin a' ciallachadh gu bheil lagachadh air na comasan-inntinn, a chionn gu bheil na mothachaidhean agus na h-aignidhean ro-luaineach. Tha Arnold a' cur às leth a' Cheiltich nach eil breith-neachadh no foighidinn gu leòr aige airson na gnè-oibre as àirde ann an inntleachd. Agus, ro thric, bha na Ceiltich riar-aichte leis an dìteadh seo, a chionn gun robh an ràdh air a chòmhlachadh le briathran brosgalach a thaobh nithean a tha ionmholta ann an nàdar a' Cheiltich. Ma tha na thubhairt Arnold uile fìor, chan fhaodar a bhith a' cur earbsa air bith anns a' Ghàidheal mar ùghdar dàn-chluiche. Chan eil mi idir ag aideachadh gu bheil an fhìrinn aig Arnold. Chan eil an Gàidheal a dh'easbhaidh nan tòimhsean agus na foighidinn a tha iom-chaidh airson obair sgileil ann an litreachas de ghnè air bith. Tha saothair nan sgrìobhaichean Èireannach agus Albannach, a sgrìobh iomadh dàn-cluiche bho chionn beagan bhliadhn-aichean ann an Gàidhlig, a' dearbhadh nach eil iad idir faoin agus socharach a thaobh am beachd air cor agus beusan a' chinne-dhaonda. Agus ma shònraicheas sinn eisimpleir àraidh de Ghàidheal Albannach, gheibhear ann an oibribh an Ollaimh Niall Mhic an Rothaich na ceart nithean a dhearbhas gu bheil Arnold meallta anns a' bhreith chlaoin a thug e. Anns an leabhar Iain Àlainn gheibhear na buadhan as feumaile airson dàn-cluiche. Chan eil èis gliocais air an ùghdar ann a bhith a' sgaoileadh fa chomhair an leughadair dòigh agus gnè nam pearsachan fa leth anns an leabhar. Nì mò tha cion foighidinn no breithneachaidh air ann a bhith a' cur nan tachartas an altan a chèile. Dh'fhaodte dàn-cluiche a dhealbh às an leabhar ud cho grunndail, toinisgeil 's a chaidh a sgrìobhadh eadhon ann am Beurla fhèin, anns an linn seo. Faodar a bhith a' co-dhùnadh gu bheil an t-eisimpleir seo a' toirt fianais calg-dhìreach an aghaidh a' bheachd aig Arnold.

A chionn 's gu bheil faireachaidhean beòthail aig a' Cheilt-each, tha coigrich air uairibh a' smaoineachadh gu bheil e gu tur fo bhuaidh a chuid faireachaidhean. Chan eil sin mar sin; gidheadh tha aignidhean blàtha cho feumail ri reusan fhèin ann a bhith a' toirt breith cheart air beatha an duine. Tha e ro-bhuailteach gum bi am beachd a bheirear le reusan a-mhàin tuilleadh is fuar, cruaidh, agus neo-thruasail. Tha e iomchaidh uime sin gum biodh faireachadh agus reusan a' còmhlachadh a chèile ann an sgrìobhadh an dàin-chluiche. Chan eil a mhothachaidhean tìorail nan leatrom sam bith don Cheilteach anns na dreuchdan sònraichte anns am bheil tuigse làidir agus comasan reusain ro-iomchaidh. Oir, an uair a bha na rìogh-achdan seo fhèin ri uchd a cruaidh-chàis a' sireadh duine ceannsgalach, breithneachail, a chuireadh a luchd-oibreach an òrdugh a chum crìoch àraidh, is nì iongantach leinn nach do thagh i idir Sasannach, ach Ceilteach, gus an dleastanas cudromach seo a choileanadh. Agus mur eil faireachadh na leatrom don Cheilteach anns na dreuchdan, carson a bhiodh siud na leth-sgod dha ann an toirt breith air beatha agus cor an duine mar ann an dàn-chluiche?

Is e an dara nì a tha riatanach airson dàn-cluiche Gàidhlig

eadhon am fear-gnìomha a chuireas e fhèin ann an riochd neach eile. A chionn nach robh an t-alt seo air a chleachdadh am measg nan Gàidheal chan eil iomradh mòr sam bith ri chluinntinn ma dhèidhinn anns a' Ghàidhlig. Ach faodar a chantainn le làn-chinnt, gu bheil comasan sònraichte aig a' Ghàidheal airson soirbheachaidh anns an alt seo. Tha aignidhean a' Ghàidheil so-ghluasadach. Agus a-rìs a chionn gu bheil a mhac-meanmna beòthail, tha e furasta dha sgeul a chur fa chomhair inntinn fhèin gu dian, drùidhteach. Mar sin, an uair a tha mac-meanmna beòthail, faireachaidhean truasail, agus dealas dian a' còmhlachadh a chèile anns an aon phearsa, chan eil e duilich idir da leithid sin de neach e fhèin a chur gu rianail an riochd aoin eile ann an dàn-cluiche. Bha mothachadh soilleir aig ar sinnsir air an eadar-dhealachadh a tha eadar na pearsachan a tha air an luaidh anns na seann sgeòil. Cha bu lugha na tuigse fìor-chothromach air a' chùis a chumadh greim air gnè is dòigh gach pearsa fa leth, co-dhiù is e Cù Chulainn, no Fionn, no Diarmad. Chan eil nàdar no cleachdadh gach aoin dhiubh sin air am measgachadh gu neo-iomchaidh, ged a bha iad uile air an luaidh anns na sgeòil fad cheudan bliadhna. Agus, air an làimh eile, tha mòran de litreachas na Gàidhlig, mar-aon an rosg is rann, air a dhealbh an cruth còmhraidh. Tha sin a' nochdadh ciod e cho nàdarrach 's a bhiodh e don Ghàidheal e fhèin a chur gu h-eagnaidh ann an ionad neach eile ann an dàn-cluiche.

Ach a thuilleadh air na nithean sin, tha cothrom eile aig a' Ghàidheal a thaobh an ùr-labhraidh a thàinig a-nuas thuige mar dhìleab bho na linntean a dh'fhalbh. Cha tugadh beachd fìor-chothromach riamh air a' mhodh bhlasta anns am b' àbhaist do na seanchaidhean a bhith ag aithris nan sgeul 's a' seinn nan dàn. Le bhith an-còmhnaidh a' sireadh maise cainnte ràinig iad air alt ciatach, snasmhor, air chor is gun d' èist an sluagh le tlachd is toil-inntinn ri am briathran. Bha sin uile aithnichte ann an riaghladh an gutha agus an eugais. Agus chan eil teagamh nach e seo as adhbhar air a' mhodh chùirteil, agus air a' ghiùlan eireachdail a chuireas iongnadh air coigreach, an uair a labhras e anns a' Ghàidhealtachd ri luchd-àiteachaidh na dùthcha sin, ged a bhiodh iad aig a' cheart àm ìosal gu leòr ann

an crannchur, agus aineolach gu tur air cainnt a' Ghoill. An uair
a bheirear fa-near gur ann glè ainneamh a gheibhear an
gnàthachadh suairce seo am measg na tuath choitcheann ann
an tìrean eile, faodar a bhith a' co-dhùnadh gu bheil na beusan
flathail ud nàdarrach don Ghàidheal. Is mòr, uime sin, an
cothrom a bheireadh na dòighean oileanach seo dha, a chum a
bhith a' fàs deas is èifeachdach an alt an fhir-gnìomha. Tha
mòran an crochadh air an dùrachd leis an gabhar an gnothach
seo os làimh leis a' mhuinntir a tha a' saothrachadh ann an
adhbhar na Gàidhlig. Rinn sgoilearan na h-Èirinn brosnachadh
mòr a thoirt do alt an dàin-chluiche anns a' Ghàidhlig. Tha
sgrìobhadairean Albannach a' leantainn anns a' chois-cheum
cheudna, agus tha cuid dhiubh a' dèanamh suas dàin-chluiche a
tha loinneil, beòthail. Is mòr am beud nach eil an saothrachadh
seo air a chur an riochd aig na coinneamhan Gàidhlig. Tha an
dleastanas seo mar fhiachaibh air A' Chomann Ghàidheal-
ach. Bu chòir na h-uile cothrom a ghlacadh air a bhith a'
misneachadh nan sgrìobhadairean sin a dhearbh an làmh
a-cheana. Agus bu chòir gum biodh duaisean air an tairgsinn
airson deuchainn ann an alt an fhir-ghnìomha. Agus tha
meadhan eile ann trom faodadh an sluagh fàs eòlach a chuid 's
a chuid, air modh an dàin-chluiche. Mhothaich mi gu tric anns
a' Ghàidhealtachd, an uair a nithear oidhirp gu bhith a' toirt
fearas-chuideachda le dàin-chluiche, gu bheil sin air a
dèanamh anns a' Bheurla. A-nis tha seo na chall is na
mheatachadh mòr don Ghàidhlig am measg na h-òigridh. Bu
chòir gach aon oidhirp den t-seòrsa sin a bhith air a dèanamh
anns a' Ghàidhlig. Bhiodh sin a' toirt cothrom don luchd-
gnìomha is don luchd-èisteachd a bhith a' fàs eòlach air alt is
cleachdadh an dàin-chluiche.

Is e an treas nì iom-fhuasglach a chum na crìche a ta againn
anns an t-sealladh, eadhon a' Ghàidhlig fhèin mar inneal ann
an seirbheis an fhir-sgrìobhaidh. A thaobh freagarrachd na
Gàidhlig don ghnothach àraidh seo, chan eil àicheadh nach eil i
foghainteach a thaobh comas aithris is beachdachaidh, agus
cuideachd a thaobh saidhbhreis a faclair. Tha fear-sgrìobh-
aidh an dàin-chluiche a' cur feum gu sònraichte air dealbh-
bhriathar; is e sin, air beachd is facail a tha cho so-thuigsinn-

each do thùr an luchd-èisteachd 's a tha dealbh air cairt soilleir do an sùilean. Agus mar sin tha am fear-sgrìobhaidh a' cur feum air inneal a tha beairteach ann an cainnt shamhlachail, mar a ta riochd-bhriathar, coimeas, is cosalachd. Faodaidh gu bheil a' Ghàidhlig cho goireasach ri cànain air bith anns gach cruth-cainnte a tha riatanach airson dàn-cluiche. Gun teagamh, tha i saidhbhir anns na h-innleachdan a chleachd na bàird gu bhith a' foillseachadh araon maise Nàdair, agus aignidhean an duine. Agus tha rannachd de iomadh gnè, maille ri co-litireachd is co-fhuaimneachd, nan cuideachadh mòr gu bhith a' cur seagh is faireachadh an cèill.

Tha a' Ghàidhlig na h-inneal fhreagarrach a thaobh pailteas anabarrach a faclair. Tha am pailteas sin ri fhaicinn 's ri chluinntinn an-diugh fhèin an Alba is an Èirinn. A rèir cunntais an Ollaimh Dùghlas na h-Ìde, tha mu thrì mìle facal air an labhairt fhathast ann an Siorramachd Ros Comain, le muinntir do nach urrainn leughadh no sgrìobhadh. Agus tha an t-oileanach ceudna a' cantainn gu bheil timcheall air còig mìle facal air an ùisneachadh ann an ceàrn iar-dheas na h-Èirinn. Agus ged nach do rinneadh cunntas eagnaidh mar sin le sgoilear Gàidhlig a thaobh roinn air bith den Ghàidhealtachd, tha mi a' làn-chreidsinn gu bheil àireamh nam facal a tha air an cur am feum bho latha gu latha ann an cèarnaibh sònraichte den Ghàidhealtachd, a' cheart cho àrd ri àireamh an fhaclair a tha gu làitheil air a chur am feum anns a' Ghàidhlig Èireannaich. Gheibhear beachd soilleir air beairteas na Gàidhlig an uair a bheirear fa-near nach eil an tuath choitcheann aig am bheil a' Bheurla mar chainnt mhàthaireil, ag ùisneachadh ach mu eadar trì 's a ceithir de cheudan facal a-mhàin. Is e sin ri ràdh, a thaobh na tuath Ghallta agus Ghàidhealaich, aig am bheil an crannchur saoghalta co-ionnan, gu bheil na Gàidheil ann an seilbh air seachd facail eadar-dhealaichte, mun aon fhacal air am bheil an Gall eòlach. Agus is e an t-adhbhar àraidh mum bheil a' Ghàidhlig cho pailt seo, gun robh na seanchaidhean a' measgachadh leis an t-sluagh chumanta. Bha e na chleachdadh aig ar sinnsir a bhith a' faotainn fearas-chuideachda ann an èisteachd ris na seann sgeòil air an aithris gu fileanta; agus bha na sgeòil air an innse le daoine a bha air an ionnsachadh ris an obair sin mar dhreuchd shònraichte. Bha na seanchaidhean an-còmhnaidh a' labhairt ann an taghadh nam briathar, agus bha sin a' buileachadh comas cainnte air an luchd-èisteachd. Agus bha an cleachdadh ceudna seo anabarrach feumail mar mheadhan eòlais is foghlaim, a' tabhairt beòthachadh don mhac-meanmna, agus farsaingeachd don tuigse. Is bochd a bhith a' faicinn a leithid seo de mheadhan luachmhor a' dol air dìochuimhne. Ach bheireadh cluich-dhàn Gàidhlig ùrachadh mòr air an t-sean chleachdadh. Tha a' Ghàidhlig air leth saidhbhir anns na facail a dh'fheumadh sgrìobhadair an dàin-chluiche—facail a bhuineas do chor agus aignidhean an duine; agus a thaobh farsaingeachd bhriathar agus ùr-labhradh deas, tha cainnt nan Gàidheal an-diugh na h-inneal fhoghaintich airson alt is iarrtais an dàin-chluiche.

Òran

Eadar-teangaichte on Bheurla aig C. G. Rossetti le

Ùisdean Laing

A luaidh, nuair thèid mo sgaradh bhuat,
Na biodh do chridh' fo ghruaim;
Na cuir-sa ròsan aig mo cheann
No sealach air an uaigh.
Ach biodh an gorm-fheur os mo chionn
Fon driùchd a' fàs an sìth,
'S mas e do thoil, bi cuimhneach orm;
'S mur e, dìochuimhnich mi.

Chan fhaicear leam na sgàilean
No 'n fhras a' cluich sna lòin;
Cha chluinn mi seirm na cuthaig
Mar osnaich neach fo leòn;
Ach ann an dùsail trom na h-ùrach,
Tha gun tùs 's gun chrìch,
Ma dh'fhaodte, bidh mi cuimhneach ort;
'S mur fhaod, cha chuimhnich mi.

Bean a' Bocsa Buidhe

Iain MacCormaic

Oidhche na Collainn. Chan eil trì facail an Gàidhlig a thig cho sunndach 's cho togarrach à beul na h-òigridh an-diugh fhathast ri "Oidhche na Collainn." 'S e àm sunndach den bhliadhna th' ann. 'S e don òigridh co-dhiù. Ach, mar as bitheanta dhaibhsan a fhuair làithean 's a chaill roinn den cuideachd, 's e àm mulaid a tha an àm na bliadhn' ùire. Oidhche na Collainn! 'S i an aon oidhche air an tuit deòir a' mhulaid agus deòir a' ghàire chridheil aig an aon bhòrd, nuair a shuidheas sean is òg a chur a-mach na sean bhliadhna 's a thoirt a-steach na tè ùire. Cha do chuir an òigridh am bith-eantas de bhliadhnachan thar an cinn 's gun toireadh an t-àm sònraichte seo orra sealltainn nan dèidh air gach briseadh a dh'fhaodadh tighinn san teaghlach rè nam bliadhnachan a dh'fhalbh. Gu àm sònraichte nam beatha chan eil an òigridh ach a' sealltainn rompa agus a' gabhail toil-inntinn anns gach àm cridheil a bheir a' bhliadhna mun cuairt: Nollaig is Samhain is Faidhir is Càisg. Ach chan e sin dhaibhsan a fhuair làithean agus a ràinig o chionn iomadh latha an t-àm dem beatha a bheireadh amannan sònraichte na bliadhna orra sealltainn nan dèidh, agus sealltainn nan dèidh le bròn.

Oidhche na Collainn! Chan eil oidhche eile sa bhliadhna a tha cho buailteach air sean chuimhneachain a dhùsgadh an uchd neach ri Oidhche na Collainn. Rè na bliadhna a chaidh sgaoileadh an teaghlaichean. Chaidh cuid diubh gu dùthchann-an cèine; chaidh cuid eile don ùir far nach eil sùil rin tilleadh gu bràth; agus nuair a shuidheas na càirdean mu bhòrd na Collainn chithear an sin a' chathair fhalamh; ionndrainnear an guth cridheil a chluinnteadh aig a' bhòrd an-uiridh; èiridh ìomhaigh mu choinneamh sùil màthar, gluaisidh a h-uchd agus tuitidh a deòir.

Oidhche na Collainn! Nach iomadh smuain a bheir i a-steach! Air a' bhliadhna air an do thogadh an sgeul seo thàinig Oidhche na Collainn air Srath Chaomhain cho nàdarra ri aon Chollainn a bh' ann ri cuimhne an neach bu shine sa choimhearsnachd. Collainn le sneachd is reòthadh, gach lagan làn de shneachd agus gach lochan còmhdaichte le deigh; am beachd nan seann daoine b' e sin Collainn no Nollaig nàdarra.

Bha sluagh mòr an Srath Chaomhain nan craobh 's nan allt. Bha òigridh shunndach, chridheil ann; agus seachdainean ron àm bhatar ag ullachadh mu choinneamh na Nollaig. Bha na h-ingheanan a' strì ri chèile feuch cò an taigh a bu rìomhaiche a-muigh 's a-staigh; agus cha tàinig Nollaig no Collainn air Srath Chaomhain riamh bhon a thogadh a' chiad smùid ann, a chunnaic taighean cho rìomhach, glan 's a bha iad air a' bhliadhna seo, an dà chuid a-muigh 's a-staigh; a-muigh le aol geal air a ruith gu mìn, agus a-staigh le pàipearan-naidheachd 's le dealbhan. Bha na gillean, nan àite fhèin, cho strìtheil ris na h-ingheanan; agus, fada mun do thòisich an duilleach air tuit-eam a bhàrr nan craobh, chìteadh iad gach latha a' tighinn dachaigh às a' choille-chaman; 's cha bhiodh teintean an Srath Chaomhain, fad a' gheamhraidh, air nach biodh an seileach 's am beithe 's a' challtainn a' dìosganaich a chum 's gum biodh e na b' fhasa an cumadh a b' fheàrr a thoirt air bas is cas a' chamain—'s e sin a rèir beachd nan iomainichean a bha an Srath Chaomhain. Bha gillean ann, gun teagamh, aig an robh làmhan grinne; agus, fada mun tigeadh an Nollaig, chuireadh iad camain air an fharadh gan sùghadh, a bhiodh nan culaidh-fharmaid do iomainichean mìltean mun cuairt air Srath Chaomhain. Cha bhiodh fear aig an robh ainm iomainiche nach toireadh a bheachd air na camain a b' fheàrr. Bhiodh an caman seo math air cùlaig; bhiodh am fear seo math air beulaig; 's am fear nach biodh barraichte air cùlaig no air beulaig, bhiodh e taghte air fìdeig. Leis an sin, mar na taighean fhèin, cha robh caman a rachadh, latha Nollaig, gu dail na h-iomanach an Srath Chaomhain nach rachadh ann le theisteanas gu diongmhalta na chuideachd.

Sin mar a thàinig a' Chollainn a-steach air Srath Chaomhain: gach neach ag ullachadh roimhe bho chaillich a' phocain a-suas. B' e sin riamh an cleachdadh; ach air a' cheart bhliadhna seo bha aon taigh san t-srath anns nach robh mòran fiughair ri Nollaig no ri Collainn, no tnùth ris na coimhearsnaich a thaobh an gàirdeachais ris an fhleadhachas bhliadhnail. B' e sin taigh a' ghreusaiche sa Phort Bhàn. A-mach o thaigh an tàilleir cha robh taigh-cèilidh an Srath Chaomhain a bu shunndaiche na taigh a' ghreusaiche; ach thàinig dreag an caraibh an taighe a chuir smal air, agus, fad greis mhòir, ged a thachradh don òigridh coinneachadh ann le tuiteamas oidhche seach oidhche, cha robh sìon den làn-aighear a b' àbhaist a' dol air aghaidh ann; 's ged a thigeadh iad a dh'iarraidh bhròg no gan càradh, chan fhanadh iad na b' fhaide na chumadh an gnothach iad—agus, air uairibh cha b' fhada sin.

Air a' Chollainn seo bha taigh a' ghreusaiche gu math aonaranach, trom. Bha a shuidheachadh leth-oireach co-dhiù, an oir na tuinne sa Phort Bhàn, air an robh cnuic phreasach a' cumail fasgaidh bho na gaoithean. Ged a bha an t-àite uaigneach an dòigh, bha e sunndach gu leòr an dòigh eile, a chionn: a bhàrr air gach rathad san t-Srath a bhith a' tighinn chuige, bha a' mhuir gu h-ìosal, agus na cnuic le an cuid phreas àlainn gu h-àrd, mar innealan-ciùil nàdarra san oidhche dhuaichnidh gheamhraidh. Air uairibh, ged a bha sin mar sin, chuireadh na nithean sin mulad air neach, dìreach a rèir a shuidheachaidh san àm; agus air an àm seo bha an smuaintean fhèin aig a' ghreusaiche chòir 's aig a mhnaoi.

Bha dìreach dorcha nan tràth ann. Bha an greusaiche na shuidhe air an fhurm-ghreusachd mu choinneamh na h-uinneige, 's e a' fuaigheal buinn ri balt. Bha toll an dèidh tuill ga dhèanamh leis a' mhinidh. Rachadh frioghan a-steach air gach taobh, is, leis an reòthadh a bhith ann, bhiodh sgread thioram

aig an t-sreing ròiseid, agus dh'atadh gach fèithe an gàirdeanan
rùisgte cruaidh a' ghreusaiche a' teannachadh greama an dèidh
greama; 's an sin bhiodh dìosgan aig an t-sreing nuair a leigeadh
e na duail a bhàrr a dhòrn a chur a-steach a' mhinidh a-rithis.
Cha robh fo chromadh an taighe aig an àm ach an greusaiche
fhèin 's a bhean; ach cha robh facal ga sgoltadh eatorra. Bha a'
bhean na suidhe air cathair mu choinneamh an teine, 's i ri
trom-smuaintinn. A-nochd bha a cridhe trom; ach am measg
nan èibhlean a bha a' cnàmh air an teintean bha i a' faicinn cul-
aidh-aoibhneis nan làithean a dh'fhalbh. Thuiteadh èibhleag
a-sìos am measg chàich is thionndaidheadh fòid. Thigeadh an
sin lasag a-mach as ùr is dhealraicheadh i air na soithichean a
bha an òrdugh cho bòidheach glan aig a' bhean-thaighe phong-
ail. Bha gach atharrachadh a bha a' tighinn air an teine-mhòna
mu choinneamh a sùla a' toirt dhi seallaidh, mar gum biodh, air
cor beatha an duine san t-saoghal: togail is leagail; atharrach-
adh an dèidh atharrachaidh; is aoibhneas is doilgheas a' gabhail
àite an dèidh a chèile, gus, mu dheireadh, mar a dh'èireadh don
teine fhèin, an tigeadh a' chrìoch.

Le osainn thruim dh'èirich Mòr chòir, bean a' ghreusaiche, is
chaidh i a shealltainn a-mach gu ceann an taighe. Bha feasgar
ciùin bòidheach ann, 's e a' reòthadh gun stad. Cha robh gluas-
ad air muir ach an fheamainn a' gliongail sa phort gu h-ìosal
nuair ghluaiseadh an tuinne i air tighinn an lìonaidh. Fad air
astar chluinnteadh fuaim nan cairtean a' tighinn on bhaile mar
a b' àbhaist air oidhche Collainn; agus an siud 's an seo, fad
air falbh, guileag air òran. Chuala i ceum-coiseachd; ach cha
robh ann ach caora a' sireadh tom an fhasgaidh, 's an sneachd
cruaidh a' cnagail fo a crobhain. Chunnaic i coltas duine a'
tighinn a bhàrr an àrdain. Cha bu shealladh annasach sin; a
chionn cha b' e a h-uile taigh air an robh tadhal taigh a' ghreus-
aiche. Chuimhnich i air an liuthad feasgar a chunnaic i Murch-
adh, a h-aona mhac, a' tighinn an ceart rathad. Chuimhnich i
an lìon oidhche anmoch a dh'fheith i ris, na seasamh sa cheart
àite ud. Chuimhnich i nach fhaiceadh i gu bràth tuilleadh e,
agus ghluais a h-uchd is shil a sùilean mar mhàthair chaoimh
ag ionndrainn a' mhic nach fhaic.

B' i seo oidhche na Collainn, cuideachd: an aon oidhche a

bheireadh sean chuimhneachain a-steach. Thàinig an duine na bu dlùithe. Chrom Mòr, 's i a' cur sgàil air a sùilean le a làimh; sheall i eadar i 's leus. "A Mhoire, Mhoire; tha am fear seo ann a-nochd a-rithis!" ars ise rithe fhèin. Theirinn an neach a bh' ann leis a' bhruthach; sheas Mòr gus an robh ùine aige air tighinn am fradharc. Ach nuair nach tàinig e ris, choisich i a-nunn gu bràigh a' bhruthaich. Sheall i mun cuairt di; ach alt no iall den duine cha robh ri fhaicinn. An sin choisich i a-steach le ceum cabhagach.

"Am bheil fhios agad, a Sheumais: chunnaic mi 'n saighdear ud a-nochd a-rithis; 's chan urrainn gur e duine saoghalta a th' ann, a chionn cha b' urrainn da dol às an t-sealladh cho goirid nas lugha na shluigeadh an talamh e. Chunnaic mi a-nochd e cho soilleir 's a ghabhadh, le bhonaid mhòir, 's le bhreacan, 's le mhàileid, 's an t-èileadh a' dol bho thaobh gu taobh leis a h-uile ceum; 's b' e sin an ceum fuasgailteach, foghainteach gu dearbh fhèin. 'S fhada bho nach fhaca mi gille cho calma ris. Saoil thusa air an t-saoghal seo cò th' ann?"

Am fad 's a bha Mòr ag innseadh na naidheachd bha a com 's a làmhan air shiubhal a' cur soilleireachd air an t-sealladh a chunnaic i. Dh'èirich Seumas a bhàrr an fhuirm ghreusachd, 's e ag èisteachd am fad 's a bha e a' cur seachad na h-acainn, 's a' cur dheth an aparain. Cha robh e fhèin saor is mulad air an oidhche a bh' ann, agus cuimhne a mhic a' teachd a-steach air, cuideachd.

"An-dà, gu dearbha, chan urrainn mi breithneachadh a thoirt air an rud idir. Tha an sin trì uairean a chunnaic thu e nis. Ma tha leithid de rud is tamhasg ann, 's e tamhasg a chunnaic thu; is ma tha oidheam aig tamhasg feumaidh gun tig sin air a chois luath no mall," arsa Seumas air a shocair fhèin. "'S ma thig a leithid de dhuine an seo chan ann gun ghnothach. Chan eil duine againne san arm. Fuireamaid ri dheireadh. Cò sam bith a th' ann cha toir e ar n-ionndrainn-ne dachaigh dhuinn. Cha toir gu bràth, a rùin."

Shuidh Mòr air a' chathair mu choinneamh an teine a-rithis, a h-uilnean air a glùinean, 's i a' garadh a làmhan 's a' mèananaich. Bha Seumas ag ullachadh ron fheusag a thoirt deth, 's e air a shocair fhèin a' suathadh an ealtainn air ais 's air aghaidh air a bhois chruaidh, 's e na sheasamh ris a' bhòrd. Chualas ceum coise. Cha b' iongnadh sin air àm sam bith; ach an dèidh na bruidhinn a bh' aca, 's an sealladh a chunnaic Mòr fhathast ùr nan inntinnean, bhioraich iad le chèile an cluasan, 's an sùilean air an doras. Bha Seumas, 's an ealtainn air a bhois gun a thionndadh an taobh eile; is thionndaidh Mòr air a cathair, 's a làmhan ris a' ghealbhan mar a bha i; 's iad a' feitheamh le iongnadh mar nach b' àbhaist, feuch cò thigeadh a-steach. Cha b' fhada gu uair fios. Cò bh' ann ach Màiri Bheag a' chìobair, mar a theirteadh rithe san t-srath; agus ged a rinneadh fiughair gu leòr ri Màiri, 's ann a bha Seumas is Mòr air am mealladh nach b' e cuideigin eile a bh' ann: seadh, coig-reach air choreigin a dhèanadh seòrsa daingneachaidh air an t-sealladh a chunnaic Mòr.

"Ciod e mar tha sibh a-nochd; tha sibh leibh fhèin?" arsa Màiri; 's cha b' e fuaim a gutha dad a b' eutruime.

"Tha sinn, a ghalad, mar as dùth dhuinn air an àm a th' ann. Dèan suidhe. Tha fios againn nach leigeadh tu an Nollaig seachad oirnn gun tighinn gar faicinn: an Nollaig mu dheireadh a bhios tu nad nighinn òig."

Thàinig reachd goirt am muineal Mòire mun do chrìoch-naich i na facail. Thog Màiri a h-aparan ri sùilean agus chaoin i. Thionndaidh Seumas a cheann air falbh le osainn agus shuath e an deur trom a bhàrr a shùla. Fad mhionaidean cha robh diog fo chromadh an taighe ach neagaid ghoirid ghoirt aig na mnathan, 's iad gan tachdadh le mulad. Bha Seumas a' cur seachad a chuid fhèin den bhròn le bhith a' rùrach rudeigin feadh an taighe, is srann fead aige. Fhuair na mnathan am brùchd ud seachad, is thog iad an cinn is shuath iad an sùilean.

"Ach, a ghalad, a Mhàiri, cha leighis bròn an lot a fhuair sinn le chèile; 's cha toir e air ais chugainne na bheil gar dìth a-nochd; agus cò, rùin, a gheibheadh coire dhuitse a thaobh a' cheum a tha thu a' tabhairt. Cha robh e san dàn gum biodh tu, rùin, ad bhan-chliamhainn againne, ged a tha an t-àm a th' ann ag ùrachadh dhuinne an leòin a fhuair sinn an latha chaidh ar mac neo-chiontach a sgobadh bhuainn. Agus chan e sin uile e; ach nuair a bha cheuman saor gu bhith aige, e bhith air a leagadh a-sìos le tinneas; 's an àite doras athar 's a mhàthar a bhith fosgailte roimhe a thighinn gum broilleach caomh aon uair eile, 's ann a tha beul sanntach na h-uaighe fosgailte dha; agus tha e glè choltach nach fhada gus an tèid e na craos. Chan eil fiughair ris a' chòrr againne gu bràth tuilleadh; mo luaidh, mo luaidh!" Agus bhris an triùir a-mach an caoineadh goirt.

"Ged tha mise dol air m' aghaidh," arsa Màiri, "chan eil ach cas a' falbh is cas a' fuireach agam. Tha mi nis air m' aghaidh am bliadhnachan, is cò gheibheadh coire dhomh, mar thuirt sibh fhèin, a thaobh tairgse a ghabhail, ged nach eil e gam lìonadh; a chionn, an toll a rinn Murchadh nam chridhe-sa cha ghabh e lìonadh gu bràth an t-saoghail."

"Tha sinne, ghalad, a' creidsinn nach gabh; agus 's e ar luaidh a bhith air a sgobadh bhuainn, 's e neo-chiontach, as mò tha cur cràidh air mo chridhe. Ach thig an fhìrinn 's an ceartas an uachdar nuair bhios sinne, ma dh'fhaodteadh a' cnàmh san ùir. Tha mo mhac-sa neo-chiontach. 'S esan tha sin. Ach ciod e 'm feum a bhith bruidhinn?"

Chaidh a' choinneamh-bhròin seo mu sgaoil nuair a dh'fhalbh Màiri; agus shuidh an greusaiche 's a bhean mu choinneamh an teine gu sàmhach, tostach, ag ràdh beagain, ach a' smuaintinn mòrain.

. . . .

A chum beagan soilleireachaidh a chur air na chaidh seachad den sgeul seo, faodar aig an àm seo innseadh nach robh ach an aona cheann-teaghlaich aig a' ghreusaich; agus b' e sin Murchadh a chaidh ainmeachadh cheana. Bha Murchadh na ghille cho gasta 's a bha eadar dà cheann na dùthcha, agus 's mòr am facal sin, 's an liuthad òganach gaisgeil, sgairteil, eireachdail an Srath Chaomhain san àm ud. Cha robh nighean san t-Srath nach toireadh Murchadh a' Ghreusaiche dhachaigh don Phort Bhàn; agus bu lìonmhor iad a bha an eud ri chèile da thaobh. Ach b' i Màiri Bheag a' chìobair roghainn Mhurchaidh, agus chaidh iad cho faisg air là am bainnse ri oidhche an rèitich. Ach chuir an oidhche sin fhèin crìoch air pòsadh na càraid a bha an gaol cho mòr air a chèile. Na shuidhe aig bòrd an rèitich chaidh Murchadh bochd a chur an greim a thaobh cionta nach bu lugha na mort; 's chan fhaca e fhèin no Màiri a chèile tuilleadh bhuaithe sin gus an seo. B' e bu cheann-adh-bhair don driodairt, seo: Thàinig dreag de bhoireannach òg sgiolta rathad an t-Srath aon uair, agus bu thighinn beò di a bhith a' siubhal na dùthcha le bocsa beag buidhe fo a h-achlais; anns a' bhocsa seo bha a h-uile seòrsa usgraichean a fhreagradh air mnathan an t-Sratha, sean agus òg mar bha iad ann. Cha robh gille òg sa cheàrn dùthcha nach robh an strì ri fear-eigin eile a chum na h-usgraichean a b' àille a bh' aig a' bhean-shiubhail a bhith a' deàrrsadh am broilleach a leannain. Mar sin bha a' bhean-shiubhail a' dèanamh cosnaidh mhaith dheth am measg òigridh Srath Chaomhain.

Ach mu dheireadh thall chailleadh sealladh air a' mhnaoi gu h-obann. Chaidh i aon latha air chuairt mar a b' àbhaist di, agus cha do thill i. Cha tugadh umhail sam bith air na ciad làithean; ach nuair a shìn air an ùine, 's nach robh sgeul-bheò shìos no shuas air a' bhean-shiubhail, chaidh an dùthaich uile tro-chèile. Chaidh an sgeirmse fad na sgìre; ach cha robh eadar a dà chloich na chunnaic dath no aogasg na mnatha; agus cha robh an sin ach gun tàinig rudeigin rithe.

Chaidh an lagh an lorg na cùise; shealladh shìos is rannsaicheadh is cheasnaicheadh shuas; agus nuair a chaidh gach comharra a chur ri chèile cha robh ach gun deach a' bhean a mhort air cheann a codach, agus a corp a chur às an t-sealladh. Fhuaras badan da h-aodach an cladach an Loch Mhòir. Fhuaras, cuideachd, comharran air bruachan an loch. Chaidh an Loch Mòr a sgrìobadh gu mean 's gu mionaideach agus fhuaradh corp ann. B' e corp boireannaich a bh' ann cuideachd, ach bha e air a mhilleadh cho mòr le easgannan, 's nach gabhadh e dèanamh a-mach gu ro-mhath cò bh' ann; ach gu nàdarra, bha e air a chreidsinn gum b' e a' bhean-shiubhail a bh' ann, ged nach robh e na nì a bha idir annasach corp a bhith air fhaotainn san Loch Mhòr. 'S iomadh neach a chailleadh, gu sònraichte coigrich air nach cuireadh an dùthaich ionndrainn, nuair a bhitheadh tuil san abhainn a bha a' tighinn a-nuas às na glinn am bràigh na dùthcha, agus is tric a fhuaradh an cuirp san Loch Mhòr, far an do ghiùlain an tuil iad, iomadh mìle air astar. Ach co-dhiù, fhuaradh corp an uair seo ri linn ionndrainn a bhith air neach, agus cha robh ach gum b' e corp an neach a dh'ionndrainneadh a bh' ann. Bha an siud a' chiad cheum aig an lagh air a thoirt; 's cha robh a-nis ach dol an gnìomh a chum an ath cheum a thoirt. Cò thàinig ris a mhnaoi? B' i siud a' cheist. Chaidh a dhèanamh a-mach gum b' e Murchadh a' ghreusaiche an neach mu dheireadh a bha an cainnt na mnatha. Am feasgar a chailleadh sealladh oirre thachair i air Murchadh taobh an locha. Bha, cuideachd, mòran de a cuid bathair aig Murchadh; bha fiach airgead da cuid aige a rèir nam prìsean a bha i a' cur asta; agus leis an sin leagadh amharas trom air Murchadh bochd.

Cha d' àicheidh Murchadh nach do thachair a' bhean air am beul an anmoich faisg air an Loch Mhòr. Cha d' àicheidh e nach do reic i mòran da cuid bathair ris air saor-chunnradh, a chionn 's gun robh e na beachd stoc ùr fhaotainn. Cha do shàsaich an deagh àicheadh ud an lagh, agus, am beagan ùine, agus air oidhche a rèitich, cuid bu duilghe, chaidh Murchadh a chur an greim. Dh'fheuchteadh a h-uile innleachd a chum toirt air a chiont aideachadh. Chaidh a thoirt a dh'ionnsaigh an Locha Mhòir far an robh dùil gun do thilgteadh corp na mnatha, feuch an toireadh e aideachadh sam bith às; ach sheas Murchadh aig a' chiad fhacal a thuirt e—b' e sin "neo-chiontach." Cha robh mòran san t-srath a bha a' creidsinn atharrachaidh, ged a bha feadhainn ann, mar tha sa h-uile àite, feadhainn a nì gàird-eachas ri neach an staing, a bha toileach creideamh a chur an cionta an coimhearsnaich chòir. Co-dhiù, chaidh Murchadh an dèidh ùine shònraichte a thoirt gu cùirt do Dhùn Èideann, agus, cuid bu duilghe, fhuaradh ciontach e le mòr-àireamh an luchd-breith. B' e a' bhinn: e bhith air a chrochadh; ach le fàbhar, a chionn 's nach robh an luchd-breith aon-sgeulach, chaidh a' bhinn atharrachadh gu prìosan ri bheò.

Chaidh còig bliadhna deug seachad, agus bha a cheumannan saor gu bhith aig Murchadh bochd aon uair eile. Mun cheart àm a bha fiughair dachaigh ris, agus a mhàthair a' dol gach feasgar a rachadh thar a cinn gu ceann an taighe feuch am faiceadh i mullach a chinn a' tighinn ris a-nuas an rathad, 's ann a thàinig fios a leag an greusaiche 's a bhean gu bròn aon uair eile. Bha Murchadh ri uchd bàis san taigh-eiridinn. Bha e a' caith-eadh às gu luath, 's cha robh fios cò an uair seach a' mhionaid san ruigeadh naidheachd a bhàis Srath Chaomhain. B' e seo a chuir an greusaiche 's a bhean cho trom muladach air Oidhche na Collainn seo, còmhla ris gun robh Màiri Bheag, seann leannan am mic ri rèiteach ri fear eile a' cheart oidhche ud; agus maille ris a h-uile trioblaid a bh' ann bha sin fhèin a' toirt cuimhneachais ghoirt a-steach air a' chàraid thruaigh aonaranaich.

. . . .

Nuair a dh'fhalbh Màiri, ma-tà, shuidh an greusaiche 's a bhean mu choinneamh an teine; cha robh facal thall no a-bhos eatorra, ach iad a' feitheamh nan èibhlean gus an tigeadh a' bhliadhna ùr a-steach, agus an sin dol a laighe gu sàmhach socrach a bhruadar air an àm a dh'fhalbh, 's air a' mhac nach fhaiceadh iad tuilleadh an tìr nam beò. Bha an oidhche a' dol seachad. Cha robh taigh san t-srath anns nach robh uinneagan a' boillsgeadh. Cha robh taigh ann anns nach robh bòrd brèagha air a shuidheachadh agus cuideachd shunndach mun cuairt air a' cur seachad na Collainn anns an dòigh àbhaistich. Ach an taigh a' ghreusaiche cha chluinnteadh ach fuaim na gaoithe ris an t-similear, no a' chlach-mheallain mhìn a' griogail ris an uinneig, agus an clog mòr a bha an crochadh ris a' bhalla a' crìochan gun stad agus ag ràdh:—

> *"A' Chollainn seo, Challainn seo;*
> *A' Challainn seo, Chollainn seo."*

Chualas tartaraich air a' chabhsair agus guth òrain. Thog Mòr is Seumas an cinn is dh'èist iad. Gun ghnogadh, gun rabhadh, thogadh crann an dorais is chluinnteadh, an dorcha na catha, guth air nach b' eòlach iad a' dranndail òrain:—

> *"Air a' Chollainn; Ò, 'n dram!*
> *'S i Chollainn a th' ann;*
> *Air a' Chollainn; Ò, 'n dram!"*

Leis na facail seo na bheul thàinig an ceatharnach an làthair gu sunndach. Dh'èirich Seumas is Mòr nan seasamh agus sùil air a chèile is sùil eile air a' choigreach.

"A Mhoire; Mhoire! Sheumais, thàinig am fear seo mu

dheireadh, co-dhiù as ann 's nach ann a thaobh an t-saoghail seo e.”

Bha an siud saighdear na dheise Ghàidhealaich bho mhullach gu làr, le bhonaid mhòir, le bhreacan, 's le criosan rìomhach nam bucall geala. Thilg e pasgan uaine a bha fo achlais air a’ bhòrd, is chualas duis chnàmhach na pìoba a’ glagraich. Thàinig an coigreach iongantach air aghaidh 's a làmh sìnte gu càirdeil, 's e fad na h-ùine a’ gabhail an òrain:—

> *Air a’ Chollainn; Ò, ’n dram!*
> *’S i Chollainn a th’ ann;*
> *Air a’ Chollainn; Ò, ’n dram!*

“Nach fhad on dà là dheug sin, a Sheumais, a charaid. Chan aithnich a h-aon agaibh mise; ach, co-dhiù, ann an siud i, agus bliadhna mhath ùr dhuibh nuair thig i, agus mòran diubh, agus gach tè dhiubh nas sunndaiche na a’ chòig deug a chaidh seachad mu dheireadh. Ann an siud i, Mhòr, a ghalad, tha mi toilichte gun deach agam air ur ceann-teine thoirt a-mach a-nochd, agus cha b’ ann gun iomadh ceum garbh a chur às mo dhèidh, agus sneachd gu mo ghlùinean. Fàilt’ oirbh le chèile!”

“Air a’ Chollainn; Ò, ’n dram!”

“An-dà, ’ille chòir,” arsa Mòr; “càite sam bith a dh’ionnsaich thu a’ Ghàidhlig, cha b’ ann an Srath Chaomhain. Chan aithnich mi gum faca mi riamh air mo dhà shùil thu anns an fheòil; ach chunnaic mi do thamhasg trì uairean air an t-seachdain seo fhèin, agus a-nochd fhèin an treas uair.”

“Sibh bu chòir m’ fhaicinn; ’s iomadh uair fad na seachdain seo a bha mi gam òrdachadh fhèin aig ur taigh; ’s tha mi toilichte gun tug mi a-mach e mu dheireadh:—

> *“Air a’ Chollainn; Ò, ’n dram*
> *’S i Chollainn a th’ ann;*
> *Air a’ Chollainn; Ò, ’n dram!”*

“Rinn mi oidhirp mhath a bhith leibh a-nochd a chum agus gum biodh Nollaig chridheil agaibh agus agam fhèin leibh”:—

> *“Air a’ Chollainn; Ò, ’n dram!*
> *’S i Chollainn a th’ ann;*
> *Air a’ Chollainn; Ò, ’n dram!”*

Leis an seo thug an coigreach tarraing air botal a bh' aige na mhàileid. Fhuair Mòr gloinne. Dh'èirich an saighdear na sheasamh air an ùrlar.

"Nis," ars esan, "mum bi 'n còrr eadarainn, òlaidh sinn air a chèile ann an deagh chàirdeas. Seo dhuibh, a bhean an taighe: toiseach dibhe do na mnathan is deireadh a' bhùirn-ionnlaid."

"Air do dheagh shlàinte fhèin, ma-tà," arsa Mòr, "agus 's i chòmhdhail seo, còmhdhail as iongantaiche a chuala duine riamh. Ged tha thusa, charaid, a' cur aithne oirnne, chan eil fhios aig a h-aon againne cò de shluagh an t-saoghail thusa; ach tha mi 'm beachd gum bheil naidheachd thoilichte agad duinn; agus air do dheagh shlàinte; 's am fortan a chur na bliadhn' ùire seachad oirnn gu math: na bheil againne 's gar dìth."

Thàinig reachd am muineil Mòire nuair a thubhairt i seo. Nuair a chaidh an glainne mun cuairt air an triùir, shuidh an saighdear agus ars esan: "A-nis, tha fios agamsa ciod e tha cur eallaich air ur cridheachan-se o chionn iomadh bliadhna. Chan eil ach trì mìosan on chuala mi e; agus chuir mi romham nuair gheibhinn fòrladh gun tiginn a thoirt an eallaich dhibh. 'S e sin a thug mise air mo shean eòlas do Shrath Chaomhain mun deach mi dh'fhaicinn m' athar 's mo mhàthar fhèin nach fhaca mi o chionn fichead bliadhna. Dh'fhuiling ur mac-se gu neo-chiontach. Dearbhaidh mise sin. Tha 'm boireannach a bhatar a' cur às a leth a mharbh e, beò slàn an-diugh fhathast. Tha i nas beòtha 's nas slàine na bha i riamh na beatha. 'S mise am boireannach a bh' ann," ars an saighdear, 's e ag èirigh na sheasamh air an ùrlar a-rithis cho dìreach ri luachair; "'s mise am boireannach air an do thogadh an sgeul; mise, Iain Bàn Camshron à Loch Abar, Pìobaire mòr na Rèisimeid Duibh."

Cha robh fios aig Mòir no aig Seumas ciod e an saoghal a bha gan giùlan nuair a chuala iad seo. Thug iad anns a' mhionaid creideas do chainnt an duine dhìomhair seo; oir thuig iad gum b' fhear-eòlais e ged nach buineadh e don dùthaich. Ach ciod e an t-eòlas a bh' aige orrasan cha b' urrainn daibh a bhreith-neachadh air dòigh sam bith.

"An-dà, mo mhìle beannachd ort, 'ille, cò air bith thu. Thog thu eallach dhinne nach robh aotrom," arsa Mòr.

"Gu dearbh rinn thu sin," arsa Seumas, 's e a' breith air làimh a-rithis air.

"Tha ar mac-ne na shìneadh le tinneas cràidhteach; agus mas e 's gun tèid e don ùir bithidh de thoileachadh againn agus aige fhèin, ma bheireas an sgeul air, gun tèid a dhuslach ri duslaich, agus fios aig an t-saoghal gum bheil a làmhan glan, mo rùn."

"Agus, a charaid chaoimh," arsa Seumas, "'s leatsa dà cheann an taighe seo gu bràth; agus ged nach biodh againne ach biadh na faochaig ri roinn, is leatsa do chuid deth nam biodh tu na eisimeil."

"Tapadh leibhse, chàirdean," ars an saighdear, "agus mòran taing. Bha fios 'am gun dèanadh sibh mo bheatha, ciod e sam bith mar thiginn chugaibh. 'S iomadh coibhneas a rinn sibh rium ged nach eil sibh gam thuigsinn; ach, a chàirdean, tha mise mar a thubhairt Donnchadh Bàn nan òran: 'Rinn Nighean Deòrsa an t-aran dhomh.'"

"'S math leinn a chluinntinn," arsa Mòr, 's i a-nis a' cur air dòigh a' bhùird; "agus a-nis, nì mise rud nach do rinn mi o chionn iomadh bliadhna: Collainn shunndach a chur air dòigh."

"An dearbhadh, tha mo chead agad, a bhean," arsa Seumas; "agus gu dearbha fhèin, 'ille chòir, 's beag smaointinn a bh' agam, toiseach na h-oidhche, gum bithinn cho toilichte mun tigeadh a deireadh."

"Nach tubhairt mi ribh gun togainn an leann-dubh dhibh," ars an saighdear; "agus nuair a bhios bòrd na Collainn deas aig Mòir, 's a shuidheas sinn mun cuairt air nar triùir, innsidh mi mo sgeul dhuibh bho thoiseach gu deireadh":—

> *"Air a' Cholainn; Ò, 'n dram!*
> *'S i Cholainn a th' ann;*
> *Air a' Cholainn; Ò, 'n dram!"*

Shuidh an triùir mu bhòrd na Collainn agus liubhair an saighdear a sgeul.

"Cha robh mise," ars esan, "ach am bhalach caol, glas, agus glè òg nuair chaidh mi don arm. Chluichinn a' phìob gu h-inn-ich; ach le bhith faicinn ghillean gasta eile de mhuinntir mo dhùthcha—'s e sin Loch Abar nan craobh—a' tighinn dachaigh len deiseachan rìomhach, bha mi smuaintinn nach robh rud air an t-saoghal a b' àill leam na bhith tighinn dachaigh a dh'fhaicinn mo chuideachd anns an èideadh bhrèagha ud. Bha cuid diubh nam pìobairean san arm, agus b' ann riuthasan a bu mhotha bha dh'eud orm. Bha an deise cho àlainn leam: an t-èileadh sgiobalta, am breacan fuasgailteach, na criosan bucallach, 's a' bhonaid iteach, uaibhreach. Nuair bhithinn a' buachailleachd nan laogh air bruachan Loch Abair, bha 'm feadan beag am phluic bho mhoch gu dubh, 's cha robh meur chruaidh am port annasach ùr a chluinninn nach bithinn a' strì rithe leam fhèin taobh an tuim gus an dèanainn gu fileanta glan i. Bha, mu dheireadh, na h-eòin cho cleachdte rim cheòl 's gun suidheadh an druid 's am brù-dhearg air meanglan làmh rium a dh'èisteachd, agus a rèir mo bharail fhèin a dh'aithris, a' chiùil san doire. Co-dhiù thog mi 'n ceòl cho math agus nuair nach robh mi ach am fhìor bhalachan, bha mi am chulaidh-iongnaidh aig gach còmhdhail am biodh pìob ri cluich. Mu dheireadh thall, bha Loch Abar tuilleadh is cumhang dhomh a rèir mo bheachd fhèin. Cha dèanadh feum ach an t-arm fheuchainn; agus don arm ghabh mi. Bha mi nis am phìobair airm san Rèisimeid Duibh; agus cò ach mise! Cha robh mi trì mìosan am shaighdear nuair dhùraiginn dol dachaigh a chum 's gum faiceadh m' athair 's mo mhàthair 's mo chàirdean air fad cho innich 's a bha mi sealltainn an deise pìobaire, agus pìobair airm aige sin. Ach, a chuideachd, mun tàinig ceann na bliadhna fhuair mi mo shùilean fhosgladh. Bha an t-arm tuilleadh is teann dhomh, agus mhiannaich mi gu làidir frìthean agus saorsa Loch Abar nan craobh, agus a bhith tighinn dachaigh am luideanach gu teintean m' athar 's mo mhàthar; agus 's e rinn mi, teicheadh. Theich mi, agus bha mi air chomhach nam èalaidheach. Nan robh mi cho eòlach 's a bha mi cho aineolach dhèanainn strì rim dhreuchd a leantainn; ach bha mi amaideach agus rinn mi èalaidheach dhìom fhèin.

Ach co-dhiù, mar thubhairt mi ribh, bha Iain Bàn na èalaidheach, agus cha robh sgeul shìos no shuas air. Bha fios agam gum biodh an tòir às mo dhèidh, 's cha robh math dhomh m' aghaidh a thoirt air Loch Abar. Cha robh math dhomh falbh follaiseach an àite air bith agus rinn mi, le cuideachadh feadhnach a ghabh truas dhìom, dol an aodach boireannaich. Bha iomradh air Cogadh na Ruise san àm, agus bhatar cho geur air lorg feadhnach a bhiodh a' teicheadh 's gum feumteadh falach fodha a dhèanamh air dòigh no dòigheigin. Cha robh dòigh a b' fheàrr na dol an riochd mnatha, agus air m' fhacal bu mhi an nighean sgiobalta ghlan."

Aige seo bhris a' chuideachd gu gàireachdaich.

"An-dà, gu cinnteach," arsa Mòr, "'s ann duit as fìor a ràdh."

"Bha thu dìreach cho sgiolta 's a bha san dùthaich," ars an greusaiche fhèin nuair a fhuair e seachad ruith gàireachdaich is casadaich.

"Nach robh mi loinneil, a-nis!" ars an saighdear fhèin. "Am bheil cuimhn' agaibh mar a bha Eachann Iseabail às mo dhèidh? Ho hò! phòsadh Eachann anns a' mhionaid mi nan toirinn a' mhisneach bu lugha dha." Agus ghàir an triùir gus an gann a bha iad a' suidhe air an cathraichean.

"Ach, co-dhiù, chan eil air an siud ach siud fhèin. Fhuair mi air m' aghaidh am fad ud; ach ciamar nis a bha mi dol a dhèanamh mo bheòshlainte? Dh'èirich mòran nithean a-suas nach do smuainich mi an toiseach orra, agus b' e h-aon diubh, agus an t-aon bu chudromaiche: Ciod e mar gheibhinn mo theachd-an-tìr. Cha robh mi idir falamh de airgead; ach nan tòisichinn air às a' cheann chaol cha b' fhada mhaireadh e. Ach bhuail innleachd mhath am cheann, agus b' e sin: na bh' agam air cùl mo làimhe a chur am bathar marsantachd. B' e siud a rinn mi. Lìon mi 'm bocsa buidhe air am b' eòlach sibh, le usgraichean rìomhach, agus, mo riar fhèin, 's ann a bha an gnothach a' pàigheadh dhomh gu h-urramach math. Ach, co-dhiù, dh'fhàs mi sgìth den bhreug-riochd is den t-siubhal 's den t-suidheachadh san robh mi, agus chuir mi romham mi fhèin a thoirt a-suas don arm.

"Am feasgar a dh'fhàg mi 'n dùthaich thachair ur mac-se orm. Reic mi cuid mhòr de na bh' agam ris air saor-chunnradh, 's mi ri stoc ùr fhaotainn. Reic, a chàirdean, agus bu bheag a bha dùil agam gun dèanadh a' mhalairt a bh' ann a bheatha chur an cunnart, no gun coisneadh i dha a' chuid a b' fheàrr de a bheatha a chur seachad am prìosan. An dèidh dealachadh ri Murchadh bochd chaidh mi a bhàrr an rathaid. Dh'fhan mi 'n

tom coille gus an do dhorchaich i, agus an sin chuir mi dhìom
mo luideagan, agus bha mi aon uair eile an aodach fir. Bha mi 'n
sin co-dhiù; a chionn, fad nan trì mìosan a bha mi 'n Srath
Chaomhain bha m' aodach fhèin fon aodach fhuadain. Thill
mi agus dh'fhàg mi pàirt dem aodach taobh an locha. Chan eil
fhios agam carson. Ach rinn mi e co-dhiù, agus a dhèanamh
sgeul goirid de sgeul fhada, thug mi mach Sruighlea, far an
robh an Rèisimeid; agus is iomadh rud a thàinig mise troimhe
bhon latha sin, eadar cogadh a' Chrimèa agus cogadh nan
Innsean 's a h-uile dad a bh' ann. Ach, co-dhiù, thàinig mi tro
a h-uile gàbhadh dhiubh, agus tha mi ro-thoilichte gun robh
e san dàn domh a bhith air mo chaomhnadh a chum
dearbhadh a thoirt seachad gum bheil Murchadh a' ghreus-
aiche cho neo-chiontach ri leanabh na cìche. Sin agaibh a-nis
driod-fhortan Iain Bhàin Chamshroin, pìobaire mòr na
Rèisimeid Duibh."

Dh'fhàs na bha sna copaichean fuar a dhà no trì de uairean
am fad 's a bha an saighdear ag innseadh a sgeòil, agus bha Mòr
is Seumas ag èisteachd mar gum biodh iad air beulaibh a'
mhinisteir. Fad na h-ùine bha iad a' faicinn an lìon san robh
Murchadh air a ghlacadh, a' togail dheth, mogal an dèidh mog-
ail, agus an dealbh-chluich dìomhair air a shoilleireachadh
beagan an dèidh beagain, a rèir 's mar a bha sgeul an t-saighdeir
a' togail cirb an dèidh cirbe den sgàil a bha a' falach na cùise
bho cheartas an t-saoghail fad chòig bhliadhna deug.

"An-dà; mo mhìle beannachd rid bheò ort, a charaid," ars an
greusaiche, 's e ag èirigh na sheasamh, 's a' beirsinn na dhà
làimh air làimh dheis an t-saighdeir; "agus gum b' e an turas seo
a thug thu do Shrath Chaomhain an car as miosa a chuireas tu
dhìot gu bràth."

"Bidh mo bheannachd ad chuideachd gu bràth," arsa Mòr, 's
i a' suathadh nan deur leis an robh a sùilean aoibhneach làn.
"Tha ar mac-ne glè ìosal, ma tha e idir an làthair a-nochd;
ach mas bàs dha e, nach toilichte leam e dhol a dh'ionnsaigh
na sìorraidheachd bhuain, agus fios aig an t-saoghal uile gun
deach a dhuslach ri duslaich, 's e neo-chiontach sa ghnìomh
a dh'fhuiling e air a cheann. Ach nach e am fulang sin, 's e
neo-chiontach, a bheir air an t-saoghal uile a-nis a chrùnadh

nan cridheachan le crùn as òirdheirce na ged a gheibhteadh neo-chiontach aig a' chùirt e, 's gun an còrr a bhith air."

Ach chaidh an oidhche seachad gun fhios daibh. Thòisich an clog mòr air bualadh gu socrach a h-aon, a dhà, a trì—agus thàinig a' bhliadhna ùr a-steach.

Dh'èirich an triùir air an ùrlar a-rithis a chur fàilte na bliadhna ùire air a chèile; 's cha robh comann san t-Srath cho sunndach riutha, ged a bha an sùilean a' snàmh nan deòir.

"Bliadhna mhath ùr dhuibh, a Sheumais. Bliadhna mhath ùr, a Mhòr!" ars an saighdear.

"Mar sin duitse, agus mòran diubh, agus guma buan thu, a charaid," ars an greusaiche.

"Làmh air do bhotal a-nis, a Sheumais," arsa Mòr; "agus ar doilgheasan uile leis a' bhliadhna dh'fhalbh."

Chaidh slàinte òl air gach taobh. Chaidh na copaichean a lìonadh as ùr, agus am fad 's a bha iad a' gabhail a' chòrr den Chollainn bha iad ag èisteachd nan urchraichean leis an robh Srath Chaomhain uile a' toirt a-steach na bliadhna ùire, is dh'aithnicheadh Mòr is Seumas gach fear a loisgeadh làmhach a rèir an taoibh bhon tigeadh an fhuaim; agus chuimhnicheadh an saighdear air an ainm feadhainn a b' aithne dha.

"A-nis," ars an saighdear, "bhon thionndaidh a' Chollainn cho math is cho toilichte dhuibh, nach cluich mi port air a' phìob los gun cluinn sibh meur pìobaire mhòir na Rèisimeid Duibh?"

"Cha d' fhuair mi riamh na b' fheàrr," ars an greusaiche; "agus gu dearbha, 's fhad bho nach robh sunnd cho math orm a chum èisteachd ris a' phìob 's a tha orm a-nochd fhèin."

"Càraibh dìreach a-suas i, rùin, mar gum bu tu mo mhac fhèin. Tha mi cheana mar gum biodh e eadar mo dhà làimh, ged tha fhios agam gum bheil a thaobh glè ìosal," arsa Mòr.

"Biodh agaibhse foighidinn, a chàirdean; cuiridh Iain Bàn Camshron crìoch urramach air an rud a ghabh e os làimh," ars an saighdear, 's e a' fuasgladh na pìoba às a' phasgan.

Dh'fhuasgail Iain a' phìob; thug e a-mach fear an dèidh fir de na gothaichean; shèid e iad is dh'fheuch e am fuaim 's e a' canntaireachd aig an àm cheudna. "Thig mar seo, a ghalad, gus an cluinn sinn do ghuth binn," ars e fhèin, 's e a' tilgeil nan dos thar a ghualainn is fuaim an aoibhneis aig an glagraich. Chniad-aich Iain am màl le bhois is lìon gach lag a bh' ann le gach sèideadh. Ràn na duis, sgreuch am feadan; chaidh am màl gu socrach na àite fhèin fo ghàirdean a' phìobaire, is lìonadh an taigh le ceòl. Bu cheòl taitneach ceòl a' ghleusaidh fhèin; ach nuair thòisich am port 's gann nach do stad na craobhan a bha a-muigh de chrathadh anns a' ghaoith a dh'èisteachd ri loinn-ealachd nam meur. Chaidh an fhuaim fad air astar, agus 's iom-adh gaotharan a bha a' dol dachaigh, is tuaineal na cheann, a dh'innis sgeul gun cuala e gu fìrinneach na sìthichean aig fleadhachas san t-sìthean.

Ach sguir an ceòl; shuidheadh greis taobh an teine a' bruidh-inn thall 's a-bhos. Chaidh taigh a' ghreusaiche an sin mu thàmh; ach mun deach Iain da leabaidh an ceann eile an taighe dh'earalaich e air Mòir 's air Seumas gun fhacal a ràdh, beag no mòr, uimesan gu ceann latha no dhà.

"Tha mi tuigsinn," ars esan, "nach eil mo ghnothach idir ullamh fhathast, agus ged a chluinneas sibh mi ag èirigh 's a' dol a-mach ro latha, an dèidh an là màireach, no 'n ceann latha no dhà, cha ghabh sibh dad oirbh. Tha rud beag eile agam ri dhèanamh fhathast."

An làrna-mhàireach dh'fhosgail là na Nollaig gu brèagha air Srath Chaomhain. Cha robh deò à adhar. Ghabhadh a' mhin a criathradh air a' chuan. Bha reòthadh geur cruaidh ann, 's a' ghrian a' dealradh air an t-sneachd a bha a' còmhdach an t-Srath bho bhràigh gu ìochdar.

Chaidh a' mhòr-chuideachd mar a b' àbhaist gu dail na h-iomanach. Bha Iain ann cuideachd, 's cha robh fios aig muinntir an t-Srath o shluagh an t-saoghail cò an saighdear innich a bh' ann; agus bha e na iongnadh le gach neach ciod i an t-sùrd a bha an cinn a' ghreusaiche 's a mhnatha, nuair thàinig iad cho sunndach do chuideachd air an Nollaig seo seach mar a b' àbhaist daibh o chionn iomadh bliadhna. 'S iomadh barail a chaidh a thabhairt an uaigneas anns gach cùil air an dail iom-anach, agus aig gach bòrd a bha san t-Srath nuair a shuidheadh mu bhòrd na suipearach san oidhche.

Chaidh an Nollaig seachad. Latha no dhà na dèidh ghabh Iain sràid leis fhèin a-suas taobh na h-aibhne. Aon mhadainn an sin, dh'èirich e ro bhriseadh an latha. Lean e roimhe taobh na h-aibhne gus an do ràinig e àite sònraichte far an robh an sruthan a' miolaranach anns an tanalachd. Bha tom mòr seilich an sin agus shuidh e na fhasgadh. Goirid don àite san robh e, agus air bruthach bòidheach os cionn na h-aibhne, bha taigh Màiri Dhuibh a' bhuidseachais, agus bha Iain an-dràsta 's a-rithis a' toirt sùl tron dorcha na rathad.

Cha robh gluasad na shealladh no na èisteachd, agus bha an srath uile fhathast anns a' mheadhan-oidhche.

Bha amhraichean an latha a-nis ann, is chìteadh lanntair an siud 's an seo a' dol do bhàthaich. Chum Iain sùil gheur rathad taigh Màiri Dhuibh; ach cha robh duine ri fhaicinn. Thug e sùil a-sìos don abhainn is chrath e a cheann.

"Ma chaidh an t-seilg às orm an-diugh cha tèid a-màireach; ach tha iongnadh orm ma chaidh; air neo chan eil Màiri Dhubh mar a b' àbhaist di," ars esan ris fhèin, 's e a' sealltainn gu fòilidh bho thaobh an tuim. Chunnaic e an sin dùradan dubh a' snàgan gu socrach a-nuas am bruthach, is theann e na bu dlùithe don tom sheilich. Chrùbain se e fhèin cho ìosal 's a b' urrainn da, 's e ach gann a' cumail air anail. Bha a' phlabartaich a' tighinn na bu dlùithe, 's mu dheireadh thàinig Màiri Dhubh seachad cho faisg air 's nach mòr nach do shuath i ris. Ràinig i oir na h-aibhne. Sheas i greis is sheall i mun cuairt. Thug i ceum no dhà a-mach don uisge is chrom i sìos. Thug i bior às a broilleach, agus thòisich i air brodadh anns an uisge, agus aig an àm cheudna i a' monmhar rithe fhèin.

Cha d' èist Iain na b' fhaide. Leum e chuice gun fhios, agus a' breith air chùl amhaich oirre 's ga crathadh gus nach mòr nach do thuit i às a h-aodach:

"A nighean an uilc!" ars esan, "am bheil thu fhathast ag obair air do shean ìobartan. Beir a-mach às an uisge an rud a th' agad ann, neo cuiridh mi do cheann fodha gus am bi thu bàthte. A nighean an uilc!"

An uair a mhothaich i greim ga dhèanamh oirre bho thaobh a cùil thug Màiri sgreuch aiste a chuir sgaoim air gach eun a bha sna preasan mu leth-mhìle mun cuairt.

"Ò, mort, mort! Mathanas; mathanas! Cò thu? Cò thu? Leig

às mi 's cha dèan mi gu bràth e. Obh; obh! Mathanas; math-anas!"

"Mathanas, a dhroch bhuidseach! 'S eòlach ort mi. Am bheil cuimhn' agad air 'Bean a' bhocsa bhuidhe,' mun tuirt thu fhèin e.' Am bheil thu gealltainn dhomhsa nach dèan thu a leithid gu bràth, agus às a dhèidh seo gun imich thu air sligheannan cearta. Geall e neo chan fhàg do bheò an làrach sam bheil thu. Geall e, a bhuidseach, geall e; geall e!" ars Iain, 's e a' toirt crath-aidhean garbha air Màiri Dhuibh.

"Obh; obh! Leig às mi, eudail, 's cha dèan mi gu bràth e. Chan eil an seo ach mo thoillteanas. Mathanas; mathanas! Tha mo chridhe às a chochall! Ge b' e cò thu, leig mo bheatha leam 's cha chluinnear an còrr de ghisreagan Màiri."

"Thoir an taigh ort, a bhuidseach. Nan do phòs Murchadh do nighean cha bhiodh a chorp criadha ga chaitheamh le uisge na h-aibhne nuair chual' thu gun robh a cheumannan saor a' dol a bhith aige. Thoir an taigh ort; ach beir an toiseach às an abhainn an rud a chuir d' ioraltan innte. Beir às e."

Chaidh Màiri, 's i air chrith leis an uabhas a ghabh i, gu a glùinean don abhainn. Rùisg i a gàirdean buidhe preasach, agus thog i à grunnd na h-aibhne an corp criadha. Thaoisnich Màiri e gus an robh a' chriadh na staid nàdarra mar a chladhaicheadh à bruach na h-aibhne i, agus thilg si air an làr i.

"Madainn mhath leat a-nis," ars Iain nuair a thilg Màiri a' chriadha bhuaipe, 's i ag ospagaich. "Madainn mhath leat, a bhiast; agus às a dhèidh seo imich air sligheannan cearta."

Dh'fhalbh Màiri dachaigh na ruith, 's i a' toirt buidheachais don fhortan gun d' fhuair i a beatha leatha. Chum Iain a shùil oirre gus an deach i a-steach an doras; 's mun do ràinig i an stairsneach sheall i às a dèidh air. Mhaoidh Iain le dhòrn oirre, agus nuair a chuala e glag aig an doras ga dhùnadh thug e taigh a' ghreusaiche air.

Sa mhadainn, dh'innis e mar a dh'èirich dha; agus feadh an latha rinn Iain e fhèin aithnichte don lagh 's don dùthaich. Bha na dearbhaidhean cho soilleir 's gun deach Murchadh a' ghreusaiche a ghlanadh uile gu lèir bhon chionta a dh'fhuiling e air a cheann. Fhuair e a shlàinte 's a shaorsa, agus deagh dhìoladh bhon Chrùn às leth claon-bhreith.

Bha Iain Bàn Camshron riamh tuilleadh mar a h-aon de theaghlach a' ghreusaiche.

Is fada bhuaithe siud; ach tha cuimhne an Srath Chaomhain gus an là an-diugh air mar a thogadh an sgeul seo, ged a tha na pearsachan nan tost sa chill, is clachan fo chòinntich a' cumail cuimhne air an ainmeannan.

Tòir na Màireachd

Ruaraidh Arascain is Màirr

Anns an leabhar chiatach ud a chuir M. Guizot ri chèile, agus don tug an duine ainmeil sin *Le Vrai, le Beau, le Bien* mar ainm, thatar ag ràdh gur iad a' mhaiseachd agus am mathas àrd-chuspair na fìrinne—nì a dh'ionnsaigh am bheil a h-uile fear againn a' sìor-thriall, ged nach ionann comas do gach aon an ceann-uidhe ionmholta sin a thoirt gu buadh-mhor a-mach. Is mòr, is cruaidh, agus is fada an triall sin, arsa M. Guizot, ach, an dèidh a h-uile rud, nach cubhaidh agus ceart an nì gum bheil? Nan rachadh againn air a bhith air ar rugadh a-staigh do shaoghal anns am bheil an fhìrinn air a stèidh-eachadh gu diongmhalta mar-thà, a' mhaiseachd aithnichte, agus am mathas air a thoirt gu coileanachd, an sin is gann gum biodh an còrr againn ri dhèanamh: cha bhiodh dad tuilleadh ann ri shireadh, agus, an cois sin, cha bhiodh gluasad no mùthadh spioradail air bith ri fhaicinn air aghaidh an domhain.

B' e Platon a thuirt seo: "Seo agad," ars esan, "an ràdh as fìrinniche chaidh riamh a dhealbhadh, no a thèid a dh'innseadh na dhèidh seo—gur cubhaidh buannachdail gach nì tha urr-amach: gur cronail mì-shealbhach gach nì tha aingidh dìblidh." Gu cinnteach, còrdaidh an ràdh ciatach seo a leig Platon seachad ris a h-uile neach a ghabhas beachd air. Chan eil nì as furasta a dhèanamh na seula ar molaidh a chur air. Ach rud

nach èirich leinn cho soirbh sin, is e sin socrachadh nar n-innt-
innean fhèin gu dè idir an nì anns am bheil am mathas a' co-
sheasamh agus an cron air a dhèanamh suas.

A-nis, b' ann aghaidh ri aghaidh ris a' mhac-samhail
cruaidh-cheist seo a dh'ainmich mi a bha na Greugaich o shean.
Thug iad iomadh sàr-ionnsaigh air i a dh'fhuasgladh dhan làn-
deòin. Thug iad spèis anabarrach don mhathas, agus laigh a'
mhaiseachd daonnan anabarrach dlùth dan cridhe. Thug iad
gràdh sònraichte do gach nì air am biodh iad a' sealltainn
mar mheadhan earbsach gu cuideachadh leotha gu aithne a
b' fheàrr na bh' aca mar-thà a chur air nàdar na maiseachd, no
an t-eòlas a fhuair iad a-cheana air a cuid fhreumhaichean a
chur am meud. Chan e cus e ri ràdh gun robh iad mar shluagh
an-còmhnaidh air tòir na maiseachd. Chan eil dream no sluagh
air a bheil cunntas earbsach againn as mò a nochd de dhealas,
no as mò a rinn de ghnìomh, air sgàth cùis na maiseachd agus
adhbhar na fìrinne. B' annsa leotha riamh ban-dia eireachd-
ail na loinne a lorgachadh, ceum air cheum, air a h-ais a
dh'ionnsaigh a dachaigh mhìorbhaileach, fad air astar, an glac
nam beann iol-chruthach, far am bheil spiorad na meanm-
nachd agus nan àrd-smuaintean a' sìor-ghabhail tàmh.

Ach, a dh'aindeoin gach spàirn a rinn iad, agus seòl a
chleachd iad, cha do dh'èirich an tòir urramach seo a chuir na
Greugaich air bonn cho math leotha 's a bha dùil aca gun
rachadh aca air soirbheachadh innte. Dh'fhairtlich gu buileach
air Platon tighinn gu co-dhùnadh seasmhach air bith mun rud.
Cha robh e riamh na chomas-san a ràdh: "Seo agad an fhìor
mhaiseachd; sguir air ball, ma-tà, de bhith a' sireadh nas fhaide
air a son." Faicear leis na sgrìobh Grote air stèidh-sgrìobhaidh
"roghadh is taghadh nan uile Ghreugach" gun robh an duine
ainmeil sin an ioma-chomhairle nach beag mu fhìor nàdar na
maiseachd. "What is kept before the reader's mind more than
anything else," arsa Grote, *though not embodied in any dis-
tinct formula*, is the Good and Beautiful considered as objects
of love and attachment." Theagamh gun robh am "maighstir"
ud eile don tug Platon uiread de spèis—Socrates—beagan na bu
suidhichte is na bu dìorrasaiche na bheachd na bha an deisc-
iobal a b' ainmeile a fhuair e riamh; ach, ged a bha, chan

fhaodar a ràdh gun d' fhuair na beachdan a leig esan seachad làn-aontachadh an fhir eile. Cha mhò as urrainn duinn a chantainn gun robh Socrates e fhèin an-còmhnaidh a dh'aona bheachd mu fhìor nàdar na maiseachd, on a bu ghnàth leis na baralaichean is na beachdan a chuir esan an cèill a dh'atharrachadh cho tric, ach beag, 's a bhiodh e gan leigeil air an adhart.

Ach, a dh'aindeoin seo is gu lèir, cha b' iad na Greugaich ainmeil seo nan aonar a rinn sàr-oidhirp air fìor nàdar na maiseachd fhaighinn a-mach, agus an t-eòlas a fhuair iad mar sin a stèidheachadh air bonn seasmhach maireannach. Anns a' char seo, bha iad air an dlùth-leantainn le cho iomadh fear comasach eile de an co-luchd-dùthcha is gum bheil cead againn a ràdh gun robh an cinneach Greugach gu h-iomlan air an stiùireadh is air an gluasad le mòr-thogradh air dol air aghaidh an co-bhann a chèile, gus crìoch urramach agus shoirbheachail a chur air an t-sireadh ionmholta sin air an robh iad uile an geall. Bha taobh blàth aig gach Greugach don mhaiseachd, agus bha an dealas àrd a nochd iad do nithean spioradail daonnan gan comharrachadh a-mach air dhòigh nach eil a leithid ri fhaicinn aon chuid ro na h-amannan sin no nan dèidh. "Their sense of beauty," arsa Mr. R. W. Livingstone, "ran through their whole life, and like a ferment transformed it." Cha d' obraich riamh anntasan am mòr-thogradh seo a dh'fhiosraich iad mar a chithear gum bheil e gar gluasad fhèin tuilleadh is tric. Bha an spèis a thug iad don mhaiseachd daonnan air an siubhal, mar gum b' eadh. Cha mhath leotha riamh leanail oirre car uair, agus, an sin, sguir de bhith ga cur an àird, mar a tha sinne tuilleadh is deas gu dèanamh. "Chan eil anns an Stàit againn," arsa Platon, "ach samhladh air a' ghnè-bheatha sin as fheàrr agus as uaisle as urrainn a bhith"; agus faodar a chur ris an ràdh seo a thuirt Platon gur docha gu mòr leis na Greugaich fàilneachadh gu tur, na dol an ceann gnothaich gun iad a bhith air an lìonadh is air an stiùireadh leis an spiorad eireachdail sin a bha gan iomain is gan atadh suas air dhòigh cho iongantach.

Ach, gu mì-shealbhach, cha b' fhada a mhair cùisean a bhith mar seo. Gu moch no gu h-anmoch, ruigidh mùthadh doras gach cinnich a th' ann. Thugadh an spèis a bha na Greugaich ag altram don mhaiseachd gu ìre anabarrach àird, agus, an sin

—mar bu dùil is mar bu nàdarra—theann i, a lìon beag is beag, ri triall air falbh, agus ri caitheamh às. Thachair seo daibh an cois gluasaid àraidh leis an robh iad air an tarraing air falbh bho na seann dhiathan aca gu bhith a' togail dhithean ùra coimheach, a bha iad a' meas mar dhithean a bha tuilleadh is mòr cumhachdach na an fheadhainn a b' àbhaist a bhith aca, agus don tug iad na h-uimhir spèis agus muinighin o chianaibh. B' ann o mhuinntir air an tug iad buaidh, agus a bha fo cheannsal aca, a fhuair na Greugaich na diathan ùra seo air iasad. Air an adhbhar sin, cha ruig sinn a leas iongnadh a ghabhail gun do chaill na Greugaich, an ceann ùine, pàirt mhòr den spiorad a bha gan comharrachadh a-mach, mun d' fhuair iad a bhith an dlùthchomann ris na coimhich a cheannsaich iad. B' e a' chiad nì a thachair air do na Greugaich siubhal mar seo fo chuing nan coimheach, gun do ghèill an t-sean rian-riaghlaidh fon tug iad buaidh-làrach air machraichean dosanach Mharathoin don fhear shocrach ach tuilleadh is cuimir fìnealta sin air an robh Pericles na ùghdar. Mar an ceudna, goirid an dèidh seo a bhith air a choileanadh, fhuair Cleon agus a chuid dheisciobail làmh an uachdar anns an Stàit, agus, fo an riaghladh is an stiùireadhsan, fhuair a' ghràisg gu bhith tuilleadh is ceannsal cumhachdach innte. Air am bagradh gu goirt leis na bha Philip à Macedon a' rùnachadh nan aghaidh, thuit cridhe muinntir na h-Àithne gu eu-dòchas agus leann-dubh, agus mur b' e gun tug ùr-labhras Dhemosthenes truas ri a mhuinntir ànrach, bha iad caillte, gun uiread agus aon bhuille a bhith air a buaileadh. Rinn esan sàr-oidhirp air na Greugaich a dhùisgeadh suas, agus, car tamaill, dh'èirich an oidhirp a thug e mar nach b' olc leis. Air am brosnachadh gu mòr le òraidean eireachdail an fhir-labhairt gun choimeas ud, chuir iad an cath gu treunmhor làidir misneachail an aghaidh an fhir-sàrachaidh gun iochd a bha a' bagradh cur às daibh, maille ri an sochairean cinneachail uile. Ach, a dh'aindeoin gach oidhirp a rinn iad, a chum rùintean mìchneasta Philip à Macedon a thoirt gu neo-bhrìgh, b' e strìochdadh a b' èiginn do na Greugaich fiosrachadh. B' èiginn daibh, cuideachd, tuarastal goirt a' chùl-shleamhnachaidh is na taiseachd a làn-phàigheadh. Thùirling an triath à Macedon gu sgriosail colgarra orra. Bhris is theich iad; agus leigte ri toil a' mhì-fhortain dhuaichnidh seo a dh'fhiosraich iad bha e an dàn daibh fuireach, gus an tàinig àm àmhgharach lèirsgrios Chor-inth, agus, goirid na dhèidh sin, cur air bonn Achaia mar mhòr-roinn den ìmpireachd.

B' ann mar seo, ma-tà, a chaidh an t-saorsa a bh' aca a spìonadh air falbh o na Greugaich, agus, na cuideachd, thriall air falbh, mar an ceudna, an sean spiorad ionmholta sin a bha gan comharrachadh a-mach air dhòigh cho tur iongantach pailt. Bha là glòrmhor na h-Àithne a-nis air dol seachad: cha robh dùil no fiughair gun rachadh aig na Greugaich air na bliadhnachan a thrèig, còmhla ris an spiorad a bha gan dèanamh cho sgèimheach greadhnachail, a thilleadh air an ais. "Rhodes, like the Achaean League, and every promising institu-tion of later Greece, was destined to decay under the withering shadow of Roman jealousy." Ach, cha b' iad na nithean seo fhèin nan aonar a bha ri crìonadh is ri seargadh às, an dèidh do na Greugaich siubhal fo chuing shàrachail riaghladh nan Ròm-anach; oir mar as mò a ghèill na Greugaich do dòigh-smuain-eachaidh is nòsan cinneachail nan Ròmanach, is ann as mò a chaill iad den ghreim a b' àbhaist a bhith aca air nithean àrda spioradail.

A-nis, sgrìobh mi na sgrìobh mi mu na gnothaichean seo gus cuideachadh leam a dhol beagan nas doimhne a-staigh don chùis air am bheil sinn a' beachdachadh an ceartair. Is e an ath rud don àill leam aire an leughadair a tharraing am beachd-oidhirp ainmeil ud air an robh Edmund Burke na ùghdar, agus don tug e *Essay on the Sublime and Beautiful* mar ainm. B' e beachd an sgrìobhadair ro-chomasaich a dh'ainmich mi gur ann bho ghràdh no an gaol a dh'èireas gach miann a dh'fhios-raicheas sinn a thaobh a bhith a' co-aontachadh ri gluasadan dìomhair na maiseachd. Am bitheantas, ars esan, obraichidh annainne an taobh nàdarra sin den mhaiseachd a th' againn "by relaxing the solids of the whole system." Am briathraibh eile, gabhaidh an t-anam gu *snàmh* cho tric sin 's a bheirear air an inntinn meòrachadh a dhèanamh air nàdar is ciallachadh na maiseachd; agus tha Burke a' cur ri seo le innseadh, "seo agad fìor mhàthair-adhbhar ar toileachais air fad."

Gun teagamh, chan eil anns na baralaichean seo a leig Burke

seachad ach riaghailt no cùmhnant a tha ri ar n-inntinn a
sheòladh an àm duinn bhith a' dol an ceann gnothaich gus
meòrachadh a dhèanamh air nàdar is brìgh na maiseachd. Cha
chuidich iad am feast leinne gu a' cheist seo fhuasgladh mar as
còir—"Dè an nì air am bheil a' mhaiseachd fhèin air a dèanamh
suas?" Ach, eagal is gum biodh neach air bith den bheachd nach
do bhuin Burke riamh ris a' choltas seo a th' air a' chùis, faodar
a chantainn gur ann am mùthadh rianail riaghailteach, agus an
sreathan siùbhlach camagach, làn gràis is bòidhchead, a bha
esan a' sìor-shireadh air a son.

Uime sin, b' ann anns na nithean seo fhèin a dh'ainmich mi a
bha Burke a' saoilsinn na maiseachd. Tionndamaid a-nis ar
sùilean a dh'ionnsaigh fhianais eile, feuch dè tha aigesan ri ràdh
mun ghnothach cheudna. An dèidh Burke, ma-tà, gabhamaid
Price mar eisimpleir. A thaobh iomadh rud, b' ionnan beachd is
inntinn daibh le chèile; ach is e an diùbhras a th' eadar an dithis
nach robh Price idir toileach air mòr-bhuaidh na h-inntinn air
comas lèirsinn an duine aideachadh—coma co-dhiù, 's e a bu
mhiann leis-san a dhèanamh, cuairt no saoghal gu math cuimte
crìochnaichte a bhuileachadh air an fheart a thuirt mi, mar
ionad-obrachaidh nàdarra dligheil dha. Thuirt Price nach eil
ann an inntinn an duine ach a-mhàin sgàthan, anns am faicear,
air an tilgeil an sin, coslas riochdail nan cruthan sin air am mò
a tha de thlachd againn dùr-amharc a dhèanamh, do bhrìgh
àrd-mhaiseachd is cuimse loinneil nan culaidh eireachdail sin.
Anns a' char seo, ma-tà, tuigear gu soilleir gun robh Price a
dh'aona bheachd ri Hume, ach gum bheil an dara fear a' dol rud
beag nas fhaide na tha an neach eile. "To attribute," arsa Hume,
"a distinct existence to the things which we feel, or see, is un-
reasonable. Reason neither does, nor is it possible it ever
should, upon any supposition, give us any assurance of the con-
tinued and distinct existence of any body." Ach, mur bi cead
agam a ràdh gum bheil an nì seo, no an rud ud eile air am bi mi
a' gabhail sealladh le mo dhà shùil chorporra fhèin ann an ceart
da-rìreadh, dè am feum a bhith fiosrach mu nàdar na maiseachd
—no dad sam bith eile den t-seòrsa spioradail neo-ghreimeil
sin, gun tighinn idir air cuspairean a ghabhas beanail no làimh-
seachadh leinn ceart gu leòr? Chuir Hume ris an aideachadh

neònach seo a rinn e le innseadh. "All the rules of logic require a continual diminution, and at last a total extinction of belief and evidence." Gun teagamh, threòraicheadh na seòlaidhean a thug Price seachad sinne gus a' cheart cho-dhùnadh ris an tàinig e fhèin, nan rachadh againn air iad a chur gu pongalach an gnìomh.

Sgrìobhadair comasach eile a bha an tòir air a' mhaiseachd ro seo, agus air an robh meas mòr aig ar sinnsearan den linn seo chaidh, b' e am fear sin Jeffery, a sgrìobh 's a dh'fhoillsich mòran mun chùis cheudna. Is e a bu bhonn 's a bu bhàrr don chreideamh aigesan, nach robh anns a' mhaiseachd air fad ach an nì sin i fhèin, agus gur faoin duinn sireadh air a son an taobh a-staigh de chuspair dealbhach air bith, air cho breugha loinn-eil cuimir sa dh'fhaodadh a' chulaidh sin a bhith, a rèir barail na mòir-chuid.

> *Beauty is not an inherent property or quality of objects at all, but the result of the accidental relations in which they may stand to our experience of pleasures or emotions; and does not depend upon any particular configuration of parts, proportions, or colours in external things, nor upon the unity, coherence, or simplicity of intellectual creations—but merely upon the associations which, in the case of every individual, may enable their inherent and otherwise indifferent qualities to suggest or recall to the mind emotions of a pleasurable or interesting description. It follows, therefore, that no object is beautiful in itself, or could appear so antecedent to our experience of direct pleasures or emotions; and that as an infinite variety of objects may thus reflect interesting ideas, seo all of them may acquire the title of beautiful, although utterly diverse and disparate in their nature, and possessing nothing in common but this accidental power of reminding us of other emotions.*

Barail eile aig Jeffery:—

> *The power of taste is nothing more than the habit of*

> *tracing those associations by which almost all objects*
> *may be connected with interesting emotions.*

Air a' bharail seo a chuir Jeffrey an cèill, chan eil agamsa ach seo a dh'innseadh san dol seachad: ma ghabhas "almost all objects" cur an dlùth-chrochadh ri "interesting emotions," an sin feumaidh gach fear dhiubh a ghabhas gnàthachadh mar sin a bhith na eisimpleir dealbhach air a' mhaiseachd—an rud nach eil. Faodaidh nì no neach air leth an siud 's an seo a bhith "interesting" am bheachd-sa, ach, aig an àm cheudna, gu ro-neo-mhaiseach a rèir breith mo dhà shùla. Chan idir ionnan a thaobh nàdar "tlachd" agus "maise," co-dhiù a bhios an dara rud a' tighinn an làthair ann an riochd corporra no a chaoch-ladh.

A rèir coltais, b' e an spèis anabarrach a thug Jeffrey do sheann litreachas na Grèige is na Ròimhe a thug air tuis-leachadh, agus dol air faondradh, mar a dh'fheuch mi. Coma co-dhiù, chan eil cinnt nach e an taobh blàth a bh' aige don litreachas a thuirt mi a thug air bladh na maiseachd a shoc-rachadh mar a rinn e. Cha bhi an aineol air an leughadair gun robh Virgil den bheachd gur ann an sùil an fhir-amhairc, is chan ann idir anns a' chuspair e fhèin, a fheumas sinn sireadh airson màthair-adhbhar na maiseachd. "Chan eil anns na dàin-tean," ars esan, "ach na dàintean iad fhèin. Na gheibh sinn de sgoinn is de snas anntasan, tha na feartan matha sin uile a' sruthadh a-mach, chan ann idir bho sgil is thapachd an neach a rinn iad, ach bho na thèid a chur de spiorad is de sgèimh annta leis an fhear a leughas iad." Agus seo aig an leughadair eisimp-leir eile air a lethbhreac dòigh smuaineachaidh—eisimpleir a chaidh a tharraing bho obair ùghdair-eigin air nach eil cuimhne mhath agam an ceartair, ach a bha ainmeil gu leòr na linn 's na là, co-dhiù a b' e Greugach no Ròmanach a bh' ann. "Seo agad aon rud air am bheil mise ag amharc mar nì nach toir am feast cur an teagamh no diùltadh air chor air bith: nach eil ri fhaot-ainn air uachdar-gruinnd urra no cuspair air bith a tha ann fhèin luachmhor no neo-luachmhor, ion-mhiannaichte no a chaochladh, maiseach no grànda, ach gum bheil a h-uile deagh bhuadh a thèid againn a bhuileachadh air na nithean seo a' sruthadh a-mach bho aigne is spiorad an duine a dh'amhairceas orra, agus bho ghluasadan dìomhair na càileachd sin a chaidh a leigeil do gach aon againn." Gun teagamh, cuiridh an ràdh seo an cuimhne duinn innseadh àraidh eile den cheart ghnè a leig Petrarch seachad—duine làn eòlais, agus fear aig an robh meas mòr air seann litreachas na Ròimhe. Tha Petrarch ag ràdh, "Luach moralta agus Maise, buinidh an nàdar a thèid againn a bhuileachadh air na nithean seo do nàdar nam faireachdainnean a dh'fhiosraicheas sinne, an uair a bheachdaichear air cruthan beò no neo-bheò air am bheil coslas a tha coltach ri smuaintean den t-seòrsa a thogail duinn. Ach, chan eil anns na faireachdainnean seo fhèin a dh'fhiosraicheas sinn ach toradh eagnaidh air ar n-inntinnean, agus mar sin, caochlaidh iad a thaobh a' chruth a bhios iad a' caitheamh a rèir càil is nàdar gach inntinn air leth a ghabhas beachdachadh orra."

Ach, cha b' fhada a mhair na smuaintean a bh' aig an fheadhainn a bha a' baraileachadh mar seo mar an cuid fhèin. Dh'èirich Ruskin nan aghaidh, agus mar bu ghnàth leis an duine chomasach, ach iargalta, ud, a dhèanamh, thug e garbh-ionnsaigh orra. Thuirt is chum e gu dian dìorrasach a-mach gum bheil an spèis a th' againn don mhaiseachd gu tur an earbsa ri grunnan beag de laghannan nàdarra sìmplidh; agus, fòs, thug e air na laghannan sin a dhèanamh soilleir, agus iad a thogail an àird os cionn a h-uile gnè amharais. "Whatever," ars esan, "I have asserted throughout this work (*Modern Painters*) I have endeavoured to ground altogether on demonstrations which must stand or fall by their own strength, and which ought to involve no more reference to authority than a demonstration of Euclid." Leig e thuigsinn duinn, mar an ceudna, gum feumar na h-ealainean a stèidheachadh air bonn Nàdair e fhèin, a' tagradh, aig an aon àm, gum bu chòir duinn aire shònraichte a thoirt, chan ann idir "don chainnt sin air an àbhaist do na h-ealainean feum a dhèanamh" ach do gach smuain is beachd a thèid aig an duine air a chruthachadh 's a leigeil air adhart an àm dha bhith a' tighinn air nithean àrda, anamanta, mòr-chùiseach. Barrachd air an seo, ar leis gum bheil aig na h-ealainean crìoch no ceann-uidhe no dhà tur air leth bhon fheadhainn sin a tha rim faotainn an taobh a-staigh dhiubh fhèin, agus gum bheil na h-ealainean ceudna comasach air siubhal gu h-astarach thar nan iomallan suidhichte sin. Thuirt Ruskin, cuideachd, nach eil ann an cruth no cuspair air bith a roghainneas neach, gus feum a dhèanamh air fa chomhair, agus an ainm, na h-ealain sònraichte sin air am bheil e an tòir, ach àireamh de bhuadhan nach buin idir an ceart da-rìreadh do nàdar nan cruthan taghta sin, ach gur buadhan iad seo a choisinn iad daibh fhèin air dhòigh air choreigin ris nach robh sùil riamh aig duine beò. Agus an àite nan ealainean a bhith air an cur an cleachdadh is air an toirt gu feum air sgàth gaoil Dhè agus leas an duine, bu chòir duinn leanail orra—mas ceart a' bharail aig Ruskin—air an son fhèin a-mhàin. Seadh, feumar leanail gu dian dlùth orra mar seo, eadhon ged a bheirteadh oirnn a bhith a' dèanamh mar a tha Ruskin ag iarraidh oirnn gum biodh sinn a' dèanamh, leanail orra gu crìochan uile gu lèir neo-iomchaidh, eadhon mì-bheusach. "I shall pay no regard whatsoever," ars esan, "to what may be thought beautiful or sublime, or imaginative. I shall look only for truth, bare, clear, downright statement of facts; showing in each particular, as far as I am able, what the truth of Nature is, and then seeking for the plain expression of it, and for that alone." Nach cruaidh thar tomhais an fheuchainn seo a tha Ruskin a' moladh duinn? Is mòr as eagal leam fhèin gum bheil i sin tuilleadh is trom cruaidh fa chomhair neart dìblidh nan nithean sin airson an deachaidh a chruthachadh leis. Coma co-dhiù, dè an t-ull-achadh as miosa as urrainn a bhith fa chomhair a bhith a' dol mun cuairt airson aon de na h-ealainean a chur an cleachdadh, no sgrìobhadh man dèidhinn, na duine a bhith dearmadach caoin-shuarach mun "Sublime and the Beautiful"?

Mar sin, is lèir an gnothach gum bheil cuid a' saoilsinn na maiseachd an aon rud, agus feadhainn an rud eile. Iadsan a bhuin ris a' chùis ro seo tha iad uile an ioma-chomhairle nach beag man dèidhinn; agus, leis gum bheil, nach math a fhreagras e duinn air fad, gun sinne a bhith tuilleadh is earbsach às a' chomas a th' againn air rèiteachadh a chur air cùis mum bheil cho liuthad dhaoine tuigseach foghlaimte an dèidh cur a-mach gu searbh air a chèile? Ach, faiceamaid an toiseach dè a ghabh-as dèanamh leinn a chum fìor nàdar na maiseachd fhaighinn a-mach, agus an rud sin a dh'fhàgail beagan nas soilleire seasmhaiche na as urrainn duinn a dh'innseadh gum bheil e mar sin an ceartair.

Thàtar a' ràdh le cuid gum feumar fìor mhàthair-adhbhar ar ceudfathan spioradail air fad a shireadh ann an eòlas-nàdarra, leis am bheil sinn uile air ar gluasad an tomhas beag no mòr. Ach, an aghaidh seo, ar le cuid gur e an t-oilean prìomh stèidh is ceann-adhbhar ar faireachdainnean is ar n-oidheaman gu h-iomlan; am feadh a tha cuid eile ann a tha den aona bheachd ri Darwin, a thuirt nach fhaod sinn amharc air na h-oidheaman a chaidh a phlanntachadh annainne ach a-mhàin mar thoradh eagnaidh air an Rothlas.

A rèir coltais, is ann an eòlas-nàdarra a tha an spèis a th' againn don mhaiseachd a' faighinn a tùis, ged as fheudar dhomh aideachadh, aig an àm cheudna, gur ann mar as mò a gheibh sinn de oilean, is ann as mò a bhios am meas a th' againn air a' mhaiseachd a' dol an àird, agus, a dh'aon àm, a' soc- rachadh gnàths is nàdar ar sgoinne-ne. Gum bheil sinn uile, mar an ceudna, fo chomain nach beag don ghnè fhàis sin a tha a' sìor-obrachadh annainne, agus air an do rinn Darwin uiread de luaidh anns na sgrìobhaidhean aige, chan eil an teagamh as lugha agam fhèin. Ach, ceart mar a tha e na rud tur nàdarra duinn adhradh follaiseach a dhèanamh do Dhia, mar sin faicear gum bheil annainne na bheir oirnn gun a bhith a' cumail ar tlachd is ar n-iongantas air an ais, ach, an àite sin, iad a leigeil gu siùbhlach air an aghaidh, gach uair a thachras duinn coinn- eachadh ri neach-eigin, no amharc air nì-eigin, às am bi sinn a' gabhail an tlachd as mò. Gach uair a thachras sin duinn, strìochdaidh ar n-inntinnean do àrd-eireachd is mòr-ghrinneas an t-seallaidh a gheibh sinn cho luath agus cho pailt sin 's a ghèilleas spiorad an duine do mhòralachd an Dè bheò, gach uair a thèid aige air beachdachadh air mathas neo-chrìoch- naichte agus oircheasachd do-chaitheamh a Chruthadair gun bheud. Cha chleachdadh leinn, aig an leithidean sin de àm, stad a dhèanamh car greis, gus a' cheist seo a chur oirnn fhèin: car- son a bhitheamaid a' dèanamh mar a tha sinn? *'S e gluasad tur nàdarra a th' ann*, agus bheir e oirnn strìochdadh ris cho luath is cho tric sin 's a thèid againn air e fhiosrachadh annainne. Mar sin, gèillidh ar n-inntinnean don ghluasad a dh'ainmich mi

cho tric agus a dh'fhiosraichear e, agus sin, gun sinne a bhith a'
dèanamh uiread agus aon oidhirp air e a cheisteachadh, no an
t-adhbhar on tàinig e fhaighinn a-mach. Chan eil againn ach
strìochdadh gu h-umhal san uair, agus adhradh a dhèanamh
gun fhios carson, ach làn-chinnt againn, aig an àm cheudna, gur
e nì cho nàdarra duinn ar gaol don mhaiseachd a leigeil air
adhart 's a tha e ar gràdh do Dhia a chur gu follaiseach an cèill.

Thuirt mi mar-thà gur ann an gaol no an gràdh a bha Burke
a' sireadh, gus ceann-adhbhair na maiseachd a thoirt am
fradharc; agus ar leam fhèin nach b' urrainn da nì a b' fheàrr a
dhèanamh, oir iarraidh no sgrùdadh air bith a thèid againn a
chur air bonn, le sùil ri màthair-adhbhar na maiseachd fhaigh-
inn a-mach, chan eil teagamh nach toir sin oirnn a bhith a'
gabhail ris a' cheart cho-dhùnaidh gus an tàinig an duine ainm-
eil ud, ge b' e air bith beachd a dh'fhaodas a bhith againn mu
dhèidhinn nàdar na maiseachd i fhèin. Ach, air cho miannach
agus a tha mi air mise a bhith air mo chunntadh am measg nan
deisciobail aig Burke, chan fhaod mi ach dealachadh ris nuair a
tha e a' cantainn gur anns a' ghnè ghaoil sin a bheir fireannach
do bhoireannach a dh'fheumas sinn sireadh airson prìomh
adhbhar ar smuaintean a thaobh àrd-ghrinneas na maiseachd.
Cha chreid mi fhèin idir gur barail cheart i seo, agus tha fadal
orm dearbhadh gur fheàrr a coltas na a brìgh.

Ciod iad na smuaintean as tràithe agus as pailte a lìonas ar
n-inntinn air duinn sealladh fhaighinn air boireannach eir-
eachdail àlainn dreachmhor maiseach? Chan i idir gnè na tè air
an d' fhuair sinn sealladh an nì a bhios air uachdar nar n-innt-
inn an toiseach. Is ann do dhreachmhorachd a crutha is a colt-
ais, is chan ann idir do ghnè na tè air an do leig sinn ar sùil, a
ghèilleas ar reusan agus a strìochdaicheas ar toil; agus ged a
thachradh duinn, an ceann ùine, tuiteam gu buileach nar
creach aig smuaintean nach biodh cho glan riutha sin, gidheadh
cha bhi a' chiad sùil a bheir sinn oirre ach saor gu tur bho smal
na feòlmhorachd.

Ach, ged nach eil ann am boireannach eireachdail àlainn ach
sealladh anabarrach grinn is tlachdmhor anns gach dòigh, cha
ghabh e àicheadh nach eil iomadh cuspair eile ann a tha a'
cheart cho tlachdmhor brèagha ri siud. Cha ruig mi idir a leas

iomradh a dhèanamh air gach aon dhiubh seo: is eòl do gach fear iad, agus gun teagamh èiridh gu grad a roghainn fhèin den iomlan a tha am bheachd air beulaibh shùilean a h-uile inntinn a dh'fheuchas ri cruth is dealbh cinnteach a chur air a' chuid sin dhiubh a thèid againn beachdachadh orra. Ach, de na mìltean de chuspair àlainn greannmhor loinneil a dh'fhaodas sùilean ar n-inntinnean a thogail duinn, anns an dòigh a thuirt mi, is fìor bheag dhiubh sin a bheir oirnn a bhith a' smuaineachadh mu nithean a bhuineas don ghaol, ged nach lugha comas an dara gnè air ar tlachd a thogail agus ar n-iongantas a chur an àird na tha an tè ud eile a dh'ainmich mi. Uime sin, carson a bhitheamaid an geall air ceann-adhbhair den t-seòrsa a bha miadhail le Burke a thoirt don spèis a th' againn don mhaiseachd? Nach mò gu mòr Nàdar na an urra, agus àilleachd an domhain na maise nam ban?

Beachdamaid a-nis car tamaill air na h-ealainean fhèin, a dh'fheuchainn an tilg iadsan rudeigin de sholas air cuspair ar tòir. Is math a tha fios aig a h-uile neach gur ann an cràbhadh cumanta mhuinntir na h-Àithne a dh'fheumas sinn sireadh gus prìomh adhbhar an dàn-chluiche chinneachail aca fhaighinn a-mach; agus is ann a tha an ràdh ceudna a' cheart cho fìor a thaobh gach uile dàn-chluiche cinneachail eile air am bheil meas mòr aig an t-saoghal aig an àm. Is i as crìoch àraidh do na h-oileanan air fad toileachas-inntinn; ach ged a tha seo mar seo, faicear gur ann air gluasad cràbhach air choreigin a dh'fheumar ciad cheumannan uile na ceart ealain a charachadh. Bha an dà chuid gràbhaladh nan Greugach agus dealbh-tharraing nan Eadailteach gu tur an eisimeil agus an earbsa ri nàdar cràbhach agus diadhaidh nan caochladh cuspairean a bha a' toirt cruth agus susbaint daibh airson nam buadhan maiseach agus nam feartan spioradail leis an robh iad air an comharrachadh a-mach air dhòigh cho seachd àraidh ionmholta iongantach. Agus ged a chaill na h-ealainean cuid mhòr den nàdar seo a bh' aca an tùs, a' cur dhiubh, a lìon beag is beag, an taobh is an t-aomadh làidir sin don chràbhachd is do nithean spioradail a bh' aca an toiseach, a rèir is mar a chaidh an spèis a bh' aig an t-saoghal do chràbhachd is do dhiadhachd a chur an lughad leis an t-sluagh, gidheadh is èiginn duinn an

cron airson sin a leigeadh air na cearta ghuaillean air an còir
duinn an cudrom sin a chur, is chan ann idir air na h-ealainean
iad fhèin, agus an luchd-cur-an-cleachdadh, do nach urrainn
ach strìochdadh gun toil a dhèanamh don ghluasad mhòr seo
a thachair a thaobh càil is sgoinne na codach bu mhò de
mhuinntir an t-saoghail. "As the desire for novelty and variety
increased," arsa neach-eigin, a sgrìobh mòran as math as fhiach
a leughadh mu chiad-thùs nan ealainean, "men began to look
rather to the pleasure which they derived from the capacities
inherent in the arts themselves, and more or less lost sight of
the great ends which these had once served." Cha bhithinn-sa
fhèin gun chron sa chùis, nan rachadh agam air oidhirp a thoirt
air rudeigin feumail a cho-chur ri chèile air stèidh-sgrìobhaidh
"Tòir na Maiseachd" gun luaidh a dhèanamh air an atharr-
achadh mhòr seo a thachair an eachdraidh-beatha nan ealain-
ean. Is e an nì ma-tà air am mò a tha a mhiann orm leudachadh
air an àm gur e tùs fìor-chràbhach a th' aig na h-ealainean air
fad, agus gur e dol an lughad agus tuiteam air falbh a dh'fhios-
raich iad cho luath 's a theann iad ris a' ghreim a bh' aca air na
h-àrd-chuspairean spioradail sin a bh' aca san amharc an
toiseach a chall.

Ach, is ann a tha cùis no ceist eile air an àill leam beagan
bhriathran innseadh an seo—agus 's e aon diubh sin, dè an nì
anns am bheil a' mhaiseachd fhèin a' co-sheasamh? Nach fìor
an ràdh gun toir an rud seo mìneachadh a rèir càileachd is
aomadh nàdarra gach inntinn air leth a ghabhas beachdachadh
air; agus mas ann mar seo a tha a' chùis, nach coltach an rud
gum faigh sinn cho liuthad mìneachaidh 's a thèid an ceann
gnothaich de inntinnean a chum fuasgladh a chur air a' cheist?
Gun teagamh, seo againn cruaidh-chàs a thaobh am bi cuid
againn air thì gu dèanamh ceart mar a rinn an Lèbhitheach o
shean, a ghabh seachad air an taobh eile den t-sràid gun an
umhal bu lugha a thoirt don neach a bha na laighe leth-mharbh;
ach on as i as barail leam fhèin gur "miosa a chomhart na a
bheum," tha mi a' cur romham dèanamh na ghabhas dèanamh
leam los fuasgladh a chur air a' chùis.

Thuirt Virgil: "Is ann an sùil an fhir-amhairc, is chan ann
idir anns a' chuspair e fhèin air am bi neach a' gabhail sealladh,

a tha a' mhaiseachd a' co-sheasamh. Is àlainn an nì a' chuairt, a rèir sùil an fhir a dh'amhairceas air eisimpleir dhith a chaidh a dhealbhadh gu pongail cuimir; ach, leatha fhèin, chan eil dad de mhaise innte." Ach, nach lèir an gnothach don a h-uile neach gur faoin an nì maise a dh'àicheadh don chuairt mar chuairt, ma bhios a h-uile fear den bheachd gur cruth no dealbh i sin a tha làn maise agus dreachmhorachd innte fhèin? Taobh a-mach bhon fheadhainn sin a chaidh a bhuileachadh oirnn le Dia, dè iad na meadhanan a th' againn airson breith no barail a cho-chur ri chèile mu a leithid sin de nì?—no dad sam bith eile air an còir duinn amharc mar phàirt de ar fiosrachd-ne? Is ann tro inntinn an fhir-amhairc a labhras an t-sùil, agus na bhios ar lèirsinn a' moladh duinn, cha chùram nach bi cabhaig air ar bilean sin àrdachadh. Theagamh nach nì idir àlainn dreach-mhor a' chuairt innte fhèin. Air sin, aig Dia a-mhàin tha fhios; ach, co-dhiù as e cruth àlainn dreachmhor a th' innte no nach eil, tha làn-chinnt againn air seo—gur cruth glè mhaiseach i, a rèir barail na mòr-chuid, agus, mas muinntir phurpail thuig-seach sinne, fòghnaidh am fios seo a fhuair sinn fa chomhair gach tùirn aimsireil no iarrtais talmhaidh a thèid againn a choileanadh ri àm ar beatha anns an t-saoghal seo.

Mar sin, is e as bonn is bàrr don chùis air fad, gum bheil sinn, da taobh-sa, ceart mar a tha sinn a thaobh gach rud talmhaidh eile mun iadhaidh breith no barail air choreigin —ann an eisimeil agus an earbsa ri smuaintean an atharraich. Ach, chan fhaodar leigeil le cùisean a bhith mar seo deargadh oirnn cho mòr agus gun gèillsinn a bhith nar ball-spòrs bith-bhuain aig baralaichean feallsa, gun bhonn gun bhàrr. Tha againn, mar-thà, "laghannan" is seòlaidhean ach beag gun àir-eamh air am faod sinn feum a dhèanamh, chum barail cheart chothromach mun rud seo no an nì ud eile a thoirt a-mach; agus on a chaidh a' chuid as pailte agus treasa de na riagh-ailtean seo a chur ri chèile agus fhoillseachadh le muinntir air an cleachdadh leinn amharc mar rogha is tagha a' ghliocais agus na h-iùlmhorachd, tha a bhith a' leanail gu dlùth orra seo tùrn no gnìomh cho feumail tarbhach agus a ghabhas dèanamh leinn, ma sheas gum bheil sinn miannach a bhith air ar measadh mar dhaoine tuigseach grunndail, agus mar chàirdean sùrdail tùrail dealasach do adhbhar eireachdail na fìrinne.

Ach theagamh gun abair cuid, "Chuala sinn mar tha am pailteas mu dhèidhinn na maise: nach bi cho math duinn a-nis fios cinnteach fhaotainn air nàdar an nithe sin i fhèin. Gu dè an nì a' mhaiseachd, ma-tà, agus dè iad na buadhan air am bheil i air a dèanamh suas?" Feuchaidh mi ris a' chruaidh-chàs seo fhuasgladh, mar as fheàrr as urrainn mi.

A-nis, is ann anns a' chuspair e fhèin, is chan ann idir anns an inntinn, a tha a' mhaiseachd a' co-sheasamh an ceart da-rìreadh; ach, a chum is gun rachadh againn air a ràdh le cinnt co-dhiù a tha an cuspair seo no a' chulaidh ud eile air am bheil sinn ag amharc fìor-mhaiseach no nach eil, feumaidh ar n-innt-innean a dhol fo ghluasad rud beag an toiseach. Cruthaich Dia an saoghal, agus a h-uile nì a gheibhear ann; ach, gu sinne a dhùsgadh gu geal-fhaireachadh a thaobh a rìomhaidh is a mhaiseachd air fad, tha, mar gum b' eadh, beanail na h-innt-inne riatanach mum bi làn-thuigsinn againn air àrd-luach nan nithean àlainn sin, do bhrìgh gur i, an seagh àraidh, inntinn an duine a chruthaicheas a' mhaiseachd. Am briathraibh eile, an uair a chruthaich Dia an saoghal, a' dèanamh dheth ionad-còmhnaidh duinn cho àlainn tlachdmhor agus as urrainn do mheamnachd an duine a mhiannachadh, cha do rinn e stad aig an sin, ach, a' dol gu fialaidh air aghaidh, chuir e ris na tìodhl-aicean a bhuilich e oirnn le bhith a' fosgladh suas shùilean ar n-inntinnean do chuimireachd is àrd-mhaiseachd gun chrìch a obrachan uile.

Is math a thuirt sgrìobhadair àraidh: "Tha an comas reusain a th' aig a h-uile neach na ghuth-eagnaidh don a h-uile fear." Gun teagamh, on as e as iùl don duine, gus cuideachadh leis gu barail cheart a thoirt mu nàdar na maiseachd, aigne agus a sgoinn pearsanta fhèin, cha ghabh e seachnadh nach bi easaontachadh nach beag ann mun chùis—seadh, chan e cus e ri ràdh gun caochail beachd an cruth a chaitheas e cho tric sin ach beag 's a leigear barail air a h-adhart no a bhios breith air a thoirt seachad. Ach, ged a bhiodh seo mar seo, agus a h-uile fear air thì gu a bheachd fhèin a chur an cèill, air cho beag fuar agus am bi am misneachadh a chum sin a bhios e a' faotainn, gidheadh feumar cuimhneachadh nach ann buileach gun riagh-ailt gun iùl a tha sinne a thaobh a bhith a' leanail air a' cheart ghnothach seo a thuirt mi. Feumaidh sinn sgaradh cùramach a chur eadar beachd is beachd, a' gabhail gu h-earbsach ris an fheadhainn sin dhiubh a thèid a-mach bho cheàrnan sruthaidh air am bheil meas mòr againn fhèin a thaobh eòlas is fiosrachd na muinntir a leig iad seachad an tùs, agus cùl a chur gun ag no sòradh sam bith ris a' chuid sin dhiubh nach deachaidh riamh an stèidheachadh cho math sin. Na leithid sin de thòir, chan eil againn ri dhèanamh ach dìreach nas àbhaist duinn a dhèanamh anns gach càs eile tha fhuasgladh agus a shocrachadh fhèin uile gu lèir an earbsa ri barail cuid de mhuinntir às am bheil sinn làn-earbsach, agus nach do shaothraich gun bhuannachd daibh fhèin is don t-saoghal air fad, anns na ceàrnan sònraichte sin a chaidh a thaghadh leotha mar ionad-obrachaidh do na tàlann-an aca. Faodar a ràdh gum bheil gach dealbh nach gabh cur an ag mar dhealbh fìnealta riochdail a' co-sheasamh air àireamh àraidh de bhuadhan sònraichte, agus anns na buadhan àraidh sin is èiginn gum biodh a h-uile deagh bhreitheamh-dhealbha làn-eòlach; agus on as iad riaghailtean stèidhichte cinnteach a th' anns na seòlaidhean suaicheanta seo, len gabhail thar cheann, chan eil aig a' bhreitheamh a dhèanamh ach iad a chur gu pongalach an gnìomh, mas i as obair inntinn dha coimhearta ceart a dhèanamh eadar deagh dhealbh agus fear a chaidh a tharraing air dhòigh nach math.

Uime sin, air duinn dol an ceann gnothaich gus fìor nàdar na maiseachd fhaighinn a-mach, b' fhaoin duinn gun sinne a bhith air ar stiùireadh le beachdan na feadhnach sin as fheàrr a tha suidhichte, a thaobh pongalachd an sgoinne, farsaingeachd an eòlais, agus meud am fiosrachd, gu sinne a chuideachadh gu ar baraileachan fhèin a cheartachadh mar as còir, agus iad sin a chur air deagh riaghailt. Seadh, cha ghabh seo seachnadh uiread agus aon uair, mas math leinn buadhachadh san tòir a thuirt mi; ach, fhathast, tha am inntinn-sa dòigh eile anns an còir duinn earbsa a chur, mar mheadhan èifeachdach gu cuideachadh leinn gu ceart-thuigsinn air fìor nàdar na mais-eachd fhaighinn. Ris a' chiad dòigh a thuirt mi, faodaidh sinn "Modh an Eòlais" a chantainn, do bhrìgh gur e toradh air an fhoghlam a th' anns an t-seòl sin; agus a thaobh an dàrna modh 's e, ma dh'fhaodte, an t-ainm as fheàrr as urrainn duinn a chur air, "An Dòigh Nàdarra," leis gum bheil i sin na toradh eagnaidh air an spèis nàdarra a th' aig gach aon againn do nithean àlainn dreachmhor cliùiteach. Tha mi ag innseadh "cliùiteach" an seo do bhrìgh gur e fìor phàirt, agus, theagamh, a' phàirt as luachmhoire den mhaiseachd air fad, gach tùrn no smuain no gnìomh cràbhach a leigeas an t-atharrach air adhart, no a chuireas sinne an cèill, no a thèid againn a fhiosrachadh an taobh a-staigh dhinn fhèin. Air an adhbhar sin, chan fhaod sinn a bhith nas lugha mothachail—cha mhò nas lugha taingeil air a son—air maise is àrd-luach an duine sin a rianaicheas a smuaintean is a dh'òrdaicheas a bheatha air fad a rèir àitheanta Dhè nas buailteach duinn a bhith mu shealladh bòidheach, no dealbh àraidh a chaidh a tharraing air dhòigh nach eil ach gu sònraichte math. Seadh, dh'abrainn fhèin gur mò, agus gur èifeachdaiche gu mòr, gus cuideachadh leinn èirigh gu làn-thuigsinn air brìgh is nàdar na fìor mhaiseachd, an dara seall-adh seach aon den fheadhainn ud eile a dh'ainmich mi; oir, anns an tòir onarach agus ionmholta air am bheil sinn an geall an ceartair, bu chòir gum biodh seo an-còmhnaidh mar riagh-ailt duinn: gur ann mar as dlùithe a theannas ar spiorad air Dia, agus obrachan òirdheirc a làimhe-san uile, is ann as mò a dh'fhàsas ar comas, agus a mheudaichear ar dèidh, air nithean àlainn a thuigsinn agus a mhealtainn mar as còir. Seòlaidh gu luath agus gu cinnteach sinne an spèis a th' againn do naomh-achd, is do na subhailcean gu h-iomlan, gu gaol is làn-thuigsinn fhaighinn air a' mhaiseachd an coitcheann; oir is ann le toil Dhè a chaidh cùisean òrdachadh mar seo: gum bheil gaol air an fhìor mhaiseachd agus gràdh don fhìor dhiadhaidheachd nan toradh prìseil air an aon cheudfath spioradail—air an aon dìth anamanta.

B' e Gibbon a thuirt, "Solitude is the nurse of genius"; agus air an aon leagadh maille ris tha spèis don mhaiseachd, còmhla ri làn-thuigsinn air an nàdar sgèimhealach a th' aicese; oir mas math leinn faotainn an dlùth-dhàimh ris an dà nì seo a thuirt mi, air chor is gum bi sinn air ar lìonadh is air ar gluasad anns gach dòigh le seòlaidhean bàidheil an spioraid-san, is ann an sìth agus an sàmhchair a dh'fheumas sinn dol air an tòir. An t-uidheamachadh as fheàrr agus as èifeachdaiche as urrainn duinn a chur air dhòigh, fa chomhair a leithid sin de shireadh, 's e a bhith gar tàradh fhèin air falbh bho àmhgharan buaireasach is anacairean farranach an t-saoghail seo, agus teannadh a-mach ri *sreapadh*, gun nì eile bhith air ar siubhal ach màileid an aonarain agus bata an taistealaich. *O quam contempta res est homo, nisi supra humana erexerit!* O na mìltean de inntinnean torach dealrach a thug luaidh ait roimhe seo air a bhith a' sealltainn sìos air an t-saoghal, is na gheibhear de rìomhachd ann, air sgàth meudachadh eòlais agus buannaicheadh anama! Cho fad air ais ri linn Alasdair Mhòir nan Greugach, gheibhear cunntas mionaideach air cuid de fheadhainn a thàr iad fhèin air falbh bho shaoghal nach robh idir a' còrdadh riutha, agus a mhol, ceart mar a rinn Menander, subhachas nan làithean a thug iad seachad ann a bhith a' dol an tòir air an fhoghlam, agus strì bhuan-mhaireannach a dhèanamh gus na subhailcean a chur gu neo-sgàthach an cleachdadh:

εὑρετικόν εἶναί φαδι τὴν ἐρημίαν
οἱ τὰς ὀφρῦς αἴροντες

Bu thràth da-rìreadh (dè cho tràth chan eil fhios) an eachdraidh an t-saoghail a chaidh an seòrsa caitheamh-bheatha seo a mhol Menander duinn a chur an cèill an tùs le cuid a bha an geall air buadhan an anama a thoirt gu ìre àird, agus feartan an inntinnean a chur am feabhas, mar bu mhò a ghabhadh dèanamh leotha; ach a dh'aindeoin sin, chan eil cinnt nach e Petrarch am fàidh agus am fear-seòlaidh a b' ainmeile, a b' eireachdaile, agus a bu ghlice a chaidh riamh a leigeadh duinn anns a' char seo. Gun teagamh, bha iomadh reult mhòr dhealrach eile den cheart ghnè uaireigin ann—reultan boillsgeil a thug soillse anabarrach do iarmailt dheàrrsach an àrdfhoghlaim agus nan subhailcean; agus, am measg na buidhne glòrmhor seo a thuirt mi, dè an t-ainm as measaile agus as ionmhainne leinn air fad na Goethe, air an do rinn Carlyle uiread de luaidh èibhinn anns na sgrìobhaidhean aige?

To cultivate his own spirit, *not only as an author but a man, to obtain dominion over it, and wield its re-*

Ach, a dh'aindeoin seo is gu lèir, chan eil fear no tè as àirde tha a' seasamh nar beachd anns a' char seo na Petrarch. B' esan a thug, anns an leabhar a sgrìobh e, agus don ainm *De Vitâ Sol-itariâ*, rian is riaghailt, còmhla ri cruth gun choimeas, don t-seòrsa oilein seo gu h-iomlan. Anns an leabhar ainmeil ud, chuir e gu h-ùr-labhrach an cèill na smuaintean a b' eireachd-aile bh' aige air mar as còir duinn feum ceart a dhèanamh air beatha an aonaraich, agus dè a ghabhas dèanamh leinn ionnas is gum bi inntinn an neach a chleachdaicheas a' ghnè bheatha sin air a chur an dlùth cho-chomann ri Nàdar agus obrachan maiseach uile an Dè mhòir. Agus dhasan co-dhiù, cha b' e rud riamh faoin no baoth na theagaisg e, oir, aig Vancluse agus Selva-piana, far an d' fhuair e cothrom air na riaghailtean a rinn e a chur gu riochdail an cleachdadh, dh'fheuch is dhearbh e fhèin an rian beatha a chruthaich 's a mhol e. Chan e idir aon-ragan lunndach gun fheum gun fhiù a bha na aonragan-san. Cha do thog esan beinn no coille air, gun nì eile bhith na bheachd ach cothrom fhaighinn air fuasgladh a thoirt da dhèidh fhèinealaich fhèin air a bhith a' faotainn cuidhte 's an saoghal seo, agus a thrioblaidean uile, ach a dh'aon adhbhar airson is gum biodh aige làn-chead còmhla ri gach cothrom a b' fheàrr na chèile air a' ghràdh làidir sin a thug e don eòlas a leigeil air adhart an sìth 's an suaimhneas, agus an spèis do Nàdar a bha e ag altram a thoirt gu ìre àird, air sgàth glòir Dhè agus leas is sonais a' chinne-dhaonda. Subhachais tlachdmhor reusanta den t-seòrsa seo, agus an leithidean, tha iad uile, a rèir Petrarch, ri bhith air am mealtainn leis an aonragan air dhòigh chothromach mhacanta, ach làn eud agus dealais; e a' cur seachad a ùine na aonar, gus an tèid aige air aithne choileanta chur air e fhèin, agus, na dhèidh sin, e a dhol gu dòchasach air aghaidh, gus seilbh fhaighinn air saoghal sgèimheil suilbhir anns nach fiosraichear no ceadaichear am feast aon chuid gèilleadh socharach do ghiùlan neo-thoinisgeil dhaoine gun seagh gun fhiù, no strìochdadh mì-reusanta do bharalaichean gun stàth gun bhonn an t-saoghail choirbte seo.

Gun teagamh, tuigidh Ceilteach gach nì dheth seo, ged nach tuigeadh càch. Tha a bhith a' dol an tòir air rudeigin air choreigin dualach don duine; agus co-dhiù as e an t-sealg, no an t-airgead, cliù no àrd-bheachdan an rud a bhios ann an cuspair ar dèidh agus miann ar cridhe, feumaidh gun leigear fuasgladh air choreigin don chiall nàdarra làidir seo a th' annainne. Ach, de na mìltean de chuspairean a dh'fhaodas a bhith nan culaidh-mhiann againn chan eil cinnt nach e a bhith a' dol an tòir air àrd-bheachdan spioradail am fear as mò agus as ionmholta as urrainn a bhith, agus, barrachd air an seo, sin againn an tòir as fheàrr a fhreagras air nàdar nan Ceilteach, agus as mò a choisneas de mheas agus de chliù don fheadhainn a ghabhas pàirt ann. Bha cridhe is inntinn nan Ceilteach daonnan fosgailte gu bhith a' glacadh smuaintean a tha an nàdar-san na shaor-thìodhlac aig gaol is tuigsinn air àrd-luach is maise gun choimeas a leithid sin de thòir, dìreach mar a bha iad daonnan tuilleadh is spioradail meanmnach àrd-chùiseach nan uile dòigh gun a bhith mothachail air brèaghachd Nàdair agus àilleachd mhìorbhaileach a' chruinne-chrè. "To seek out and watch and love Nature, in its smallest phenomena, as in its grandest, was given to no people seo early and fully as to the Celt." Sin againn barail ris nach iomchaidh coire fhaighinn an seo; agus on as e deagh bhreitheamh litreachais, agus fìor charaid do na Gàidheil, a tha anns an neach a chuir i an cèill —an t-Ollamh Kuno Meyer—chan fhaod sinn ach gabhail gu toileach taingeil rithe, gun a tilgeil no ceisteachadh a chur oirre. Ann an leabhar beag ciatach a dh'fhoillsich Kuno Meyer o cheann ghreis, agus air am bheil *Ancient Irish Poetry* mar ainm, gheibhear eadar-theangachadh gu beurla nan Sasannach air dàn no dhà a tha a' toirt duinn rudeigin de shoillse air mar a bha na sean Ghàidheil a' sealltainn air an fheadhainn sin a thàr iad fhèin air falbh bho chompanas an co-chreutairean, air los gaol do Dhia is spèis do Nàdar a chleachdadh 's a chur am meud an sìth agus an sàmhchair. Is e a th' ann an aon de na dàintean seo còmhradh no conaltradh a thachair eadar Guaire, rìgh Chonnacht, agus a bhràthair, dom b' ainm Marbhan—uasal a

thàr e fhèin air falbh bho chùirt an rìgh sin a chum aithne a
b' fheàrr na bh' aige roimhe a chur air na subhailcean, agus iad
a chleachdadh an sìth agus an uaigneas; còmhla ri meòrach-
adh a dhèanamh air obrachan maiseach uile a' Chruthadair.
Dh'fheuch Guaire ri Marbhan fhàgail mì-thoilichte leis an staid
san robh e a-nis le bhith a' toirt ruith-chunntais da bhràthair
air gach nì bu mhiadhaile na chèile bha an seòrsa beatha bha
Marbhan a' caitheamh on a thàinig e gu bhith na aonragan a'
toirt air e a dhealachadh ris; ach a dh'aindeoin gach argamaid a
chleachd Guaire, dh'ob Marbhan às is às gu gèilleadh a thoirt
do bhriathran a bhràthar, ag innseadh nach robh nì a b' ion-
mhainne leis-san na adhradh a thoirt do Dhia, an companas ris
na coilltean, na sruthan, na beanntan, na fèidh, na h-eòin, is a
h-uile culaidh maiseach nàdarra eile bha rim faicinn nam
mìltean mun cuairt air. B' e ceann a' ghnothaich seo air fad
gum b' èiginn do Ghuaire crìoch a chur air a oidhirpean air a
bhràthair a mhealladh, agus e fhèin a thàr air falbh gun a
mhiann-san a bhith sàsaichte—nì a rinn e an dèidh dha an rann
tiamhaidh seo a chantainn:—

> *Dhìolainn fhèin mo shàr rìgh-chòir,*
> *'s d' oighreachd m' athar mo roinn fòs,*
> *'n èirig cead, gu uair mo bhàis,*
> *bhith nad chomann, a Mharbhain.*

A rèir Kuno Meyer, buinidh a' chainnt anns an deachaidh an
dàn seo a sgrìobhadh don deicheamh linn, ach theagamh gum
bheil brìgh an dàin fhèin mòran nas sine na siud.

Mar sin, cha ghabh e àicheadh nach robh na sean Ghàidheil
cho ullamh gu adhradh a thoirt do Dhia, is cho deas gu
aideachadh, an dàn no òran, àilleachd mhìorbhaileach a
obrachan nàdarra uile 's a bha treubh no dream eile air am
bheil cunntas earbsach againn an eachdraidh an t-saoghail,
agus a bha comharraichte, mar a bha iadsan, airson mar cho
làidir beòthail tuigseach 's a bha an gaol a thug iad do na
nithean maiseach agus eireachdail sin a tha a' sgèimheachadh
air dhòigh cho seachd iongantach taitneach aghaidh shuig-
eartach a' chruinne-chrè. Sin againn pàirt (agus chan e idir a'
phàirt as lugha, thoiribh an aire) den chliù bu dligheach duinn a

phàigheadh do chuimhne chùbhraidh ar sean athraichean; ach, anns a' char seo, is fiach e fharraid an ann air an aon leagadh maille riutha a tha cead againne den linn seo a th' ann ar seasamh a ghabhail? An taitneach leinne seirbheis Dhè, agus an caomh leinne tòir na maise?

An Uair Dheireannach aig Faustus

Eadar-theangaichte on Bheurla aig Marlowe le
Ùirdean Laing

Chan eil a-nis ach uair de bheatha romham;
Na dhèidh sin bàs—'s e siud mo chuid 's mo nì
Nur cuirsibh dèanaibh stad, Ò reultan àrd,
'S, Ò Ghealaich làin, dèan stad nad shlighe rèidh,
A chum 's nach bi ann tìm nas mò, 's nach buail
An dà uair dheug le binn mo pheanais mhòir.
Ò, èireadh Grian, is biodh a gathan glan
A' soillseachadh an t-saoghail gu sìorraidh buan;
No biodh an uair seo dhomh mar aona bhliadhn',
Mar mhìos, mar sheachdain, no mar latha gèarr,
A chum 's gun dèanar leamsa aithreachas,
'S gun sabhail mise m' anam prìseil fhèin.

. . . .

Tha leth-uair seachad! Beag air bheag tha an t-àm
A' tighinn dlùth san tèid mo sgaradh fad'
Bho ghràdh 's bho aoibhneas blàth mo chàirdean caomh.
Mas èiginn dhomh airson mo lochd a' phrìs
A phàigheadh ann an rìoghachd Lucifer
Na biodh mo chràdh gun dòchas no gun chrìch!

Mo dhachaigh dèanam ann an Ifrinn dhubh
Rè mìle bliadhna measg na muinntir chaillt'
—ceud mìle bliadhna bitheam anns an t-sloc—
Ma thèid mi 'n sin a-steach do shòlas nèimh!
Ò chan eil crìoch air dòrainnean an dream
A sheasas ciontach ann an làthair Dhè.
Carson a ta an t-anam tha nam chom
Neo-bhàsmhor? No carson nach teich e bhuam
Gu grad 's nach gabh e tàmh san ainmhidh bhorb?
'S mòr m' fharmad ris an ainmhidh, oir aig bàs
A chuirp, tha curs' an anama crìochnaichte;
Ach mairidh m' anam-sa gu sìorraidh beò,
'S an lasair Ifrinneach gu saoghal nan saoghal.

Uaṁ an Òir

Dòṁnall Mac na Ceàrdaiċ

Aig bonn Creag Mìle Brat, ann an cùl a' Ghearraidh Ghabhail air an taobh an ear de Bhàgh a' Chaisteil ann am Barraigh, tha fhathast ri a faicinn—agus bidh gu bràth—Uamh an Òir. 'S e sin ri ràdh, a rèir an t-seanchais, aon cheann dhith; an ceann air an amais mac an dòbhrain o chuan agus mac an duine o thìr an-diugh agus a-màireach. Ach càite a bheil an ceann eile,—an ceann mu dheireadh dhith? Ò, eudail mo chridhe!—'s e sin rud a b' fheàrr leam fhios agam fhèin. 'S e sin an deile gu dearbh a dh'adhbharaich o chionn iomadh là is bliadhna brìgh an t-seanchais seo a tha mise ag ùrachadh an seo. Ach, bha e a cheart cho fasa dhomh innseadh dhuit le cinnte far a bheil Innis na Fìrinne agus Tìr nan Òg.

Agus mura riaraich sin thu agus gu bheil cìocras dìorrasach ort do mheur a chur air an dearbh-ionad sa bheil i a' tighinn gu ceann abraidh iad gu bheil sin ann am fìor ghob Àird Ghrinn; an gob as fhaide an iar de fhearann Bharraigh. Ach, a bheil am beachdadh seo fhèin cho mion 's as math leinn? Chan eil. Chan eil idir, a ghràidh, oir is dìomhain an t-sùil fradhairc a thèid air thòir a siridh agus is socharach an cridhe a gheibh lorg a cinn-sgur-se ann an Tìr seo nam Beò. Ach, a roghainn sin 's a bhith dha, 's e miann ar cridhe a bhith a' tollachadh, agus a' brod-achadh fo sgèith gach duatharachd.

'S e ar rùn gu bràth a bhith a' fìgireachd air chùl an dorais

116

uabhasaich ud a tha a' sìor-thoirmeasg am briathran balbha dar sùilean dealasach aon phlathadh; aon phriobadh-sùl fhaighinn bho Innis seo na Brèige air Tìr ud a' Mhòr-iongnaidh. Eòlas an Dàin! 'S e seo ar n-imcheist. Nach e seo agus a dhraoidheachd dhèarr-làn a tha a ghnàth dar cridhe-ne mar a tha am ball le gliogan na bhroinn don phàiste,—sinn an geall air spealgan a dhèanamh air feuch—seadh, feuch am faic sinn—?

Ach mar a chì an dall sealladh a bheir aoibhneas da anam mar sin cuideachd chì sinne leis na sùilean ceudna seallaidhean a rèir gnè ar spioraid. 'S àlainn leis gach creutair a ghin fhèin —eadhon leis an fheannaig a garrach gorm—agus mar sin is mùirneach leinne mac duatharra ar meanmna fhèin agus ar cinnich.

'S ann mar sin a thig gum chluais thar sheachd ciana nan linn fuaim nan dos agus sian cianail nam pong a' giùlain nam briathran mulaid ud gum chridhe:—

> *Mun ruig mise, mun tig mis'*
> *à Uamh an Òir, Uamh an Òir!*

Ach, nach fhada on là ud! Nach fhada a tha Creag Mìle Brat a' faire,—a' feitheamh ri tilleadh nam fear-turais! An-diugh, tha ise; fianais bhalbh ach mhaireann air caismeachd nan tràth, nan là agus nan linn, san aon suidheachadh, san aon fhoighidinn, san aon dòchas shìorraidh; na caithris a là agus a dh'oidhche an dùil ris a' cheòl a chluinntinn a' tilleadh—am fiughair ri Eòlas an Dàin!

Oir is math as cuimhneach leathase cuideachd an là agus an uair ud. Bha Maol Dòmhnaich an siud ma coinneamh, agus an Laogh na chois dìreach mar a tha e an ceartair. Le a chasan am bogadh am fliche nan tonn, agus a shlinneanan calma, tailc-earra ag èirigh os cionn dachaigh an sgairbh agus leaba an duibheanaich—le aghaidh a bha eadhon an uair ud sean agus gnuadha a' sìor-chumail sùil air ceithir àirdean na h-iarmailte on tigeadh trògbhail shian.

Ach 's e bròn an t-samhraidh a bh' ann. Seadh, samhradh de na samhraidhean, agus là de na làithean ud mun cluinn sinn fhathast crònan-tulgaidh nan tonn seana an cluais nan òg-thonn beaga ag iomradh; mum faic sinn bruadar-cuimhne nam beanntan sìorraidh a' toirt snodha aoibhneis air an gnùisean fad-fhulangach nuair a bheir Mac Geal nan Speur sùil chaomh a' chàirdeis agus an t-seann-eòlais air a cho-aoisean àrsaidh fhèin. B' e sin an t-àm—mun do chaochail air na siantainnean.

Aig casan Creag Mìle Brat bha blianag bheag ghorm a' dol sìos cho fada 's a leigeadh an t-eagal dhi an coinneamh na mara, agus gu beul na h-uamha air chor agus gun robh mirc a cuibhrige a' tuiteam na ghiobagan gorma thairis air a bruaich; a' fìgireachd air postaichean a beòil agus a' farchluais air a h-anail.

Oir na cliabh-se fhèin bha Sgeul an Dàin, ged a bha i an ceartair balbh mar gum biodh i a' cumail balgam fala na beul. Thuit boinne snighe bho a druim 's bhuail e le sgleog fhliuch ann an lòn sàile. Chaidh crith-shianta fon aileadh na gloc agus tro dhall-shlighe a siubhail dh'aisig guth Mhic-talla am fuaim seachad air frògan nam Fuath agus leapannan Sluagha Dè Danann. Ò, a Shìorrachd Mhòr! Ò, a mhanaidh an uabhais!

Shaodaich an tràghadh leis an lighe a bha ag imlich busan nan cruinn-chnap-chlach loma, agus cha d' fhàg e beannachd-ghuidhe na dhèidh. Cha d' fhàg e ach dìosgan pathaidh nan gille-fionndrainn ri caoidh, agus iadsan a-nis gun seòl air a' bhoinne a fhliuchadh am bràghad. Thog liaghan a cheann buidhe-ruadh os cionn sùghadh athaiseach an tiùrra, ach leis an ath-thilleadh mhoidearra bhog agus dh'fhalaich e a shùil san t-sàile mar gum fac' e rudeigin. Bha sìochaint ana-ghnàthach mar aon sgrath mharbhant na laighe air uachdar mara is tìre. Às coinneamh Uamh an Òir, bha aodann a' gheodha cho socair, balbh ris an naoidhean an suain a chiad chadail. Cha b' e idir ciùineachd a b' ainm don bhailbhe seo.

Cha mhò na sin a b' e sìochaint nàdarra a bh' ann, ach 's ann a bu ghiorra e don chlosadh-speur mhurtaidh ud a lìonas le tost na h-uaighe am feasgar foghair ro bhras-leigeadh nam builg-bàthaidh. Bha an aon ghlumag mhurtaidh seo a' lìonadh beul an fheasgair timcheall Creag Mìle Brat ionnan is mar a thachd-as manadh na sìorrachd seòmar-aire nam marbh; ionnan is mar a luchdaicheas beul an anmoich le mulad is ionndrainn nan gaoltach. Ò, eudail!—bha rudeigin an dàn; bha rudeigin gu tighinn air a chois.

Air a' bhlianaig ghuirm seo a dh'ainmich mi, bha aon chridhe beag neo-choireach a' plosgartaich 's a' mireagraich le càil is ciall na h-òige. Ach stad an coineanach beag a bha seo de dh'ionaltradh. Dh'èirich e na chon-shuidhe agus choc e a chluasan ri claisneachd os cionn fuaim fàis an fheòir. Bha rudeigin iongantach an siud! Bha fuaim an siud nach cuala e riamh, a' tighinn air o Rubha na h-Eitich—am fuaim ud a bha ri tighinn a rèir an Dailgnich; an sìth-cheòl a chuir crith is gaoir tro shiubhal gach freumh-luis, agus a chuir gruag nan cnoc 's nan sliabh an togail le draoidheachd; seadh, le faireachdainn anabarrach, gun choimeas, gun ainm. Ach, cha robh an ceòl ud saoghalta. Ò, cha robh, a ghràidh nan daoine, oir cha tug meòirean riamh roimhe a-mach an ceòl a bha siud; ceòl a dh'fhosgladh cluas nam bodhar, agus a dh'fhuasgladh teanga nam balbh; ceòl a cheangaileadh guth gach ciùil eile san domhain; mac-samhailt don aon cheòl 's a thogas fhathast anam mhic a' Ghàidheil air sgiathan bròn-aoibhneis nan taibhs thar Bheanntan Gloinne agus Ghleanntan Dòlais na beatha seo gu ruige ceòl-thìr na bith-bhuantachd siar, seachad, thall.

Ach an robh seo mar iongnadh? An robh e idir cubhaidh do dh'aon de phìobairean Smearclait ceòl a mheur a bhith a rèir a mheur-ionnsachaidh? Cha robh. Nach iomadh uair a stob e am bior an cnoc an t-sìthein an èirig a' chiùil ud?

Nach iomadh uair a chaith e fo gheasaibh duatharra oide-oilein nam pong ud mun d' fhuair e leis blas na lùdaig? Fhreagair Creag Mìle Brat na briathran mar gum b' aithne dhi iad o thùs an t-saoghail. Fhreagair i pong air a' phong, ach cha robh e neònach. Cha b' e seo a' chiad uair a chuala ise an guth. Cha b' e seo a' chiad uair a chunnaic ise buidheann agus buidheann a' gabhail an aon cheuma seo—a' cromadh gu Uamh an Òir air lorg an aon sgeula.

Nach iomadh uair eadar an co-thràth agus dealachadh nan tràth a chunnaic i a' cheart fheadhainn seo fhèin, agus a chuala i a' cheart cheòl? 'S iomadh uair a chuir na cnuic ud thall orra is dhiubh an èideadh samhraidh on a chuala i an tòiseach e. Ach riamh cha do fhreagair i e chuige seo.

'S ann an seo a sguir an smeòrach da h-iorram fhèin, agus, le meall tioma na h-uchd, sheas i air gèig os cionn a nead. Stad

clacharan an fhraoich de throd ris an uan—a bha a' beadradh ri
aigne na h-ògalachd mu thuairmse a nead-san—agus chlos e a
bheul is tiamhachd nach b' eòl dha a' toirt ceò mu fhradharc.
Thug an neo-choireach beag eile a bheachd leis da uamha fhèin.

Mu ìochdar na creige thataidh am pìobaire leis a' bhuidh-
eann ud a bha ga leanmhainn gus na ràinig iad a' bhlianag
bheag seo os cionn na h-uamha. Agus cò iad a bh' ann? Bha iad
ann fir agus mnathan. Bha iad ann sean agus òg. Bha iad ann
feadhainn aig an robh deagh chuimhne air na diùlnaich a
chaidh air an aon turas seo roimhe, ach nach do thill—ochan,
ochan! Cha do thill iad, a ghràidh nan daoine, cha do thill, agus
cha mhò na sin a thilleadh iad seo, an-diugh no a-màireach, à
Magh an Iongnaidh 's à Uamh an Òir!

Sheas a' chuideachd. Leig am pìobaire a' phìob far a ghual-
ainn. Do bheachd an atharraich, cha robh bròn càirdeach da
ghnùis-san. Cha robh smal air a shùil ach 's ann a bha i laiste le
deàrrsadh dòchais, fiughair agus fèin-earbsa. Bha spiorad do-
chìosnaichte na h-òige a' cur an cèill da chridhe na bha a
mheanmna a' cur an cèill da spiorad—"Thèid agam air." B' e
seo a choltas do chàch, ach aig anam fhèin a-nis bha fhios air a
chaochladh. Cha bhi èis an tobair gun tràigh, 's cha bhi fios a'
chràidh gun tig.

Air chùl guailne an iomall na cuideachd bha aon chridhe a
bh' air a dhuanadh seach cridhe sam bith eile siud, agus b' e an
cridhe sin cridhe Mòraig; aon nighean na banntraiche. 'S ann
aicese a-mhàin a bha fhios. 'S ann rithese na h-aonar a bha an
dàn truagh a' cagraich fàisneachd a' bhròin agus forgradh a'
mhulaid. Mulad? Chan e. Chan e no eadhon bròn cridhe, ach
bròn as ro-thruime na am bròn sin—bròn anma.

Bha a beò fo arraban. Bha sùgh a cèille agus a cridhe air a
thaomadh, gach deur, an ceann nan stuadh borba nach naisg-
eadh taing na chomain; bha an t-subhailc ud as cùbhraidhe, as
doimhne, as àirde agus as do-labhairte a bhuineas do dh'anam
eug-samhail nan gaol-bhan air a leòn agus air a phronnadh fo
shàil iarnaidh, an-iochdmhor, an Dàin. Oir bha i a' giùlain an
dìomhaireachd a cuim gaol-falaich air a leòn. Ò, nan robh fhios
aige air a cridhe! Nan robh fhios aige—nam faiceadh e le
shùilean corporra an fhùirneis laiste ud! Nan tuigeadh e—! Ach,

cò a thèid an aghaidh an Dàin? Ò, cò a chaisgeadh coileanadh dearbh an Dailgnich?

Thug an t-òigear a bha a' giùlain na pìoba ceum gu taobh. Dhearc e gnùis a leannain. Bha cuan anama a' teannadh ri luasgan, agus stuadh air muin stuaidhe a' greasad thar lear a chuimhne agus a' bristeadh nan laomannan bàthaidh air a chridhe. Chunnaic e am boinne-fala seo a bha dhasan mar a bha don t-seillean am boinne bho chridhe an ròis; ise fhèin a thàlaidh e bho lìon nam mnatha-sìthe le aon sealladh o a diùid-shùil; le aon snodha-gàire bho a bilean mànranach. Carson ma-tà a bha esan an seo an-diugh a' cur sgleò agus dubhar air aghaidh grèine a sholais?

Aig an fhitheach dhubh a bha a' dol dhachaigh a Mhaol Dòmhnaich a bha an fhreagairt. Aig a' mhaighdinn-mhara air Sgeir Liobh-innis a bha an t-Eòlas.

Dh'imich am pìobaire far an robh an nighean, agus labhair e rithe am briathran nach robh ach tearc, ach gu dè seagh nam facal a bha siud chan eil fios aig anail bheò ach aig anail chùbach nam flathas a-mhàin. Chan eil, ach ged nach eil fhèin is tric osag chabhagach a' cho-thràth gan luaidh an diùrrais an cluais Creag Mìle Brat.

Agus mar sin ghabh esan a chead de na bu chaomh leis, oir bha e fo gheasaibh an Dàin agus cha robh e na chead ach an Dàn a leantainn.

Chrom a dhithis chomhaltan roimhe gu beul na h-uamha agus a' lasadh dà choinneil chèire an ainm Dhè agus Mhoire, dh'inntrig iad Uamh an Òir. Aig ursann na h-uamha, dh'altaich dalta an t-sìthein pìob nan seun air a ghualainn, agus gun sùil a thoirt air neach na dhèidh dh'fhosgail e dorsan a' chiùil eile 's e a' bualadh roimhe air an Rathad Bhuan gu Ceann na Dìleann. À sealladh Mòraig, dh'imich a h-ulaidh, a dòchas agus a h-aoibh-neas—air a fàgail mar eun leònte air sgeir uaignich ri oidhche am meadhain cuain ana-mhòir a chaidh air dìochuimhne. Air osann nam maoth-thonn beaga dh'iadh tuireadh nan eun-mara bho chasan Mhaol Dòmhnaich ga h-ionnsaigh. O mhullach cnuic thàinig meadhail na caorach—na màthar—gu a cluais a' giùlain faireachdainn ionndrainn agus gaoil-chiùrraidh air nach cuir sgil cainnte briathar gu bràth. Fada san Ear ri cearcall

a' chuain agus Oirthir Ghàidheal bha neòil chiara nan sian nam
boiteanan cadalach 's am bruadair mu bhròn. Ach èist! Gu dè
tha siud? Uamh an Òir! Uamh an Òir......!

Cò nach tuigeadh e? Cò nach togadh na facail ud a bha a-nis
ag èirigh mar gum b' ann à beul gach gèige fraoich a-mach am
bealach? Agus le sùilean laomte lean a' chuideachd ud fuaim
a' chiùil. Ceum air a' cheum bha an ceòl-sìth gan iùl. Seachad
air Beinn a' Cheathaich shiubhail iad, seachad air beanntan
Hèabhal, Haisteabhal, Sgàla, agus Sgaorabhal—tro bhealach
uaigneach, agus gleann mòintich gus an tàinig iad gu Loch an
Dùin a chuir bacadh air an ceum. Agus tha ise cuideachd
an-diugh gun chaochladh ach mar a bha i an uair ud—gu bràth
a' cleith oirnne Sgeul an Dàin. A Loch an Dùin! A Loch an Dùin
nach fhada agus nach fann cagarsaich dhuatharra do thonnag
draoidheach o chluais Creag Mìle Brat!

Aig taobh an loch sheas a' chuideachd. Bha an ceòl ag obair
fhathast.

> *'S iomadh nìghneag òg fo bhrèid-geal*
> *Thèid a-null, thèid a-null*
> *Mun ruig mise, mun tig mis'*
> *À Uamh an Òir, Uamh an Òir.*

Agus b' fhìor siud, a ghràidh nan daoine, ach èist!

> *Fiolan fiadhaich a' sìor-fhiaradh*
> *Ann am ghlùin, ann am ghlùin.*
> *Mun ruig mise, mun tig mis'*
> *À Uamh an Òir, Uamh an Òir.*

> *'N taobh tha fodham a' sìor-lobhadh,*
> *Daol am shùil, daol am shùil,*
> *Mun ruig mise mun tig mis'*
> *À Uamh an Òir, Uamh an Òir.*

Ach a-nis bha an ceòl a' dol am mùthadh gus mu dheireadh
na theirig e. Seadh, theirig e mar a theirigeas an là an ceann na
h-oidhche air neo an aisling an ceann an fhìor-dùsgaidh.
Thraoigh e mar a thraoigheas ceòl-pìoba an eilthirich 's an long
a' toirt na h-oidhche agus a' chuain fo ceann. Bhàsaich e. Car-

son? Gu dè bu choireach? Gu dè ach gun do chuir an t-snighe o ghrunnd an locha às na coinnlean, agus gun robh na h-àn-rachdaich fo mhèin nam Fuath 's nan ulla-bhiast gun chomas dol no tilleadh—gun chomas gu bràth air fios a thoirt chugainne air slighe nan càs, agus gun chrìch am feasta ri dhol air an sgeul seo.

An oidhche ud fhèin chaidleadh mac an ròin ri bus Uamh an Òir, agus eadar a bhruadair aosta bheireadh e glòmadh air a shùilean cianail. Oir aigesan bha Fios nam Fàidh o sheun aon latha agus cha b' ann, a ghràidh, fo Loch an Dùin a bha dachaigh aisling an comann na feadhnach a dh'fhalbh. Cha b' ann gu dearbh, ach fada, fada às an sin, seachad air Àird Ghrinn, agus seachad air Tìr fo Thuinn, thall, fada thall an iomall Torra Domhainn ann an Tìr nan Òg.

Spìon Mòrag i fhèin air falbh o chàch a dh'iarraidh cobhair agus furtachd da spiorad.

Bhrist i far an fhrith-rathaid mar gum b' ann gun umhail gun uimhreachd càite an robh i a' dol. Ach, bha naomh-uaigneas an aonaich ga cuireadh do theampall coisrigte a Màthar, far an fhaodadh i rùintean dìomhair agus feudalach a cridhe a thaomadh an cluais na foighidinn, na carthannachd agus na tuigse. Bu trom an luchd a bha na cliabh, is i air tighinn am fradharc a' chuain siar an deireadh an fheasgair ud. Shuidh i air cnocan os coinneamh an Tabh; dearbh-choimeas na Sìorrachd. Bha a' ghrian air a dhol fodha sa chuan—air neo air chùl a' chuain fhèin —agus às a dèidh bha sealladh an làthair a bha gun teagamh airidh air Innis nam Flath. Bhuail sealladh Mòraig a-mach air leitir na h-aibheis seo, agus ma bha a com-se gu dearbh ro-chumhang agus ro-theann ma cridhe dh'fhairich i airson aon mhòmaid nach b' ann mar sin a bha càradh gach cridhe eile a bha an glaic làimhe Rìgh nan Dùl. Cha b' ann—ach ged nach b' ann fhèin saoil nach robh an cridhe aibheiseach seo e fhèin fo mhulad an-diugh? Saoil nach robh esan cuideachd fo ionndrainn? Oir bha a cheum a' dol thairis—a-null—gun fhios gun bhrath cionnas no càite. Seadh, bha esan cuideachd air an Rathad Bhuan!

Uamh an Òir! Ò, ach carson do-bhròn seo a cridhe? Carson an ionndrainn? Nach robh fhios aice nach tilleadh e cho luath?

Nach robh beachd aice air na facail a labhair e? Seadh—ach cuin an uair sin?

Sguir Mòrag den cheasnachadh do nach d' fhuair i freagairt ach monmhar bith-bhuan an Tabh. Agus a' togail a sùla far Cill Bhrianain an cois nan stuadh fhuair i fa dheòigh forfhais a chuir sìth agus sìochaint air a h-anam.

Oir bha thall an siud san iarmailt ma coinneamh beinn òir agus fo a bonn bha beul uamha. Bha ceann na beinne seo crà-dhearg, an dreach. Agus cò a bha siud a' diuchdadh à beul na h-uamha agus le a phìob lainnireach air a ghualainn a' dol deasal air a' bheinn ud? Cò a tha siud na seasamh air mullach a' chnuic chrà-dheirg 's a h-èideadh de liath nam flathas? Na h-asgaill tha Leanabh aig am bheil ball òir na Làimh. Tha an cnoc a' gluasad agus ga sìor-thogail suas. Air a cùlaibh tha doras mòrail dem bheil gathan grian-gheal agus tha a làmh dheas-se a' seòladh a' phìobaire dha ionnsaigh!

Chrom Mòrag a ceann—oir thuig i. "Fàilt' ort a Ghrianain Òir! Beannaicheam dhuit a Dhorais Fhlathanais!" Thog eòin an t-slèibhe na facail o a beul agus luaidh iad a leadan le fonn.

Cuairt anns an Fhrìth

Niall MacIlleSheathanaich

Tha fadadh-cruaidh san àird a tuath,
Is coltas gruamach air an t-sìd';
Ach fair a-nuas mo bhreacan guaill',
Is bheir mi chuairt seo anns an fhrìth.
                    —Am Fear-Ciùil

Cha mhòr Ghàidheal nach eil eòlach air na fèidh. Gu dearbh is e a dh'fhaodas a' mhòr-chuid dhiubh a ràdh air an latha an-diugh gur ann a tha iad tuilleadh 's a chòir eòlach orra. Ach, chan ann air ceistean connspaideach den t-seòrsa sin air am bheil mi a' sgrìobhadh aig an àm, agus, mun tèid mi nas fhaide air m' adhart, innseam gum bheil mi a' fàgail nan nithean sin dhaibhsan aig am bheil a' chàil a chum an cnuasachd.

Is e a tha nam bheachd an-dràsta geàrr-iomradh a dhèanamh air fàs, gnàthan, agus sealg an fhèidh. Na àite dligheach fhèin nach seòcail e!

Cho fada air ais agus a gheibh sinn ann an eachdraidh na Gàidhealtachd, agus na h-Alba, tha iomradh againn air mhodh air choreigin air sealg agus sitheann an fhèidh. Bha còir dhligheach aig an rìgh air na h-uile creutair dhiubh, agus dhasan agus da mhaithean bha an fhiadhach air a dìon gu dealasach. Cha bhiodh bòrd a' chaisteil, aig ràithe àraidh, cùirnichte mur biodh ceathramh fèidh aig a cheann. An uair a rachadh cuachan a lìonadh, is a shocraicheadh na laoich gu còmhradh, b' ann air luathas a' choin sheanga sa bheinn-sheilge a bhiodh an aire 's an sgeul.

An dèidh na thubhairt Donnchadh Bàn mun "eilid bheag, bhinneach, bu ghuiniche sraonadh," agus "damh a' chinn allaidh bu gheal-cheireach feaman, gu cabarach, ceannard, a b' fharamach raoiceadh," bhiodh e dàna dhomhsa, no do neach eile, an cuspair seo a chur fa chomhair sluaigh ach ann an dreach tur eadar-dhealaichte.

Ma tha thusa, a leughadair, gu socrach ann an cathair dà-làimhe; do chasan seasgair air leac an teinntein, agus na cabair bheithe a' spreadhadh gu faramach fo phoit a' bhrochain, thig leamsa ann an smuain, gus an cuir a' phoit thairis mu do luirgnean, agus bheir sinn cuairt don Bheinn Bhreac. An sin, chì sinn mac an fhèidh na rìoghachd fhèin.

A' fàgail taobh na tràghad, agus a' cumail ri srath na h-aibhne gu fàsach a' ghlinne, agus le sùil an fhir-thurais, a tha mar shùil seabhaig, chì sinn air gach taobh dhinn, dùthaich nach do dheàrrs a' ghrian riamh air nas maisiche. Cluaintean bòidheach, gorma, air an uisgeachadh le sruthain do-àireamh bho mhullach nam beann; raointean mòra, farsaing, air an sgeadachadh le trusgan ioma-dhathach ro-thaitneach don t-sùil; fraoch crò-dhearg, badanach; rainich uaine anns an dual don eilid a bhith a' dèanamh leapa, agus an roid, bho am bheil fàile cùbhraidh air a ghiùlan gu ar cuinneanaibh le fann-ghaoth an fhàsaich. Ann a leithid seo de dhùthaich, far am mìlse an t-ionaltradh, gheibh sinn na fèidh.

Anns an Òg-mhìos, tha na laoigh air am breith, agus is bòidheach iad le am bian ballach. Tha am màthair a' roghnachadh grunnd àrd, tioram, agus leaba-fhraoich. Mun gabh an laogh a chasan bidh i ga fhàgail na laighe le shròin a-sìos ri earball am feadh agus a tha i ag ionaltradh goirid bhuaithe, ach tha a sùil geur gu faicinn, agus a cluas biorach gu claisteachd, 's chan eil eagal gun tig nàmhaid gun fhios orra. Tha Nàdar a' buileachadh tuigse agus comasan air ainmhidh cho math ri duine, agus tha dearbhadh againn gu bheil an t-agh aig an àm seo den bhliadhna nas misneachaile agus nas curanta na aig àm air bith eile. Chan e a-mhàin gu bheil aice ri a h-àl a dhìon bhon fheitheid agus bho choin, ach bho fhear na cròice fhèin. Tha a' ghnè uilc sin, am miann cur às don àlach òg, ann an aorabh mòran de na fiadh-bheathaichean nach eil a' paidhreachadh aig àm sònraichte. Tha e air innseadh dhuinn, agus air a dhearbhadh, cuideachd, ma thig neach air laogh òg, mun teann e air a mhàthair a leantainn, gur furasta a thàladh dhachaigh. Is tric a dh'fheumas cìobairean teicheadh am falach orra mun lean iad gu baile iad.

Bidh laogh ri taobh gach aighe dhiubh,
Nan laighe mar as còir dhaibh;
Bidh gach damh is mang co-aighearach,
Nuair thig Fèill Leathain reòtht' orra.

Leanaidh an laogh an cuideachd na màthar gus am bi e mu thrì bliadhna a dh'aois. Is tric a chunnaic mi na trì aoisean an cuideachd na h-aighe. Tha iadsan a bheachdaich air gnàthan nam fiadh ag innseadh nach dìobair a h-àlach agh fèidh cho fad agus as beò i. Tha treudan ghinealach dhàimheil dhiubh ri fhaicinn ann an glinn 's an coireachan na Gàidhealtachd, le seann damh mòrchuiseach a' coimhead thairis orra. Is esan, "Rìgh a' Ghlinne." Aig bliadhna a dh'aois, tha stobain bheag adhaircean a' fàs air na daimh, agus bho bhliadhna gu bliadhna tha na h-adhaircean a' fàs nas truime, agus barrachd mheòir a' fàs orra. Aig seachd bliadhna dh'aois, tha an damh aig làn a chinneis.

Tha daoine a' creidsinn gum faigh na fèidh aois mhòr. Tha againn an seanfhacal anns an rann seo, agus cò a dhearbhas dhuinn a chaochladh?

Trì aois coin, aois eich,
Trì aois eich, aois duine,
Trì aois duine, aois fèidh,
Trì aois fèidh, aois fìor-eun,
Trì aois fìor-eun, aois craoibh dharaich.

Anns a' bhliadhna 1826, mharbh Gleanna Garaidh fiadh ann an coille Thòir na Cairidh, agus air faicinn comharra air a chluais chlì aige dh'fhaighneachd e den chiad ghille a thàinig air adhart ciod e an comharra bha siud. "Tha sin," ars esan an dèidh sealltainn air, "comharra Eòghainn Mhic Iain Òig." Thug còignear eile an dearbh fhuasgladh air a' cheist. Bha Eòghann Mac Iain Òig marbh ceud gu leth bliadhna roimhe siud, agus fad deich bliadhna fichead ro a bhàs bha e a' cur a' chomharra siud air gach laogh a ghlacadh e. Ma bha an comharra seo ceart, bha am fiadh, air a' chuid a bu lugha, ciad gu leth bliadhna dh'aois, agus is docha naoi fichead. Cha robh na h-adharcan a bha air mòr, ach bha an ceann farsaing. Faodaidh gu bheil an ceann sin aig Gleanna Garaidh gus an latha diugh.

Tha cunntas eile air damh mòr a' Mhonaidh Liath a bha, a rèir sheann daoine na dùthcha sin, da cheud bliadhna a dh'aois. Anns a' bhliadhna 1777 bha fear, Aonghas Dòmhnallach, a fhuair an dlùths urchair don damh mhòr seo, agus a leag e; ach ma leag, dh'èirich e a-rithis, agus thug e a chasan leis. Deich bliadhna an dèidh seo, chuala Iain, bràthair Aonghais, gun robh an damh mòr ri fhaicinn a-rithis, agus dh'fhalbh e air a thòir, agus an dèidh là iomlan a thoirt ag èaladh air, thug e ri leathad e. Fhuair e am peilear, a chuir Aonghas a bhràthair ann, san t-slinnean chlì mu òirleach fon chraiceann. Chan eil mòran dearbhaidh a bharrachd air sin mu fhad-shaoghaltas nam fiadh, ach nach leòr e a dh'fhìrinneachadh an t-seanfhacail!

> *Gur àlainn sgèimh an daimh dhuinn,*
> *Theàrnas o shireadh nam beann;*
> *Mac na h-èilde ris an t-sonn,*
> *Nach do chrom le spìd a cheann.*

Tha e na nì glè iongantach le mòran mar a tha na daimh a' tilgeil nan adharcan a h-uile bliadhna. Tha luchd-foghlaim ag innseadh dhuinn nach eil anns na h-adharcan seo ach làine a thuilleadh na còrach de bheathachadh a' chuirp nach fhaigh-eadh dòigh eile air taosgadh, agus nach robh feumail a chumail suas na colainn. Tha na seann daimh a' caitheamh nan adharc-an an deireadh an Earraich, agus bho sin gu toiseach an Òg-mhìos, a rèir an culaidh. Cha tilg na bliadhnaich na h-adharcan gu toiseach an fhogharaidh. Cha d' fhuaradh riamh na h-uile h-adharc a thuit anns a' mhonadh, oir tha cuid de na fèidh gan tìodhlacadh anns na puill mhòna, gam breabadh fodha le an casan. Fhuaradh seo a-mach le cladhach a' phuill an dèidh am fiadh a ruagadh air falbh. Tha iad cuideachd ro-dhèidheil air cagnadh nan adharcan, agus is ainmig a gheibhear adharc dà-bhliadhnaich idir. Tha peirceall nam fiadh làidir gu leòr a bhriseadh nan adharcan beaga.

Deich làithean an dèidh nan adharcan a chaitheamh, tha feadhainn eile a' fàs nan àite, agus aig ceann thrì mìosan tha iad aig am meudachd; ach tha iad fhathast maoth agus còmhdaichte le craiceann liath-ghorm ris an abair iad a' bhealbhaid. Am feadh agus a tha a' chròic maoth mar seo, cha tèid iad thro choille no àite sam bith far am faodadh iad am bualadh, oir, mar as furasta a thuigsinn bhiodh e glè phianail tighinn air amaladh sam bith, agus na h-adharcan aca cho maoth ri ugh gun phlaosg. Ann an ùine glè ghoirid glanaidh iad, agus am beagan ùine tha iad dorcha le bàrr nam meur geal, agus cho cruaidh ri iarann. Their iad rìoghail riutha an uair a tha dà mheur dheug orra, agus trì air a' bhàrr ris an abair iad an copan. Tha na meòir seo air an suidheachadh ann an leithid a dhòigh agus gun suidheadh cuach no copan anns a' ghòbhlan. Mar as trice, tha an copan air damh le deich meòir mar an ceudna. Cha bhi iad "rìoghail" na h-uile bliadhna, agus cha mhotha bhios iad sin aig aois no aimsir shònraichte, agus is lìonmhor iad air nach fàs barrachd na sè 's a h-ochd de mheòir rim beò. Mar shoillearachadh air an seo, innsidh mi mu dhamh a b' aithne dhomh fhèin, agus ris an abramaid "Damh Mòr a' Gheata." Bha eòlas aig mo sheanair air an damh seo deich bliadhna, oir na h-uile bliadhna an dèidh na dàmhair thigeadh e a gheamhrachadh leis a' chrodh mun bhaile. A' chiad bhliadhna a bheachdaicheadh air bha naoi meòir air, agus an ath bhliadhna bha a dhà dheug air. Ceithir bliadhna an dèidh a chèile, bha ceithir meòir dheug air. An dèidh sin bha e gach bliadhna a' dol air ais am maise, agus an uair a mharbhadh e, an ceann nan deich bliadhna, cha robh air ach na deich meòir, agus is gann gun robh fiacail na pheirceall. Mas math mo chuimhne, bha ceithir puinnd de chudrom anns gach tè dhiubh an uair a bha na ceithir meòir dheug orra, agus bha na ceithir paidhrichean aig uachdran na frìthe na chaisteal. Cha robh fada againn ri dhol air tòir nan adharcan, oir thilgeadh an

Damh Mòr dheth iad an àite sam bith eadar Cnoc na Luadh is Cnoc an Doire Dharaich. Nì na forsairean, aig am bheil an toil, deagh chosnadh air an tional san Earrach, agus gheibh iad seachd 's a h-ochd sgillinn orra bho na marsantan Gallta.

A mheud agus a tha siubhal monaidh gu tric, mar a tha cìobairean agus forsairean, aithneachaidh iad air aileachd na lurga co-dhiù as damh no agh a chaidh thar a' ghruinnd rompa. Tha crobhain an daimh nas cruinne na crobhain na h-aighe, agus a bhàrr air sin tha a cheum cho cothromach agus gun leag e a chas-dheiridh ann an làrach na tè-thoisich. Tha seo fìor a thaobh nan damh a tha os cionn seachd bliadhna dh'aois. Tha ceum na h-aighe nas giorra, agus nas neo-chothromaiche.

Bheir mi a-nis iomradh air an Dàmhair, bhon a dh'uidheam-aich sinn an damh donn le cròicean ùra. Is e seo an t-àm anns am bheil na daimh aig àird an treise; an t-àm sam bheil an t-seilg a' tòiseachadh, agus an t-àm anns am furachaile fear na cròice! Thèid iad don dàmhair anns na frìthean air tìr-mòr agus na h-eileanan mu dheas aig toiseach dara mìos an fhogharaidh. Anns na Hearadh, agus àitean fuara gun fhasgadh geamhraidh, bidh iad mìos air deireadh. Fàgaidh na daimh cuideachd a chèile, agus thèid iad gu ruig an fhiadhach fhèin. Tha e dearbhta gu leòr seo. Biodh e far an togair e an còrr den bhliadhna, ach gheibhear e na choire is na àite fhèin san dàmh-air. Tòisichidh iad air an aorgan fhèin anns na puill-mhòna a tha cho lìonmhor anns na monaidhean Gàidhealach. Ataidh am muinealan cho garbh rin colainn, agus cha tàmh dhaibh a là no dh'oidhche. Cluinnear an sin a' bhùireadh 's an langanaich, a' toirt mac-talla às na creagan, agus a chuireas crith air a' ghealtaire a tha cho mì-shealbhach 's gur èiginn dha am mon-adh a shiubhal aig an àm shònraichte seo! Cruinnichidh iad na h-aighean nam buidheann dhaibh fhèin mar gun cruinnich-eadh an cìobair treud chaorach le chù. Is ann an uair a dh'fheuchas fear eile tighinn gan toirt bhuaithe a chì sinn a' chòmhrag mar a dhealbhadh i cho eireachdail agus cho riochd-ail le Landseer. An dèidh dùbhlan a thoirt dha chèile le lang-anaich, thig am fear-fuadain bho thaobh eile a' ghlinne; uair a' ruith, agus uair eile le ceum stàiteil, mar gum biodh e a' tomhas a' ghruinnd. Ma thachras tom seilich air, bheir e greis, mar gum b' ann a' geurachadh nan lann, ga fhìor-chasadh le adharcan. Is tric a chunnaic mi na slatan seilich air an casadh mar iris clèibh. Buailidh iad air a chèile mar dhà reithe, a' toirt a leithid de sgailc is gun cluinnte an fhuaim astar air falbh. Seasaidh na h-aighean, mar mhaighdeannan na Grèige, le sùilean miadhail, ealamh a thoirt an gaol don bhuadhach! Cha mhair a' chòmhrag fada, agus còmhlan eilid san amharc. Am fear a chailleas, bheir e leum bho chabair bhiorach an fhir eile, agus cuiridh e cuairt air an treud, 's e cho cruaidh leis am fàgail. Chan eil sin dhasan mar a chuid fhèin; tha am fear buadhach air a lorg, agus le sàthadh guineach anns na cruachain aige cuiridh e an ruaig buileach air.

Is ann a tha a' chòmhrag cheart agus mhaireannach ann an uair a thachras iad agus gun an eilid ghaolach gam freiceadan. Cha choimeas dhaibh an uair sin ach da choileach air dùnan. An dèidh sadadh air a chèile greis gabhaidh iad anail, fhathast air an dà ghlùn a' sìor-choimhead air a chèile. Èirigh iad is thèid iad an cròicean a chèile a-rithis. Tha còmhrag den t-seòrsa seo a' crìochnachadh leis an dara fear a bhith air a leòn, neo air a chur gu bàs buileach, mur gèill e am feadh 's a tha de lùths na speirean na bheir ri bruthach no ri leathad e. Ann a h-aon de fhrìthean an Diùc Ghòrdain, mòran bhliadhnachan air ais, bha dà dhamh a ghleac mar seo, agus ghlais iad an adharcan a chèile air dhòigh is nach b' urrainn iad dealachadh. An uair a thàinig am forsair mun cuairt bha fear dhiubh marbh, agus chuir e crìoch onarach air an fhear eile.

Gheibh sinn cunntas an-dràsta 's a-rithis air daoine a' call am beatha le bhith a' tighinn ro-dhàna orra aig an àm air am bheil mi ag iomradh, ach chan eil an sin ach feadhainn challta. Is ann fìor-ainmig a bheir fiadh na beinne ionnsaigh mharbhtach air duine, ged a thachair e uair no dhà. Bho cheann beagan bhliadhnachan air ais bha damh mòr, dalma, mun rathad mhòr anns an eilean sam b' àbhaist dhomh fhèin an samhradh a chur seachad, agus gu dearbh an àm an fhogharaidh cha robh mòran ciataiche agam dheth! Cha rachadh e mu dheireadh ceum far an rathaid airson duine no beathach. Thug e droch ionnsaigh air aon de na cìobairean feasgar a bha siud, agus air ball thàinig a bhinn a-mach, agus fhuair e, na thoill e, am bàs. Chaidh innseadh dhomh an dèidh làimh gun robh a' Bhan-sgoilear a' cumail aghaidh na làimhe ris ga chuideachadh tro chaoile an Earraich, agus gu dearbh bha e toileach cuideigin a phàigheadh!

Am feadh agus a mhaireas an dàmhair tha e nas glice cumail bhuatha, oir tha na brùidean cho mòr air bhoil le droch nàdar, bualadh puill is bùirich, is nach aithnich iad eadar mac an fhèidh is mac an duine. Mairidh an dàmhair mu shè seachdainean agus an dèidh sin cruinnichidh iad nam buidheannaibh, is thig iad nas fhaisge air fearann àitich, cuid a thig a-staigh air na h-achaidhean ag ionaltradh leis a' chrodh. Chunnaic mi sa ghàrradh-chàil fhèin iad! Chan eil an cor aig an àm seo ach glè bhochd, ciod e le sabaid is bùirich agus an suidheachadh anacrach anns am bheil iad rè an dàmhair, gun mhòran itheadh ach còinteach bhàn a gheibh iad air mullach nan cnoc, cha dùth mòran saill a bhith orra. Cha bhiodh mòran brìgh no blas air an t-sitheann aca ged a dh'fhaodadh neach cothrom a ghabhail, aig marbh na h-oidhche, air teachdaire obann a chur mun tuaiream bho thè na spèid fhèin!

Leis a' bheagan iomradh sin air gnàthan neònach nam fiadh tionndaidh sinn a-nis ar n-aire air an t-seilg, a chionn gur i gu mòr as taitniche. Na h-uile bliadhna tha na ceudan a' taomadh a-nìos oirnn à Sasann, agus a' cur na dùthcha fodhpa fhèin car greis. Aig an àm seo, tha mu thrì muillean acair fearainn fo fhèidh a-mhàin ann an Albainn.

Mun tèid sinn ri monadh, bu mhath leam beagan a ràdh mu dhèidhinn nan con-fhiadh a b' àbhaist a bhith nar dùthaich, agus an dòigh-sheilg a chleachd ar sinnsearan mun d' fhuaras eòlas air innleachd cho bàsmhor, agus cho beag spòrs na cois, ris a' ghunna. B' ann aig Cloinn MhicNèill Cholbhasa a bha na coin-fhiadh a b' fheàrr an Albainn ann am bliadhnachan deireannach na seòrsa seilg sin. Bha ceithir de na coin seo gu sònraichte ro-ainmeil anns an rìoghachd nan latha—Bran, Buscar, Runa, agus Cabhag. Bha Buscar na bu luaithe agus na bu trèine na eadhon an triùir eile, agus faodar a ràdh gun robh e a' freagairt an roinn a th' againn air mar a thaghadh Fionn a chù.

Sùil mar àirneag, cluas mar dhuilleag,
Uchd mar ghearran, speir mar chorran,

Meadh' leathann an cliabh leamhar,
'S an t-alt cùil fad bhon cheann.

Bha fionnadh mìn, fada, buidhe air Buscar, agus b' e seo a mheudachd:—àirde aig an t-slinnean, ochd òirlich fhichead; dòmhlad a bhroillich, dà òirleach dheug thar fhichead; a chudrom, còig agus ceithir fichead punnd. Is e seo a-nis meudachd fèidh a bha aig a chinneas agus an culaidh mhaith:—àirde aig an t-slinnean, trì troighean ach trì cheathramh an òirlich; dòmhlad a bhroillich, ceithir agus trì cheathramh an òirlich; àirde bho mhullach cinn gus a' chas-thoisich, còig troighean gu leth; fad adhairc, dà throigh gu leth; bho bhàrr na h-adhairc gu ruig an grunnd, seachd troighean agus deich òirlich; a chudrom, trì cheud punnd 's a h-ochd. An uair a bheachdaicheas sinn air na tòimhsean sin agus a shamhlaicheas sinn ri chèile an cù agus am fiadh, nach ann as iongantach gun tugadh an cù gu talamh am feast e. Leumaidh am fiadh air a h-uile sìnteag, fichead troigh, agus leumaidh am mial-chù troigh thar fhichead. Ann an astar fada is mòr am buidhinn sin don chù.

Bheir mi a-nis iomradh air sealgach ann an Diùra le Bran agus Buscar. Air feasgar bòidheach dh'fhàg MacNèill Colbhasa le cuideachd uaislean agus ghillean tapaidh, le Fionnlagh Forsair air an ceann. Chuir iad seachad an oidhche gu socrach ann an uaimh air taobh an iar an eilein. Tha an seanchaidh ag innseadh dhuinn gun do dhùisg Donnchadh Pìobaire moch air mhadainn iad, agus gun do dheasaicheadh lòn dhaibh air lèana luim. Thog iad an sin ri beinn, Fionnlagh a' seòladh an rathaid mar a bu mhath a b' aithne dha. Ann am priobadh na sùla, bha e air a mhàgan. Thug e gu leòr don chuideachd am fiadh a chunnaic Fionnlagh le shùilean fhaicinn le an gloinneachan! Bha e mu mhìle bhuatha, agus thill iad beagan air ais, 's an sin choisich iad mar a b' fheàrr a b' urrainn iad ann an grunnd sruthain, agus thairis air sgàrnaich chreagan. Mas fìor an sgeula, thug Fionnlagh dheth am falt cho lom ri sgailc, air eagal gum brathadh a chìrean-mullaich e! Threòraich e iad mu thrì fichead slat don fhiadh, agus cha mhòr nach do bhrist Buscar far a lomhainn mun robh iad ann an uidheam cheart. Dh'èirich iad, is thug a' chuideachd iolach faghaid, leig iad às na coin, thòisich an rèis. Thog am fiadh ris a' bheinn, ach chunnaic e gum b' e luaths nan cas a thèarnadh e, agus shìn e às ri sliabh na beinne. (Cha ruith fiadh ro luath aona chuid a' dìreadh no a' teàrnadh, agus mar sin bhiodh luchd na faghaid a' strì ri ghluasad air na mullaichean). Thill am fear seo air ais, a' teàrn-adh na bu chaise na dhìrich e, gus mu dheireadh an d' fhuair se e fhèin air bruaich creige, mu cheithir troighean deug air àirde, agus sgàrnach chlach ag èirigh bho bhonn. Sheas e mionaid, ach cha robh e fada an ioma-chomhairle an uair a leum e, is thàinig e gu talamh air a dhà chois-dheiridh, agus ann an tiota bha e ri astar a-rithis. Leum Buscar gu cruinn cothromach air a cheithir chasan, ach chuir Bran car a' mhuiltein dheth. Cha robh a' chuideachd aig an àm seo ach mu cheud slat bhuatha, agus bha iad ann an imcheist chruaidh gun èireadh gu h-olc don fhiadh agus do na coin ann a leithid de shuidheachadh cunnartach. Ràinig an fhaghaid a-nis sliabh creagach, am fiadh cho lùth-mhor 's a bha e riamh 's na coin a' tuiteam thall 's a-bhos. Bha sealladh math orra fad leth-mhìle, ach chaidh iad à sealladh agus b' èiginn dìreadh na b' àirde gam faotainn am fradharc a-rithis. Bha an fhaghaid a-nis air talamh còmhnard, agus na coin a' dlùthachadh air a h-uile sìnteag. Bha Bran air thoiseach air Buscar, agus ann an sìnteag no dhà rug e air shliasaid air an fhiadh. Chuir seo maille air, agus cha b' fhada gus an robh Busc-ar na sgòrnan. Ged a bha a-nis an dà chù an sàs ann rinn e an slaodadh ri leathad le luaths anabarrach, agus uair no dhà thilg e bhuaithe Bran, ach cha do lasaich Buscar a ghreim. Thug iad mu dheireadh gu talamh e, is ged a dh'fheuch e ri èirigh cha d' fhuair e tuilleadh air a chasan. An uair a ràinig a' chuideachd bha am fear cròiceach marbh, a dhà ghlùn à alt, a sgòrnan air a reubadh 's a chliathaich air a stròiceadh. Cha b' urrainnear a thuigsinn ciamar a chaidh a chur à alt, mura h-ann a' strì ri èirigh, oir bha an grunnd far an do thuit e rèidh, còmhnard. Bha Buscar air toirt thairis le sgìos, air chrith eadar cheann is chasan, ach dh'èirich e an uair a thàinig a' chuideachd air an aghaidh. Bha e a' dol mun cuairt a' chairbh ri gruanail fhearg-ach 's gun e toileach iad a thighinn a chòir an fhèidh. Cha robh fiù sgròbadh air, ach cha b' e sin e do Bhran bochd. Bha uimhir òirlich à aodann na lurga aige a bha a' nochdadh a' chnàimh, agus bun de fhraoch loisgte thron a' chas aige. Bha am fiadh seachd clacha deug air chudrom, agus ghiùlain na gillean sgairteil e mu dhà mhìle a dh'ionnsaigh na h-uamha. An sin ghabh iad an t-aiseag air ais do Cholbhasa, làn-riaraichte leis an fhaghaid agus treuntas nan con. Chan eil an sin ach aon de ghnìomhan treuna Bhuscair, a mharbh agh na làn-mheudachd leis fhèin mun robh e bliadhna a dh'aois.

Is e seilg a bha sin, agus chan e an seòrsa muirt a tha mòran a' dèanamh an-diugh. Cha b' iongnadh an seana bhàrd a ràdh mu fhaghaid an fhèidh.

> *A! ceum an t-sealgair ri mo chluais,*
> *Le srann a ghath 's a chon feadh slèibh;*
> *'N sin deàrrsaidh an òig' air mo ghruaidh*
> *Nuair dh'èireas toirm air sealg an fhèidh.*

Bheir mi a-nis an leughadair a-mach ri monadh leis a' ghunna-ghlaic, agus mur eil mi meallta bheir sinn dhachaigh fear cabarach.

> *An uair dh'fhàgadh fear na seilge*
> *A thalla fhèin gu mìn moch-thràthach,*
> *Air madainn fhogharaidh,*
> *Le adharc-fhùdair agus le chrios-luaidh;*
> *Le ghunna dùbailt' air a ghualainn.*
> *Agus le a ghadhair balla-bhreac,*
> *A dhol a shealg nan uchd-bheanna,*
> *Bhiodh an asail luchdaichte*
> *Mun tigeadh an t-anmoch.*

Tha a-nis anns a' Ghàidhealtachd am pailteas de rathaidean mòra matha, agus gur ann a chì sinn na sealgairean a' tarraing a-mach sa mhadainn ann an carbad-ola! Nach ann air an t-saoghal a thàinig! A' chuid aig nach eil ach na h-eich, fàgaidh siad iad air cùram a' ghille-chois-fhliuch taobh an rathaid, agus dìridh iad a-mach ri guala na beinne agus a-suas gu a mullach, ma tha an latha soilleir. Taghaidh iad àite-falaich fasgach bhom faic iad tro an gloinneachan sealladh air gach coire, gleann, srath is uchdan. Fada thall am bràighe a' choire faicear buaile bheag fhiadh. Tha iad fhathast ro fhad-às a dhèanamh cinnteach an fhiach am fear cabarach ud dol air a thòir.

Is i a-nis a' cheist chudromach, "ciamar a tha a' ghaoth a' sèideadh an taobh air am bheil an treud?" Is iomadh àirde às an tig oiteag ghaoithe anns na coireachan domhain ud. Feumaidh an sealgair a bhith gu mòr air fhaicill gum bi e daonnan air taobh leis na gaoithe. Mìltean air astar, aig an àm shònraichte seo den bhliadhna, gheibh iad am fàileadh, is chan e sin uile e; tha a h-aon de na seann aighean a' seasamh air leth ri freiceadan am feadh 's a tha Rìgh na Frìthe ag ionaltradh no a' cnàmh a chìre na laighe san luachair. Teàrnaidh na sealgairean a-nis bho na mullaichean, a' cumail à sealladh nam fiadh. Nì iad cabhag a dh'fhaotainn gu guala a' chnocain ud thall a dh'fhiosrachadh am bheil luach saothrach am measg an treud. Tha sin ann gun teagamh. Fear mòr le dhà mheur dheug 's le chopan, agus cheana thàinig a bhinn a-mach!

Thog an sealladh seo am misneach, agus fiabhras na faghaid. Ged a bhiodh a' ghrian a' cromadh mun ruig iad an stùc ud thall man coinneamh cha nochd iad cìrean dha. Snàgaidh iad air am màgan feadh lòintean tughaidh is luachair; uairibh air am bronn 's an ceann-aodach nam pòca air eagal gum brathar iad. A-null tron abhainn is ciod e ged a bhios iad gus na cruachain innte, cha chuir fuachd no flichead orra! Leagaidh iad an anail air a' bhruaich thall fo dhubhar nan craobhan feàrna. Thèid an còrn mun cuairt, ach facal cha chanar, fiù "Siud ort!"

Chan eil mòran falaich eadar an cnocan seo agus an stùc ud thall ach dìg chaorach. Feumar faighinn a-null, agus air am màgan na seòid a-rithis. Tha na forsairean cho eòlach anns a' mhonadh agus ionnas ged a robh an sùilean dùinte innsidh iad duit a' cheart àite sam bheil an damh na laighe, ged a dh'fhaod-as fear a' ghunna a bhith de mhùthadh beachd. Fhuair iad a-nis tèarainte, ach eabailte, a dh'ionnsaigh an tomain-fhraoich a bha fad an latha san amharc aca, am measg sgàrnach de chreagan glasa. Tha iad a-nis mu chiad gu leth slat bhon damh mhòr, agus tha an t-astar aig an fhorsair cho cinnteach 's ged a thomhaiseadh e a h-uile ceum dheth. Is i a' mhaille a-nis tha an damh na laighe, agus is dòcha nach togair e èirigh gu feasgar, agus cò an sealgair a loisgeadh air fiadh na laighe? Chan fhaigheadh e leis e ged a bhiodh a thoil aige!

Bheirear Nic Coiseam air lom, agus feuchaidh e ri suidheachadh air an torrag làimh ris, dh'fheuch ciamar a laigheas i ri ghualainn. Chan eil a choltas air an fhear chròiceach gun èirich e an-dràsta, agus tha a-nis a dhubh-nàmhaid air socrachadh am fèith 's an anail, is tha e na urchair dhearbhte. Air eagal an anmoich, is iad fada bhon bhaile, nì am forsair fead fhann, no nochdaidh e a churrac don fhreiceadan, agus air ball tha iad uile air am bonn! Cha teich iad gus am bheil iad cinnteach cò an taobh air am bheil an cunnart, agus anns an ioma-chomhairle sin tha tè na spèid ri sùil an t-sealgair, agus tha siud mu thuaiream an daimh dhuinn. Dh'fheuch e ri càch a leanachd, ach cha deach e fada an uair a thuit e. Ruithidh iad a-nis le chèile air a lorg, ach san earalas gun èirich e cha tèid iad ro fhaisg air. Bha an leòn seo a chum bàis, is thugadh air lom an sgian is tha a-nis fhuil uaibhreach, chraobhach, na steall mun fhraoch. Bheir iad tacan a' coimhead a' chinn luraich, a' seasamh greis bhuaithe, mas fìor a ghabhail beachd as fheàrr; uair eile a' làimhseachadh nan cròicean gu cùramach—moit mhòr orra le chèile! Bheirear a-nis a' ghreallaich às, agus an uair a thig an gille-monaidh le a ghearran Uibhisteach—rud a nì e an uair a chluinneas e an urchair—thèid am fiadh a thogail san dìollaid, agus gabhar dhachaigh leis.

Ged a thug mi an t-seilg seo gu crìch riaraichte agus bhuannachdail, cha soirbhich leotha cho math a h-uile latha. Is dòcha fad an là-sholais a thoirt ag èaladh air damh donn, agus nach fhaighear an dlùths urchair dha. Iomadh uair a leònar fear, agus, a rèir riaghailtean nam frìthean a tha air an suidheachadh bho bhliadhna gu bliadhna, chan fhaodar losgadh air fear eile gus am faighear am fear leònta. Tha mòran a-nis air coin chaorach a chleachdadh ris an t-seilg, agus an uair a leònar fear leanaidh an cù air a shàil, agus mura beir e air cumaidh e, co-dhiù, sealladh air. Siùbhlaidh fiadh leònte, air uairibh, astar mòr. Ma tha na coin a' dlùthachadh air, 's e a' fannachadh le call fala, thèid e gu dìon air choreigin. Storrag chreige am bun easa àite as ionmhainn leis, far am bheil dìon nàdarra aige bho chùlaibh, agus tha e earbsach à chabair a chumail a nàmhaid bho sgòrnan. Ann an suidheachadh mar seo, bheir e dùbhlan do na madaidh a dh'aindeoin iomadh spàirn chruaidh a ruigheachd a bhroillich. Is iomadh cù fuileachdach, sgairteil, a fhuair guin a bhàis ann an gleac den t-seòrsa seo bho chabair mhic an fhèidh.

Mar mhìneachadh air annas agus neònachas nam fiadh tha an sgeula bheag seo ro-fhreagarrach. (Thug mi iomradh cheana air mar a nì iad cinnteach cò an taobh bhom bheil an cunnart a' tighinn mun teich iad).

Chuireadh forsair àraidh a-mach airson sìthne, agus an dèidh mòran dragha fhuair e mu thrì cheud slat do agh a bha a shùil gheur ag innseadh dha a bhiodh ro-shòghmhor air bòrd a mhaighstir. Bha i na laighe a' cnàmh a cìre gu socrach, agus cha robh na chomas faighinn na b' fhaisg oirre gun a gluasad, agus b' èiginn dha fuireach mar a bha e fad thrì uairean. Smaoinich a gun tàirngeadh e a h-aire air dòigh air choreigin, agus bhuail e a bhas air a' ghrunnd. Dh'èirich i, 's dh'amhairc i mun cuairt oirre. Bhuail e a bhas a-rithist, agus an uair seo choisich i ceum no dhà an taobh a bha e. Bhuail e a bhas uair no dhà eile gus an tàinig i cho faisg 's a bha dhìth air, agus an uair a thionndaidh i gu teicheadh smàl e rithe an urchair a bha cho fada a' feitheamh oirre. Thuit i marbh goirid bhuaithe.

Is e cudrom nam fiadh an coitcheantas mu shè clacha deug, agus chan i a h-uile frìth a chuibhisicheas sin fhèin. Gheibhear air uairean fear no dithis mu fhichead clach, ach chan eil iad ach tearc. Mharbhadh bho chionn beagan bhliadhnachan ann am frìth Cheann Loch Mòir damh anns an robh naoi clacha fichead agus ochd puinnd. Bha ceann eireachdail air an damh seo, agus bha cuid ag ràdh aig an àm, gum feumadh gun robh cuid mhath de fhuil an Wapiti ann, oir is fìor-ainmig fèidh Albannach a bhith cho mòr 's a bha am fear seo. Am fiadh as truime air am bheil cunntas againn a mharbhadh an Albainn bha ceithir clacha deug thar fhichead ann. Fhuaradh am fear sin ann an aon de fhrìthean Pheairt, bho chionn mòran bhliadhnachan.

Tha mòran fhorsairean agus ghillean-frìthe ann an-diugh nach bi aig an dragh mionach an fhèidh a thoirt dhachaigh, ach fhàgail aig fithich is feannagan. Chan eil seo mar bu chòir dha bhith. Is iomadh tràth math a rinn ar n-athraichean air currac an rìgh, càl fada, agus deagh bhuntàta! Is e mòran a dh'fhaodadh tighinn gu taigh an duine bhochd bho fhaghaid an fhèidh nam biodh gillean grunndail mar a b' àbhaist, ach tha am bòrd Gallta air ruigheachd gu iomall na frìthe, eadhon don bhothan as uaigniche sa choire.

Sin agad, a leughadair shuairce, beagan mu dhèidhinn nam fiadh bho àm breith gu àm bàis. Ghabhadh mòran sgrìobhadh umpa air nach do bhean mise; agus nach freagarrach briathran Dhonnchaidh Bhàin a cho-dhùnadh a' bheachd-oidhirp ghoirid seo:—

Is ged a thuirt mi beagan riutha,
Mun innsinn uil' an dleasnas orra,
Chuireadh iad am bhreislich mi
Le deismeireachd chòmhraidh.

Ròr Àlainn

Dòmnall Mac na Ceàpoaic

Ò, m' annsachd ort, a Dhealbh na Maise;
Aiteil chaoin de ghlòir nam Flathas;
Aisling naomh nan aingle geala;
Ìomhaigh bheannaichte na h-Òighe!

M' eudail ort, a shùigh mo chèille;
Aoibhneis òig, a Dhòchais èibhinn;
Àilleagain fo shùil na grèine,
Chan eil cruth fo speur cho bòidheach;

'S tusa 'm pong de cheòl nan aingeal
Thuit a-nuas 's a chaochail tannas,
'S tusa 'n seud bha 'n uchd na Maidne
An ciad chamhanaich a h-òige.

'S tusa ciad-chruth glòir na Talmhainn,
'S tusa Smaoin nan naoidhean anmhann,
'S tu san iar tha nochd ion-dhealbhte
Air brat alla-mhaiseach nan speura.

'S tus' a' Phòg thug Mac na Gile
Thìr nan Òg—a dheòin seach Innis.
'S tusa fòs gu fòil th' air bilean
Òigh mo chridhe-sa fon èidheann.

'S tu snodha 'n Aoibhneis nach can teanga;
Taibhseal Soillse a chaidh thairis;

Manadh Sòlais a tha maireann;
Tosgaire a' gheallaidh nèimhidh.

Ò, carson do rùgh' cho minig,
'S faite-gàire air do bhilean?
Ò, carson cho sgaoilt' do chridhe?
Innis dhomh; mur tuigeam fhèin e.

Ò, carson am boltradh cùbhraidh
Tha far d' analach, a mhùirnein?
Ò, carson an deur na chùirnean
Air do shùil an àm dhuit èirigh?

Mas e Mac na Speur do leannan,
'S iomchaidh dhuit do ghnùis is d' anail:
Mas e dheòir an àm ur sgaraidh
Tha thu tasgadh ad uchd àlainn.

Neo 'n e aon de chlann na sgèithe
Gheibh do ghaol mar mhil do chlèibhe?
Ò, mas e,—carson nach feudadh
Mise fhèin a bhith den àl sin?

M' annsachd ort, a Shùil na Maise,
M' eudail ort, a ghaoil nan leannan,
Shùigh mo chèille, Dia bhith mar riut;
Beannachd leat, a phaidir Màiri.

Gille-Crìost, Morair Mhàrr

Ruaraidh Arascain is Mhàrr

Gheibhear an crochadh ri sean eachdraidh Albann ceist no dhà a tha gu math deacair ri fhuasgladh; agus, de na cruaidh-cheistean seo, tha a bhith a' faighinn àite dligheach do chuspair-sgrìobhaidh a' bheachd-oidhirp seo —Gille-Crìost, Morair Mhàrr—ri chunntas. Chan e gu dearbh gum bheil na sloinntearan den bheachd nach robh e riamh ann; ach gum bheil a àite dligheach air craobh-ghinealaich an teaghlaich ainmeil dom buineadh e anabarrach deacair a dhèanamh a-mach. Ach, mun tèid agam air buntainn ris a' choltas seo a th' air a' chùis, bidh cho math duinn agus an grunnd a ghart-ghlanadh rud beag air ar son fhèin le bhith a' toirt fa-near ainmean nam morairean sin às nach eil na sloinntearan idir an-earbsach.

Is e morair dom b' ainm Dòmhnall a' chiad fhear air am bheil cunntas cinnteach againn. Thàtar ag ràdh gun robh e den bhuidhinn a sheòl bho Albainn gu Èire anns a' bhliadhna 1014, air los cuideachadh a dhèanamh le Brian Bòramha, àrd-rìgh Èireann, a bha a' cathachadh aig an àm ud an aghaidh nan Lochlannach, a bha a' toirt ionnsaigh air an rìoghachd sin air fad a cheannsachadh is a chur fo chìs aca. Fhuair Dòmhnall bàs air blàr ainmeil Chluain an Tairbh (1014).

Is e an ath mhorair air am bheil fios cinnteach againn Ruaraidh. Thug esan a bheatha ri linn a' chiad rìgh Daibhidh. Chan eil fhios cuin no càit an d' fhuair e bàs; ach is cinnteach an gnothach gun do chaochail e uaireigin ron a' bhliadhna 1132.

B' e Morgann ainm a' mhorair a lean Ruaraidh air cathair-riaghlaidh na moraireachd. B' e a shloinneadh-san "Morgann mac Ghille-chlèire"; agus thàtar ag ràdh gun d' fhuair e bàs mun bhliadhna 1182. Dh'fhàg e mac na dhèidh air an robh Donnchadh mar ainm. Fhuair Donnchadh sealbh air a' mhor-aireachd mun do chaochail e—nì a thachair mun bhliadhna 1243. Phòs e, is dh'fhàg e mac na dhèidh, dom b' ainm **Uilleam**, a fhuair sealbh air a' mhoraireachd eadar 1243 agus 1244. B' ann ri a linn-san a thug Ailean Dorsair a oidhirp ainmeil air a' mho-raireachd a thoirt air falbh bhon teaghlach leis an robh i.

Ach, eadar Morgann mac Ghille-chlèire agus Donnchadh a mhac, tha againn ri àite fhaighinn do chuspair-sgrìobhaidh a' bheachd-oidhirp seo—Gille-crìost, Morair Mhàrr. Chan eil fhios cò e a b' athair dha; ach cha ruig sinn a leas an còrr a ràdh mun phuing seo aig an àm. Buinidh mi rithe, mun tig crìoch air a' bheachd-oidhirp seo.

Chan eil an còmhdach as lugha gun d' fhuair Gille-crìost a bhith air aideachadh mar Mhorair Mhàrr mun d' fhuair Morg-ann bàs; ach air an làimh eile chan eil nì as cinntiche na gun d' fhuair e sealbh air a' mhoraireachd bliadhnachan mun d' fhuair Donnchadh mac Mhorgainn aideachadh mar sin. Air an adhbhar seo, is i a' chruaidh-cheist a tha againn ri fuasgladh cò e an Gille-crìost seo, agus cionnas a fhuair e an còir a chaidh a leigeadh dha—e a bhith air ainmeachadh mar "Mhorair Mhàrr"? Ach mun toir mi oidhirp air a' chruaidh-cheist seo fhuasgladh, cuireamaid an cèill an tòiseach ainmean nam mor-airean mar a gheibhear iad air an cur sìos an leabhraichean nan sloinntearan as earbsaiche a th' againn.

(1) Dòmhnall, *f. b.* 1014.

(2) Ruaraidh, *f. b.* an dèidh 1132.

(3) Morgann, *f. b.* circa 1182.   (4) Gille-crìost, *f. b.* eadar 1211-1228.

(5) Donnchadh, *f. b.* eadar 1243-44.

(6) Uilleam (*a quo* an còrr de na Morairean), *f. b.* 1281.

Tha againn a-nis ri buntainn ri eachdraidh-beatha Ghille-chrìost air dhòigh beagan nas cùramaiche pongaile na rinn sinn roimhe. Chan aithne duinn cò e a b' athair dha. "Gilchrist's place in the line of Earls is somewhat mysterious."* Tha cuid den bheachd gur e Morgann a b' athair dha; ach chan fhaod mi ràdh gum bheil mise den aona bheachd riuthasan a tha a' breithneachadh mar seo. Coma co-dhiù, chan eil fios cinnteach againn gur ann mar seo a bha. Gun ag gun teagamh, b' ann den aona teaghlach ri Morgann a bha Gille-crìost; ach nas fhaide na seo chan eil barantas againn a dhol.

Thàtar ag ràdh gun do phòs Gille-crìost bean air an robh "Orabile" (Òr-bheul?) mar ainm; ach co-dhiù tha no nach eil an ràdh seo fìor, chan eil cinnt nach d' fhàg e clann na dhèidh. A rèir coltais, bha ceathrar mhac aige, barrachd air nighean, a phòs Maol-Chaluim *de Lundin*, Dorsair an rìgh.

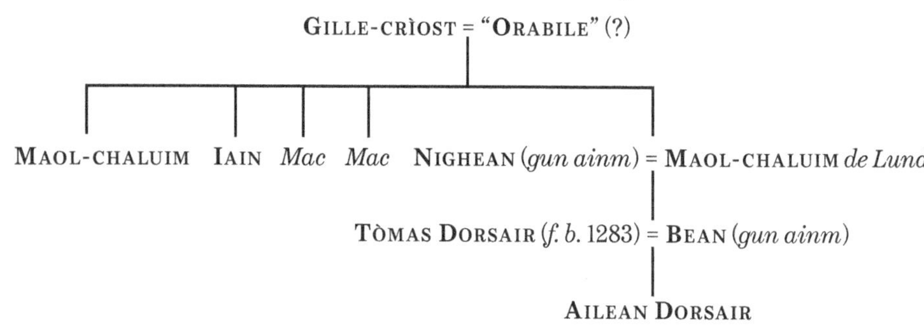

Chunnaic sinn mar tha gur e Donnchadh mac Mhorgainn a lean Gille-crìost air cathair na moraireachd; ach mu àm bàs Ghille-chrìost, no uaireigin na dhèidh sin, dh'èirich deasbad fada cruaidh eadar Donnchadh agus teaghlach an Dorsair mu chòir an atharraich air a' mhoraireachd. Chan aithne idir do na sloinntearan dè bu bhonn don tagradh seo a thug an Dorsair air lom; ach is cinnteach an gnothach gun deachaidh, air an turas seo, co-chòrdadh a dhèanamh eadar Donnchadh agus a eas-caraid, leis an d' fhuair an Dorsair sealbh air cuid mhòr de fhearann na moraireachd, ged a dh'fhairtlich air gu buileach an inbhe i fhèin a chosnadh da theaghlach.

Mar a thuirt mi mar-thà, chaochail Donnchadh, Morair Mhàrr, eadar 1243-44; agus an ath nì a thachair b' e sin gun tug

* *The Scots Peerage*, L. v., ꞇ-ꝺ, 570.

Ailean Dorsair ath-bheòthachadh air an tagradh a sheas Tòmas a athair. Thachair a' chiad ionnsaigh a rinneadh leis mun bhliadhna 1254, ach, a rèir coltais, cha do shoirbhich leis anns an oidhirp a thug e an sin. B' e a ghearan is a thagradh-san gun deachaidh a' mhoraireachd air an robh còir dhligheil aige fhèin a chumail gu mì-laghail air falbh bhuaithe le Uilleam Mac Dhonnchaidh; agus thuirt e cuideachd gun robh Morgann agus Donnchadh le chèile nam fir-dìolain. Mu dheireadh thall, dh'iarr an Dorsair air a' Phàp (Alasdair IV) e a bhith cho math agus rannsachadh a dhèanamh air a' chùis. Mar fhreagairt don aslach seo a rinn an Dorsair, dh'àithn Alasdair air cuid de fheadhainn a bha miadhail leis fhèin airson treibhdhireas an nàdair agus farsaingeachd an eòlais iad a rannsachadh gu dlùth cùramach a-staigh don ghnothach air fad. Rinneadh sin; ach ge b' e air bith a' chòir a bh' aig an Dorsair air a' mhoraireachd, b' e ceann-fìnid a' ghnothaich gun do chum Uilleam sealbh air an oighreachd—nì a tha a' toirt taice nach beag don bheachd a tha cuid a' leigeil air adhart nach robh anns a' chasaid a chaidh a thilgeil air breith Mhorgainn agus a mhic ach toradh doimh air "the difference between the Celtic usage (a thaobh pòsaidh) and the Canon law which was superseding it."* Ach, biodh sin mar a dh'fhaodas e, an dèidh siud a thachair dha, chan fhaigh sinn tuilleadh iomraidh air an Dorsair, agus a' chòir a sheas e. Dh'fhan e mar a bh' aige; agus, a rèir coltais, cha tug riamh aon chuid esan no an fheadhainn a lean ris oidhirp eile air teaghlach Mhorgainn a chur à seilbh on mhoraireachd.

A-nis, is iomadh treun-oidhirp a chaidh a dhèanamh air a' chruaidh-chàs seo a dh'ainmich mi fhuasgladh; ach gu ruige seo, dh'fhairtlich gu buileach air an fheadhainn a ghleac ris fuasgladh no rèiteachadh a chur air. Feumaidh a h-uile fear a bhuin ris roimhe seo aideachadh gu saor soilleir nach eil an gnothach idir soirbh a dhèanamh a-mach; agus gum bheil fhathast a dhìth oirnn modh no dòigh air a bhith a' buntainn ris a fhreagras gu ceart cuimir air a h-uile rud air am bheil fios cinnteach againn mun chùis. Is iomadh fear a thug ionnsaigh roimhe seo air èirigh suas Ghille-chrìost a shoilleireachadh duinn, agus mìneachadh earbsach a cho-chur ri chèile air mar a

---

* *Genealogist*, L. iv. t-d, 182.

dh'èirich an tagradh a sheas na Dorsairean, còmhla ri solas a thilgeil air nàdar an tagraidh a thug iad air lom; ach ged a rachadh againn air cuid de na baraileachan a leig iad seo seachad a cho-dhaingneachadh, gidheadh is èiginn duinn aideachadh nach eil anns a' chuid as mò dhiubh ach beachdan gun bhrìgh, gun stàth, gun bhonn. Mar thuaireaman tùrail gealltanach, chan eil iad, gun teagamh, gu buileach gun fhiù. Do bheòthalachd meanmnachd, amhail mar do fharsaingeachd eòlais, na feadhnach a thug iad an cèill tha iad a' toirt na h-urr-aim is mò; ach mar mheadhanan earbsach gu fuasgladh a chur, no ùr-sholas a thilgeil, is beag am feum a nì iad duinn. An cunntas as earbsaiche a th' againn air Morgann, Gille-crìost, Donnchadh, is Uilleam, gheibhear e sin air a chur sìos anns an *Scots Peerage*, aig Sir J. Balfour Paul; ach mar a leig mi a thuigsinn don leughadair mar-thà, chan fhaodar sealltainn air a' chunntas a gheibhear an sin ach mar chruaidh-spàirn a rinneadh leis an fheadhainn leis am math cuid de na ceistean cruaidh a tha dlùth-fhillte suas le eachdraidh na moraireachd a chur air shùilean duinn, agus iad sin a mhìneachadh air falbh mar a b' fheàrr a b' urrainn iad. Ach, a dh'aindeoin na chaidh a dhèanamh anns an dòigh seo airson slighe an leughadair a rèiteachadh dha, is mòr as eagal leam nach tog eadhon an neach as inntinniche nar measg a shùilean far aghaidh na cùise dualaich seo gun tuainealaich a bhith na cheann.

A-nis, is e mo bharail fhèin mun ghnothach a tha againn ri rèiteachadh an seo, nach eil ach an aon dòigh air an còir duinn tighinn air, mas miann leinn fuasgladh earbsach a chur air a' chùis; ach mun tèid agam air an dòigh sin a thoirt fa-near bu mhath leam an toiseach aire an leughadair a tharraing a dh'ionnsaigh rud no dhà air am bheil mise a' sealltainn mar ghnothach as math as airidh air ar n-aire fhaighinn.

Air tùs, ma-tà, chunnaic sinn mar-thà nach aithne duinn idir cò e a b' athair do Ghille-crìost. Gun teagamh, bha e den aon teaghlach ri Morgann; ach, mar a thuirt mi mar-thà, nas fhaide na sin, chan eil barantas againn a dhol. B' e Gille-clèire a b' athair do Mhorgann. Tha fios cinnteach againn mu dhèidhinn sin.* Thuirt Morgann e fhèin gun robh a athair na

---

* "He is designated 'Mac Gyloclery' in one writ of undoubted credit."—*Scots Peerage*, L. v., ꞇ-ꝺ, 567.

mhorair mar an ceudna; ach on a tha an ràdh seo aige gun bhonn no taic sam bith, taobh a-mach bho na dh'innis e fhèin mun cheart phuing, bheir an leughadair an aire nach eil mi ga mheas iomchaidh air àite fhaighinn dha am measg nam morairean a tha an ainmean rim faotainn an seo. Ach ged a b' èiginn dhomh Gille-clèire a leigeil a-mach, cha ruig mi leas mo bharail fhèin a chur an uaigneas air an leughadair gun robh a' chùis ceart mar a thuirt Morgann gun robh—'s e sin ri ràdh gur e morair Mhàrr a bha an Gille-clèire, a athair. Ach, gu dè a thaobh an fhir ud eile—Gille-crìost? Ma-tà, mas èiginn dhomh barail air thuaiream a thilgeil mun chùis, dh'abrainn-sa gum b' esan mac-peathar Ghille-chlèire.

Is e an ath rud dom bheil mi miannach air aire an leughadair a tharraing gun d' fhàg Gille-crìost clann na dhèidh—ceathrar mhac, a rèir coltais, còmhla ri nighean. Chan aithne duinn a h-ainm-se. Ach, de na mic a bh' aig Gille-crìost, cha tug a h-aon diubh riamh oidhirp air a' mhoraireachd a chosnadh dha fhèin. *B' e mac am peathar-san* (Tòmas Dorsair) a chuir an ath ghluasad air bonn, a' cantainn gur ann leis-san a bha a' mhoraireachd le còir agus ceartas, agus a rinn gearan gun robh Donnchadh ga cumail gu mì-laghail air falbh bhuaithe. Mar a chunnaic sinn mar-thà, chaidh co-chòrdadh a dhèanamh eadar Tòmas agus Donnchadh, leis an d' fhuair an Dorsair sealbh air roinn mhòr den mhoraireachd, ged nach comasach dha an inbhe a bha an crochadh rithe a spìonadh à greim Dhonn-chaidh.* Tha nàdar an tagraidh a thug Tòmas air lom an aineol air na sloinntearan;† ach tha agamsa mo bharail fhèin mun ghnothach ud, mar a leigear a thuigsinn don leughadair, mun tarraing mi na ràidhean seo gu crìch. Chunnaic sinn mar-thà, cuideachd, gun tug Ailean Dorsair, mac Thòmais, ath-

* "We may be allowed to conjecture that it was under that settlement that Thomas Durward acquired his vast domains in Mar, stretching from Invercanny on the Dee to Alford on the Don; from Coull on the west to Skene on the east."—*Antiquities of Aberdeen and Banff*, ιv. 693, cf. 151.

† "The attack on Duncan's rights was made by Thomas of Lundin, the Doorward, who died in 1231; but perhaps he did not impugn the Earl's birth, as the question between them was arranged, and an agreement made betwixt them before the Doorward's death. But while this fact is on record, all else is wrapped in mystery; and the grounds of the Doorward's claim, and the terms of the settlement with Duncan, are unknown."—*Scots Peerage*, L v., τ-ᴅ, 595.

bheòthachadh air an tagradh a sheas a athair, a' cur an cèill mar leisgeul airson a' ghearain a rinn e gun robh Morgann is Donnchadh nach maireann le chèile nam fir-dìolain. Chan eil cinnt nach b' ann mar sin a thug Ailean bunachas don chùis a sheas e; ach is i as barail leam fhèin nach b' ionnan an dòigh a chleachd Tòmas agus Ailean ann a bhith a' bunachadh na h-aona chùise. Tha mi den bheachd nach deachaidh breith Mhorgainn riamh a chur an ag le Tòmas; ach gun do rinn Ailean mar a rinn esan do bhrìgh gun robh e a' saoilsinn gum b' e a bhith a' dèanamh mar sin an seòl a b' earbsaiche agus a bu ghealltanaiche a b' urrainn da leantainn airson na bha aige san amharc a thoirt a-mach. Ach, biodh sin agus a roghainn da, dh'fhairtlich gu buileach air Ailean Morgann agus Donnchadh fhaighinn air an glaodhaich nam fir-dìolain; agus, mar a chunn-aic sinn mar-thà, "William remained in possession."

Gheibhear am measg annalan nan sean Chruithneach iom-adh lorg soilleir air nòs àraidh air an robh "Còir na Màthar" mar ainm aca. Bha na Cruithnich an earbsa ris na mnathan aca airson chinn-cinnidh fhaighinn do na teaghlaichean aca. Cha robh meas mòr aca air na mnathan. A rèir coltais, cha do leig-eadh daibh seo aon chuid cead no cothrom air riaghladh; ach, air an làimh eile, b' i a' mhàthair, agus air an adhbhar sin, breith an duine a bha a' socrachadh chan ann a-mhàin leanachd na h-oighreachd, ach suidheachadh an duine mar bhall den treubh. Mar sin, air don cheann-cinnidh bàs fhaigh-inn, rachadh an dreuchd a bh' aige, an àm dha a bhith beò, a bhuileachadh, chan ann idir air a' mhac a bu shine a dh'fhàg e na dhèidh (nì a bu chleachdadh leis na Gàidheil a dhèanamh) ach air mac a pheathar. Agus an dèidh dhasan, agus a bhràith-rean (nam biodh de bhràithrean aige) bàs fhaighinn, gun chlann fhàgail nan dèidh, an sin dh'fhosgladh an leanachd don cheann-as-feadhna suas gu mac peathar eile; agus leanadh na Cruithn-ich ris a' cheart ghnàths sin cho fad 's a bhiodh mac peathar ri fhaighinn mar cheann don teaghlach. Sin aig an leughadair, am beagan bhriathran, "Còir na Màthar"; ach eagal is nach biodh am mìneachadh a chuir mi oirre cho tur soilleir agus as àill leam e a bhith, theagamh gun dèan a bhith a' leigeil inntinn air a' chraobh-ghinealaich a gheibhear an cois nam briathran seo

cuideachadh leis an leughadair gus an gnothach a thuigsinn
beagan nas fheàrr.

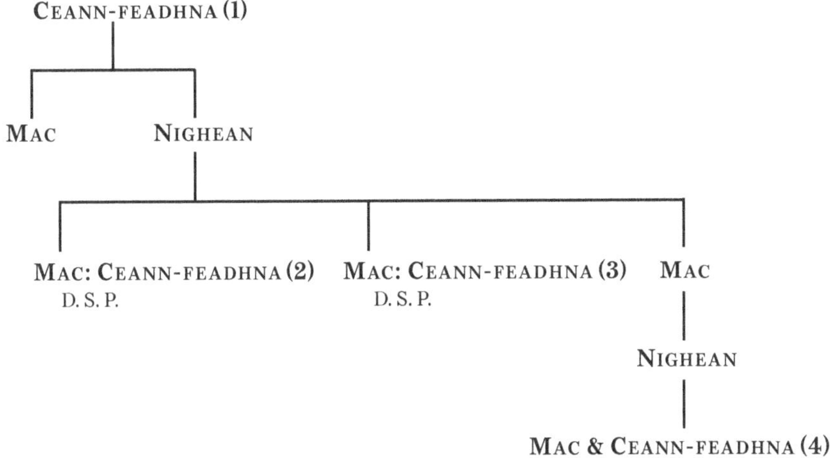

Thàtar ag ràdh gun do lean na Cruithnich ris a' ghnàths
neònach seo ris an canadh iad "Còir na Màthar" fada an dèidh
daibh bhith air an tionndadh gus an creideamh Crìostail, agus
air an gàidhealachadh leis an t-sluagh a bha ri an ainm a sparr-
adh orrasan is air an dùthaich air fad. Chaidh an rìoghachd a
bh' aig na Cruithnich a chur às di anns an naodhamh linn; ach
ged a chaill na Cruithnich mar seo an saorsa chinneachail,
còmhla ris a' chànain dhùthchasaich a bhuin daibh, cha robh e
idir furasta do na Gàidheil cuid de shean àbhaistean nan
Cruithneach a chur fodha, agus a mhùchadh às. Chan eil nì as
dorra a thoirt a-mach na sgaradh buan-mhaireannach a chur
eadar sluagh lìonmhor agus an nòsan dualach. Gabhaidh gu tric
saorsa is cànain cur às daibh, gun mhòran spàirn a bhith riat-
anach a chum sin; ach, am bitheantas, mairidh "gnàths is
àbhaist" am measg shluaigh linntean an dèidh daibh bhith air
an co-èigneachadh gu an saorsa dhùthchasach is an cànain
mhàthaireil fhèin a thoirt suas, air àilgheas an cuid luchd-
fhòirneirt.* Uime sin, cha ruig sinn a leas iongnadh a ghabhail

---

* "C.f. The Uist custom, where household cows are given the mother's names
from generation to generation. In the glens of Antrim, if I mistake not, a young
woman is locally known by her mother's name, not note solely by her own. 'A
woman may take her husband's name when she marries, or she may not. If she
keeps her own, she may keep either her father's name or her mother's maiden
name. Suppose that a girl at the age of ten is called Mary MacNeill: she may

ged a mhair cuid de na nòsan dùthchasach a bu mhiadhaile na chèile leis na Cruithnich fada an dèidh daibh bhith air an gàidh-ealachadh, agus an cànain, còmhla ri an saorsa, a bhith air an toirt air falbh bhuapa.

A-nis, mas ceart agus reusanta na tha mi a' tilgeil an cèill an seo, ar leam fhèin nach eil roinn no ceàrn de Albainn far am mò a tha de dhùil is de fhiughair ri coinneachadh ri lorg no fuigheall de na nòsan cinneachail a b' àbhaist a bhith aig na Cruithnich na anns an dùthaich sin air an robh Màrr uaireigin mar ainm. Bha a' mhòr-roinn seo ga suidheachadh an teis-meadhan rìoghachd nan Cruithneach; agus air an adhbhar sin dè an nì as nàdarra air fad na gun leanadh muinntir na dùthcha sin ri nòsan is gnàthaichean an sinnsearan fada an dèidh daibh siud a bhith air an leigeil gu taobh no air an caitheamh às an roinnean eile de Albainn nach robh air an nochdadh air a' cheart dòigh, no anns an leth-bhreac tomhais, da leithid sin de bhuaidh làidir? Air an adhbhar seo, tha mi den bheachd nach toir aon chuid èirigh suas Ghille-chrìost, no an tagradh ainmeil a sheas teaghlach nan Dorsairean, mìneachadh ceart eagnaidh, mura bi sinn toileach air sealltainn air an dà thachartas ud a dh'ainmich mi mar sheòrsa de thaisbeanadh riochdail air an spèis làidir a bha cuid de mhuinntir Mhàrr ag eiridinn a thaobh sheann nòsan an sinnsearan; agus gu sònraichte mar chòmhd-ach soilleir air an taobhachd bhlàth bhuan-mhaireannach a bha aig cuid dhiubh seo do "Chòir na Màthar," mar inneal goireasach fa chomhair leanachd dhualach an cinn-fheadhna a shocrachadh a rèir "gnàths is àbhaist" an cuid athraichean.

---

grow up and marry a husband of the name of MacLarty, and subsequently another husabnd of the name of Macelheran; and after all she may die as Mary Docherty, because that was her mother's maiden name.'—*Blackwood's Magazine*, Sept., 1893, p. 370." *Leabar nan Gleann*, t.-d. 13. Ri seo, cuideachd, faodar a chur gum beil còir a bith a' faighinn seilbh air cuid de na h-innbean Albannach leigte do boireannaich cho math ri fireannaich. "Your Petitioner's said uncle gave him papers to show that he and his predecessors were premier Earls of Scotland by inheritance through several heririsses of Mar, as descended directly through heiresses of Mar from a Mormaer of May who was slain at the battle of Clontarf in 1014, and from another Mormaer of Mar in 1132, the epoch when the dignity of Mormaer passed into that of Earl. These papers show that your Petitioner would succeed in that position, *as inheriting that ancient dignity in female descent*." Petition of the Right Honourable John Frances Erskine, Earl of Mar, and Baron of Garioch, etc., 1916, t.-d. 1.

Modh no dòigh earbsach eile air a bhith a' faighinn fuasglaidh don chruaidh-chàs a th' againn ri rèiteachadh an seo, chan eil mi idir a' faicinn.

Air thùs agus air thoiseach, gabhamaid beachd nach eil Gille-crìost ag innseadh duinn uiread agus aon uair cò e a b' athair dha, ged as iomadh bann-seilbhe a thàinig a-nuas duinn air am bheil a ainm-san sgrìobhte. Tha againn am pailt- eas de iomradh air Gille-crìost mar fhianais mar-aon is mar thabhartair-fearainn. Agus anns an nì seo fhèin a thug mi fa- near, chan eil cinnt nach robh e air a stiùireadh is air a sheòladh le gnàths nan Cruithneach, leis nach robh e riamh bitheanta, a rèir coltais, iomradh a dhèanamh air sloinneadh an athraichean, an àm daibh bhith a' dol an ceann ghnothaichean den t-seòrsa ud. Rud eile. Gabh beachd gur e mac peathar a bh' anns an duine a thug oidhirp air Donnchadh a chur à seilbh on mhoraireachd, agus a rinn co-chòrdadh ris, leis an d' fhuair e sealbh air cuid mhòr den mhòr-roinn, ged nach robh e com- asach dha an inbhe a bha leatha a spìonadh air falbh bho ghreim Dhonnchaidh. Bha ceathrar mhac aig Gille-crìost, gidh- eadh cha do thagair fear dhiubh riamh còir air a' mhorair- eachd, an dèidh dan athair (Gille-crìost) bàs fhaighinn: cha mhò a bhuannaich iad aon dad—cho fad 's a tha ar fiosrachd uile a' dol—fon chùmhnant a rinneadh eadar Donnchadh agus Tòmas. Mar a thuirt mi cheana, tha nàdar an tagraidh a thug Tòmas air lom gu tur an aineol oirnn; ach on a b' e mac peathar a bh' anns an duine sin, tha mi den bheachd gur ann air an dearbh stèidh ud a bhuin esan a' chòir a sheas e, is chan ann idir air Morgann is Donnchadh a bhith nam fir-dìolain—casaid a dh'fhairtlich gu buileach air Ailean mac Thòmais a thoirt a-mach.

Ach, an uair a chaidh Ailean Dorsair an ceann gnothaich gu oidhirp a dhèanamh air an inbhe a bha leis a' mhoraireachd a thoirt air falbh bho Uilleam, shaoil leis-san gun ag gun tigeadh dha a' chòir a bha e a' saoilsinn a bhith aige fhèin a stèidh- eachadh air bonn tur air leth bhon tì sin air an do rinneadh feum le athair. Cha bu mhac peathar esan. Air an adhbhar sin, cha robh cead aige—a chum na còire a bha e a' seasamh a thoirt a-mach—air triall air a' cheart rathad air an do shiubhal a ath- air roimhe, le tomhas nach bu bheag de shoirbheachadh dha

fhèin. B' èiginn dha, mar sin, grunnd-tagraidh eile a chur air
dhòigh; agus on a bha, aig an àm ud, mùthadh mòr ann, a
thaobh pòsaidh, eadar lagh na h-eaglaise agus lagh na
rìoghachd, shaoil le Ailean gun teagamh nach b' urrainn dha
inneal a b' fheàrr airson na bha aige san amharc a chur gu feum
na a thilgeil air breith Mhorgainn agus Dhonnchaidh. Agus on a
b' e duine adhartach, sanntach, carach, is uile gu lèir neo-chog-
aiseach, a bha an Ailean, cha b' e rud idir nàrach leis feum a
dhèanamh air breug is mealltachd ann a bhith ag uidh-
eamachadh an tagraidh a sheas e. Ach, mar a thug mi fa-near
mar-thà, a dh'aindeoin gach seòltachd a chleachd e, is breug a
leigeadh air a h-adhart leis, chaidh a chuilbheartan uile
fhaighinn a-mach; agus is e a bu cheann-fìnid don ghnothach
air fad gun do chaill Ailean an là. "William remained in posses-
sion." Dh'fhan Ailean mar a bh' aige; agus riamh bhon àm ud
"we hear no more about the puzzling claim of the Dorward fam-
ily to the famous Earldom of Mar."*

---

* *Genealogist,* L. ıv. 177 *et seq.*

Beacdan am mearg nam Blàtan

T. D. MacDòmnaill

Tha an driùchd tha ’g àrachadh nam blàth
A’ tuiteam anns na h-uairean sàmhach;
Tha iomadh sruth toirt beath’ don raon,
’S a’ ruith à sealladh sùilean dhaoin’.

An sìolan beag chaidh leis a’ ghaoith,
Fhuair e leabaidh, ’s thàinig luibh;
Sgeadaich is’ le dreach an raon,
Sgaoil i cùbhraidheachd mar-aon.

An lus tha falach anns a’ bhruaich
A’ sgaoileadh anail tlàth mun cuairt;
An uiseag, fad à sealladh shuas,
A’ dòirteadh oirnn a ceòl a-nuas.

Tha beusan smaoin an duine chòir
Mar an fhlùran, pailt an glòir;
Cinnidh iad gu math le bàrr,
Ged nach fhaicear iad a’ fàs.

Tha irisleachd a’ cur gu nàir’
Gach faoin-ghlòireachd gun seagh, gun stàth,
Is caomhalachd, mar lusan caomh,
A’ sgaoileadh grinneis air gach taobh.

’S nithean iad tha nochdadh dhuinn
Àilleachd ’s banalachd tha grinn;

153

Èifeachdach nan nithean tha
Fuireach às ar sealladh-sa.

Dòirtidh uisg' a-nuas le fras,
Ruithidh e le uillt gu bras;
Èiridh e na cheò bhon chuan,
'S thig e rithist na fhras a-nuas.

Siud an t-allt, gu sìor a' ruith,
A' cumail air gu ruig a' chrìch;
Dh'aindeoin chlachan, chuairt, is bhruaich,
Ruithidh e gu ruig a' chuan.

Tha ceòl an uiseig, bho an àdh'r,
A' sealladh anns na nèamhan àrd,
A' dùsgadh dhuinn gach madainn ùr
Fàilte do gach allt is flùr.

Anail chagair ghrinn nan craobh
Co-measgta ris na h-òrain gaoil;
Aoibhneas shamhraidh a' cur gleus
Air gach fuaim, is smaoin, is beus.

Tìodhlacan gun àireamh fuaight',
Adhradh air gach taobh mun cuairt;
Cùrsa Nàdair dhuinn mar iùl,
A' nochdadh reachdan Rìgh nan Dùl.

Nighean Rìgh fo Thuinn

[Fo làimh Iain MacAoidh]

Faicear am fios seo a leanas a chaidh a leigeadh ris le Iain Òg Ìle, air a chur sìos air chùlaibh aoin de na taobh-duilleachan air an deachaidh an sgeulachd a sgrìobhadh:

"The Finne encamped—a creature comes wild and unkempt with her hair to her heels—asks to get in and is refused—screams —Diarmaid lets her in—to the tent—to the fire—to his bed (Legend of the Cid). She becomes a beautiful woman, and orders a magic castle to be built, and they live in it.

He is not to remind her of the state in which he found her —He goes hunting and leaves (?) a greyhound and three pups —She gives them away one by one.

He reminds her—and she and the Castle vanish—Diarmaid goes in search—goes to an Island—gets into a boat which sinks (Groach of the Island Breton)—he finds kingdom under waves —meets with three drops of heart's blood—finds her ill—she gets better—he goes for cup of King—kills warriors, gets cup, returns, gets water from magic well—cures the lady—takes dislike for her —gets a ship and sails back to Ireland—He is assisted over a stream by a little red man.—"

Crìoch obann an seo aig briathran a' Chaimbeulaich. Ach thug e eadar-theangachadh air an sgeul na leabh-ar ainmeil, Sgeulachdan Gàidhealach, *III. 402.*

Niġean Rìġ fo Ċuinn*

Bha an Fhèinn, uair, cruinn air leth-taobh Beinn Eudainn, oidhche gharbh, agus sileadh agus cur sneachd ann on tuath. Bhuail creutair ana-gnàthaichte coslas mu mheadhan-oidhche ann an dorast Fhinn. Bha a falt 's a fionnadh sìos gu a sàiltean. Dh'èigh i da a leigeil a-staigh fo iomall a bhrait.

"A chreutair ana-gnàthaichte," ars esan, "tha d' fhalt agus d' fhionnadh sìos gu do shàiltean—dè mar a dh'iarras tu ormsa do leigeil a-staigh?"

Dh'fhalbh i, agus thug i sgread aiste.

Ràinig i Oisein, agus dh'iarr i air a leigeil a-staigh fo iomall a bhrait.

Thog Oisein cirb den bhreacan 's chunnaic e i. "A chreutair ana-gnàthaich! Dè mar a dh'iarras tu ormsa do leigeil a-staigh? Tha d' fhalt agus d' fhionnadh sìos gu do shàil. Cha tig thu a-staigh."

Dh'fhalbh i, agus thug i sgread aiste.

Ràinig i Diarmaid, agus dh'èigh i da a leigeil a-staigh fo iom-all a bhrait. Thog Diarmaid cirb den bhrat, agus chunnaic e i. "Is creutair ana-gnàthach thu, tha d' fhalt agus d' fhionnadh sìos gu do shàiltean, ach thig a-staigh."

Thàinig i a-staigh fo iomall a bhrait.

"Ò Dhiarmaid!" ars ise, "tha mi seachd bliadhna a' siubhal fairge agus cuain, 's cha do chuir mi oidhche seachad fo fhasg-adh taighe às an sin gus a-nochd gus an do leig thu a-staigh mi. Leig mi a dh'ionnsaigh blàthas a' ghealbhain."

"Thig a-nìos," arsa Diarmaid.

An uair a thàinig i a-nìos, thòisich muinntir na Fèinne air teicheadh, leis cho grànnda 's bha i.

"Theirigibh air an taobh thall," arsa Diarmaid, "'s leigibh an creutair chun blàthas a' ghealbhain."

Dh'fhalbh iad air an dàrna taobh, 's leig iad leatha aig a' ghealbhan.

Cha robh i fada aig a' ghealbhan, an uair a dh'iarr i dol fo bhlàthas na plaide còmhla ris fhèin.

"Tha thu fàs ro dhàna," arsa Diarmaid, "dh'iarr thu an

* Ꞡnoṫaiċean mòra fo ṫuinn; Ṫa uaisle fo ṫuinn an Clann Laċainn
—*Seanfaclan* MicNeacail, 206, 363.

toiseach tighinn fo iomall a' bhrait, dh'iarr thu an sin tighinn a dh'ionnsaigh a' ghealbhain, 's tha thu nis ag iarraidh tighinn fon phlaide leam; ach thig ann."

Chaidh i fon phlaide, agus thionndaidh esan pìosa den phlaide eadarra.

Cha robh e fada mar sin, an uair a thug e smoidseachadh air fhèin 's sheall e oirre. Chunnaic e an aon bhoinne fala bu bhrèagha* o thùs an domhain gu deireadh an t-saoghail ri thaobh. Dh'èigh e air càch a-nall far an robh e. Thuirt e riutha nach minig nach biodh coibhneil, "nach ann an seo a tha am boireannach as àille chunnaic duine riamh?"

"Is i," ars iadsan, agus iad a' cur suas an aodaich, "boireannach as brèagha a chunnaic duine."

Bha ise an seo na cadal, 's cha robh fios aice gun robh iadsan a' sealltainn oirre. Leig e leatha na cadal, 's cha do dhùisg e i. Goirid na dhèidh sin, dhùisg ise 's thuirt i ris, "A Dhiarmaid! Am bheil thu nad dhùsgadh?"

"Tha mise nam dhùisg," arsa Diarmaid.

"Cà' 'm b' fheàrr leat a bhith agad air a thogail an aona chaisteal bu bhrèagha chunnaic thu riamh?"

"Suas os cionn Beinn Eudainn, nam faighinn mo roghainn." Chaidil Diarmaid, 's cha tuirt ise tuilleadh ris.

Dh'fhalbh fear moch a-mach ron latha a-màireach, 's chunnaic e caisteal air a thogail shuas air cnoc. Ghlan e a fhradharc feuch an robh e gu cinnteach ann: chunnaic e an sin e, 's chaidh e dhachaigh 's cha tuirt e facal. Chaidh fear eile a-mach 's chunnaic e e 's cha tuirt e facal. Bha an seo an là a' soilleireachadh 's thàinig dithist a-staigh ag innseadh gun robh an caisteal gu diongalta ann.

Ars ise, agus i ag èirigh na suidhe, "A Dhiarmaid, èirich! Gabh suas a dh'ionnsaigh do chaisteil, na bi nad shìneadh an sin nas fhaide."

"Nam biodh caisteal ann, rachainn ann," ars esan.

"Seall a-mach feuch am bheil caisteal ann."

Sheall e a-mach agus chunnaic e caisteal, agus thàinig e a-staigh. "Thèid mise suas don chaisteal, ma thèid thu fhèin còmhla rium."

---

* Fìor an Ànraidh, *Gille a' Bùidseir*, 103-105, 110.

"Nì mise sin, a Dhiarmaid, ach na can rium trì uairean mar a fhuair thu mi."*

"Cha chan mise riut gu sìorraidh mar a fhuair mi thu."

Dh'fhalbh iad don chaisteal nan dithis. B' e sin an caisteal àlainn. Cha robh sgath a bhiodh a chum feum caisteil nach robh ann, gu ruige buachaille ris na gobhair. Bha am biadh air a' bhòrd; bha fir-mhuinntir agus mnathan-muinntir timcheall air.

Thug iad trì làithean sa chaisteal còmhla, 's an ceann nan trì làithean, thuirt ise ris, "Tha thu gabhail mulaid nach robh thu còmhla ri càch."

"Saoil nach eil mi faireachdainn mulaid gu dearbh nach robh mi còmhla ris an Fhèinn."

"Is fheàrr dhuit falbh leis an Fhèinn, 's cha bhi do bhiadh no do dheoch nas miosa na tha iad."

"Cò bheir an aire don t-saighead [sic] mhialchoin 's da trì chuileanan?"

"Ò," ars ise, "gu dè as eagal don t-saighead mhialchoin, 's da trì chuileanan?"

Dh'fhalbh e an uair a chuala e sin—dh'fhàg e beannachd aice, agus ràinig e muinntir na Fèinne, agus Fionn bràthair a mhàthar. Bha flàth agus fàilte aca ro Dhiarmaid, an uair a ràinig e, ach bha mì-rùn aca ris a thaobh gun tàinig am boir-eannach dhan ionnsaigh-san an toiseach, 's gun do chuir iad cùl rithe 's gun do ghabh esan roimpe, 's gun do thionndaidh a' chùis a-mach cho math.

Bha ise a-muigh an dèidh dhasan falbh, agus dè chunnaic i ach fear a' tighinn ann an cabhaig mhòir. Smaointich i an seo fuireachd a-muigh gus an tigeadh e. Dh'fhuirich i a-muigh gus an tàinig e, agus cò bha an seo ach Fionn. Chuir e fàilte oirre, 's rug e air làimh oirre. "Tha mìothlachd agad rium, a rìghinn."

"Ò chan eil sgath, Fhinn, thig a-staigh 's gun gabh thu deoch uam."

"Thèid mi an sin, ma gheibh mi m' iarrtas."

"Dè 'n t-iarrtas a bhitheadh an seo nach fhaigheadh thusa?"

"Is e sin fear de na cuileanan a tha aig an t-saighead mhial-choin."

---

* O'Croileagan agus a' bhean-rìgh, *Trans. Gaelic Soc. Inverness*, xxv., 194. O'Cronicert, Rev. J. G. Campbell's *Superstitions*, 29. 111. 42; *W. H. Tales*, ll., No. 28, Rubha na Siuic. Cù Dubh Mhic a' Phì, *Scottish Celtic Review*, i. 262, 1882.

"Ò, cha mhòr an t-iarrtas a dh'iarr thu: am fear as roghnaiche leat fhèin a th' ann, thoir leat e." Fhuair e seo, agus dh'fhalbh e.

Am beul na h-oidhche, thàinig Diarmaid. Choinnich an t-saighead mhialchoin a-muigh e 's leig i sgal aiste. "Is fìor e, a ghalad! Dh'fhalbh fear de do chuileanan, ach nam bitheadh cuimhne agadsa mar a fhuair mise thusa an uair a bha d' fhalt is d' fhionnadh sìos gu do shàiltean, cha do leig thu an cuilean air falbh."

"A Dhiarmaid! Gu dè thuirt thu mar siud?"

"Ò!" arsa Diarmaid, "Tha mi ag iarraidh mathanais."

"Ò! Gheibh thu sin."

Chaidil e a-staigh an oidhche sin, agus bha a bhiadh 's a dheoch mar a b' àbhaist.

An làrna-màireach dh'fhalbh e far an robh e an-dè. An uair a bha esan air falbh, chaidh ise a-mach a ghabhail sràid. Neas a bha i a' gabhail sràid, gu dè chunnaic i ach marcaiche a' tighinn far an robh i. Rinn i stad a-mach gus an d' ràinig e i. Cò ràinig i an seo ach Oisein Mac Fhinn. Chuir iad fàilte is flàth air a chèile. Thuirt i ris dol a-staigh leatha, 's gun gabhadh e deoch uaithe. Thuirt e gun rachadh nam faigheadh e a iarrtas.*

"Gu de an t-iarrtas a th' agad?"

"Fear de chuileanan na saighead mhialchoin."

"Gheibh thu sin: thoir leat do roghainn diubh." Thug e leis e agus dh'fhalbh e.

Am beul na h-oidhche, thàinig Diarmaid dachaigh. Choinnich an t-saighead mhialchoin a-muigh e, agus leig i dà sgal aiste. "Is fìor sin, a ghalad! Thugadh fear eile uait, ach nam bu chuimhne leathase mar a fhuair mise i, cha leigeadh i fear de do chuileanan air falbh, an uair a bha a falt 's a fionnadh a-sìos gu a sàiltean."

"A Dhiarmaid! Gu dè thuirt thu?"

"Tha mi ag iarraidh mathanais."

"Gheibh thu sin."

Rug iad air làmhan air a chèile, 's chaidh iad dachaigh

---

* Ṫa ceaḋ aig gaċ aoiġ nì ram biṫ iarraiḋ air ḟear an ṫaiġe, agus ṫa e mar ḟiaċaiḃ air ḟear an ṫaiġe a iarrṫas a ċoirṫ ḋa mun ḋiùlṫ an ṫ-aoiġ a aoiġeaċḋ agus gum biṫeaḋ rin na ṁarlaḋ ḋo ḟear an ṫaiġe.

còmhla, 's bha biadh is deoch an oidhche sin ann, ma bha e riamh ann.

Anns a' mhadainn, dh'fhalbh Diarmaid: treis an dèidh dha falbh, bha ise a-muigh a' ghabhail sràid. Chunnaic i marcaiche eile a' tighinn an-diugh agus e ann an cabhaig mhòir. Smaointich i gum fuiricheadh i gun dol dachaigh gus an tigeadh e air aghaidh. Gu dè bha an seo ach fear eile den Fhèinn. Chaidh e le briathran modhail a dh'ionnsaigh na rìghinn òig, 's chuir iad flàth is fàilte air a chèile.

Thuirt i ris dol dachaigh leatha 's gun gabhadh e deoch uaipe. Thuirt e gun rachadh nam faigheadh e a iarrtas. Dh'fhaighnich ise an uair sin gu dè an t-iarrtas a bhiodh an sin. "Fear de na cuileanan aig an t-saighead mhialchoin."

"Ged as cruaidh leam e, bheir mi dhuit e."

Chaidh e leatha chun a' chaisteil, ghabh e deoch, fhuair e an cuilean 's dh'fhalbh e.

Am beul na h-oidhche, thàinig Diarmaid. Choinnich an t-saighead mhialchoin e, 's thug i trì sgalan aiste bu ghrànd-aiche chuala duine riamh.

"Seadh, is fhìor e, a ghalad! Tha thusa gun ghin an-diugh: ach nam bu chuimhne leathasa mar a fhuair mise i, cha leigeadh i an cuilean air falbh—an uair a bha a falt 's a fionnadh a-sìos gu a sàiltean, cha dèanadh i sin ormsa."

"A Dhiarmaid! Gu dè thuirt thu?"

"Ò! Tha mi ag iarraidh mathanais."

Chaidh e dhachaigh. Bha e gun bhean na leabaidh leis mar a bha e riamh, agus gum b' ann ann am poll-mònadh a dhùisg e a-màireach. Cha robh caisteal ann, no clach an làthair dheth air a chèile. Thòisich e air caoineadh, 's thuirt e ris fhèin nach dèanadh e stad chinn no choise gus am faigheadh e i.

Ghabh e air falbh, 's gu dè rinn e ach tarsainn glinn a ghabh-ail. Cha robh taigh no eile a' tachairt air. Thug e sùil thairis air a ghualainn às a dhèidh, 's bha an t-saighead mhialchoin an dèidh bàs fhaotainn. Rug e air earball oirre, 's chuir e thar a ghualainn i, 's cha dealaicheadh e rithe leis a' ghaol a bha aige oirre. Bha e a' falbh, 's gu dè chunnaic e os a chionn ach bua-chaille. "Am faca thu aona bhoireannach an-diugh no an-dè a' gabhail an rathaid seo?" arsa Diarmaid ris a' bhuachaille.

"Chunnaic mise boireannach moch sa mhadainn an-dè agus i a' coiseachd gu teann," ars am buachaille.

"Cò an rathad a chunnaic thu i a' dol?"

"Ghabh i sìos an rubha sin aig a' chladach, agus chan fhaca mise tuilleadh i."

Ghabh e a' cheart rathad a ghabh i gus nach robh dol na b' fhaide aige. Chunnaic e soitheach. Chuir e ceann caol a shleagh ri uchd, 's leum e innte 's chaidh e gus an taobh eile. Leig e e fhèin na shìneadh taobh cnuic, agus chaidil e. An uair a dhùisg e, cha robh soitheach ri fhaicinn. "Is truagh an duine mi: chan fhaigh mi às an seo am feast, agus chan eil comas air."

Shuidh e air cnoc 's cha robh e fada an sin, an uair a chunnaic e bàta a' tighinn agus aon duine na broinn, agus e ga h-iomram. Ghabh e sìos far an robh i, rug e air an t-saighead mhialchoin, chuir e a-staigh i, 's chaidh e fhèin às a dhèidh. Ghabh am bàta an siud sìos a-mach air a' mhuir, 's ghabh i sìos fodha, 's cha do rinn e ach dol sìos, an uair a chunnaic e grunnd agus machair air am faodadh e coiseachd. Chaidh e air tìr 's ghabh e air adhart.

Cha robh e ach treis a' coiseachd, an uair a thachair balgam fala ris.* Thog e an fhuil na nèapaigin, 's chuir e na phòca i. "Is i an t-saighead mhialchoin a chaill seo," ars esan. Bha e treis a' coiseachd, agus thachair an ath bhalgam ris, 's thog e e 's chuir e na phòca e. Thachair an treas fear air 's rinn e a leithid eile air.

Gu dè chunnaic e treis uaithe na dhèidh sin ach boireannach 's i air a' chaothach a' buain luachrach. Ghabh e dha h-ionnsaigh, 's dh'fhaighnich e dhi gu dè an naidheachd a bha aice.

"Chan urrainn mi innseadh gus am buain mi an luachair."

"Bi ga innseadh dhomh, neas a bhios tu ga buain," arsa Diarmaid.

"Tha cabhag mhòr orm," ars ise.

"Gu dè an t-àite a tha an seo?" ars esan.

"Tha an seo," ars ise, "Rìoghachd fo Thuinn."

"Rìoghachd fo Thuinn?"

"Seadh," ars ise.

"Gu dè am feum a tha agad air luachair an uair a tha thu ga buain?"

* Faic "Na Trì Coin Uaine," *Celtic Monthly*, Sept., 1916; Glairtig Lianacain, *Celtic Review*, V. 253. Clann an Rìg fo Searaib, *An Sgeulaice*, III., 70.

“Innsidh mi sin duit. Tha mi ag aithneachadh gur coigreach thu.”

“Seadh, fìor choigreach.”

“Tha Nighean Rìgh fo Thuinn air tighinn dachaigh ’s bha i seachd bliadhna fo gheasan, agus tha i gu h-olc, ’s tha lèighean na Crìostachd air cruinneachadh, ’s chan eil gin aca a’ dèanamh feum di, agus is e leabaidh luachrach as fallaine a tha i a’ faotainn.”

“Ma-tà, bhithinn fada nad chomain nam faiceadh thu mi fhèin far am bheil am boireannach sin.”

“Ma-tà, chì mi sin, cuiridh mi sa bhoitean luachrach thu, ’s cuiridh mi an luachair fodhad is tharad,* ’s bheir mi leam air mo mhuin thu.”*

“Sin rud nach urrainn thu a dhèanamh.”

“Bitheadh sin orm fhèin.”

Chuir i Diarmaid anns a’ bhoitean, ’s thug i leatha air a muin e! (Nach b’ i mo chaileag i!) An uair a ràinig i an seòmar, leig i às am boitean. “Ò! Greas sin dham ionnsaigh,” arsa Nighean Rìgh fo Thuinn. Leum esan às a’ bhoitean, leum e na coinneimh-se, ’s rug iad air làmhan air a chèile, ’s bha gàirdeachas an sin.

“Dh’fhalbh trì trianan den bhochdainn, ach chan eil mise gu math ’s cha bhi. A h-uile h-uair a bha mi smaointeachadh ortsa an uair a bha mi tighinn, chaill mi balgam de fhuil mo chridhe.”

“Ma-tà, tha trì balgamannan de dh’fhuil do chridhe agamsa —gabh thusa air deoch iad, ’s cha bhi cnead ort.”

“Ma-tà, cha ghabh, cha dèan iad sgath de mhath dhomh o nach fhaic mi aon rud ’s chan fhaic mise sin air an t-saoghal.”

“Gu dè an rud a tha an sin?” ars esan.

“Chan eil math dhomh sin innseadh duitse; chan fhaigh thu e no duine air an t-saoghal, dh’fhairtlich sin orra o chionn fada.”

“Ma tha e air uachdar an t-saoghail, gheibh mise e, ’s innis thusa e.”

“Is e sin trì deochannan à cupa Rìgh Magh an Iongnaidh, ’s cha d’ fhuair duine sin riamh ’s chan fhaigh mise e.”

“Gheibh mise e,” arsa Diarmaid, “’s chan eil air uachdar an t-saoghail na chumas uam e. Innis domhsa am bheil an duine sin fada uam?”

* Faic *Sgeulaiċe nan Caol*, t-ḃ, 173.

"Chan eil: tha e ann an crìch rim athair, ach tha allt ann, 's tha seòladh là is bliadhna aig soitheach ann le soirbheas na dèidh mun ruig thu e."

Dh'fhalbh e 's ràinig e an t-allt. Thug e treis mhath a' coiseachd taobh an uillt. "Chan urrainn domhsa faighinn a-null oirre, is fhìor di siud."

Mun do leig e am facal às a bheul, sheas duine beag ruadh am meadhan an uillt.

"A Dhiarmaid Mhic Duibhne, tha thu ann ad èiginn."

"Tha mi ann am èiginn an ceartair."

"Gu dè bheireadh thusa do dhuine bheireadh às an èiginn thu? Thig a nall—cuir do chas air mo bhois-sa."

"Ò chan urrainn dom chois ann ad bhois-sa."*

"Is urrainn!"

Dh'fhalbh e, agus chuir e a chas air a bhois.

"A-nis, a Dhiarmaid, is ann chun Rìgh Magh an Iongnaidh a tha thu dol."

"A Leabhra, is ann."

"Is ann a' dol a dh'iarraidh a chupa a tha thu?"

"Is ann."

"Thèid mi fhèin leat."

"Thèid."

†["An toir thu mise a-staigh leat?"

"Bheir."

"An dèan thu iomradh orm ann an taigh an Rìgh, Rìgh Magh an Iongnaidh?"

"Nì."

Thug an duine beag ruadh an t-aiseag dha, 's ràinig iad an tìr thall.

Ach am beul na h-oidhche, nuair a bha iad a' falbh rompa am measg chreagan, thàinig ceò tiugh draoidheachd orra, agus an uair a dh'fhalbh an ceò, cha robh mìr den duine bheag ruadh an làthair, agus cha robh an còrr cuimhne aig Diarmaid air.]

Ràinig Diarmaid taigh Rìgh Magh an Iongnaidh. Dh'èigh e an cupan a chur a-mach, no cath air neo còmhrag.

---

* Annſ an L.S., "Ò ċan urrainn ḋoḋ boiſ ann am ċoiſ-ſa."

† Na ḃeil eaḋar an ḋà òiġ, b' ḟeuḋar a ċur a-ſtaiġ guſ a' cuiḋ naċ tàinig den ſgeul a ḋèanaṁ naſ follaiſiċ.

Siud an rud a gheibheadh e, cath air neo còmhrag, 's cha b' e an cupan. Chuireadh a-mach ceithir cheud lùth-ghaisgeach, agus ceithir cheud làn-ghaisgeach, agus ann an dà uair, cha d' fhàg e duine beò dhiubh.

Dh'èigh e a-rithist cath, air neo còmhrag, no an cupan a chur a-mach. Siud an rud a gheibheadh e, cath air neo còmhrag, 's cha b' e an cupan. Chuireadh a-mach ochd ceud lùth-ghaisgeach, agus ochd ceud làn-ghaisgeach, agus ann an trì uairean, cha d' fhàg e duine beò dhiubh.

Dh'èigh e a-rithist, cath air neo còmhrag, air neo an cupan a chur a-mach da ionnsaigh. Chuireadh a-mach naoi ceud lùth-ghaisgeach, agus naoi ceud làn-ghaisgeach, agus ann an ceithir uairean, cha d' fhàg e duine beò dhiubh.

"Cò às," ars an Rìgh, agus e a' seasamh anns an dorast mhòr aige fhèin, "a thàinig an duine a tha an dèidh mo rìoghachd a sgrios? Mas e toil a' ghaisgich e, innseadh e cò às a thàinig e."

"Is e toil a' ghaisgich e—gaisgeach de mhuinntir na Fèinne a tha annamsa—is mise Diarmaid."

"Carson nach do chuir thu brath a-staigh cò a bh' ann, 's cha chostainn-sa mo rìoghachd riut, 's gum marbhadh tu a h-uile duine dhiubh, chionn bha e air a chur a-sìos anns na leabhraichean seachd bliadhna mun do rugadh thu. Gu dè tha uait?"

"Tha an cupa—thig e o do làimh fhèin airson leighis."

"Cha d' fhuair duine riamh mo chupa-sa ach thu fhèin, ach is furasta dhomhsa cupa thoirt duit; ach chan eil airson leighis ach an cupa bhios agam fhèin mun bhòrd."—Fhuair Diarmaid an cupan o Rìgh Magh an Iongnaidh.

"Cuiridh mise a-nis, a Dhiarmaid, soitheach leat," ars an Rìgh. "Taing mhòr duitsa, a Rìgh, tha mise mòran ann ad chomain, ach tha an t-aiseag agam fhèin." Dhealaich Diarmaid agus an Rìgh an seo ri a chèile.

Chuimhnich e an uair a dhealaich e ris an Rìgh, nach tug e guth air an duine bheag ruadh idir an-dè, 's nach tug e a-staigh e. Is ann an uair a bha e a' tighinn dlùth air an allt a smuainich e air. Cha robh fios aige a-nis dè mar a gheibheadh e thar an uillt. "Chan eil àrach air," ars esan, "chan fhaigh mise nis a-null thar an aisig, 's cha leig an nàire dhomh tilleadh tuilleadh chun an

Rìgh." Gu dè dh'èirich agus am facal a' tighinn às a bheul ach am fear beag ruadh às an allt.

"Tha thu ad èiginn, a Dhiarmaid."

"Tha."

"Is ann an-diugh a tha thu nad èiginn, a Dhiarmaid."

"Is ann. Fhuair mi an rud a bha dhìth orm 's chan eil mi faighinn a-null."

"Ged a rinn thu orm na rinn thu, ged nach tug thu iomradh orm an-dè, cuir do chas air mo bhois, 's bheir mi a-null thu."

Chuir Diarmaid a chas air a bhois, 's thug e a-null thar an uillt e.

"Dèanadh tu bruidhinn riums' a-nis, a Dhiarmaid."

"Nì," arsa Diarmaid.

"Tha thu dol a leigheas Nighean Rìgh fo Thuinn, is i 'n nighean as docha leat air an t-saoghal."

"Ò, is i!"

"Gabhaidh tu a dh'ionnsaigh a leithid seo de thobar. Gheibh thu botal ri taobh an tobair, agus bheir thu leat a làn de dh'uisge. An uair a ruigeas tu an rìghinn, cuiridh tu an t-uisge ann an cupan 's balgam fala ann, 's òlaidh i e. Lìonaidh tu a-rithist e, 's òlaidh i e. Lìonaidh thu an treas uair e, 's cuiridh thu an treas balgam fala ann, 's òlaidh i e, 's cha bhi cnead oirre an uair sin. An uair a bheir thu am fear mu dheireadh dhi, agus a bhios i gu math, is i as lugha ort a chunnaic thu riamh mud choinneimh."

"Ò, chan i!"

"Ò, is i! Aithnichidh an rìghinn gun do ghabh thu gràin dith. Their i, 'A Dhiarmaid, tha thu gabhail gràin dìom.' Abair thusa gum bheil. Am bheil fios agad dè 'n duine a tha bruidhinn riut?" ars an duine beag ruadh ri Diarmaid.

"Chan eil," arsa Diarmaid.

"Th' annamsa teachdaire on t-saoghal eile, chionn do sheòladh, a thaobh do chridhe bhith cho blàth gu leum a dhèanamh do dhuine eile. Thig Rìgh fo Thuinn, agus tairgidh e mòran airgid agus òir duit airson a nighean a leigheas. Cha ghabh thu sgath, ach an Rìgh a chur luinge leat do dh'Èirinn, gus an àite às an tàinig thu."

Dh'fhalbh Diarmaid. Ràinig e an tobar, agus fhuair e botal,

agus lìon e den uisge e. Thug e leis e agus ràinig e caisteal Rìgh fo Thuinn. An uair a thàinig e, chuireadh flàth is fàilte air.

"Cha d' fhuair duine an cupan ud riamh roimhid," ars ise.

"Gheibhinn-sa e o na bha air uachdar an t-saoghail, cha robh duine ri tilleadh a chur orm," arsa Diarmaid.

"Bha dùil 'am nach fhaigheadh thu e, ged a dh'fhalbh thu, ach tha mi faicinn gun d' fhuair thu e."

Chuir e balgam fala anns an uisge anns a' chupan 's dh'òl i e. Dh'òl i an dàrna h-aon, 's dh'òl i an treas h-aon, 's an uair a dh'òl i an treas h-aon cha robh cnead oirre—bha i gu slàn fallain. An uair a dh'fhàs i an seo gu math, ghabh esan an gràin oirre; is gann a dh'fhuilingeadh e a faicinn. "A Dhiarmaid!" ars ise, "tha thu a' gabhail gràin orm."

"Ò, tha."

Chuir an rìghinn* an seo fios feadh a' bhaile, gun do lèigh-seadh i, 's thogadh ceòl 's leagadh bròn. Thàinig an Rìgh far an robh Diarmaid 's thuirt e ris, "Gabhaidh tu a-nis an uiread seo de chunntas airgid airson a leighis 's gheibh thu i fhèin ri a pòsadh."

"Cha ghabh mi an rìghinn, 's cha ghabh mi nì sam bith ach soitheach a chur leam do dh'Èirinn, far am bheil an Fhèinn cruinn."

Dh'fhalbh soitheach leis, 's ràinig e an Fhèinn agus bràthair a mhàthar, agus bha gàirdeachas roimhe an sin, agus toil-inntinn gun do thill e.

From Roderick MacLean, Tailor, Ken Tangval, Barra, who heard it frequently recited by old men in South Uist, about fifteen years ago. One of them was Angus MacIntyre, Bornish, who was about 80 years of age at the time. [Fios tha seo a chaidh a thoirt seachad le Eachann MacGillEathain.]

---

* Annṡ an eadaṇ-ċeangaċaö aig Iain Òg Ìle, iṣ e an Rìġ 'ṣ ċa b' e an ṛìġinn a ṛinn ṣeo.

Cath-chuairt Eideird Bhruis an Èirinn

Eachann MacDùgaill

Eilein iomallaich na h-Eòrpa,
thìr as bòidhch' fo cheann-bhrat speur,
bu tric a chunnaic mi do chòrsa
nunn thar Linne Mhòir nam beuc.

. . . .

D' fhuarain ghlana boillsgeadh fìor-uisg';
do threudan lìonmhor feadh do ghleann;
do choilltean, do thulaichean 's do chluaintean;
's tu uaine bho cheann gu ceann.

MacDhunlèibhe

Tha fear-eachdraidh àraidh ag ràdh gun d' èirich iomad Uallas an Èirinn a chathaich gu treun às leth a dhùthcha, ach nach d' èirich am Brusach na dhèidh gu oidhirpean a chrùnadh le làn-shaorsa, mar a choisneadh air achadh Uillt a' Bhonnaich. Is duilich gun robh an fhìrinn aige. Mo thruaighe! Mo thruaighe! Gu ruige seo cha d' èirich, agus is ann an luirg na cùise sin a tha Èirinn an-diugh, an-dè, is bho chionn iomad bliadhna, a' gul, a' gul is a' sìor-ghul.

Shil Èirinn na deòir. Shil i na deòir na fuil. Tha a sùil ris an fhear-chuideachaidh; tha a cluas ris an osaig ghaoith; tha a cridhe an geall air: ach dh'fhàilnich a radharc. Thàinig truime air a cluais; thug an ionndrainn luige èir a cridhe, ach fhathast cha tàinig am fìor ghaisgeach a choisinn saorsa.

Is iomad ionnsaigh ghaisgeil a thugadh an Èirinn air faotainn cuidhte is spògan ìneach a' Ghoill, is cha robh aon diubh a thug barrachd gealltanais air an oidhirp iomraitich a thug Eideard Brus, bràthair Rìgh-ghaisgeach na h-Albann an toiseach na ceathramh linn deug, ged a bha e an dàn di, mar gach oidhirp eile roimhpe is na dèidh tighinn gu neoni a thaobh na prìomh chùis air a' cheann mu dheireadh.

Is e mo bheachd anns a' phàipear seo iomradh a thoirt air a' chath-chuairt sin air an do labhair mi, is sin air bharrachd is aon adhbhar. Anns a' chiad àite, tha mi an dùil nach eil uiread eòlais aig Gàidheil Albann air suidheachadh an càirdean an Èirinn is a bu chòir dhaibh; agus mar sin chan eil iad a' tuigsinn no a' faicinn gu ro-shoilleir ciod idir a tha ceàrr nuair nach eil Èirinn aig fois. Chan e gum bheil mise anns a' bheachdachadh seo a' gabhail orm fhèin làn-fhoillseachadh a dhèanamh air uile dhuilgheadasan a' chuspair sin, ach tha mi an dùil, co-dhiù, gun dèan e àite aon toll-tora, a leigeas a-staigh aon ghath-grèine gu comas meòrachaidh nas fhaide air adhart a thoirt dhuinn. A-rithist, b' e àm cudromach a bha an seo do Cheiltich nan Eilean Breatannach. Bha iad fhèin is na Teutonaich air tighinn gu faobhar a' bhruthaich, is ged a bha gu ruige seo an Teutonach a' sìor-fhàs an treise is an Ceilteach a' leigeil sin leis le cion toirt fa-near, dhèanadh fhathast tubaist glè fhaoin do aon seach aon aca, a chur car air char sìos le aghaidh na leirge, is gun e dh'èirigh gu àrd-inbhe nas mò. Fathast adhbhar eile. Chathaich Alba is Gàidheil na h-Albann gu cruaidh is gu dìorrasach às leth an saorsa fhèin, is carson a dh'àicheadh iad làn a' mheurain de thlus, is carson nach biodh sùil bhlàth is smuaintean càirdeil aca, don Èireannach na ghleac fhèin air an aon t-slighe. Gu sònraichte san oidhirp mhòir seo de gach oidhirp far an robh Albannaich air an àireamh nam mìltean is eadhon nan ceann air a' chùis dhùthchail, chan ann fo neul na dearmad as còir dhuinn a tilgeadh.

An uair a thuit Rìgh Brian Bòramha air buadhachadh Chluain Tairbh sa bhliadhna 1014 thuit mar an ceudna maille ris dùil sam bith a bha aig Dùthchasaich na h-Èireann ri e a dhaingneachadh na h-Àrd-rìoghachd na theaghlach fhèin. Thuit Èirinn a-rithist bhon àrd-inbhe gus an do thog Brian i, gu bhith fo an-riaghladh nan còig rìgh, mar a bha i rè nan linn gu goirid ro àm fhèin. Mar sin rèiticheadh an rathad don t-Sasannach gu teachd a-steach mar a thàinig an Lochlannach ro àm Bhriain; ach cha d' èirich Brian gu casg a chur air an teachd-san. Bha Èirinn roinnte na h-aghaidh fhèin: cha d' fhadadh an t-sradag dhùthchasach gu bhith na caoir dheirg fhathast, is mar sin fhuair an t-allmharach am forcadh coise a bha a dhìth air an cois a cladaichean.

Theagamh gum biodh e freagarrach an seo iomradh goirid a thoirt air an dòigh anns an d' fhuair an Sasannach cothrom air e fhèin a shuidheachadh am fìon-lios Nebaiot seo an toiseach, oir mar Ahab fhèin b' ann gun chòir gun cheart ach còir is ceart fir na làimhe-làidire a thàinig e.

Mu mheadhan na dara linn deug b' e Toirdhealbhach Ò Conchobhair, Rìgh no Prionnsa Chonnachtaibh a bha a' tagradh inbhe Àrd-rìgh an Èirinn, ged a b' e an t-àrd-riaghladh sin còir is dlighe Ò Maelsheachlainn rìgh na Midhe. B' e Diarmad Mac Murchadha a bu rìgh an Laighean, Ò Nèill an Ulaidh, is gineal Bhriain Bòramha am Mumha. Anns a' bhliadhna 1152 ri linn aramach is cogaidh anns an do ghabh Ò Ruairc, Flaith Bhreifni làmh, thugadh bhuaithe, air ùghdarras an Àrd-rìgh, riaghladh na mòr-roinne sin, is chuireadh suas na àite aon eile den teaghlach cheudna. B' i nighean do Rìgh na Midhe ris an abairteadh Diorbhorgail a bha pòsta aige, is nuair a dh'fhàgadh gun dachaigh i chaidh i gu ruig Laighean is fhuair i fasgadh is taigheadas aig Diarmad. Ach fhuair i tuilleadh is fasgadh is taigheadas fògarraich: is e a rinn Diarmad, ghabh e chuige fhèin i mar mhnaoi, agus gus an tug an t-Àrd-rìgh air le smachd a cur dhachaigh gu a fear dligheach fhèin, cha do dhealaich e rithe. B' e deireadh na cùise, ri linn na h-iorghail a dh'èirich a thaobh na mnatha seo gun deach Diarmad a chur far Rìgh-chathrach Laighean is gun deach mac a bhràthar a chur suas na rìgh na àite. Thachair na nithean seo, faoin annta fhèin faodar a ràdh, ach le toradh eagalach do Èirinn nan cois, anns a' bhliadhna 1166, is bha a-nis Toirdhealbhach Ò Conchobhair marbh, is a mhac Ruaraidh na Àrd-rìgh na àite. Theich Diarmad gu ruig Sasann is às an sin thug e aghaidh air an Fhraing far an robh Eanraig an dara, Rìgh Shasainn, aig an àm, is nuair a shir e a-mach an sin e chaidh e air a ghlùin do Eanraig, is dh'aslaich e cuideachadh a chuid arm gu a rìoghachd an Èirinn a thoirt a-mach a-rithist. Gheall Eanraig sin dha, air chùmhnant gum biodh e leagte ri sealltainn ris-san fhèin mar an t-àrd-chumhachd, Laighean a ghabhail bho a làimh mar sin, is an ùmhlachd dhleastanach mar ìochdaran a dhèanamh dha. Gun dàil fhuair e an sin làn-chuideachadh, fada barrachd is na bha a dhìth air no a bha gu math a theaghlaich. Dhearbh ùine gum b' e cuideachadh an fhaol-choin a fhuair e bho Eanraig, ach b' iad na linntean a bha ri teachd na dhèidh a làn-fhoillsich e.

Bha a-nis am Pàp Adrian—Sasannach is còir an aire a thoirt —an dèidh cead is comas a thoirt do Eanraig Shasainn gu dol a-null do Èirinn is "riaghladh ceart" a chur air bonn, eadhon còir a ghabhail anns an dùthaich sin le neart a chuid arm. Nuair a chaidh Diarmad air a ghlùin dha, chunnaic Eanraig, is e fada sa cheann co-dhiù, gun robh a-nis am ball fo chois is ghabh e an làn-chothrom.

B' ann san earrach sa bhliadhna 1169 a fhuair Diarmad an cuideachadh a shir e, is ràinig àireamh cheann-feachd Normanach le an luchd-leanmhainn an t-Eilean Uaine. Chaidh iad air tìr an Cuan a' Bhainbh, is air a' chiad ionnsaigh thug iad a-mach Port Lairge. Shuidhich is dhaingnich na Sasannaich iad fhèin sa chathair sin gun dàil, is cha mhò bha e san dàn dhaibh an grèim oirre a chall gu h-aithghearr.

B' e Ruiseart De Clare, no Strongbow mar a theirteadh ris, am prìomh fhear am measg nan Normanach a thairg an cuideachadh do Dhiarmad; is mar a bha riamh na chleachdadh aig an t-sluagh sin—is ann mar sin a cheangail siad iad fhèin ri iomad oighreachd—phòs e Aoibhe, nighean Dhiarmaid, is le a nighinn fhuair e a ghealladh, an dèidh bàis Dhiarmaid fhèin gum biodh Còigeamh Laighean aige is aig a shliochd bho Aoibhe. Cha mhò a b' ann gu h-athaiseach a ghabh e sin chuige nuair a chaochail Diarmad sa bhliadhna 1171.

B' ann sa bhliadhna sin fhèin, air an ochdamh là deug de mhìos deireannach an fhoghair a ràinig Eanraig an dùthaich air an robh e cho fada an geall. Chaidh e air tìr an Loch Garmain, is tha iomradh air a thoirt seachad gu ro-mhion air a' mhòrfhleadh a rinn e is a thug e seachad da chinn-feachd fhèin is do chinn-feadhna nàistinneach na dùthcha mun cuairt. Fhuair e a' chlèir a chur ris fhèin sa chiad thoiseach le barantas a' Phàpa, a' toirt dha còir air Èirinn, a thoirt am follais. Tha teagamh air a chur sa bharantas seo le luchd-eachdraidh an-diugh, is tha e air a chumail a-mach nach robh ann ach obair Eanraig fhèin gu clèir Èirinn a mhealladh da ionnsaigh, ach chan eil ar gnothach-ne ris an sin an dràsta. Co-dhiù, cha do thuig Gàidheil na h-Èireann gun robh am fear-millidh air tighinn don chrò, ged nach robh e san dàn dhaibh a bhith fada gus an tug iad priobadh ealamh air an sùilean.

Is ann uidh air n-uidh a shèidear na builg, is b' ann uidh air n-uidh a thòisich an obair air an d' fhàs an t-Èireannach bochd glè eòlach mu dheireadh. Bha baile an-dràsta is baile a-rithist, stiall fearainn an-dràsta is stiall eile a' rithist, oighreachd an-dràsta is tè eile a-rithist air an toirt a-mach, is fear-togail nan caisteal is nan tùr air sàil gach feachd.

Nan robh ceann-feadhna, nach robh ro fhurasta cur ris air an achadh lom, anns an rathad cha robh ach iorghail a thogail air dhòigheigin eadar e fhèin is an ceann-feadhna eile bu mhaoitiche sa choimhearsnachd, is nuair a shladadh iad a chèile, cha robh ach a' bhacag a chur orra aon an dèidh aoin is leum a-steach nan àite. No theagamh, cha robh ach cuireadh càirdeil a thoirt dha gu fleadh an caisteal an Normanaich is a choinneachadh anns an doras le gàire na faoilte is crathadh-làimhe a' chàirdeis; thigeadh an t-Èireannach am fagas gu socharach, is nuair a gheibhteadh balla daingeann mu shròin cha chuireadh e an còrr dragha. Gheibhteadh daonnan dòigh air a chur às an rathad is cha b' aithne do Èirinn e nas mò. Cha b' ann aon uair no dà uair a chuireadh ris na cinn-fheadhna is ris na flaithean mar seo; is cha dèanteadh dearmad air na rìghrean leis a' cheart chleas nuair a gheibhteadh an cothrom.

Cha do ghabh luchd-àiteachaidh Ulaidh, Chonnachtaibh is Mhumha mòran suim den chleasachd a bha a' dol air a h-aghaidh an Laighean sa chiad dol a-mach, is nuair a thug siad iad fhèin fa-near—an tomhas glè èigeannach feumar aideachadh —bha an coigreach le chlaidheamh geuraichte air an stairsnichean fhèin is là an cothrom-san ionnas air dol seachad. Agus ri ùine mar a dh'fhaodadh iad a thuigsinn, chuireadh iad fhèin air an aon ghad ri Laighean, fo chrios an t-Sasannaich.

Mar sin an toiseach na ceathramh linn deug bha na Sasannaich is na Normanaich air iad fhèin a làn-dhaingneachadh anns na h-earrannaibh a b' fheàrr de Èirinn ach beag bho cheann gu ceann. Bha Còigeamh Laighean, faodar a ràdh, uile gu lèir fo an cuimrig. Bha luchd-leanmhainn De Courcy, De Lacy is De Burgh, Mandeville, Savage, Bisset is mar sin air aghaidh, air iad fhèin a shuidheachadh air feadh a' chòmhnaird an taobh sear Còigeamh Ulaidh, gu ruig an Abhainn Bhàn. Bha tùr làidir air a thogail am baile Charraig Fhearghais, is mun bhliadhna 1305 ràinig Ruiseart De Burgh cho fad ri Magh Bhile is thog e caisteal an sin. Bha e an dèidh an tiodal "Iarla Ulaidh" fhaotainn aig an àm, oir thagair e sin a thaobh a mhàthar, nighean do Lacy, is bha mar sin riaghladh na Còigeamh uile gu lèir aige ga thagradh. Bha mar an ceudna oighreachdan farsaing aige air an glacadh roimhe sin, is air an ainmeachadh air fhèin is air a theaghlach air feadh Chonnachtaibh. Bha caisteal làidir aige an Gaillimh, is mar sin eadar na bha aige de luchd-leanmhainn san dà àird a-mach bho an Riochd-rìgh Sir Eumann Buidealair cha robh fear eile an Èirinn a bu treise na an "t-Iarla Ruadh," mar a theirteadh ris.

An ciad-theachd nan Sasannach fhuair Fitz Stephen còir air Port Lairge leis an dùthaich mun cuairt. Na dhèidh sin fhuair e fhèin is Cogan còir bho làimh Eanraig fhèin air stiallan farsaing san dùthaich sin a tha air a gabhail a-staigh an Siorramachd Chorcaigh an-diugh. Fhuair Lacy e fhèin is a theaghlach a shuidheachadh an Còigeamh na Midhe, is air a luirg air tòir creiche dhaibh fhèin thàinig Marshall, Iarla Phembroke, is Mortimer: thagair esan eadhon oighreachdan Lacy fhèin a thaobh a mhnatha a bha den teaghlach sin. Cha robh iongnadh ged a bha na Nàistinnich air an spùinneadh, nuair a bha an luchd-creachaidh deas gu càch a chèile a shladadh, is am fear a bu treise a' leudachadh a chrìochan, biodh a choimhearsnach na Èireannach no na Shasannach.

Fhuair Fitz Gearailt e fhèin a stèidheachadh glè thràth am Mumha, is mar a bha meuran ùra a' togail cinn san teaghlach bha oighreachdan gam faotainn dhaibh. Bha iad cho fada siar ri

Sligeach is thog iad caisteal an sin, is mu mheadhan na treasamh linn deug thog iad ceann cho fada bho bhaile eadhon ri Tràigh Lì. Ghlac na Buidealairean a' chuid a bu mhò de shiorramachd Cille Choinnich dhaibh fhèin, is an àm Bhruis, mar a chì sinn, b' e Sir Eumann a bu Riochd-rìgh aig Eideard Shasainn an Èirinn. An dèidh an ama sin chinn an teaghlach seo an cumhachd gu h-anabarrach. Dh'fhaodteadh an nì ceudna a ràdh mu theaghlach Bhermingham, agus ro àm Bhruis is mun d' fhuair iad an ainm a thogail an àirde bha cheana cumhachd nach bu bheag aca. Bha fearann farsaing aca an Siorramachd Ghaillimh, le caisteal làidir na mheadhan gu dìon a chur air aig Àth nan Rìgh.

Faodaidh e iongantas a chur oirnn nar ciad sealladh ealamh air na tachartasan seo a ghabh àite an Èirinn bhon là a chaidh na Normanaich air tìr an Cuan a' Bhainbh ciamar idir a dh'fhuiling muinntir na dùthcha dhaibh làmh an uachdar fhaotainn orra cho socharach, eadhon bhon chiad latha. Bha Èirinn fad às, is fairge nach robh aon chuid cumhang, no soirbh a siubhal do luingeis an là sin, ga sgaradh bho Shasainn; ach eadhon mun tug na Sasannach buaidh sa Chuimrigh bhig a bha cho faisg orra, bha iad nan ceudan is nam mìltean air an dach-aighean is an caistealan a shuidheachadh gu seasgair air feadh na h-Èireann.

Bha rathad dìreach aig an t-Sasannach do Albainn mar an ceudna, gun fairge no caol, ri aiseag thairis orra. Ach mun tug na Deasaich idir dian-oidhirp air inntreachadh mu thuath, is mun robh iomradh air àrd-thighearnas air Albainn a thagradh leis an làimh làidir, bha balla-muigh na h-Èireann air taobh eile a' Chaoil, air a bhristeadh sìos romhpa. Bha na Nàistinnich gan cumhang-glacadh ris na garbh-chrìochan, is an coigreach ga shìor-sgaoileadh fhèin air machair is air fonn.

Chan eil nì gun adhbhar, is tha adhbhar air seo. Cha d' fhuair Èirinn riamh (gu sin) mòr-shàrachadh le nàmhaid treun bhon taobh a-muigh, ach a-mhàin an tiota beag a bha na Lochlann-aich Ìochdrach a' strì rithe. Is e cunnart bhon taobh a-mach, is an cunnart sin a bhith a' sìor-èirigh is a' sìor-fhàs rè ùine fhada, a' chiad nì a dhaingnicheas luchd-àiteachaidh dùthcha nan aon sluagh is fo aon cheann gu còmhdhail a thoirt don choigreach a tha a' maoidheadh oirre. Bhris Èirinn cumhachd an Lochlannaich ro luath, mun do stèidhicheadh i fhèin is mun tug i fa-near a feum. Anns an dòigh seo dh'fhaodamaid a ràdh gun do rugadh Brian Bòramha fada ro àm—ron àm am b' fheàrr a bhiodh feum air. Leis a' bhuaidh-làraich a thug e, ged a bha a bhàs fhèin rithe, chaidh an cunnart bhon taobh a-muigh seachad: cha robh Èirinn fhathast aonaichte, is thuit i a-rithist don chàthar, ged a bha i cho dlùth air faobhar a' bhruthaich.

Cha b' ann mar sin a bha Albainn. Thug an Ròmanach le chuid lèigiun ionnsaigh oirre. Chuireadh rithe bho thuath leis an Lochlannach Uachdarach. Chathaich Sagsonnaich Bhreinnich is Dheira rithe bhon deas fad linntean. Chaidh a criathradh, chaidh a taosnadh, chaidh a fuineadh air a chèile fo làimh an ainneartaich. Ruaig i an Sagsonnach deas air Tuaid. Dh'fhuadaich i an Lochlannach a-mach air cladaichibh nan Leargadh Gallta. Bha Sasann an Normanaich, is i a-nis fo aon riaghladh, a' sìor-èirigh na làn-neart is na bagraidhean a' tighinn air an osaig ghaoith bho àm gu àm. Bha Albainn air a deagh-oileanachadh fad linntean, is nuair a mhosgail a' ghailleann fhuaras i is uchd aon duine oirre, aon chlaidheamh na dòrn, is a saorsa mar dhùthaich air a h-aire. Dh'fhaodamaid an nì ceudna a ràdh mun Chuimrigh. Cha robh i daonnan, feumar aideachadh, cho dìleas is a bu chòir dhi, ach b' aon i an seagh rìoghachdail, is ged a bha i cho dlùth air Sasainn 's a bha i, eadhon mar aisne na cliathaich, b' fheudar do Eideard Fad-chasach a làn-neart a chur ri oidhirpean mun tug e mu dheireadh fo cheannsal i. Chaidh leis: leis an làimh làidir is le an-chumhachd na mòr-àireimh chaidh leis, ach le a cheithir uiread sluaigh no còrr mar a tha cinnteach a bha an Èirinn san àm tha mi an dùil nach faiceadh eadhon Eideard fhèin, ainmeil gun robh e, is an-iochdmhor gun leanadh e buaidh, a' Chuimrigh sleuchdte fo a chasan.

Ach Èirinn; fhuair an Normanach i, is e a-nis air tighinn na làn-neart gun rabhadh gun sanas a chur chuice roimhe, sa chlàbar don do thuit i an dèidh Chluain Tairbh. Cha robh am fear-stiùiridh ann; cha robh an spiorad dùthchail ri fhaotainn san neart sam feumteadh e gus na ceistean beaga a mhùchadh is na cùisean mòra a thogail air bharraibh nan crann-brataich.

Thachair an nì, an t-aon nì a dh'fhaodteadh sùil a bhith ris: fhuair an coigreach làmh an uachdar, is thòisich a-nis bròn-chluich na h-Èireann an làn dha-rìreadh.

Riamh bho thoiseach eachdraidh, faodar a ràdh gun robh càirdeas bunailteach eadar Èirinn is Albainn. Bha dlùth-dhàimh a' daingneachadh a' chàirdeis seo, is gu sònraichte an dèidh do na Gàidheil Scotach an imrich a ghabhail thar a' Chaoil b' iad mar gun abairteadh, an t-slabhraidh a bha a' ceangal na dà dhùthcha ri chèile. Bha an aon teanga coitcheann don dà dhùthaich; bha teaghlach rìoghail na h-Albann a-mach à fuil rìoghail na h-Èireann, is nuair a thàinig Coinneach Mac Ailpein gu bhith na rìgh air dùthaich aonaichte nan Cruith-neach is nan Scotach, bha a choltas air an nighinn gun tigeadh i an ùine ghèarr gu bhith cho àrd-inbhe ri a màthair taobh siar a' Chaoil.

Nuair a chuir Gàidheil Èireann an cath buadhmhor ud— tuilleadh is buadhmhor mar a thugas fa-near—air Cluan Tairbh sa bhliadhna 1014, bha cuideachadh nach robh beag no suarach aig Brian fo a làimh, a ràinig e thar sàile à Albainn fo stiùireadh Morair Mhàrr. Bha an stèidh air a leagail, is gealltanas a-nis ga thoirt gun robh mu dheireadh Ceiltich nan Eileanan Breatann-ach a' teannadh ri seasamh guala ri gualainn an aghaidh an Teutonaich. Ach thilg bàs Bhriain air Blàr na Buadha na geall-tanais sin a-rithist an leth-taobh.

Rè nam bliadhnachan cràidhteach anns an robh Alba fo stiùireadh Uallais uasail, is na dhèidh-san fo Raibeart Brus, a' cathachadh às leth a saorsa, bha na Dùthchasaich a bu dealas-aiche an Èirinn ag amharc le fadal is le bàidh ri an oidhirpean is ri an strì. Mu dheireadh thàinig bliadhnachan na dòrainn gu crìch is chrùnadh cruaidh-spàirn Albann le coron a glòire air achadh iomraiteach Uillt a' Bhonnaich. Bha Alba a-nis saor. Chuir i Sasann gu a dùbhlan. Chiùrradh i. Chreachadh i. Shàraicheadh i. Bhrùthadh i. Mhortadh a mic. Mhaslaicheadh a nigheanan. Seadh, sin uile dh'fhuiling i, ach ghlèidh i a bith is bha i a-nis saor.

Cha robh fòirneart diubh sin nach d' fhuiling Èirinn bhon chuspair cheudna. Cuime nach sìneadh ise a ceumannan, is nach astaraicheadh i air an t-slighe cheudna a bha cho soirbheachail do a dìlsean air taobh eile an t-sàile. 'S e seo gun dàil a rinn i, co-dhiù a' chuideachd bheag aig an robh saorsa an dùthcha fa chomhair clàr an aodainn.

Chuireadh a-nis fiosan is teachdaireachd a-nall à Èirinn gu Eideard Brus a chur ìmpidh air gu dol thar sàile air los cobhair a thoirt do na cinn-fheadhna nan oidhirpean air uachdaranachd Shasainn a chrathadh dhiùbh. B' e Dòmhnall Ò Nèill Thìr Eòghainn a bu cheann air a' chuideachd sin a chuir na fiosan seo gu Brus. Bha e fhèin de theaghlach rìoghail Ulaidh; b' ann aige eadhon a bha an t-ainm, ged a b' e an t-ainm gun an tairbhe e, a bhith na rìgh air Còigeamh a tuath an Eilein, ach bha e a' faicinn gu soilleir, nach robh ach coileanadh aimsire, is, mar a thachair cheana do theaghlach Laighean, gum biodh a theaghlach-san mar an ceudna gun an t-ainm fhèin. Fhathast cha robh aon-fhillteachd inntinn an Èirinn a thaobh dùthchasachd, is ged a bha an seagh triùir rìghrean a' riaghladh, an Ulaidh, air Connachtaibh is am Mumha, cha robh ach soithichean falamh nan làmhan. Bha iad eadhon fhathast a' sìor-cho-shreap ri chèile, ach bha an Gall a' sìor-inntreachadh a-steach dam fearann bho là gu là.

Leig a-nis Ò Nèill ris gun robh co-dhiù annsan spiorad an Dùthchasaich. Bha e a' toirt fa-near gun robh e eu-comasach dha fhèin oidhirp èifeachdach a thoirt, a chionn nach èireadh leis ach Ulaidh a-mhàin cho math is gun dèanadh e. Chunnaic e gur e an ath nì a b' fheàrr, sealltainn ri ceannard bhon taobh a-muigh, is theagamh gum faodadh esan co-shreap nan rìgh a thilgeadh a thaobh, is na cinn-fheadhna a cho-chruinneachadh is a thàthadh ri chèile fo a bhrataich.

Ach cha b' e uile gu lèir fear bho a-muigh a bha aig Ò Nèill san amharc nuair a chuir e an teachdaireachd seo gu Eideard Brus. Bha na Brusaich, ged bu Normanaich iad a thaobh an seann-seanair a thug an ainm dhaibh, a-mach à fìor smiortheaghlaich rìoghail na h-Albann. Bha fuil Mhic Ailpein is Fhearghais, is mar sin fuil nan seann rìgh Èireannach, a' breabadh nan cuislean. A bhàrr air sin bha iad de shìol Dhiarmaid Mhic Mhurachadha, a thaobh Aoibhe a' bhan-phrionnsa a phòsadh ri Strongbow. Cha bu mhòr an ulaidh e gun teagamh fuil a' cheart Dhiarmaid, ach fhathast bu Rìgh Laighean e, traoidhtear mar a bha e. A bhàrr air sin uile bha an Rìgh Raibeart a-nis pòsta air iar-ogha Ò Conchobhair (nighean an Iarla Ruaidh) mar dhara bean, is ged nach robh sin a' toirt Eideird ceum na bu dlùithe, cha chaillteadh sealladh air an àm a bhith a' cur ìmpidh air cinn-fheachd Chonnachtaibh èirigh leotha.

Chan urrainn duinn an-diugh ruigsinn air a' chùis co-dhiù a ghabh na nithean seo àite am beachd Ò Nèill ann a bhith a' cur fios gu Brus, agus a' tairgse dha àrd-chrùn na h-Èireann, no nach do ghabh. Nas mò chan eil iomradh air gun robh tagradh a' chrùin a thaobh fala na aon de adhbharan Bhruis air gabhail ris an tairgse a thugadh dha. Is dòcha, ma bhà, nach robh ach an tomhas beag làimh ri adhbharaibh eile.

Le a chuideachadh-san choisinn Raibeart crùn dha fhèin an Albainn, is gun teagamh b' e miann Eideird mar an ceudna crùn is rìoghachd a chosnadh dha fhèin. B' e sin miann nan Normanach uile. B' e sin miann Strongbow fhèin, is na thàinig na dhèidh, mur bitheadh gun robh cuip Eanraig, is gach Eanraig eile, a' sìor-chrathadh man cluasan.

Ach tha mi am beachd gum b' e prìomh-adhbhar nam Brusach, oir bha iad co-aontaichte anns an oidhirp a thug iad air Èirinn, na buillean a shìor-bhualadh air Sasann air gach taobh, air chor is gun dèanteadh cinnteach nach èireadh i a-rithist gu h-aithghearr, gu bagradh is ceannsal a chur air a' chòrr de rìoghachdan nan Eilean Breatannach. An aon fhacal b' e meidh-neirt nan rìoghachd a ghlèidheadh air bonn còmhnard a bha nam beachd, is bha sin cho feumail anns na h-Eileanan Breatannach san àm sin is a bha Cothrom na Cumhachd san Eòrpa rè nan linn a ruith bhuaithe sin, nì mun robh na slògh-iùilnich cho faicilleach, anns gach rìoghachd, beag no mòr. Cha robh ach glè bheag ùine bho thugadh a' Chuimrigh fo cheannsal le Sasann. Cha do bhristeadh an spiorad fhathast, is cha robh ach cothrom gealltanach a thighinn fa chomhair nan Cuimreach, is dh'èireadh iad nan làn-neart. Bha eadar-theachdaireachd eadar am Brusach is Griffith Lloyd, àrd-inbheach san dùthaich sin san àm seo, mar an ceudna, is tha sin a' leigeil ris cho teann is a bha am beachd nam Brusach cur ri Sasann gu a cumail air a crìochan fhèin.

San àm anns an robh na ciad fhiosan eadar Ò Nèill is Brus,

sgrìobh Ò Nèill a dh'ionnsaigh a' Phàp a chum is gum biodh a' chùis air an d' inntrich iad air a soillearachadh dha an tùs a' ghnothaich, is nach biodh atharrachadh sgeòil aige oirre bho thaobh eile. Tha seo mar an ceudna a' leigeil ris nach b' ann clì a bha Ò Nèill, is gun robh e a' faicinn roimhe air barrachd is aon dòigh. Thuig e bhon thagair Eanraig Èirinn an toiseach le barant bhon Phàp, gum biodh e iomchaidh an cuspair ceudna aslachadh a-nis gus an rìoghachd ath-shuidheachadh saor is uachdranachd Shasainn.

Leig Ò Nèill ris dha gu mean is gu rèidh gach trioblaid is sàrachadh a thàinig air Èirinn fo chruaidh-riaghladh an t-Sasannaich. Cha robh umhail ciod e am mì-mhodh a gheibheadh Èireannach, no ciod an sgrios a dhèanteadh air a chuid. Cha robh aicheamhal ri thoirt a-mach mur toireadh e fhèin a-mach e le a ghàirdean no le a chuid arm; agus nan dèanadh e sin cha robh e ach a' fosgladh an rathaid gu tuilleadh dochann is sgrios a thoirt air fhèin. Cha robh e eadhon air a chunntadh na chionta Èireannach a mharbhadh nas mò na ged a spadteadh cù.[*] Cha robh innleachd a ghabhadh dèanamh no a dheilbh gus na h-Èireannaich a chur an amhaichean a chèile nach robhas a' cleachdadh. A thaobh seo tha e air innseadh mun bhorbanach Eideard I gun tug e achmhasan don Riochd-rìgh aig aon àm a chionn e bhith a' fulang a leithid de dhòrtadh fala am measg nàistinneach Èireann. B' e am freagradh a thug a dheagh fhear-ionaid dha, "gun robh e a' meas gur e sin an dòigh a b' fhasa gu cur às dhaibh; gum b' e a bu lugha dragh air gach uile dhòigh, is gum b' e gu mòr a bu lugha cost do ionmhasair an Rìgh!" Rinn Eideard gàire. Cha robh an còrr cunntais air iarraidh, is chuireadh an Riochd-rìgh air ais a-rithist le deagh-ghean is urram, gu a shaor-thoil san dòigh cheudna a chur an cleachdadh.

Ach cha d' fhuair Ò Nèill mòran buidheachais no beann-achaidh bhon Phàp. An àite taobh a ghabhail ri Èirinn is i ga sàrachadh, is ann a chuir e ascaoin-eaglais air aon air bith a dh'èireadh no a bheireadh cuideachadh do Bhrus is do na Dùthchasaich! Tha e air a ràdh gun do chuir e an ascaoin

____

* Ṫa ḋearḃaḋ an leaḃraiċean-cuiṁne air gun do ġaḃaḋ mar ċuir-ṫagraiḋ le Sasannaċ is e air a ṫoirt gu binn air ċionta muirt, naċ roḃ anns an ḟear a ṁortaḋ aċ Èireannaċ, is le sin a làn-ḟoilleanaċaḋ _leigeaḋ mu sgaoil am mortair._

cheudna air na Brusaich fhèin, ach a thaobh cuid nam Brusach dheth, co-dhiù Raibeart an Rìgh, bha i air bho chionn iomad bliadhna, oir cha d' fhuasgladh dheth i bhon a chuir e às do Iain Cuimean an Eaglais Dhùn Phrìs. Gun teagamh sam bith cha bu chaomh leis a' Phàp na Brusaich co-dhiù, agus a rèir coltais anns an t-seagh seo is gann gun gabhadh aon eile, no àm a bu mhì-shealbhaiche, a thaghadh gu gean math a' Phàp a chosnadh.

Ach a dh'aindeoin seo uile bha an t-ullachadh a' sìor-dhol air aghaidh, is bha a' chuideachd a' dol nan èideadh air dà thaobh a' Chaoil Èireannaich. Air a' chòigeamh là fichead den Mhàigh thog Eideard Brus aghaidh ri sàile le chuid feachd. Bha àireamh thaghte de dheagh cheannardan leis na oidhirp àgh-mhoir. Bha iad uile làn-chleachdte ri cogadh is air an deagh-fhoghlam an sgoil a' chruadail is an iomadh cath cruaidh ri feachdan Shasainn, rè nam fichead bliadhna chaidh thar an cinn. Bha co-dhiù mac a pheathar fhèin Tòmas Randolph leis, Iain Caimbeul mac peathar eile, Sir Iain Teadhach Mac Thòmais Inbhir Àir, Ramsay, Bisset, Baltar Mac Mhuirich, an Sasannach Philip Moubray, agus theagamh aon no dhà de na Stiùbhartaich is de Chloinn Dòmhnaill nan Eilean. Bha iad seo leis mar chinn-feachd, is uile gu lèir tuaiream air 6000 fear-catha. Tha e air innseadh gun do ghabh iad an t-aiseag thar a' Chaoil bho chladach Inbhir Àir air cabhlach thrì ceud eathar freagarrach don ghnothach, is an là sin fhèin, oir cha robh an t-astar fada gu an ceann-uidhe, chaidh iad air tìr an Latharna, dlùth air Carraig Fhearghais. Tha e air a ràdh nuair a fhuair a' chuideachd nan èideadh air fearann na h-Èireann gun do rinn am Brusach an gnìomh ceudna is a thug a leithid de ainm don Spàinnteach, Cortes, am Meagsago dà cheud bliadhna an dèidh an ama sin: chuir e a' chabhlach a thug thar a' chaoil a chuid feachd na smàl air a' chladach, oir cha robh an tilleadh ri bhith ann.*

Bha Ò Nèill an treun-fhear dìleas a' feitheamh air a cheann is chuir an dà cheannard fàilte is furan air a chèile. Feumar a thoirt fa-near nach b' e seo idir ciad thuras Bhruis do dh'fhear-

* Ach tha Beannbair ag ràdh gur i seo a' chablach leis an do thog an Rìgh Raibeart fhèin riamh air a' bhliadhna sin gu cur ri Iain Mac Dùghaill Latharna is a luchd-leanmhainn.

ann na h-Èireann. Chuir e fhèin is Raibeart seachad an geamhradh naoi bliadhna roimhe sin an Eilean Reachrainn, is faodar a thuigsinn nach robh Ò Nèill gun am faicinn an sin no air tìr-mòr fad is a bha iad air allaban. Am bheil e do-chreidsinn nach do chuir iad an guthan ri chèile cho fada sin fhèin air ais mun chùis a bha iad aig an àm seo a' gabhail làimhe ann? Chuir a-nis Ò Nèill a chòir fhèin air Àrd-chrùn Èireann an leth-taobh, thug e urram is dlighe Àrd-rìgh do Bhrus, agus chuir se e fhèin is a chuid dhaoine na thairgse le làn-dhealas anns an oidhirp ainmeil a bhathas a-nis a' tabhairt.

Dh'fhaodamaid stad beag a dhèanamh an seo is beachdachadh gu h-aithghearr air Eideard Brus mar àrd-cheannard armailt is mar cheann-feachd. Nuair a nì sinn sin gheibh sinn nì-eigin gar dìth: cha robh an cuibhreann a bu mhath leinn de àrd-bhuadhan a bhràthar ann. Ò, nach bu tusa fhèin a Raibeirt Bhruis, a ghaisgich thrèin a ghlac claidheamh na saorsa an Èirinn mar a rinn thu an Albainn, is nach bu tu a loisg do chuid eathraichean nad dhèidh air cladach Latharna an àm dhuit a dhol nad èideadh! Nam bu tu, theagamh gum biodh atharrachadh sgeòil air a h-aithris nad dhèidh an Èirinn: theagamh gum biodh eachdraidh eile air a cur an cèill mu Cheiltich nan Eilean Breatannach an-diugh!

Cha robh cion spioraid na gaisge air Eideard Brus. Cha lèir dhuinn ann ar n-eachdraidh na thug bàrr air. Is ann a bha e ro-dhàna, is eadhon fo stiùireadh faicilleach a bhràthar theab e a' chùis ris an robh iad le chèile cho fada a' strì a chur an droch leus uair no dhà. Ciod a-nis a thachradh nuair a bha a' chùis seo ris an robh na h-uiread an crochadh fo a làn-stiùireadh fhèin? Feumar aideachadh gun robh a bhuadhan mar cheann-feachd den t-seòrsa a tharraingeadh da ionnsaigh sluagh meanmnach is faireachail mar a bha Gàidheil na h-Èireann. Agus biodh a' bhuaidh leis anns a' chiad dol a-mach; biodh na fàthan a' leantainn na luirg gu soirbheachail, is cha do sheas an deise chruadhach na bheireadh an ceum-toisich dheth. Ach ann a bhith a' tarraing gu clàr-còmhraig air beulaibh làn-chumhachd Shasainn, cha ruigteadh a leas sùil a bhith ri ruith-chath aon ràithe is làn-bhuaidh aig a dheireadh.

Bha Sasann dìorrasach, is bha i leanailteach. Cha chuireadh

aon chall-catha maoim oirre. Ghabhadh i an ruaig a-rithist agus a-rithist, ach fad is a bhiodh forcadh nan cas aice an Èirinn, is baile-puirt gu a feachd a thaomadh a-mach às a cuid luingeis, ghabhadh i a h-àite a-rithist agus a-rithist air raon a' chatha. Chan e am beagan ach am mòran a bheireadh oirre a greim a leigeil às de na thug i a-mach leis an làimh làidir.

Mar sin cha b' e gaisge is euchdan an latha a' bhlàir a-mhàin a bheireadh buaidh san strì. Thigeadh na caol-chunnartan is na suidheachaidhean iomagaineach uair no uaireigin, is b' ann an uair sin a thigeadh am fear crìonta is am fear sicir am follais. B' ann an uair sin a bhiodh àrdan is braise, gun an cuibhreann iomchaidh de na h-àrd-bhuadhan seo nan cois, nan garbh-chunnart do chùis air bith a bhiodh an crochadh riutha. B' ann an uair sin a b' fheàrr aon Raibeart na fichead Eideard.

Chan eil cinnt air ciod e àireamh na cuideachd a bha fo Ò Nèill, is na cinn-fheadhna bha leis an àm daibh co-choinneamh a dhèanamh ris na h-Albannaich, is mar sin chan eil cinnt air ciod a b' àireamh do armailt Bhruis na chiad ghluasad. Co-dhiù, a rèir coltais, le Ò Nèill is a luchd-leanmhainn air a thaobh is fo a bhrataich, cha robh san àm tuath air Dùn Dealgain na chuireadh mòr-imcheist air. Anns a' chiad dol a-mach thug e agh-aidh le chuid feachd air còmhnardan na h-Aibhne Bàine. Bha mar a thugas fa-near na Sasannaich an dèidh làn-chòir a ghabhail air an fhearann mhath thorrach seo, is iad air an cuid aitreabh, caistealan, is eaglaisean a thogail thall is a-bhos air aghaidh na tìre. Chruinnich iadsan a-nis an cuid feachd fhèin fo stiùireadh Mandeville, aon de mhaithean na dùthcha, gu còmh-dhail a thoirt do Bhrus. Thàinig an dà fheachd am fagas da chèile dlùth air Rath Mòr, is gun dàil leum na Sasannaich am bad nan Tuathach. Ach bha cho math dhaibh feuchainn ris a' Chuan an Iar fo sgiùrsadh na gaillinn a thilleadh air ais, is sguab Brus na sheas fa chomhair a ghnùise far aghaidh na tìre. Cha robh tilleadh air a chuid arm. Cha d' fhàg e caisteal nach do leag e gu làr, eadhon na h-eaglaisean cha do chaomhain e. Ach nì a bu mhò na aghaidh fhèin nuair a thàinig là an fheuma: chuir e gach bàrr is gach stòras a bha an iodhlannaibh is an saibhlibh nan Sasannach nan lasair dheirg. B' èiginn do na Sasannaich a thuinich anns gach ceàrn ris an do thog e aghaidh teicheadh roimhe, is a' chuid dhiubh den do gheàrr e an rathad a deas san ruaig cha robh fodhpa ach Carraig Fhearghais. Ach bha Brus gu dian air an sàiltibh, is ghlac e am baile is a' chuid mhòr de na ghabh fasgadh ann. Thug fuigheall beag a-mach Caisteal na Carraige, is fhuair am feachd-dìon na còmhlachan a dhùnadh mun do ràinig na Dùthchasaich na ballachan. Sheas iad sèist fhada, gus an tug a' ghorta orra gèilleadh air a' cheann mu dheireadh, ach bheirear iomradh air an iomairt sin nas fhaide air aghaidh.

Mar sin leis a' chiad ghrad ionnsaigh a thug na Dùthchasaich fo Bhrus: bha na bha tuath air Loch n-Eathach is air Loch Feirste fon casan, a-mach bho na bha taobh a-staigh daing-bhallachan Caisteal na Carraige. Nì mò a leig e maille na cheum, is mun robh an t-Òg-mhìos na thaigh thug e a-mach Dùn Dealgain is Àth Fhirdia maille ris an dùthaich uile mun cuairt. Tha e air fhàgail air Brus gun do chuir e eaglais Àth Fhirdia na smàl, is i làn dhaoine a ghabh fasgadh taobh a-staigh a ballachan coisrigte. Theagamh gun do chuir, is, ma chuir, chan eil a leisgeul ri ghabhail; ach ge air bith cò a labhras na labhradh ceann-carrach, is fhathast Saibhlean Inbhir Àir ach gann a bhith fuar bhon a chuir e fhèin na lasair iad, is iad làn Albannach ris an robh e a' dol a dhèanamh co-chomhairle! Agus chan eil teagamh nach biodh e mòran na bu bhuannachdaile do Bhrus is don chùis Dhùthchail, am barrachd is aon dòigh, nan do chaomhain e gach creach is nì a thuit na làmhan, biodh iad nan daoine, nan stòras, no nam bàrr. Cha bhiodh a' ghort nuair a thog i ceann cho teann air sàiltean a chuid feachd is a luchd-leanmhainn 's a bha i; agus cha bhiodh ainm fhèin na adhbhar air a leithid de ghràin is de fhuath do gach eachdraiche a thogradh iomradh a thoirt air gu ruig an là diugh. Chan e gun robh ann am milleadh den t-seòrsa seo ach nì a bha a' leantainn air luirg gach armailt a rachadh air ghluasad san àm fhuilteach sin, oir nuair a ghluais na Sasannaich iad fhèin an aghaidh Bhruis bha an sgeul ceudna ri h-aithris man dèidhinn, anns gach ceàrn a fhuair eòlas orra.

An uair a thug am Brusach a-mach Dùn Dealgain dh'fhaodteadh a ràdh gun robh Còigeamh Ulaidh uile gu lèir fo a chuimrig. Thug a-nis na Sasannaich fa-near an garbh-chunnart a bha a' tarraing cho dlùth orra, is ghairmeadh an cuid mhaithean uile an ceann a chèile air chabhaig. Mar aon teaghlach chruinnich iad gu coinneimh is co-labhairt mun chùis am baile Cille Choinnich. Bha iad an amhaichean a chèile nuair nach robh cunnart ann dhaibh bhon taobh a-muigh, ach thilgeadh a-nis gach easaontachd a leth-taobh is ghabhadh comhairle gu casg a chur air gnìomhachas an nàmhaid choitchinn—Eideard Brus.

Bu bhochd nach robh flaithean nàistinneach na h-Èireann den aon bheachd, is nach d' èirich iadsan, is nach do cho-aontaich iad le an ceann-feadhna ann a bhith a' gabhail an àite am measg nan Dùthchasach, is a-nis am fear-cuideachaidh nam measg. Ach bha iadsan fhathast a' strì ri càch a chèile. Bha an cùisean beaga fhèin gun an leasachadh. Bha iad ri gleac air sgeir na mara, is gun iad a' toirt fa-near gun robh tuinn mhòra a' chuain a' sìor-èirigh mun cuairt orra: nach robh ach an aon chrìoch a' feitheamh orra—an sguabadh air falbh nuair a dh'èireadh is a bhristeadh aon stuadh a bu chumhachdaiche na an còrr.

Nuair a chruinnich na Sasannaich an ceann a chèile gu co-chomhairle rinneadh Eumann Buidealair, a bu Riochd-rìgh san àm, na cheannard-catha gu aghaidh a thoirt don Bhrusach. Bha na bha cruinn uile gu lèir, Fitz Gearailt, Bermingham, De La Poer, is mar sin air aghaidh, co-aontaichte dha seo. Ach bha fear cho treun is a bha an Èirinn uile am measg Ghàidheal is Ghall gun tighinn fhathast: fear a bha fhacal air thoiseach air facal an Riochd-rìgh fhèin anns na crìochan sin san robh e a' riaghladh. B' e seo an "t-Iarla Ruadh" Ruiseart Burg, Iarla Ulaidh. Bha a' chuid mhòr den àird a tuath is den àird an iar fo a stiùireadh, is mòran de na cinn-fheadhna nàistinneach cho math ris na Goill a' sealltainn ris mar an àrd-cheannard.

B' ann na chaisteal fhèin an Gaillimh a thachair don Iarla a bhith nuair a chuala e a' chiad iomradh air Brus a bhith san dùthaich. Chaidh e na èideadh gun dàil, is ghairm e air a luchd-leanmhainn gu coinneamh a dhèanamh ris aig àthan na Sionainn. Tha e a' leigeil ris nach robh fhiosan gun chinnt air cumhachd a bhith air an cùl nuair a thàr Feidhlim Ò Conchobhair fhèin, ged a bha e air a chunntadh mar cheann dligheach a theaghlaich, gu ruig Àth Luain gu toil an Iarla a dhaingneachadh le neart a chuid arm.

Sheas Burg na aonar a-mach bhon chòrr de na Sasannaich. Cha d' aom a shùil no a chluas rathad a' chomainn a bha aig co-chomhairle an Cill Choinnich, ach thug e aghaidh sear gu cuideachd Bhruis a sguabadh far na h-àraich le chuid ìochdaran fhèin a-mhàin. Shiubhail e tro fhearann na Midhe, is tha e air innseadh, mar Bhrus fhèin an còmhnardan na h-Aibhne Bàine, gun d' fhàg e an dùthaich thorrach sin tron do thriall e na lasair dheirg is na sgùmban dubh na dhèidh. A rèir coltais bha co-dhiù deich no dà mhìle dheug fear leis an Iarla nuair a dh'inntrich e a-steach eadar Ath Fhirdia is Drochaid Àtha. Aig a' cheart àm bha an Riochd-rìgh air ceann an fheachd a chaidh an òrdugh an dèidh co-chomhairle Cille Choinnich a' gluasad mu thuath air an aon ghnothach, is anns a' bhad seo thachair na diùlnaich air an aon cheum rathaid. Bha còrr math is uiread eile sluaigh le Buidealair, is a-nis chunnaic am Brusach nach robh feum coinneamh a thoirt don armailt chumhachdaich seo a ghèarr an t-slighe roimhe. Mar sin thill e mu thuath a-rithist air a' cheum cheudna bhon tàinig e.

B' e beachd Bhruis, is sin a rèir coltais air chomhairle Ò Nèill, nam b' fheudar e, dol tarsainn an Abhainn Bhàin gus an tigeadh cùisean gu bhith na bu fhreagarraiche is na bu ghealltanaiche an gabhail an àite ri uchd a' chatha. Agus dh'èirich cùisean a-mach nach robh idir an aghaidh na comhairle glic a thug Ò Nèill seachad. Is e a rinn an t-Iarla nuair a thàinig e gu astar còmhraidh don Riochd-rìgh, òrdugh a thoirt dha tilleadh gu h-ealamh air a cheum agus dìon a chur air Laighean is air an dùthaich mu dheas, oir gun robh esan e fhèin làn-chomasach air cur ris na h-Albannaich, is "nach b' fhada gus am biodh ceann Bhruis ri làr." Leis an seo thill Buidealair, oir fhathast, gun teagamh sam bith, cha do rinneadh dolaidh, co-dhiù le làimh Bhruis, ach air Ulaidh a-mhàin; is bha a-nis uachdaran na dùthcha air ceann a chuid dhaoine fhèin gu aicheamhal a thoirt a-mach, agus sin gun chuideachadh bho thaobh eile ga dhìth.

Ach eadhon ged a thill Buidealair bha fhathast àireamh feachd an Iarla fada os ceann feachd nan Dùthchasach, is lean

Brus is Ò Nèill romhpa gus an do chuir iad an Abhainn Bhàn nan dèidh sear orra. Chaidh iad thar na h-aibhne dlùth air Cùl Rathain, is leag iad do ghrunnd na h-aibhne an drochaid a bha san àm togte oirre san ionad sin. Mar seo cha robh e an comas an Iarla le tèarainteachd dol na b' fhaide is chuireadh seachad beagan là mar sin mu choinneamh a chèile. Is e bha a-nis am beachd nan Dùthchasach Ò Conchobhair a thàladh chuca fhèin no co-dhiù a sgaradh bho fheachd an Iarla. Ri ùine chaidh an oidhirpean air an làimh sin leotha, is ged nach deach Feidhlim an tràth sin a-null chucasan, cho-èignich iad e gu feachdan Shasainn a thrèigsinn is sin air deagh leisgeul, do nach b' urrainn an t-Iarla coire fhaotainn.

Anns a' chiad àite chuir iad air a shùilean dha ma bha leas is saorsa a dhùthcha air aire gur ann ri broilleach an t-Sasannaich a thigeadh dha a chlaidheamh a bhith; gur ann às leth saorsa Èireann mar dhùthaich a bha iadsan a' cothachadh, is nan gabhadh esan a-nis àite fo an sròl gum biodh riaghladh Chonnachtaibh mar a bhuineadh da theaghlach, cinnteach dha. Leig iad mar an ceudna ris dha, nì a bha ro-fhìor, faodar a ràdh, gun robh a-nis Ruaraidh Ò Conchobhair, mac Chathail Ruaidh, bho fhuair e Feidhlim air astar, an dèidh riaghladh Chonnachtaibh a ghlacadh dha fhèin. B' e seo a dheagh leisgeul-san don Iarla an àm dealachaidh ris, is aghaidh a thoirt siar, oir b' e dealachadh ris an Iarla a rinn e. Chan eil cinnt air co-dhiù a bhiodh buaidh san àm sin aig co-èigneachadh Bhruis is Ò Nèill air Feidhlim ann a bhith a' dùsgadh spiorad Dùthchasachd na chom, ach nuair a chuala e an car a ghabh cùisean na Chòigeamh fhèin cha robh an còrr fuirich ri bhith ann air aon taobh no taobh eile; agus b' e meud a chuideachaidh do Bhrus aig an àm sin gealladh a thoirt da gun tilleadh e gun dàil cho luath is a chuireadh e a chas air an aramach a thogadh na aghaidh aig a theinntean fhèin.

Ach ann a bhith ga sgaradh fhèin bho fheachd an Iarla thug e cuideachadh a b' fheàrr na geallaidhean, math gun robh iad, do na Dùthchasaich, is chunnacas sin a-nis an ùine gun a bhith fada. Nuair a chaill an t-Iarla Feidhlim is a dhaoine cha robh fheachd na bu mhò cho an-mhòr an àireamh seach feachd Bhruis, is a-nis nuair a ghluais na Dùthchasaich ri àthan na h-aibhne gu bhith na bhad ghabh e an ceum cùil le dhaoine is sear thug e aghaidh an taobh ceudna rathad a' Bhaile Mheadhanaich. Ach bha Brus gu dian air a shàil, is mu chòig mìle deas air a' bhaile sin thàinig gnothaichean cho teann air Burg is nach robh ach seasamh rithe, is dol an òrdugh catha.

B' ann air an deicheamh là de mhìos meadhanach an fhoghair, ri taobh baile beag ris an abrar Connor, a chuir na laoich a' chiad fhàilte air a chèile le barraibh an cuid arm. Bha an cath cruaidh is bha e fuilteach, agus cha b' e an t-Iarla Ruadh am fear a thionndadh a chùl ris an àraich air bheagan adhbhair; ach bha ceatharnach cho deas ris fhèin air an ath iomaire ris an là ud, is a dheagh ghaisgich air a shàil. Cha robh tilleadh air Gàidheil Albann is na h-Èireann leis an aon chùis fo an amharc, is mu dheireadh ghabh an t-Iarla le àrdan is le earra-ghlòir an ruaig far an achaidh. Dh'fhàg e mòran da ìslean is da uaislean nan sìneadh marbh air an raon, agus bha a bhràthair Uilleam, Sir Iain Mandeville, is inbhich eile nam prìosanaich an làmhan Bhruis. Theich cuid da dhaoine sear gu ruig Caisteal Charraig Fhearghais, ach thug e fhèin mu dheas air, air cheann a' chorra a dh'fhàgadh air chomas an astair, is Brus gu dian air a shàil; agus nuair a ràinig e fasgadh a dhaingneachdan fhèin b' ann gun bhuaidh, gun fheachd, gun chliù, agus a rèir eachdraiche Loch Cè, b' ann "'na fhògarrach a bha e an Tìr na h-Èireann" air a' bhliadhna sin.

Bha a-nis Còigeamh Ulaidh fo chasan nan Dùthchasach aon uair eile, is nan siubhal mu dheas cha robh Sasannach no Gall a sheas air an achadh lom a chur coicheid orra gus an do ràinig iad Ceannanas air an Abhainn Duibh. Thug Brus a-mach gach baile is gach daingneach san dùthaich mun cuairt, Granaird, Fiodhnach, Ceannanas is Caisteal Liathain. Bha e an dèidh Caisteal Liathain a thoirt a-mach nuair a chualas gun robh Sir Roger Mortimer a' tarraing dlùth le feachd treun làn-armaichte. Tha e air a ràdh gun robh co-dhiù còig mìle deug fear feachd fodha, is feumaidh gun robh sin fada os cionn na bha aig Brus san àm sin, eadhon ged a bha a-nis còrr is aon de na cinn-fheadhna nàistinneach ag èirigh leis, is a' siubhal fo a bhrataich. Ach cha robh àicheadh ri dhèanamh air na laoich bhon Tuath, is ainmeil gun robh Mortimer air cheann sluaigh fhroiseadh gu làr a chuid feachd, agus cha robh ach cùl a thoirt ris an àraich. Theich e fhèin is na dh'fhàgadh beò da dhaoine, is rinn iad air Baile Àtha Cliath. Fhuair iad fasgadh taobh a-staigh de bhallachan a' bhaile sin, is gun dàil ghabh e fhèin an t-aiseag do Shasainn a shireadh a' chuideachaidh a bha a-nis cho feumail dhise a thabhairt gu a greim a ghlèidheadh air Èirinn.

Thog na Dùthchasaich an sin an aghaidhean siar tro fhearann na Midhe, is a rèir gach cunntais ràinig iad co-dhiù cho fad ri Long-phort, dlùth air an t-Sionainn. Tha Bearrbair a' toirt mòran iomraidh air gach gàbhadh is caol-chunnart tron tàinig na h-Albannaich nan cuairt tron dùthaich sin, ach chan eil a chuid eachdraidh air cùisean an Èirinn idir cho cinnteach no cho stèidheil ris an eachdraidh luachmhoir a dh'fhàg e againn air dèanadasan nam Brusach an Albainn. Mar sin theagamh gur fheàrr fhàgail an leth-taobh an ceartair. Co-dhiù ged nach robh iad aig àm air bith rè na h-ùine a bha iad air chuairt an teis-meadhan Èireann saor is iomadh grad-ionnsaigh bho bhuidhnean beaga thall 's a-bhos, cha robh aon an Èirinn aig an robh de dhànadas fheachd a thoirt gu blàr nan aghaidh gus an do chruinnich Eumann Buidealair an Riochd-rìgh làn-armailt gu gluasad na aghaidh toiseach na h-ath bhliadhna.

Shuidhich Brus a champa dlùth air Loch Seanndaidh, is leig e seachad an geamhradh, is ghlèidh e an Nollaig an sin. Thàinig da ionnsaigh san ionad seo tuilleadh de chinn-fheadhna nàistinneach na dùthcha, agus eadhon cuid de na Normanaich fhèin don do thachair gun do chaill iad deagh-ghean an Rìgh is nan àrd-inbheach an Èirinn. Dhiubh seo bha dà bhràthair de theaghlach De Lacy, teaghlach a bha aon uair ainmeil an Èirinn. Bha a' chuid mhòr de fhearann na Midhe is stiallan de Bhreifni aca ga thagradh mar theaghlach bhon a mhort Aodh De Lacy Ò Ruairc sa bhliadhna 1173; ach bha iad aig an àm seo an dèidh an greim a chall, is coigreach eile air leum a-steach nan àite. Cha b' aon seo ach Roger Mortimer, oir phòs e ban-oighre na meòire a bu shine de theaghlach Lacy, is mar a bha riamh na ghnàthachadh aig fògarraich nan Normanach, thagair e gach fearann a bhuineadh dhaibh dha fhèin às leth a mhnatha. Chuireadh gach Lacy eile, biodh e àrd no ìosal, air chùl na lùdaig buileach; mar sin nuair a thog Eideard Brus a-nis a bhratach is a lean làn-bhuaidh e an Èirinn, ghreas an dà bhràthair Aodh agus Baltar gu ruig a champa aig Loch Seanndaidh.

Thairg iad an gàirdeanan is an lannan da anns a' chùis a ghabh e làmh innte, aig a' cheart àm a' leigeil ris an còir fhèin air gach fearann a ghlacadh bhuapa, is leis a' ghealladh gum faigheadh iad sin air ais bho Bhrus, ghabhadh riutha is ris gach cuideachadh a bha aig an làimh.

Nuair a theann an là ri fàs fada thog Brus gu gluasad a-rith-ist. Ghluais e tro Shiorramachd Cille Daire is thug e mach is champaich e mar a bha e a' dol air aghaidh, anns na bailtean Nàs, Cille Daire is Rath Iomghain. Thog e an sin mu dheas is chuala e nach robh feachdan nan Gall fada air falbh. A rèir col-tais cha robh na Sasannaich na bu mhò na Brus nan tàmh rè a' gheamhraidh, is bha a-nis an Riochd-rìgh a' tarraing am fagas le làn-armachd na dhèidh. Bha feachd aige aig an àm seo fo a làimh na bu lìonmhoire na thachair air na Dùthchasaich fhath-ast. Tha iomradh air a thoirt le luchd-eachdraidh gun robh co-dhiù deich mìle fichead fear fodha eadar Shasannach is nàistinneach na tìre nuair a tharraing e gu blàr. B' ann air an fhicheadamh latha den bhliadhna ùir 1316 a thàinig an dà fheachd gu chèile an ionad ris an abrar Arscoll, dlùth air Àth Aodh an Siorramachd Cille Daire. Bha an cath fuileachdach fad is a sheas e, ach gun dàil bha an sgeul ceudna air a h-innseadh mu Arscoll is a bha air a h-aithris mu Chonnor is mu Cheanannas, cho math ris gach blàr eile air an do sheas na Dùthchasaich bho chaidh Brus air tìr an Èirinn. Sguabadh na Sasannaich far na h-àraich, is bha buaidh an là leis na fearaibh bho Thuath. B' e glè bheag call a rinneadh air Brus, ach chaill e dà dheagh cheatharnach, nach robh an leithidean ach tearc rim faotainn—Fearghas Àird Rosain agus Baltar Mac Mhuirich.

Bha a-nis triùir threun-fhear nan Sasannach an Èirinn, De Burg, Mortimer, is a-nis an Riochd-rìgh fhèin air an tilgeadh bun os ceann le Eideard Brus air cheann nan Dùthchasach. Bha ainm a' Bhrusaich air dol am fad is am farsaingeachd, na adh-bhar-uaill da chàirdean is na chùis-gheilt da nàimhdean. Tha mi a' creidsinn gun robh a-nis cùis nan Dùthchasach aig àirde a neirt; agus is e mo bheachd nam b' e is gun èireadh Mumha às a leth le gineil Bhriain air cheann na cuideachd, gum biodh na

Goill air an ruagadh a-mach à Èirinn uile gu lèir. Bha Feidhlim Ò Conchobhair air bheul nàimhdean a theaghlaich fhèin a cheannsachadh, is e deas mar a dhearbh e na dhèidh sin gu uile neart a thoirt thairis don chùis Dhùthchail. Ach fhathast cha do ghluais Sìol Bhriain. Dhìochuimhnich iad an curaidh a thug an ainm dhaibh, is chaill iad an aithne air an spiorad a chuir treise na ghàirdean air Cluan Tairbh. Cha do thuig iad, is nì mò a thug iad fa-near, gun robh a-nis là air èirigh air Èirinn anns am biodh neach aon chuid leatha no na h-aghaidh; agus bha iadsan na h-aghaidh le an làmhan nan amhaichean fhèin is an amh-aichean an gineil, nuair a shuidh iad fo chuing a' Ghoill aig an taighean. Gun teagamh sam bith bha corra leum ga toirt an siud is an seo le fineachan fa leth feadh gharbh-chrìochan na dùth-cha, ach chì sinn gun dàil mar a dh'èirich dhaibh: cha robh rian orra is cha b' urrainn àgh mòr a bhith nan luirg.

An dèidh dhaibh feachd Bhuidealair a sguabadh romhpa aig Arscoll chuir na Dùthchasaich sèist ri Caisteal Dhiarmaid an ceann deas Siorramachd Cille Daire, is thug iad a-mach e. Cha robh eadhon baile no caisteal san dùthaich uile nach do ghèill dhaibh; ach ged a bha an tìr gu h-iomlan fo an sròl bha a-nis stòras is beathachadh a' fàs gann. An aon fhacal bha a' ghort, an duairc-bhadhbh sin nach robh riamh air chall an luirg na connspaid, air a ceann a thogail an Èirinn, is cha robh ach togail mu thuath a-rithist. Mu dheireadh an earraich ràineas Dùn Dealgain ceudna, is anns a' bhaile sin shuidhich Brus a chathair is a chùirt mar riaghlair na dùthcha. Air a' chiad là den mhìos Màigh, air do cho-chruinneachadh na tìre a thaghadh le aon ghuth mar an rìgh, chrùnadh e le mòr-ghreadhnachas air mull-ach Cnoc nam Meallan taobh a-muigh a' bhaile mar Àrd-Rìgh na h-Èireann. Aig a' cheart àm liubhair Dòmhnall Ò Nèill suas da gach còir a bha fuaighte ri theaghlach fhèin air an Àrd-Chrùn. Thug e do Bhrus an t-urram is an dleastanas sin a bha dualach do na h-Àrd-Rìghrean fhaotainn, is sin mar a chuir e fhèin sìos na litir a sgrìobh e a dh'ionnsaigh a' Phàp "mar Fh-laith den aon tighinn is ghineal ris fhèin."

Chaidh crùnadh Eideird Bhruis a sheulachadh is a bheann-achadh an aon de eaglaisean Dhùin Dealgan. Shuidhich e a Lùchairt Rìoghail anns an Dùn a Tuath, aon de chaistealan nan

Normanach, is an sin thug e breith air gach cùis a thugadh air a bheulaibh mar Àrd-Rìgh na h-Èireann, Eideard I. Chuir e a-nis teachdaireachd, le làimh mhic a pheathar, Tòmas Randolph, gu ruig a bhràthair Raibeart, Rìgh Albann, a thoirt sgeul air mar a thachair da cho fad seo, is a' cur ìmpidh air e fhèin a thighinn a-nall a-nis le chuideachadh gu làmh a bhith aige anns an obair àghmhoir.

Bha fhathast Caisteal Charraig Fhearghais a' seasamh a-mach an aghaidh nan Dùthchasach, mar an t-aon dhaing-neach tuath air Dùn Dealgain a bha gu ruige sin fo bhrataich Shasainn, ach cha robh aonta fhada ri bhith aice air a-nis. Dh'fhàg Brus buidheann na dhèidh fa chomhair a' chaisteil nuair a thog e fhèin is am prìomh-fheachd mu dheas an dèidh Cath Chonnoir, is bha iad a' sìor-thoirt an aire air. Mu àm Fèill na Càisge, is Brus a-nis air teannadh ri sèist a chur an da-rìreadh ris a' Chaisteal gu thoirt gu gèilleadh, rinneadh gèarr-shìth eadar an dà thaobh rè làithean na Fèille. Ach mun tàinig a' ghèarr-shìth gu ceann is e a thachair gun do ràinig cuid-eachadh nach robh sùil ris am freiceadan. Ràinig Tòmas Mandeville à Baile Àtha Cliath le luingeis làn bìdh is stòrais. Fhuair na Sasannaich, agus iad an ìmpis toirt suas leis a' chion, an sàsachadh is neartaicheadh an làmhan. 'S e a-nis a thàinig fa-near dhaibh feall-ionnsaigh a thoirt air feachd Bhruis. Bha na Dùthchasaich às an umhail a thaobh na h-ùine a bha air a comharrachadh a-mach anns a' ghèarr-shìth a bhith fhathast gun ruith, is b' e tuiteamas a bh' ann nach deach sgrios obann a thoirt orra. Tha Bearrbair a' toirt làn-chunntais air mar a thachair, ach cha ruigear a leas dol a-steach gu mean anns an eachdraidh an seo: co-dhiù cha robh foill-chluich nan Sas-annach an asgaidh dhaibh fhèin.

Nan ciad ionnsaigh thachair gum facas ciod a bha nam beachd. Bha aon no dhà nach robh idir cinnteach às an t-Sas-annach, ach e a dh'fhaotainn cothruim, is bha iad air am faicill. Air aon diubh seo bha Niall Fleming, treun-laoch de chuid-eachd Bhruis. Chunnaic esan dè bha san amharc, is fhuair e rabhadh a thoirt fo thrì fichead fear eile de a chomann fhèin a bha dlùth do làimh. Sheas iadsan ro na Sasannaich nan dòrtadh a-mach às a' Chaisteal, is aig a' cheart àm chuireadh grad-fhios gu bùth an Rìgh, is air feadh a' champa mun iomairt a bha air a bonn. Sheas Fleming is a thrì fichead gaisgeach gu duineil, is ged a ghearradh sìos gach fear dhiubh air a' cheann mu dheireadh cha b' ann gun an cuid fhèin fhaotainn à ciad bhrùchd nan Sasannach; is chuir iad an stad orra nan ciad thighinn a bha cho feumail don chòrr den champa, gu ùine a thoirt daibh faotainn nan èideadh.

Thàinig a-nis Brus air cheann a chuid dhaoine, is cha robh caomhnadh air luchd na foille. Fhuair Gillebrìghde Clàrsair, diùlnach foghainteach a bha daonnan an cois Bhruis, a shùil air Mandeville e fhèin, is e am meadhan na còmhraig, agus le aon bhuille bho thuaigh an Albannaich bha a dhruim ri talamh. Cha tug an "Clàrsair" an còrr sùla air, is thionndaidh e faobhar a thuaighe taobh eile. B' e Brus fhèin a chuir às do Mhandeville mun d' fhuair e an còrr dochann a dhèanamh am measg nan Dùthchasach. Thugadh droch làimhseachadh don chòrr, is b' èiginn dhaibh còmhlachan a' chaisteil a chur eadar iad fhèin is Brus aon uair eile. Ach ged nach do rinn an gnothach maslach sin mòran soirbheachaidh leotha, cha b' ann deas den fhoill a bha iad, is dh'fheuch iad car eile dhith fhathast mun tug iad suas.

Beagan ùine na dhèidh sin chuir am freiceadan fiosan gu Brus gun robhas deas gus an caisteal a thoirt suas mura faigheadh iad cuideachadh ron là mu dheireadh den mhìos Màigh. Thàinig an latha gun an cuideachadh gan ruigsinn, is dh'iarr am freiceadan a-nis deich fir fhichead à Albainn a chur a-steach chuca gu cùmhnantan strìochdach a shuidheachadh a chum is gun liubhairteadh an caisteal thairis dhaibh. Rinn Brus sin, ach an àite strìochdaidh no cùmhnantan a dhèanamh is ann a thilg iad na h-Albannaich do shloc a' phrìosain, is dhùineadh na geatachan an taobh ceudna.

Ach b' e an strìochdadh a bha ann mu dheireadh. Bha a' ghainne a-nis a-rithist air teannadh ri cur riutha, gus mu dheireadh an robh am beagan a dh'fhàgadh dhiubh ag itheadh leathair is sheicheannan no nì sam bith a ghabhadh cagnadh. Bha e eadhon air a chur orra gun do mhort is gun d' ith iad na h-Albannaich a ghlac iad leis an fhoill, is a thilg iad do shloc a' phrìosain. A-null dlùth air deireadh na bliadhna dh'fhosgladh na geatachan, is thugadh suas an caisteal is na bha ann do làmhan Bhruis. Agus a leigeil ris an eadar-dhealachaidh a bha eadar dòighean-cogaidh an dà thaoibh, is a dh'aindeoin cho foilleil 's a ghiùlain am freiceadan iad fhèin, ghabh am Brusach ris an strìochdadh a rinn iad le meas, agus fiù a h-aon cha do chaill a bheatha.

Bha a-nis an Rìgh Raibeart Brus air tighinn a-nall à Albainn le deagh fheachd gu còmhnadh a thoirt da bhràthair. Ràinig e an àm gu Caisteal Charraig Fhearghais fhaicinn a' fosgladh a chuid chòmhlachan do Eideard. Chuir na bràithrean fàilte chridheil air a chèile is a rèir iomraidh Bhearrbair shuidh iad fhèin is na cinn-fheadhna sìos gu fleadh air nach deach crìoch gu ceann thrì làithean.

Ach ged a bha nithean cho fàbharach anns a' Cheann a Tuath, thàinig fiosan gun dàil bhon Iar a mhùch an tomhas mòr subhachas nan Dùthchasach an àm daibh Caisteal na Carraige a ghlacadh, is mar an ceudna fàilte a chur air Rìgh-ghaisgeach na h-Albann an àm dha teachd nam measg. Chunnaic sinn a-cheana gun do thog Feidhlim Ò Conchobhair air siar gu dhùthaich fhèin nuair a chuala e mun chluich a bha aig Mac Chathail Ruaidh bhon a fhuair e esan bho bhaile. B' ann air a' cheannairceach seo a thug e an ciad aghaidh air dha faotainn an òrdugh.

Cha dèanadh e feum anns a' bheachdachadh seo dol a-steach gu mean anns gach iomradh a tha air a thoirt seachad air an iomairt a bha a' sracadh Chonnachtaibh às a chèile gus an do rèiticheadh a' chùis seo. Tha Aba Loch Cè a' toirt iomraidh mhuladaich air gach dòrtadh fala a bha an còrsachan siar na h-Èireann ri linn na strì sin a dh'èirich an àm cho ceacharra. Bha caistealan, bha cathraichean, bha bailtean gan cur nan cual is nan smàl. Bha eadhon na Sasannaich is na Normanaich taobh a-staigh na Còigeamh a' gabhail an dara taoibh no an taoibh eile. Chan e a-mhàin gun robh na cinn-fheadhna air an roinn, cuid air taobh Fheidhlim is cuid air taobh Ruaraidh, ach bha cuid dhiubh, mar a bha Sìol Diarmaid gu sònraichte, le dà mheur den teaghlach a' strì gu àrd-riaghladh an fhine a ghlacadh; bha an ceannaireach ri cur ris an toiseach mum b' urrainn don Fhlaith dhligheach làn-chuideachadh a thoirt seachad

do Fheidhlim, oir b' ann às a leth-san a bha e a' dol don chaonn-
aig.

Ach air a' cheann mu dheireadh thall chruinnich gach taobh
gus a' cheist a chur a-null no a-nall air achadh lom a' chatha.
Chuireadh blàr fuilteach dlùth air a' Bhaile Mhòr, is ruaigeadh
cuideachd Ruaraidh far na h-àraich. Chaidh Ruaraidh fhèin a
mharbhadh, is strìochd na fineachan uile do Fheidhlim mar
oighre dligheach Ò Chonchobhair.

Chan eil an teagamh as lugha nach bu ghaisgeach da-rìreadh
Feidhlim, is nan do lean na Connachtaich e gu h-aon-ghuthach
an toiseach gun iad fhèin a lagachadh an dòrtadh fala gun stàth,
nach biodh atharrachadh sgeòil ri innseadh. Eadhon claoidhte
mar a bha iad, an dèidh a bhith làn na bliadhna a' liodairt a
chèile, nuair a thug iad mu dheireadh an aghaidhean air fìor
nàimhdean an dùthcha le Feidhlim air an ceann cha b' ann clì
no fann idir a bha iad.

Na chiad togail a-mach an dèidh a thaighe fhèin a chur an
òrdugh, thachair Feidhlim air feachdan Exeter, Cogan, Stanton,
Lawless, is feadhainn eile, agus iad air siubhal fon aon bhrat-
aich, dlùth air Baile Làthain an Siorramachd Maigh Eò. Iad seo
thilg e bun os ceann: mharbhadh na cinn-fheachd Exeter is
Cogan, is gun dàil rinn e air baile Ros Comain, is ghlac se e. Às
a' bhaile sin chuir e teachdaireachd gu Ò Maelsheachlainn na
Midhe, Ò Ruairc Bhreifni, is gu Ò Briain Thuath Mumha, los
gun cruinnicheadh siad iad fhèin gu dol an sàs anns na Goill is
an sguabadh a-mach à Connachtaibh. Dhiubh seo ghluais
co-dhiù Ò Maelsheachlainn is Ò Ruairc le an cuid fhlaith is
cheann-feadhna gu ruig campa Fheidhlim. Tha Eachdraiche
Loch Cè ag ràdh gun robh mar an ceudna Donnchadh Ò Briain
Thuath Mumha leis. Co-dhiù nuair a chuireadh am feachd an
òrdugh thog iad an aghaidh ri Àth nan Rìgh, cathair a bu làidire
a bha fo bhrataich Shasainn siar air an t-Sionainn. Bha a' chùis
Dhùthchail air tighinn gu bhith leth-char gealltanach mu
dheireadh. Bha an iarmailt air glanadh is an t-adhar a' teann-
adh ri gormadh os ceann na h-Èireann; ach cha robh ann ach
grad-phlathadh na maidne geamhraidh, leis a' ghaillinn
ghairbh aig a sàil.

Bha Àth nan Rìgh mar chathair is mar dhaingneach làidir

aig an dà theaghlach Normanach a bha air iad fhèin a shuidh-
eachadh san dùthaich mun cuairt: b' e sin De Burg is De Berm-
ingham. Nan glacadh a-nis Feidhlim am baile dh'fhaodteadh a
ràdh gun robh Còigeamh Chonnachtaibh na dhòrn. Ach cha
robh na Sasannaich a' dol a chall an greime gun dubh-spàirn a
dhèanamh, is chruinnich iadsan mar an ceudna an cuid feachd.

Bha a-nis Uilleam De Burg, bràthair an Iarla Ruaidh, air a
cheann a thogail an Connachtaibh. Rinneadh prìosanach dheth
aig Blàr Chonnoir a' bhliadhna roimhe sin, ach chan eil
dearbhadh air co-dhiù a fhuair e teicheadh no a leigeadh mu
sgaoil e. Co-dhiù thog e a-nis a cheann nuair nach robhas ga
shireadh, co-dhiù leis na Dùthchasaich, is ghabh e àite còmhla
ri Bermingham air ceann nan Gall. B' ann air an deicheamh
latha den Lùnastal a thachair an dà fheachd air machair Àth
nan Rìgh, is chuireadh blàr cho fuilteach is air am bheil iom-
radh an eachdraidh na h-Èireann an sin.

A thaobh dhaoine bha an tuilleadh aig Feidhlim gun
teagamh, ach a thaobh an cuid armachd, is suidheachadh an
achaidh luim air an do chuireadh am blàr a thoirt fa-near, bha
gach ni am fàbhar truim-èididh is làn-chur-umpa nan Gall, le
marcaichean fo lùirichean, is luchd nam bogha, a bha cho
ainmeil san linn sin, nan taic. Fhathast, a dh'aindeoin gach cath
anns an do chrean iad air cha do dhealaich Nàistinnich Èireann
gu ruig an linn seo ri am modh-cogaidh fhèin. B' e sin air an
cois le tuagh is claidheamh, ach gun dìon air am bodhaigean
bho lainn no bho shaighid ach an lèintean tana lìn. Bha e an dàn
do gach nì dhiubh sin buaidh a bhith aca air cùisean aig deir-
eadh an latha. Ach cha robh fear a chriothnaich ron deuchainn
no a ghabh an ceum-cùil. Cha d' iarradh mathanas, is cha tugas
tròcair. Bha cùisean cudromach an earbsa ris gach taobh, is cha
robh tilleadh no gèilleadh ri bhith ann. Leagadh sìos fear-
brataich nan Connachtach. Leagadh gu làr ceann-feadhna an
dèidh ceann-feadhna, Ò Ceallaigh is ochd fir fhichead de uais-
lean a theaghlaich, Ò hEadhra, Ò Dumhda, Ò Madagain, mòran
de phrìomh-fhir Sìol Diarmaid, is nuair a leagadh gu làr an
gaisgeach òg Feidhlim fhèin bha a' chùis cheana an leth-taobh.
Cha robh aig Gàidheil Chonnachtaibh ach an cùl a thoirt ris an
àraich, is a' bhuaidh fhàgail an làmhan nan Gall. Tha e air a

ràdh gun d' fhàgadh ochd mìle Gàidheal Èireannach air raointean Àth nan Rìgh gun deò, is mòran diubh sin de smior nan teaghlach a b' inbhiche an Connachtaibh. Bha cuid de theaghlaichean eadhon, mar a thachair do Albainn aig Flodden anns nach robh fireannach beò air fhàgail.

B' e an ruaig seo call cho trom is a thàinig air na Dùthchasaich is air cùis a' Bhrusaich bhon chiad là gus an là mu dheireadh. Bha a' bhuaidh fhathast a' leantainn cheuman Bhruis fhèin is nan Dùthchasach a bha leis, ach b' ann latha a b' fhaide a-mach a bha e an dàn dha ionndrainn a dhèanamh air gach gàirdean treun a dh'fhàgadh sìnte an glaic a' bhàis air achadh iomraiteach ach mì-shealbhach Àth nan Rìgh.

Cha robh a rèir coltais mòr-bhuaidh ri bhith air aon oidhirp a rinneadh am Mumha no an Laighean, oir cha robh rian no àrd-cheannard orra a sheòladh iad le beachd Dùthchail. Dh'èirich Ò Tuathail, Ò Briain is fineachan beaga eile feadh àrd-chrìochan Chill Manntain, is bhuail iad air na Sasannaich a bha air iad fhèin a shuidheachadh anns a' choimhearsnachd, ach na b' fhaide na sin cha robh ach an cùisean beaga fhèin a' tighinn fa-near dhaibh. Chruinnich Ò Mòrdha mar an ceudna a chuid dhaoine, ach mu mhìosa deireannach a' gheamhraidh thàinig Buidealair suas riutha, is fhuair iad an droch ghiullachd. Aig deireadh na còmhraig air dhaibh an cùl a thoirt ris an àraich dh'fhàg iad ochd ceud fear nan sìneadh gun deò. Rinneadh an cleas ceudna air Ò Tuathail; dh'fhàg iadsan trì cheud fear marbh far an do chuir iad cath dlùth air Bealach Conghlais. Dh'èirich cuid den iarmaid a dh'fhàgadh de Chloinn Mhurachadha an Laighean, is mu bhruachan nan aibhnichean Boirgheas is Slànaidh, ach cha tàinig aon den cuid oidhirpeansan gu ìre a b' fheàrr. Cha b' ion fiughair a bhith ris: bha gach aon air a làimh fhèin: bha na Sasannaich nan làn-uidheam, le gnothach sònraichte aca anns an amharc, gan gabhail aon mu seach, is b' e mar sin staid dheireannach nan nàistinneach an Laighean, a bhith na bu doimhne an clàbar na daorsa na bha iad riamh.

Cha robh mar sin a-nis aig Brus is Ò Nèill ach an dòigh a chur nan deas-làimh, is nam feachd treun fhèin. Gun teagamh bha an Rìgh Raibeart a-nis ri an gualainn le mhisneach is a

ghliocas fhèin, is deagh chuideachadh a luchd-leanmhainn gu
an còmhnadh.

Cha robh gnothaichean cho fada clì fhathast is nach faodadh
iad fhèin is iad fhèin a-mhàin leis an fheachd a bha a-nis fo an
làimh cur gu teann ris an t-Sasannach, làidir gun robh a ghreim
fhathast an Èirinn. B' ìosal iad an là a chaidh iad air tìr an
Reachrainn is Albainn fo chuimrig na ceart eascairde bho
cheann gu ceann. Bu dìblidh an cor an oidhche a bha iad air gob
an rubha san Eilean Arannach, is an sùil ri cladaichean Inbhir
Àir feuch am boillsgeadh an leus-solais ris an robh an earbsa is
an dùil. Seadh, bu dìblidh, ach fhathast bha iad air cheann an
rathaid a threòraich gu Allt a' Bhonnaich is saorsa na h-Alb-
ann. An robh an ceann-rathaid air an robh iad an-diugh na bu
mhì-ghealltanaiche air Allt eile cheart cho buadhmhor a bhith
aig a' cheann thall? Bha agus cha robh.

Co-dhiù leis an deagh fheachd a bha a-nis fo an stiùireadh
rinn na Brusaich is na cinn-fheadhna a bha fodhpa ullachadh
gu an aghaidhean a thogail gu deas aon uair eile.

Bha deagh armailt fodhpa, suas ri deich mìle fichead a rèir
gach cunntais, làn-uidheamaichte, is gu ruig seo buadhmhor
anns gach faiche air an do thog iad bratach ri crann. B' ann mar
sin le làn-mhisneach is cridheachan subhach a chaidh iad nan
èideadh an ciad mhìos an earraich 1317 is a dh'fhàg iad Dùn
Dealgain nan dèidh aon uair eile.

Tha Bearrbair a' toirt mean-chunntais na obair fhiùghail air
a' chuairt seo air an do thog na Brusaich a-mach a-nis. Bha
daonnan a shùil air an Rìgh-ghaisgeach Raibeart fhèin don tug
e a leithid de spèis gu iomradh a thoirt air gach treun-ghnìomh
san do chuir e làmh. Ach cha robh e foghlaimte an cè-eòlas na
h-Èireann, is mar sin chan eil e soirbh a leantainn thar gach
abhainn, loch, is beinn, air am bheil e a' toirt iomraidh. Ach, an
aon chàs anns an robh e is air am bheil am Bàrd a' toirt cunnt-
ais mhionaidich, chì sinn glè chothromach mar a dh'fhaodadh
gnothaichean a bhith nam b' esan daonnan a bha air cheann na
cuideachd, is gan stiùireadh gu buaidh.

Nuair a thog iad a-mach à Dùn Dealgain air an rathad mu
dheas roinn iad am feachd na dhà bhuidhinn, aon air thoiseach
is aon air deireadh, a' chum is nach biodh an rathad, gu sòn-

raichte far am bu chuimhnge e, air a thachdadh ro-mhòr, is mar sin a' cur maille nan siubhal. Chaidh Eideard, Rìgh Èireann air cheann na ciad buidhne, is ghabh Raibeart, Rìgh Albann, e fhèin is Tòmas Randolph, stiùireadh an dara feachd os làimh.

Nuair a bha a' bhuidheann a bha fo Raibeart a' gabhail an rathaid tro choille dhùmhail dlùth air Fearta Fear Feig—tha eadhon an latha den mhìos, an sèathamh là deug de chiad mhìos an earraich, air a thoirt dhuinn—is Eideard cheana air dol troimpe, thugadh grad-ionnsaigh oirre le còmhlan fhear-bogha Sasannach. Thuig an Rìgh gur e bha annta ciad-chuid de mhòr-fheachd nan Sasannach a bha a-nis a rèir coltais a' feitheamh orra sa choille. Mar sin thug e cruaidh-òrdugh seachad gu h-ealamh, gun dol ceum thar an rathaid, gun an sreathan a bhristeadh, ach cabhag a dhèanamh gus am faigheadh iad air làr lom taobh eile na coille.

Mar seo ged a bha na fir-bhogha a' tighinn pailt dàna aig caochladh amannan cha tugadh tilleadh air an ceum, a-mach bho aon ionnsaigh a thug Cailean Caimbeul mac peathar an Rìgh air aon fhear a bu dàine na an còrr. Cha do bhrist iad an cuid shreathan, is fhuair iad tron choille gun mòran dochann. Nuair a fhuair iad air còmhnard a-rithist is e bha romhpa làn-fheachd Sasannach fo Ruiseart Clare (dà fhichead mìle, tha Bearrbair ag ràdh, ged nach eil math gèill a thoirt da sin), is leis gur e a leithid seo ris an robh fiughair, gun an tiotadh dàile leum Brus nam bad.

Ruaigeadh roimhe iad mar am moll ron ghaoith, is bha làn-bhuaidh-làrach aig Raibeart le leth an fheachd is gun fios aig Eideard uiread is gun robh an nàmhaid san aon cheann-dùthcha ris. Tha Bearrbair an sin ag innseadh mun fhreagairt sgaitich, is mun chomhairle a thug Raibeart do Eideard nuair a thachair iad, a chionn e bhith cho beag na earalas is dol tro choille dhùmhail air ceann-toisich feachd gun fios aige air a' chunnart anns an robh e, agus gun forfhais a thogail da thaobh.

An dèidh nan nithean sin ghabh iad an rathad deas tro Oirghialla, is tro fhearann na Midhe, is gun mòran ùine a leigeil thar an cinn (oir cha robh bacadh air a chur orra), thog iad ceann fa chomhair ceann-bhaile na dùthcha Baile Àtha Cliath.

Bha Baile Àtha Cliath air a làn-dhaingneachadh bhon là a fhuair na Sasannaich nan làmhan fhèin e. Bha e eadhon na chathair làidir mum faca iad riamh e, eadhon bhon chiad là a shuidhich na Lochlannaich an ceann-uachdranachd ann. Ach a-nis bhon a bha e an garbh-chunnart bho làmhan nam Brusach chaidh a neartachadh trì-fillte. Chaidh na ballachan a chàradh far an robh nì de mheang annta, is eadhon na clachan a thoirt às na taighean is às na h-eaglaisean gu obair gun taing a dhèanamh. Bha san àm sin bothagan fiodha taobh a-mach de bhallachan a' bhaile, is air eagal gum biodh iad air an cur gu feum air bith leis na Brusaich an àm cur sèist ris a' bhaile thug an t-àrd-mhaor òrdugh seachad gach aon dhiubh bhith air a losgadh gu làr, nì a rinneadh gun dàil, faodar a ràdh.

Nan ciad ionnsaigh thug na Dùthchasaich a-mach Cnoc a' Chaisteil is rinn iad prìosanach de cheannard an fhreiceadain, Tyrell; ach a rèir coltais bha iad am beachd nach robh feum a bhith strì ris a' Chathair fhèin, co-dhiù, aig an àm sin, no gum biodh a ghlacadh ro chostail dhaibh an sluagh. Mar sin leig iad dhiubh sèist a chur ris, is le sin a dhèanamh tha mi am beachd gur e mearachd cho mòr is a rinneadh le cuideachd Bhruis bhon chiad là gus an là mu dheireadh. B' fheàrr aon Bhaile Àtha Cliath nan làimh na fichead sgìre fo an sròl cùl nam monaidhean. Mar an ceudna le Baile Àtha Cliath nan dòrn bha an nead air a creachadh, is an sgaoth sheillean air an sgapadh; ach le Sasann na làn-neart am Baile Àtha Cliath bha i na làn-neart an Èirinn, is iuchair na tìre fo crios.

Tha an t-Eachdraiche Gillebrìghde, ge-tà, ag ràdh gur e a b' adhbhar do na Brusaich gun chur ri Baile Àtha Cliath gun robh a-nis an t-Iarla Ruadh na phrìosanach sa bhaile is e an cunnart na croiche mar thraoidhtear. B' e beachd nan Sasannach a thaobh is gum b' e athair-cèile Raibeirt Bhruis nach robh e cho dleastanach 's a bu chòir dha ann a bhith a' cur ri Eideard is ris na Dùthchasaich, is eadhon gur ann a bha taobh blàth aige riutha. Mar sin chuireadh an greim e, is bha e a-nis mar a thugas fa-near an cunnart a bheatha nan lasadh corraich nan Sasannach a bheag na bu theotha na aghaidh. Agus is e na Brusaich a chur gu cruaidh ris a' bhaile an ciad rud a dhèanadh sin.

Co-dhiù biodh na nithean sin nan adhbhar no na bitheadh, cha tug na Dùthchasaich a bheag de oidhirp air a' Chathair, is gun dàil thog iad an campa a bha aca air a shuidheachadh air an Dubh-linne dlùth air Leum a' Bhradain, is tharraing iad siar do chridhe na tìre. Shiubhail iad tro Shiorramachdan Cille Daire, Ceithir Loch, Cille Choinnich, is Tiobraid Arann gus an do ràinig iad Luimneach. Cha do thairg nàmhaid còmhrag dhaibh a b' fhiach a h-ainmeachadh, ach cha bu mhò a leigeadh ris mòran den chàirdeas dhaibh. Bha na nàistinnich a' fuireach cho fada bhuapa ris na Sasannaich fhèin. Cha robh Brus leotha a rèir coltais ach mar Ghall eile an geall air uachdranachd na tìre. Cha do thuig iad, is feumar aideachadh nach do chuidich gach milleadh a rinn Eideard Brus feadh fearainn na h-Èireann, gu toirt orra a thuigsinn, gur e an tìr a shaoradh bhon choig-reach air an robh na Dùthchasaich an geall. Bha mar an ceudna gainne is gort san tìr. Bha muinntir na dùthcha a' bàsachadh le plàigh is cion, is chan ann na leithid sin de àm a bu dùth do spiorad na saorsa dùsgadh, mura robh e air mosgladh mar-thà.

Ràinig na Dùthchasaich Luimneach, ach cha robh e na b' fhasa dhaibh am baile sin a ghlacadh na Baile Àtha Cliath fhèin, is cha robh e gu uiread feuma dhaibh. Cha mhò a dh'fheuch iad ris. Cha b' e am feachd a bha aca an àm gluasad à Dùn Dealgain no eadhon fo bhallachan Baile Àtha Cliath a bha aca a-nis. Bha a' ghort 's a' phlàigh an dèidh cur riuthasan mar an ceudna gu teann is gu cruaidh. Bha gach là mar a bha a' tighinn gan cur an tanadas, is gun na fir-chuideachaidh a' tighinn. B' ann fon fhòid aig Àth nan Rìgh, is feur gorm an earraich a' snodhachadh os an ceann, a bha na laoich a ruith-eadh, is a ruith, gu faiche às an leth-san is às leth an dùthcha.

Chuir Donnchadh Ò Briain, Thuath-Mumha fios chuca gun teagamh tighinn ga choimhead, ach b' e cur ri fear-cinnidh dha fhèin (Muireadhach Ò Briain), a bha a' tagradh a' chrùin a bha na bheachd-san, is cha b' e saorsa fearainn na h-Èireann. Agus nuair a chunnaic na Brusaich gun robh Muireadhach a-nis le fheachd fhèin an òrdugh catha air taobh eile na Sionainn, is Sasannaich na dùthcha nan uidheam is nan èideadh às a leth thug iad an aghaidh mu thuath, is dh'fhàg iad a' chùis gu a rèiteach mar a b' fheàrr a chitheadh iad fhèin iomchaidh.

Bha forfhais nach robh taitneach gan ruigheachd bhon ear co-dhiù, is eadhon a-nis fhèin gun an còrr dàlach bha na Dùthchasaich an garbh-chunnart. Bha Buidealair is De la Poer aig Cill Choinnich le còrr is deich mìle fichead fear fo an cuid arm; agus air Diardaoin Càisge ràinig Roger Mortimer Eochaill thar fairge, is e a-nis le barant an Rìgh na làimh ga dhèanamh na Riochd-rìgh an àite Bhuidealair. Chaidh e gu tìr le còig mìle deug fear-feachd taghte, deas gu còmhrag a-nall à Sasann, is ghabh e àite air an ceann gu coinneamh a thoirt do Bhrus aon uair eile. Mar sin cha robh ann ach amaideas dhoibhsan, is an luchd-leanmhainn, a bha comasach air an àite a ghabhail air achadh còmhraig a' dol an tainead gach là fo bhuaidh gorta is le plàigh, dad de mhaille a dhèanamh. Cha b' e seo an t-àm gu teannadh ri rèiteachadh co-dhiù a b' ann aig Donnchadh no aig Muireadhach Ò Briain a bha an t-ainm "Rìgh" gu bhith, oir is cinnteach nach biodh ann ach an t-ainm a dh'aindeoin cò aca aig am bitheadh e is an Sasannach fhathast na làn-neart san tìr.

Thill na Dùthchasaich mu thuath cha mhòr air a' cheart cheum air an do shiubhail iad mu dheas. Ghabh iad an rathad tro Chaiseal, Cill Daire is Àth Truim. Nuair a ràinig iad Àth Truim bha iad cho mòr air an claoidh le bochdainne is cion teachd-an-tìr is gum b' fheudar dhaibh fois cheithir là deug a dhèanamh anns a' bhaile. Dh'fhuiling am feachd cruadal a bha garbh nan tilleadh. Ged a bhiodh na bliadhnachan na bu phailte na bha iad, cha robh a-nis eadar iad fhèin is na Sasannaich mòran ri sheachnadh. Bha iomad treun-fhear a thuit ri taobh na slighe, is nach faca na bu mhò le sùil shaoghalta tìr a ghràidh, Tìr nam Beann; ach fhathast nan cruaidh-chàs cha do thrèig Ò Nèill, is a chinn-fheadhna iad, is dhlùth-lean iad ris a' chùis san do chuir iad làmh.

Ach a dh'aindeoin geur-chàs nam Brusach cha tàinig na Sas-annaich le an trom-fheachd faisg orra, ged a bha iad cho bagarrach a' cruinneachadh air gach taobh. Gun teagamh bha còrr ionnsaigh ga thoirt air a' chuid a bu deireannaiche dhiubh le buidhnean-siubhail, ach b' e sin uile e. Anns gach ionnsaigh dhiubh seo, a rèir Bhearrbair, bha an Rìgh Raibeart fhèin is Randolph gu sònraichte a' leigeil ris an treubhachd is a' gearr-adh sìos leis na tuaghannan aon air bith a leigeadh a dhànachd leis tighinn pailt dlùth. Bha na Dùthchasaich fo stiùireadh nam Brusach ion is a' gearradh an rathaid romhpa le an cuid arm, ach fhathast cha tàinig na Sasannaich a thairgse còmhraig dhaibh air an fhaiche rèidh. Theagamh gun robh goirteas an corragan air Allt a' Bhonnaich fhathast nan cuimhne is nach robh iad deònach an sgeul sin a bhith air a h-aithris an dara uair, ach co-dhiù leig iad leotha triall mu thuath, gun sròl no bratach a thogail an àirde fa chomhair an gnùise.

Mu chiad mhìos an t-samhraidh 1317, ràinig an còmhlan beag a thàinig tro a leithid de ghàbhadh Dùn Dealgain ceudna. Is e còmhlan beag a bha ann da-rìreadh seach am feachd acainn-each a thog an aghaidhean mu dheas trì mìosa roimhe sin. Gun teagamh sam bith shiubhail iad Èirinn bho cheann gu ceann gun feachd Sasannach fhaicinn a sheasadh fan comhair, agus ma bha adhbhar uaill an sin cha robh mòran tairbhe na cheann. Shiubhail iad Èirinn, ach b' ann le call nach tigeadh cùis nan Dùthchasach, no Alba na bu mhò, ach glè dhona às eugmhais. De gach culaidh iongantais a bha anns a' Chuairt Chatha uile gu lèir, b' i aon dhiubh, agus aon tha mi an dùil a thug bàrr orra uile gu lèir, gun d' aontaich Raibeart Brus idir falbh air a leithid de ghnothach cuthaig nuair a thog iad an campa aig Leum a' Bhradain. Chan fhaca iad nàmhaid a chuir coicheid orra. Chan fhaca, ach cha bu mhò a chunnaic iad a bheag de an càirdean. Cha do dhùisg Èirinn bhochd fhathast, co-dhiù cha deach iad an còmhdhail Eideird Bhruis le làmhan sgaoilte a thoirt dì-beatha dha. Den dà fhlaith dheug air am bheil iomradh a dh'èirich leis an Tìr na h-Èireann uile cha robh fiù a h-aon à Còigeamh Mhumha. Thàinig latha eile air Taigh Bhriain bhon a sheas Brian Mòr fhèin le luchd-cuideachaidh à Albainn ri thaobh fa chomhair nan Gall air Cluan na Buadha, Cluan Tairbh.

Glè ghoirid an dèidh do na Dùthchasaich fasgadh Dhùn Dealgain a thoirt a-mach thill an Rìgh Raibeart dhachaigh do Albainn. A rèir coltais b' e a bheachd tilleadh gun dàil le tuill-eadh cuideachaidh gu bhràthair; ach foghainteach gan robh Alba cha bu dùth gum b' urrainn dhi làn-fheachd a chumail san achadh air dà thaobh a' Chaoil. Bha Sasann fhathast a' toirt còrr ionnsaigh air an tìr, is ged a bha na deagh laoich an taice rithe mar a bha Seumas Dùghlas, is an Stiùbhartach, cha b' ann gun fheum orra bha gàirdean is comhairle an Rìgh fhèin. Bha mar an ceudna co-theachdaireachd eadar e fhèin is am Pàp san àm mu nithean riatanach co-cheangailte ri crùn is rìoghachd Albann, is mar sin ruith a' bhliadhna 1317 gun an cuideachadh a bha a-nis na b' fheumaile na bha e riamh a ruigheachd Eideird Bhruis air fearann na h-Èireann.

Fathast rè na bliadhna seo (1317) bha a' ghorta a' sìor-fhàsachadh na tìre. Cha do rinn na Dùthchasaich a bheag de ghluasad a-mach à Dùn Dealgain da thaobh sin, ach nì mò a thog na Sasannaich fada bho bhaile air a' cheart adhbhar. A thaobh nàistinneach na h-Èireann, mura robh an staid deich uairean na bu mhiosa cha robh i co-dhiù na b' fheàrr. Tha an luchd-eachdraidh fhèin a' toirt iomraidh mhuladaich air mar bha cùisean, iomradh a bheir crith air ar feòil air an là air am bheil an-diugh. Cha robh a leithid de ghorta an Èirinn ri cuimhne dhaoine, is thachair e tric gu leòr gun do mharbh màthraichean is athraichean an cuid cloinne, is gun d' ith siad iad. Bha eadhon iomradh air na mairbh a bha air an adhlac a bhith air an tarraing a-mach às na h-uaghannan, is air an ith-eadh suas leis na ceudan a bha a' siubhal na dùthcha air tòir na chumadh am beò annta. Mar a dh'fhaodteadh fiughair a bhith rithe, bha a' phlàigh gan leantainn-san air an luirg, is bàs agus bròn air a sàil-se gan sgaoileadh fhèin air aghaidh na tìre. Mar sin bha cuimhne iomad bliadhna an Èirinn air bliadhnachaibh cruadha Cuairt a' Bhrusaich, is mar as trice a gheibhear na an t-atharrachadh, bho nach robh e anns an dàn don chuairt sin a bhith soirbheachail, càite eile ach mu mhullach cinn Bhruis an cuirear a' choire?

An ath bhliadhna (1318) bha biadh na bu phailte, is chaidh gach taobh na arm 's na èideadh a-rithist. Cha mhò bha gnoth-aichean a' dol gu h-olc leis na Dùthchasaich sa chiad togail a-mach. Thug Ò Cearbhaill an ceann deas Laighean droch càradh do bhuidhinn Shasannaich a fhuair iad suas rithe, is mu chiad mhìosa an t-samhraidh chuir Ò Briain Thuath Mumha mu dheireadh roimhe buille a bhualadh.

Chan eil cinnt air co-dhiù a b' e am Brusach a chuideachadh a bha na bheachd no nach b' e; is e an t-amharas nach b' e, ach gun d' fhuair e an cothrom air na Sasannaich, is gun d' èirich e nan aghaidh mar a bha gach ceann-feadhna a' dèanamh bho àm gu àm co-dhiù. Biodh sin mar a thogras e ach cha rachadh a chuideachadh air iomrall air Brus no air na Dùthchasaich dòigh sam bith air an tigeadh e, oir beag gun robh e bha e a' cumail nan Sasannach bho an làn-fheachd a chur a dh'aon taobh.

Ach chan eil e coltach gur ann idir clì a bha an iorghail a thog e an-dràsta. Choinnich na Tuath-Mhumhannaich is na Sasannaich aig ionad ris an abrar Diseirt Ò Deà. B' e Ruiseart Clare a bha mar cheann-feachd aig na Goill, is Ò Briain fhèin air ceann nam Mumhannach. Chuireadh cath cruaidh. Sguabadh na Sasannaich far na faiche, is am measg na dh'fhàg iad marbh air an raon bha Clare fhèin. Nan robh a-nis Ò Briain air leantainn roimhe, is cur ri a nàimhdean le dealas is aon-fhill-teachd faodar a thuigsinn ciod na nithean mòra a bha e na chomas a dhèanamh. Ach a rèir coltais fhuair e na bha na amharc san àm, is cha robh cùisean a b' fharsainge na taobh a-staigh a chrìochan fhèin a' tighinn fa-near dha.

Tillidh sinn a-nis a-rithist gu Eideard Brus fhèin gu iomradh goirid a thoirt air na nithean a ghabh àite mun do mhùchadh buileach an solas dealrach a las e fhèin is Ò Nèill san Àird a Tuath, is a bha aon uair cho gealltanach.

Bha am foghar a-nis air tighinn. Bha pailteas bìdh ri fhaotainn san dùthaich is rinn an dà thaobh deas gu cath. Bha sùil nan Dùthchasach gach latha ri Albainn, is iad cinnteach à feachd-cuideachaidh a bhith air an rathad chuca a-nis, is là na deuchainn a' teannadh cho dlùth. Bha iad fhathast an Dùn Dealgain, is an campa suidhichte air cnoc na Faiche Àird mar dhà mhìle don bhaile, ach is e feachd glè bheag a bha sa champa sin gu coinneamh a thoirt a-nis don làn-fheachd a bha mu dheireadh thall a' gluasad na aghaidh.

Rinneadh Sir Iain De Bermingham na cheannard air feachd Shasainn nuair a chruinnicheadh comhairle le Mortimer. Ghluais e a-nis a-mach à Baile Àtha Cliath air ceann a chuid dhaoine, is gun dàil chaidh e tarsainn air Abhainn Buinne, is aghaidh gu tuath. Cha b' e feachd air a chur an tainead le gort a bha fo Bhermingham na bu mhò. Faodar a chreidsinn nach do ràinig e an àireamh a tha Bearrbair ag ràdh, no gun robh nì coltach ri fichead mìle marcaiche gun ghuth air coisichean leis; ach air an làimh eile dh'fheumadh gun robh barrachd air cunntas nan Sasannach fhèin leis—b' e sin dà mhìle fear-feachd taghte. Is e beachd an Eachdraiche Darci MacAoidh a thaobh gun robh Normanaich Mhidhe, is na dùthcha mun cuairt, uile gu lèir gu beagnaidh le Bermingham nach b' urrainn gun robh e a bheag fo ochd no deich mìle fear air chùl a làimhe an àm a' Bhuinne a chur às a dhèidh.

Mar a chunnaic sinn, bha na Dùthchasaich a' feitheamh ri cuideachadh a thighinn chuca à Albainn. Bha forfhais aca air Sir Iain Stiùbhart a bhith an sin fhèin dlùth do làimh le còig ceud fear; bha e eadhon air a ràdh gun robh an Rìgh Raibeart fhèin air cheann na buidhne sin, no co-dhiù cheana air dol air tìr an Èirinn.

Bha an t-arm Sasannach a-nis a' tarraing dlùth air Dùn Dealgain, is e a rèir coltais nam beachd cur ris na Dùthchasaich gun dad de mhaille a dhèanamh. Nuair a thugas fa-near sin, is a chunnacas am feachd comasach a bha a' tighinn am fagas, chuir Ò Nèill is an còrr de na cinn-fheadhna bha leis air a shùilean do Eideard gum b' fheàrr feitheamh gun chath a chur ach tuiteam air an ais mu thuath gus am faigheadh iad cothrom a b' fheàrr, no gus an ruigeadh cuideachadh iad. Cho math ri Ò Nèill bha a' chuid a bu chiallaiche de na cinn-fheachd Albannach, gu sònraichte Soulis, Ailein Stiùbhart, is Moubray, den aon bheachd.

Thairg Ò Nèill dha eadhon ceann-deiridh an airm a ghlèidheadh na thuiteam air ais is cagnadh a chumail ris na Sasannaich fad an latha no fad dà latha nam b' fheudar e, seach dol an greim an siud, is gach nì cho mì-ghealltanach. Tha e air a chur air Eideard, is e cho rag, danarra, ceann-làidir co-dhiù, gur e an fhreagairt a thug e do a luchd-comhairle, "ged a bhiodh a nàimhdean a cheithir uiread is a bha iad gun robh esan a' dol a chur catha riutha; agus ma bha an t-eagal orrasan gum faodadh iad tionndadh an leth-taobh is sealladh a ghabhail air a' bhlàr." Chan urrainn mi a ràdh gun robh fear bhon tigeadh na briathran sin airidh air àrd-chrùn na h-Èireann, no a bheag de àgh eile; ach is e mo bheachd mas e sin an fhreagairt amaideach a thug Eideard gur ann a chionn is gun robh a spiorad àrdanach air a sgìtheachadh ag aire a champa le làn-bhuaidh a’ teicheadh na b’ fhaide bhuaithe gach là, agus gun robh e nis làn-shuidhichte a’ chùis a chur aon taobh no taobh eile. Is e beachd cuid gur e a b’ adhbhar don Bhrusach a bhith cho suidhichte air a’ bhlàr a chur an làrach nam bonn far an robh e, gun robh amharas aige gun robh a bhràthair Raibeart dlùth do làimh le cuideachadh, is nach bu nì leis tuiteam air ais gu feitheamh ris, ach buaidh an latha is a làn-fhiughair rithe, a bhith aige fhèin a-mhàin. Ach, air an làimh eile, cha b’ e sin a bheachd daonnan. Cha robh ag aige ann a bhith a’ cur fios gu Raibeart aig àm eile, is nuair nach robh a chuideachadh cho feumail gu e a thighinn a-nall “is làmh a bhith aige san obair àghmhoir.”

Ach am faod e bhith nach robh e a’ faicinn gun robh a Chuairt a-nis a’ ruith gu ceann, is nach do bhuail e a-staigh air inntinn nach robh seachnadh ri bhith air a’ cheann sin a tha fios againne an-diugh a bha san dàn?

Tha e air a ràdh, agus ged a bhiodh e fìor cha b’ iongnadh uile gu lèir e, nuair a chunnaic Ò Nèill mar a thilgeadh a chomhairle an leth-taobh le leithid de dhìmeas, gur e sin a rinn e: a luchd-leanmhainn fhèin a tharraing a-mach bho na h-Albannaich. Ach chan eil sin a’ dearbhadh nach do ghabh e cuid anns a’ chath nuair a thòisich e. Tha eadhon cinnt air gun do ghabh ged a dh’fhaodas e bhith gur ann air atharrachadh siùil seach mar a bu mhiann leis a’ Bhrusach a chur.

Bha Brus a-nis na dhroch shuidheachadh. Bha an là air tighinn a bha gu dearbhadh nach robh e, comharraichte gun robh e nuair a bha na feartan leis, freagarrach gu bhith air ceann cùise cudromaich an àm na deuchainn. A rèir coltais cha robh anns a’ cheart uair ud a bheag is dà mhìle Albannach fo an cuid arm aige, is e a-nis an geall air cath a chur ri feachd a bha co-dhiù a cheithir uiread. Bha a bhràthair Raibeart buille air a’ bhuille cho gaisgeil ris, ach cha mheasadh e na thàmailt tuiteam air ais na leithid sin de shuidheachadh. Rinn e iomad uair e, is dhèanadh e a-rithist e nam biodh e air cheann nan Dùthchas-ach an là ud. Ach cha robh feum comhairle a thoirt air Eideard nuair a chuireadh e an t-atharrachadh roimhe, agus air achadh dòrainneach Faiche Àird bha an dubh-bhuil, dha fhèin is don chùis a bha an crochadh ris.

Tha mòran fhaoin-sgeul air an innseadh, is fhuair iad creideas, mun bhlàr seo—am blàr mu dheireadh a chuireadh an cuairt ainmeil Eideird Bhruis am fearann na h-Èireann. Tha e air a ràdh gun d' fhuair Bermingham is e air èideadh mar dhìol-dèirce a-steach do champa Bhruis an oidhche ron bhlàr, is gun d' fhuair e làn-shealladh den Bhrusach fhèin, is e a' gabhail na h-Aifrinne mar ullachadh spioradail air cheann chùisean cudromach an là-mhàireach. Mar an ceudna gun tàinig Iain Maupas, curaidh Normanach a-steach am measg luchd-siubhail fuadain eile, is e an èideadh amadain, gu làn-shealladh fhaotainn de cheannard ainmeil Dhùthchasach na h-Èireann. Tha e eadhon air a ràdh gur ann anns an dòigh seo is mun do thòisich an cath idir a chuireadh às don Bhrusach. A-rithist tha e air a ràdh gun do rinn Brus is Gillebrìghde Clàrsair iomlaid nan èideadh air madainn a' bhlàir, is gun do chog an Rìgh gus an do leagadh sìos e, le thuaigh 's na lùirich am measg nan coisichean. B' e a b' adhbhar da seo, mar a tha e air innseadh, gum bu churaidh treun an Clàrsair, is gun robh cinnt aig Eideard gum biodh gach treun-fhear am measg nan Sasannach ga shireadh fhèin a-mach gu còmhraig. Bha cliù nach bu bheag ri chosnadh nam b' e is gun cuirteadh gu làr am Brusach, oir mar fhear-cogaidh is mar churaidh bha ainm air dol am fad is am farsaingeachd, an dà chuid na ghnìomhan an cath na saorsa an Albainn, is a-nis air fearann na h-Èireann.

B' ann air Là na Sàbaid, an ceathramh là deug de mhìos deireannach an fhoghair, 1318, a chuireadh Blàr Fhaiche Àird. Air madainn an là sin, mun do bhuaileadh buille, is an dà fheachd fa chomhair a chèile, thug Roland Josse, Àrd-easbaig Àird Mhacha—Sasannach is gille-fidir air chorragan Eideird Shasainn is gann gun ruigear a leas innseadh—a bheannachd do bhrataichean nan Gall, is fuasgladh-easaontais do gach fear a ghabh àite no a thuiteadh fodhpa. Faodar a thuigsinn ciod a' bhuaidh a bhiodh aig na nithean sin, anns an là ud, air smuaintean dhaoine is air an dà fheachd fa leth. Fuasgladh-easaontais ga thoirt don allmharach ud le a làmhan taosgte am fuil an fhir-shàraichte, is ascaoin-eaglais mar fhaileas doilleir fhathast na laighe air anam an Dùthchasaich, ged a bha an dleastanas a b' àirde a ghabh sliochd duine riamh làmh ann—saorsa a dhùthcha fhèin—air a dheàrnadh còmhla ris air anam. Mo chreach is mo nàire gum biodh a leithid sin ri aithris!

Ach cha do chuir nì seach nì dhiubh stad no maille an gluasad nam fear bho Thuath, is leum iad am badaibh an nàimhdean; agus eadhon mun robh am feachd uile air an àite a ghabhail air an raon bha Brus fhèin am buillsgean na còmhraig, is an teas nan ciad bhras-bhuillean a bhuaileadh. A rèir gach iomraidh bha an cath cruaidh is fuilteach fad is a sheas e, ach an teas na còmhraig leagadh gu làr an aon fhear ris an robh gach cùis an crochadh. B' e seo Eideard Brus fhèin, mìlidh nan iomad lùth-chleas, is curaidh nam fichead blàr. Shir Iain Maupas a-mach e am fìor thoiseach a' chatha, is chuir an dà fhuirbirneach seo còmhrag ri chèile air leth bho chàch. Chan eil dearbhadh air co-dhiù a b' ann air an cois no air mhairc a bha iad, ach co-dhiù choinnich a mhac-samhail ris gach fear dhiubh an là ud, is ma b' i còmhrag dheireannach gach fir fa leth cha tug i dìmeas air aon seach aon, is dh'ìoc iad suas am beatha mar theisteas air an curantachd. Ach mar chall do gach feachd dom buineadh iad cha robh samhla eatorra. Bha fichead fear, bha ceud fear, san arm Shasannach a sheasadh àite Mhaupas, ach cha robh ach aon Bhrus am feachd nan Dùthchasach, is cha robh àite ri lìonadh nuair leagadh gu làr e.

Cha robh "Cothrom na Fèinne" fhèin aca an àm dol sìos gu blàr, ach le Brus air chall cha robh ann ach ruaig. Agus b' e an ruaig a b' fheudar a bhith ann. Dh'fhàgadh iomad ceatharnach na shìneadh air an raon, còrr is dà mhìle tha e air a ràdh. Dhiubh seo faodar aon no dhà ainmeachadh, Soulis, Ailean Stiùbhart, an Sasannach Moubray, agus a rèir nam fear-eachdraidh Èireannach aon co-dhiù de chinn-fine nan Dòmh-nallach. Ach cha b' iad seo an call bu mhò bha ris an là ud, cha b' e call a' chatha, cha b' e call Bhruis fhèin eadhon, ach b' e na bhàs-san, call is mùchadh is bàthadh an dòchais ud, a fhuair a-nis rè thrì bliadhna àite am broilleachan Ghàidheal na h-Èireann, ris na ceanglaichean a bhith mu dheireadh air am bristeadh agus an dùthaich a bhith saor.

Làimh ri Blàr Àth nan Rìgh is a thaobh call dhaoine, cha bu chasgairt an-throm Cath Fhaiche Àird. An aon rathad cha robh dà mhìle na chall nach gabhadh leasachadh, ach à feachd beag mar a bha aig Brus, agus e fhèin air àireamh leotha maille ris na cinn-fheachd a bu trèine bha leis, cha robh ceist ri bhith mun chùis, is cha robh ach an Gall fhàgail air an achadh is a' bhuaidh na làimh.

Fhuair Ò Nèill le chuid dhaoine fhèin gu ruig Tìr Eòghainn, ach chuireadh ris gu cruaidh na dhèidh sin nuair a fhuair na Sasannaich inntreachadh mu thuath. Fhuair am beagan a dh'fhàgadh de na h-Albannaich an rathad a dhèanamh gu ruig Carraig Fhearghais fo stiùireadh Mhic Thòmais Inbhir Àir, is ràinig iad Albainn gun an còrr driodairt. Tha e air a ràdh gun do ràinig an Rìgh Raibeart fhèin Èirinn mu dheireadh, is gun robh e air an rathad gu Dùn Dealgain le feachd-neartachaidh nuair a fhuair e forfhais air mar chaidh an là cho dubh an agh-aidh Eideird, is gun do thill e air ais à làrach nam bonn le cuideachd Mhic Thòmais.

Fhuaras corp Eideird Bhruis air an achadh, an taice ri corp eascaraid, Maupas, agus is e a rinn Bermingham, nòs an all-mharaich is an t-sluaigh dom buineadh e dìoladh gach dìmeas a thugadh do Shasann a thoirt a-mach air a' chorp mharbh. Ghèarr e an ceann deth, is shaill e le salann e. Chuir e an sin mar "thìodhlaic" gu ruig Eideard Shasainn an ceann. Chaidh an còrr den cholainn bhochd, cùis-gheilt nan Sasannach nuair a bha a smior blàth is beatha na chnàimh, a ghearradh na ceithir spadagan, is aon diubh a chrochadh ris gach crois an ceithir phrìomh-bhailtean na h-Èireann.

Is ann mar sin a chrìochnaich Cath-chuairt Eideird Bhruis an Èirinn. Thòisich i leis gach uile ghealltanas a bhith buadh-mhor. Bha a shiubhal mar an dealanach tron choille: bha na croinn a b' àirde gan sracadh is gan leagail gu làr ro fhroiseadh a chuid arm. Ach bha a chrìoch dheireannach cho ealamh ris an dealanach cheudna.

An uair a fhreagair Mac Talla air taobh eile a' ghlinne, is a dh'ath-fhreagair na beanntan a b' fhaide às, chaochail an iar-mailt, shìolaidh na siantan sìos, thùirling balbh-sgàil na h-oidhche air an tìr is cha robh e ri chluinntinn nas mò.

Beachdaichidh sinn a-nis anns a' cho-dhùnadh, agus sin cho aithghearr is a dh'fhaodas sinn, air ciod a' bhuaidh a bha aig Cath-chuairt Bhruis air cùis nan Dùthchasach is cor nan Nàistinneach an Èirinn; agus gu sònraichte ciod a dh'fhaodadh ar dùil a bhith ris nam b' e is gun rachadh leis anns an oidhirp thrèin a thug e. Anns a' chiad àite ged a mhùch Blàr Fhaiche Àird ion is buileach gach àrd-dhòchas a bha a' faotainn fasgaidh am broilleachan Dhùthchasach na h-Èireann air gun ruaigeadh iad an Gall a-mach às an crìochan, fhathast dh'athbheòthaicheadh an spiorad. Dh'fhosgladh an sùilean is thogadh am misneach air do chiad chràdh an gonaidh is na lèir-chreach siubhal air falbh. Chaill iad an latha, ach cha do dhìochuimhnich iad nan deuchainn gach buaidh a thug Brus is Ò Nèill air achadh lom is air beulaibh chaisteal. Cha robh na Normanaich no na Sasannaich ri bhith daonnan buadhmhor. Cha robh èifeachd no subhailc nan cuid arm nach robh an airm shlòighean eile, le rian a ghlèidheadh is ullachadh freagarrach a dhèanamh. Ma bha e eu-comasach an ruagadh a-mach à Èirinn buileach dh'fhaodteadh co-dhiù oidhirp a dhèanamh air an cumail ri còrsachan sear an Eilein is leth ri cladach far nach robh e furasta cur riutha. Chaill na Nàistinnich gun teagamh riaghladh na dùthcha, ach co-dhiù dh'fhaodteadh oidhirp a dhèanamh air na bha aca fhathast a ghlèidheadh is a bhith a' cur ris uidh air n-uidh. Ach gun dàil ghabh nithean an crìochan iomallach na h-Èireann car ris nach robh sùil aon chuid aig na Nàistinnich no fhathast aig na fir mhòra thall an Sasann.

An uair a chunnaic na coigrich a shuidhich iad fhèin fad-às bho Bhaile Àtha Cliath is bho chòrsachan sear na dùthcha nach robh a bheag de chuideachadh ri tighinn chuca à Sasann nan èireadh iorghail, smaointich iad gum b' fheàrr càirdean a dhèanamh dhaibh fhèin far an robh iad; agus an dòigh a b' ealaimhe gu sin a thoirt mun cuairt b' e cleachdadh an Èireannaich a ghabhail dhaibh fhèin is companas a dhèanamh ris na Nàistinnich. Is e sin a rinn iad, aon nì cho anabarrach 's a thachair an eachdraidh Èireann riamh. Thilg iad diubh èideadh an t-Sasannaich, is chuir iad umpa fèileadh is lèine-chroich an Èireannaich. Chuir iad cùl ri deise chruadhach, lùireach is airm nan Normanach, is ghabh iad an àite an uchd a chatha le lann, claidheamh is tuagh. Phòs iad is thug iad an nigheanan am pòsadh am measg theaghlaichean nàistinneach na h-Èireann. Dh'fhàg iad teanga, is cuid dhiubh eadhon ainmean nan Sasannach is nan Normanach air dìochuimhne, is labhair iad an cainnt mhilis fhìorghlan Innis Fàil. An aon fhacal cha robh ach coileanadh ùine, is shlugadh suas iad am measg Cheilteach Èireann, agus thàinig an gineal gu bhith, am briathran nam fear-eachdraidh, "more Irish than the Irish themselves."

Ach ma thug Cuairt Bhruis na h-atharraichean sin mun cuairt, ciod ris am b' ion duinn fiughair a bhith againn nan robh e buadhmhor?

Tha MacThòmais, na "Eachdraidh na h-Albann" aig deireadh na h-iomraidh ghoirid a tha e a' toirt air Cath-chuairt Bhruis, ag ràdh—"Thus was our country saved from the misfortune and guilt of a Scottish ascendency in Ireland." Tha na briathran sin a' leigeil ris nach do thuig e aon chuid brìgh no adhbhar na h-oidhirp a rinneadh, is nach do bheachdaich e idir air mar a thilgteadh eachdraidh an claisean ùra nan robh na Sasannaich air am fògradh à Èirinn.

Tha mise am beachd, is tha mi a' gabhail de dhànadas orm fhèin a ràdh, gur e Cath Fhaiche Àird, no theagamh le dol a-staigh na bu mheana sa chùis, tionndadh air falbh nam Brusach bho Bhaile Àtha Cliath, tachartas ris an robh cho mòr an crochadh is a ghabh àite riamh an eachdraidh nan Eilean Breatannach.

Cha d' fhuair fhathast, eadhon an Sasann fhèin, an Teutonach làn-làmh an uachdar. Thugadh droch shad san t-sròin dha aig Allt a' Bhonnaich, is b' e brìgh na buadha a thugadh gun do ghlaiseadh tuath air Tuaid air gu bràth. Mun cheart àm spìon Raibeart Brus às a làimh an t-Eilean Manannach. Cha robh a' Chuimrigh a Tuath (Cumberland), dùthaich a tha fhathast làn-Cheilteach, fada fo Chrùn Shasainn, is gun teagamh sam bith bha Cuimrig air a labhairt leis an luchd-àiteachaidh. Cha robh ach beagan ùine bhon a bha iad coma ged a b' ann fo riaghladh nan rìgh Albannach a bhiodh iad, is bha iad an sin àireamh bhliadhnachan ro àm teachd nan Normanach. Bha an Còrn meadh-bhlàth mu riaghladh Shasainn, ged a bha tearcas a sluaigh a' cur bacaidh oirre bho nì de ghluasad Dùthchail a dhèanamh. Cha robh teanga ach an Teanga Cheilteach air a labhairt san dùthaich, is fad 's a bha teanga, bha spiorad na dùthcha beò, gu lasadh na chaoir dheirg ri là an dùsgaidh.

Ach b' i a' Chuimrigh seach àite eile a-mach bho Èirinn fhèin air am bu truime cuing an t-Sasannaich a' laighe. Bha iad fhathast an trèine an neirt a chog às leth an saorsa fo Llewellyn, is cha robh ach an cothrom fhaotainn, is dùil ri soirbheachadh anns a' chùis nuair a dh'èireadh na Cuimrich nan làn-neart. Bha eadhon san àm san robh Eideard Brus an Èirinn co-fhiosan eadar e fhèin is co-dhiù aon de na cinn-fheadhna. Bha Griffith Lloyd à Mona a' cur teachdaireachd chuige a thaobh chùisean dùthchail, is dh'èirich e sa cheart àm air cheann buidhne de na Cuimrich. Bha an ceann-feadhna seo de shliochd Llewellyn Mhòir, is mar sin bha còir aige air àrd-riaghladh na Cuimrigh. Mun àm cheudna ghluais Llewellyn Bren air cheann buidhne eile an Glamorgan.

Chaidh na dùsgaidhean sin gun teagamh a chur sìos le Sasann, ach tha sinn a' faicinn ged a chaidh sin a dhèanamh, cho ealamh 's a bha a' Chuimrigh gu èirigh an da-rìreadh nam biodh na Sasannaich air an lagachadh le Èirinn a thoirt dhiubh. Agus cha diùltadh Alba is Èirinn, Raibeart is Eideard Brus, an cuideachadh a bhiodh feumail gu an saorsa a bha cho dligheach dhaibh aiseag a-rithist do Cheiltich na Cuimrigh.

Nam b' e is gun do chuir na Dùthchasaich sèist ri Baile Àtha Cliath le foighidinn is rùn suidhichte, nuair a thug iad a-mach Cnoc a' Chaisteil, is gun an neart a bhristeadh le Èirinn a shiubhal gun fhios ciod airson, chan eil an teagamh as lugha nach tug iad a-mach e. Cha robh na laoich a thug a-mach Dùn Èideann, Sruighlea, is Abar Ùig ri bhith air an diùltainn. Agus am fear aig am biodh Baile Àtha Cliath, is a ghlèidheadh e, bhiodh Èirinn na ghlaic. Nach mòr na bha an crochadh ris an tionndadh thubaisteach sin! Faodaidh gun robh ceann an Iarla Ruaidh ann, ach bha iomad ceann is beatha a bha fhathast gun bhreith an crochadh ris. Bha eachdraidh Èirinn an crochadh ris. Bha eachdraidh nan Ceilteach uile gu lèir an crochadh ris. Bha eachdraidh an t-saoghail an crochadh ris.

Nan tug Eideard Brus a' bhuaidh a bu mhath leinne mar Ghàidheil e a thoirt, chan e an Teutonach ach an Ceilteach a bhiodh san t-sreath-thoisich anns na h-Eileanan Breatannach. Am bheil e do-chreidsinn nach i a' Ghàidhlig, air a lìomhadh is air a loinnearadh leis a' cho-mheasgadh a thigeadh an lorg àrdchàirdeas nan slògh Ceilteach, a bheireadh a-mach dhi fhèin an inbhe àrd a tha an-diugh aig a' Bheurla Shasannaich? Cha robh Beurla ach air bheag meas eadhon an Sasainn fhèin an toiseach na ceathramh linn deug, oir b' i teanga nan Normanach Frangach a bha air a cleachdadh am measg nam flath is aig cùirt.

Nan tug Eideard Brus buaidh bhiodh an-riaghladh an Teutonaich an Èirinn air a mhùchadh na àm. Cha bhiodh alla-ghnìomhachas Chromwell no gach aimhreit a ghin a riaghladh a' toirt mì-chliù air ar n-eachdraidh. Cha bhiodh Èirinn air a roinn na dà leth is na culaidh-thruais mar a tha i an-diugh, agus an Gall le chorraig na bheul ag ràdh nach robh i riamh air atharrachadh.

Tha sè ceud bliadhna air bheul a bhith seachad bhon là ud a chuir Eideard Brus a chòmhrag dheireannach air aonach Faiche Àird. Dh'èirich Uallas no dhà an Èirinn bhon àm sin, ach tha am fìor Bhrusach gun tighinn fhathast. Thuit a' mheidh na h-aghaidh fo bhallachan Bhaile Àtha Cliath, is tha an t-slige air a h-uchd gus an là an-diugh.

Ach tha gluasadan mòra am measg nan slògh san là sam bheil sinne beò. Tha saorsa gach cinnich, mòr is beag mar sh ròl, mar bhrataich is mar ghairm-catha do gach feachd san strì; agus theagamh nuair a dh'èireas grian na sìthe air an t-saoghal aon uair eile gum faigh Gàidheil na h-Èireann mar an ceudna còir air an lios fhèin. Nuair a thig an là àghmhor sin, tha sinn an dùil nach bi an oidhirp a thug an treun-fhear Brus, is an gaisg-each dìleas Ò Nèill, air an dìochuimhneachadh ann a bhith a' luaidh air a sgeul.

Faoileag Tìr an Àig

Dòmnall Mac na Ceàpdaic

Ò, fhaoileig bhàin 's ann riut tha m' eud,
Do sgiath 's leat fhèin mar dheòin do chrìdh',
Ò, fhaoileig bhig à Tìr an Àigh,
Nach sona tà thu seach mi fhìn!

Nach buidhe nochd don chrìdh' ad chom,
Ò, eòin nan tonn—le beannachd Dhia
'S leat fhèin an domhain mhòr 's na th' ann,
Is leat neo-ghann gach nì as fhiach.

Is leat a-nochd do leaba shaor
An creig nan gaoth fo dhruim nan speur;
Is leat-sa cogar sìor nan stuagh
A-chaoidh a' luaidh air Flathas Dhè.

Is leat an Sòlas is an t-Soills'
A dh'fhògras oidhch' am beul an là,
Is aiseirigh Mhic Speur à cuan
An coimeas buan don Chailis Àigh.

Is leatsa iarmailt chiùin na Sìth
Is cadal mìn nan siantan aost',
Suain an domhain, 's fois nam beò,
Rèite ghlòrmhor, Maise 's Gaol.

Is leatsa fhèin an saoghal fìor
Ò, eòin gun iargain is gun leòn,

'S leat an Fhìrinn Mhòr 's an nèamh
A chaill mo ghnè-sa; sliochd a' bh ròin.

Ò, fhaoileig ghil, mo chridhe truagh
Tha air a dhuanadh le dubh-nàir',
'S à trom-mhasladh seo nan clann
Cha tog mi fhèin mo cheann gu bràth.

Air Innis seo na Brèige dorch'
Gach aon reul shorcha cheil an leus,
'S Grian no Gealach chan fhaic sùil,
Ach ceò dùmhail—linnseach Èig.

Am pian purgadair mo Dheòin
Bidh mo bheò oir mhealladh mì,
Gus an toir mi suas mo bhonn.
Is don pholl air m' ais an till.

Ach beannachd leatsa fhaoileig bhàin,
'S gu Tìr an Àigh bheir soraidh uam,
——Ò, chan fhaod mi ghaoil leat triall:
Ach, don Iar bheir leat mo dhuan.

Raibeart Burns, Bàrd Ceilteach

Aonghas MacEanraig

Tha Clann nan Gàidheal mùirneach, gràdhach mu bhàrd-achd Bhurns. Chan eil dream air an talamh a tha a' cur barr-achd de mheas agus de urram air an obair cheutaich sin. Is toigh leotha a bhith ga leughadh, ga h-aithris, ga seinn, agus ga cnuasachd. Tha i taitneach agus luachmhor leotha, agus òlaidh iad i le uiread de shòlas is a dh'òlas an t-eun an t-uisge. Bheir i dhaibh a' cheart tomhas de thaitneas agus de àbhachd is a bheir dàin agus òrain am bàrdaibh fhèin. Ruigidh i an cridhe, agus gluaisidh i an spiorad air dhòigh a tha comharraichte agus iongantach.

Dè as ciall don bhuaidh làidir a th' aice thairis air an càil agus air an inntinn? Chan eil nì gun bhunachar, agus chan ann le tuiteamas a thachair dhaibh a bhith cho miadhail air obair Bhurns. Cha ruigear leas dol fad a shireadh an adhbhair. A thaobh ginntinn agus àraich bu Ghàidheal e gu cnàimh an droma, agus cha robh boinne na chuislean ach fuil Cheilteach. A thaobh sinnsear agus sloinnidh bha e den chinneach aosta, fhoinnidh on d' èirich Oisean agus Mac Mhuirich. Cha robh cuid no gnothach aige ris a' chinneach Theutonach. Is e seo iuchair na cùise, oir thèid dùthchas an aghaidh nan creagan. Is blàth an fhuil! Dè a' chinnt a th' againn gun robh craobh-shean-chais a' Bhàird air a freumhachadh gu buileach sa chinneach

Ghàidhealach? Tha na dearbhaidhean lìonmhor agus soilleir, agus is e mo mhiann cuid dhiubh a thoirt air an aghaidh agus a rannsachadh. Bu Ghàidheal e, anns a' chiad àite, a thaobh a shinnsre, agus san dara àite a thaobh a ghnè, a chàil agus a aomaidhean-inntinn.

Gabhamaid beachd, an toiseach, air a shinnsre. Air iarrtas an Ollaimh Burnes, Montròs, chaidh fiosrachadh a dhèanamh a-staigh don chùis seo an 1837 le Leòmhann-rìgh Gearraidh-Airm na h-Albann, agus chaidh sìlidh a' Bhàird a lorgachadh gu neo-mhearachdach fad iomadh glùn. Chaidh ruigheachd air ais gu Bhaltar Caimbeul aig an robh gabhaltas fearainn aig Taigh an Uillt, Earra-Ghàidheal, mu mheadhan an t-seachdamh linn deug. Tha cuid den bharail gun robh e càirdeach do theaghlach flathail Earra-Ghàidheal. Bha an t-àm buaireasach neo-shuidhichte, agus bha cogaidhean sìobhalta a' sìor-dhol air an aghaidh. Is coltach nach robh Bhaltar den aon bharail ris na tighearnan fearainn aig an robh àrd-chumhachd an Latharna, agus cha b' fhada gus an d' fhiosraich e an diomb agus an nàimhdeas. Mar a thachair do iomadh aon eile, b' èiginn dha imrich a thogail, agus cùlaibh a thoirt air dachaigh òige. Sholair e còmhnaidh ùr dha fhèin agus da theaghlach an Gleann Bearbhaidh, an siorramachd Chinn Chàrdain. Leig e seachad a shloinneadh dligheach, ach cha do chaill e a bhàidh agus a spèis do thìr a dhùthchais. B' e an t-ainm ùr a ghabh e Burnhoose, is e sin ri ràdh, Taigh an Uillt, air a thionndadh gu Beurla nan Gall. Gheibhear anns na seann leabhraichean-seisein iomraidhean goirid air a shliochd. Bha a mhac, Bhaltar Burnness, an seilbh air an tuathanachas ris an abrar Bog-dhorain an Gleann Bhearbhaidh, agus aigesan bha mac dom b' ainm Seumas Burness, a rugadh sa bhliadhna 1656, agus aig an robh air mhàl Bràigh na Linne Mòire. Aig Seumas bha mac, Raibeart Burness (seanair a' Bhàird), aig an robh tuathanachas dlùth do Dhùn Otair, air fearann an Iarla Marischal. An 1716 chaill an t-Iarla a chuid fearainn air tàillibh a dhìlseachd do adhbhar nan Stiùbhartach, agus, anns an iorghail a bh' ann, chaidh Burness, mar an ceudna, a thoirt gu bochdainn agus ainnis. Chaidh an fhàrdach a chur mu sgaoil, agus b' èiginn don teaghlach teann-adh air falbh a shireadh cosnaidh.

Thug Uilleam, an dara mac bu shine, aghaidh air Dùn Èideann, agus, dlùth don bhaile sin, fhuair e obair mar ghàrradair. An ceann beagan bhliadhnachan chaidh e do shiorramachd Inbhir Àir, far an robh e an toiseach na ghàrradair, agus a-rithist na chroitear. An uair a ghabh e an crioman fearainn phòs e, agus thog e an taigh beag tobhta a tha ri fhaicinn gus an latha an-diugh. Bha aige sèathnar chloinne, agus, dhiubh seo, b' e am Bàrd an t-aon bu shine. Tha craobh-sheanchais Bhurns a' làn-dhearbhadh gun robh a shinnsreachd cho Gàidhealach ri dream a thuinich riamh ri taobh Loch Èite. Anns a' char seo, tha e neònach ri aithris gun do chleachd Iain, diùc ainmeil Earra-Ghàidheal, an sloinneadh "Burnus" ann a bhith a' sgrìobhadh gu dìomhair, an dèidh Blàr Shlèibh an t-Siorraim, dh'ionnsaigh a' Phrionnsa bh' air fògradh. Chithear seo an litir a chuireadh le Horace Walpole gu Horace Mann air an 30mh den Òg-mhìos, 1742.

Ach bidh cuid den bharail, ged bu Chaimbeulach am Bàrd, gum faodadh na h-uiread de fhuil Anglaich no Theutonaich a bhith ann an lorg eadar-phòsaidhean an Cinn Chàrdain agus an Gaillimh. Is i mo bharail gun do thagh na Burnessaich am mnathan à teaghlaichean a bha glan Ceilteach, ach chan eil e cho furasta dearbhaidhean diongmhalta a thoirt seachad thaobh na ceiste seo. Gidheadh, leis an fhiosrachadh a th' againn, faodar a' chùis a reusanachadh a-mach air chor is gur glè bheag a dh'fhàgar an teagamh. Anns an t-seachdamh linn deug agus an ochdamh linn deug, ceart mar anns an fhicheadamh linn, bha a' mhòr-roinn ris an canta a' Mhaoirne, agus a bha a' ghabhail staigh Chinn Chàrdain, air a h-àiteachadh ach beag gu buileach le sluagh Ceilteach. Bu duilich teaghlach fhaighinn aig an robh an dàimh bu lugha ris a' chinneach Theutonach, agus cha robh gin idir dhiubh anns na ceàrnachan dùthchail, no an seilbh air tuathanachais. Bha a' Ghàidhlig, gun teagamh, a' teannadh ri ruith a-mach, ach bha seo air adhbharachadh, chan ann le eilthirich dheasach a bhith a' tighinn a-staigh, ach le modhannan agus cainnt nan Sasannach a bhith a' fàs fasanta an lorg na h-eisimpleir a bh' air a cur leis na morairean agus na flaithean. Nithear a' chùis seo nas soilleire ma thèid sinn air ar n-ais beagan eile an eachdraidh na h-Albann.

Fhuair na Sasannaich, no na Teutonaich, seilbh air an Lodainn sa bhliadhna 547, agus ghlèidh iad seilbh oirre rè cheithir cheud gu leth bliadhna. Anns an ùine sin, shocraich iad iad fhèin gu bunailteach, agus bha an dream Ceilteach air am fògradh thar nan crìochan. Eadhon an dèidh don Lodainn a bhith air a cosnadh air a h-ais do riaghladh Albainn le Rìgh Calum II., dh'fhan i Teutonach am poball agus an cànain. Ach mar chinneach, cha do sgaoil na Lodainnich riamh air feadh na cuid eile de Albainn. An àireamh bheag dhiubh a chaidh do cheàrnachan eile, thuinich iad gu buileach anns na bailtean-puirt agus na bailtean-margaidh, far an robh iad a' cur air an aghaidh gnìomhachais agus malairt. Cha do ghabh iad gnothach ri obair tuathanachais, agus, uime sin, sheachain iad na ceàrnachan dùthchail. Bha Calum a' Chinn Mhòir na rìgh Ceilteach a' riaghladh thairis air rìoghachd Cheiltich, ach, on latha a phòs e Mairearad (piuthar Rìgh Shasainn), thòisich cleachdaidhean Teutonach ri tighinn a-staigh air a' Ghalltachd. Theann an Eaglais ri deagh-ghean a nochdadh do Bheurla nan Sasannach; bha laghannan an fhearainn air an deilbh a rèir rian Shasainn, agus thòisich Sasannaich ri marsantachd agus malairt a chumail air an aghaidh ris na h-Albannaich. An ceann a chèile, bha na nithean seo nam meadhanan foghainteach a chum atharrachaidhean sònraichte a thoirt mun cuairt an cainnt agus an àbhaistean an t-sluaigh eadar Bagh Fhorchu agus Bagh Mhoraidh. O linn Mairearaid lean na rìghrean air a bhith Frangach no Sasannach nan cànain agus nan aignidhean; bha na h-àrd-phearsachan-eaglais, mar bu trice, den chinneach Normanach no Shasannach; chaidh anabarr fearainn a liubhairt thairis do fhlaithean Normanach; thàinig marsantan Sasannach a dh'fhuireach do bhailtean Albannach, agus chaidh riaghailtean nam bailtean sin a thionndadh gu cruth Sasannach.

Is iad seo na h-adhbharan air aon atharrachadh a thaobh cainnt no cleachdaidh a thàinig air a' Mhaoirne. Cha tàinig cinneach coimheach a-staigh innte, agus dh'fhan i cho Ceilteach a thaobh gnè agus fala is a bha i ri linn Chaluim Chille. Bha Mgr. Green fada ceàrr an uair a sgrìobh e gun robh tuathanaich na Maoirne, aig toiseach Chogaidhean na Saorsa, nan "stout-hearted Northumbrian Englishmen," agus gum bu Shasannaich an dream a bha ag àiteachadh còrsa na mara eadar Dùn Dè agus Obar Dheathain. Tha an t-eachdraiche snasail cho fad am mearachd sa char seo is a tha e am mòran eile de a chuid bheachdan. Tha sgrìobhaichean a bha beò anns na Linntean Meadhanach ag innseadh dhuinn gu soilleir nach robh am mùthadh bu lugha a thaobh sinnsear eadar a' chuid sin de Albannaich a bha a' labhairt Beurla agus a' chuid a bha a' leantainn ris a' Ghàidhlig. Anns a' bhliadhna 1618, thàinig Iain Mac an Tàilleir, am Bàrd Uisge, air chuairt do Albainn, agus chuir e oidhche seachad an Eigeal, anns a' Mhaoirn, far "nach b' urrainn an sluagh a bheag sam bith de Bheurla a labhairt." O chionn còrr is leth-cheud bliadhna sgrìobh ministear sgìreachd Dhunait, an siorramachd Obar Dheathain, mar a leanas:—

The Gordons were not of Celtic origin, though they had many Highland possessions, yet such was their influence with their Gaelic-speaking tenants that, in the whole district on the right of the Dee, from Balmoral to Glenmuick, the old language had disappeared long before the beginning of the nineteenth century; while, on the opposite bank of the river, where the proprietors were either Celtic or non-resident, the Gaelic continued to be the household language of almost every family down to 1830 at least.

Cha bhiodh e duilich fichead dearbhadh den t-seòrsa seo a thoirt seachad a chum a leigeadh ris gun do mhair sluagh na Maoirne buileach Ceilteach ged a leig iad seachad cainnt an athraichean. Air an adhbhar sin, faodaidh sinn a chreidsinn gur ann ri teaghlaichean a bha cheart cho Gàidhealach riutha fhèin a rinn na Burnessaich eadar-phòsaidhean. Bha muinntir Ghlinn Bhearbhaidh den aon fhuil agus den aon chinneach ri muinntir Ghlinn Èite no Ghlinn Comhann. An uair a dh'fhàg athair a' Bhàird an àird an ear agus a rinn e a dhachaigh dlùth do Inbhir Àir, bha e a-rithist am measg muinntir a bha buileach Ceilteach, agus a bha a' labhairt Gàidhlig gu toiseach an t-seachdamh linn deug. B' iad ainmean a bhuineadh don t-seann chànain a bh' air an giùlan leis gach àite mun cuairt da

—leis gach loch is abhainn, gleann is coire, cnoc is doire, raon is monadh, beinn is bealach. Aig a' bhoireannach a phòs e, Agaidh NicGilleDhuinn, cha robh an dàimh bu lugha ris a' chinneach Shasannach no Theutonach. Bha i cho Ceilteach is ged a bhiodh i air a breith agus air a h-àrach an teis-meadhain Earra-Ghàidheal. Mar seo chì sinn gum b' fhìor Ghàidheal Raibeart Burns a thaobh gintinn agus nàisein.

Le a ghiùlan agus a chaitheamh-beatha, le a rùintean agus aignidhean, nochd am Bàrd gu riochdail gum buineadh e don chinneach Cheilteach.

Bha na Gàidheil riamh comharraichte airson an dìlseachd dan càirdean, agus an deisealachd gu dol an leisgeul càch a chèile. Bha iad fialaidh, toirteil ris an dream bu toigh leotha, ach gamhlasach, droch-mhèineach ris a' mhuinntir bu bheag orra. Bha iad àrdanach, mòr-chùiseach, agus ealamh gu oil-bheum agus sròineas a ghabhail. Bha iad eudmhor, dealasach a thaobh cheistean follaiseach anns an cuireadh iad seagh agus ùidh, agus chathaicheadh iad gu sùrdail, spioradail as leth fìr-innean-suidhichte san robh iad a' creidsinn. Bha iad dèidheil air eachdraidh agus cleachdaidhean an sinnsre, agus bha iad dìon, ainteasach, araon nam mulad agus nan aighear. Bha iad, gu nàdarra, uasal, suairce, modhail, cùirteil, agus bu dual dhaibh othail is udag a dhèanamh mu choigrich. Bha gach buaidh dhiubh seo, math is dona, ri am faicinn cho follaiseach an giùlan a' Bhàird is nach eil stàth dhomh feitheamh ri an comharrachadh a-mach. Bu Ghàidheal e gun cheist a thaobh àbhaistean agus bheusan.

Bha Raibeart Burns a' toirt mòran smaoin agus aire do cheistean follaiseach a latha, agus bha e daonnan a' gabhail beachdan nan tuathach air gach gluasad agus togradh a bha am measg a' phobaill. Bha buaidh làidir aig a chuid bharailean air sluagh na h-Albann, agus cha d' fhalbh a' bhuaidh seo fhathast. A thaobh nan cùisean seo bha eadar-dhealachadh iongantach eadar esan agus bàird ainmeil Shasainn. Bha a bheachdan fhèin aig Milton air nithean a bha a' tachairt ri a linn, ach chan eil iad ach gann idir air am foillseachadh na obair litreachais. An uair a tha iad rim faicinn, b' fheàrr às no ann iad. Bha tuillidh cumh-achd aig barailean Wordsworth thairis air a chuid filidheachd, ach cha robh iad air an cur an cèill ro sgoinneil, agus cha robh iad furasta a thuigsinn. An leughadh obair Thennyson, cò nach eil coma gun do lean e Mgr. Gladstone gu àm Bile an Fhèin-Riaghlaidh, agus an sin gun tug e cùlaibh ris? Cha dèan e am mùthadh as lugha leinn dè na beachdan e bh' aig Tennyson a thaobh cheistean shluagh-iùileach.

Tha a' chùis air atharrachadh a thaobh Raibeirt Bhurns. Bha, agus tha, esan air amharc air mar neach a tha, an tomhas àraidh, a' riochdachadh a cho-luchd-dùthcha—mar neach a tha a' labhairt às leth a chinnich dom buin e, gu sònraichte às leth na muinntir a tha san aon inbhe san robh e fhèin. Tha e a' labhairt às leth spiorad beòthachaidh agus saorsa, agus shèid e trompaid àrd-fhuaimneach an aghaidh luchd-sàrachaidh an t-sluaigh ainnsich. Anns gach cùis dhiubh seo, leig e ris a nàdar Ceilteach mar a bha an nàdar sin air a chur am fiachaibh am measg muinntir na Gàidhealtachd agus na Frainge. Bha taobh blàth aige ris na rìghrean Stiùbhartach, agus sin a thaobh nàis-ein agus dùthchais. Air a ghluasad le a ghràdh do na Seumais agus a ghràin air na Seòrais, chuir e ri chèile iomadh luinneag shnas-chainnteach a th' air am meas mar àrd-bhàrdachd, agus a bhios air an seinn is air an aithris le mòr-spèis agus -chaith-ream gus an crìon agus an teirig an cinneach Ceilteach. Bheir iad gu grad nar cuimhne obair Mhic Mhaighstir Alasdair agus iomadh bàrd Gàidhealach eile. Tha an spiorad dealaidh, eud-mhor, bras a th' air fhoillseachadh an òrain Bhurns agus Alas-dair Dhòmhnallaich air a nochdadh, mar an ceudna, an sgrìobhaidhean Mhgr. Rudyard Kipling, aig an robh màthair a bha làn-Ghàidhealach—ban-Dòmhnallach mheasail.

Coltach ris gach fìor Ghàidheal, bha fuath agus diomb aig Burns don Rian Fhiùdalach, agus do gach ciorram agus olc a bha a' leantainn na lorg. Chaidh an t-iarann glè òg a-staigh na anam, am feadh a bha athair na thuathanach beag air fearann MhicFhearghais, Dhùin Tom. Rè bliadhna no dhà shoirbhich gnothaichean gu math le Uilleam Burness, agus cha robh cùram no iomagain air a thaobh a theachd-an-tìr. Ach, thàinig cùisean na aghaidh, agus chaidh e fhèin agus na bhuineadh dha a thoirt gu ainnis agus uireasbhaidh. Moch agus anmoch, shaothraich an t-athair, a' mhàthair agus an dà mhac (Raibeart agus Gilbeart). Bha an obair goirt, agus, a thaobh bìdh agus ghoireasan eile, bha iad air dhroch àirde. Cho fad is bu bheò MacFhearghais, cha rachadh mòran iorghail a dhèanamh ged a bhiodh am màl seachdainean air dheireadh, ach, an uair a shiubhail esan, thàinig atharrachadh air cùisean. "To clench our misfortunes," tha am Bàrd ag innseadh dhuinn, "we fell into the hands of a factor who sat for the picture I have drawn of one in my tale of *The Twa Dogs*. There was a freedom from his lease in two years, and we retrenched our expenses and lived very poorly. A novel writer might view the scenes with satisfaction, but so did not I. My indignation yet boils at the recollection of the scoundrel factor's insolent letters, which used to set us all in tears." Nach Gàidhealach na h-aignidhean a th' againn an seo air an cur an cainnt!

B' e Burns aon den chiad fheadhainn a thòisich air tagradh a dhèanamh às leth ath-leasachaidh an laghannan an fhearainn, agus, eadhon gus an latha an-diugh, tha a bheachdan air am meas adhartach leis na h-uile agus cunnartach le mòran. Gheibhear iad air an cur sìos gu h-aithghearr anns an dàn sgaiteach ud, *The Twa Dogs*, agus anns na h-uiread eile de a chuid bàrdachd. Bha bàidh agus co-fhaireachdainn aige ri a dhàimhich anns a' Ghàidhealtachd, a bh' air am fògradh, aig an àm ud, a-mach às am fearainn agus às am fàrdaichean. Bha e a' faighinn iomraidh mhionaidich air an ainneart eagalach a bha na h-uachdarain a' dèanamh air na tuathanaich bheaga, agus bha a chridhe air a lìonadh le bruaillean agus corraich. Tha e a' toirt air "Luath" labhairt mar seo:—

> *There's mony a creditable stock*
> *O' decent, honest, fawsont folk,*
> *Are riven oot, baith root and branch,*
> *Some rascal's pridefu' greed to quench.*

B' e fuadach nan Gàidheal a cho-èignich e gus am "Fios gu Beelsebub" a chur ri chèile. Rinn e seo an 1786—a' bhliadhna san do chuir Tighearna Ghlinn Garaidh ceithir cheud de a luchd-cinnidh air an uideal. Air an tilgeadh air faontraigh, bu mhiann leis na daoine truagha dol thar a' chuain do Chanada, ach, eadhon an uiread seo de chothrom, cha cheadaicheadh na

h-uachdarain dhaibh fhaighinn. Chuir iad aslachadh làidir gu
Ministearan a' Chrùin a chum is gun rachadh a' mhuinntir ud a
bhacadh o dhol a-mach à Albainn. B' e seo an sgeula mì-
chneasta a ràinig Burns, agus e an gobhal a' chroinn air
dailthean Mhoisgil. Tha e air aithris gun do chuir am "Fios gu
Beelsebub" agus an litir gu Iarla Bhràghad Albann mòr-dhorran
air cinn-chinnidh agus tighearnan-fearainn na Gàidhealtachd.
Ach is ann am *Brigs of Ayr* a gheibh sinn na beachdan
cùramach, abaich aig Burns mun fhearann air an cur gu h-ath-
aiseach far comhair. Coltach ri "Luath," chan eil an t-Seann
Drochaid a' toirt mòran de mheas no de mhodh do uachdarain
na h-Albann. Is e an cliù a tha i a' toirt orra—

> *Staumrel, corky-headed, graceless gentry,*
> *The herryment and ruin o' the country.*

B' ann san spiorad cheudna a sgrìobh Bàrd Thighearna
Cholla agus mòran de bhàird eile mun ghart-lann amaideach
agus neo-thairisneach a rinneadh air a' Ghàidhealtachd. Mur
biodh càil agus gnè a' Cheiltich am Burns cha chuireadh dìol na
muinntir ud uiread de mhìothlachd agus de oillt air.

Rathad eile san robh beachdan Bhurns co-shìnte ri beachd-
an nan Gàidheal bu tuigsiche agus a b' fhiosraiche, b' e sin gun
robh e a-mach 's a-muigh an aghaidh an Aonaidh a rinneadh
eadar Albainn agus Sasann. Cha b' urrainn dha sgèimh no
grinneas, tùr no toinisg, math no rath, fhaicinn anns a' cheum
mhì-shona sin, agus cha do leig e riamh cothrom freagarrach
seachad a chum a chàineadh agus a dhìteadh. Cha robh mòran
meas aige air na cladhairean leibideach a reic an dùthaich dom
buineadh iad air baslach de òr. Bha e gu tric ag innseadh, ma
bha Albainn a' dìreadh an sonas agus an soirbheachadh, nach
b' ann an lorg an Aonaidh. An sgrìobhadh gu bana-charaid
ionmhainn thuirt e gun robh cuid a' dèanamh uaill agus moit às
an adhart a bha an dùthaich a' dèanamh on chaidh i fo sgiath
nan Sasannach. "Ach, dè an t-adhart seo," deir esan, "an uair a
bheir sinn fa-near gun do chaill Albainn a h-inbhe, a neo-eis-
imeileachd, agus, eadhon, a h-ainm." Bha gach nì agus neach a
b' fhiach air an ainmeachadh air Sasann, agus cha robh sin a'
còrdadh ris ach dona. Bha cràdh agus tàmailt air an diùlnach

eireachdail gun deachaidh a dhùthaich a chur fo stiùireadh nan coimheach, agus sin air tàillibh meatachd agus aingealtais a cuid mhaithean fhèin. Arsa esan—

Oh! would, ere I had seen the day
That treason could thus fail us,
My auld grey heid had lain in clay
Wi' Bruce and loyal Wallace.
But pith and power, till my last hour,
I'll make this declaration;
We're bought and sold for English gold,
Such a parcel of rogues in a nation.

Cha bu bheachdan seo a bhiodh air an altram no air an cur an cèill le neach aig na robh dàimh no ceangal ris a' chinneach Shasannach. Bha iad gu lèir Gàidhealach a thaobh gnè agus cruth. Tha sinn gu minig a' tachairt ri an leithidean eile am bàrdachd Mhic Mhaighstir Alasdair agus Dhonnchaidh Bhàin, a bha, le chèile, nan seann daoine am feadh is a bha esan fhathast na dhuine òg.

Bha na Gàidheil gu nàdarra ciùin, foistinneach, soirbh, soitheamh, agus bu ghràineach leotha cleasachd nan arm. Bha an tlachd an càirdeas agus an suaimhneas, agus cha b' ann an connsachadh agus am buaireas. Gidheadh, an uair a chuirte mar fhiachaibh orra an claidheamh a tharraing, cha bhiodh iad tais no ceacharra. Bha gach nì dhiubh seo fìor, mar an ceudna, a thaobh Raibeirt Bhurns. Chan fhaodar, le fìrinn, a ràdh gum bu bhàrd cogaidh e. Ma thug e gnùis do chath aig àm sam bith, cha b' ann a chionn gun robh tlachd aige don ghreadhnachas agus don lainnir a bha ga chuartachadh, ach a chionn gum faodadh e a bhith na mheadhan air saorsa agus neo-eisimeileachd a chosnadh don chinneach a bha a' fulang fòirneart. Air an adhbhar sin, bu chaomh leis a bhith a' beachdachadh air gaisge agus treubhantais Uallais, Bhruis, agus gach cuiridh ainmeil eile a chathaich cho geur-chùiseach, fiùghantach às leth na h-Albann. Tha mòran dhaoine den bharail gur òran cogaidh agus claidheamh a th' ann an "Scots Wha Hae." Tha am pailteas dearbhaidh againn nach eil an seo ach mearachd. Chuir e ri chèile na rannan eireachdail air dha a chluinntinn mar a dh'èirich do Thomas Muir an Àrd-Chùirt Dhùn Èideann. Chaidh an duine seo a chur air a dheuchainn a chionn gun robh e a' tagradh gum bu chòir guth-taghaidh Pàrlamaid a bhith air a thoirt don t-sluagh chumanta. Bha an tagradh seo air a mheas le luchd-ùghdarrais Shasainn araon docharach agus cunn-artach, agus chaidh Muir a ghlacadh agus a thilgeadh am prìosan. An àm iomchaidh, chaidh a thoirt air beulaibh Thigh-earna Braxfield, fhaighinn ciontach, agus a dhìteadh gu bhith air fhògradh às na rìoghachdan seo rè cheithir bliadhna deug. Nan tilleadh e ro chrìch na h-ùine sin, bha e ri bhith air a chur gu bàs. Shuidh a' Chùirt agus thug i a-mach a binn air an 30mh den Lùnastal, 1793, agus ràinig an naidheachd Burns, a rèir col-tais, air a' chiad latha den t-Sultaine. Trì làithean na dhèidh sin chuir e "Scots Wha Hae" gu Mgr. Thomson, maille ri litir anns an tuirt e gum b' ann an oidhche roimhe sin a rinn e an dàn. Feumar a chreidsinn nach b' e bhith a' meòrachadh mu euchd-an nan linntean cèin a ghluais e, aig an àm ud, gu bàrdachd agus ranntachd. Air an làimh eile, cha b' e aramach na Frainge a bh' aige na aire, mar a tha an t-Oide-oilein Sharp a' saoilsinn. B' iad nàimhdean a thaighe Albannaich fhèin a bha Burns an geall air a chronachadh agus a lannadh às. Bha e air a dhùsgadh gu diomb agus corraich leis mar a thachair do Mhuir—an ciad fhear a dh'fhuiling air an taobh seo den chrìch Shasannaich an lorg a bheachdan sluagh-iùileach. Mar as dlùithe a sheallas sinn a-staigh do obair Bhurns is ann as soilleire a chì sinn nach robh e na bu dèidheile air a bhith a' seinn mu euchdan cogaidh na bha Bàrd Àird nam Murchan no Bàrd Latharna. Bha an triùir aca buileach Ceilteach nam beachdan mun chùis seo. A thaobh cruth-smaointean, bha iad tur eadar-dhealaichte o Bhaltar Scott, a bha gu nàdarra Teutonach na chàil agus na rùintean.

Bu tlachdmhor daonnan le Burns a bhith a' beachdachadh air maise nàdair. Tha seo, mar an ceudna, a' leigeadh ris gur e bh' ann Gàidheal dligheach. Chan eil sùil an Teutonaich a leth cho mòr air a riarachadh le seallaidhean brèagha agus eir-eachdail is a tha sùil a' Cheiltich. Is cuimhne leam nì a thuirteadh rium le Miss Goodrich Freer, a sgrìobh an leabhar snasail sin The Outer Isles. Aig aon àm chaith i mòran da h-ùine an Uibhist, agus bha i mion-eòlach air dòighean is modhannan an t-sluaigh chumanta anns na h-Eileanan. "Tha an croitear as ìsle an inbhe agus an eòlas," thuirt ise, "comasach air gàirdeachas agus sòlas a dhèanamh ri sealladh àlainn. An uair a tha a' ghrian a' dol fodha an glòir an t-samhraidh, le speur agus muir ciatach, sgiamhach le fichead dath, tionndaidh e ris an àird an iar le iongnadh agus aiteas, agus thig fiamh naomh air a anam. Air an obraiche Shasannach chan eil a' bhuaidh as lugha aig taisbeanan òirdheirc den t-seòrsa seo —chan dèan iad drùdhadh sam bith air a chridhe no air inntinn." Bha làn-fhios aig Miss Goodrich Freer air an nì mun robh i a' labhairt, oir bha deagh aithne aice air an dà mhuinntir. Is ann às an tobar Ghàidhealach seo a tharraing Iain Ruskin a ghràdh do ealaidhean agus nithean maiseach, agus a theòmachd gu sgrìobhadh agus labhairt man dèidhinn. Bha a shinnsre nan rùsgadairean daraich an coilltean Mhuc-Càirn agus Àird Chatain, agus is ann on cèird a ghabh iad an sloinneadh an uair a dh'fhàg iad Earra-Ghàidheal, agus a thuinich iad an siorramachd Pheairt.

Tha bàrdachd nan Gàidheal, o obair Oisein gu obair Nèill Mhic Leòid, deàrr-làn de mholadh air sgèimh agus àillidheachd nan cuspairean nàdarra air an robh iad eòlach. Ann a bhith ag innseadh dhuinn mu cheutachd Allt an t-Siùcair, tha Alasdair Mac Mhaighstir Alasdair ag ràdh—

> *Is grinn an obair ghràbhail*
> *Rinn Nàdar air do bhruaich;*

agus, an cur an cèill feartan agus gastachd Choire Cheathaich, tha Donnchadh Bàn a' cur a-sìos mar seo:—

> *Gu molach, dùbh-ghorm, torrach, lùisreagach,*
> *Corrach, plùranach, dlùth-ghlan, grinn;*
> *Caoin, ballach, dìtheanach, canach, mìsleanach,*
> *Gleann a' mhilltich, san lìonmhor mang.*

Bha a' cheart smaoin fa chomhair na h-inntinn aig a' bhàrd shnasail ud eile na uair a thuirt e—

> *Bidh gach doire dlùth, uaigneach*
> *'S trusgan uain' uimpe fàs.*

Nach anabarrach coltach na h-aignidhean air am bheil na bàird seo a' cur cainnt ri cuid Raibeirt Bhurns. Deir esan—

> *Now in her green mantle blythe nature arrays,*
> *And listens the lambkins that bleat o'er the braes;*
> *The snawdrop and primrose our woodlands adorn,*
> *And violets bathe in the weet o' the morn.*

Aig àm eile thuirt e—

> *Now rosy May comes in wi' flowers,*
> *To deck her gay, green-spreading bowers,*
> *The crystal waters round us fa',*
> *The merry birds are lovers a'.*

Agus a-rithist—

> *Now spring has clad the grove in green,*
> *And strewed the lea wi' flowers.*

Mu dhèidhinn nam breac agus nam bradan thuirt Mac Mhaigh-stir Alasdair—

> *Na bric a' gearradh shùrdag,*
> *Ri plubraich dhlùth le chèil',*
> *Taobh-leumnaich mear le lùth-chleas,*
> *A bùrn le mùirn ri grèin;*

agus sheinn Donnchadh Bàn mar seo:—

> *Tha bradan tarra-gheal sa choire gharbhlaich,*
> *Tha tigh'nn on fhairge bu ghailbheach tonn,*
> *Le luinneis mheamnach a' ceapadh mheanbh-chuileag,*
> *Gu neo-chearbach le cham-ghob crom.*

Is beag an t-eadar-dhealachadh a th' eadar na rannan seo agus na sreathan lurach seo an obair Bhurns—

> *The trout within yon wimpling burn*
> *Glides swift—a silver dart;*
> *And safe beneath the shady thorn*
> *Defies the angler's art.*

Cha bhiodh e duilich coimeasan den t-seòrsa cheudna a tharraing a thaobh srannraich nan seilleanan, ceilearadh nan eun, fàileadh cùbhraidh na coille, agus iomadh subhailc eile mum bheil sinn fo chomaine do Nàdar.

Na togadh neach sam bith mi ceàrr. Chan eil mi idir a' ciall-achadh gum b' iad na Ceiltich a-mhàin a bha gràdhach, deòthasach mu ghreadhnachas nàdair. Tha e furasta gu leòr rannan a thaghadh à obair Bhurns mu dhèidhinn a leithidean seo de chuspairean agus an leth-bhreacan eile fhaighinn am bàrdachd na Gàidhealtachd. B' fhurasta, mar an ceudna, an samhail a chomharrachadh a-mach gu lìonmhor, pailt am bàrdachd Shasainn. Chan eil spèis do obair a' chruthachaidh air a chumhangachadh ri dream no dùthaich sam bith. Is ainn-eamh bàrd, Ceilteach no Teutonach, air nach tig aiteas agus tiomadh ri bhith a' beachdachadh air glòir nan speur agus bòidhchead nan slèibhtean agus nan srathan, no ri bhith ag èisteachd ri ceilearadh fonnmhor nan eun, crònan foirmeil nan sruthan, no bualadh nan stuadh dhòmhail, chrom-bhileach air a' chladach ailbhinn. Is dual do inntinnean mòra, feartail, dè air bith sluagh no teanga dom buin iad, a bhith a' tighinn thairis air na ceart smaointean. Anns an rathad seo, is beag adhairt a th' aig aon phoball air poball eile, cho fad is tha a' mhuinntir gheur-chùiseach, àrd-bheachdail air an gabhail a-staigh.

Is e a tha fodham a ràdh mu bhàrdachd Bhurns gum bheil i buileach Ceilteach na spiorad agus na cruth. Ma bha i air a cur ri chèile am Beurla nan Gall, b' ann a chionn gun d' fhuair am bàrd a bhreith agus àrach an taobh a-mach den Ghàidh-ealtachd, agus nach robh aige eòlas no aithne air seann chànain a chinnich. Nan robh còir air a cumail bhiodh a chuid smaoin-tean eireachdail air an sgeadachadh ann an trusgan Gàidhlig —an trusgan a bha da-rìreadh freagarrach agus nàdarra dhaibh. O a toiseach gu a deireadh, tha anam a chuid oibre buileach Ceilteach. Tha i a' giùlan gach comharradh a bhuineas do bhàrdachd nan Gàidheal—spèis do dhathan àillidh agus do obair nàdair, agus comasan comharraichte gu dealbhan soilleir, fìrinneach, mionaideach a thoirt seachad am beagan fhacal de sheallaidhean a chunnaic e no nithean a thachair dha fhèin no do mhuinntir eile. Is ciatach, ro-mhath a chuid bàrdachd am Beurla nan Gall, ach fhreagradh i mòran na b' fheàrr an Gàidhlig —ceart mar a fhreagras e don daoimean a bhith air a chàramh an òr no don ròs a bhith air a shuidheachadh an soireachan bòidheach airgid.

Thèid mi air m' aghaidh aig an àm gu bhith a' tarraing aire a dh'ionnsaigh na spèis agus an dèidh a bh' aig Burns do fhuinn agus do shèistean Gàidhlig. Feumar aideach gun robh na bàird Ghallta uile a' cur àrd-mheas air na fuinn seo, agus chaidh iasad dhiubh a ghabhail gu minig le Ramsay, MacFhearghais, agus mòran eile. Ach b' e Burns bu mhò a rinn de othail riutha, agus bu trice chuir iad gu feum. Bha e gan glèidheadh an àrd-mheas, agus cha d' fhàs e riamh sgìth dhiubh. O làithean òige bha e eòlach air na h-uiread dhiubh, agus, rè nan cuairtean a ghabh e a-rithist air feadh na Gàidhealtachd, fhuair e greim air mòran eile. Is gann gun d' rinn e òran riamh ach air fonn Gàidhlig. Bha tàladh iongantach aca air, agus cha robh gin eile a ruigeadh a chridhe mar a dhèanadh iadsan. Bha teud dìomhair na anam a cho-fhreagair gu h-ealamh do na sèistean binn, milis ud a bha prìseil le athraichean. Dearbhadh eile tha againn an seo gun tèid dùthchas an aghaidh nan creagan! Mur bu Ghàidheal e cha b' urrainn dha a bhith cho toigheach, mùirneach 's a bha e air ceòl agus fuinn nan Ceilteach. Cha ghluaiseadh iad a nàdar agus cha dhùisgeadh iad a mhac-meanmna gu bhith a' gleusadh a chruit-chiùil agus a' cur ri chèile na bàrdachd eug-samhail sin a tha agus a bhitheas gu bràth luachmhor le Albannaich. Mu aon fhonn sònraichte thuirt e fhèin—"This is one of the fine Gaelic tunes preserved from time immemorial in the Hebrides; they seem to be the ground-work of many of our finest pastoral tunes." Mu fhear eile (Dumbarton Drums) sgrìobh e—"This is the last of the West Highland airs, and from it, over the whole tract of country to the Tweedside, there is hardly any tune or song that one can say has taken its origin from any place or transaction in that part of Scotland." A-rithist —"It is somewhat singular that in Lanark, Renfrew, Ayr, Wigtown, Kirkcudbright, and Dumfries-shires, there is scarcely an old song or tune which, from the title and so on, can be guessed to belong to, or be the production of these counties." Ann an ro-ràdh a sgrìobh e do obair àraidh, tha sinn a' leughadh—"Ignorance and prejudice may, perhaps, affect to sneer at the simplicity of the poetry or music of some of these poems, but their having been for ages the favourites of nature's judges—the common people—was to the editor a sufficient test of their merit."

A-rithist deiream gur gann a rinn Burns òran riamh ach air fonn Gàidhlig. Faodar àireamh bheag de na fuinn seo ainmeachadh. Gabhamaid, an toiseach, òrain a tha a rèir coltais air sèistean Gàidhlig, ged nach deachaidh againn fhathast air na sèistean seo aithneachadh. Nì mi luaidh air naoi dhiubh, is e sin ri ràdh, "The Highland Lassie, O;" "The Highland Laddie;" "A Highland lad my Love was born;" "Scots Wha Hae;" "Thou hast left me ever, Jamie;" "As I cam' o'er the cairney mount;" "The Highland Widow's Lament;" "Bonnie Lassie, will ye go?" agus "An' thou wert mine ain thing." Tha an t-aon mu dheireadh air sèist a gheibhear an leabhar-ciùil a chaidh ullachadh sa bhliadhna 1627 le Gòrdanach Shrath Loch. Anns an dara grunnan, bheir mi seachad òrain a tha air fuinn Ghàidhlig a rèir cunntais a th' againn on Bhàrd fhèin no o neach-eigin aig an robh ùghdarras gu labhairt mun chùis. Is iad—"Charlie is my darling;" "Come ye o'er to Charlie;" "How long and dreary is the nicht;" "I'm ower young to marry yet;" "The tither morn;" "Fair Eliza;" "My Nannie, O;" "Lord Ronald;" "O, open the door to me, O;" "Flow gently, sweet Afton;" agus "My Nannie's awa'."

Ann am mòran de òrain Ghallta gheibh sinn an lide "O" aig deireadh cuid de na sreathan. Mar as trice, tha an lide sin na chomharradh cinnteach gur ann Gàidhealach a tha an t-sèist. A thaobh cainnt ranntachd, tha a' Ghàidhlig mòran nas saidhbhire agus nas so-lùbaiche na Bheurla, eadhon Beurla na Galltachd. Le fuinn Cheilteach, bha na bàird Ghallta, gu minig, a' faotainn a-mach gun robh iad lide goirid aig deireadh gach dara sreath. A chum am bealach a lìonadh, bha iad a' cur a-staigh "O" air neo "man." Mar seo, gheibh sinn aig Burns—

> *There's nought but care on every han',*
> *In every hour that passes, O;*

agus,

> *Oh, cam' ye here the fight to shun,*
> *Or herd the sheep wi' me, man?*

> *Or were ye at the Sherra-muir*
> *An' did the battle see, man?*

Tha eisimpleir cheutach eile againn air an fheum a th' air a dhèanamh den lide chorra anns an òran lurach ud, "O, open the door to me, O." Tha an t-sèist sònraichte a thaobh bòidhchead agus binneis. Thàinig i thugainn an toiseach à Èirinn; agus tha na briathran a cheangail Burns rithe a cheart cho snasail, milis rithe fhèin.

Cha deachaidh òran gaoil riamh a chur ri chèile a bheireadh bàrr an grinneas agus an co-mhothachadh air an fhear ud —"Flow gently, sweet Afton." Tha e air an fhonn Stiùbhartach, "The Yellow-haired Laddie," agus b' ann do Mhàiri Earra-Ghàidheal a chaidh a dhèanamh. Tha an t-òran ud eile, "My Nannie's awa'," air an fhonn Stiùbhartach, "There'll never be peace till Jamie comes hame," a bha coitcheann o shean am measg Ghàidheal na h-Albann agus na h-Èireann. Tha each-draidh na sèist seo a' dol air a h-ais a chum nan làithean sona ud sam bu chleachdadh le bàird agus clàrsairean a bhith a' siubhal a-null agus a-nall eadar an dà dhùthaich. An aghaidh toil Bhurns, chuir Thomson an t-òran seo ris an fhonn Èireann-ach, "Collum"—fonn a tha tiamhaidh agus tairis, ach buileach mì-fhreagarrach. Is e a thachair gun deachaidh na rannan fìnealta a chlaoidh agus a bhrùthadh fo chudrom a' chiùil.

Tionndaidh sinn a-nis ri cuid de òrain Bhurns a th' air an suidheachadh air fuinn Ghàidhealach a tha gu riochdail air an aithneachadh. Tha againn dhiubh seo còrr is leth-cheud, ach, aig an àm, chan urrainn mi ach beagan dhiubh ainmeachadh. Is iad:—

Wilt thou be my dearie,	Nighean a' Ghreusaich.
A man's a man for a' that,	An gille dubh mo laochan.
Tibbie, I hae seen the day,	Inbhir-challadh.
My love is like a red, red rose,	Port dannsaidh a' Ghreumaich.

The bonnie lass o' Ballochmyle, Miss Forbes, Farewell.
(Gheibhear am fonn seo sa cho-chruinneachadh a rinn Gow mu chrìch na h-ochdamh linn deug).

Of a' the airts the win' can blaw,	H-uile taobh a shèideas gaoth. (Ri àm Bhurns bha e air a chleachdadh mar cheòl dannsaidh)
Farewell, thou fair day	Òran an aoig.
Green grows the rashes, O,	Baile nan Granndach.
Last May a braw wooer,	Càit an caidil an rìbhinn a-nochd.
Ae fond kiss,	An Caimbeulach dubh, air neo Port Ruairidh Dhoill.

Fàgar gach dìleas gu deireadh, agus is ann mar sin a tha mi a' dèanamh air an òran eireachdail sin, "Scots Wha Hae." Thuirt mi beagan ma dhèidhinn cheana an seagh eachdraidh, ach feumaidh mi buntainn ris a-rithist a thaobh a chiùil. Tha cuid a' cumail a-mach gur e fonn a bh' air a chleachdadh air dùdach no adharc-fhaghaid ris am bheil na rannan foghainteach seo fuaighte. Tha adhbhar no dhà againn gu bhith a' smaointeachadh gum bheil a' bharail seo fada ceàrr. Ar leam gum bheil dealbh agus cruth na sèist a' cur an cèill gu soilleir gum bheil i buileach Gàidhealach. Tha e air aithris ma dèidhinn gun robh i air a cluich mar cheòl mòr aig Blàr Allt a' Bhonnaich. Nis, cha chualas riamh, am beul-aithris no an eachdraidh chinntich, gun robh innealan prais air an cleachdadh sa chath sin. B' ann a-mhàin do sheirm innealan Gàidhealach a bha creagan Shruighlea agus Ochaill a' co-fhreagairt. Bha armailt a' Bhrusaich air a dèanamh a-suas ach beag gu buileach de ghillean tuathach. Bha aon thar fhichead de na fineachan air an riochdachadh, is e sin ri ràdh—Stiùbhartaich, Dòmhnallaich, Cloinn MhicAoidh, Cloinn an Tòisich, Cloinn a' Phearsain, Cloinn na Ceàrdadh, Camshronaich, Caimbeulaich, Mèinnearaich, Cloinn GhillEathain, Drumanaich, Sutharlanaich, Cloinn Donnchaidh, Granndaich, Frisealaich, Cloinn Phàrlain, Rosaich, Griogaraich, Cloinn an Rothaich, Cloinn Choinnich agus Cloinn Ghuaire. Faodaidh sinn a bhith cinnteach nach bu cheòl Teutonach a bhiodh aig na fearaibh gaisgeil seo, ach ceòl an

cinnich Cheiltich fhèin. Chan eil dearbhadh cinnteach sam bith
againn gun robh a' phìob-mhòr san uair ud fo mheas aig na
tuathaich, ach dè air bith na h-inneil a bha iad a' roghnachadh,
b' e ceòl Gàidhealach a-mhàin a bhiodh iad a' cluich.

O na thuirt mi agus na h-uiread eile a dh'fhaodainn a ràdh
cha ghabh e àicheadh nach bu Cheilteach Burns. B' ann o a
shinnsre Ghàidhealaich a tharraing e an ùr-labhairt agus na
h-àrd-bhuadhan inntinn air an robh e cho pailt an seilbh. Thuit
airsan cleòca na bàrdachd—dìleab Oisein a dh'fhàg i o chian—a'
cheart dìleab a chliùthaich cho math an eachdraidh Lord Mac-
Aulay agus iomadh ùghdar ainmeil eile a tha na Sasannaich a'
tagradh dhaibh fhèin. Eadhon na fhàillinnean agus na mhear-
achdan, bha Burns a' nochdadh nàdar agus gnè a' Ghàidheil. Gu
minig, bha e a' faighinn lagh na cholainn a bha cogadh an agh-
aidh lagh a inntinn agus ga thoirt fada air sheacharan. An uair a
thigeadh cùisean gu geur na aghaidh bha e a' fàs ionann is coma
air a shon fhèin, agus airson barail an t-saoghail, agus bha e
a' ruith an dèidh faoineis agus amaideachd. Gidheadh, tro
gach neul doilleir a bha gu tric ga chuartachadh, ghlèidh e a
thàlantan gun mhilleadh agus a chridhe mòr, duineil, bàidheil
gun fhàs cruaidh no neo-mhothachail. Cha do sguir e riamh de
bhith a' toirt spèis agus ùmhlachd a' Ghàidheil do nithean
cràbhach, ged a bha e a' dèanamh dìmeas agus tàir air aid-
mheilean agus eaglaisean. Lean e air a bhith a' toirt urram do
Dhia, agus a bhith a' cur meas air Fìrinn agus Deagh Bheus. Bu
chaomh leis an duine dìreach, onarach, agus bha gràin is fuath
aige de ghnìomharan suarach, leibideach. Na bhàrdachd, na
bheachdan, na dhòighean, na chleachdaidhean, na aignidhean
agus na chàil tha e a ghnàth a' toirt nar cuimhne na seann
Ghàidheil chòire, choibhneil, chearta, fhialaidh, fhearail,
bhàidheil. Cho fad 's a bhuaileas tonn air tràigh bidh a bhàrd-
achd an àrd-mheas le Sìol nan Sonn, agus bidh e fhèin air
aideach leotha mar abstol gràdhach nan nithean subhailceach
—nan nithean sin a tha àlainn, ciatach, suairce, cliùiteach,
uasal, sàr-mhath.

An Craoibín Aoibinn Cecinit

Bean uasal óg tháinig ar cuairt go tigh an Chraoibhín ar feadh lae no dó, agus do chaill sí no d'fhág sí 'na diuibh an chuid is mó d'á bagaiste; go ndearnaidh an Craoibhín na rainn so dí, mar leanas.

An ainnir d'fhág a sponc 'na diuibh,
an ainnir d'fhág a bróg,
'is *brois* a h-iongan, brois a fiacal,
's an bosga rinneadh dóibh;

An ainnir chaill a mála leathair,
's a máilín-láimhe buidhe,
cia an áitín ait no fánach sin
in a bhfágfaidh sí a cridhe?

[An bhean-uasal óg ag freagairt, mar 'dh' eadh.]

An cheist, a shaoi do chuir tu orm
freagróchad í anois,
—do bhain mo mháilín le mo láimh
's mo bhróigín le mo chois;

Níor chuid díom féin aon cheann díobh so,
agus chaill mé iad araon,
acht ní chaillfidh mé mo chridhe go deó
no go ngcaillfidh mé mé féin.

Litreaċaṛ Ṡall-Ṡàiḋealaċ

Laċlann MacBeaċain

Yesterday morning, sa mhadainn an-dè,
Before the sun rose, mun d' èirich a' ghrèin . . .

Young Munro, Charlie, agam,
Young Munro, 's tu mo rùn . . .

I then took a fear and my mear ran awa'
Agus mur b' i Màiri mhòr, mo phiuthar,
Cha bheirinn oirre gu là.

Is dòcha gum bheil na cearban ranntaireachd seo Gall-Ghàidhealach, ach cha litreachas iad, agus chan ann mar ainm don leithid sin a sgrìobhadh an sloinneadh ud shuas. Chan eil am facal "Gall-Ghàidhealach" fhèin glè aithnichte an-diugh, ach gheibhear e ann an eachdraidh ar dùthcha.

Bu bheag toirt a bheireadh na Gall-Ghàidheil do litreachas, nuair a thuinich iad anns na h-Eileanan roimhe seo. Ach freagraidh an seann ainm do nì ùr—an oidhirp a tha ga dhèanamh air inntinn a' Ghàidheil fhoillseachadh ann an cànain nan Gall.

1

Chan eil an ionnsaigh seo gu tur mì-shoirbheach, ged nach do ghabh an soirbheas a' cheart cruth ris an robh dùil. Oir mum b' urrainn daibh an aigne Ghàidhealach a nochdadh don t-saoghal Shasannach b' fheudar do na h-ùghdaran air tùs bunabhasan na h-aigne sin a dhèanamh soilleir dhaibh fhèin. A chum na crìche sin, rinn iad dìcheall air an roinn o chèile, agus an eadar-sgaradh gu mìn. Mar seo fhuair iad eòlas orra a bha ro-fheumail daibh fhèin agus do chàch. A thuilleadh air seo, tha aon nì ro-ainneamh a' tighinn am follais anns an sgrùdadh seo —nach eil e an comas smuain a' Ghàidheil drùidheadh idir air litreachas nan Gall mur caill e an toiseach cuideigin de a bhiùthas fhèin.

Nuair a thuiteas solas na h-inntinn Ghàidhealaich air uinneagaibh glainne an litreachais Shasannaich tha a ghathan air am briseadh, agus an tionndadh o an gileid fhèin gu greadhnachas iomadh dath. Mar as motha a tha a shoillse air a lùbadh o aghaidhean nan sgàthan ud is lìonmhoire gu mòr na dathan a dh'fheuchas iad. Air an làimh eile ma chumar gu slàn, glan, gilead an drilse seo, cha bhi buaidh aige air an inntinn Shasannach. Tha lainnir an t-solais fhìor-ghlain ud don Ghàidheal a-mhàin, agus dhàsan aig am bheil tuigse do chànain a' Ghàidheil. Air fad iarmailt litreachais na cànain sin chithear a mhaise a' sruthadh sìos tro gach àl, mar-aon ann an seann dàin nan làithean aig Oisean, ann an eachdraidhean chuimir na h-Èirinn, ann an sgeulachdan taitneach nan gleann, ann an àrd-bhàrdachd Mhic Mhaighstir Alasdair, Dhonnchaidh Bhàin agus Dhùghaill Bhochanain, ann an rosg àlainn Thormoid MhicLeòid agus ann an sgrìobhaidhean nuadha ar linn fhèin. Chaidh mòran den litreachas seo a tharraing gu dìreach litreachail gu Beurla nan Sasannach. Ach, bu bheag a bhuil. Mur eil an t-sùil gleusta ris an t-solas chan eil fradharc ann; nì motha a shoillsicheas an solas fhèin leis an neart a bhuineas da, mur bi an t-àileadh mun cuairt da glan mar e fhèin.

Shaoileadh neach nam bitheadh smaointean a' Ghàidheil air an nochdadh ceart mar a tha iad, gun chaochladh sam bith, gur ann mar sin bu mhotha am buaidh. Ach chan ann mar sin a tha e idir. Fhad 's a tha an smuain Ghàidhealach cruinn, iomlan, gun atharrachadh, chan fhairich litreachas eile a cumhachd. Ach nuair a thig briseadh no claonadh air an smuain faodaidh an litreachas sin greim a dhèanamh oirre, ga lùbadh gu a rùn fhèin, a' gabhail seilbh oirre, agus a' faotainn buannachd uaipe.

11

Ann an *Dàin Oisein* a sgrìobhadh sìos le Seumas Mac a' Phearsain chithear boillsgeadh na h-inntinn Ghàidhealaich, ach gu mòr air a tionndaidh o a gileid fo dhreach na cànain agus nan dùl Shasannaich, a deàrrsadh air fhiaradh agus beagan air a sgàileadh. Ach is iad na ceart caochlaidhean sin a rinn e comasach do na dàin a bhith air an gabhail a-steach gu litreachas nan Gall. Is e an ciorram nan cruth a thug saorsa dan cumhachd, a chum agus gun do dhearg iad air daoine cho eadar-dhealaichte ri Burns agus Byron, Goethe agus Bonaparte. Oir cha b' e eadar-theangair a bh' ann am Mac a' Phearsain; is e bh' ann ùghdar comasach, cruthadair, agus ceannard fiosrach air deagh dhòigh-sgrìobhaidh. Bha aige seòltachd gu smuain a' Ghàidheil a chur an cèill ann an cumadh dreachmhoir a bha ro-thaitneach do luchd-leughaidh Sasannach. Cha b' e a ghnothach a-mhàin na smuaintean aodachadh ann am briathra lom, ach an sgeadachadh ann an uidheam thrusail no sgiamhach, a rèir am feum agus an inbhe. B' e obair-sa litreachas ùr a chruthachadh, nì nach b' fhìor Bheurla, mar a sgrìobhadh i ro a latha-san, agus gu dearbh cha b' fhìor litreachas Ghàidhlig e, ach mar gum b' ann, *tertium quid,* nì dealaichte uatha le chèile. Is ann dìreach an seo a gheibhear feum na h-oibre sin, agus a h-àrd-luach don t-saoghal.

Ann an leabhair Mhic a' Phearsain, ma-tà, gheibhear ciad thòiseachadh an litreachais Ghall-Ghàidhealaich. Bu mhath a b' aithne dhàsan a' Ghàidhlig agus na smuaintean domhain, farsaing a tha air an tasgadh innte, ach cha b' e a nòs facail às a' chànain sin a chur sìos na sgrìobhaidhean. Gidheadh anns an tionndadh a thug e don t-saoghal de na dàna aosta gheibhear smuaintean agus faireachadh a' Ghàidheil nan uile iomadaidh agus nan lànachd. Fo chumhachd an t-solais ud chì sinn a-rithis mar fo neul na làithean a thriall; cuantan luasganach agus beannta ceòthach Albainn o shean; Fionn agus gaisgich na Fèinne a' gluasad gu seilg no gu còmhrag, eilthirich Lochlainn a' fàgail an loingeas agus a' dìreadh an leirg, seachad air clachan gun chuimhne agus cluarana air chrith fo osag an fheasgair; agus breithnichear mun cuairt air gach nì làthaireachd smuaintean siùbhlach nan Gàidheal. Breithnichear gach freagair a tha anns na smuaintean seo do dhubhar nam beannta, do chaoidh nan gaoithean, do osnaich na mara agus do dhubh-bhròn an t-sruthain dìomhair aig iarraidh fo ìochdar na bruaich. Ceart mar ann an inntinn a' Ghàidheil, tha na dàin a' giùlan an uile-chianalais seo thairis gu manadh chruaidh chlann-daoine, a' bhinn nach fheudar a sheachnadh, trom-uallach ar sliochd. Mar seo gheibhear anns na dàin dubhachas an t-saoghail a' togail fianais an aghaidh gach droch thuiteamais a tha ann ar crannchur—giorraid na beatha, neo-mhaireannachd cliù agus faoineachd àrd-mhiann nan laoch. Oir is e a tha aig cridhe an t-suidheachaidh-inntinn seo aramach an aghaidh laghan a' chruinne-chè—seann cheannairceas dhualach gineil nan Gàidheal.

Ach is ann anns an ais-bhualadh seo an aghaidh beartan cruaidh an t-saoghail a fhuair inntinn nan Gàidheal, mar a nochdar i, tùs a h-èirigh an aghaidh gach aintighearnais eile, co-thàthadh àrd-ghaisge agus chaomhalachd, co-fhaireachadh agus còmhnadh do laigse ann an teanntachd.

Anns an rèite solais seo b' e an gath a b' fhaicsinnich mothachadh, no (an abair sinn?) mothachalachd, is e sin caomh-fhaireachadh airson gach gluasad cridhe a tha ionmholta agus uasal. B' e seo gu h-àraidh a chuir na dàin an toiseach an co-rùin ri inntinn Shasainn aig an àm san cualas iad san tìr sin, agus a thug don obair ud a grad-bhuaidh.

Tha e fìor gum faighear iomadh dath agus tuar eile de inntinn a' Ghàidheil a' soillseachadh nan dàin. Gheibhear annta an luach a bhuineas do dhàimhealachd—am bun aosta sin on d' fhàs gach gnè de ghràdh a tha anns an t-saoghal: "Lean gu dlùth ri cliù do shinnsir, 's na dìobair a bhith mar iadsan"; gach smuain agus iarrtanas a tha paisgte san fhacal torrach sin, "dual." Gheibhear co-fhaireachadh ris a' chruinne gu lèir; dìlse, misneach agus treòir. Ach air thoiseach air na h-uile nì tha inntinn a' Ghàidheil mar a nochdar i anns na dàin seo a' boillsgeadh le solas blàth, beathail—dearg-riochd ruiteach na mothachalachd.

111

Anns an ùghdar a ghabh an t-ainm "Fiona NicLeòid" fhuair an litreachas Gall-Ghàidhealach fàidh a bha glè mhì-choltach ri Mac a' Phearsain. Cha robh eòlas sam bith aigesan air a' Ghàidhlig, ach mòran nas motha na esan chuir e meas air a luach mar iuchair gu anam nan Gàidheal. Chunnaic e gum bheil falaichte anns gach facal dhith an t-seann smuain a thug dha a bhith agus a chruth; agus na dòighean-labhairt eachdraidh an ciad dhealbhaidh; agus gur iad le chèile taisbeanadh a dearbh aigne. Air an adhbhar sin rinn e strì (air amaibh le beag-shoirbhe), gu greimeachadh air sgòd de thrusgain seo na h-inntinn. Chuir e facail Ghàidhlig ann am feum le mòr-thlachd, agus mar seo is minig a thug e saor-labhradh do smuaintean ainneamh nach fhaigheadh guth anns a' Bheurla. Airson sin tha sinn buidheach air. Agus airson seo cuideachd —gum faicear na leabhraichean solas iongantach na h-inntinn Ghàidhealaich na laighe air muir agus còbha, air beinn àrd agus coille ùrail, air buachaillean agus air luchd nam bàta, air luchd-ceàird agus cinn-cinnidh, air spàirn dhaoine agus gaol bhan, air beatha agus bàs, agus gach nì a tha ann an dàn do dhuine.

Coltach ri Mac a' Phearsain rinn "Fiona NicLeòid" iomradh air mulad ar sluaigh (no mar theireadh e fhèin, ar gruaim), air ar dàimhealachd agus ar co-fhaireachadh, ar freanas an aghaidh gach sàrachaidh, agus ar caomh-ghaisge; ach is e an aon nì sònraichte a dh'fhoillsich e de chridhe a' Ghàidheil a mhiann chìocrach air nithibh domhain agus dìomhaireach—is e sin ar mac-meanmna.

Cha do lùghdaich e idir gathan-solais eile dhe gach dath a fhuaras ann ar lòchran, ach tha iad uile a' leaghadh air falbh às an t-sealladh anns an draoidheachd, an aislingeachd, agus a mhac-meanmna a fhuair e a ghnàth a' taomadh gorm-shoillse speurach na dìomhaireachd, mu bheatha agus mu bhàs a' Ghàidheil.

Is e seo a tha a' tabhairt cudrom agus luach do obair "Fhiona NicLeòid," gum bheil e a' taisbeanadh nar dream buadhan neo-shaoghalta a bhitheas an-còmhnaidh a' cogadh an aghaidh gach aomaidh thalmhaidh.

IV

Ann an Niall Mac an Rothaich tha againn fìor Ghàidheal a rinn dha fhèin àite leathann cinnteach ann an litreachas Shasainn, agus a dh'fhoillsich an sin leus loinnreach na h-inntinn Ghàidhealaich. Cha ghann idir am feum a rinn e de facail agus cruinneachadh-fhacal Gàidhlig air an taghadh le tùr agus eòlas, agus còmhla riutha chithear a ghnàth solas eagnaidh nan Gàidheal, ceart mar a chithear e ann an sgrìobhaidhean Mhic a' Phearsain agus "Fhiona NicLeòid."

Tha fìor Ghàidheal an Rothaich meòrachail, a chridhe a' ruigsinn a-mach gu nì-eigin nach aithne dha, ro-iarrtanach air eòlas nan nithe uaigneach nach d' fhoillsicheadh fhathast do dhaoinibh. Tha fhìor Ghàidheal cuideachd misneachail, mòr-chùiseach, ach cha cheil e sgàth an dubhair air cùl na gaisge, an saidealtas a mhaolaicheas a threubhantas, an t-seòltachd bhochd a nì magadh air uaisle—faileasan a bheusan. Ach chithear ann an leabhraichibh an Rothaich gach subhailc a rinn an Gàidheal ainmeil anns na làithibh o shean, agus maille riutha lànachd na beatha Ghàidhealaich, agus an grad-fhradharc a tha na bhun-àite do ar mac-meanmna agus a tha e fhèin stèidhichte ann ar mothachalachd.

Chan ann idir le frith-sholas fann ach le boillsgeadh greadhnach àrd a dh'fheuchas e dhuinn solas na h-inntinn Ghàidhealaich a' soillseachadh glinn agus monaidhean an fhìor Earra-Ghàidheil no cabhsairean aoibheil Bhaile Inbhir Aora, na fineacha an uidheam-catha, òganaich mhaotha agus gaolagan beòthail, seann laoich is pìobairean, cogadh is sìth. Thar an iomairt agus an othail seo uile dòirtear leis solas mòr-chridheach nan Gàidheal mar ghlòir òr-bhuidhe na grèine, làn beatha agus sunnd.

V

Tionndamaid a-nis gu oibre nan ùghdairean comasach sin ann am Baile Àtha Cliath a tha a' frithealadh ann am Beurla dealbh-chluichean làn de inntinn agus beatha nan Gàidheal Èireannach. Tha obraichean na Baintighearn Griogaraidh, Mhgr. Yeats, Mhgr. Synge agus an càirdean a' nochdadh a rèir cor na h-Èirinn na ceart bunabhasan Gàidhealach a chunnacas mu thràth ann an sgrìobhaidhean nan ùghdaran Albannach, a' cheart luath-thuigsinn, mhisneach agus chaomhalachd; a' cheart chorraich an aghaidh ainneirt, agus a cheart iarrtanas air nithe uaisle, àrda. Gu h-àraid ann an leabhraiche na Baintighearn Griogaraidh agus Mhgr. Synge gheibhear mòran nas gnàthaichte na anns na h-oibre Albannaich, facal air an fhacal, ceart dòigh-labhairt na Gàidhlig, na car-smuaintean socrach agus brìgheil, agus còmhla riutha gluasad ro-bheòthail na h-inntinn Ghàidhealaich. Tha smuain an Èireannaich ceart cho luath ri smuain an Albannaich, agus mòran nas luainiche. Tha i ceart cho mothachail, ach le tuigse nas motha na le toinisg. Tha i air uairibh ceart cho muladach, ach an dèidh a' mhulaid gheibh i an-dràsta agus a-rithis saorsa ann an abhcaid agus fearas-chuideachd a tha nan uireasbhaidh am measg Ghàidheal stuama na h-Albann. Do litreachas thomadach Shasainn tha na nithe seo cho di-beathta agus a bha cianalas Mhic a' Phearsain, no trom-thuireadh Dheirdre mar a sgrìobhadh e le Mgr. Synge. Tha Mgr Yeats cuideachd na ùghdar ro-theòma ann a bhith a' cur tograidh agus beachdan nan Gàidheal ann am Beurla bhlasta, agus cosail ri na Gàidheil seo eile tha mòr-thoil-inntinn aige ann a bhith a' cleachdadh dòigh-sgrìobhaidh shnasmhoir.

Anns na h-ùghdaran Èireannach seo nochdar dhuinn gu soilleir Èirinn o shean agus a gaisgich; agus le soilleireachd nach lugha Èirinn an latha an-diugh, a bailtean beaga agus an sluagh dìblidh, cumanta, na maoir-shìthe agus an lagh choimheach, gach mearachd agus sàrachadh, agus gach aimhreit neònach a mhilleas sìth nan coimhearsnach.

Mar seo tha na h-ùghdaran seo fìor-eòlasach ann a bhith a' foillseachadh beartan na h-inntinn Ghàidhealaich ann an obair gach latha cho math ri ann an gnothachan mì-ghnàthaichte. Anns na dàin-cluiche seo chithear an Gàidheal Èireannach fo riaghladh gleus na h-uaire, coibhneil, mùithteach, dèidheil air spàirn, air dìomhaireachd agus air saorsa eadhon gu crìochan na mì-riaghailt.

Ged a tha an t-Èireannach air uairibh grad far am bheil a dhàimh ann an Albainn ciùin, tha inntinn gach aon aca a rèir an litreachais seo a' gluasad air an aon cheum, a chionn gum bheil aca le chèile an aon sealladh a-mach air an t-saoghal. Ann an Èirinn mar ann an Albainn tha inntinn a' Ghàidheil a' soill-seachadh leis an aon solas. Ach fo adhar glan na h-Èireann chithear a shoillse le dealradh maiseach uaine, dreach ùrar an fhàis, dreach thaise na h-òige.

VI

Ann a bhith a' sealltainn air ais air gach nochdadh seo den litreachas Gall-Ghàidhealach chithear mar bhuadhan nan Gàidheal na ceart bhuadhan a chur Mata Arnold às an leth, glè fhada o ghnè dhiongmhalta thalmhaidh, mhall a shluaigh fhèin. An dà chuid na neart agus na laigse tha aig a' Ghàidheal ana-barrachd de shubhailcean an duine mar dhuine. Anns an duine tha sìor-aitheas an aghaidh aintighearnais nan nithe a thà. Cha do ghabh e riamh ri nithe neo-thaitneach, ged a tha iad cho coitcheannta agus cho faicsinneach ris a' bhàs agus an sìor-mhùthadh a tha anns gach nì fon ghrèin. Tha an duine mothachail, treun, sadailte, mòr-chùiseach, grad-fhradharc-ach, luaineach, dìomharach, agus tha an Gàidheal gach aon diubh seo anns an inbhe is àirde. Mar-aon na uaisle agus na bhochdainn tha an Gàidheal mar seo na chiad ghiorradan den chinne-daoine.

Nis, tha e ro fhurasta don duine a bhith a' call geur-fhaobhar a dhuinealais. Air an adhbhar sin tha e feumail gum bitheadh ann an litreachas sìor-bhrosnachadh agus -chobhar do gach subhailc àrd a tha ann an cunnart. Is e seo leisgeul agus feum an litreachais ùir mum bheil aithris agus rannsachadh ghoirid an seo.

Ach chunnaic sinn anns a' chiad dol a-mach gum bheil ann an solas glan inntinn a' Ghàidheil iomadh gath de iomadh dath dom bheil sùil leughadair na Beurla dall, agus nach urrainnear idir fhoillseachadh tro mheadhan chànain nan Gall. Chan fhaicear iad gu h-iomlan ach ann an cuairteachadh an lit-reachais dhualaich fhèin, anns a' Ghàidhlig, agus ma thig an là anns nach bi an litreachas agus a' chànain sin beò no aithnichte nas mò bithidh sin don t-saoghal na chall do-leigheas.

Don chinne-daoine bhitheadh an call do-leigheas, ach do mhuinntir na Gàidhealtachd agus don chinneach Albannach mar-aon do-leigheas agus do-thomhas. Oir b' e an call ud da-rìreadh call ar n-anam. Nuair a chaillear ar cànain agus ar litreachas caillear maille riutha ar fìor-bhith shònraichte fhèin, ar làn-bheatha, agus cha bhuin sinn tuilleadh duinn fhèin. Fhad 's a ghlèidheas sinn ar cànain fhèin tha sinn a' glèidheadh ar n-anam agus ar n-inntinn. Oir tha inntinn an fhìor Ghàidheil, a bheachdan, a rùintean agus aigne, uile gu lèir eu-cosail riutha seo ann an sluagh Shasainn. Mar dhearbhadh air sin chan fhaighear ann am Beurla nan Gall facail a tha nan ciall agus nan cumhachd co-ionnan ri na facail Gàidhlig. Chan e gum bheil gamhlas againn an aghaidh nan Sasannach. Anns gach cinn-each gheibhear mòran ri mholadh, agus mòran ri ionnsachadh o gach cànain. Ach cha mheas sinn iad gu ceart, nì mò a thuigeas sinn iad gu tur, mur bi meas agus tuigse againn do ar cànain fhèin. Air an adhbhar sin ma thilgeas sinn air falbh ar cànain agus gach nì a tha taisgte innte, caillidh sinn ar cothrom air ionnsachadh o chàch aig a' cheart àm anns an caill sinn am foghlam sin a ta dualach duinn fhèin.

Ach, nach bu mhòr an tàmailt dhuinn gun gèilleadh sinn ar cànain fhèin airson beur-labhairt nan coigreach? Ar n-inntinn fhèin airson inntinn nan coimheach? Nach bu mhasladh e gum bitheadh na Gàidheil am measg nan cinneach mar na h-òighean amaideach a leig dan lòchranan fhèin dol às, agus leis am bu mhiann dol an comain mhuinntir eile airson choin-ghill den solas-san? Carson a bhitheadh sinne mar sgimilearan baoghalta gu buileach an eisimeil shaothair-inntinn sluaigh eile, agus a' dèanamh dìmeas air an eòlas agus a' cheanaltas a fhuair sinn mar oighreachd mhaiseach o ar sinnsearan?

Thug an inntinn Ghàidhealach soillseachadh do iomadh linn agus iomadh ceàrnaidh, ach a-nis thugamaid aire don t-seann rabhadh seo: "Ma bhitheas an solas a ta annad na dhorchadas, cia mòr an dorchadas sin!"

Dàn do Dòmhnall MacLeòid, Fear-iùil a' Phrionnsa

Dòmhnall MacÌomhair

Ò thusa, Thìr nam beann! Cho lìonmhor spàirn is cath
Sna ghabh thu pàirt is roinn gun mhòran taing no math
Dhuit fhèin no dha do chloinn a dh'fhàg an gleann san srath
Chum dùthaich chèin chur suas, oir chaill iad uaill nam flath,
'N Cùil Lodair bha iad buailt' le nàmh ro-chruaidh gun seirc,
Bha garg na nimh gun truas, a chionn aon bhuaidh bhith leis,
Do Phrionns' mu sgòr nam beann an geall air ionad dìon;
Na fhògarrach 's e fann, is gann de sgàil 's den bhiadh,
Chuir Fortan fear na lùib à Eilean Sgìth a' Cheò,
Bho Dhiùranais a Siar, bho Ghaltraigeil nam bò;
À Mùideart gharbh nan Stuadh, am Borradail nan càrn,
Bha Teàrlach òg fon ruaig far 'n d' fhuair e 'n-uiridh blàths;
Cò dhìonadh e san uair bho mhìltean borb de nàmh
Ga shireadh air a' chuan ga shireadh air an tràigh?
Na mìltean punnd den òr le òrdugh air mar gheall.
Cur guin sna bh' air a thòir is treòir an sannt nan Gall,
Gach baile 's bealach fiar gan sèisteadh le am feachd
'S gach bàgh is Eilean Siar ga iarraidh mach 's a-steach.
Cò de na suinn tha beò a mhilleas deilbh an tòir,
Ach thusa chinn na suairc, seadh thus' a' Dhòmh'l 'icLeòid?
Gach uasal agus treun bha dìon a' Phrionns' bho bheud.
An earbsa chuir nad thùr, 'n t-aon earbsa chuir e fhèin,

Bho sgeirean Loch nan Uamha 'n ochd-ràmhaich gun dìon,
Le Teàrlach òg air bòrd, gun sheòl thu leatha an iar;
Do sgioba bha iad gleust', triùir Dhòmhnallaich gun sgàth;
MacMhuirich anns an sgòid, MacAsgaill air a bràigh,
Donnchadh Ruadh san toiseach toirt sùil 's gach àird mun cuairt;
Bha thu fhèin a' stiùireadh 's ise a' fùidreadh bhuaith',
Do ghineal Murchadh òg a bha an toirm nam feachd,
A-nis air ceann nan ròp a' dèanamh còmhnadh leat.
B' ann a siar mu Luingeadh a dhorchnaich snuadh nan speur.
Shèid i bhon an Earra-dheas gu frasach searbh mu Shlèit';
Marcach-sian a' riasladh a h-uile neach air bòrd.
Is ise cur nan stuadh dhith a' siubhal fon a' chòrs.
Dhorchnaich oidhch' an earraich, an Dùnan air do dheis;
Chaill thu taic an fhearainn, is sgal i na bu treis.
Mar uilebheist on ìosal, mach à rian 's e dall,
Deamhnan borb ga riasladh 's e ri iarraidh call,
'S ann bha 'n fhairge 'n iar dhuit ag èirigh fiadht' rid chrann,
Ged rinn do sgil-sa dìomhain iomairt liath gach steall
Bha na dùilean feargach, ach cha b' ann riut bha 'n diomb,
B' aithne dhaibh thu earbsach 's nach bu chearbach thu;
'S ann bha 'n teine reubadh, a' leusadh tron an stoirm;
'S ann bha 'n torrann beucail airson nan treun bha marbh;
'S ann bha 'm muir cho feargach, cho càireach garg san t-srì
Chum gealtairean nan Gall a chumail mall ri tìr.
Bha do Phrionns' à deuchainn na shuidhe sèimh riut dlùth
'S iarmailt dhorch nan speuran gan reubadh air gach taobh.
Bha an fhairge 'g èirigh gu corrach searbh mun cuairt,
An ìmpis bhur cur sìos, ur slugadh garg sa chuan.
An neulachadh nan tràth, bha 'm fearann teannadh dlùth;
Thug fasgadh siar na h-Àird dhuit anail bhon an stiùir.
Chiùinich stoirm nan Speuran, thuit air an fhairge clos;
Tha thus' am faire suas, tha càch a' gabhail fois.
Ach cuig' a dh'àirmhinn dlùth nach gabhadh àireamh dhomh,
Na deuchainnean gun truas san ruaig a thachair ort?
Tro gharbhlach chreag, 's air sàl, an cuideachd àrd do thriath
'S e bh' ann duit fealla-dhà bhith iomadh là gun bhiadh,
Cha b' e do dhìlseachd dha, ged thug thu dearbhadh oirr';
Cha b' e rìgh ùr bhith 'n àird a chàiricheadh do chor,

Ach spiorad uasal bàidh a thàrmaich na do chrè,
Do ghliocas mòr 's do ghràdh do chàch a bhith gu feum.
Gach linn a thig gu bràth bidh d' ainm ac' blàth ga luaidh,
Mar Leòdach measail sàr nach gabhadh fàth air duais.
Bu mhòr do mheas aig càch far 'n d' fhuair thu d' àrach suas,
Bha urram leat 's gach àit' sna sheòl do bhàt' an cuan.
Beannachd leat, a Dhòmhnail, ged ghlac iad thu nan cliath
'S e bh' ac' airson an gòraich' 'n gad air an robh 'n t-iasg;
Tha an-diugh gach neach bha an tòir ort fògraicht' às ar cuimhn',
Cha chluinnear cliù mo bheòil orr', moladh beòil cha chluinn:
Ach fhad bhios beus air òran, teudan beò toirt fonn,
Bidh tus' a Dhòmh'l 'icLeòid air rola glòir nan sonn.

Uilleam Ros

Iain N. MacLeòid

Is caomh leinne, mar Ghàidheil, a bhith a' dèanamh luaidh air gach cuspair treun na h-inntinn thàbhachdaich a rugadh agus a thogadh anns an aon chlachan no anns an aon eilean rinn fhèin, agus is math leinn nuair a bhitheas an oidhirp air a thoirt dhuinn a bhith ag àrdachadh buadhan an neach sin air chor agus gum faic ar co-Ghàidheil gum bheil còir-bhreith againne ann an ionad "a chuir bàrr math dheth," anns na làithean a dh'fhalbh, mar a thuirt am bodach còir eile. Ann an raon litreachais agus bàrdachd ar cànain dhùthchasaich tha an smuain cheudna fìor—is caomh leinn uile bhith a' togail suas ri aghaidh an t-saoghail cuimhne agus buadhan nam fiùran sin a chuir maise nach searg air bàrdachd na Gàidhlig, agus a dh'fhàg dìleab mhaireannach nan dèidh nas luachmhoire gu mòr na òr a thèid am mùthadh. Cò e an Catach air nach eil uaill airson Rob Dhuinn? Am bheil Abrach sam bith nach fhairich dàimh blàth na chuislean do bhàrdachd Eòghainn MhicLachlainn? Nach eiltich gach Earra-Ghàidhealach ri òrain Dhonnchaidh Bhàin, agus, gu dearbh fhèin e, nach dòbhaidh truagh an Sgiathanach nach seinn, nach leugh, 's nach aithris, bàrdachd Uilleim Rois? A rèir an reusanachaidh sin ma-thà, air an d' rinn mi aithris an ceartair, b' e mo mhiann mar aon de mhic Eilein a' Cheò beagan a sgrìobhadh air beatha agus bàrdachd fiùrain cho ainmeil 's a dh'àraich an t-eilean riamh—Uilleam Ros.

Rugadh Uilleam ann an Sìthean san Àth Leathann ann an Srath MhicFhionghain anns a' bhliadhna 1762. Bha athair Iain

Ros na dhuine dìcheallach acainneach dòigheil a bha a' cosnadh a lòin le fallas a ghruadhach, mar a ghealladh dhuinn uile, ach bha fìrinn agus onair an-còmhnaidh air am faicinn na chaitheamh-beatha, agus dè an teiste air an talamh a b' fheàrr air duine na sin,—'s e an cliù sin a dh'fhàg cùbhraidheachd ann an cois a chuimhne? Chan eil cunntas againn air dè am bith-beò a bha aige. Dè an diofar? Chan e idir dè tha sinn a' dèanamh ann an turas an fhàsaich as motha feart dhuinn aig a' cheann, ach dè an dòigh anns am bheil sinn a' dèanamh an nì ris am bheil sinn a' cur ar làimh airson solar dhuinn fhèin, agus do ar teaghlach, ar n-aran làitheil; agus mar sin co-dhiù 's e croitear no iasgair a bha ann an Iain Ros, cha robh triuthaireachd air an talamh fuaighte ri iomairt làitheil ann an cois a ghairme. 'S ann à Geàrrloch a bha màthair Uilleim, nighean a dh'Iain Mac-Aoidh, am pìobaire siùbhlach agus am bàrd ainmeil—am "Pìobaire Dall" mar as fheàrr a thuigeas na Gàidheil air fad. Chan eil teagamh sam bith nach eil bàrdachd a' dol ri dualchas, ged a dh'fhaodas air uairibh beàrnan mòra a bhith anns an t-slabhraidh dhàimheil sin. 'S aithne dhuinn mic agus nigheanan cuid de na bàird a bha beò nar latha fhèin, agus tha iad cho falamh de spiorad an athar 's a tha mi fhèin; ach 's dòcha nach tàinig fhathast a' mhionaid sin a tha gu bhith na meadhan air an clàrsach a ghleusadh. Tha fhios againn a thaobh Màiri Nighean Iain Bhàin—Màiri Mhòr nan Òran—gur e fiosraichean cruaidhe an fhreastail leis an robh i air a fàgail na banntraich bhochd gun tacas a chuir ise gu "meòrachadh ann an rainn," agus nach gasta an tiomnadh a dh'fhàg i às a dèidh. Mar sin ge b' e air bith na cumhachdan bhon taobh a-muigh air am feum sinn beachdachadh an dèidh seo a dhùisg suas clàrsach Uilleim Ros, bha freumh an dualchais a' toirt binneis agus loinn do theudan a chlàrsaich.

'S e boillsgidhean beaga a tha againn air Uilleam còir, fhad 's a bha e na bhalach beag a' ruith 's a' ruagail timcheall air an t-Sìthean. 'S iomadh eachdraidh agus sgeul a chluinneadh e aig clach an teinntein air na sìthichean grinne guanach aig an robh an còmhnaidh talmhaidh san t-sìth-bhrugh air cùl a thaighe. Bhiodh e mu dheireadh cho eòlach orra 's gum biodh e iomadh uair a' toirt a chreidsinn air fhèin gun robh e gam faicinn agus gu tric gan cluinntinn a' ceòl 's a' dannsa na bu lùthmhoire na creutair sam bith de shliochd Àdhaimh, oir cha b' ann den ghineal sin iad. Bha gach sgeula 's gach eachdraidh a bha seo a' dèanamh an làraich fhèin air inntinn mhaoth Uilleim, agus ann an lànachd na h-aimsir thug iad a-mach an toradh iomchaidh fhèin. Tha an deagh theiste a thug mi air a athair ga dearbhadh fhèin gu soilleir nuair a tha sinn a' faicinn gun do chuireadh Uilleam gu h-òg don sgoil. Faodaidh nach robh mòran sgoile aig Iain Ros. Chan eil fhios againn an sgrìobhadh e ainm fhèin ann an Gàidhlig no am Beurla Shasannaich, ach a dh'aindeoin sin uile thuig e nach biodh mòran rath air oidhirpean Uilleim òig mur bitheadh a bheag no a mhòr de sgoil air a h-ionnsachadh dha fhad 's a bha e òg. Cha bhitheadh sgoil an Àth Leathann ach sgòdach bochd san latha ud, agus is cinnteach leam gur e beagan adhartais a bha a' tighinn air ionnsachadh Uilleim innte, ged a tha e ann an eachdraidh againn gum b' e bu toisiche anns gach leasan. Bha a phàrantan a' faicinn nach robh math sam bith a dh'Uilleam a bhith a' fuireach san sgoil ud na b' fhaide, agus mar sin le meud an dèidh air ionnsachadh cubhaidh a thoirt dam balach òg tùrail, thog iad an imrich à Eilean a' Cheò, agus fhuair iad taigh is teine ann am Farrais far an robh Àrd-Sgoil ainmeil aig an àm sin anns am biodh brod an fhoghlaim air a thoirt a dh'Uilleam beag. Ma bha Uilleam air thoiseach ann an sgoil bheag na h-Àth Leathann, chum e a shuidheachan gu daingeann teann ann an Àrd-Sgoil Farrais. 'S iomadh balach agus nighean a bha anns an sgoil sin aig an robh gach ùis agus greadhnachas a cheannaicheadh airgead agus òr; ach cha robh mac-màthar aca a chumadh a' choinneal ris an Sgiathanach bheag thapaidh acainneach a bha air ùr-thighinn nam measg; is cha robh maighstir-sgoile fada gus an do mhothaich e gun robh aige anns a' choigreach òg seo balach aig an robh eanchainn iongantach agus tùr sònraichte—sgoilear a b' fhiach dha gach cùram agus spèis a ghabhail dheth. 'S e fìor nì càilear a tha ann do mhaighstir-sgoile, ionnsachadh a thoirt do bhalach a tha inntinneach air a shon, agus creididh sinn nach robh mòran cruaidh-chàis aig maighstir-sgoile Àrd-Sgoil Farrais oilean math a thoirt a dh'Uilleam Ros, agus fad a chuairt ghoirid san sgoil sin bha an ceum-toisich aige ann am

Beurla Shasannaich agus ann an Laideann; agus bha an deagh Ghàidhlig Sgiathanach aige mar-thà—agus b' fheàirrde a' chùis sin. 'S iomadh balach anns an Àrd-Sgoil a bhitheadh a' sealltainn sìos air fhèin 's air èideadh, agus 's dòcha air an àite às an tàinig e, ach ge b' oil leotha uile, chuir e a' bhacag orra. Nach eil sin a' toirt nar cuimhne an Abraich chòir air an d' rinn mi iomradh mar-thà—Eòghainn MacLachlainn. Choisich esan ceum air cheum bho Loch Abar gu Oilthigh Obar Dheathain, le ghràinean mine na phòca, airson fuaraig a dhèanamh nuair a dh'fhàsadh e fann le sgìos na slighe. Rinn na foghlamaichean grinn spaideil airgeadach a bha san Oilthigh bùrt-mhagadh air, 's chomhairlich iad dha tilleadh air ais air ball gu Loch Abar —gur ann a b' fheàrr a fhreagradh am fèileadh clò-mòr aige na an Oilthigh Obar Dheathain; ach aig ceann na cùise, nuair a leughadh a-mach gu follaiseach ainmean nam foghlamaichean a fhuair a' bhuaidh-làrach sna deuchainnean a bh' ann, b' e Eòghainn MacLachlainn a' chiad ainm a chaidh èigheach —bhuadhaich e air a luchd-tarcais gu lèir, agus chreideamaid nach bitheadh iad buileach cho ladarna a-rithist. Tha an aon nì fìor mu Uilleam Ros. Nuair a dh'fhàg esan Àrd-Sgoil Fharrais, thuirt a mhaighstir-sgoile nach deachaidh a leithid riamh air a bheulaibh na latha, agus gum faiceadh an duine bhitheadh beò gum biodh aithne agus iomradh air a thàlantan mòra.

Bha Uilleam a-nis ullaichte airson a dhol a-mach a chogadh ris an t-saoghal bhuaireasach seo—faodaidh mi a ràdh mòran na bu dheiseile le sgoil agus foghlam na bha mòran de bhalaich an eilein a dh'fhàg e, na latha; ach ge b' fhìor seo bha camadh sa chrannchur aig Uilleam bochd nach do dhealaich ris rè a chuairt anns an fhàsach. Bhris air a shlàinte nuair nach robh e ach glè òg, agus mar a dh'fhàs esan suas, thug aiceid sìos e, agus gabhaidh e creidsinn nach robh mòran dòchais ri leigheas on bhàs an uair sin aig neach air an robh a' chuing agus tinneas-caitheimh cearta-còmhla. Dh'fhàg a phàrantan Farrais, agus chaidh iad a dh'fhuireach do Ghearrloch, agus bha a mhàthair mar sin a-rìs air a sean eòlas. Theann Iain Ros ri falbh tron Ghàidhealtachd na cheannaiche-siubhail—beairt a bha a' pàigheadh glè mhath anns na làithean a bha siud. Cha robh bùth ann an oisean gach taighe anns na h-amaibh a bha siud, agus mar sin 's e latha mòr a bhitheadh ann nuair a thigeadh an ceannaiche-siubhail le a mhàileid don chlachan. Bha gach òg agus sean a' toirt làmh air iallan an sporain, agus bhitheadh fèill nach bu ghann air cìrean mìne 's cìrean garbha 's ràsaran is sgàthanan, is bhitheadh iomadh guanag ann an eaglais a' chlachain an ath Shàbaid le guailleachan ùr agus nèapaigin brèagha de phàtaran chraobhan nan ubhall. 'S e daoine grinn guanach gasta a bha ann am mòran de na ceannaichean-coise seo. Bha gach taigh san rachadh iad uile-dheònach air cuid na h-oidhche thoirt dhaibh. Cha robh eachdraidh nuadh no shean air nach robh iad eòlach, agus cha robh duine no bean eadar Taigh Iain Ghròta an Gallaibh agus Maoil Chinn Tìre air nach biodh sgeula math no dona aca, agus nach bu mhòr sin anns an latha ud nuair nach robh litir no pàipear-naidheachd ach is dòcha uair san ràithe sa chlachan Ghàidhealach. Bha Uilleam mar bu thrice ann an cois athar air na cuairtean sin, a chionn gun robh e ro-dhèidheil air eòlas mionaideach fhaighinn air gach cùil agus cèal ann an dùthaich a shinnsir, agus bha fhios aige gum b' e siud an dòigh a b' fheàrr air an talamh air fios eagnaidh fhaighinn air gach seòrsa Gàidhlig a bha air a labhairt anns na sgìrean tron robh e a' dol. 'S ann mar seo a dh'ionnsaich Uilleam Ros an fhileantachd agus am beartas-cainnte a bha aige, agus a thiomnadh dhuinne na chuid òran, agus tha fhios againn ann ar fèin-fhaireachadh nach robh ceàrnaidh den Ghàidhealtachd anns an robh sinn "a' tionndadh ar leth-taobh a dh'fhuireach car oidhche," nach do dh'fhoghlaim sinn faclan ùra ann an Gàidhlig an àite sin, agus bu bheairtiche ar faclair gu mòr an dèidh an sgrìob sin a thoirt. 'S iomadh gille òg a bha seachd uairean na bu làidire na Uilleam bochd nach toireadh a leithid sin de pheanas às a chorp airson fiosrachaidh chubhaidh fhaighinn air cànain a thìre; ach tha seo a' nochdadh dhuinn a eud agus a dhìlseachd a thaobh a chànain mhàithreil, agus cho treibhdhireach dùrachdach agus a bha e anns an rùn shuidhichte a bha aige gach latha—a bhith a' meudachadh eòlais air a thìr agus a theanga. Shiubhail e fhèin agus a athair Siorramachd Pheairt, Bràghad Albainn, Earra-Ghàidheal, agus a' chuid bu mhotha de sgìrean Rois, ach chan eil mi a' faicinn gun do rinn a chèilidh eachdraidh mhòr anns na h-àiteachan sin.

Tha fhios nach robh e na thàmh. Cha bhiodh e coltach gum bitheadh clàrsach bhinn mar a bha aigesan na tàmh, ach ro-ainneamh, agus 's deimhinn leinn gur e sin an tul-fhìrinn; ach chaidh a' chuid mhòr de na h-òrain a rinn e aig an àm sin air dìochuimhne. Bhiodh iad iomadh latha air beul an dream a dh'ionnsaich iad, ach nuair a dhùin an ùir air an cnàmhan ghlasadh suas na h-òrain aig Uilleam Ros gu bith-bhuan còmhla rin duslach. 'S duilich 's is truagh gum bheil seo fìor a thaobh mòran de fhìor smior bàrdachd ar cànaine.

Thug Uilleam agus a athair sgrìob a-null air a' Chuan Sgìth. Gheibheadh iad aiseag ann an sgoth-iasgaich o Ulapul gu Steòrnabhagh mhòr a' Chaisteil, agus bhitheadh fiughar math aca ri ceannachd gu leòr a reic ann an Steòrnabhagh, agus tron dùthaich. 'S ann iomallach a bhiodh badan de Leòdhas anns an latha sin, ged a bha Steòrnabhagh na bhaile cuireadach gu leòr: ach cha bu mhisde iad beagan de na grinneasan a bha aig Iain Ros sa mhàileid. A' cheart oidhche ràinig iad Steòrnabhagh bha cuirm-chiùil mhòr ann an àite air choreigin sa bhaile, agus cho luath 's a chaidh faram tro chluais no dhà gun tàinig am bàrd òg Sgiathanach, Uilleam Ros, air tìr, chuireadh fios cabhagach air gu tighinn a dh'ionnsaigh na cuirme: cha robh cuirm sam bith iomlan gun bhàrd aig an uair sin. Thàinig Uilleam gu sunndach, is ma bha an tinneas-mara air a' cur a' Chuain Sgìth, cha robh lorg a-nis air. Thug Uilleam sùil gu geur air gach caileag agus òganach anns an talla chridheil ud. Bha iad grinn uile, làn de shlàinte ruitich an fhraoich agus na mara, ach air dha dearcadh air maighdeann àraidh thall ann an oisean, sheall e agus sheall e agus sheall e a-rìs, agus thuirt e ris fhèin, "Ge b' e cò thusa cha do chruthaich Dia riamh do leithid, 's mura faigh mise dhomh fhèin thu le òrdugh daingeann bhon chlèir, cha bhi ann ach marbhphaisg dhomhsa." Mar a tha e fhèin ag ràdh,

> *"Ghlacadh mo chridhe 's mo shùil còmhla,*
> *'S rinn an gaol mo leòn air ball."*

B' e seo Mòr Ros, caileag ghlan eireachdail le sùilean mìogach gorma agus falt buidhe bòidheach—ainnir cho lurach innsgineach 's a bhuail sàil bròige riamh air cabhsair baile Steòrnabhaigh. Chuir am bàrd eòlas oirre, agus chuir ise eòlas air a' bhàrd, agus fhuair tàladh dìomhair a' ghaoil buaidh air an cridhe le chèile. Rinn Uilleam Ros bòid dhi ann an làrach nam bonn gum pòsadh e i. Thug ise a h-aidmheil fhèin gum biodh i dìleas dhasan, agus airson a taobh fhèin den chùmhnant a sheulachadh gu buan, mhionnaich agus bhòidich i gun dùr-aigeadh i bhith air a losgadh gu bàs mur bitheadh i dìleas da gealladh. "An oidhche ro do bhàs thoir do shàr-fhacal," ars an seann-ràdh, agus chì sinn cho fìor 's a tha e aig deireadh each-draidh na caileig seo,—mar a their cailleachan Srath MhicFhionghain fhathast, "Chuala Dia a bòid agus na àm math fhèin thug e fa-near e."

Dh'fhàg am bàrd agus athair baile Steòrnabhaigh às an dèidh ann an latha no dhà; ach ged a chuir Uilleam cùl gu corp-orra ri Eilean Leòdhais, cha do charaich a chridhe ach ro-ainn-eamh às an talla-chiùil sin anns an do chòmhlaich e àilleagan nan ainnir an toiseach. Chaidh esan air ais do Gheàrrloch, agus fhuair e na mhaighstir-sgoile an sin, agus tha eachdraidh ag aithris gum bu mhath a ghnothach ris an obair chudromach sin a ghabhail os làimh. Bha deagh fhoghlam aige, mòran os cionn fiosrachaidh a' mhaighstir-sgoile chumanta san latha ud. Bha carthannas agus bàidh agus truas na chridhe maoth. Bha e an-còmhnaidh òg na inntinn, mar a thuirt bodach àraidh uime, agus bha na buadhan seo nam meadhan èifeachdach air aire agus aigne na cloinne a tharraing gu a ionnsaigh. Dh'fhosgail iad an cridhe dha, agus dh'fhoghlaim iad uaithe le tlachd, air chor 's nach robh sgoil air an astar aig an latha sin aig an robh cliù agus rian sgoil Uilleim Rois. Thug a' Chlèir dha dreuchd fir togail nan salm (*precentor*) ann an eaglais Gheàrrloich, agus nam bitheadh sinn comasach air sùil a thoirt a-staigh air Didòmhnaich don eaglais sin anns a' bhliadhna 1788, chitheadh sinn Uilleam Ros air ceann na seinn, "duine òg glaisneulach le cruthachd thoirteil, falt donn cuaileanach. Bha e annsanta dìreach na phearsa, agus chan fhacas riamh ach sgiobalta guanach e."

Chì sinn mar sin nach b' ann na thàmh a bha am bàrd a' cur seachad ùine. Bha e an sàs a Shàbaid agus a sheachdain, agus air do na feasgair ciaradh bu tric e a' gleusadh a chlàrsaich agus a' cur an cainnt nan òran sin a dh'fhàg e mar chuimhneachan buan na dhèidh, oir 's ann aig an àm ud a rinn e a' chuid mhòr de na h-òrain a tha fhathast againn, agus àireamh mhath a tha a-nis air dol do thìr na dìochuimhne.

Ach, chan feum sinn sealladh a chall de bhean-chinnidh annsanta, Mòr, an cuspair sin a chuir saighead gaoil nach do dhealaich ris na chridhe, riamh on oidhche iongantach ud a fhuair e a' chiad shealladh dhith ann an talla na fèile ann am baile Steòrnabhaigh. A latha 's a dh'oidhche b' i cuspair a smaointeanan faoine gach uair: bha cuimhne air a h-àillteachd a' cur sùrd agus innsgin na uile oibribh, agus bha a shùil an-còmhnaidh a' sealltainn a-null le togradh anama a dh'ionnsaigh an latha sam bitheadh iad còmhla gach mionaid agus uair gus an cuireadh am bàs dealachadh eadar esan agus ise. B' e seo an cleachdadh inntinn a bhitheadh aig Uilleam Ros aig an àm ud, agus is math a fhreagradh air a chàs-san briathran Mhic an Fhleisteir an Dùn Omhainn, ann an "Clachan Ghlinn Dà Ruadhail:—

> *"Cha suaimhneas oidhch' air leabaidh dhomh,*
> *Gad fhaicinn ann am bhruadar;*
> *'S am Bìoball fhèin cha làimhsich mi,*
> *Gun d' ìomhaigh ghràidh gam bhuaireadh."*

Ach is mòr m' eagal nach b' e siud an rùn-inntinn a bha aig Mòr Ros dhasan. Faodaidh e bhith gun do ghabh i gaol air aig a' chuirm ud, ach ma ghabh, cha do lean e fada rithe. "Rud a thèid fada on t-sùil thèid e fada on chridhe," ars an seanfhacal còir, agus eudail fhèin, nach b' fhìor e da taobh-se. Cho luath 's a fhuair i Uilleam a-null air tonnan corrach a' Chuain Sgìth, rinn i suirghe ri mòran leannan, agus nam measg bha fear dom b' ainm Clough, caiptean soithich ris an do cheangail i i fhèin ann am bannan pòsaidh, agus chaidh iad air thaigheadas gu Liverpool. Cha do rinn i fiù agus leth an lide dheth seo innse da seann leannan, agus fios agus cinnt aice gun robh gaol a chridhe 's a chlèibh aige oirre. Chuala am bàrd an naidheachd dhuilich seo greis mhath an dèidh do Mhòir a bhith pòsta. Cha ghabhadh meud a mhulaid innse, ach "chaidh an gnothach o sholas,"—bha an snaidhm nach fhuasgail sgian no fiaclan no na meòirean a-nis gu cruaidh daingeann air Mòr, agus cha robh air an talamh a-bhos na dh'fhuasgladh e, ach an t-aog. Cha robh Ros ro shlàn roimhe seo mar as math a tha fhios againn mar-thà, ach chuir an deuchainn do-labhairt a bha siud guin agus gath a' bhàis na chom, agus ged a chuir aimsir sgàile chaomh air beagan da mhulad b' e ciste chaol nam bòrd a thug a' chiad shuaimhneas da ghalar.

Ged a bha gach goireas agus àgh a cheannaicheadh òr aig Mòr an Sasainn cha robh i sona. Ciamar a bhitheadh agus a droch chlìcean air a bhith na mheadhan air corp agus anam Uilleim Rois ann an Geàrrloch a bhith dubhach, trom, deurach. 'S ann ainneamh a bhiodh a fear-pòsta air tìr, agus tha mi a' creidsinn gun robh sin a' toirt oirre bhith a' meòrachadh na bu trice air peacaidhean mòra a h-òige. Nach ann a sgrìobh i gu Uilleam an Geàrrloch ag innse dha gun robh i aonaranach cràidhte na h-inntinn, agus dh'iarr i air tighinn agus a toirt leis don Ghàidhealtachd. Cha d' fhuair e leithid siud de litir riamh na bheatha: dh'ùraich e dha gach sòlas agus sonas a thug an cuspair ud a-staigh da anam sna làithibh a dh'fhalbh. Leig e mu sgaoil an sgoil, dhùin e a dhoras, agus thog e air ball gacha-dìreach gu Liverpool airson aon sealladh eile fhaighinn air an rìbhinn a leòn e. Nuair a ràinig e Sruighlea bhuail an t-aith-reachas e, agus thill e dhachaigh gu Geàrrloch le cridhe trom tùrsach gun uiread agus aon ghathan solais ris am b' urrainn e aigneadh a thogail. Chaidh e gu laighe na leapadh, agus cha d' èirich e tuilleadh. Bha dùil aig Mòr ris gach latha, agus cha tug i riamh suas a dòchas nach cluinneadh i e a' gnogadh san doras an uair bu lugha shaoileadh i. Oidhche de na h-oidhch-eannan bha dannsa mòr gu bhith anns a' bhaile, agus rinn Mòr deiseil airson a dhol ann feuch am bàthadh i dòlas le sòlas. Nuair a bha an t-searbhanta aice a' toirt làimh-chuideachaidh dhi leis an deise-dhannsa shaoil leatha gun cuala i gnogadh aig an doras. "Seo Uilleam a' tighinn gam iarraidh," ars ise, agus ruith i na deann sìos an staidhre le coinneal na làimh airson fàilte a chur air a seann leannan. Dh'fhosgail i an doras, ach cha robh duine ann, agus an àm dhi tionndadh a thaobh leis a' choinneil, rinn an solas greim air a h-aodach tana, agus loisg-eadh gu bàs i. Beagan mhionaidean de phèin uabhasaich agus dhùin a sùil sa bhàs is ghabh lìon-eudach nam marbhphaisg àite rìomhadh an dannsa, 's chaidh a' chìr mu dheireadh tro ciabhagan òr-bhuidhe. Air a' cheart oidhche 's aig a' cheart uair san do thachair an nì brònach seo, bha càirdean gràdhach timcheall air leabaidh bàis Uilleim Rois ann an Geàrrloch, agus mar sin chaidh e fhèin agus an ainnir a chuir an aiceid ann a-staigh don t-sìorraidheachd mhòr còmhla: fhuair ise guidhe ach tha mi an dòchas gun d' fhuair a h-anam tròcair.

Seo ma-tà, deireadh beatha Uilleim Rois. Cha robh e ach ochd bliadhna fichead nuair a chaochail e, dìreach nuair a bha a ghrian ann an àirde nan speur, agus a fheumalachd agus a bhuadhan nan làn-neart, ach cha robh gach nì air a dhèanamh am falach air freastal caomh an tì tha a' riaghladh, 's nach eil an seanfhacal Greugach bho shean ag ràdh, "Esan as ionmhainn leis na diathan bàsaichidh e òg." Tha MacChoinnich a chuir ri chèile *Sàr Obair nam Bàrd* a' toirt dhuinn cunntas eagnaidh air pearsa a' bhàird. Tha e ag ràdh gun robh e na dhuine cuimir annsanta anns an robh còrr agus sè troighean a dh'àirde. Bha falt donn air, agus bha aodann fosgarra agus a chruthachd dealbhach anns gach ball, mar as gnàth le clann nam beann; agus cha robh meang anns a' ghrinneas leis an rachadh e na aodach. Bha e na sgoilear cho math 's a rinn a' Ghàidhealtachd na latha: bha e fileanta ann an Laideann agus an Greugais, agus ro-bhuadhmhor ann an làimhseachadh na Gàidhlig.

Chan eil mòran, ma tha aon idir eile ann, a rinn a leithid de ghreim daingeann teann air inntinnean nan Gàidheal agus a rinn bàrdachd Uilleim Rois. Tha aignidhean agus a bhàidh 's a charthannachd a' deàrrsadh tro gach ceathramh a rinn e, agus saoilidh sinn gum bheil sinn a' faicinn a chruth grinn fhèin a' stàireachd mar coinneamh air uachdar gach òrain. Tha ar co-fhaireachadh a' sìor-dhol a-mach da ionnsaigh nuair a tha esan a' dòrtadh a-mach nar làthair gach cneadh agus leòn a tha a chridhe bochd a' faireachadh; agus tha sinn mar sin a' gabhail ceum no dhà ann an turas an fhàsaich seo còmhla ris, agus tha an co-luadar sin a' dèanamh misnich dhuinn, nuair a chuimhn-icheas sinn gun robh aigesan mòran de na cnapan-starra a dh'fhaodas a bhith againne tro chuairt an fhàsaich. B' e Burns na Gàidhealtachd gun teagamh. Dh'fhàg e, coltach ri treabh-aiche mòr Aoir, cuimhne chùbhraidh às a dhèidh do bhrìgh 's

gun do ghleus e a chlàrsach dìreach a rèir 's mar a bha fhair-
eachaidhean aig an àm. Ma bha a ghràdh mòr do chaileag
àraidh, dh'innis e san òran sin gun lideadh a chleith: ma bha e
a' faighinn sòlais ann an glainne de mhac na braiche, cha do
chum e sin fo lùirich uainn, agus nuair a tha glòir obair nàdair
mun cuairt da a' tarraing suas inntinn a dh'ionnsaigh Dhè,
ùghdar na cruinne, nach do chuir e na faireachaidhean sin ann
an dubh 's an geal dhuinne a chum agus gum biodh sinn, gach
uair a leughas sinn na h-òrain seo, le tlachd a' leantainn gu
dlùth na chois-cheuman-san agus gathain sòlais a' ruigheachd
air ar n-anam mar a thàrmaich timcheall air fhèin. Bha e fhèin
agus Burns a' faicinn sgèimh ann an uile chruthachadh Dhè,
agus theagaisg an luaidh ghrinn a rinn iad air na nithean sin
dhuinne gum bheil e iomchaidh dhuinn a bhith a' sealltainn le
spèis agus buidheachas air uile chruthachadh Dhè, beag agus
mòr, a chionn nach deachaidh aon nì a dhealbh an dìomhanas.

Tha bàrdachd Uilleim Rois an-còmhnaidh ann an rogha na
cainnte. Tha gach facal na àite fhèin; tha gach smuain anns a'
chòmhdach as rìomhaiche, air chor 's gum faic sinn dealbh
ghrinn bhòidheach air uachdar gach ceathraimh. Chuidich a
chuairtean tron Ghàidhealtachd e ann a bhith a' dèanamh seo.
Fhuair e mion-eòlas air Gàidhlig gach srath agus gleann, agus
thagh e às gach clachan smior nam briathran leis an robh e a'
tarraing a dheilbh thaitnich. Cha robh diofar gu dè an seòrsa
òrain a bha Ros a' cur an eagaibh a chèile. Chuir e an aon loinn
orra uile, ach an dèidh sin 's na dhèidh, tha mi a' smaoin-
eachadh gun toir a òrain-ghaoil bàrr-urraim air seòrsa bàrd-
achd sam bith eile ris an do chuir e a làmh. Ann a bhith a'
tighinn a dh'ionnsaigh a' cho-dhùnaidh seo tha mi a' stèidh-
eachadh mo bharail air a' chuibhreann sin de bhàrdachd a tha
againn an-diugh ann an clò. 'S ceart cho dòcha gun deachaidh
na h-òrain a b' fheàrr a rinn e riamh air chall ann an tìr na dìo-
chuimhne. Tha cuimhne mhath agam fhèin air a bhith a'
cluinntinn cuid da òrain air an seinn nuair a bha mi òg, agus
chan fhaca mi riamh ann an leabhar iad, agus is bochd a' chùis
sin. Tha "Feasgar Luain" a' seasamh suas mar an neamhnaid as
luachmhoire am measg òrain-gaoil. B' e seo feasgar Luan a
dhunaich gun teagamh nuair a chòmhlaich e fhèin agus Mòr a

chreiche ann an talla-chiùil Steòrnabhaigh. Tha gach sreath anns an òran iongantach seo làn de bhàidh agus àgh, agus bu bhrèagha buannachdach an òraid a dh'fhaodteadh a chur ri chèile eadhon air an òran seo na aonar, ach ged as fìor sin tha rann no dhà ann air nach fheum sinn gabhail seachad a chionn 's gum bheil cainnt a tha iongantach tlàth-ghuthach maiseach annta. Nuair a chaidh e a-steach don talla 's a chunnaic e an còmhlan àigh, agus nam measg an tè bhuidhe bhàn a bhuair e, tha e ag ràdh:—

> Chaidh mi steach an ceann na còisir,
> An robh òl is ceòl is danns';
> Rìbhinnean is fleasgaich òga,
> 'S iad an òrdugh grinn gun mheang;
> Dhearcas fa leth air na h-òighean,
> Le rosg fòil a-null 's a-nall,
> 'S ghlacadh mo chridhe 's mo shùil còmhla,
> 'S rinn an gaol mo leòn air ball.
>
> Dhiuchd mar aingeal mu mo choinneamh,
> 'N ainnir òg bu ghrinne snuadh;
> Seang-shlios fallain air bhlàth canaich,
> No mar an eal' air a' chuan:
> Sùil ghorm mheallach, fo chaoil mhala,
> 'S caoine sheallas ag amharc uath',
> Beul tlàth tairis gun ghnè smalain,
> Dhan gnàth carthannachd gun uaill.

Anns an rann a leanas tha e a' suimeadh suas ann an cainnt iongantach dhealbhach maise agus buadhan na h-ainnir don tug e a chridhe:—

> 'S bachlach, dualach, cas-bhuidh' cuachach,
> Càradh suaineis gruag do chinn,
> Gu h-àlainn, bòidheach, fàinneach, òr-bhuidh',
> An caraibh seòighn' 's an òrdugh grinn,
> Gun chron a' fàs riut a dh'fheudt' àireamh,
> O do bhàrr gu sàil do bhuinn;
> Dhiuchd na buaidhean, òigh, mun cuairt duit,
> Gu meudachdainn d' uaill 's gach puing.

An dèidh a samhlachadh ri Bhèineas, agus air dha eòlas a thoirt dhuinn air a' chinneadh às an deachaidh a buain, tha e ag innse dhuinn anns an rann a leanas an staid bhrònach gus an tug an trom-ghaol seo e, agus gun choltas faireachaidh a rèir a bha air altram dhasan leis a' mhaighdinn a bhuair e:—

> 'S trom leam m' osna 's cruaidh leam m' fhortan,
> Gun ghleus socair 's mi gun sunnd,
> 'S mi ri smaointinn air an aon rùn,
> A bhuin mo ghaol gun ghaol da chionn.
> Throm na Dùilean peanas dùbailt',
> Gu mis' ùmhlachadh air ball,
> Thàladh Cupid mi san dùsal,
> às na dhùisg mi brùthte fann.

Ann am "Moladh na h-Òighe Gàidhealaich," tha am bàrd a' cur far comhair deilbh iongantaich air mòrachd buadhan agus subhailcean ainnir na Gàidhlig, agus chan e a-mhàin gum bheil àilleachd spèiseil fuaighte rithe fhèin, ach tha i a' cur snas agus grinneis air gach cuspair de chruthachadh Dhè a tha mun cuairt di, air chor agus nuair a dhearcas am bàrd le tlachd air an òigh mhaiseach seo, chì e crodh agus caoraich agus na gobhair bhailgeann ann an sealladh nas maisiche na chunnaic e riamh. Tha "Cuachag nan Craobh" air ainmeachadh air Uilleam Ros anns an dàrna clò-bhualadh de *Sàr Obair nam Bàrd*, agus 's e beachd mòran gur e Ros a chuir an cumha brònach sin ri chèile, ach thug ar seana charaid còir nach maireann, Eanraig MacIlleBhàin ("Fionn") dhuinn solas ùr air ùghdar an òrain seo. Nuair a bha e a' rannsachadh *Leabhar-sgrìobhte MhicLathagain.* (Maclaggan Gaelic MS.) a chuireadh an eagaibh a chèile bho chionn còrr agus ceud bliadhna, fhuair e "Cuachag nan Craobh" sgrìobhte an sin, agus aig deireadh an òrain, bha 1764 air a sgrìobhadh gu grinn dòigheil. Rugadh Ros anns a' bhliadhna 1762, agus cha robh e mar sin ach dà bhliadhna a dh'aois nuair a sgrìobhadh "Cuachag nan Craobh" ann an co-chruinneachadh MhicLathagain. An dèidh sin 's gu lèir, faodaidh gun do rinn Ros òran eile air stèidh an fhir seo, agus le dian-ruith nan linntean còmhla ri iomraill aithris, 's dòcha gun deachaidh an dara h-aon a chothlamadh am measg an fhir eile.

Bha e na chleachdadh glè chumanta aig bàird Ghàidhealach a
bhith a' stèidheachadh an òrain air sèist agus fonn feadhainn
air an robh iad eòlach, agus mar sin nuair a bhitheadh an
t-òran ùr sin air aithris san taigh-chèilidh, bu thric a bhitheadh
ceathramhnan den òran air an robh e air a stèidheadh am
measg rainn an òrain ùir, agus mar a b' fhaide shiùbhladh e, 's
ann bu truaillte bhitheadh e, gus mu dheireadh nach biodh e
comasach eadar-dhealachadh a dhèanamh eatorra.

Bha Uilleam Ros ann an dlùth-cho-chomann ri obair nàdair.
Tha sin faicsinneach ann am "Moladh na h-Òighe Gàidheal-
aich" air an do bheachdaich sinn cheana, ach 's ann an "Òran
an t-Samhraidh" a tha e a' toirt dhuinn boillsgeadh air an t-sùil
mhionaideach, mheasail agus ghlòrmhor leis am bheil e a'
dearcadh air uile obair nàdair. Canaidh iad gun cuir bàrd
dreach brèagha no grànnda air cuspair sam bith a rèir 's mar a
dh'èireas e shuas air. Faodaidh sin a bhith fìor ann an tomhas,
ach cha b' urrainn do bhàrd sam bith na smuaintean àlainn a
tha ann an "Òran an t-Samhraidh" a chur air blàr mura biodh e
ann an sealbh air inntinn ghràsmhor chaomh, thruacanta a bha
an-còmhnaidh beò ann an spiorad a' cho-fhulangais agus na
bàidh ri uile obair Dhè air thalamh agus os a chionn. Bu
choltach e ri Burns anns an dòigh seo cuideachd. Cha robh an
luchag bheag le h-àl a dhùisg esan suas le soc a' chroinn gun
chuibhreann de bhàidh fhaotainn, agus 's ann le dubhachas-
inntinn a dhearc e air an neòinean mhaoth a ghearradh sìos
ann am meadhan a latha. Tha na h-aon fheartan air am faicinn
gu soilleir anns na ceathramhnan seo de "Òran an t-Samhr-
aidh":—

> *Tha Phoebus fhèin, le lòchran àigh,*
> *Ag òradh àrd nam beanntaichean,*
> *'S a' taomadh suas a ghathan tlàth,*
> *Cur dreach air blàth nan gleanntannan;*
> *Gach innseag 's gach coirean fraoich,*
> *A' tarraing faoilt na Bealltainn air;*
> *Gach fireach, gach tulach, 's gach tom,*
> *Le foirm cur fuinn an t-samhraidh orr'.*

Tha caoin is ciùin air muir is tìr,
Air machair mhìn 's air garbh-shlèibhtean,
Tha cùirnean-driùchd na thùir air làr,
Ri àird 's ri àin na geala-ghrèine,
Bidh coill is pòr is fraoch is feur,
Gach iasg, gach eun 's na h-ainmhidhean
Ri teachd gun gnàthsalachd 's gu nòs,
Nan gnè 's nan dòigh san aimsir seo.

Bha Uilleam Ros làn èibhinneachd agus spòrs, agus bu mhòr a dhèidh air ràbhartachd agus aighear, mar a chì sinn ann am "Moladh an Uisge-bheatha." Anns an luinneag àbhachdach seo tha e a' dèanamh iomraidh thaitnich air buaidhean an uisge-bheatha, mar a bha stuth glan na Tòisidheachd na ìocshlaint airson gach galair, agus na mheadhan air aighear a thoirt à dubhachas, ceòl às a' bhalbhan, agus seanchas às an t-socharach. Tha an dà rann seo a leanas a' toirt a-mach ann an smuaintean fìrinneach gach caochladh buaidh a bhiodh aig drama air cuspairean na cuideachd fa leth:—

'S tu 'n gill' èibhinn, meanmnach, bòidheach,
Chuireadh na cailleachan gu bòilich,
Bheireadh seanchas às na h-òighean,
Air ro-mhòid am baindeachd.
Chuireadh tu uaills' anns a' bhalach,
Sparradh tu uaill anns an arrachd,
Dh'fhàgadh tu cho suairc' fear dreamach,
'S nach biodh air' air dranndan.

Tha aon bhuaidh air an òran èibhinn seo agus is mòr e. Tha a' chainnt àbhachdach agus fìrinneach ach aig a' cheart àm baindidh modhail. 'S e dealbh ghrinn ghasta a tha e a' toirt far comhair, anns nach eil mì-bheus no ana-cainnt no drab-astachd. Tha an còmhlan aighearach sunndach. Chuir an drama sùrd agus sunnd nan aignidhean, agus tha neach a' seinn, neach eile ag òraid, cailleach a' luaidh air euchdan a h-òige, le guth leth na ghal agus leth eile na ghàire, tha bodach a' sealltainn mar a dhèanadh esan dannsa a' chlaidheimh nuair a bha e òg sùbailte; ann an aon fhacal tha gach aon air a òige ath-nuadhachadh, agus tha rèite iomlan a' lìonadh na fàrdaich.

Chan eil bàrd Gàidhealach a chuir rann riamh ri chèile a ghlac aire an t-sluaigh thall agus a-bhos, cho mòr ri Uilleam Ros. Chan iongnadh leinn sin idir, agus mar as motha a mheòraicheas sinn air a bhàrdachd 's ann as treasa a tha na ceanglaichean sin annainn a' fàs leis am bheil ar n-anam air a shuaineadh gu dìomhair anns na smuaintean catharrannach a dh'fhàg e againn mar dhìleab. Labhair e bho a chridhe, sgrìobh e sìos ann am briathran blàth na h-aignidhean iongantach sin a bha a chom a' tàrmachadh, agus nuair a leughas sinne iad, chì sinn cuid diubh gu soilleir ann an sgàthan ar n-inntinnean fhèin, agus is cinnteach leinn nam biodh sinn ann an sealbh air fheartan agus a bhuadhan ann an tomhas na bu mhotha gum bitheamaid comasach air àird a chur air ar luach air an tiomnadh a dh'fhàg e againn. Bitheamaid gu tric a' dìoghlam san achadh seo, agus ma nì sinn sin, 's iomadh sguab throm a chruinnicheas sinn a nì fàilte agus furan a chur oirnn ann an turas an fhàsaich.

An Reult

Dòmnall MacCaluim

I

Is bràithrean Tìm is Astar, fòs,
Neo-fharmadach an roinn na glòir
A bhuineas dhaibh mar dhùilean mòr
A chuir an crò nach urrainn dhuinn,
’S gur mòr an sòlas th’ agam fhèin
Gu h-innleachdach bhith cur an cèill,
Am sheòmar àrd, air mireadh theud
Am boillsge leus a bhuineas dhaibh.

II

Ged ’s bòidheach dreach nan cròilean tà
Aig Astar Sìor air leth bho chàch,
’S na solais mhòr nan uaigneachd stàit,
Chan eil an tràth seo m’ ùidh annta,
’S ann dh’iarrainn anns an fhonn bhith luaidh
Air àilleachd reult tro Thìm a-nuas
Tha sealltainn orm le aghaidh shuairc,
Na bith a fhuaras dùbailte.

III

Air Dionisius, an triath
A dhìt gu bàs e, Dàmon dh’iarr
Cead thar nan cuant’ gu thìr bhith triall
A chur air rian a thaigheadas,

'S i 'n fhreagairt theòm' a chuirt' na làimh;
"Sin faodaidh tu, gun mhionaid dàil,
Ma gheibh thu tì a sheasas d' àilt',
Is nach bi sgàth ron ealaig air."

IV

Air aithris cian thar mon' is cuan
Siud Pintias, a charaid, chual',
'S thoirt mach an tùir a cheum bu luath
An cumhadh cruaidh gu ghleidheil dha
'S an dìobrach thar an t-sàile sheòl
A' mealtainn aoibhneas caoin an lò,
Gun chaochladh mais', a dh'aindeoin fòirn,
'S a chrìdh' gun ghò bu leis-san bha.

V

Aig Tighearn' reasgail Shyracuse,
O chòin a rìgh! gur beag bha dùil
Gum pilleadh Dàmon thar a chùrs'
Gum biodh an ùine thairis air,
'S mar Iupeter na thrusgan sròil
Don daingneach thàinig esan lò
'S gum faiceadh e an tì da dheòin
A ghabh air dòrainn caraid dha.

VI

Ach, feuch, an soillse grinn na glòir
Tha ag iadhadh uim' a shiab na deòir
Bho aghaidh tì a' chridhe leòint',
'S ri thaobh san ròd thug sonas dha,
Trom-dhùbhradh chì thu tabhairt buaidh
Air aogas rìomhach fear na h-uaill,
An cùrsa shaoghail eòl nach d' fhuair
Air aoibhneas suaicheant' coimhearsnachd.

VII

"A Phintias," b' e seo a ràdh,
Fo iongnadh mòr a' faicinn àgh
Na ghruaidhean-san a shaoil e cràdh

Le ionga bàis bhith craobhachadh,
"A dhuine bhochd, nach d' fhuair de chèill
On rib fod shùil na stiùir do cheum,
Ach choisich innt', rim bhriathraibh èist
'S gum faic thu meud do bhaoghaltachd;

VIII

"Fear sheasas fhacal dhuit, nas mò,
Chan fhaigh thu anns an t-saoghal mhòr
Mur bi e chum a leas san lò
'S an iarrt' fa-dheòidh an dearbhadh air,
Is tairbhe cas na h-ealtainn thèid
A thogail ann an deas-làimh 'n trèin,
Mo bhreitheanas gu cur an cèill,
'S i d' amhach fhèin a shealbhaicheas."

IX

"Mo Thighearna," b' i fhreagairt bha
Gu corporra san t-slabhraidh 'n sàs,
Ach ann an lasadh fiamh a ghàir',
A sheall gun làmh air anam bhith,
"Na creidibh fhèin, a dh'aindeoin ìod
An leòmhann fhuair air fuil ar crìdh'
Na shealladh rùisgt' gum feum a bhith
Na rùintean dìomhair dh'fhalaicht' ann."

X

'S gun chuimhn' bhith 'n làthair iodhal thrèibh,
Le guth ro-àrd an sonn do dh'èigh:
"A charaid chaoimh, gur eòl dhomh fhèin
An-diugh fo bhrèid do bhìrlinn bhith,
Ach 's e mo dhùrachd leat nach tèid
An toiseach ort gum bi an sgeul:
"'S e Pintias, an t-urras, dh'eug
An àite Dàmon dhìteadh chaidh."

XI

Nuair thàinig là na casgairt, feuch,
Ghabh Pintias gu sgàlan ceum

Mar phrionnsa mòr on nach robh sgeul
Aig neach air Dàmon fagas bhith,
’S na briathran seo bho bhilibh chual’,
Mar ghuth o nèamh, le iongnadh sluagh
Bha còmhdachadh gach cnoc mun cuairt,
’S an cur ’s an duan gur h-aighear leam:

XII

“Ho! ghaothan ta aig clos nur n-uaimh,
Gun mhoille leigibh dhibh ur suain
Gu togail suas na shlèibht’ an cuan
Thèid thar nan stuadh nan ataireachd,
A chum ’s nach tèid le fear mo chrìdh’,
Mar dh’iarradh leis spàirn gun chrìch,
Gu gabhail àit’ bhith teachd o thìr
Ach gus an ìoc mi ’n anail dha.”

XIII

’S a’ tionndadh ris a’ churaidh dlùth
Ris sheas san uair le claidheamh rùisgt’:
“Am buille thoir gun dàil, a rùin,
Bheir mise null gum athraichean.”
Mun gann bha ’m facal às a bheul
Do dh’èirich glaodh nach b’ ait leis fhèin:
“Mòr-theachdaireachd ga cur an cèill
A’ teachd na rèis tha marcaiche.”

XIV

Ruith eadar talamh cruaidh is nèamh
Mar dhealanach bha boillsg na steud,
Mar thàirneanach bha toirm na h-èigh
A thogt’ gu nèamh ga fàilteachadh.
’S am priobadh-sùl mar o na neòil
Sheas gaisgeach air an ùrlar-bhòrd,
A’ dearcadh air mun tuirt na slòigh:
“’S e ’n treun a sheòl thar sàile th’ ann.”

XV

Na bhroilleach Pintias, an sàr,
Gu dlùth da chrìdh' air pasgadh dha,
'S ga phògadh air na bilibh blàth
'S e seo am mànran chual iad aig':
"Mòr-bhuidheachas gun robh don Tì
Na tonnan garg a leag a-sìos,
'S thug dhomhsa neart gu cosnadh tìr
Mun d' fhalbh an tìm thoirt fuasgladh dhuit."

XVI

"A chompanaich don tug mi gràdh,
Neo-chaochlaideach mar stèidh nan àrd,
'S e bheireadh dhomhsa lànachd àigh
Bhith fulang bàs mar d' urradh-sa,"
Deir Pintias, "s mur gabh iad mi
Mar d' ìobairt-rèite, luaidh mo chrìdh',
O mhealtainn còmhla beannta sìth
Aon uair cha bhi gar cumail-ne."

XVII

Làn-aoibhneach anns a' ghràdh da chèil',
A thug gu bàs na gaisgich threun,
Bho charbad òir am breitheamh leum
Gun sròl am feum fo bhonnan bhith,
Is air na rongan dhìreadh dha,
Le caidreamh caoin a chur orr' fàilt',
Do ghabh e iad gach fear air làimh
'S a chòmhradh bha mar seo riutha:

XVIII

"A dhaoine grinn, airson a' ghràidh
Thug sibh da chèil', toirt buaidh air bàs,
'S le clann a' chiùil an iomadh dàn,
Gu latha bràth air innseadh bhios,
Tha mi toirt saorsa dhuibh on eug
Bha ag itealaich mur cinn mar eun,

’S toirt àite dhuibh am measg nan treun
Mum chathair fhèin bhios rìomhach leam.”

XIX

Aig cluinntinn briathra caoin an trèith,
A b’ aoibhneach leoth’, na slòigh thog èigh
An àirde bhuannaich crò nan nèamh,
Is thar a’ chè mar choron chaidh:
“Biodh beò gu sìor na gaisgich threun,
’S nan cuibhreann sòlas biodh gach rè
An daingeannachd an gràidh da chèil’
A measg nan dèathan choisinn bhith.”

XX

Tha an deò seo, fòs, gun chaochladh snuadh
A’ dealradh geal is buidhe ’s uain’,
Mar thulaich anns an fhàsaich chruaidh
A sgaoileas buan a lannaireachd,
Is uim’ an can luchd-turais sgìth
Ri chèil’: Nach àillidh dreach an tì
A chì sinn ‘g èirigh suas air druim
Nan cuanta sìor-gheal gaineamh seo.”

XXI

Am shlighean air a’ chruinne-cè
Thar h-uile tè as àillidh leus
Gu ceangal rith’ gu diongmhalt’ m’ fheum
’S e seo an reult a roighnich mi,
’S gu tabhairt buaidh dhomh anns gach strì,
Am falach ann an grunnd mo chrìdh’,
Tha agam neart nach innis mi
Nuair sheallas i gu coibhneil orm.

Ionad an Eòlais Nàdarra am Beartachadh an Anama

Ruaraidh Arascain is Mhàrr

Ciod e an nì an fheallsanachd? Is iomadh freagairt bhrìoghmhor sholasach a fhuair a' cheist chudromach seo roimhe seo. Anns a' chainnt Ghreugaich, tha am facal a chleachd iad a' ciallachadh "gaoil air gliocas" agus bha "Am Feallsair" (Aristotle), den bheachd gur e an fheallsanachd "ealain nan ciad-adhbhar agus nam prìomh-phrionnsabal." A rèir Platoin, tha dà chuspair sònraichte gu bhith daonnan aig an fheallsanachd san amharc, a' chiad fhear, gu bhith a' treòrachadh dhaoine gu bhith a' gabhail beachd air Dia, agus an dara fear, gu bhith a' fuasgladh an anama o chuibhrichean nan ceud-fathan. Anns na linntean meadhanach, b' e *Sapientia* am facal fom bu trice bhiodh an ealain seo a' dol; agus is ann mar seo a bha Alcuin (a bhuineadh don naoidheamh linn), ga riochdachadh ann am briathran beòil: *Naturam inquisitio, rerum humanaram divinaramque cognitio quantum homini possibile est aestimare.* "Is ionann am fìor chràbhadh agus an fheallsanachd," ars Iain Sgotach às an Dùn an Èirinn, "agus air an adhbhar sin is amhail an fhìor fheallsanachd agus an cràbhadh." Barail eile car coltach ris an tè seo a leig Iain Sgotach seachad b' e sin am beachd a bha aig Plotinus, a thuirt gur ionnan an dà nì a dh'ainmich mi, agus gur e an cuspair as àirde a th' aca le chèile san amharc an t-anam a tharraing an co-aonadh ri Dia.

Anns a' cho-chruinneadh ainmeil a chuir Nh. Augustin ri chèile, faicear gur e Dia as teis-meadhan agus as lùdan da theagasg air fad, agus gur e am beachd a bha leis gum bu chòir an fheallsanachd uile a shuidheachadh 's a stèidheachadh air an fhìrinn sin.

Dè cho tràth 's a chaidh roinn a dhèanamh air an fheallsanachd, mar ghnè no meòir ealaine, chan eil fios cinnteach againn; ach, co-dhiù, siud mar a thachair di. Chaidh a h-eadar-dhealachadh na trì earrannan air leth. Tha a' chiad roinn a rinneadh oirre a' co-sheasamh air tomhas tìme tha a' sìneadh eadar teachd an t-sèathamh linn R.C. agus an t-sèathamh linn B.T. Theirear gu coitcheann "Linn nan Greugach agus nan Ròmanach" ris an t-seal seo. Is iad Pherecydes agus Thales a thug tòiseachadh di; ach feumar amharc air Platon mar an inntinn bu mhò a ghin ise riamh. Tha ar dara roinn a' co-sheasamh air na bliadhnachan eadar àm sgriosaidh ìmpireachd nan Ròmanach (no goirid na dhèidh sin), agus tighinn a-steach an Ath-bheòthachaidh Eadailtich anns a' chòigeamh linn deug. Mar as ion fiughair a bhith, 's e seo an linn a bu bhochda agus a bu neo-thorraiche a dh'fhiosraich an fheallsanachd riamh. Tha an roinn mu dheireadh air an iomchaidh duinn iomradh a dhèanamh a' sìneadh eadar tighinn a-steach an Ath-bheòth-achaidh agus ar làithean fhèin. Bidh rudeigin feumail agam a ràdh mu gach aon fa leth de na mòr-roinnean seo a rinneadh air eachdraidh na feallsanachd; ach, mu timcheall air an dara tè a dh'ainmich mi, chan eil e am fiachaibh orm mòran a chur an cèill, a chionn, mar as math a thuigeas a h-uile neach, chan eil ach fìor bheagan as fhiach innseadh mun chùis sin.

Is i an Èiphit, agus an àird an ear gu coitcheann, air an còir duinn amharc mar mhàthair-adhbhar agus mar fhuaran na feallsanachd air fad. Mar as ion fiughair a bhith, chì sinn, ma thèid againn air ais-shealladh a ghabhail air eachdraidh nan dùthchannan ud, gun robh draoidheachd, agus saobh-chreideamh de gach seòrsa air am filleadh a-staigh gu ro-phailt anns a' chuid bu mhò den fheallsanachd a ghabh sgrìob a dh'ionnsaigh na Roinn Eòrpa às an àird an ear. Bha na droch chomharraidhean seo a bha an ealain a' giùlan ga truailleadh 's ga baotharachadh air fad. Bu chleachdadh leis na seana

Ghreugaich turas a ghabhail o àm gu àm gus na sgoiltean Èiphiteach, gus am biodh iad ag ionnsachadh o na maighstirean a bha air ceann nan ionadan-oilein sin na bha na h-ollamhan coimheach a' smuaineachadh agus a' reusanachadh mu rudan àrda spioradail. Comharraichte is mar a bha na seana Ghreugaich[*] airson iomadh sàr-bhuaidhe eadar inntinn agus colann, cha robh fear am measg na cuideachd ainmeil ud a thug bàrr air Platon às leth cumhachd a inntinne agus doimhne agus farsaingeachd a eòlais. Dh'èist Platon gu beachdail faicilleach ri teagasg Chratyluis (aon de na sgoilearan a b' iomraitiche aig Heraclitus), agus chuir e air bonn ri Archytas co-sgrìobhadh tlàth caidreach, a mhair fad mhòran bhliadhnachan. Chan eil teagamh nach tug an turas seo a rinn Platon don Èiphit buaidh làidir air an teagasg aige, agus, tro sin, air eachdraidh na feallsanachd gu h-iomlan; is gur e siud tachartas a rinn drùdhadh mòr domhain air an inntinn aige.

An uair a thuit an ìmpireachd thuit a dh'aon àm san Roinn Eòrpa gach gnè fhoghlaim agus uas-oilein leis an robh i air a comharrachadh a-mach cho ro-ghrinn pailt roimhe siud. Is fìor an nì nach b' urrainn do na borbaich a bhrùchd a-steach nam mìltean don ìmpireachd à taobh tuath na h-Eòrpa Baile Chonstantin a thoirt a-mach, agus, do bhrìgh sin, dh'fhairtlich gu buileach orra lòchran lìomhaidh an fhoghlaim agus a' challachaidh a chur às da anns na ceàrnan sin den Chrìostachd nach b' urrainn daibh a thoirt fo cheannsal aca san tomhas sin air an robh iad an geall. Ach, a thaobh na còrr de thìr-mhòir na h-Eòrpa aig an àm ud, 's e a thachair gun do theirinn oirre, air tàillibh ionnsaighean garbha agus chreachan gun chiall nam borbach neo-chearmanta, dalla-bhrat tiugh an fhìor aineolais agus na dearbh allmharachd.[+]

---

[*] "The old Greeks stood some grades higher in intellect than any race that has ever existed."—Darwin: *Descent of Man*.

[+] An dèidh do na h-Iapaich sealbh fhaighinn air Baile Chonstantin anns a' bhliadhna 1010, cha robh nì a b' iongantaiche leotha faicinn na mùirn agus boluntar anabarrach a' bhaile rìomhaich sin. "There are extant several contemporary authors, both among the Greeks and Latins, who were witnesses of this singular congress of people, formerly strangers, in a great measure, to each other... When the Greeks speak of the Franks (na h-Iapaich) they describe them as barbarians—fierce, illiterate, impetuous, and savage. They assume a tone of superiority, as a more polished people, acquainted with the arts both of

B' ann mu dheireadh a' chòigeamh linn deug a theann na cnàmhan tiorama ri dol fo ghluasad, agus ri tighinn ri chèile, aon uair eile san Roinn Eòrpa. Coma co-dhiù, siud mar a thachair anns na ceàrnan sin den Chrìostachd a thug cho iomadh bliadhna chruaidh fhada fo riaghladh mì-chneasta an-aoibhinn nam borbach Teutonach. B' ann le ceum mall, làn sòraidh agus ag, a thòisich an gluasad cubhaidh seo ri tighinn an làthair, agus ri a bhuaidh ghreadhnach bhàidheil a sgaoileadh am fad 's am fagas air feadh na h-Eòrpa; ach, a lìon beag is beag, fhuair an gluasad foghainteach seo dha fhèin gach comas agus cumhachd a bha riatanach dha a chum buadhachadh, ionnas gun do ràinig e fa dheòigh air cor agus inbhe nach robh a choimeas riamh ann roimhe, ma leigear a-mach à cunntadh linn òrach brìoghmhor an t-sean oilein Ghreugaich agus Ròmanaich. Mar cheann-sguir don mheòir seo de mo chuspair, faodaidh mi a ràdh nach robh an fheallsanachd gun a cuid dhligheil fhèin de mhodh agus de mheas anns an aiseirigh litreachais a thachair air tàillibh an Ath-bheòthachaidh Eadailtich, agus gur ann mun àm cheudna a fhuair i an tùs an coltas agus an dealbh sin a tha i a' caitheamh an ceartair.

A-nis ma thèid againn air adhradh agus co-shuidheachadh na feallsanachd gu h-iomlan a sgrùdadh rud beag, chì sinn gum bheil an ealain sin buailteach gu bhith air a roinn na dà earrann

---

government and elegance, of which the other was ignorant." Air an làiṁ eile, bu ṁòr an drùḋaḋ a rinn beartas agus rògalaċd na h-àird an ear air crìḋe is inntinn nan coiṁeaċ borba. "'O what a vast city is Constantinople!' exclaims Fulcherius Carnotensis, when he first beheld it, 'and how beautiful! How many monasteries are there in it, and how many palaces built with wonderful art! How many manufactures are there in the city amazing to behold! It would be astonishing to relate how it abounds with all good things, with gold, silver, and stuffs of various kinds, for every hour ships arrive in its port laden with all things necessary for the use of man.' ... From these undisguised representations ... it is evident that to the Greeks, Crusaders appeared to be a race of rude, unpolished barbarians; whereas the latter how much soever they might condemn the unwarlike character of the former, could not help regarding them as far superior to themselves in elegance and arts."—*History of the Emperor Charles V.*, le Uilleam MacDonnċaiḋ, 1.1, t-d, 293 *et seq.* Is gann a ruigear a leas a ràḋ gun deaċaiḋ gaċ nì ḋeṫ seo àr an rob na Greugaiċ a' cur uireaḋ uaill agus spèis a ḃuntainn ḃuapa an uair a ṫug na Turcaiċ Baile Ċonstantin a-maċ anns a' ḃliaḋna 1413.

air leth.* Ris a' chiad roinn, theirear am bitheantas "Nàdar-eòlas," agus 's e an t-ainm a thatar a' cleachdadh fa chomhair na roinn eile den ealain cheudna "Anam-eòlas" no, a roghainn air an sin, "A' Phrìomh-fheallsanachd." Agus on as e seo cùis a tha air leth cudromach agus airidh air ar dlùth-aire fhaighinn, gu h-àraid an ceanna-coinneamh ris na tha mi a' brath a sgrìobhadh ma dèidhinn na dhèidh seo, tha mi a' cur romham beagan bhriathran a ràdh mu thimcheall gach fir air leth den dà earrann a dh'ainmich mi.

Is beag aire agus feart (làimh ris an t-saothair 's an dìcheall a chaidh a chur anns na linntean deireannach seo), a thug na seann sgoiltean don phrìomh-fheallsanachd. B' e am beachd a bha aig Thales gur e uisge ceann-adhbhar a' chruinne-chè. Leis-san a' bharail, cuideachd, gun robh stuth gun ghluasad, agus corporrachd do-bhàsmhor; agus, os bàrr sin, shaoil leis gun robh tuigse aice. Bha e air a leanail anns na beachdan seo le iomadh Greugach ainmeil eile; ach is ann a bha cuid nach beag dhiubh nach robh idir den aona bharail ri Thales, mar a bha Anaximenes, a choimhid air an àileadh mar fhìor mhàthair-adhbhar a h-uile seòrsa nì nàdarra leis am bheil sinn air ar cuartachadh anns an t-saoghal lèirsinneach; Archelaus, a thug an t-urram agus am prìomh-àite sin don àileadh, is e air fhaot-ainn gu bhith na uisge; na Stoicich, a bhiodh ag amharc air an uisge, is e air a thanachadh gu àileadh, mar chiad-adhbhar tuig-seach gach nì talmhaidh; agus mòran eile nach ruig mi a leas ainmeachadh an seo. Ach, an dèidh seo is gu lèir, is coltach an rud gur e Democritus am feallsanach is mò meas agus muin-ghin air an tig luaidh no smuaineachadh anns a' char seo. Rinn esan euchd nach do rinn fear sam bith eile de na feallsanaich Greugaich a thàinig thun an t-saoghail air thoiseach air; agus, air an adhbhar sin, feumar coimhead air mar dhuine air leth ann an seagh gu ro-àraid. Thug Democritus a bheatha uile seachad ann a bhith a' cur deuchainnean air ghleus, nì a rinneadh leis a chum is gun rachadh aige air an eòlas a bha aige air nàdar a chur am farsaingeachd agus am meud, agus aithne na b' fheàrr na bha aige an tùs a chur air aorabh agus nàdar nan iomadh stuth. Chan e, gu dearbh, gun robh Democritus e fhèin

* B' e Platon a' chiad fear a rinn an roinn seo.

aon chuid tàireil no dearmadach air gluasadan an anama. Ach, a dh'aindeoin sin, bu docha leis gu mòr rùn-dìomhair nàdair a cheisteachadh 's a rannsachadh na bhith a' tilgeil an cèill bharalaichean agus bheachdan mu ghluasadan is mu shuidheachadh an anama. Bha, gun teagamh, am beachd fhèin aig Thales agus Anaximenes (amhail mar a bha a' chùis a thaobh a' chòrr den chuideachd ud), mu nàdar an anama, agus ceann-adhbhar agus ceann-uidhe spioradail a chuid ghluasadan uile. Bha anntasan, creidmhich an iomadh dia (coma co-dhiù sin mar a bhiodh a' chuid bu phailte dhiubh gan riochdachadh fhèin mar as trice), agus faodar a ràdh gur ann dìreach a rèir aigneadh agus nàdar na h-aidmheil sin a bha cruth agus càil nan smuaintean a bhiodh iad a' cur an cèill mu dhleasnais an duine, agus meud agus nàdar nan ceangaltas moralta leis am bheil sinn air ar fastadh rir pàrantan, rir cloinn, rir nàbaidhean, rir dùthaich, cho math ris a' chuideachd-daonna air fad. Mar seo, b' ann dòmhlaichte le cruthan neònach, agus le samhlaichean faoin mùsainneach, nach robh an leithidean rim faicinn an taobh a-mach de na sgoiltean Èiphiteach, a bha an saoghal mì-dhealbhach neo-lèirsinneach anns an robh Pythagoras, Anaxagoras, agus iomadh fear eile de na feallsanaich Ghreugach a' làn-chreidsinn. Ach faoin agus saobh-chreideasach thar tomhas ged a bha na feallsanaich seo ann an iomadh dòigh, gidheadh bha aon den triùir a dh'ainmich mi na mheadhan foghainteach air urram agus ionad gu sònraichte àrd a leigeadh don **Nous** ('s e sin a' Phrìomh-inntinn, no an Tì as Àirde), anns an rian-creideimh ris an do lean iad. Agus sin againn gnìomh no tùrn smuaineachaidh nach robh aon chuid beag no suarach.

Dh'fhan cùisean anns an t-suidheachadh seo—an t-anam-eòlas, no a' phrìomh-fheallsanachd, daonnan fo bhuaidh aig a' mheòir eile den aona ealain—gus an tàinig Socrates thun an t-saoghail, agus a theann e ri a theachdaireachd fhèin a liubhairt seachad. Chan fhaodar a ràdh mun duine mhòr sin na tha cead againn a chur às leth cho iomadh fear eile a bha, 's a tha, a' gabhail orra fhèin a bhith nan luchd-iùil agus nan luchd-sgaoilidh solais duinn. Cha robh Socrates co-dhiù den chuideachd fhachanta ud mum faodamaid a ràdh gum bheil gach fear de an seòrsa *"mar chuilean coin air fead do fhear na sprèidh."* Is esan nach robh. An àite a bhith a' gabhail gu taingeil toileach ris gach focla agus dearbhan ach beag a chaidh a mholadh dha mar nì bu chòir dha a chreidsinn ann gun cheist a chur orra, b' e an dòigh agus an seòl a bhiodh esan a' cleachdadh na nithean sin a cheisteachadh agus fhidreachadh gu ro-mhean cùramach anns an t-solas a chaidh a thilgeil orra le a thuigse mhòir chumhachdaich fhèin. Thatar ag ràdh gun do rinn e suas uair le cuid de na deisciobail aig Anaxagoras. Dh'èist e gu modhail faiceallach ris na bhiodh acasan ri ràdh mun fheallsanachd; ach, air dha cluinntinn na bha aig na daoine seo ri chur an cèill, agus am fios sin a chur fo sgrùdadh agus dheuchainn a thuigse làidir fhèin, 's e a thachair gun do mhothaich e gu grad nach robh gabhail ris gu bhith ann, cho fad co-dhiù 's a bha esan air a ghabhail a-staigh. B' e an cion co-chòrdaidh comharraichte seo a dh'fhairich Socrates a bhith a' cur sgaraidh bhunailtich eadar teagasg Anaxagorais agus a dhòigh fhèin air a bhith ag amharc air an ealain air an robh iad le chèile an tòir a bu mhàthair-adhbhar don rud gun do chuir e fa dheòigh cùl buileach ri teagasg Anaxagorais, is gun do shìn se e fhèin air anam-eòlas, no a' phrìomh-fheallsanachd, a roghainn air an sin.

Mar an ceudna, thachair gun robh anns an dealachadh seo a rinneadh eadar an dithis ainmeil tuilleadh as mò na b' fhios, theagamh, aon chuid do Shocrates no Anaxagoras iad fhèin. A dh'aon nì dheth, bha an dealachadh a thuirt mi na adhbhar làidir air mùthadh mòr a bhith a' tighinn an làthair, leis an d' fhuair nàdar-eòlas a bhith cuidhtichte 's a' phrìomh-fheallsanachd; agus riamh on àm sin a-mach tha a rathad is a sheòl freagarrach fhèin gu bhith air an leigeil don dà mheòir seo air leth den aona ealain.

B' e aon de na baraileachan a bha aig Cicero, an Ròmanach oirbheartach aig an robh gaol cho mòr air foghlam agus uasoilean nan sean Ghreugach, gur ann mar as àirde a thogar an inntinn, agus a dh'èireas cuspair ar smuaintean, is ann as fheàrr; agus faodar a ràdh gur ann dìreach a rèir spiorad agus aigneadh na comhairle a thug e a bha nàdar agus càil na gnè fheallsanachd air an robh Platon na ùghdar. Chuir e cùl gu buileach ri nàdar-eòlas, ag ràdh nach robh ann air fad ach meur ealaine gu ro-ghann cuimte na gnè, agus, fòs, tè a bha tur air atharrach-dreach ris an t-seòrsa a bha cho mòr-ionmhainn leis fhèin. Chum e a-mach, cuideachd, nach b' iomchaidh an nì dùil a bhith ri co-thriall a bhith ann ach a dòigh agus a rathad freagarrach fhèin a bhith air an leigeadh do gach aon fa leth den dà mheòir seo den aona ealain. Tha an roinn seo a rinn Platon air an fheallsanachd, no, air a' chuid as lugha dheth, a chuidich e gu mòr gu a tarraing an làthair agus gu a suidheachadh; tha mi ag ràdh gum bheil an roinn seo air an fheallsanachd a rinneadh ri linn Phlatoin cho feumail stàthmhor anns gach dòigh agus nach fhuilear dhomh beagan bhriathran a chur an cèill air na bha Platon a' creidsinn agus a' teagasg an rathad na feallsanachd.

Air tùs, ma-tà, ar le Platon gur ann o cheàrn no adhbhar nèamhaidh air seòrs-eigin a bhios an inntinn no an t-anam a' sruthadh a-mach thun an duine,[*] agus, air don duine bàs fhaighinn, gur èiginn don anam tilleadh san uair don cheart cheàrn sin às an do shruth e a-mach an tùs, 's e sin, a rèir teagasg Phlatoin, anam a' chruinne-chè, oir b' e creidmheach an iomadh dia a bh' ann. A rèir Platoin, cuideachd, tha trì seòrsa anaman ann: (1) am fìor anam, (2) an t-anam a ghabhas leigheas no teasraiginn, agus (3) an t-anam nach toir aon chuid dhiubh sin, ach a tha buailteach on t-sìorraidheachd do bhàs bith-bhuan. Shaoil le Platon, fòs, gum feum an t-anam rudeigin de smal fhaighinn dha fhèin an àm dha bhith a' siubhal tron fhailmhe on cheàrn nèamhaidh às an do dheachdadh e an tùs a dh'ionnsaigh a dhachaigh dhaonna ann an colann an duine; ach gun robh an smal no a' mheang seo a bhiodh a' truailleadh agus a' lagachadh an anama buailteach gu bhith air a shiabadh air falbh is air a dubhadh às leis an anam e fhèin. A chum na crìche sin, feumaidh an t-anam còmhnaidh a ghabhail an caochladh cholannan air leth, e a bhith gam beò-fhiosrachadh is gan gluasad le a làthair-san aon an dèidh aoin.

A-nis, b' e aon de na buil a bha an cois creideimh nan iomadh dia gum b' fheudar don aidmheilear an fhailmhe nèamhaidh àiteachadh 's a dhòmhlachadh le àireamh gun chunntas de fho-dhiathan, spioradan, eadar-mheadhanaidhean neo-fhaic-

<hr>

[*] Na beachd-ran b' ionnan an dà nì.

sinneach, agus an leithidean sin de chruthan agus de dhealbhan neo-thalmhaidh do-bheantainn. 'S e an dleasnas bu mhò a chaidh a chur an earbsa ris a' chuideachd neo-chorporrach seo iad a bhith nam meadhan spioradail air co-chomann is co-sheanchas a chur air bonn eadar a' chiad-adhbhar tuigseach ('s e sin spiorad mòr a' chruinne-chè), agus an duine no an t-anam, a thàinig a-nuas às an fhlaitheas gus e fhiosrachadh rè a thurais ghoirid tron t-saoghal seo. Agus an dlùth-cho-chòrdadh ris a' chreideamh seo a bha Platon a' cur ùidh ann, bhatar a' creidsinn gu làidir gun robh saoghal mòr nan tog-raidhean agus nan àrd-smuaintean a cheart cho riochdail dealbhach a thaobh nàdar agus co-shuidheachadh nan nithean a tha ga àiteachadh 's a tha gach cuspair agus culaidh talmhaidh a bhios ar ceudfathan corporra fhèin nam meadhan air a bhith gan cur air shùilean duinn.

Uime sin, b' e am beachd a sheas Platon agus an sgoil oir-bheartach a chuir e air bonn, gum bheil na h-às-tharraingean a bhios ar n-inntinnean a' cruthachadh agus a' dealbhadh daibh fhèin, an àm duinn dol fo ghleus a chum meòrachadh a dhèanamh air buadhan inntinn is anam an duine; bha Platon agus a dheisciobail den bharail gum bheil na rudan seo, còmhla ris gach culaidh nàdarra a tha rim faicinn mun cuairt duinn, a cheart cho riochdail dealbhach ris a' chruinne fhèin. Anns a' *Phaedo* ainmeil aige, 's e an earail agus a' chomhairle a tha Pla-ton daonnan a' toirt seachad, gum feum an duine ('s e sin an t-anam), a bhith de ghnàth a' strì ri fhaighinn air a bhith cuidhtichte 's a' cholann, agus gum feum e èirigh suas, ceum air cheum, o ghrunnd ìosal nan ceudfathan agus nam buadhan corporra a dh'ionnsaigh na h-àrd-cheàrna ion-mhiannaichte sin anns am bheil an Tuigse gun smal gun cheann a' sìor-ghabhail tàmh. Aon uair is gun rachadh aig an duine air an àrd-às-tharraing seo a chur seachad mar as còir, an sin feumar bunait a dhèanamh don reusan às gach sàr-bheachd agus àrd-smuain air an tig dealbhadh is riochdachadh fhad 's a bhios an t-anam anns an tuineadh gun choimeas sin; agus a' bhunait a fhuair an t-anam dha fhèin mar seo feumar a chur gu deagh fheum air sheòl is gum biodh co-chomann agus co-sheanchas tlàth gun stad gan cur air bonn eadar an àrd-spiorad (ciad-adhbhar tuigseach a' chruinne-chè) agus prìomh-thoradh uasal a mhòralachd agus a chumhachd-san, 's e sin an t-anam. Is ann le fèin-àicheadh; ceannsachadh nan ana-miannan anns na gluasadan as lugha; gabhail traisg gu tric; beò-smuaineachadh agus sìor-mheòrachadh nan cuspairean inntinn as àirde dreach agus brìgh; leanail gu dlùth ris na comhairlean a bu ghlice a chaidh riamh a dhealbhadh a chum cobhair a thoirt don urra sin leis am math a anam a shnàmh gu teann ri Dia, agus gnàthaichean eile spioradail mar iad sin; seo againn, a rèir Platoin, cuid de na meadhanan air an èiginn duinn feum a dhèanamh, mas àill leinn ar n-ana-miannan a chlaoidh mar as còir, agus, troimhe sin, dol air ar n-aghaidh gus ruigsinn air an ionad ait sin far am bheil an tasgadh air ar son tàmh gun chrìch maille ri seanchas bith-bhuan eadar ar n-anam fhèin agus ceann-adhbhar neo-bhàsmhor a h-uile seòrsa sonais agus gliocais. Mar sin, faicear gun robh Platon den bheachd gur ionnan an duine (no co-dhiù anam an duine), agus cruithear uile-chumhachdach a h-uile nì; is gur e brìgh uile an teagaisg a thug e gum faodadh an t-anam e fhèin a thogail an àird cho fada os cionn ghnothaichean corporrach ar saoghail-ne is gum faodadh e fa dheòigh e fhèin ath-cheangail ri Dia, agus, troimhe sin, a bhith na cho-chom-pàirtiche maille ris air foirfeachd gun tùs gun cheann Ùghdar iol-mhiannaichte a h-uile neach agus nì. Is lèir an gnothach, ma-tà, gum bheil a bhith a' tagradh às leth a leithid sin de cho-ionnanachd ionnan agus a bhith a' cantainn nach urrainn rud sam bith èis no grabadh air bith a chur air anam sam bith leis am math snàmh gu teann ri Dia, ach a-mhàin na ceangailean is na cuibhrichean corporrach leis am bheil e air fhastadh gu teann ris a' cholainn.

Thachair gun robh an tìm anns an do theann Platon ri teagasg anabarrach freagarrach da leithid sin de shearmonachadh. Bha an saoghal callaichte aig an àm ud seachd sgìth den bhaothaireachd ana-bheusach is den phracais bhaoiseach leis an robh an sean chreideamh pàganach luchdaichte, is air a thruailleadh air fad. Air an adhbhar sin, chan iongnadh ged a chaidh gabhail gu fuathasach ris an teagasg ùr, a dh'èirich mar seo o neart gu neart, gus mu dheireadh an robh a chuid dheisciobail cho lìonmhor ach beag ri gainmhich na tràghad. Aon de na builean bu mhò a bha a' sruthadh a-mach on tionndadh mhòr seo a rinneadh air cridhe is inntinn dhaoine, b' e sin gun deachaidh an dealachadh a rinneadh eadar a' phrìomh-fheallsanachd air an dara taobh agus eòlas-nàdair air an taobh eile a dhaingneachadh 's a mheudachadh mar nach b' olc, leis cho cinnteach sa bha "am Maighstir" e fhèin gun robh an t-eadarsgaradh sin ceart agus goireasach anns gach dòigh. Os bàrr seo uile, bu leòr an eisimpleir a thug Platon seachad gus seòl tur ùr a thoirt do sgoil is fhoghlam, agus an tòir air uas-oilean (tòir e sin, faodaidh mi a ràdh, a chaidh a chur air bonn linntean mun do rugadh esan), a stiùireadh a dh'ionnsaigh chrìochan agus chuspairean nach robh aige san amharc riamh roimhe, agus nach deachaidh riamh a rèiteachadh mar bu chòir, gus an tàinig Platon thun an t-saoghail, agus a thug e treun-oidhirp air na cùisean seo uile a chur fo rian stèidheil seasmhach agus air deagh riaghailt. An cruth agus an dealbh sònraichte sin a leig Platon air a h-uile seòrsa iarraidh agus rannsachaidh a tha an crochadh ris an anam agus a chuid bhuadhan, bhuanaich iad sin cha mhòr gun mhùthadh gun atharrachadh sam bith on àm ud eadhon gus an là an-diugh.

'S e foileadh gu sònraichte math a bh' ann don fheallsanachd air an robh Platon na ùghdar, agus aon uair is gun robh i air tighinn gu inbhe agus modh àrd urramach cha robh ann ach ise rè iomadh linn na dhèidh siud. Co-dhiù, tha seo fìor cho fad 's a bha na sgoiltean agus daoine foghlaimte gu coitcheann air an gabhail a-staigh. Mar a thuirt mi cheana, chaidh fàilte is furan a chur air an fheallsanachd aig Platon air gach taobh, agus, air don mhaighstir bàs fhaighinn, 's e a bhith ga leanail na lorg cho dlùth dìleas 's a ghabhadh cur an gnìomh an dleas a b' àirde a bhiodh an fheadhainn a thàinig na dhèidh a' smuaineachadh gum b' urrainn iad a chur seachad. Ach, cho luath 's a theann an creideamh Crìostail ri greim daingeann a chosnadh air cridhe is inntinn mhic an duine, an sin chunnacas gu soilleir nach robh an seòrsa feallsanachd air an robh Platon na ùghdar (fiùmhor agus cuideachail mar a bha i sin an iomadh dòigh), freagarrach nas mò tuilleadh don t-saoghal ùr a bha a' cinntinn suas. A rèir coltais, is iad pàganaich air an do rinn a' Chrìostachd rudeigin de dhrùdhadh mar-bhà a bh' anns an fheadhainn a chuir air

bonn an tùs gluasad a bha ri iomadh atharrachadh mòr domh-
ain ris nach robh sùil no dùil aig neach a thoirt mun cuairt; ach
cha b' fhada na dhèidh sin mun robh na pàganaich fiùmhora
seo air an leanail le àireamh bheag de fhìor Chrìostaidhean, is
iad uile fada an geall air na prìomh-bheachdan a leig Platon
seachad a tharraing an co-chòrdadh ri spiorad agus bun-stèidh-
ean a' chreideimh Chrìostail. Den bhuidhinn leth-phàganaich
leth-Chrìostaidh seo, feumar sealltainn air Plotinus, agus a
dheisciobail ainmeil, Porphyry, mar dhaoine nach robh an
coimeas furasta ri fhaotainn aon chuid nan linn fhèin no fada
na dhèidh sin. Chuir an dithis oirbheartach seo saothair mhòr
gus teagasg Phlatoin ath-dhealbhadh 's a rèiteachadh, a chum
is gum faodadh co-fhreagarrachd is co-chòrdadh coileanta a
bhith ann eadar na bhiodh na sgoiltean pàganach a' teagasg
agus fìrinnean buan-mhaireannach a' chreideimh Chrìostail.
Ris a' ghluasad mhòr seo a chuir Plotinus agus Porphyry air
bonn theirear am bitheantas an "Ùr-Phlatonachd"; agus ged a
dh'fhairtlich gu buileach air na daoine a dh'ainmich mi, cho
math is air na deisciobail a thàinig nan dèidh, an cuspair sòn-
raichte sin a bha aca san amharc a thoirt a-mach ('s e sin a'
phàganachd a dhèanamh neo-eisimeileach air a' Chrìostachd,
agus sean chreideamh an t-saoghail a dhealbhadh 's a shuidh-
eachadh as ùr mar rian-creideimh comasach air gach togradh
agus iarraidh spioradail a shàsachadh), gidheadh rinn na
h-òraidean is na sgrìobhaidhean connsachaidh air an robh iad
nan ùghdairean drùdhadh mòr agus maireannach air cridhe is
inntinn nan Crìostaidhean a b' ainmeile bhiodh a' cur nan agh-
aidh, chan e a-mhàin ri àm an linn fhèin, ach fada an dèidh do
Phlotinus agus Porphry bàs fhaighinn.

Cha deic an nì dearmad a dhèanamh an seo air dithis
Chrìostaidh (tha mi a' ciallachadh Origen agus Nh. Augustin), a
thug oidhirp gu math làidir foghainteach air sgrìobhaidhean
Phlatoin a Chrìostachadh, no, co-dhiù pàirt dhiubh fhàgail fo
chruth rud beag nas lugha pàganach na bha aca an uair a
dh'fhàg iad làmh chomasach a' mhaighstir ainmeil sin. Mar
an ceudna, anns na sgrìobhaidhean a dh'fhàg Nh. Augustin
na dhèidh, faicear gun robh e fo chomain nach bu bheag
don fheallsanach phàganach airson cuid nach suarach de na

beachdan aige fhèin. Tha, cuideachd, a' cheart sgeul seo ri innseadh mu Origen, Clement à Alexandria, agus iomadh ollamh Crìostaidh ainmeil eile a thug sàr-ionnsaigh air an fheallsanachd aig Platon (no co-dhiù a' mheud sin dhith agus a bhiodh iad a' measadh buailteach da leithid sin de ghiullachd), a cho-rèiteachadh ri am beachdan fhèin mu nàdar Dhè agus buadhan an anama. Ma dh'fhaodteadh, nach do shoirbhich na h-oidhirpean seo leis an fheadhainn a thug iad cho math 's a bha cuid dhiubh a chuir làmh anns a' ghnothach sin a' saoilsinn; ach, a dh'aindeoin sin, bu lèir an gnothach gun robh rath agus soirbheas nach beag nan cois—cliù agus biùthas an fheallsanaich phàganaich a' dol an àird agus am meud mar as mò a bhiodh na h-ollaimh Chrìostail a' reusanachadh a chèile agus a' dèanamh deasbad ma dhèidhinn, agus an creideamh Crìostail, air an làimh eile, a' sìor-dhol fo ghluasad agus a' faighinn dha fhèin, tron mheadhan cheudna, iomadh beachd soillseach agus barail stàthmhor nach d' fhuair e riamh, ma dh'fhaodteadh, air chaochladh dòigh ri siud. Mar cho brìoghmhor làidir 's a bha a' bhuaidh a bha aig a' cho-bhualadh stàthmhor seo a thachair eadar an creideamh Crìostail air an dara taobh agus an Ùr-Phlatonachd air an taobh eile, measaidh sinn sin mar as ceart ma ghabhas sinn beachd air barail àraid a leig Plotinus seachad uair, is e a' gabhail beachd air fìor chrìch agus ceann-uidhe na feallsanachd uile. Is ionnan a' chràbhachd agus an fheallsanachd, ars esan, on as e seo an t-aon chuspair air am bheil iad le chèile an tòir—an t-anam a tharraing an co-aonadh ri Dia. Ach, a dh'aindeoin gach deasbad a rinneadh, agus cath-bheòil a chaidh a chur, cha robh e an dàn don Ùr-Phlatonachd fad-sheasamh a dhèanamh an aghaidh ionnsaighean gun sgur a' chreideimh Chrìostail. A lìon beag is beag, theann an Ùr-Phlatonachd ri gach lùths agus comas a bha aice a chall. Stàth no buannachd di fhèin cha robh e nas fhaide na comas a thoirt às gach adhbhar agus reusan a chaidh a thairgse mar leisgeul airson i a bhith ann. Mar bu mhò a bhiodh an creideamh nèamhaidh ùr a' cosnadh air an t-seann fhear, agus a' bagradh cur às don phàganachd air fad, is ann as doimhne a chaidh an Ùr-Phlatonachd fo neul, gus mu dheireadh gun tàinig crìoch air an deasbad chruaidh gu h-iomlan, agus gum b' èiginn don Ùr-Phlatonachd tàradh air falbh on rèis.

B' ann car mar seo ma-tà a bha suidheachadh chùisean an uair a bhrùchd na treubhan Teutonach a-steach don ìmpireachd, agus a theann iad ri rian agus riaghladh luchd nan lèigiun a lannadh às. Rol agus ghluais iad na mìltean borba aca thairis air a' chuid bu mhò agus a bu ghrinne den Roinn Eòrpa; agus 's e a thachair an cois nam modhannan gun seagh gun iochd a chleachd iad anns gach ceàrn ach beag a bha cho mì-shealbhach agus truimead an dìoghaltais fhiosrachadh, gun deachaidh gach seòrsa foghlaim agus uas-oilein leis an robh na dùthchannan a smachdaich iad air an comharrachadh a-mach roimhe siud a sgriosadh is a mhùchadh às gu tur car tamaill.

Is iad Ceiltich a dhùisg an Roinn Eòrpa às an t-suain-chadail anns an do thuit a' phàirt bu mhò dith air tàillibh nan àrd-ghaoisean a bhith air an smàladh fodha leis na borbaich neo-mhuinte aineolach chruaidh-chridheach a dhòirt a-mach nam mìltean à taobh tuath na tìre-mòire. An *Doctor Subtilis* (Iain Sgotach às an Dùn an Èirinn), Siadal (*Sedulius*), Mìcheal Sgotach, Marianas Sgotach, Àdhamh Sgotach;* ainmean mar an fheadhainn seo, nach eil iad fhathast fo mhòr-chliù agus -mheas againn uile? Tha na h-ainmean seo a' toirt an cuimhne duinn cho tric 's a bheirear iomradh orra àrd-fheartan agus buadhan inntinn gu ro-iongantach nan daoine dom buineadh iad. 'S e gaol air Crìosta agus spèis do na h-ealainean a thug air a' mhuinntir greadhnas dùthaich am breith 's an àraich fhàgail, agus dol thar sàile, eadar an t-sèathamh agus an naoidheamh linn B.T., gu tìr-mòr na h-Eòrpa. Ach cliùmhor agus feumail an iomadh car ge an robh an obair ionmholta a thug iad os làimh, gidheadh cha robh e an dàn daibh buanachadh innte gus am biodh gach dùil agus dòchas a chaidh altram dan taobh a choileanadh mar bu mhiann is mar a b' fhiughair. Le tighinn gu crìch na h-ìmpireachd a chuir Teàrlach Mòr nam Frangach air bonn, aon uair eile bha e an dàn do thìr-mòr na h-Eòrpa tuiteam na creich aig dubh-aineolas maille ri gach gnè mhì-

* Chan eil fios cinnteach cò i an dùthaich dom buineadh na Sgotaich seo. Coma co-dhiù, tha seo fìor a thaobh na cuid as pailte dhiubh. Ach gun robh Johannes Scotus *Eriugena* de mhuinntir Èirinn, sin gnothach a tha an Laideann a' fàgail rèidh duinn.

mhodhalachd air an urrainn sinn luaidh a dhèanamh no smuain a leigeadh. Car mun àm cheudna, cuideachd, theann na h-allmharaich neo-shuairc ris an canar na Lochlannaich ri eileanan agus còrsaichean Alba is Èirinn a chreachadh 's a spùilleadh gu goirt, ionnas nach robh fada gus an robh nas leòr aig na Ceiltich ri dhèanamh dìonadh an dachaighean fhèin, agus seasamh an uas-oilein fhèin, gun tighinn air dol thar sàile gus cinnich eile oilneachadh agus a lìomhadh.

Ach, mar bu dùil le mòran is mar bu nàdarra, cha robh an fheallsanachd gun a cuid dhligheil fhèin anns an Ath-bheòthachadh litreachais a thachair anns an t-sèathamh linn deug. Mar a chunnaic sinn a-cheana, b' e barail mhòr a bha aig na seann sgrìobhadairean air a' phrìomh-fheallsanachd, agus chan eil cinnt nach robh an ealain cheutach sin gu mòr na bu chaoimhe leotha na bha a' mheur eile den fhoghlam cheudna.

Is fìor an nì gun robh Empedocles, Anaxagoras (mun deach-aidh a ràdh *aetatem inter experimenta consumpsit*), Anaximenes, Heraclitus, agus Democritus, fada an geall air saoghal na h-inntinn a dhèanamh umhal strìochdta do shaoghal nan nithean corparrach agus lèirsinneach; ach, air do Phlaton èirigh suas, agus a theachdaireachd fhèin a liubhairt seachad, chaidh seòl tur ùr a thoirt do chùisean air fad; oir, mar a thug Bacon fa-near, b' e Platon a' chiad fheallsanach Greugach a chum a-mach riamh gum b' iomchaidh an nì car mu chrios a chur anns an t-seann dòigh air a bhith a' feallsanachadh, agus saoghal nan nithean faicsinneach a dhèanamh umhal strìochd-ta do shaoghal an spioraid agus na h-inntinne. Os bàrr seo uile, lean na feallsanaich a bha ann an dèidh do Phlaton bàs fhaighinn gu teann dlùth ris an dòigh sin air a bhith a' feallsan-achadh a shònraich agus a stèidhich am maighstir allail sin, agus 's e a thachair an cois na comhairle a thug Platon seachad gur e beag aire agus meas a bhiodh nàdar-eòlas a' faighinn, (an tràth a chaidh cùis an fhoghlaim a smàladh fodha), làmh ris na bhiodh a' mheur eile den aona ealain a' faotainn, a dh'aon àm, de fheart is de aire di fhèin. Agus, mar nach biodh dùil aig neach a bhiodh a' sealladh air duine, is an duine sin an cunnart geàrr bàthaidh, ach a' cheart neach a chaidh à sealladh fon uisge fhaicinn aon uair eile, nan èireadh dha èirigh gus an uachdar a-rithist, mar sin a thaobh na feallsanachd: an dòigh sin air a bhith a' feallsanachadh bu mhò a bha fo mheas an uair a thachair di dol fodha b' e sin an dreach agus a' chuma a bha oirre an dèidh don Aiseirigh litreachais dol na pàirt—e a' toirt greim air làimh aice, ga togail an àird a-rithist, agus ga suidh-eachadh as ùr anns a' chathair-rìoghail a bha leathase o shean.

Mar sin, b' iad Platon agus a' phrìomh-fheallsanachd bu cheann is bu chrìoch don Ath-bheòthachadh, cho fad 's a bha an ealain sin air a gabhail a-staigh, agus faodar a ràdh gur ann an uachdar a dh'fhan Aristotle agus am maighstir mòr ud eile gus an do dh'èirich Bacon agus Des Cartes, càraid ainmeil iad seo a chuir car ùr an ruidhle na feallsanachd. A rèir Bacoin, chan fhaodar cuid no gnothach a bhith aig an fhìrinn ri aon seòrsa eòlais seach a chèile, mur bi an t-eòlas sin buailteach gu bhith air a fhìrinneachadh le deuchainnean a bhios ar ceudfathan corporra fhèin a' solar duinn.* Cha mhò a bha Des Cartes dad air dheireadh air an fhear eile ann a bhith a' cur an cèill na h-aona tairgse; ach a-mhàin gun robh esan deònach air prionnsabal àraid a leigeil a-staigh don rian-smuaineachaidh aige nach robh Bacon a' creidsinn ann idir, no, ma dh'fhaod-teadh, toileach air a bhith ag aideachadh—'s e sin, gum bheil a h-ionad dligheil freagarrach fhèin, aig an inntinn anns an t-saoghal neo-lèirsinneach agus gum bheil an t-ionad sin ga shuidheachadh an taobh-a-staigh dhinn fhèin. Thilg Des Cartes an cèill, cuideachd, gur e eòlas-nàdarra prìomh-inneal agus àrd-acainn inntinn an duine, agus gur e sin an fheart as mò bladh agus èifeachd a chum àrd-ghluasadan uile ar buadhan spioradail a stiùireadh 's a chur air deagh riaghailt, is fo rian ceart cuimseach.

Ach, ge nach ionnan dòigh a bh' aig an dithis ainmeil seo air a bhith a' feallsanachadh, gidheadh b' ann daonnan a dh'ionnsaigh an aona chuspair a bhiodh teagasg Bhacoin agus Des Cartes a' triall. B' e a' chrìoch shònraichte sin an fheallsan-achd dheuchainneach a chur an leasachadh, agus an ealain sin

---

* "Homo, naturae minister et interpres, tantum fecit et intelligit, quantum de naturae ordine, re, vel mente, observaverit: nec amplius scit, aut potest." *Novum Organum.* Shaoil le Bacon gur e faireachdainn an duine ceann-adhbhar a h-uile seòrsa eòlais a tha ann, agus mar sin nach eil ach an t-aon fhuaran-eòlais ann.

a thogail an àird os cionn na gnè eile. A lìon beag is beag, fhuair an gluasad ùr seo a chaidh a chur air bonn a leithid de shiubhal de dheachdadh dha fhèin is gun do ghabh e gu luath seachad air an t-seann fhear, agus a rèir coltais sin tùrn a rinn e gun uiread agus aon oidhirp mhòr a bhith riatanach. An ùine gun a bhith fada, is ann gu tur a-mach à fasan a chaidh a' phrìomh-fheallsanachd. Aon an dèidh aoin, dh'èirich feallsanaich suas a thuirt nach robh stàth no feum anns an t-seann dòigh air a bhith a' feallsanachadh, agus gur e am meadhan deuchainneach a b' fheàrr—gur iuchair chinnteach nach gabh fàillneachadh i a thaobh gach gnè fhìrinnteachd nas stàthmhoire brìgheile na chèile. Leis a' ghluasad làidir seo a chuir Bacon agus Des Cartes air bonn, chan iongnadh ged a chaidh teagasg Phlatoin, a lìon beag is beag, gu tur a-mach à fasan: chaill e ach beag gu buileach gach cliù agus toirt a bha uaireigin aige, air chor is gun do sguir i ach beag gu buileach air a' cheann thall de bhith comasach air inntinn dhaoine a thàladh da ionnsaigh fhèin. Cha chualas a-nis air gach taobh ach luaidh agus moladh nan deuchainnean mar mheadhan gus rùn-dìomhair Dhè agus nithean-falaichte nàdair a dhèanamh soilleir duinn, agus rèidh furasta ri thuigsinn. Is ann mar seo, a chaidh cùisean a rianachadh aig an àm ud, agus faodar a ràdh nach eil mòran mùthaidh ann eadar baralaichean an ama ud agus beachdan an là an-diugh; ach a-mhàin gum bheil gluasad beag a' tighinn am fianais a-nis leis am miann briseadh a thoirt à ceannas cruaidh nan deuchainnean, agus Platon is Platonachd a dh'aisigeadh don fheallsanachd.

A-nis, mar thèid againn air sùilean ar n-inntinn a chur gu feum agus ais-shealladh domhain farsaing a ghabhail air eachdraidh na prìomh-fheallsanachd, ciod e chì sinn: dè an nì as mò a dhrùidheas oirnn an àm duinn sin a dhèanamh? Nach e an rud sònraichte gum bheil an dreach agus an coltas a tha air saoghal an anama, còmhla ris gach caochladh chomharradh spioradail air am bheil an saoghal sin air a dhèanamh suas, ga fhàgail cho tur dealbhach riochdail ann an sùilean na feadhnach dom bheil na nithean neo-lèirsinneach sin nan culaidh-iarraidh agus ceisteachaidh 's a tha rudan corporra a' sealltainn mar sin daibhsan aig am bheil an gnothach gu bhith a' feuchainn ri ciad-adhbhar nan nithean sin a thoirt fa-near, agus an càil 's an nàdar fhaighinn a-mach agus a shoilleir-eachadh duinn? Ach, mur eil mi gu mòr air mo mhealladh sa chùis, tha gnothach gu math cudromach eile a' tighinn a-mach on sgrùdadh sin, agus 's e sin, eisimeileachd an anama air gluasadan eòlais-nàdarra, inneal mòr an spioraid, a rèir coltais, mar *res cogitans*.[*] Chunnaic sinn mar-thà nach robh Des Cartes uile gu lèir aindeonach air eòlas-nàdarra a leigeil a-steach don rian-smuaineachaidh aige, ged as fìor an nì nach eil na briath-ran a sgrìobh e mun ghnothach cho soilleir so-thuigseach sa dh'fhaodadh iad a bhith, agus, gun teagamh, a bhiodh iad ann an ceart da-rìreadh, nan do chuir e uiread de shaothair is de dhragh air fhèin agus a bha riatanach a chum a bheachdan fhàgail soilleir, agus saor is a h-uile coltas neo-chinnteachd.

Ach, 's e an nì sònraichte air an àill leam trom-leudachadh a dhèanamh gum b' fheudar don Fhrangach ainmeil eòlas-nàdarra a leigeil a-steach don rian aige mar phàirt nach suar-ach den bheartachadh is den uidheamachadh leis an robh e miannach air an t-saoghal neo-fhaicsinneach a sgeadachadh; agus an nì sin a b' fheudar dhasan a shocrachadh mar siud samhlaich agad fhèin, a leughadair, cho ceart agus cho feumail 's a bhiodh a' cheart rud a' sealltainn an sùilean dhaoine a bha a' cur an uile mhuinghin agus mheas anns a' phrìomh-fhealls-anachd, aig nach eil cuid no gnothach ri a leithid sin de nì ri nàdar-eòlas. "*Accessit mens*," arsa Anaxagoras; ach nan tigeadh e riamh fodha, an uair a labhair e mar siud, nach tàinig *mens* thun an t-saoghail gus an robh gach nì eile ach beag air a chur cruinn, an sin is mòr as eagal leam nach ion agus nach airidh esan gu bhith air a mheasadh mar bhall den aona chuideachd ainmeil ri Platon. Coma co-dhiù, chan fhaodar leudachadh tuilleadh is trom a dhèanamh air an fhìrinn bhrìoghmhoir seo: gur e Des Cartes an ceangal as stàthmhoire agus as treasa anns an t-slabhraidh fhada sin a tha a' sìneadh eadar na Platonaich air an dara taobh agus luchd an nàdair-eòlais air an taobh eile.

Gun teagamh, is mòr am beud gum biodh aig mac an duine claonadh nàdarra leis an tric leis e a bhith a' mì-bhuileachadh agus a' cur gu droch chrìochan na thèid na chor an rathad

---

[*] Des Cartes.

eòlais agus fèin-fhiosrachaidh. A rèir coltais, tha taobh blàth aig an duine do gach seòrsa aibhseachaidh as faoine na chèile; agus na measarrachd agus stuamachd (gu h-àraid a thaobh cainnt), chan eil beus no subhailc as dorra dha ionnsachadh agus a chur an cleachdadh. Tha an fhàillinn seo a th' annainne gar fàgail car dìblidh suarach air uairean; ach chan e seo idir lànachd den chron a th' ann, oir saoilidh mi gum bheil e a' tachairt gu tric gum bheil an ciorram a thuirt mi a' cheart cho nimheil docharach do chùis an eòlais 's a tha e neo-eireachdail mì-chiatach ann fhèin, agus neo-urramach don fheadhainn a bhios ciontach air. Gun teagamh, b' ann air tàillibh fàillinn no ana-bheus den t-seòrsa seo a thuit don phrìomh-fheallsanachd dol à fasan, agus is ann air a' cheart adhbhar cuideachd a chaidh spèis agus muinghin an t-saoghail fhoghlaimte a bhuileachadh an tomhas tuilleadh is trom pailt air a' mheòir eile den ealain cheudna. Cuid de na builean mì-shealbhach a bha an cois an atharrachaidh mhì-chunbhalaich seo, gabhaidh iad sin mìneachadh gu ceart ma bheirear an aire cuid de na h-adhbhair air bòilich agus aibhseachadh agus air dol air faondradh leis an robh an fheadhainn a ghabh pàirt ann nochdta tro amadanachd agus ròpaireachd nam Platonach iad fhèin. Is math a dh'fhaodadh neach, is e dèidheil air na daoine seo a dhìonadh o gharbh-ionnsaighean an nàimhdean rudeigin den t-seòrsa a thuirt mi a thairgse mar leisgeul airson a' ghiùlain a bha air na Platonaich; ach ged a rinneadh seo, tha mi a' meas nach leòr an t-aon rud sin a-mhàin gus an gnothach uile a rèiteachadh mar as còir. Gun teagamh, feumar beachdachadh air claonadh nàdarra an duine gu bhith de ghnàth a' meudachadh chùisean tuilleadh is còir mar cheann-adhbhar air pàirt nach beag den tubaist a bha ann. Agus on a dh'èirich dhomh buntainn ris an rud mu dheireadh seo, bidh cho math duinn agus beagan bhriathran a chur an cèill mu ghnothach àraid eile air am bheil mi a' coimhead mar adhbhar làidir air cur an lughad is dol à fasan nam Platonach.

Chan eil cinnt nach robh a' phrìomh-fheallsanachd a' cheart cho ciontach air peacachadh an aghaidh stuamachd agus measarrachd 's a bha a' mheur eile den aona ealain, an dà sheòrsa, ag aontachadh a chèile car mu seach, a rèir coltais, gus cainnt mheudaichte a chleachdadh mu ghnothaichean às nach b' urrainn daibh a bhith idir cinnteach, agus na gnothaichean cudromach sin fada os cionn an uile chomais air fuasgladh a thoirt daibh. Bha cuid nach beag de na cruaidh-chàsan a bhiodh na feallsanaich a' gabhail orra fhèin a bhith a' faghail rèidh soilleir so-thuigsinneach cho cruaidh deacair rim fuasgladh is gur laghail duinn a ràdh gur e saothair gun seagh gun fheum a bha ann oidhirpeachadh ri adhbhar-eòlais gun mhearachd a dhèanamh dhiubh. Cha ghabh na nithean sin mìneachadh ceart gu là bràth: do Dhia a-mhàin tha iad rèidh soilleir.

A-nis, ciod iad na prionnsabalan no na puingean-aidmheil bu mhò a bha a' comharrachadh a-mach na feallsanachd, a rèir is mar a thuigeadh i sin le Platon agus a luchd-leanmhainn? Nach iad seo iad, gum bheil comas aig an anam air eòlas iomlan fhaighinn air Dia, is air a bhith a' snàmh gu teann ris ann an ionad an àigh, nì a dh'fhaodadh neach a thoirt a-mach le e a bhith ag èirigh o eòlas air rudan talmhaidh gus aithne gun mhearachd gun cheann a chur air nithean neo-thalmhaidh—'s e sin, Bladh agus Brìgh air nach tig crìoch no caochladh, agus an leithidean sin de às-tharraingean fìor-ghlan. Fòs, thubhairt Platon gum faodadh an t-anam siubhal air adhart agus faighinn air ais dha fhèin an t-eòlas iomlan sin air fìor rudan (*vere entium*), a bha leis mun do thachair dha colann-daonna a ghabhail, agus, sgeadaichte mar seo le foirfeachd gun choimeas, gur comasach dha èirigh suas tron fhailmhe a dh'ionnsaigh an ionaid-chòmh-naidh bhith-bhuan sin a tha coisrigte do spiorad glòrmhor na Fìrinne gun tùs gun chrìch, agus beathachadh is àrach nèamh-aidh fhaighinn dha fhèin an sin, le bhith a' meòrachadh gun tàmh gun sgur bhuadhan iongantach na foirfeachd as mò stàth agus brìgh. Mar a thug mi fa-near a-cheana, b' ann le cur caith-ris ri traisg, le bhith a' toirt air a' cholann i fhèin a chlaoidh 's a chìosnachadh, agus le gnìomhan agus gnàthaichean eile spior-adail mar iad sin a shaoil le Platon gun rachadh aig an anam air a bhith cuidhtichte 's a' cholann, agus, fa dheòigh, snàmh gu teann ri Ceann-adhbhar tuigseach uile-chumhachdach a h-uile nì. Mar seo, is lèir an gnothach, a rèir is mar a bha Platon a' beachdachadh air cùisean, nach robh mòran mùthaidh ann eadar Dia (prìomh-fhuaran agus ceann-adhbhar gach anama), agus toradh spioradail a fhearta agus a mhòralachd gun cheann, 's e sin mac an-duine, o nach eil comas an anama air a bhith a' snàmh ri Dia cho dlùth teann is gur ionann spiorad dhasan is duinne an eisimeil ri nì sam bith ach a-mhàin gluasad dìomhair ar toil 's ar miann fhèin.

Gun robh a' bhuaidh a bh' aig Platon air an fheallsanachd làidir foghainteach agus maireannach thar innseadh, sin againn fìrinn a bhios eachdraidh uile na h-ealaine a' làn-dhearbhadh duinn. Chan e a-mhàin gun robh a' bhuaidh a thuirt mi mòr agus èifeachdach ri a là agus a linn fhèin, ach, fada na dhèidh sin, bha Platon air a mheas mar rogha is tagha nan sean fheallsanach uile. Is iomadh buidheann agus "sgoil" ainmeil a dh'èirich suas an dèidh do Phlaton bàs fhaighinn, agus a bha fo chomain nach beag dha airson cuid nach suarach de na beachdan anns am biodh na buill aca a' làn-chreidsinn, agus, fòs, a ghabh gu toileach ris mar am fear-suidheachaidh agus am prìomh-mhaighstir fhèin. Am measg na feadhnach a ghèill mar seo do eisimpleir agus sheòladh Phlatoin, tha rin cunntadh luchd-leanmhainn duine àraid don ainm Mani, feall-sanach, a chaidh a cheusadh mun bhliadhna 276 B.T., agus a theagaisg fad mhòran bhliadhnachan gur e eòlas agus foghlam an t-aon nì a tha riatanach a chum na sìorraidheachd a ruig-sinn. Dlùth an lorg an ceum-san mhèarrs na Gnostaich, buidh-eann-cràbhaidh a tha am *floreat* ri shuidheachadh eadar an dara agus a' chòigeamh linn B.T. Bha an dream seo a' creidsinn agus a' teagasg gur e eòlas a-mhàin as murrach air an rathad gu flathanas a dhèanamh rèidh soilleir don anam, a dh'fhaodas e fhèin a chur an co-ionnanachd ri Dia àm air bith a thogras e, air chùmhnant is nach bi feuchainn ri ath-chruthachadh a thoirt a-mach ach a-mhàin air àilgheas ghluasaid eòlais-nàdarra air choreigin. Bhiodh na Gnostaich a' gabhail orra fhèin gur iadsan an dream aig an robh am fìor eòlas, agus air an adhbhar sin shaoil leotha nach robh aon chuid fìor eòlas no fìor chràbhadh rim faotainn an taobh a-mach den òrdugh is den sreathan fhèin.

Cho luath 's a chaidh co-chruinneachadh de bheachdan mar iad seo a chur cruinn, agus a chraobh-sgaoil a' bharail nach robh a dhìth air an anam ach a-mhàin dùrachd a dhèanamh gus co-sheanchas spioradail a chur air bonn eadar e fhèin agus Dia, cha ruigear a leas iongnadh a ghabhail ged a dh'èirich iomadh sgoil agus buidheann-cràbhaidh suas, deas gu lèir gu ùidh gun cheann a chur anns an leithid sin de bheachd, agus tuilleadh is bras gu uaill a thoirt às. Ghabh na buidheannan seo uile gu h-èibhinn toileach ris a' bheachd a thuirt mi, agus, mar as cleachdadh le daoine, leis cho mòr 's a tha ar barail fhèin oirnn fhèin, chuir iad gu mòr ris ri ùine mar an ceudna. Coma co-dhiù, tha seo fìor anns gach dòigh a thaobh nan sgoiltean is nam buidheannan lìonmhor ud a bhiodh a' nochdadh anns an rian-adhraidh aca lorg mòr no beag air buaidh a' Bhith-eòlais air an teagasg aca. Bhiodh am muinntir seo a' cumail a-mach gum bheil comas aig an anam air èirigh suas, agus le neirt a chuid bhuadhan fhèin aithne choileanta a chur air Dia tro mheadhan eòlais-nàdarra. B' ann den sgoil no den bhuidhinn-chràbhaidh seo a bha na Beagardaich—muinntir neònach leis an robh a' bharail gur comasach don duine Dia fhaicinn agh-aidh ri aghaidh, beachd mearachdach e seo air an deachaidh trom-dhìteadh na h-Eaglais a leigeadh anns a' bhliadhna 1311. Mar an ceudna, chan eil cinnt nach robh an "Sgoil Albann-ach" (Hutcheson, Reid, Dùghall Stiùbhart, Àdhamh Mac Fhear-ghais, etc.) fo bhuaidh làidir aig na beachdan ceudna; oir, ceart mar a bha a' chùis a thaobh Dhaibhidh Hume agus nan "Co-chompanach" gu h-iomlan, bu ghràineil leis an sgoil eireachdail ud gach smuain agus beachd corporrach neo-spioradail don tug Bacon agus na feallsanaich Sasannach uiread spèis agus muinghin. A dh'innseadh na fìrinne, bha an "Sgoil Albannach" daonnan tograch dèidheil air àite agus inbhe gu sònraichte àrd a leigeil do eòlas-nàdarra anns an rian-smuaineachaidh aca, nì anns an robh iad a' dlùth-leanail ri eisimpleir agus seòladh nan sean Cheilteach, a bhiodh a' coimhead air an t-seòrsa eòlais seo mar an inneal as motha bladh agus èifeachd gus ruigsinn air an fhìor fhoghlam. Bhatar a' tighinn air an "fhìor fhoghlam" mar thoradh eagnaidh air an tuigse air an fhìrinn, rud leis am bheil sinn uile air ar beartachadh, agus barrachd air an seo bhàtar a' creidsinn gum bheil an fhaireachdainn cheudna na toradh eag-naidh air co-bhualadh agus tighinn gu toradh na fìor inntinn agus tuigse an duine air fìrinnteachd agus rianalachd fhalaichte gach comharradh nàdair leis am bheil sinn air ar cuartachadh anns an t-saoghal seo: am briathran eile, bhatar a' reusanachadh mar nach biodh ann ach an aon dòigh air a bhith a' ruigsinn air a' cheum as àirde den fhoghlam, agus b' e sin leigeil leis an inntinn làn-ghèilleadh a thoirt do gach gluasad eòlais-nàdarra a dh'fhaodas sinn fhaireachdainn an taobh a-staigh dhinn fhèin.

Ach, is lèir an gnothach gum bheil diùbhras nach beag ann eadar a bhith mothachail mar as còir air mòr-luach eòlais-nàdarra, mar phàirt den chulaidh a th' aig an anam, agus a bhith a' tighinn air an rud cheudna mar nach biodh meadhan eile againn ach esan gus doras dùinte an fhìor fhoghlaim a dh'fhosgladh duinn. 'S e seo a' mhearachd anns an do thuit Bergson, Fichte, agus na Modernists air fad: tha na feallsanaich seo uile tuilleadh is buailteach gu bhith a' reusanachadh mar nach biodh againn ach an aon dòigh (eòlas-nàdarra) air fìor fhoghlam a ruigsinn. Tha iad a' breithneachadh 's a' reusanachadh de ghnàth mar a bhiodh iad a' creidsinn nach eil ach an aon dòigh (eòlas-nàdarra) air a bhith a' ruigsinn air fìor thuigse air an fhìrinn. Ach, air cho ceart cubhaidh 's a dh'fhaodas an glaodh mòr ud a bhith "Air ar n-ais don Phlatonachd!" chan fhaodar gabhail ri beachdan nan daoine seo gun sòradh is gun cheisteachadh a chur orra, ge b' e air bith cho ceart iomchaidh 's a dh'fhaodas e a bhith gum biodh aiseirigh ann a thaobh cuid de na beachdan a leig Platon seachad, air los spionnaidh agus slàinte a dh'aisigeadh don fheallsanachd.

A-nis, tuigidh sinn air ball cho gann cuimte fàillinneach 's a tha comasan an fhearta seo ris an abrar eòlas-nàdarra an uair a chuimhnicheas sinn nach eil ann ach gluasad anama a shiùbhlas air falbh cho luath ach beag 's a dh'fhairicheas sinn e. Air an adhbhar sin, chan fhaodar a ràdh gum bheil am faireachdainn seo idir freagarrach airson modh no meadhain eòlais gun mhearachd a dhèanamh dheth: cha bheairt choileanta e gus aithne gun cheann gun bheud air Dia a thoirt duinn. Is fìor an nì gum bheil gluasadan dìomhair den t-seòrsa comasach air uairean air ar n-inntinn a lìonadh 's fhiosrachadh, air sheòl is gum bi tomhas mòr no beag de cho-fhreagarrachd ga stèidheachadh, car tamaill bhig, eadar i fhèin agus an taisbeanadh nèamhaidh, mas math le Dia a leithid sin de shocair a leigeil duinn. Ach, mar a thuirt mi cheana, siùbhlaidh am faireachdainn seachad oirnn cho luath ach beag 's a dh'fhairicheas sinn e, agus, os bàrr seo, on a tha gach gluasad den t-seòrsa uile gu lèir an crochadh ri toil agus mathas mòr Dhè, is chan ann idir an earbsa ri miann agus dùrachd an duine, is lèir an gnothach gum bheil a bhith a' cur earbsa asta, mar nach biodh annta ach meadhan cinnteach gus a' cheum as àirde den fhoghlam a ruigsinn, na rud cho faoin socharach 's a ghabhas dèanamh leinn. An dòigh air an còir duinn coimhead air an fheart shònraichte seo, chaidh sin a stèidheachadh air ar son iomadh linn air ais, agus do bhrìgh gum bheil am modh a tha am bheachd feumail agus reusanta anns gach rathad tha mi a' cur romham e a chur a-mach an seo, eagal gum bheil cuid ann nach eil cho eòlach air 's a dh'iarrainn iad a bhith.

Anns na sgrìobhaidhean a dh'fhàg Iain Sgotach na dhèidh, cho math is anns an fheadhainn a chuir Nh. Tòmas Aquinas ri chèile, gheibh sinn iomadh iomradh gu math brìoghmhor puingeil air eòlas-nàdarra; agus, on a chaidh aig na daoine foghlaimte sin air cuid de na beachdan leis an robh iad an gluasad a' leigeil ris duinn bidh cho math duinn agus sùil a thoirt air a' mheall-eòlais a dh'fhàg iad nan dèidh, a dh'fheuchainn ciod e bha na "Sgoiltean" a' smuaineachadh mun rud.

Bhatar a' teagasg, ma-tà, san dol a-mach gur e saighdeadh cridhe no inntinn a tha ann an eòlas-nàdarra, agus, gu bhith a' tighinn air an rud mar ghluasad no faireachdainn anama, nach eil fear eile ann a bheir bàrr air a' cheart inneal mar mheadhan gus cobhair a thoirt duinn gus fìor fhoghlam a ruigsinn. Chan eil cinnt nach eil eòlas-nàdarra na mheadhan èifeachdach gus an t-anam a tharraing an co-phàirt na cinnteachd, 's e sin ri ràdh an co-phàirt na cinnteachd mar a bhios i sin ga riochdachadh fhèin duinn anns na cruthan as coileanta bhios e a' caitheamh. Bhathar a' teagasg, cuideachd, gur e an duais as àirde tha a' feitheamh air an anam anns an t-saoghal a tha ri teachd taisbeanadh coileanta air Dia a mhealtainn—sochair phrìseil i sin a tha am mèin agus an toil gach neach againn a chuireas a dhòchas à eòlas-nàdarra. Bheir an t-eòlas sin oirnn pàirt a ghabhail anns an "Taisbeanadh Nèamhaidh" agus mar sin bidh sinn air ar cur aghaidh ri aghaidh ri Dia, chan ann idir fad car ùine, ach, ann an ceart da-rìreadh, *per omnia saecula saeculorum*.

Ach, cho fad 's a bhios sinn anns an t-saoghal seo, agus ar n-anam ceangailte gu teann ris a' cholainn a tha e ga bheò-fhiosrachadh, bhatar a' teagasg gum feum sinn gach gèill agus umhail a thoirt do iarrtasan reusanta an nàdair-daonna, agus, fòs, gum feum sinn deagh fheum a thoirt às ar beachdan agus às ar comas reusanachaidh fhèin, gus suim ar n-eòlais, eadar talmhaidh agus nèamhaidh, a chur am farsaingeachd agus am meud.* Os bàrr seo uile, cha rachadh againn am feast air aithne choileanta a chur air Dia, no air a bhith a' faighinn gu bhith an dlùth dhàimh ri rudan neo-chorporra air fad, mur bi sinn deas ealamh gu deagh fheum a thoirt às ar comas reusanachaidh (Nh. Tòmas Aquinas). Agus ged a tha e fìor gur comasach don inntinn againn, is i air a cur fo ghluasad is air a stiùireadh ceart le eòlas-nàdarra, fios agus tuigse foirfe gun cheann fhaighinn air prìomh-phrionnsabal a' chruinne-chè, gidh-eadh tha a bhith a' toirt deagh fheum às an inneal spioradail sin na rud a tha uile gu lèir an earbsa ri laghannan aig am bheil am barantas gu tur an earbsa ri obair lùghdachaidh agus reusanachaidh.

Mar an ceudna, bhatar a' teagasg nach eil am beachd a th' againn air Dia idir dìreach na nàdar, ach a-mhàin samhlach neo-dhìreach, agus, a dh'aindeoin gach beò-smuaineachadh agus dian-mheòrachadh a dh'fhaodas sinn a dhèanamh, nach urrainn don inntinn againn uiread de spàirn a dhèanamh agus a bhiodh riatanach gus fios cinnteach air fianais Dhè a thoirt di. Thuirt iad, cuideachd, nan rachadh againn air a leithid sin de àrd-shochair fhiosrachadh, an cois spàirn anabarrach eòlais-nàdarra, gur ann innte sin a gheibheadh sinn làn-shàsachadh fa chomhair gach sàr-mhiann agus àrd-thogradh spioradail a

---

* "Is ann on reusan a tha gach uachdaras a tha ann a' sruthadh a-mach, is chan ann reusan o uachdaras: chan eil fìor reusanachadh idir am feum uachdarais sam bith (taobh a-mach bho a buadhan fèin), gur a daingneachadh."— Iain Sgotach. Tha seo fìor, ach is ann a tha coltas car mì-cheutach air an ràdh seo. Tha e a' leigeil gu tur a-mach à cunntas an diùbhras mòr a tha eadar Taisbeanadh agus Reusan.

dh'fhaodas neach a leigeil air adhart. An sin, bhiodh sinn a' cur aithne air Dia aghaidh ri aghaidh, agus cha bhiodh e comasach duinn ag no mearachd sam bith a bhith againn nas mò tuilleadh mu thimcheall Dhè, agus a nàdar diadhaidh fhèin. Saoilidh mi gum bheil a bhith a' toirt ruith-chunntais air na caochladh ghnothaichean seo ionnan agus a bhith a' trom-dhìteadh nam beachdan breugach om bheil iad a' sruthadh am mach? Coma co-dhiù, is ann mar seo a bha a' chuideachd ainmeil ud (na "Sgoiltean") a' reusanachadh.

Thuirt Malebranche gur e Dia àite-còmhnaidh agus ionad-riarachaidh ar n-uile smuain agus beachd; agus chuir e ri seo le cantainn nach eil anns an dòigh seo air a bhith a' rianachadh chùisean ach samhladh eagnaidh air a h-uile nì a th' ann. "Is e Dia àite còmhnaidh ar n-uile smuain, ceart mar as i an fhailmhe àite-còmhnaidh gach rud corporrach," ars esan. Gun teagamh, is e Dia mathair-adhbhar ar n-uile bheachdan agus smuain, ach mar nach fhaod bùrn a ruith air ais (gun chòmh-nadh Dhè), gus an fhuaran às an do shruth e a-mach an tùs, mar sin chan fhaod sinne tilleadh air falbh gu Dia (a chruthaich sinn, cho math ris a' bhùrn), gun a chòmhnadh agus a chead-san. Is faoin an nì a bhith a' tagradh, mar a bhios luchd a' Bhith-eòlais tuilleadh is deas gu dèanamh, gur e prionnsabal-ealaine uile gu lèir spioradail diadhaidh na ghnè a tha againn ann an eòlas-nàdarra, agus, air an adhbhar sin, nach eil againn ach an t-eòlas sin a leigeil air adhart, agus seòlaidh e sinn gu luatha gun mhearachd a dh'ionnsaigh àite-còmhnaidh bith-bhuan nan iomadh àigh, far am bi a' feitheamh oirnn co-sheanchas nèamhaidh gun stad gun tàmh ri Dia agus na h-ainglean. Tha gach eòlas agus fiosrachadh as urrainn duinn a thional o each-draidh-beatha nan Naomh, o bhreitheanais na h-Eaglaise, agus o shaothraichean nan inntinnean a b' fhìnealta agus a bu treasa thug riamh aire don chùis; tha mi ag ràdh gum bheil gach fios agus dearbhadh den t-seòrsa seo a' toirt oirnn creidsinn gum bheil an fhìrinn mun chùis a' dol calg-dhìreach an aghaidh a' bheachd nach eil againn ri dhèanamh ach gluasad eòlais-nàdarra a chur air gleus gus an anam a tharraing an dlùth-cho-aonadh ri Dia. Mar sin, is coltach an rud nach bi toileach no miannach air beachdan mearachdach den t-seòrsa seo a chur fo mheas ach a-mhàin an fheadhainn leis an ionmhainn, is leis an àbhaist ruith air faondradh a thoirt dan inntinn, a bhith a' cur giùlain neònaich oirnn fhèin, no a bhith a' glacadh ri faoine no aibhseachadh air choreigin às leth na h-aire 's na h-umhail a bhios mì-riaghailteachd den t-seòrsa na meadhan air a bhith a' tarraing daibh fhèin.

Thug mi oidhirp a-shuas air cuid de na beachdan aig na seann sgoilearan a riochdachadh don leughadair: mar cheann-sguir, theagamh gun leigear leam am feadh a bhios mi a' cur an cèill cuid de mo smuaintean fhèin mu na ceart ghnothaichean.

Ar leam fhèin gum bheil dà sheòrsa eòlais-nàdarra ann. Tha a' chiad sheòrsa a' co-sheasamh air fios a bhios an t-anam a' tarraing dha fhèin o fhuaran a fheartan agus a chomasan fhèin; agus, ann an seagh àraid, tha am fios seo a tha aige neo-eis-imeileach air toil Dhè. Ach, a' ghnè eile dhith sin, obraichidh ise air chaochladh dòigh ri siud: is tìodhlac Dhè ise; agus, do bhrìgh gum bheil, chan fhaodar dol a-mach gu a h-iarraidh no a sir-eadh, ach feumar feitheamh am foighidinn agus an sìth gus an tig an t-àm anns an tèid ar gairm gu dol a-steach do fhianais Dhè anns an dòigh sin.

Nam bheachd fhèin, ma-tà, tha eòlas-nàdarra coltach ri fuaran, o am bi na h-uisgeachan aige ag èirigh suas, chan ann idir de ghnàth agus gun sguir, ach car uair, agus o àm gu àm—'s e sin cho tric 's a bhios adhbhar dìomhair nàdair ann a bhios fàbharach do a leithid sin de ghluasad agus de thaomadh a-mach. Is e eòlas-nàdarra fuaran an anama, ach feumaidh an t-anam a bhith air a chur fo fhonn ceart ro làimh mum bi comas aig an fhuaran air uisgeachan sìolmhorach an fhios gun mhearachd a chraobh-sgaoileadh feadh fhàsaichean tiorama ar n-inntinne.

Ged a tha e fìor nach comasach duinn aithne choileanta a chur gu dìreach air Dia, cha mhò as urrainn duinn Dia fhaicinn aghaidh ri aghaidh, nas lugha na bhios e toileach air a leithid de shochair a leigeil duinn, gidheadh chan eil an t-adhbhar as lugha mum biodh sgàth no fiamh sam bith aig an anam ron èis a thuirt mi; oir ge nach fhaod sinn earbsa a bhith againn gum faigh sinn aithne choileanta air Dhia, gun a thoil agus a chead-san, a dh'aindeoin sin chan eil cinnt nach fosglar duinn le iuchair òraich eòlais-nàdarra gach bealach agus doras dùinte a tha a' treòrachadh gus na rùintean-dìomhair as doimhne agus as àirde brìgh ann an nàdar. A mheud sin, co-dhiù, faodaidh sinn earbsa a bhith againn air cosnadh anns an dòigh is tron mheadhan a thuirt mi; ach gu bràth chan fhaodar dùil a bhith againn ri snàmh gu teann ri Dia, nas lugha na bhios an Tì as Àirde toileach air uiread de spèis agus de urram a leigeadh duinn. Faodaidh sinn (is sinne a-bhos air thalamh) obrachan maiseach uile an Dè mhòir a chnuasachadh, agus toil-inntinn còmhla ri mòr-iongnadh a ghabhail asta, ge nach fhaod sinn earbsa a bhith againn gum faic sinn Dia aghaidh ri aghaidh. Anns a' cheart dòigh, fòs, faodaidh sinn (is sinne air ar cur an dlùth-dhàimh ri saoghal nan rudan neo-chorporra), gach iongnadh is toil-inntinn a ghabhail an sin à mathas mòr Dhè, ge nach fhaod sinn earbsa a bhith againn gum faic sinn Dia le ar sùilean spioradail fhèin.

Tha an fheadhainn sin a tha den bheachd gur e a th' anns an anam "suim agus brìgh nan àrd-bheachdan uile" a' dol fada am mearachd: cha mhò a bhios toil againn (mas daoine glic tuigseach sinne), air ràdh àraid eile a sheuladh 's a dhaingneachadh, 's e sin gum bheil an t-anam ceangailte ris a' cholainn anns an dòigh chorparra a shamhlaich Des Cartes. 'S e rud no bith air leth a th' anns an anam, agus is ann daonnan tro eòlas-nàdarra a bhios e a' strì ri a fheartan iongantach a thoirt gu buil èifeachdach: tha e a' cur na h-acainn sin gu feum amhail mar a nì fear-ciùil, is e dèidheil air a' cheòl as binne a tharraing às an inneal aige.

Chunnaic sinn mar-thà nach e prionnsabal-eòlais fìor cinnteach a tha againn ann an eòlas-nàdarra: air an adhbhar sin, chan fhaodar sireadh no feuchainn ri fuaran-fios gun mhearachd a dhèanamh dheth: cha mhò as urrainn duinn a ràdh gur ionann comas a tha aig gach fear againn air stàth agus buannachd spioradail duinn fhèin a tharraing san aon tomhas às an aon tomhas eòlais-nàdarra. Tha sinn a thaobh na cùise seo ceart mar a tha sinn a thaobh a h-uile rud eile—nar n-ìochdarain agus nar seirbheisich ìosal do Dhia. Mar sin, tha sinn a' cur eadar-dhealachaidh gu mòr o chèile a thaobh nam feartan, mar-aon spioradail agus corporrach, a chaidh a bhuileachadh oirnn le Dia, is leis am bheil sinn air ar gluasad anns an t-saoghal seo.

Ach, ge nach fhaodar dùil a bhith againn ri prionnsabal-eòlais stèidheil cinnteach a thogail duinn fhèin an eòlas-nàdarra, gidheadh faodaidh gach anam a fhonn, a dhèidh, agus a chlaonadh nàdarra fhèin da ionnsaigh-san a leasachadh, agus a chur am meud le deagh fheum a thoirt às a h-uile adhbhar agus meadhan spioradail a chuidicheas sinn gu sin a chosnadh. A dh'aon fhocal, gus an t-anam a chur an co-phàirt spioradail eòlais-nàdarra, air chor is gum bi co-fhreagarrachd iomlan ga stèidheachadh eadar e fhèin agus am fuaran no am prionns-abal-eòlais sin, tha e mar fhiachaibh oirnn caitheamh-beatha diadhaidh a leanail, gu bhith a' cleachdadh ùrnaigh agus meòrachadh diadhaidh tric, a bhith a' cìosachadh nan ana-miannan agus nan leannan-peacaidh as mò a th' againn, agus as cruaidhe tha gar lèireadh, agus a bhith a' fosgladh gu fars-aing fialaidh doras dùinte ar cridhe 's ar n-inntinne do gach mòr-thogradh agus àrd-smuain a bhuaileas gnog air an sin ann an ainm Foghlaim agus Maise. B' ann air an dòigh fhoghaintich seo a bhiodh na sean Cheiltich gan deasachadh is gan uidh-eamachadh fhèin airson dol an ceann feallsanachaidh, agus, mas math leinn leantainn gu dlùth nan ceum-san, chan urrainn duinn seòl no rathad as fheàrr a ghabhail. B' e crùn an glòir-san, meòrachadh diadhaidh; agus an iuchair a dh'fhosgail doras nàdair daibhsan, agus a dh'fhosglas duinn fhèin e mar an ceudna, b' e sin eòlas-nàdarra—an acainn as mò bladh ann am beartachadh an anama.

An Dealan-Dè

Seumas MacTòmais

Air fonn *"An t-Eilean Muileac"*

Tha an dealan-dè 's e na èideadh àillidh
Ri mùirn ri grèin 's e leis fhèin sa ghàrradh
Gun smaoin air uallach 's gun luaidh air àmhghair,
A' dùsgadh smaointean mu thùs ar nàdair.

Cia às a dh'èirich bith cho àghmhor,
Tha seòladh luaineach air sgèith an àile?
Cò shnìomh an còmhdach as mìne fàitheam,
'S a dheilbh am brata le dhathan àlainn?

Cò dhùisg sa bhith ud dealas buadhmhor,
'S a dh'fhàg gu saor e bho dhaors' is uallach:
Le tùr is eòlas cò sheòl 's a ghluais e
'S a rinn an gàrradh na àite buan da?

Cò dh'ullaich lòn do gach seòrs' sa ghàrradh
'S a lìon le bòidhchead gach pòr a dh'fhàs ann?
Cò dhìon am maoth-bhith measg ùr-phreas àlainn,
'S a phaisg fa dheòigh ann an seòmar bàis e?

Tha an saoghal dhòmhsa nam smaoin mar ghàrradh;
Gach neach na aonar 's a' gabhail tàmh ann.
'S e gràdh is dòchas, is còrdadh càirdeil
Is cridh' neo-thùrsach na flùir tha fàs ann.

Air cùl gach aoin diubh tha bith neo-bhàsmhor,
A ghluais le mheòir iad am chridhe 'n tràth seo,
'S e 's dìon 's as tèarmann domh fhèin 's gach àite,
'S e sheòl air sgèith dealan-dè a' ghàrraidh.

An Sgoil a Ba Ann

Dòmnall Mac a' Pì

Is tearc iad nach cuir an aonta ri athchuinge na Bana-bhàird a dhòirt a-mach cìocras a cridhe mu àm a h-òige anns na facail seo:—

"Backward, turn backward, O Time, in your flight;
Make me a child again, just for to-night"!

Ath-philleadh, ged nach biodh ann ach rè aon oidhche, gu staid na h-òige! Nan gabhadh e dèanamh, nach tugamaid air a shon "an t-òr, no a' mhil a shileas às na cìribh-meala." Ach, chan urrainn òr a cheannach air margadh. Nam b' urrainn, bhiodh mòran nar measg às èis. Ach, nì mac-meanmna rud nach tèid aig òr air a dhèanamh. Mar sin, faodaidh sinn a bhith ag ath-chruthachadh an ama a thrèig, agus an doras a dhùnadh air spiorad tiamhaidh na h-aoise rè tamaill. Madainn ait saoghal na h-òige!—an cothrom nach tachair ach aig aon àm sa bheatha seo. Grian na h-òige! Càit an do theich a blàths? Mire agus neo-chùram na h-òige! Nach bu neo-chiontach a gnè. Bha i na làn-neirt anns an sgoil a bha ann—mire agus foghlam an làimh a chèile! B' iongantach a' chàraid, ars thusa. Ni h-eadh, arsa mise, oir mar a thuirt am Bàrd Ròmanach, cha tèid agad air Nàdar a sgiùrsadh a-mach le bior gun dochann a dhèanamh. Tha a cumhachd gad choinneachadh air gach taobh, agus 's e

300

tùs a' ghliocais a bhith a' còrdadh rithe. An neach a chaill ath-chuimhne na h-òige, mas e gun gabh sin dèanamh, gu deimhinn chaill e faireachadh fìor luachmhor, agus faodar a ràdh gu bheil fallaing na h-aoise ga suaineadh fhèin uime a-cheana. Cha b' iongnadh ged bha na sean Ghàidheil an dèidh air Tìr nan Òg. Cò nach bitheadh? Bu chiatach an smuain e, agus bu chiatach a' ghnè-inntinn anns an do chinn a leithid de mhiann. Teagaisg domh an dòigh air a bhith a' dìochuimhneachadh: sin ràdh a sgrìobh sean ùghdar Greugach. Ma dh'fhaodte gun robh e fo shiaradh-inntinn mu nithean a bha a' cur dragh air. Gun teagamh, dh'fhaodamaid mòran de na rinn sinn o thùs ar n-òige a thilgeadh an sloc na dìochuimhne, nam b' urramaid. Ach, làithean grianach na h-òige—na sean chompanaich—na seann sgoile! Cò dh'iarradh iadsan a dhìochuimhneachadh? 'S e bha siud ach saoghal eile, làn den t-sòlas a chaidh air chall, agus ris nach bi dùil ri ath-nuadhachadh.

An do mhothaich thu riamh gum biodh na cnuic, 's na slèibhtean mu do choinneamh ag amharc na b' fhaisge ort air feasgar ciùin àraidh? Bha fios is cinnt agad gun robh iad cho fada bhuat 's a bha iad riamh, ach air an fheasgar seo thàinig iad na bu dlùithe, mar gun robh thu ag amharc orra tro ghlainne-mheudachaidh. Bha sin ann, ach tè de sheòrsa eile —sgàilean neo-fhaicsinneach air an àileadh mun cuairt dut, ach làn de bhoinnean beaga cruinn, cuairsgte eadar thu 's aghaidh nam beanntan gorma.

'S e siud an rud a bha a' meudachadh an t-seallaidh—an deathach thana sgàileanach a bha a' feitheamh gus an tuiteadh i na fras uisge. Nach faod mi a ràdh gur e seo nàdar de shamhl-adh air faireachdainn dhaoine a ruigeas ìre na h-aoise, no co-dhiù ceum no dhà seachad air a' mheadhan latha. Aig sàmh-chair na h-uarach dùisgidh an cìocras a bhios an lùib na h-ionndrainn anns an inntinn a tha gleusta air a shon, agus cruthaichidh mac-meanmna tuar grinn timcheall air seann rudan. An uair a dhùineas mi mo shùilean aig taobh a' ghealbhain 's mi a' meòrachadh air na thachair, 's na chaidh seachad, maille ri na dh'fhaodadh a bhith, nach ruith an innt-inn air ais mar an dealanach thairis air na bliadhnachan a thrèig, agus nach riochdaich i nithean a thachair, a chionn gu bheil iad sgrìobhte cho daingeann air a' chlàr, agus nach gabh an cruth dubhadh às le tìm. Mar sin tha an t-àm a thrèig a' fàs nas àghmhoire a rèir 's mar tha tìm a' dol seachad. Nì a' ghlainne-amhairc a h-obair fhèin. Tha a bheag no mhòr den fheart seo suainte umainn uile; chan ann an droch inntinn a tha e a' cinntinn; 's e th' ann beagan de ath-shoillse an ama nach till —nàdar de bhruadar grinn, ma thogras tu. Ged dh'fhaodadh faoineas a bhith na lùib, cha mhùch sin spiorad na h-ionndrainn nach gabh tilgeadh a thaobh.

An uair a thèid againn làmh an uachdar fhaotainn air a' chuid as motha den t-sàrachadh nach gabh seachnadh nar crannchur, thig faochadh le bhith ag amharc air ais air làithean sona na h-òige, an uair a bha an t-adhar, ar leinn, na bu ghuirme, na lèanagan na b' uaine an dreach, am fraoch na bu deirge am blàth, na h-uillt na bu cheòlmhoire nan crònan, torman nan sruthanan na bu chiùine, agus na h-eòin na bu bhinne nan ceilearadh. Cò againn nach do thionndaidh duilleag no dhà den rola fo bhuaidh an fhaireachaidh seo? Chan abair mi nach bi a leithid de shuidheachadh buailteach air an doras fhosgladh don chianalas, agus leigeadh leis snàgadh a-steach. Thèid iomadh rud a sgaradh às a' chuimhne le iorghail an t-saoghail, agus gach ùspairn a tha an crochadh ri ar caitheamh-beatha, ach mairidh cuimhne air aoibhneas is fealla-dhà na h-òige, mar gum bitheamaid fo gheasaibh leotha. Am mair seo gu deireadh na rèise? Cò aige tha fios.

Chan ionnan sgoilean ar là-ne agus na sgoilean a bha ann o chionn trì fichead bliadhna; mo chiad chuimhne. Tha an t-eadar-dhealachadh tur. Tha tuar eile ann, oir tha spiorad an ama a' riaghladh gach linn, agus cha fhreagair an t-sean fhall-aing do nòsan nuadh, no don inntinn a tha ag aomadh do nithean annasach. A bheil sinn an-diugh nar sgoilearan nas fheàrr—'s e sin anns an t-seagh as àirde? Le teachd barrachd eòlais, a bheil gliocas ag imeachd ach mall? Cha ghabh mi orm a' cheist a fhreagradh. Gidheadh cluinnear grunnan an siud 's an seo a' feuchainn ri dhearbhadh gum b' e na seann sgoilean a b' fheàrr, a chionn gun deach àrach annta clann anns an do chinn feartan a rinn ainmeil iad an uair a dh'fhàs iad suas gu ìre duine. Cha ruigear a leas an argamaid a leantainn, oir a thaobh a' chuspair seo, gheibh sinn cuid de dhaoine a' tuiteam an claon-bhreith. Cò ghabhadh air fhèin modh aon linn a chàradh ri linn eile gun atharrachadh air choreigin?

Bu mhòr am masladh e don rìoghachd cho beag 's a rinneadh a thaobh cofhurtachd nan sean mhaighstirean sgoile a chaith an lùths ag uidheamachadh chloinne airson na slighe a tha a' treòrachadh gu soirbheachadh saoghalta gun dùil ri soirbheachadh dhaibh fhèin. Dh'fhalbh iad gun an duais air an robh iad airidh fhaotainn. 'S e facal math as cubhaidhe a labhairt mu na mairbh. Mar a thuirt an t-Ollamh MacFhionghain nach maireann, "'s ann le urram agus le seirc a b' airidh sean mhaighistirean-sgoile na h-Alba a bhith air an cuimhneachadh." Shaothraich iad fo chruaidh-chàs is fo theanntachd. Ach ma bheirear fa-near nach robh an àireamh a bha fìor-uidheamaichte nan dreuchd ach tearc, agus nach robh an duais ach spìocach, na taighean-sgoile air dhroch càradh, gann de àirneis, uachdaran gu tric a' teachd geàrr air an dleasanas, ciamar a bhiodh dùil ri foghlam a bhiodh gu tairbhe na cloinne? Rinn iad na b' urrainn iad nan dòigh fhèin, agus a rèir an t-solais a bh' aca. Mar sin, is ann le meas a bu chòir a bhith a' cuimhneachadh orra. Sinne a tha a' saothrachadh anns a' cheart dhreuchd, thugamaid an aire nach bi sinn a' luchdachadh inntinn chloinne le eòlas gun fheum an àite a bhith a' cosnadh nan nithean bu chòir dhuinn a bhith a' sireadh air an son.

Seann sgoil a' chlachain. Le cuideachadh boillsge o ghrèine na h-òige thoiream oidhirp air a dealbh a tharraing. B' e aitreabh neònach a bh' ann. Bha a ballachan air an togail le sgrathan gun chloich ri fhaicinn, ach am beagan a bha a' cumail ursannan an dorais nan àite; an tughadh ceangailte gu greimeil le sìoman fraoich; toll na mhullach, agus baraille air a dhinneadh ann a chum gum faigheadh an toit a-mach; teine mòr mòna an teis-meadhan ùrlar criadha, agus na suidheachain ceithir-thimcheall ris na ballachan. Bha gu leòr aig a' bharaille ri dhèanamh leis an toit a bha a' brùchdadh troimhe—toit a bu ghuirme dath a' dol suas na camagan, na cuaileanan, na rolagan, 's a' cur car a' mhuiltein dhith mun ruigeadh i am baraille. Cha b' iongnadh ged bhiodh i ga toinneamh fhèin mu na sparran, 's mu na cabair, agus a' fàgail as a dèidh snàthnainean

dubha cho mìn ri lìon an damhain-allaidh. Fhad 's a bhiodh an
sìde tioram, bha an fhàrdach blàth, eadhon ged bhiodh e fuar
a-muigh, ach an uair a thigeadh fras throm uisge chluinneadh
tu brag an siud 's an seo air sglèat, no air leabhar, leis an
t-snighe-dhubh a' sileadh. Ach cha chuireadh sin mòran dragh
air na brogaich. Nach b' èibhinn a bhith a' bogadh meòir anns a'
bhoinne, agus ga suathadh air bàrr sròine a' bhalaich a
b' fhaisge ort!

Dè a b' adhbhar a leithid de aitreabh a thogail? Dealachadh
na h-Eaglais (1843). An còrr cha ruigear a leas a ràdh. Ach, cha
do mhair an "sgoil-cheap," mar a theirteadh rithe, fada, oir thog
an Eaglais Shaor an ùine ghoirid taigh-sgoile cho grinn 's a
chìteadh san Eilean, agus chan eil làrach na sean aitreibh ri
fhaicinn an-diugh, ged tha a dealbh 's a cumadh riochdaichte an
inntinn nan sgoilearan a tha fhathast san fheòil. Ma bha i
neònach na broinn, bha an sealladh an taobh a-muigh fìor-
mhaiseach, làn de dhìomhaireachd nan nithean a bha falaichte
oirnne aig an àm. Air gach taobh bha a' mhòinteach sgead-
aichte le còinneach mhaoth, canach agus bàrr-guc an fhraoich
—srann aig na seilleanan ga dhiogladh. A thuilleadh air seo,
boladh cùbhraidh na roide air sgiathan gach osaig. Fad ar seall-
aidh, bideanan, is glaic, is coireachan a' Chuilthinn mar gun
robh iad air an dath le purpair; an t-adhar mar mhuir, agus
neòil bheaga mhìne a' snàmh air. An Iar-thuath an cuan agus
na h-eileanan siar far am biodh a' ghrian a' dol a laighe, agus
le gathan a' cur dath an òir air an speur, mar gum biodh i a'
boillsgeadh air ais Flathanais nan sean Ghàidheal—Tìr nan Òg.
Ach, cò am measg nam balach san àm ud aig an robh
mothachadh air àilleachd an t-seallaidh? Bha sruth beòthail na
h-òige a' ruith ro bhras, agus cha tàinig e a-staigh air a'
mhaighstear chòir inntinn a thrèid a dhùsgadh a chum an
grinneas a thoirt fa-near. Ach nach ann aige a bha an cothrom?
Nach iomadh sreath o sgrìobhaidhean nan sean bhàrd a
fhreagradh don adhbhar? Bha a' Ghàidhlig deiseil air a shon,
ach bha i air a toirmeasg; chan fhaigheadh i na b' fhaisge na
taobh a-muigh na còmhla far an robh i a' feitheamh air a'
chloinn nuair a gheibheadh iad an cead mu mheadhan-là. Cha
robh i na ban-choigreach air an raon-chluiche, bha i siùbhlach

gu leòr an siud, ged bha doras an taighe-sgoile ga dhùnadh oirre. 'S ann a-nise a tha mi a' tuigsinn rudeigin mun oighreachd air nach d' fhuair mi seilbh. Ach, ma dh'fhaodte gun do dhrùidh beagan orm gun fhiosta, agus ma dh'fhairicheas mi nàdar de bhuille nam chuisle an-diugh tro a bhith a' cnuasachadh air àm nach tig, agus ag aomadh da bhuaidh, cò their gur dìomhanas a th' ann. 'S fheàirrde daoine air amannan an tost a thig leis an ionndrainn.

A-nise, facal no dhà mu obair-latha na sgoile. An riochdaich thu nad inntinn cnapaich ghiollain, cas-rùisgte, an luirgnean air am breacadh leis a' ghrìosaich, cuid diubh air an èideadh le fèileadh beag is peitean, cuid eile le briogais ghoirid nach deach riamh a chumadh air an son. Cha robh iomagain no cùram air fàire. Saoilidh mi gu bheil mi gam faicinn fhathast an uair a dhùineas mi mo shùilean 's mi ri taobh a' ghealbhain. Mar bu ghnàth, thòisicheadh am maighstear obair an latha le ùrnaigh, agus dh'fheumadh a h-uile sùil a bhith dùinte. Chìteadh brogach a b' aite na chèile le seòrsa de dhrèin air aodann, 's e a' feuchainn a leth-shùil fhosgladh, ged bha e air chrith eagal 's gum faighteadh a-mach e. Às dèidh seo, thigeadh leasan a' Bhìobaill, agus "Leabhar Aithghearr nan Ceist." B' fhortanach am fear a dh'aithriseadh na ceistean gun a dhol iomrall anns na bha na h-àithntean ag iarraidh 's a' toirmeasg. Agus bha an deuchainn na bu chruaidhe a chionn gur h-ann sa Bheurla Shasannaich a bhatar gan ionnsachadh. Ged bhiteadh gan aithris an Laidinn cha bhiodh ann ach an aon rud, oir 's e glè bheag a bha a' tuigsinn lididh. Bithear gu tric a' cluinntinn gu robh òigridh na Gàidhealtachd air an teagasg gu coileanta an eòlas air na Sgriobtaran, ach chan eil aon neach a leugh an t-iomradh a chuir an Siorram MacNeacail, nach maireann, a-mach mu staid sgoilean nan eileanan siar, fo òrdugh Bòrd an Fhoghlaim an Lunnainn anns a' bhliadhna 1866, nach atharraich a bheachd.

Cha ruig mi a leas mòran a chur sìos mu na leasanan eile —leughadh, cunntas is sgrìobhadh agus na tha fillte annta. Bha triùir ag ionnsachadh Laidinn; a leughadh na h-eachdraidh a sgrìobh Ceusar! An robh eachdraidh an Ròmanaich ainmeil a-riamh ga leughadh an sgoil-cheap? Bha am maighstear a' dèanamh a dhìchill leis fhèin am measg treud nach robh soirbh a chumail fo cheannsal air uairibh, agus dh'fheumteadh an t-slat a tharraing an-dràsta 's a-rithist. Cò chuireadh coire air, agus na bha aige ri dhèanamh? Bha fios againn uile nach robh an duine còir an dùil ri a bheatha a chaitheamh anns an dreuchd ud. Bha dreuchd a b' àirde na amharc, agus b' i seo a chiad cheum chun na cùbaid. Mheal e a mhiann, agus b' airidh e air an eaglais anns an deach a shuidheachadh.

Mura robh an dòigh-ionnsachaidh na adhbhar toileachaidh do na sgoilearan, bha an deuchainn nach gabhadh seachnadh a' faotainn faochaidh, an tomhas, aig dà cheann an latha—an rathad gus an sgoil, agus àm tilleadh dhachaigh. An uair a bhiodh sìde math ann, is beag dragh a chuireadh an dà mhìle eadar dachaigh agus sgoil oirnn. Air an rathad, a' snàgail air an socair, chìteadh grunnan de bhrogaich le caman san làimh dheis, dà fhàd mhòna fon achlais chlì, aon phòca tomadach le leabhraichean an tè eile le breacaig arain coirce a rachadh gu tric às an t-sealladh mun tigeadh àm dìnnearach. Ged tha lite is bainne na thràth-maidne fìor-fhallain, cha bhi stamag giollain òig fada ga chnàmh, agus an uair a dh'fhairicheas e an taobh a-staigh a' sìoladh sìos, agus bunait na stamaig, mar gum b' eadh, ga fhàgail, bheir e làmh air a' bhonnach a tha na phòca. 'S e beul an anmoich a bheireadh dhachaigh e, 's e air a tholladh leis an acras.

Bhiodh cridhealas is fealla-dhà a' dol air adhart air an t-slighe gus an sgoil. Bha an caman 's a' bhall na bhuaireadh nach robh soirbh a sheachnadh. Bha an dà fhàd mhòna na dhragh, agus feumar aideachadh gun do dhìochuimhnicheadh, air uairean, an ochdamh àithne a dh'aindeoin teagasg nan ceistean. B' e na fòidean mòna a bu choireach; co-dhiù na cruachan a b' fhaisge air an sgoil, eadhon cruachan a' mhin-isteir fhèin! B' e siud cruachan a' bhuairidh, na seasamh ri taobh an rathaid mar gum biodh iad a' ràdh: "Amadain, carson a bhios tu gad phianadh a' giùlan fòidean agus sinne an seo cho goireasach?" Chan abair mi an còrr. Am fear nach tuig seo, cha robh e riamh òg!

An uair a leigteadh an sgoil a-mach gu cluich mu mheadhan-là, sin far am biodh an othail. An àm an t-Samhraidh chìteadh cròilean den chloinn a b' òige a' ruith a chèile air lèanaig, no am measg an fhraoich, no a' buain nan dìthean, no a' ruagadh nan seilleanan; grunnan eile a' snàmh san abhainn, no a' glacadh chaifeanach, a' chuid bu shine a' cur dhiubh leis a' chaman, no a' feuchainn cò b' fhaide a leumadh. Ann an sgoilean mòra ar là-ne tha sinn air ar bòdhradh a' cluinntinn mu *Physical Exercises* leis na daoine ealanta ud a bhios a' teagasg an dòigh a bu chòir dhut seasamh no crùbadh, is mar sin air adhart. San àm mu bheil mi a' sgrìobhadh, cha robh feum air a leithid fhad 's a bha caman is ball ri fhaotainn is lèanag faisg, no linne air am faighteadh cothrom gu snàmh. An uair a thigeadh dùbhlachd a' gheamhraidh, 's a reòthadh an loch, sin far am biodh an toilinntinn a' ruagadh a chèile air an deighe. Ciod e a-nise am feum a bhiodh air fear a dh'ionnsaicheadh *Physical Exercises* dhuinn? Nach robh Nàdar fhèin gar n-ionnsachadh? Agus dh'fhàs sinn suas làidir, calma fon teagasg. Cha chuir an t-seana mhàthair, Nàdar, air iomrall sinn a thaobh nithean corporra, ma ghluaiseas sinn a rèir a riaghailtean. Tha an t-aomadh nàdarra gu cluich an gnè a' bhrogaich fhallain, agus is math as aithne dha an dòigh a fhreagras, ma gheibh e cothrom.

Cha robh an t-slighe dhachaigh san fheasgar cho fìor-thaitneach, air amannan, 's a shaoileadh tu. An-dràsta 's a-rithist, bhiodh an sgoil fada gun tighinn a-mach, agus bhiodh an t-anmoch a' ciaradh mun ruigeamaid an clachan. B' e seo tràth nach bu toigh leam fhìn riamh, an uair a bha mi nam ghiollan —eadar-dhà-sholas, no beul na h-oidhche. Bha brogaich san àm ud a' làn-chreidsinn gun robh a' Ghruagach 's a' bhean-shìthe am falach an glaic air choireigin, no fo bhruaich na h-aibhne. Bithear a' fàgail air gillean 's air caileagan gur e beul na h-oidhche an t-àm as taitniche airson a bhith a' snàgaireachd san dubhar a' suirghe. Faodaidh an tràth seo a bhith cubhaidh do mhac-meanmna nam bàrd, no freagarrach do na suirghichean, ach bidh an giollan òg ga mheas air mhodh eile, 's e na throtan a' gabhail aithghearra na mòintich; e air chrith gun tachair e ris a' Ghruagaich, no gum faic e taibhse. Bheir an t-eagal a chreidsinn air nach eil an srann nam meanbh-bhiastagan mun cuairt da ach na sìthichean a' dèanamh deiseil airson ruidhle dannsa am measg na rainich!

Dh'fhàsadh cruth eile air gaiste mòr fraoich san dubhar air mullach fàire; dh'fhàsadh clach bhàn air cliathach cnuic na samhla. Bhiodh a h-uile dad fo sgleò. Nach h-iomadh clisgeadh a chuir an teine-biorach fhèin oirnn, agus ged nach faca sinn a' Ghruagach, no na sìthichean, riamh, chunnaic càch iad,—co-dhiù 's e sin a bha iad ag ràdh. Ach cò am brogach a ghabhadh air teisteanas nan inbheach a chur an teagamh? Abraidh daoine glic ar latha: "uirsgeulan faoin gun fheum." Gun teagamh, an aon seagh, ach chan ann an seagh eile. Ma bha iad faoin, bha iad taitneach rin cluinntinn, agus chan aithne dhomhsa gu bheil àbhachdas ar là-ne nas fheàrr. Dh'fhalbh iad mar a dh'fhalbh an sgoil a bha ann, agus thàinig nòs ùr—saoghal eile. An àite nan sean mhaighstearan-sgoile, tha luchd-teagaisg againn an-diugh uidheamaichte air gach dòigh, agus tha na taighean-sgoile mar lùchairtean an coimeas ris an t-sean fheadhainn. Tha sochairean aig cloinn an-diugh nach tàinig a-staigh air muinntir nan làithean a dh'fhalbh. Ach, bha rud againne an uair ud nach eil acasan, agus an rud a neadaich ann ar cridhe san àm ud, cha deach e às fhathast. Cha leigeamaid leis a dhol às airson mòran. Tha cumhachd dhìomhair fillte ann an nithean beaga. Mar sin, tha cruth agus subhachas na sgoile a bha ri taobh na mòintich cho soilleir air clàr na h-inntinn ri nithean a thachair an-uiridh.

Tìr nam Beann

Dòmhnall MacRath

Hi ri hi lu hi lò,
Bheir mi sgrìob do thìr a' cheò,
Far am bheil na diùlaich chòir,
Bu deòin leam bhith nan taice.

Ged a tha mi anns an àm,
Sràidearachd am measg nan Gall,
B' fheàrr leam bhith an tìr nam beann,
A' falbh feadh ghleann is ghlacan.

B' fheàrr leam bhith an tìr an fhraoich,
Far na dh'àraicheadh na laoich
Siud na suinn san dèanainn uaill,
Bha riamh toirt buaidh sna batail.

Anns a' mhadainn Chèitein chiùin,
Ghrian 's i ag èirigh suas le mùirn,
Dealradh air gach lus is flùr,
Tha fàs fo dhriùchd na maidne.

Anns a' choill' as bòidhche fiamh,
Chluinninn ceilearadh nan eun,
Sprèidh ri'g ionaltradh air sliabh,
'S an àl le miann gan leantainn.

Bhon tha an Cèitean ri tighinn oirnn,
'S fiamh an t-samhraidh air gach pòr,
Bheir mi sgrìob far 'n robh mi òg,
Ri buain nan ròs 's nan dearcag.

Eacann Clèireach

Aongas MacPàplain

Tha mi a' creidsinn gur gann a tha neach beò an-diugh aig am bheil cuimhne air Eachann Moireasdan, Clèireach sgìreachd Bhràcadail anns an Eilean Sgiathanach, oir tha mu chuairt air ceithir fichead bliadhna on dh'eug e. Ach, an dèidh sin uile, tha a chuimhne gu math gorm fhathast sa cheàrn ud den eilean, oir bu tearc iad a bha cho gleusta, èibhinn, agus innleachdach ris na nàdar agus na dhòighean. Bu bhochd an nì ma-tà mur biodh iomradh uime air a chur an cruth na bu mhaireannaiche na beul-aithris a-mhàin. Tha an eachdraidh ghoirid seo a leanas air a tional bho urra dom b' aithne e gu math.

Rugadh Eachann Moireasdan, Clèireach, san aon bhliadhna ris an treas rìgh Deòrsa, nì a bu mhoit leis fhèin a bhith ag innseadh. Bha e de stoc a bha sònraichte airson gleustachd agus ceanaltais, agus a thuinich fad iomadh ginealach san aon ghabhaltas fagas do Bhaile Ghobhainn, far an robh eaglais agus cladh na sgìreachd.

Cha d' fhuair Eachann còir smid foghlaim riamh, is cha robh facal de bheurla nan Sasannach na cheann. Ach, ciod e dheth sin? Bu bheag feum oirre ann am Bràcadal an là ud. Air fàs gu ìre duine dha rinn an seisean clèireach dheth. Ach, na saoilteadh seo iongantach—duine gun fhacal sgoile na chlèireach. Bha sin na nì coitcheann gu leòr feadh ar Gàidhealtachd agus eileanan an iar. Ge b' e nì a bha ri sgrìobhadh co-cheangailte ri dleasnas an t-seisein, agus gnothaichean na h-eaglaise, bha iad air an dèanamh leis a' mhinistear, agus 's e bha an earbsa ris a' chlèireach e a bhith a' cumail chùisean an òrdugh an taobh a-steach agus an taobh a-mach de bhallachan na h-eaglaise, gu h-àraidh an t-àite-adhlaic (a bha am bitheantas co-làmh ris an eaglais), agus aon dhleasnas cudromach eile—èigheach pòsaidh na sgìreachd. Agus, gu dearbh, a rèir gach iomraidh is iomadh seasamh ceòlmhor san do chuir sin Eachann.

Nuair a bha e na leth-sheann dhuine, chaidh èigheach a chur a-steach chuige airson pòsaidh eadar duine òg eireachdail a bha air ùr-chur suas ann an ceann gnothaich ann am baile Phort Rìgh agus maighdeann mhaiseach dom b' ainm Mòr NicNeacail, nighean tuathanaich chothromaich san sgìreachd—rud a dh'adhbharaich iad a bhith air an èigheach le Eachann. B' e ainm an duine òig "Làraidh MacCoinnich." Bha a' chiad chuid dheth—Làraidh—ro chaimdealach draghail don chlèireach. Bha a mheomhair air dol gu mòr air ais: bha an t-ainm neònach dheth fhèin, agus, a dh'aindeoin gach oidhirp, bha fairtleachadh air a chumail na chuimhne. Thuit e mu dheireadh air innleachd a dh'fheuch iomadh aon roimhe is às a dhèidh—iorram a dhèanamh dheth còmhla ri cuspair le fuaim coltach ris, agus air an robh e mion-eòlach eadhon "Blàrag" mar seo:—

Làraidh, Làrag,
Blàrag, Blàrag,
Làrag, Làraidh.

Air dha bhith san iomairt seo air an là ron èigheach, cò e a thàinig air gun fhàth gun fhaireachadh ach nàbaidh dom b' ainm Iain MacRath, aon de fhoirfeach a' choitheanail, agus duine ro-àbhachdach cuireadach.

"Eachainn, a chaomhain, ciod e ta cur riut? Ciod e bhoil seo ta ort leat fhèin?" ars Iain.

"Ma-tà, nàbaidh, 's mòr sin a ta cur rium, agus is beag e cuideachd," ars Eachann. "Tha e ag èirigh uile on èigheach a-màireach."

"Ach, carson a chuireadh sin smuairean ort, is tu cho eòlach air a dhèanamh?"

"Ò, gun teagamh tha, ach cha d' èigh mi riamh duine le ainm cho neònach ri Blàrag."

"Blàrag! An d' fhàg do thoinisg thu, a laochain. Cò riamh a chuala sin na ainm air duine? Gu dearbh fhèin nam b' e bò a bh' ann."

"Stad! Stad! Tha thu dìreach aig a' chùis, Iain. Bhuail thu 'n tarrag air a ceann! Chan e Blàrag ainm an duine ach—Ò! Fhuair mi thu, sheòid, mu dheireadh, neo-ar-thaing duit (is e a' bual-adh a bhasan le moit) Làrag! Ud! Mo mhearachd a-rithist. Làraidh, sin agad ainm an duine, Iain."

"Ach, Eachainn, fhir mo chridhe, cha dèan e an gnothach dol tron bhrionglaid cheudna mun ainm a-màireach. Creid mise, nuair a sheasas tu fa chomhair a' choitheanail 's e 's coltaiche gum bi thu 'm breislich nas mò."

"Saoil thu fhèin sin, Iain. Ò! Gu dè idir a nì mi? Saoil, a charaid, nan suidhinn làmh riut fhèin agus gum putainn do chas, mur tig an t-ainm chugam nach cagradh tu e, 's mi leth-chromte riut?"

"'N-dà, nì mise sin gu deònach, Eachainn, oir bu duilich leam gun tigeadh tubaist sam bith ort."

"Tapadh leat, 'ille chòir! Thug thu faothachadh nach beag dhomh. Là math leat!"

Gus mo naidheachd a chur an giorrad, thàinig an Dòmh-nach. Shuidh Eachann làmh ri charaid. Thàinig an t-àm airson èigheach a' phòsaidh. Sheas an clèireach suas, agus an guth mall stòlda labhair e mar seo:—

"Cùmhnantan-pòsaidh eadar ——!" Le sin, phut e sàil an fhoirfich, ach am foirfeach cha do leig e air gun cuala se e. An dara uair, thoisich Eachann an duan ceudna. "Cùmhnantan-pòsaidh eadar ——!"

Agus an sin, chan e a-mhàin gun tug e brùthadh math do chas MhicRath ach le uilneig na chliathaich dh'fheòraich e le leth-chagar borb a chuala mòran den fheadhainn a bha timcheall air,

"Àgh! Iain!"

Ach, bu dìomhain gach oidhirp, oir shuidh a nàbaidh cho balbh neo-mhothachail ri ìomhaigh-chloiche. Agus air do Eachann sin a thoirt fa-near, gun tuilleadh dàlach thòisich e an treas uair:—

"Cùmhnantan-pòsaidh, a dhaoine coire, eadar duin' òg à

Port Rìgh sin thall a tha de ainm nach urra mi chuimhneachadh aig an àm, agus 's mòr na chost e dem chadal is dem dhùsgadh fad na seachdain a chaidh. Ach, 's e rud as coltaiche chuala sibh riamh ri ainm na bà aig a' mhaighstir-sgoile—Blàrag, Blàrag MacCoinnich agus Mòr: ah! Mòrag laghach! Cha dhìochuimhn-ich mi a h-ainm-se, agus cha bu chòir gun dìochuimhnicheadh nighean ar caraid chòir, Mòr NicNeacail."

Faodaidh mo luchd-leughaidh a bhith cinnteach gun robh cuimhne na b' fhaide aig na bha an làthair air èigheach cho neònach na air searmon a' mhinisteir.

Cha robh ach aon uair a chaidh Eachann riamh air turas na b' fhaide na fèill Phort Rìgh, ged a chaidh e an uair sin fada gu leòr, am beachd dhaoine san là ud, nuair nach robh rathaidean-iarainn no bàtaichean-smùide a' ruith nar ceàrnan tuathach. Oir ciod e agaibh air chaidh e cho fada ri baile Inbhir Nis? Agus air aithris na bhriathran fhèin cho dlùth agus as urrainn dhomh a chur sìos, seo mar a bha.

"Struidhleas an là 'n-diugh, a Thormoid! Ma-tà, 's tu dh'fhaodadh a ràdh! Neo-'r-thaing mur eil airgead gu leòr a' dol mun cuairt nar measg, ach leth na bochdainn! 'S ann gus na làmhan ceàrr a ta e teachd, eadhon ar n-òigridh bhaoth leis nach foghain dòigh-beòshlainte agus èideadh am pàrantan ach grinneas agus àilleas leis am bheil an t-airgead a ta iad gu goirt a' cosnadh air a luath-shlugadh suas air dhòigh 's nach beir làmh an aon phàigheadh air earball an ath aoin. Cò ach iadsan! Na gillean len lèintean geala air an iarnachadh cho cruaidh ri leathair agus cho deàrrsach ri màs truinnseir—len deiseachan poileat, 's lem brògan Gallta. 'S chan fheàrr na caileagan dad. Na h-òinsichean bochda! Iad fhèin 's an cuid chrionaloin, 's 'glug nam broinn leis an acras' mar a thuirt Iain Tàillear. Mas iad siud na fasanan cùl mo làimhe riuth'! Chan eil iad aon chuid nàdarra no cneasta. Air an t-Sàbaid seo chaidh, bha prasgan diubh air thoiseach orm, a' dol don eaglais, agus 's e thug iad am chuimhne na toitean arbhair a thog an tuil mhòr a bh' ann o chionn dà bhliadhna a' seòladh sìos gus an loch. Cha b' iongantach idir mar a dh'èirich don bhaintighearn òg a bha air a glùnaibh san eaglais Shasannaich aig àm na h-ùrnaigh. Ag èirigh far a glùnaibh dhi, ghlac cearcall a' chrionaloin a sàil,

agus thuit i 'n comhair a cùil coltach ri othaisg a ghlacadh tu air
a cas-dheiridh le cromag a' bhata. Ach, a thuilleadh air sin faic
amadas ar n-òigridh nuair dh'fhàgas iad an dùthaich, an
struidh air an t-slighe. Chan fhoghain ach dol air bàta-smùide
no trèana dh'aindeoin cho geàrr 's a tha an turas. Gabh Calum,
mo mhac, a-nise. An-uiridh, bha e leth-bhliadhna na sgalaig aig
a' mhinisteir airson ceithir punnd Shasannaich agus bolla
mine, agus b' e mhin an aon nì a b' fheumaile den iomlan de
thuarastal, oir chaidh an t-airgead uile chur ann an deise-chlò
cho sgàireach 's gum faiceadh tu 'n là troimhe; ach dè dh'earb-
adh tu o cheannaiche-siubhail, agus paidhir de bhòtainn aig an
robh uachdair cho tana agus gun do shrac iad cho dona a' chiad
uair a chuir e uim' iad agus nach gabhadh iad càradh—an t-urr-
am aig mo bhrògan iallach! Phaisgeadh an deise ghrinn, agus
chaidh a cur seachad an ciste, ach a' chiad uair a thug e mach i
gu dol don eaglais Didòmhnaich bha i air a tolladh leis na lèom-
annan cho dona 's nach dùraicheadh e a cur uime! Ò, Chaluim,
cha bu dual duit a bhith cho amadanach! Tha e nis ann an gàrr-
adh-iarainn air Cluaidh, agus a' faotainn duais trì fillte air na
bha aige mar sgalaig. Bheil e nas fheàrr le sin? Ma-tà, 's e nach
eil. Nuair bha e aig an taigh aig an fhèill thàinig orm fhèin coin-
gheall dà phunnd Shasannach a thoirt dha gus a thoirt air ais, 's
chan e sin a-mhàin, ach bha de ladarnas aige innseadh dhomh
na chiad litir gum b' èiginn da deich tastain iarraidh an iasaid
air Dòmhnall Toiseach, a thuilleadh air na thug mise dha. 'S e
mo bheachd nach eil sna bàtaichean-smùide ach taighean-
ceapaidh air airgead nan glaoicean a ghin sin a thàladh uatha!
Nì Math a chumail foighidinn rium! Leth-cheud tastan a chur
a-mach air faradh gu Glaschu! Agus gun deachaidh mi fhèin gu
Inbhir Nis agus air ais dhachaigh air trì! An d' innis mi riamh
duit mun turas ud, a nàbaidh? Chuala tu uime, ach chan ann
bhuam fhèin. Ma-tà, cha mhisde sgeula math a chluinntinn dà
uair; agus seo mar a chaidh dhomh.

"Thàinig maor-siorraim à Port Rìgh le sanas chugam anns
an robh mi air mo ghairm gu cùirt nam morairean dearga an
Inbhir Nis, gu bhith air mo cheasnachadh mar shùil-fhianais
air corp naoidheachain a fhuaireadh ann an càrn aig a' Chadha
Ruadh—turas a bha mi glè aindeonach gu a dhol air, ach cha

robh diùltadh no doicheall ri bhith ann. Ciod tha agad air ma-tà ach gun d' fhàg mi 'n taigh aig dara gairm nan coileach. Rinn Màiri gu leòr de bhiadh-siubhail a ghiùlain mi ann am poca beag air mo chliathaich. Gun stad aig Sligeachan ràinig mi aisig mu dhà uair san fheasgar, agus bha mi air taobh thall Caol Reithe aig a cùig. Chaidil mi air an oidhche sin an taigh caraid dhomh ann an Clachan Ghlinn Eilginn. Ro ghlasadh nan neul an ath là shìn mi mach tron Ghleann Mhòr, agus cha do lasaich mi ach airson leth-uair an uaireadair gu greim bidhe a ghabhail gus an do ràinig mi 'm baile-mòr mu chuairt air meadhan-oidhche gun sgillinn a chur a-mach ach sia airson aiseig Caol Reithe; oir tha fhios agad nach eil port an-asgaidh ann ach Port na Bànrigh, agus tha e sia sgillinn. Air an ath là shuidh a' chùirt. Aig aon uair deug thòisich cluig a' bhaile air bualadh, agus thog mi orm a-mach gus na sràide. Agus Ò! 'S ann an sin a bha an sealladh 's an iomairt! Na morairean nan cleòcan sgàrlaid 's iad nan suidhe ann an carbadaibh fosgailte, tarraingte le ceithir eich, gach aon diubh le buidhinn shaighdearan rompa agus nan dèidh; probhaist agus bàillidhean a' bhaile agus na maoir ann an carbadan eile; Fear-tagraidh a' chrùin agus a bhràithrean san lagh a' marcachd air dheireadh; fa dheòigh truimleach de luchd-àiteachaidh a' bhaile a' lìonadh gach taobh de na sràidean tron deachaidh an còmhlan mòr-chùiseach ud! Lean mise gu h-aitheasach nan dèidh gus an tàinig sinn gu Taigh na Cùirte aig Clach na Cùdainn. Le mòr-shaothair dh'fhàisg mi mo rathad gus an doras. Dh'oidhirp mi dol a-steach, ach shìn gach aon den dà mhaor air an taobh seo 's air an taobh ud den doras an cuailibh tarsainn romham, agus dh'fheòraich an dorsair am Beurla an robh gnothach agam a-steach.

"'Ma-tà, sheòid, tha sin agam,' fhreagair mi an Gàidhlig, 'air neo cha bhithinn an seo.'

"'Foillsich e!' ars esan sa chainnt cheudna.

"'Nì mi sin cuideachd,' thubhairt mise, is mi a' toirt às mo phòc'-achlais an t-sanais—nì a leugh e agus an sin, 'Ceart gu leòr' ars esan. 'Lean am fear seo agus treòraichidh e gud àite thu.'

"Agus ciod tha agad air, a nàbaidh, ach, gus mo sgeula chur an giorrad, an dèidh ùine mhaith chuala mi m' ainm air a ghlaodh le Maor na Cùirte, agus thàinig maor eile, agus threòraich e mi gu stòl nam fianaisean. B' èiginn daibh eadar-theangair a mhionnachadh a-steach air mo shon. Thugadh a' chiad ionnsaigh orm le Fear-tagraidh an Rìgh.

"'An robh thusa, Eachainn Mhoireasdain, nad shùil-fhianais air an nì ud?' ('s e ga ainmeachadh).

"'Bha,' arsa mise.

"'Am bheil cuimhne agad air an là?'

"'Tha, gu ro-mhath.'

"'Dè dh'fhàg do chuimhne air cho ro-mhath?'

"'Ma-tà, innsidh mi sin duibh. 'S ann air là san Iuchar-shamhraidh a bha ann. Là blàth le smugar ceò, nuair thàinig mi dhachaigh an dèidh còmhdhalaiche cho mì-shealbhach aig a' Chadh Ruadh. Cò bha staigh romham ach Fionn à Ròdhag, agus dè bh' againn air ar suipear ach buntàta pronn, agus sinn a dh'fhaodadh: bu mhath mo dhà mhart-bainne.'

"Bha barrachd Gàidhlig am baile Inbhir Nis aig an àm ud na tha an-diugh, agus thuig mòran de na bha staigh mo bhriathran fhèin, agus mun do sguir mi bha iad uile a' gàireachdaich, nì a thug air an Àrd-bhreitheamh tionndadh le frionas, agus maoidheadh an taighe fhalamhachadh mur cumadh iad orra fhèin rian na bu nòstaile. Ach, mun robh an t-eadar-theangair ullamh de eadar-theangachadh, bha an dearbh bhreitheamh ud fhèin agus a bhràithrean air a' bheinge-sgàrlaid agus an luchd-lagha agus na h-uile bha an taobh a-staigh de na ballachan gan snìomh fhèin le lachdadaich. Cha do chum iad air an stòl ro fhada mi 'n dèidh siud. Agus an uair a bha mi dol a-mach chuala mi am breitheamh ag ràdh ris an ionmhasair; 'Feuch gum pàigh thu an duine còir ud, agus gum pàigh thu gu math e.' Agus gu dearbh 's esan a rinn sin. Fhuair mi ceithir ghinidh òir bhuaithe, agus thug mi sin uile dhachaigh ach trì tastain—suim airson an do chuir Calum mo mhac iomadh fallas dheth fad leth-bhliadhna am Baile Ghobhainn. Agus cha dèanadh e riamh an tùrn a dhèanainn fhèin. Bheirinn làn clèibh-thabhaistich de bhuntàta còig mìle air mo dhruim gun anail a leigeil, agus bheirinn mart à poll leam fhèin—ach, Ò! Struidh is gòraiche an là 'n-diugh!"

Is ann air leabaidh a bhàis a rinn Eachann còir an èigheachpòsaidh mu dheireadh. Air madainn Didòmhnaich dh'aithnich-eadh gun robh faileas an teachdaire dheireannaich a' tuiteam air a ghnùis. Ach, bha an èigheach fhathast na chùram air. Ghairm e a-steach tiomcheall a leapach muinntir a theaghlaich. Thug e air aon de na mic caibideil a leughadh, agus salm a sheinn. An guth bristeach chuir e fhèin suas facal ùrnaigh, agus an sin am briathran fann caol—oir bha an còrd airgid dlùth gu bhith briste, agus nigheanna a' chiùil a bhith a' dol nan tost —rinn Eachann cùmhnantan a' phòsaidh èigheach. Agus, gus a' chùis a dhèanamh follaiseach, thug e air aon eile de a mhic dol gus an rathad mòr, agus, nuair bha còmhlan den choitheanal a' dol seachad, an èigheach an sin a-rithist. Mo laochan ort fhèin, Eachainn! Cha robh thusa gu bhith air do bheatadh gus an diog mu dheireadh! Chan fhaic sinn do shamhail tuilleadh —Oisean an dèidh na Fèinne! Ach, a' chlach bheag seo air do chàrn, agus do chuimhne a bhith fada gorm!

Airling

Calum MacRath

Bhruadair mise bhòn-raoir,
Bhith còmhnaidh an Snidheasort,
Far an robh mi 'm òige,
Gu sòlasach cuireadach;
Aotrom cridheil, spòrsail,
Gun bhròn no gun uireasbhaidh,
Mànran feadh nam bruachan,
Gu h-uallach sa chuideachd ud.

Tha an samhradh ri tighinn teann oirnn,
B' e m' annsachd bhith fuireach ann,
B' ait leam a bhith ag èirigh,
Air madainn Chèitein chùirteanach,
Sprèidh is iad air rèidhlean.
Air bhàrr an t-slèibh ag ionaltradh,
An t-àl ri ruith mun cuairt dhiubh,
Gu meanmnach luathmhor mireagach.

'S e sealladh e cho glòrmhor,
Rim bheò air na dhearcadh leam,
Bhith faicinn obair nàdair,
Is àilleachd nan dachaighean,
Na raointean air an còmhdach,
Le neòinein bhòidheach bhileagach,
Gach ròs a' fàs fon driùchd ann,
'S beath' ùr anns na lùsanan.

Grian nan speur ri deàlradh,
'S gathan blàth ga beathachadh,
Gach nì cho snuadhmhor blàthmhor,
Am pòr a' fàs 's a' cinneachadh,
An t-sòbhrach fhineal ùrail,
Gach cùil 's i cho duilleagach,
Seillean air gach bàrr dhiubh,
Gun fhios gun tàmh ri cruinneachadh.

Chuthag cur na smùid dhith,
Aig bonn nan stùc cho caithreamach,
Smeòrach 's i cho sùrdail,
Le òran sunndach aighearach,
An uiseag air a' mhòintich,
Ri ceòl is ri ceilearadh.
Bu mhùirneach leam san àm sin,
Bhith tàmh sa ghleann san d' rugadh mi.

Gheibh thu coibhneas 's càirdeas,
Ciùine bàidh is faireachadh,
Tha còrdadh ri fhaotainn,
Measg sìol nan daoine ceanalta,
Tha 'd truacanta le fìrinn,
Is sìtheil modhail onarach,
Le iomadh cliù a bhàrr air,
Nach bi mi 'n-dràst' ag aithris dhuibh.

'S e seo an t-àit' tha àlainn,
Seach ceàrnaidh a shiubhail mi,
'S e seo an t-àit' tha prìseil,
Le cinnte tha urramach.
Thug uaislean agus ìslean,
Bho linn gu linn an t-urram dha,
Bu mhiann leam fhèin bhith tàmh ann
An tìr mo ghràidh an Snidheasort.

Mèirleac nan Slad

Seumas MacDiarmaid

Cha robh mèirleach na b' ainmeil an Siorramachd Pheairt na bha Alasdair Bàn na là fhèin, is bha iomradh air fada an dèidh dha bhith air a chrochadh.

A rèir beul-aithris, thàinig Alasdair nuair a bha e na ghiollan gu Baile Chraoibh maille ri cuideachd de dhaoine a bha a' toirt giuthas air a sgoltadh o choille dhubh Raineach chun na machrach, is ga reiceadh ri luchd-dèanaimh nan criathar.

Dh'fhuirich Alasdair mun mhachair, is dh'fhàs e na dhuine mòr làidir aig an robh spionnadh neo-chumanta. An sin, thòisich e air a bhith ag iomain cruidh a dh'ionnsaigh faidhir Àth Maol Ruibhe, dh'ionnsaigh fèill na h-Eaglais Brice, is a dh'ionnsaigh faidhrichean eile, fad is am fagas.

A' chuid is a' chuid, chinn e eòlach air Gàidheil bhorba a bha a' gnàthachadh a' cheart nì cheudna; ach cha robh an companas gu feabhas Alasdair mu dheireadh. "Truaillidh droch chonaltradh deagh bheusan" thuirt an seanfhacal, is b' fhìor e a thaobh Alasdair.

Rinn na ceatharnaich co-bhann is chaidh Alasdair a chur os cionn na buidhne. Is coltach gun robh leth-cheud no trì fichead fear anns a' chuideachd.

Thuinich na h-eucoraich sin an uaimh no uamhan an creagan Chaoil-ghlinn Amain; ach gu dearbh b' adhbhar eagail is fuath iad do na Gàidheil is do na Goill a bha anns a' choimhearsnachd. Chan e nì beag a chumadh àireamh cho mòr de chreachadairean am beòshlainte, is bha caoraich, uain, is minn, laoigh is gamhna gach oidhche air chall, is bha amharas aig an tuath dè a thachair dhaibh. Aig amanna sònraichte, is san oidh-che, rachadh na mèirlich a thogail nam bò o na h-àitean a bha comharraichte a-mach ro làimh leis na beachdairean aca. A' chuid den chrodh nach do mharbh iad airson iad fhèin a bheathachadh, bha dòighean aca tron robh iad comasach air a' chrodh a reiceadh, is airgead fhaotainn air an son.

Cha robh frith-rathad, no àite uaigneach feadh nam beann no nan gleann nach robh aithne aig na gadaichean orra, is bha an t-eòlas sin feumail dhaibh nuair a b' e an rùn crodh a ghoideadh no an cumail falaichte gus am biodh cothrom aca an cur gu margadh. Nuair a bhiodh mine no goireasan eile a dhìth air na spùinneadairean rachadh feadhainn dhiubh do Bhaile Chraoibh, no do Bhaile Pheairt a cheannachadh nan nì sin, ach 's ann san fheasgar a ruigeadh iad na bùthan. Cha robh mòran dhiubh aithnichte do na marsantan, ged rachadh iad gu foll-aiseach do na bailtean; ach cha b' e am miann gum faiceadh daoine eile iad a' tighinn air ais don àitean còmhnaidh anns na h-uamhan, is anns na sluic am measg nan creag.

Cha b' ann a chum math na dùthcha a bhiodh e nam mair-eadh sin ùine fhada. Gu fortanach, thàinig crìoch ealamh air a' cho-bhann a bha eadar na h-eucoraich.

Thug na beachdairean fios gun robh àireamh mhòr de chrodh air baile-fearainn tha air an t-sliabh eadar Buidhinntidh is Foghlais, is nach biodh a' chreach doirbh ri thogail.

Chuir na creachadairean an gleus gach innleachd a b' aithne dhaibh a chum crodh an tuathanaich a sguabadh air falbh gun fhios da, no an toirt air falbh mum b' urrainn dha còmhnadh fhaighinn à Foghlais, is on tuath mun cuairt. Thachair gach nì a rèir toil nan eucorach, is chaidh sprèidh an tuathanaich bhochd a ghreas air falbh gun ùpraid sam bith, is cha robh fios aige air a chall gus an ath-mhadainn, is cha robh dòigh aige air a chuid fhaotainn air ais. Is i sin a' chreach mhòr mu dheireadh a thog a' bhuidheann sin de mhèirlich. Gu math na dùthcha, dh'èirich easaontas nam measg thairis air roinneadh na creiche, is an dèidh connsachaidh ghairg dh'fhàg iad uile an Caol-ghleann ach Alasdair na aonar. Bithidh mi an dòchas gun do thrèig mòran dhiubh an droch shlighean, is gun robh an caitheamh-beatha na b' fheàrr, is na bu chliùitiche, o sin suas. Co-dhiù, tha e na nì cinnteach nach robh e an dàn dhaibh uile cead a ghabhail den t-saoghal seo air croich oillteil Pheairt.

Bha seann daoine anns a' bheachd gun robh ceithir àitean sònraichte airson falachaidh aig Alasdair Bàn: am bràigh Chaol-bhealaich, an Gleann Cuaich, an Creig Uchdaig a tha na crìch eadar Gleann Liadnaig is Dail Àird Eonaig, am Bràghad Albann, agus anns a' Chaol-ghleann; ach b' i an uamh tha an Creig na h-Iolair an Coire Choilltearan an Coineachan an t-ionad-còmhnaidh bu tèarainte is bu dìomhaire a bha aige. Bha an uamh mu theis-mheadhan na creige, is bha àirde mhòr de chreig os ceann is foidhpe, is cha robh e an comas do dhuine beò dol a-staigh da h-ionnsaigh ach air frith-rathad cumhang o thaobh an iar den chreig. Dh'fhaodadh an uamh sèathnar dhaoine a chumail nuair a bha Alasdair a' gabhail còmhnaidh innte; ach, an dèidh àm a' mhèirlich, chaidh beul na h-uamha fhosgladh gu farsaing, is an talamh a thilgeadh a-staigh don uaimh, oir b' àbhaist do chaoraich a leum a-staigh innte, is cha b' urrainn dhaibh tighinn a-mach aiste a-rithist.

Is coltach gun do rinn Alasdair an t-òran—"Mèirleach nan Slad" nuair a bha e anns a' Chaol-ghleann.

Aig an àm sin, bha mòran de thuath ag àiteachadh Ghlinn Amain on Bhaile Nodha gu Leac Rèidh am fìor bhràigh a' ghlinne, is bha crodh, caoraich, is gabhair aca.

Nuair a bha fear an siud is an seo a' call laogh, mult reamhar, uan math, no deagh mheann is ann le sealladh amharasach a bha gach duine ag amharc air a choimhearsnaich; is laigh an-earbsa mar neul dubh dorcha air inntinnean na tuath gu lèir. Air madainn an-dràsta is a-rithist theireadh fear ri choimhearsnaich, "Dh'fhalbh mo laogh an-raoir," no "dh'fhalbh mult, uan, no meann orm san oidhche."

Is ann air na beathaichean a chaidh a ghoideadh orra bha còmhradh sluaigh a' ghlinne car iomadh seachdain, is cha robh neach sona no toilichte nam measg.

Mu dheireadh, bha faochadh air an cùram is air an trioblaid inntinn, oir fhuair iad comharran dearbhte nach b' e mèirleach coitcheann no duine gun eagnaidheachd a thachair orra; ach duine teòma, is cha robh e doirbh dhaibh a thuigsinn nach biodh e na nì furasta am mèirleach a chur an làimh.

Chaidh an samhradh seachad, is bha dà mhìos den fhogharadh air dol seachad mar an ceudna; ach cha deachaidh greim a dhèanamh air an fhear-reubainn, is bha corraich air an t-sluagh, oir bha a’ mhèirle a’ dol air adhart mar a b’ àbhaist.

Thàinig toiseach an treas mhìos, is na chois bha an Fhèill Mhìcheil.

Air là mòr na fèille, chruinnich na ceudan de dhaoine is de mhnathan às gach àird, is bha sràidean Chraoibh air an lìonadh leotha.

Choinnich Gàidheil is Goill is bhruidhinn iad ri chèile mar a b’ fheàrr a dh’fhaodadh iad. Bha fiamh-ghàire air aghaidh gach marsanta, is air aghaidh gach òstair, oir bha iarrtas mòr air bathar, goireasan, uisge-beatha, is lionn. Ach, chiaradh am feasgar, is dh’fheum an sluagh a bhith a’ triall dhachaigh. Chuir a’ mhòr-chuid de na Gàidheil an aghaidh ris a’ Chaol-ghleann, is chaidh iad gu sunndach seachad air uaigh mhòir an fhamhair Mhìosachain, is seachad air Cloich Oisein. Nuair a ràinig iad am Baile Nodha, dhealaich sluagh Ghlinne Cuaich ri sluagh Ghlinn Amain, is dhìrich iad am bruthach, is chaidh sluagh Ghlinn Amain suas ri taobh Uisge Amain. Dh’fhuirich roinn dhiubh aig taighean Chreig na Faire, is aig an Dail Mhòir.

Bha an oidhche ann; ach bha a’ ghealach gu buidhe bòidheach a’ toirt solais don luchd-imeachd.

Thachair gun robh triùir no ceathrar de ghillean làidir eireachdail leotha fhèin nuair a ràinig iad earrann den rathad mu leth-mhìle o thaighean Choineachain, far am faiceadh iad aghaidh Creige na h-Iolair air taobh dheas na h-aibhne. Am measg nithe eile, bha an còmhradh mu mhèirleach nan slad, is iad gu dian ga mhallachadh. Thog fear dhiubh a shùilean ri Coire Choilltearan no Chouldrain, is thuirt e: “Tha solas a’ dealrachadh an teis-mheadhan Creige na h-Iolair.”

“Air m’ anam gu bheil,” thuirt fear eile.

“Faicibh nach e deàrrsadh na gealaich a th’ ann,” fhreagair an treas fear.

“Chan eil a’ ghealach cho ìosal ri sin, a dhuine!” thuirt an ceathramh fear.

"Feuchaibh nach ann an siud a tha am mèirleach," ghlaodh fear dhiubh.

"Theagamh gu bheil thu ceart," fhreagair an còrr dhiubh: "rachamaid a dh'amharc!"

Chaidh iad uile gu togarrach thar Uisge Amain, is lean iad seann rathad na mòine gus an robh iad aig ìochdar Creige na h-Iolair. An sin, ghabh iad gu sàmhach suas ri taobh ceann iar na creige, is iad a' cagarsaich gu ciùin ri chèile. Bha an solas a' deàrrsadh à àite sònraichte sa chreig, is thuig iad dè an dòigh air am b' fhaisge a gheibheadh iad air gun a bhith air an cluinntinn. Nuair a ràinig iad am frith-rathad a bha a' ruith a dh'ionnsaigh an t-solais, shnàg iad air adhart air am màgan, is chuala iad ceòl binn na truimb a' tighinn a-mach on chreig. An sin stad ceòl na truimb, is chuala iad guth làidir a' seinn—

> *"Tha Mèirleach nan Slad,*
> *Ann an Caol-ghlinn Amain;*
> *Is eòlach tha cheum*
> *Mu bhruachaibh na h-abhann,*
> *'S iomadh bò tha gun laogh,*
> *'S iomadh caor' tha gun uan;*
> *Is brònach an gaoir*
> *Dà thaobh Ghlinn Amain."*

Nuair a chrìochnaich an t-òran, bha iad aig beul uamha nach fhaca iad riamh roimhe sin, is chunnaic iad ceatharnach mòr feusagach, na shuidhe, is e a' cluicheadh gu h-ealanta air an tromb. Bha aghaidh ri teine ris an robh e a' ròstadh spàg muilt a bha a' crochadh mu choinneamh na lasair, is bha bior iarainn tron fheòil. Bheireadh e put le chois chuaranaich don bhior airson an spàg a thionndadh mun cuairt. Chunnaic mi am bior an taigh Eòghainn Chaimbeul an Coineachan fada fada an dèidh là Alasdair Bhàin. Bha am bior mu ochd òirlich dheug air fad, is cha robh e ach air a dhroch thàthadh ri chèile. Chan e òrd gobhainn a dheasaich an t-iarann sin; oir cha robh e cho innealta is a bhiodh obair gobhainn.

Gu fortanach, bha druim a' mhèirlich riutha, is leum dithis dhiubh air mun robh cothrom aige biodag no daga a tharraing orra; ach bha e coltach ri droch làimhseachadh a thoirt dhaibh, is dh'fheum an dà fhear eile an còmhnadh.

Mu dheireadh, an dèidh spàirn chruaidh chaidh dà làmh a' cheatharnaich a cheangal gu teann air a chùlaibh, is e fhèin a thoirt a-mach on chreig. Nam biodh fios aige gun robh iad a' tighinn rathad na h-uamha bhiodh e na nì furasta dha fear mu seach dhiubh a thilg thar na creige, is a mharbhadh, ach cha chuala e iad a' tighinn, is chan fhaca. Dhìochuimhnich Alasdair an leac mhòr a chur air beul na h-uamha an oidhche sin, is rinn an dearmad sin dochann dha nach do ghabh a leasachadh gu bràth; oir thug solas an teine na gillean air a thòir.

An aghaidh a thoil, chaidh a thoirt às an uaimh, is sìos an coire gu h-aon de thaighean Choineachain, far an do ghlèidh iad e gu tèarainte rè na h-oidhche. Gu moch an ath mhadainn, dh'fhalbh buidheann de dhaoine leis gu ruig Baile Pheairt. Gun dàil, chaidh a chur anns a' phrìosan mhòr, is an ùine glè ghoirid bha Alasdair air a tharraing ron chùirt is bha a chiont air làn-dhearbhadh na aghaidh. Thug am breitheamh a-mach a bhinn is bha Alasdair gu bhith air a chrochadh an là no dhà air croich air sliabh Pheairt.

Thàinig an là muladach, is chruinnich sluagh lìonmhor a dh'fhaicinn a' mhèirlich ainmeil, Alasdair Bàn, dol gu bàs. Cha bu chladhaire esan, is bha a cheann àrd, is a cheum uallach, ag imeachd a dh'ionnsaigh na croich. An àite òraid a dhèanamh, mar a b' àbhaist do chiontaich air an dìteadh a dhèanamh is ann a rinn e fàisneachd an cumadh bàrdachd, mar a leanas—

> *"Fhad 's a ruitheas Uisg' Amain.*
> *Le faram na chuideachd,*
> *Bidh neach air a bhàth ann*
> *Gach dà bhliadhna gun sguireachd."*

An dèidh sin, chaidh crìoch obann a chur air a bheatha; ach bha iomradh air "Mèirleach nan Slad" fad iomadh linn, is cha robh a rainn air an dìochuimhneachadh.

Chunnaic an Nì Math iomchaidh nach rachadh uiread de shluagh a bhàthadh is a thuirt Alasdair Bàn, ged a tha cunntas againn air sèathnar a chaill am beatha an Uisge Amain an taobh a-staigh de cheithir fichead bliadhna air ais.

MacBeatha is Crùn Albann

Eachann MacDùgaill

Anns a' bhliadhna 843, thàinig Coinneach Mac Ailpein, rìgh Dhàil Riada, gu bhith na rìgh air Cruithne mar an ceudna. Bha mar sin Albainn uile gu lèir, tuath air Dùn Breatann is an Abhainn Dubh fo shròil Shìol Ailpein. Thàinig a' chòir seo air Coinneach, ris am faodar Coinneach I a ràdh, a thaobh fala air an dà thaobh, a thaobh a sheanar air taobh nan Sgotach, is a thaobh a sheanmhar air taobh nan Cruithneach. Tha Aindreas Lang a' toirt fa-near gum bu Choinneach theagamh an rìgh dligheach a rèir nòis an dà shluaigh, is mar sin gum faodar a chreidsinn gun robh Sgotach is Cruithneach le chèile làn-thoilichte!

Is ann le nàdar magaidh a tha Lang ga ràdh seo, ach faodaidh beagan den fhìrinn a bhith aige. Ach biodh sin mar a thogras e, bha còir Shìol Ailpein air crùn Albann air a dheagh dhaingneachadh, air los is, a dh'aindeoin gach nàmhaid leis an robh iad air an cuartachadh, gun do lean an t-slat rìoghail riutha fhèin is ri an gineil eadhon fad is a bha rìgh air a chrùnadh air Albainn. Agus de gach nàmhaid dhiubh sin a dh'èirich bho àm gu àm cha robh aon a bu dhosgainniche do Shìol Ailpein na meòirean fa leth an teaghlaichean fhèin.

Na adhbhar air seo an tomhas mòr bha an nòs no an riaghailt —mura faodar lagh a ràdh ris—leis an robh còir-sheilbh uachdaranachd an linntean tràthail seo na h-Albann air a comharrachadh a-mach. Cha robh e idir na riaghailt am mac a bhith a' leantainn air shàiltean an athar na chòir-sheilbhe. B' e an tànaistear, am bràthair am bitheantas, an t-oighre co-dhiù a b' i rìoghachd, mòr-roinn no meanbh-oighreachd air an robh e a' seasamh. B' e riaghailt do-sheachnaichte ri nòs nan Gàidheal a bha an Riaghailt na Tànaistearachd. Tha cuimhne oirre is eadhon gèill air a thoirt dhi am beachdan tuatha na Gàidhealtachd gus an latha an-diugh. Is e a suim gur e am bràthair as dlùithe an dàimh na am mac, is mar sin gur ann aige tha a' chiad chòir air seilbh no inbhe a' bhràthar as sine. Ach cha robh Riaghailt na Tànaistearachd ag àicheadh an còire fhèin air na teaghlaichean a bu shine; ri ùine is ann riuthasan a thilleadh, agus is ann riutha a leanadh am prìomh inbhe an uair nach bu mhaireann na bu mhò am bràthair no na bràithrean a b' òige.

Nan cumteadh ris an seo mar lagh do-atharraichte is e rian ro-fhreagarrach a bha ann. Bha e ro-fhreagarrach gu sònraichte ri suidheachadh Albann an linntean tràthail a h-eachdraidh. Bha daonnan cogadh air bonn is nàimhdean guineach ag iadhadh mun cuairt a crìochan gun tàmh. Glè thric bha an rìgh air a ghearradh sìos anns a' chath an treun a neirt. Bha e uile-fheumail is do-sheachainte gum biodh an t-oighre aig inbhe duine an aghaidh sin, oir cha b' e an gàirdean anfhann a dh'fheumteadh cùl a' chlaidheimh ri àm dha àite a ghabhail air ceann sluaigh. Theagamh gur ann sa chath cheudna a thuiteadh esan, ach co-dhiù bha a bheag no mhòr de chothrom air a thoirt don fhìor oighre, am mac, tighinn gu aois mun tigeadh a' cheart ghairm air fhèin.

Ach, mar a thachair do iomad deagh nòs, bha fàillinn is droch mheang anns an tànaistearachd. Fad is nach robh iarraidh aig a' bhràthair a b' òige air a theaghlach fhèin a chur air thoiseach le ainneart a dhèanamh air teaghlach òg a bhràthar, bha gnothaichean gu ceart. Ach b' iad sin na ceart nithean a bha glè thric a' tachairt, gu mì-rathail do Albainn rè iomad linn. Chumadh ris an riaghailt nuair a chaochail Coinneach Mac Ailpein, oir an àite Constantin a mhac a thighinn an sin fhèin air a' chrùn, b' e Dòmhnall, bràthair Choinnich a rinneadh na rìgh. Nuair a chaochail Dòmhnall thill a dhlighe fhèin gu Constantin, agus cha chualas a bheag tuilleadh de iomradh air Dòmhnall no air a theaghlach. Chaochail Constantin is a rèir na riaghailte ceudna rinneadh rìgh de a bhràthair Aodh. Lean

Dòmhnall Mac Chonstantin Aodh,[*] is bha sin mar an ceudna gu ceart. Ach nuair a chaochail Dòmhnall, an àite a bhràthar fhèin a thighinn na dhèidh, b' e mac do Aodh, Constantin II, aig nach robh còir idir air a' chrùn a ghlac e, agus cha b' e a-mhàin gun do rìoghaich e fhèin còrr is dà fhichead bliadhna—agus b' e rogha is tagha a' chinn-feachd a bha ann—ach thàinig a ghineil gu ruig an treasamh glùn air a' chrùn, fear mu seach, ri gineil an teaghlaich a bu shine. Ruith teaghlach Aoidh a-mach le Constantin III (997), ach cha do leasaich sin cùisean a' bheag. Bha a-nis teaghlach Chonstantin I fhèin air bristeadh nan dà mheur, is iad air teannadh eadhon mun do ruith teaghlach Aoidh a-mach idir, ris a' chleas cheudna is cleas a bu mhiosa a chur an cleachdadh.

Bha Maol Chaluim I, ogha Chonstantin I, air an rìgh-chath-air bho 943 gu 954, is dh'fhàg e dà mhac na dhèidh, Aodh no Oide Dubh, a bu shine, is Coinneach. Ri ùine thàinig iad le chèile air a' chrùn, Oide Dubh bho 962 gu 967, agus Coinneach, an dara rìgh den ainm, bho 971 gu 995. Bu rìgh buadhmhor air an robh sealbh na uile ghnìomhan Coinneach II. Fhuair e an t-urram a' chiad throm-bhuille a thoirt do na Lochlannaich nan oidhirpean air còrsachan sear na dùthcha, is a-nis an dèidh bàis a bhràthar chunnaic e gun robh an t-àm freagarrach gu oidhirp a dhèanamh air an t-slat rìoghail a ghlèidheadh na theaghlach fhèin. Mar sin thug e a' chùis sin air beulaibh mhòr-uaislean na dùthcha, is a rèir luchd-eachdraidh dhaingnicheadh reachd leis am biodh e laghail don rìgh, ge air bith cò e, an crùn fhàgail aig a ghineil fhèin, "mar an rìoghachdan eile an domhain." Dh'aon-taich na mòr-uaislean leis an agartas seo, ach cuid dhiubh gu mì-thoileach tha e air a ràdh, oir bha iad a' faicinn nach robh an seo ach cuilbheart gus an àrd-inbhe a dhaingneachadh na theaghlach fhèin is teaghlach Oide Dhuibh, a bhràthar, a bhith air an dùnadh a-mach.

B' e an ath cheum Tànaistear a dhèanamh de a mhac fhèin, Maol Chaluim (ri ùine Maol Chaluim II), is comharradh na Tànaistearachd, riaghladh nan Cuimreach a Tuath, no Srath Chluaidh, a bha air a h-ùr-chur ri rìoghachd Albann, a thoirt

---

[*] Ṫàinig rìġ a ṫa air a ċunntaḋ mì-ḋligeaċ, "Ġrìogar Mòr" a-steaċ eadar Aoḋ is Dòṁnall aċ ċa tug e a ḃeag de aṫarraċaḋ mun cuairt a ṫaob Sìol Ailpein, a-maċ ḃo an dlige a ċumail ḃuapa rè tamaill.

dha. Ach bha an Tànaistear dligheach anns an inbhe sin cheana. Cha b' aon sin ach Maol Chaluim mac Oide Dhuibh, a-nis oighre dligheach Choinnich Mhic Ailpein. Fhuair Coinneach dòigh air Maol Chaluim sin a chur às an rathad, le a mhort no fhaotainn air a chur gu bàs air sheòl-eigin. Is e Fòrdun an t-eachdraiche a tha a' toirt na h-iomraidh dhuinn, is chan eil adhbhar againn gun creideas a thoirt dha. Bha bàs Amhlaidh Mhic Indulf (teaghlach Aoidh) air a chur às a leth mar an ceudna, aig a cheart àm. Gun dàil rinn Coinneach a-nis Tànaistear de a mhac fhèin.

Nuair a bha gach sluagh air feadh an t-saoghail Chrìostaidh le an sùil ri deireadh chùisean talmhaidh, is fuaim na trompaid dheireannaich ri crìoch na deicheamh linn, bha an gnothach anabarrach seo ri fhaicinn: Rìgh Albann a' faotainn reachd ùr air a chur air bonn tur eadar-dhealaichte bho gach nòs an eachdraidh na dùthcha, is sin gu àrd-uachdaranachd a chunglachadh is a sgioblachadh na theaghlach fhèin rè nan linn a bha sùil aigesan co-dhiù a bhith fhathast roimhe!

Agus chaidh leis, mar a tha eachdraidh a' dearbhadh, nì a tha a' leigeil ris gun robh e na b' fhaide sa cheann, mura robh e cho dìreach na chridhe, na a bheag de na bha beò na linn.

Ach fhathast cha tàinig cùisean gu buil uile gu lèir a rèir miann Choinnich. Nuair a chaochail e fhèin, no a mharbhadh e a rèir cuid de iomraidhean, sa bhliadhna 995, chuireadh an leth-taobh rè tamaill a chuid innleachdan. Dh'fhàgadh a mhac Maol Chaluim an Srath Chluaidh far an robh e, is chrùnadh an toiseach Constantin III, am fear mu dheireadh de Shìol Aoidh. Cha do rìoghaich esan ro fhada, is anns a' bhliadhna 997 chrùnadh an t-oighre dligheach Coinneach, mac Oide Dhuibh, is bràthair Mhaoil Chaluim a mhortadh le Coinneach II. B' esan a-nis Coinneach III, ach is ann fo fhar-ainm, "Coinneach Grìmeil," no "Coinneach Gruamach," as so-aithnichte e an eachdraidh.

Ach cha do mheal Coinneach Grìmeil an crùn ro fhada e fhèin. Bha nàimhdean a' bagairt air a-muigh is a-staigh. Bha Maol Chaluim, mac Choinnich II, a' feitheamh a' chothruim gus an reachd ud a dh'ainmicheadh co-cheangailte ri athair a chur gu fheum fhèin. Cha robh iad tearc a bha deas gu èirigh leis, is anns a' bhliadhna 1005 thog e an àird lann na ceannairc, a' cur roimhe gum biodh an làmh uachdarach aige fhèin. Chruinnich e a chuid dhaoine, is chruinnich mar an ceudna Coinneach fheachdan.

Chuireadh cath eadar an dà thaobh an Srath Èireann an Siorramachd Pheairt. B' ann le Maol Chaluim a bha a' bhuaidh. A rèir aon iomraidh, mharbhadh Coinneach air achadh a' bhlàir, is tha an càrn ris an abrar "Càrn Choinneachain" taobh Uisge Èireann a' comharrachadh a-mach an ionaid anns an do thuit e. A rèir iomraidh eile rinneadh prìosanach dheth, is chaidh an dà shùil a chur às air los is nach biodh e na chomas àite a ghabhail air cheann sluaigh ri bheò tuilleadh; chrùnadh Maol Chaluim na rìgh air Albainn is glè ghoirid na dhèidh sin, eadhon mur do mharbhadh sa chath e, bhàsaich Coinneach Grìmeil.

Bu rìgh cumhachdach gun teagamh Maol Chaluim II, agus rìgh a dh'àrdaich gu mòr inbhe Albann anns na h-Eileanan Breatannach; ach cha tug is cha toir sin beàrn air an fhìrinn gum bu fhlaith e nach cuireadh ag ann an ainneart is sàrachadh a dhèanamh gus an crùn a ghlacadh, is greim a ghlèidheadh dheth dha fhèin is da theaghlach, neo-dhligheach is mar a thàinig e air.

Nis, ged a chuir e às do Choinneach air achadh a' bhlàir, an dèidh da athair cur às do Mhaol Chaluim a bhràthair air dhòigh a bu mhiosa, fhathast cha do ghearradh às teaghlach Oide Dhuibh buileach. Bha mac aig Coinneach Grìmeil dom b' ainm Buidhe, no mar a tha e air a sgrìobhadh air uairean Boeta. Chan eil iomradh air ciamar a thachair esan ri bhàs. Faodaidh gun do thuit e an Srath Èireann aig Cath Mhonaidh Àird an cuideachd athar no theagamh gur esan is nach b' e athair den tugadh seall-adh a shùl is a bhàsaich fo dhaorsa; ach ge air bith mar bha, dh'fhàg esan mar an ceudna sliochd.

Bha co-dhiù mac is nighean aig Buidhe. Chan eil cinnt air ciod a b' ainm don mhac seo, ach a rèir sgrìobhaidhean Èir-eannach is docha gur e Maol Chaluim a b' ainm dhasan mar an ceudna, ainm a bha a-nis air fhaotainn san teaghlach rìoghail cho tric is gum bheil e glè thìtheach air luchd-eachdraidh a chur air seachran. Chan eil e coltach gun tàinig e gu mòr-inbhe,

nuair a ràinig eadhon airsan làmh fhuilteach Mhaoil Chaluim
II. Bha i cheana dearg le fuil a shinnsir is gun dàil bha am flath
òg seo mar an ceudna air àireamh air an aon iomaire riutha.
B' ann mun bhliadhna 1033 a thachair seo, a' bhliadhna mun do
chaochail Maol Chaluim an Rìgh.

B' ainm do phiuthair an fhlaith òig seo Gruag, is chaidh i às
air fòirneart an rìgh air chor is gun do ràinig ise co-dhiù aois
mnatha. Faodaidh nan robh an t-amharas a bu lugha aig Maol
Chaluim air an t-saighid bhàsmhoir a bha fo a crios a' feith-
eamh air a ghineil-san gun robh i fhèin air a h-àireamh air an
aon ghad ri càch. Ach co-dhiù is e nach b' fhireannach i, no ciod
eile chaidh i às air na h-aonar de phrìomh theaghlach rìoghail
Oide Dhuibh. Agus dhearbh i nach b' i idir a bu chearra de na
thàinig air an teaghlach àghmhor sin.

Tha sinn a-nis a' teannadh am fagas do phrìomh-chuspair a'
bheachdachaidh seo—MacBheatha is Crùn Albann. Faodaidh
gun robh ar treòrachadh chuige fadalach, ach tha mi an dùil
gun robh e feumail. Tha eucoir air a dèanamh air ainm
MhicBheatha. Tha ploc an làimh gach neach a bheir iomradh
air gu thoirt dha mu chùl a' chinn. Thug am Bàrd Sasannach,
Shakespeare sgiùrsadh dha bho nach faigh ainm cuidhte, a rèir
coltais gu là bhràth. Chan e mort ach muirt a tha air an cur às a
leth, is anns gach aon dhiubh, Gruag, mar spiorad dorchadais
ga bhrosnachadh a dh'ionnsaigh an uilc is gu dòrtadh fala.

Ach is e inisg na poite air a' choire do luchd-leanmhainn
Dhonnchaidh "mortair" a ghlaodhach ri MacBheatha. Rann-
saicheadh luchd-eachdraidh càite an do thòisich na muirt eadar
an dà theaghlach seo an toiseach, is chithear an sin ciod an
stairsneach as glaine.

Chan eil eachdraidh a' toirt mòr-shoillearachadh dhuinn
mu thighinn MhicBheatha. Feumar a thuigsinn gum bu
phrìomh-ainm e seo, is nach bu shloinneadh idir e mar as
aithne dhuinn an t-ainm an-diugh. Chan eil adhbhar air dol a
bheag a thaobh gu èisteachd a thoirt do Wyntoun na iomraidh
air a thighinn. A rèir a bhriathra-san b' e am Fear-Millidh
a b' athair dha! Choinnich e màthair MhicBheatha "sa
choille" (nam bu bhàrd Gàidhlig e theagamh gun abradh e "a'
choille-bheithe"):—

> *"Of bewte pleasand and of hycht,*
> *Proportioned well in all measure,*
> *Of lym and lyth, a fair figure."*

Nuair a dhealaich e rithe, dh'innis e dhi gun robh e an dàn dhi mac a bhith aice, is gum biodh e ainmeil na rìoghalachd is na fhialaidheachd. Theagamh nach bu chomas do Wyntoun an t-atharrachadh a ràdh ris no gun tubhairt se e.

Feumaidh sinn a chuimhneachadh an àm a bhith a' toirt oidhirp air eachdraidh dùthcha a bhreithneachadh, an dùthaich seo cho math ri dùthchannan eile, nuair a rachadh neach no teaghlach a chur an leth-taobh is an eascairdean a' faotainn làmh an uachdar, gum biodh gach droch sgeul ri h-aithris air an taobh a chaill, is gach mòrachd is maise ri chur an cèill mun taobh a ghlèidh an inbhe. Thachair e eadhon gun robh air uairean iomlaid air a dèanamh mu na nithean a bheireadh eu-cliù no deagh chliù a ghabh àite an tighinn gach taoibh fa leth! Mar sin chan iongnadh idir ged a dh'fhàg Wyntoun MacBheatha an dlùth-chàirdeas ri nàmhaid a' chinne-daonda.

Tha e soilleir gum b' ann de Theaghlach Flathail Mhoireibh a bha MacBheatha. Cho fad seo is aithne dhuinn; is e sin, gum bu mhac e do Fhionnlagh, is gum bu mhac Fionnlagh do Ruaraidh Mormhair Mhoireibh. Nas fhaide air ais na sin chan eil ainmean a shinnsir air am fàgail againn. Is e beachd cuid de luchd-eachdraidh gur ann Cruithneach a bha an teaghlach, is mar sin nach robh iad am mòr-bhàidh ri Sìol Ailpein, is nach robh Sìol Ailpein fo mhòr-spèis dhaibh. Chan eil teagamh nach robh iad mar theaghlach suidhichte le freumhan domhain am Mòr-roinn Mhoireibh, fìor mheadhan na dùthcha Cruithnich, is nach robh Mormhaireachd na Mòr-roinne dligheach dhaibh mar theaghlach. Ach co-dhiù a bha an inbhe sin co-cheangailte riutha mun d' fhuair Sìol Ailpein uachdaranachd Chruithne nan làmhan fhèin no nach robh chan eil fios no iomradh. Co-dhiù ma bha iad a' seasamh leth-oireach bhon teaghlach rìoghail gu seo bha iad a-nis air tighinn an dlùth-dhàimh riutha a thaobh pòsaidh, agus sin ris a' phrìomh theaghlach. Bha dà mhac aig a' Mhormhair Ruaraidh, Maol Brìghde a rèir coltais am fear a bu shine, is Fionnlagh. Bha dà mhac aig Maol Brìghde, Maol Chaluim is Gille Chomgain. B' e Gille Chomgain ciad fhear-pòsta na ban-fhlaith Gruag, ogha an Rìgh Coinneach III. Bha mac aig Gruaig bho Ghille Chomgain, is b' e Lùlach a b' ainm dha.

Chan eil cinnt air cò i a bha pòsta aig Fionnlagh Mac Ruaraidh. A rèir aon iomraidh, b' i nighean don Rìgh Maol Chaluim II, dom b' ainm Doada, is b' ise a bu mhàthair do MhacBheatha. Ach chan eil dearbhadh air seo, agus is dòcha leis gach taobh den chùis a chnuasachadh gur e mearachd a tha san iomradh sin, is nach robh fuil rìoghail idir, co-dhiù fuil Ailpeanach, an cuislean MhicBheatha fhèin.

Anns na trì ginealaich seo de theaghlach Mhoireibh chithear Riaghailt na Tànaistearachd air a cur an cleachdadh glè shoilleir. Nuair a chaochail Ruaraidh faodar a thuigsinn gur e bràthair dha fhèin a lean e sa Mhaorsainneachd. Ach ri ùine thuit an inbhe sin mar chòir-sheilbh air a mhac a bu shine, Maol Brìghde. Lean Fionnlagh a bhràthair fhèin Maol Brìghde, is an dèidh bàis Fhionnlaigh, no a rèir nam fear-eachdraidh, an dèidh dha bhith air a mhort fo làimh an oighre; thill a' Mhaorsainneachd gu Maol Chaluim mac Mhaoil Bhrìghde, is an dèidh bàis Mhaoil Chaluim thuit i air Gille Chomgain. Nuair a thàinig bàs air Gille Chomgain cha robh an Lùlach ach na leanabh, is mar sin tha sinn a-nis a' faotainn eòlais air MacBheatha mar Mhormhair Mhoireibh, a' gabhail àite Lùlaich gus an tig an giollan sin gu ìre. Ach b' oighre Lùlach air Crùn Albann cho math ri bhith na oighre air Maorsainneachd Mhoireibh, is ri linn sin dh'èirich iomairt an Albainn air nach tug Bliadhna Sheumais is Bliadhna Theàrlaich fhèin bàrr.

Choinnich Gille Chomgain ri bhàs an dòigh a bha anabarrach fuilteach. Anns a' bhliadhna 1032, dlùth air an aon àm san do chuireadh bràthair Gruaige às an rathad, loisgeadh gu bàs e fhèin is leth-cheud de a luchd-leanmhainn an ràth-dhaingneach san robh iad cruinn san àm. Tha eachdraiche no dhà —MacDhonnchaidh air a h-aon dhiubh—den bheachd gum b' e seo obair MhicBheatha, no co-dhiù gur e bha air a chùl, is sin gu Maorsainneachd Mhoireibh fhaotainn na làmhaibh fhèin. Ach is dòcha na sin is tha am beachd sin mar an ceudna a rèir luchd-eachdraidh eile—gur e bha an seo tuilleadh de obair an rìgh Maol Chaluim II: gun robh na bheachd an teaghlach uile a sgrios, ged a chaidh Gruag fhèin is am pàiste Lùlach às air. An aon fhacal, ged is e Gille Chomgain is an leth-cheud fear eile a sgriosadh, gur iad an dithis a chaidh às air, Gruag is Lùlach, air an robh Maol Chaluim an geall.

Thàinig MacBheatha gun teagamh a-nis air Mormhaireachd Mhoireibh, agus a bhàrr air sin phòs e Gruag, bantrach Ghille Chomgain. Dh'fhaodteadh am pòsadh sin a ghabhail mar dhearbhadh air an dà chùis; 's e sin gun robh is nach robh làmh aig MacBheatha anns an lèirsgrios. Mar sin cha dearbhadh e an da-rìreadh air nì seach nì. Ach tha aon nì a tha mi an dùil, a tha a' dearbhadh nach robh sgrios teaghlaich Ghille Chomgain, air aire MhicBheatha. Cho luath is a chaill Lùlach athair is a chùl-taic, ghabh MacBheatha ris mar ri a mhac fhèin, is sheas e a chòir mar a bhuineadh do fhear-pòsta a mhàthar. Chan eil mi a' smaointinn gum faodar teagamh a chur ann, mur bitheadh MacBheatha a bhith air a chùl, nach biodh Lùlach mar an ceudna, is e a-nis na oighre dligheach air còirichean a theagh-laich, air a ghearradh às mar an còrr de a dhìlsean.

Anns a' bhliadhna 1034, chaochail, no a rèir iomraidhean eile, mhortadh Rìgh Maol Chaluim II. Na bhàs-san cho fad agus as lèir dhuinn, ruith teaghlach Choinnich Mhic Ailpein a-mach anns a' ghineal dhìreach, no tron athair gus am mac. Cha robh mac aigesan gu suidhe air an rìgh-chathair na àite, is thug e fhèin an aire nach robh mac beò sa ghineal dhìreach an teagh-lach Oide Dhuibh. Bha nighean do Mhaol Chaluim, a rèir coltais an tè a bu shine, dom b' ainm Beathag pòsta ri Crìonan, Aba Dhùn Chaillinn. Bha tè eile pòsta ri Sìgurd, Iarla Arcaibh. Bha e eadhon air a ràdh, mar a thugas fa-near, gum bu mhac MacBheatha do thè eile de nigheanan an Rìgh, ach ged a bheir-eadh sin tagradh dùbailte do MhacBheatha air a' chrùn chan eil mi an dùil gum faodar a bheag de chreideas a thoirt don iom-raidh sin. Faodaidh gun robh co-choltas an dà ainme ri chèile, MacBheatha is Beathag, na adhbhar air àite a thoirt don bheachd seo, is e bhith air gabhail ris mar fhìrinn.

Bha mac aig Beathaig bho Chrìonan, is b' ainm dha Donn-chadh. B' e seo a-nis am fear a dh'ainmich Maol Chaluim II ro àm a bhàis, gu bhith na oighre air a' chrùn. Mar chomharradh air an àrd-inbhe sin a bha a-nis a' feitheamh air, rinneadh

Tànaistear dheth cheana, is thugadh riaghladh nan Cuimreach a Tuath, comharradh na Tànaistearachd sin dha.

Ach le cumail ri nòs an Tànaistearachd, cho math ris an riaghailt a bha a-nis a' faotainn àite anns gach dùthaich, b' i Gruag cèile rìoghail MhicBheatha às leth a mic Lùlach a b' oighre dligheach air a' chrùn. Bha a tighinn bhon bhràthair a bu shine de dhà mhac Mhaoil Chaluim I, Oide Dubh, agus b' ann bhon bhràthair a b' òige, Coinneach II a thàinig Beathag is a mac Donnchadh.

Chan eil iomradh airson sin gun do thagair MacBheatha an crùn don teaghlach dom bu cheann e a-nis. Chrùnadh Donn-chadh mar Donnchadh I, chaidh bliadhnachan seachad, is chan eil an t-iomradh as lugha air Crùn Albann a bhith san amharc aige. Bha e a' sealltainn roimhe, is theagamh gun robh e a' feitheamh ri cothrom a b' fheàrr.

Leis gur ann à Teaghlach Athaill a bha Crìonan, is e fhathast an treun a neirt, chan eil teagamh nach biodh làn-chòmhnadh aig Donnchadh san dùthaich sin, nan teannadh aon ri ag a chur na chòir air a' chrùn. Mar an ceudna a thaobh riaghladh Srath Chluaidh a bhith aige rè beagain de ùine roimhe sin, chan eil teagamh nach biodh cuideachadh is cùl-taic an sin mar an ceudna aige ri fhaotainn. Os cionn sin uile, bu rìgh ro-chumh-achdach a sheanair Maol Chaluim II a bha daonnan a' cosnadh buadha do Albainn, is fad is nach biodh atharrachadh a' tighinn air cùisean, chan eil teagamh nach leanadh a' chuid mhòr de na mòr-uaislean fàbharach ri theaghlach. Ach bha bristeadh a' dol a thighinn a-nis anns a' bhuaidh àbhaistich a bha a' leantainn an teaghlaich seo, eadhon bho àm Choinnich II.

Feumar a-nis a thoirt fa-near nach b' e idir an rìgh aosmhor gràsmhor a tha am Bàrd Sasannach a' toirt far comhair a bha an Donnchadh. Cha robh ann ach giollan òg, gun e aig mòran treòir no gliocais. Tha sgrìobhaidhean Thighearnaich a' toirt soillearachaidh dhuinn air sin, is tha a ghnìomhara fhèin a' dearbhadh nach robh mòran stàth ann air ceann sluaigh. Cha robh e a bheag is bliadhna air a' chrùn nuair a dh'èirich aimh-reit eadar e fhèin is Sasainn. Thog e air mu dheas air ceann feachd, is chuir e sèist ri baile Dhurhaim; ach thrèig buaidh àbhaisteach a sheanar a chuid arm, is b' ann le call mòr a thill e mu thuath a-rithist. Faodar a thoirt fa-near an seo, anns an iomradh a tha an seanchaidh Sasannach a' toirt air nach eil e a' toirt urraim rìgh do Dhonnchadh idir.

Mar an ceudna cha b' fhada gus an do dhùisg aimhreit an ceann a tuath na dùthcha, is cha mhò bha stiùireadh Dhonnchaidh air cùisean na b' fhàbharaiche an sin. B' e Tor Fionn, Mormhair Ghallaibh is mac-peathar a mhàthar fhèin, a dh'èirich na aghaidh a-nis. Dhiùlt e a' chìs àbhaisteach a phàigheadh na b' fhaide do chrùn Albann. Bha e ga chunntadh fhèin co-ionann is an rìgh a thaobh treise, is neo-eisimeileach dha. Chan eil teagamh nach do thuig e nach robh mòran stàth an Donnchadh gu dlighe a' chrùin a thagar no a thogail, is ghabh e am brath sin air.

Chuir Donnchadh armailt air a bonn gu aghaidh a thoirt mu thuath. Chuir e fear dom b' ainm Madach, den robh e am beachd Mormhair a dhèanamh air Gallaibh an àite Thor Fhinn, air a ceann, ach dh'èirich do Mhadach mu thuath mar a dh'èirich do Dhonnchadh fhèin mu dheas—thug Tor Fionn sgrios air armailt, is mharbhadh Madach fhèin. Bha a-nis ceann a tuath is còrsachan sear na dùthcha eadhon gu ruig Fìobha fo chuimrig Thor Fhinn, is cha bu mhò a dhearmad e an cothrom a fhuair e a chur gu a làn-fheum. Thug Donnchadh oidhirp air tuilleadh sluaigh a thogail gu ath-choinneamh a thoirt dha, ach thug Tor Fionn an ath aghaidh airsan, is mar am moll ron ghaoith sguab e thar na h-àraich e. B' ann taobh a-staigh de chrìochan Mòr-roinne Mhoireibh a thachair seo, is a-nis an àm na h-airc fhuair Donnchadh e fhèin fada bho fhearann a dhìlsean, is an dùthaich nach robh idir comharraichte na bàidh do Shìol Ailpein. Chan eil eachdraidh a' toirt mòr-shoillearachd air ciod a thachair an uair sin.

A rèir beachd MhicDhonnchaidh, eachdraiche tuigseach, dh'fhaodte a chreidsinn gun do thrèigeadh a-nis eadhon le a dhlùth-chàirdean Donnchadh. Èiridh an smuain fa chomhair na h-inntinn, dìobarach falamh, airtnealach, a chùl ri achadh a' bhlàir, an nàmhaid air a thòir, a mhisneach air a thrèigsinn, agus theagamh alla-ghnìomhan a shinnsear gu crùn rìoghail a chur air a cheann a' bualadh a-staigh air inntinn. Chaill e gach cath no cùis anns an do chuir e làmh. Chaill e, no theagamh nach do choisinn e a chliù mar fhear-feachd. Chaill e a inbhe. Chaill e a chàirdean; is bha e an dàn dha eadhon a bheatha a chall gun dàil.

Faodaidh sinn cluas bhodhar a thoirt do gach iomradh a tha air a toirt seachad air MacBheatha bhith na chùl-taic do Dhonn-chadh anns gach tùrn anns an cuireadh e làmh, gus an do thog e biodag a' mhortair na aghaidh, is an do lot e gu bàs e. A rèir cuid de na roisgeulan sin a tha ri am faotainn aig na seann fhir-eachdraidh bha MacBheatha a' seasamh na còrach do Dhonnchadh anns gach càs. Ma bha na Sasannaich a' fàs ro dhàna bha MacBheatha an siud gu an toirt gu smachd. Ma bha na Lochlannaich a' toirt ionnsaigh air na cladaichean bha MacBheatha romhpa air an tràigh gu an liodairt dhachaigh. Ma bha eileanaich no siar-àitich ag iarraidh tuilleadh is a' chòir de an toil fhèin bha MacBheatha air an luirg gu an toirt gu mothachadh. Cha robh e gu mùthadh càite am biodh feum air, bha MacBheatha mar churaidh buadhmhor a' gearradh sìos nàimhdean a dhùthcha.

Chan eil teagamh nach bu shàr taiceil, is nach b' fhear-feachd gun taing a bha am MacBheatha; ach is dòcha an àite e bhith na cheann air feachd Dhonnchaidh, gur ann a bha e fhèin ionann is neo-eisimeileach don rìgh uile gu lèir san dùthaich anns an robh uachdaranachd aige, is nas mò nach robh mòr-iarraidh aig Donnchadh ach e a dh'fhuireach san dùthaich sin fad is a bhiodh e aig fois innte.

Ach is e a thachair a-nis gun d' fhuair Donnchadh e fhèin, agus sin, faodar a bhith cinnteach às, an aghaidh a thoile, na dhìobarach gun chuideachd gun daoine air fearann dùthchais MhicBheatha. Bha e a-nis am mèin an fhir a bha deagh fhios aige a bhith air chùl na h-iarmaid a bha fhathast air a fàgail de fhuil rìoghail Oide Dhuibh, agus ciod ris am bu dùth fiughair a bhith aigesan no againne?

Chan eil teagamh nach do mhortadh Donnchadh fo làimh MhicBheatha fhèin, no le a luchd-leanmhainn. Tha caochladh chunntas air a thoirt air an dòigh anns an do rinneadh e, ach chan eil teagamh nach do rinneadh an gnìomh, is nach robh MacBheatha air ceann a' ghnothaich.

Tha aon iomradh ag aithris gun do chog MacBheatha, mar

aon de phrìomh chinn-feachd Dhonnchaidh, air a' bhlàr a chuireadh ri Tor Fionn, is gum b' ann taobh ri taobh a dh'fhàg iad casgairt na h-àraich nuair a fhuair Tor Fionn a' bhuaidh; mar an ceudna gur ann an dèidh dhaibh dol a laighe san aon seòmar am "Bùth a' Ghobhainn" dlùth air baile Eilginn a dh'èirich MacBheatha gu foilleil, is a shàth e a' bhiodag an Donnchadh. Tha iomradh eile ag ràdh gur ann an caisteal MhicBheatha fhèin a rinneadh am mort, is tha na h-uile eòlach air an dòigh anns an do chuir am bàrd Sasannach sìos e. Theagamh gum biodh e freagarrach an seo ainmeachadh gum bheil sgrùdairean obrach a' bhàird seo, is luchd-eachdraidh an coitcheannas an-diugh a' làn-thuigsinn cia às a fhuair e "an eachdraidh" a shnaidhm e ri chèile anns an dealbh-chluich "MacBheatha"; is mar an ceudna nach eil mòran creideis air a thoirt di mar eachdraidh fhìrinneach. Tha iomradh mar an ceudna air a thoirt air Gobhainn Allt Èireann, an gobhainn dom buineadh a' cheàrdach no am bùth san do rinneadh an gnìomh: thàinig e am fagas is chunnaic e ciod a thachair; chum e "beul-dùinte" air na chunnaic e, is fhuair e a dheagh dhuais bho MhacBheatha ri linn sin. Tha an seòrsa iomraidh sin ri tachairt ris ficheadan uair anns gach eachdraidh, anns gach beul-aith-ris, is co-cheangailte ris gach sàr-ghaisgeach dom "b' èiginn" làmh a chur am beatha duine eile; faodar mar sin fhàgail còmhla ris a' chòrr de na roisgeulan a tha air an innseadh co-cheangailte ri ainm MhicBheatha.

Is fhasa a chreidsinn na sin uile gur i an dealbh a tha Mac-Dhonnchaidh a' toirt dhuinn as dòcha a bhith fìor:—Donn-chadh air a ruagadh thar na h-àraich, gun duine na chuideachd, is e fhèin fo imcheist a' gabhail fasgaidh bhon ruaig, sgìth, claoidhte, am "Bùth a' Ghobhainn." Anns an ionad sin thàinig nàimhdean a theaghlaich air, MacBheatha fhèin no a chuid dhaoine. Cha robh fathamas ris ach am fathamas a thug a sheanair fhèin don chòrr de na bha a' seasamh eadar e is Crùn na h-Albann, is mar sin mharbhadh Donnchadh far an robh e gun bhinn gun bhreitheamh, ach binn nam faobhar lann.

Thachair seo anns a' bhliadhna 1040, is gun an còrr dàil ghlac MacBheatha an colbh rìoghail, ghairmeadh na rìgh e, is chrùnadh e am baile rìoghail Sgàin, air an Liath Fhàil; agus chan eil iomradh air gun tug i mì-mhodh dha ma bha e neo-dhligheach, oir cha tug i cnead no osna aiste nuair a shuidh e oirre! Cha mhò a tha cunntas againn air aon a thogail a ghutha na aghaidh, no a bhith den bheachd gun do rinn e ceàrr an crùn a ghlacadh dha fhèin.

Bha dà mhac aig Donnchadh, Maol Chaluim is Dòmhnall Bàn. Cha robh iadsan ach nan giollain, is ged a bhiodh iad ann a ghabhadh an taobh, a rèir riaghailt na Tànaistearachd bha iad ro òg gu riaghladh na dùthcha a ghabhail. B' e MacBheatha fhèin, no co-dhiù Lùlach, nan dùinte a-mach esan, a bu Tànaistear gus an tigeadh Maol Chaluim gu ìre, eadhon ged a bhiodh e làn-dhligheach.

Tha e air a ràdh, nuair a mhortadh an athair, gun do theich Maol Chaluim do cheann a tuath Shasainn gu ruig Siward, Iarla Northumbria, is gun do theich Dòmhnall aon chuid do Èirinn no do na h-Eileanan an Iar. Tha e air a ràdh gum bu phiuthar do Shiward a bu mhàthair do an dà fhlath Maol Chaluim is Dòmhnall, is tha am beachd sin am bitheantas air gabhail ris mar fhìrinn. Ach chan eil nì de dhearbhadh air càirdeas idir a bhith eatorra, co-dhiù gun robh piuthar do Shiward pòsta aig Donnchadh. Tha Wyntoun ag innseadh dhuinn gur ann dìolain a bha Maol Chaluim, ciod air bith mar a bha tighinn Dhòmh-naill Bhàin. Tha e ag ràdh gum bu nighean do Mhuillear Foithir Tabhaicht (Forteviot) a bu mhàthair dha. Agus ged a b' ann mar sin a bha a thighinn cha robh e na aonar fon aon inisg: bha a' cheart nì ri ràdh mu Uilleam nam Buadh a bha a' riaghladh cho dlùth ri taobh eile na crìche Sasannaich san àm anns an robh Maol Chaluim air rìgh-chathair na h-Albann, is mar sin cha robh seo a-mhàin na adhbhar air a' chrùn àicheadh air.

Tha MacDhonnchaidh na eachdraidh den bheachd nach do theich na giollain idir. Tha e am beachd nach d' fhàg iad Alb-ainn; gun robh iad dìreach mar a bha meòirean eile de Shìol Ailpein a chuireadh a thaobh aig amannan na bu tràithe, air an àrach am measg an daoine fhèin. Is e sin, dhan taobh-san, an Athall is fo dhìon an Aba Crìonan an seanair. Agus dh'fhaodte seo a thuigsinn, oir anns a' bhliadhna 1045, thug Crìonan oidh-irp air còmhstri a thogail às an leth, is MacBheatha a chur thar na rìgh-chathrach, aon chuid gu Maol Chaluim a chur na àite, no Crìonan fhèin gus an tigeadh am flath sin gu fearalas. Co-dhiù chaidh na aghaidh gu dubh oir chaidh Crìonan fhèin is dlùth air dà cheud de a luchd-leanmhainn a mharbhadh, anns an oidhirp mhì-fhortanaich a thugadh.

Bha a-nis Crùn Albann gu daingeann cinnteach air ceann MhicBheatha, is leig e ris gum bu rìgh cumhachdach e. Riaghail e an dùthaich le cùram, comas, is gliocas. Na shoirbheachadh cha do dhearmad e leas nam bochd, is cha do chuir e an suarachas nithean cràbhach na bu mhò.

"Mar Raibeart Brus," arsa Lang, "ged a bha MacBheatha na mhortair, aon uair is gun do chrùnadh e rinn e rìgh a bha ro-bharraichte; bha e fialaidh ris na bochdan, is theagamh gun deach e air chuairt chràbhaich don Ròimh."

A thaobh an nì mu dheireadh seo a dh'ainmich e, chan eil mòr-chinnt air gun deach MacBheatha don Ròimh gu pearsanta.* Chuir e no thug e airgead gu bochdan a' bhaile sin, agus is e beachd luchd-eachdraidh a thaobh nam briathran anns an do chuir an seanchaidh sìos a iomradh air a' chùis, gur ann gu pearsanta a chaidh e ann. B' e Marianas an seanchaidh agus is ann mar seo a sgrìobh e:—

> *"Rex Scotiae, Macbethad, Romae argentum spargendo distribuit."*

---

* Chan eil aobhar air a chreidsinn nach robh e an comas neach aig an robh a' mhiann ris turas den t-seòrsa a dhèanamh anns na h-amannaibh tràtha ud. Bha barrachd co-chomainn eadar slòigean is treubhan anns na linntean ud is linntean gu mòr na bu tràithe na tha eadon na h-eachdraichean ar cùramaiche a' toirt fa-near. Bha malairt is co-comann nach eilean a' tuigsinn eadar slòigean fa leth na h-Eòrpa iomad linn ro theachd nan Ròmanach.

Mar seo, tha an t-Ollamh MacAlasdair ag ràdh ann an leabhran a chuir e a-mach o chionn goirid—*Temair Breg: Remains and Traditions of Tara.*

> *"We are only beginning to realise how much movement there was between peoples and tribes even so far back as the European Bronze Age."*

Tha toiseach na linn seo ris an abrar Linn an Umha am bitheantas air a chomharrachadh a-mach glè dhlùth air a' bhliadhna 500 R.C. is a rèir briathran an Ollaimh ionnsaichte tuigear nach eil sinn fhathast ach a' teannadh ri beagan eòlais fhaotainn air ruidheachadh slòigean is cinneach anns na h-amannaibh tràthail ud nan n-eachdraidh.

Bha rìghrean a' toirt chuairtean cràbhach den t-seòrsa seo san linn ud, is tha iomradh air aon no dhà de fhlathan taobh siar na h-Eòrpa a dhol air turais co-ionann ris an turas a tha air a chur às leth MhicBheatha. Ach chan e a-mhàin gun robh MacBheatha fialaidh bho bhaile, ach eadar-dhealaichte bho chuid a fhuair na bu lugha de chàineadh, thòisich a fhialaidh-eachd aig baile. Bha e daonnan tabhartach is cuimhneach air an Eaglais an Albainn. Tha tabhartas sònraichte den t-seòrsa seo comharraichte a thaobh aon nì. Thug e roinn fearainn an saor-thìodhlaic do Chèilean-Dè Loch Lìobhainn am Fìobha, is anns an sgrìobhadh leis an tug am manach iomradh air an tabhartas a rinneadh, chuir e ainm Gruaige, mar bhànrighinn, sìos còmhla ri ainm an rìgh: *"Rex et Regina Scotiae,"* sgrìobh e, briathran a tha a' ciallachadh a rèir breithneachaidh luchd-eachdraidh gum bu bhànrighinn Gruag a thaobh fala i fhèin, is gun robh iad le chèile so-aithneachail air an dlighe sin a bha fuaighte ri a h-ainm. Tha, mar a thubhairt mi, an t-iomradh seo comharraichte, is sin a thaobh is gum bheil e a' toirt làn-dearbhadh air cò a b' i Gruag; gum b' i ogha Choinnich Ghrìmeil, Rìgh Albann, is mar sin ban-oighre dhligheach Choinnich Mhic Ailpein, air a' chrùn.

Air blàr a' chatha b' fhìor churaidh treun MacBheatha. Fo a riaghladh comasach-san cha b' fhada gus an tàinig caochladh air an staid bhrònaich gus an do thuit an dùthaich an dèidh bàis Mhaoil Chaluim II. Chumadh a-nis Tor Fionn air a chrìochan fhèin, is bha sàmhchair a' faighinn seilbhe mu dheas mar an ceudna. Bha pailteas anns an tìr, theagamh mar nach robh i tuilleadh gu ruig linn nan Alasdair, an dàra is an treasa.

Bha inntinn is bodhaig MhicBheatha a' co-chuimseachadh a chèile, is mar sin na buadhan co-fhillte na phearsa a thogadh flaithean de a sheòrsa, miannach air cumhachd, gu inbhe àird an eachdraidh shlògh. Bha e àrd, dreachmhor, is làidir eadhon mar fhamhair. Bha fhalt buidhe is fheusag ruadh, mar a thubhairt am manach, is am filidh Bearchan, no co-dhiù am fear-eachdraidh a ghabh dha fhèin ainm Bhearchain is a bha a rèir coltais, beò anns an linn sin fhèin

"Iar sin no geibh in Ri deirce,
Rìghe Alban ard dreachleirce,

Iar n-ar Gaoidheal, iar n-ar Gall,
Nos geabhaidh fial-ri-Foirthrenn.

In ruadh ba fionn-buidhe foda,
Ba aoibhinn damhsa occu,
Ba lomlan Albain shiar, shoir,
Fri righe an Deirce dasachtaigh.

Fiche bliadhna is deich m-bliadhna,*
For Albain in airdri riaghla,
For lar Scoine, sceithfidh fuile,
Fescur aidhche iar n-iomargain."

[An dèidh sin, gheibh an Rìgh seirceil
Rìoghachd Albann àird, dhreach-leirgeach,
An dèidh àr Ghàidheal, an dèidh àr Ghall,
An sin gheibh an rìgh fial Foirthreinn.

Am fear-ruadh bha bàn-bhuidhe àrd,
Bu aoibhinn dhomhsa an t-òg.
Lom-làn bha Albainn, siar is sear,
Rè riaghlaidh an fhir sheirceil (dheirg?) chas-fhearg-
aich.

Fichead bliadhna, is deich bliadhna,
Mar àrd-rìgh riagh'l e thar Albann;
Air Blàr Sgàin sgeithidh fuil
Air feasgar na h-oidhche an dèidh na h-iomairt aimh-
reitich.]

Is e seo uile gu lèir dealbh a tha a' co-chòrdadh gu dlùth ri ar beachd mu ghaisgich is sàr-chliaraibh Ceilteach na linne anns an robh e beò.

Ach cha robh e an dàn dha crìoch a chur air a riaghladh an sìth; nì mò bha e an dàn dha an crùn aiseag gu a ghineil fhèin no gu gineil a chèile rìoghail.

---

* Deiċ. Ṫa seo mearaċḋaċ: fiċead bliaḋna is a seaċd, bo 1040 gu 1057, b' e sin an fad is a rìoġaiċ MacBeaċa mar Rìġ Albann. Ṫeagaṁ gun rob na trì bliaḋna roiṁe sin a ba e na Mormair Moireiḃ gan cunntaḋ leis an t-seanċaiḋ.

Bha a-nis Maol Chaluim Mac Dhonnchaidh, "Calum a' Chinn Mhòir" mar as fheàrr eòlas air an eachdraidh, air tighinn gu ìre duinealais. Cha mhò bha e nì air deireadh a rèir coltais a thaobh bhuadhan air a shinnsearan, Coinneach II, is Maol Chaluim II, is mar sin bha a sheise, co-dhiù air achadh a' bhlàir a' tarraing am fagas ri MacBheatha. Faodaidh gun do chuir MacBheatha am mì-shuim e, is nach do rinn e an t-uidheamachadh a bha freagarrach dha a dhèanamh air cheann an latha a dh'fhaodadh e bhith dearbhte a thigeadh is gineil Dhonnchaidh beò. Bha an Donnchadh a b' athair dha air bheagan sgoinn, ach chan ann ainmig a thachair e gun do ghin ùmpaidh rogha mic cho math ri rogha athar a bhith aig ùmpaidh. B' ann mar seo a thachair an teaghlach Dhonnchaidh is theagamh nach robh MacBheatha na earalas.

Mun àm anns an do theann Maol Chaluim ri uidheamachadh a dhèanamh gus crùn Albann a chosnadh air ais, thachair gun do bhrist cogadh a-mach eadar MacBheatha is Siward, Iarla Northumbria. Tha cuid de luchd-eachdraidh, gu sònraichte na seanchaidhean Sasannach, a' co-fhillteachadh na h-aimhreit seo ri oidhirpean "Chaluim a' Chinn Mhòir" air a' chrùn. Is ann air briathraibh Florence à Worcester a-mhàin a tha na beachdan sin air an stèidheachadh, is dhearbh esan air dòigh no dhà nach eil a bheag de earbsa ri chur na sgrìobhaidhean.

Thog Siward armailt mhòr na dhùthaich fhèin is tharraing e gu tuath an aghaidh MhicBheatha. Thachair seo sa bhliadhna 1054, ceithir bliadhna deug an dèidh muirt Dhonnchaidh. Chruinnich na h-Albannaich is air an t-seachdamh là fichead den Iuchar, chuireadh cath fuilteach air Dùn Sìonain an Siorramachd Pheairt.

Gu ruig seo bha sruth an fhortain gu làidir le MacBheatha, is a ghrèim air colbh rìoghail Albann gu daingeann cruaidh. Ach chaill e an cath seo, is bha làn-bhuaidh-làrach aig Siward.

Tha sgrìobhaidhean Ultach ag innseadh gun do mharbhadh de chuideachd MhicBheatha 3000 fear-feachd, is gun do chaill Siward 1500 fear. Tha seanchaidh Sasannach ag aithris "gun deach Siward le armailt chumhachdaich do Albainn, an dà chuid feachd-tìre is feachd-cuain; gun do chog e ri MacBheatha;

gun do mharbh e mòran sluaigh, is gun tug e air ais creach nach facas a leithid riamh roimhe." Tha an dà iomradh seo a' dearbhadh dà nì: is iad sin gur e MacBheatha gun teagamh a fhuair a' chuid a bu mhiosa dheth, ach nach b' ann le a chorraig na bheul a thug Siward a-mach a' bhuaidh; agus tha iad a' leigeil fhaicinn mar an ceudna an inbhe pailteis is saidhbhreis gus an tàinig Alba an linn MhicBheatha, nuair "nach facas leth-bhreac na creiche a thogadh riamh roimhe."

Ach chan eil aon seach aon diubh ag innseadh ciod a b' adh-bhar don chaonnaig; nì mò tha iad a' toirt an t-sanais as lugha gur ann às leth Mhaoil Chaluim Mhic Dhonnchaidh a bha a' chuairt seo. Agus an dèidh sin uile, ged nach buin e gun teagamh don bheachdachadh seo nas fhaide na iomradh a thoirt air, b' e seo aon de phrìomh chlachan-stèidh argamaid Shasainn rè nan linn na dhèidh sin a' tagar tighearnais air Alb-ainn, agus sin gun dearbhadh gun chinnt ach briathran an t-seanchaidh a thugas fa-near. Agus ged a b' ann às leth Mhaoil Chaluim eadhon a bha an oidhirp cha deach leatha ged a chaill MacBheatha, oir rìoghaich e fhathast trì bliadhna eile mun do chaill e an crùn. Agus nuair a thàinig an latha sin air chan eil cunntas air a bheag de chuideachadh a bhith aig Maol Chaluim, ach a luchd-leanmhainn fhèin a dhlùth-lean ri a theaghlach an Albainn a-mhàin, is a dh'èirich leis-san a-nis. Gun teagamh feumar àite thoirt don bheachd gum faod e bhith gun robh càirdeas fada às a thaobh fala eadar Siward is Maol Chaluim. Tha e air a thagar gum bu phiuthar do Shiward a bu mhàthair da ach mar a thugas fa-near mar-thà chan eil an dearbhadh as lugha air gu gabhail ris mar fhìrinn.

Uile gu lèir, leis gach cùis a chothromachadh an aghaidh is a rèir a chèile, is e an co-dhùnadh a tha luchd-eachdraidh an là an-diugh a' tighinn chuige am bitheantas, gur e cùis eadar-dhealaichte uile gu lèir bho chùis Chaluim a' Chinn Mhòir a dh'adhbharaich a' chòmhstri seo. Thug MacBheatha san àm sin fasgadh do fhògarraich Normanach dom b' fheudar teicheadh à Sasainn, is a rèir coltais b' ann gu cur riutha, no gu toirt air MacBheatha an cur air cheann an gnothaich a ghluais Siward mu thuath.

Tha beul-aithris na dùthcha mun cuairt Dhùn Sìonain is

Bhiornaim a' toirt caochladh cunntais air an iomairt a rinneadh an sin. Tha e eadhon air innseadh gun do gheàrr gach fear de fheachd Mhaoil Chaluim geug à Coille Bhiornaim, a ghiùlain e mar shuaicheantas, no air adhbhar-eigin eile, dìreach mar a tha Shakespeare ag aithris. Is e Wyntoun an ciad seanchaidh a tha a' toirt iomraidh air na sgrìobhadh, is theagamh gun robh stèidh a thaobh-eigin aig a' chùis an toiseach. Chan e gum bheil sin a' dearbhadh aon chuid gun robh Siward is Maol Chaluim an cuideachd a chèile no nach robh.

A leigeil ris cho mearachdach is a dh'fhaodas beul-aithris a bhith, tha iomradh eile air nuair a mhothaich MacBheatha do Choille Bhiornaim "a' gluasad air a h-adhart gu Dùn Sìonain" gun do chaill e a mhisneach buileach le bhith a' cuimhneachadh air briathran nan trì badhbh, is gun do thilg se e fhèin thar bearradh a' chnuic, is gum bheil e air adhlac an sin fhèin. Tha e a-mach à teagamh gum bheil an t-iomradh seo uile gu lèir mearachdach.

Ged nach do chuir an call a dh'fhuiling MacBheatha fo làimh Shiward thar na rìgh-chathrach e, chan eil teagamh, eadhon mar a thachair do Dhonnchadh roimhe anns gach call a thàinig air fhèin, nach b' e an crathadh sin a thug an ciad bhristeadh air a chumhachd. Thug "Calum a' Chinn Mhòir" is a luchd-leanmhainn fa-near an dèidh nan uile nì nach robh "MacBheatha Mòr" neo-cheannsachail. Thuig iadsan a bha an aghaidh an toile umhail dha gu seo gum faodadh e bhith nach biodh buaidh le a chlaidheamh-san daonnan. Nam bu mhac-samhail eile do Dhonnchadh, no fear a bu taise na e fhèin a bha air tionndadh na aghaidh theagamh gun seasadh e a' ghailleann a bha a-nis gu bristeadh thar a chinn, ach, mar nach robh sin na rath, cha robh Maol Chaluim mar fhear-feachd ceum air ais air MacBheatha fhèin. Bha a-nis mòran de inbhich na dùthcha ag èirigh le mac Dhonnchaidh. Faodaidh nach robh e saor is cuideachadh bho Shasainn na bu mhò, oir b' e a puing a bu làidire a fhuair àite riamh an clàr a steòrnaidh-riaghlaidh-se a coimhearsnaich a chur an amhaichean a chèile, biodh iad sin an Albainn, an Èirinn, no air ploc air bith eile fa comhair.

Thòisich an iomairt is lean i. Mu dheireadh thàinig an là a

bha gu nithean a chur an leth-taobh eadar MacBheatha is Maol Chaluim. Choinnich an dà fheachd air a' chòigeamh latha den Dùbhlachd, 1056, an Siorramachd Obar Dheathain dlùth air ionad ris an abrar Leum Fionnain. A rèir coltais bha an cath goirt ach b' ann aig Maol Chaluim a bha a' bhuaidh. Mharbhadh MacBheatha fhèin, tha e air a ràdh, fo làimh Mhic Dhuibh, mormhair Fhìobha, is tha "Càrn Bheatha" a tha ri fhaicinn an sin gus an là an-diugh air a chomharrachadh a-mach mar an t-ionad anns an do thuit e. Tha iomradh air mac dha bhith air a mharbhadh mar an ceudna a' cogadh ri a thaobh, ach co-dhiù as ann bho Ghruaig a bha am mac seo aige no nach ann chan eil cinnt.

Ghairm dìlsean is luchd-còmhnaidh MhicBheatha a-nis Lùlach na rìgh. Le bàs MhicBheatha b' e a-nis an t-oighre dligheach: b' e sin an da-rìreadh bho bhàs Mhaoil Chaluim II, ged a sheas a oide gu ruig seo na àite. Ach a rèir coltais cha robh mòran gramalachd no èifeachd ann gu dol air ceann sluaigh. Lean a' chòmhstri beagan mhìosan, ach cha robh ach an aon chrìoch do chùisean an dàn. Ann am blàr a chuireadh an Srath Bhalgaidh air an treasa là den Ghiblean, 1057, mharbhadh Lùlach is sgapadh a chuid feachd. Cha deach an còrr strìochd-ainn a dhèanamh aig an àm sin; chaidh Maol Chaluim a chrùn-adh air an fhicheadamh latha den mhìosa sin fhèin an Lùchairt Sgàin, is fad is a chrùnadh rìgh an Albainn cha do thrèig an t-slat rìoghail teaghlach athar tuilleadh.

Mar a thugas fa-near tha e air a ràdh gur e Mac Dhuibh mormhair Fhìobha, "an ridire sin nach do rugadh le mnaoi" a mharbh MacBheatha. Agus tha iomradh air a chur sìos gu socharach mu gach urram a chàrnadh air a cheann is air cinn a ghineil ri linn an euchd àghmhoir a rinn e. Tha e air innseadh gun do rinneadh na "iarla" air Fìobha e, is gun robh an dleastanas fuaighte ris an inbhe sin an crùn a chur air ceann an rìgh an àm dha bhith air ungadh is air a chur air an rìgh-chath-air. Nis ma bha còir aig aon air bith de na bha beò san àm air an ainm "Mac Dhuibh", b' e an t-aon sin Lùlach. Mar an ceudna cho fad is a tha sgrìobhaidhean a' toirt soillearachaidh b' e mac do Chalum a' Chinn Mhòir, Ethelred, ciad mhac na ban-fhlaith Sasannaich, an ciad fhear a rinneadh na "iarla" air Fìobha, no an cainnt eile, b' ann do Ethelred is air a sgàth a "rinneadh" a leithid seo de inbhe an toiseach, is cha d' fhuair aon den ainm "Dubh" no "Duff" còir oirre gu ruig àm Alasdair I. Feumar leis an sin tighinn a dh'ionnsaigh a' cho-dhùnaidh nach eil cinnt air gun robh a leithid de neach ann riamh ris a' "Mhac Dhuibh" air an d' fhàgadh marbhadh MhicBheatha. Mar sin theagamh gun robh e fìor air bharrachd is aon dòigh gum b' esan da-rìreadh "An Ridire nach do rugadh le mnaoi."

Dh'fhàg Lùlach sliochd na dhèidh. Bhiodh e na b' fheàrr do Albainn mar a thàinig cùisean mura fàgadh. Dh'adhbharaich an sliochd sin a bhith ann iomad dòrtadh fala is dosgainn a thighinn air an dùthaich is air na sheas dìleas dhaibh. Ach tha seo a' fosgladh na slighe gu raon farsaing eile an eachdraidh na dùthcha ris nach eil ar gnothach an dràsta, nas fhaide na a ainmeachadh.

Mar a bha na linntean a' ruith is crùn Albann ga shìor-dhaingneachadh an Teaghlach Athaill bha am beachd an coit-cheannas a' faotainn freumha nach robh an strì nam Moireach ach ceannairceas do nach gabhadh leisgeul air aon chor faot-ainn. A thaobh MhicBheatha fhèin bha e air sealltainn ris mar mhac-samhail an uilc uile gu lèir. Chan eil an seo ach an suidheachadh a b' ion dhuinn fiughair a bhith againn ris: thachair a' cheart nì an amannan eile nas dlùithe dhuinn an eachdraidh na àm MhicBheatha. Chan ann annsan a-mhàin a bha an t-olc, is theagamh na thuiteam air Blàr Leum Fionnain nach b' e idir a' chuid a b' fheàrr do Albainn no do a suaimhneas a thachair.

Chan fhios dhuinn gun teagamh ciod a dh'fhaodas aon ghinealach a thoirt mun cuairt. Na barailean is na h-iarrtasan a tha aig daoine an-diugh, tha iad air an cur air chùl a-màireach. Tha beachdan eile a' faotainn rùim nan àite, ach airson sin uile faodar de dhànadas a ghabhail os làimh, is nàdar de ro-chuimseachadh a dhèanamh air an eadar-dhealachadh a tha nar beachd a bhiodh eadar riaghladh Teaghlaich Mhoireibh is Teaghlaich Athaill, an Albainn.

Mar a tha eachdraidh ag innseadh dhuinn, mura deach Donnchadh fhèin an cleamhnas ris na Sasannaich, chaidh co-dhiù a mhac Maol Chaluim ann; agus cha b' ann an tomhas beag air aon chor ach beò-bheumannach. Liubhair e suas air altair a' chleamhnais gach càileachd no buadh dùthchasach is Ceilteach a bha na innibh. Tha an riaghladh is an rian a chuir gu sònraichte a mhac Daibhidh air bonn a' leigeil ris cho iomlan is a bha an t-ìocadh a rinn e. Chuir a ghnìomhan is na h-ùr-dhòighean don do cheadaich e àite fhaotainn an dubh-chapall buileach air Albainn mar rìoghachd Cheilteach na gnè. Chan eil adhbhar air bith gu smuaineachadh gum fàgadh aon chuid MacBheatha no Lùlach dìleab a bu mhiosa co-dhiù nan dèidh. Is e eadhon ar beachd nan do lean an crùn ri Teaghlach Mhoireibh gur e an Rian Ceilteach a fhreumhachadh is a chur am farsaingeachd mu dheas a' chiad leac a bhiodh nan ùrlar; cha b' e an Rian Sasannach no Normanach a bhunaiteachadh mu thuath mar a shuidhich gineil Dhonnchaidh is Mhaoil Chaluim an inntinnean air.

Ri linn an dìlseachd do MhacBheatha is do ghineil Lùlaich thàinig iomad dosgainn is sàrachadh air na Moirich. Chan fhaodar gun teagamh gabhail ris an fheallsanachd a tha am bitheantas air a cur am fiachaibh oirnn an eachdraidh a thaobh "Ath-phlanntachadh Mhoireibh." Is e sin gun deach an dùth-aich fhàsachadh; gun deach luchd-àiteachaidh na mòr-roinne sin uile gu lèir fhuadach às an dùthaich is an cuid fearainn a thoirt seachad do Normanaich is do Ghoill eile. Dh'fhaodadh e bhith, is bha e, dona gu leòr ged nach biodh cùisean mar sin. Bu leòr a dhonadas do Mhoireach inbheach air bith a chuid is a chòir a thoirt bhuaithe ged nach rachadh fhuadach gun fios càite, no a bheatha a thoirt dheth. Thachair sin fhèin gun teagamh air uairean, ach am bitheantas an t-atharrachadh a thàinig mun cuairt b' e gun deach còir an fhearainn is na h-inbhean a b' àirde a thoirt do choigrich, is na nàistinnich a dhèanamh ion is nan tràillean dhaibh.

Uile gu lèir, is a dh'aindeoin cho "caoin" is gun tugadh gu buil e, tha "Ath-phlanntachadh Mhoireibh," a' gabhail àite an each-draidh nan dùthchannan seo a thaobh eucoir is ana-ceartais air luirg is glè dhlùth an allamharachd air Ath-phlanntachadh Ulaidh na h-Èireann anns an t-seachdamh linn deug. Le Mac-Bheatha a ghlèidheadh a' chrùin cha tigeadh am mì-shealbh sin air Moireibh gu a clì a thoirt bhuaipe, is a calmarrachd mar mhòr-roinn Cheilteach a chall. Cha bhiodh i na lios gu bhith air a spùilleadh leis gach aon a thogradh cromadh oirre fad iomad linn.

Chan eil anns na dh'ainmicheadh ach beagan de na dh'fhaodamaid ar dùil a bhith ris nam biodh a' bhuaidh aig MacBheatha. Ach leigidh sin fhèin ris mar a thugas fa-near gum faod e bhith nach b' e a chuid a b' fheàrr a thachair do Albainn nuair a thuit an diùlnach sin fo làimh "an ridire nach do rugadh le mnaoi," is a mhùchadh gu bràth dòchas an teaghlaich ris an do ghabh MacBheatha taobh ri an dlighe is ri an còir a bhith air an ath-aiseag dhaibh.

Còir Ġruaiġe iſ ṀicBeaṫa air a' Ċrùn

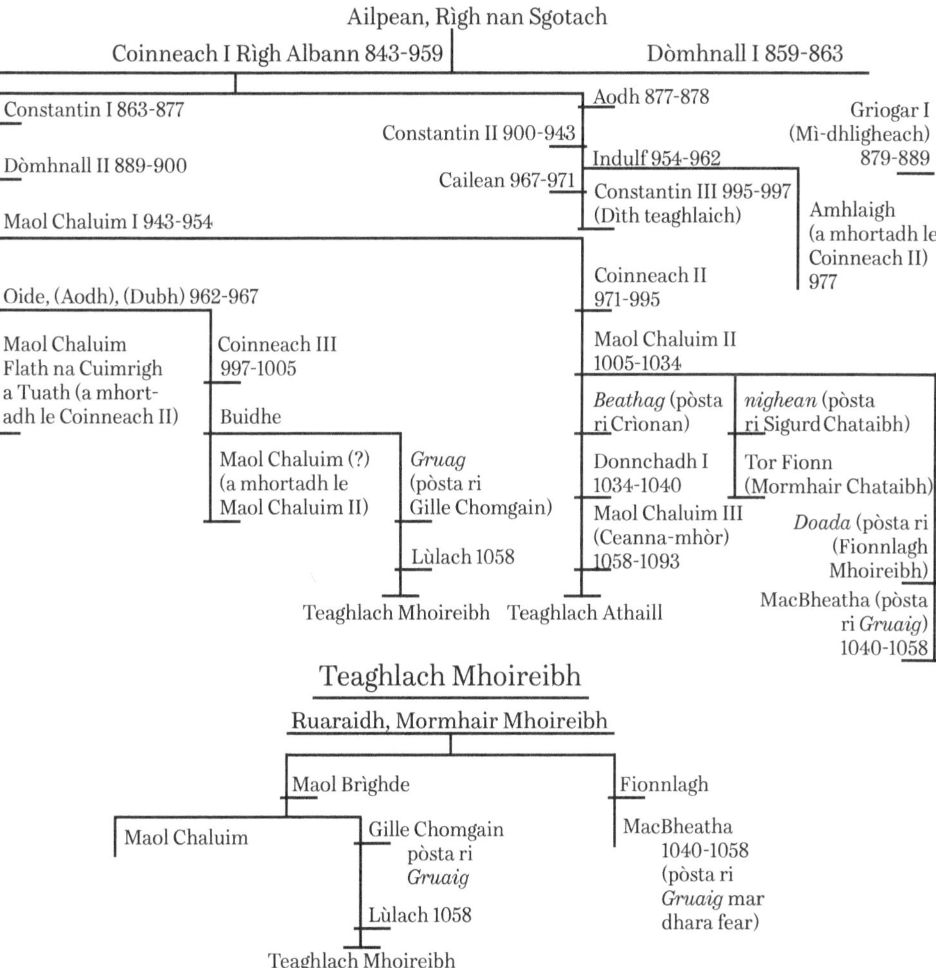

Fàgail Eilean a' Ceò

Dòmnall MacRat

nac maipeann

Tha mi gun aighear, gun sùgradh air m' aire,
Mo dhùrachd bhith thairis an Glas-bheinn a' cheò,
Mi air m' fhàgail air m' aineol an dùthaich nan Gallach;
B' fheàrr leam na gallan bhith 'n gleannan an fheòir.

B' ann san earrach a dh'fhàg mi aig àm na Fèill Pàdraig;
Bhith cur cùl ri mo chàirdean a dh'fhàg mi fo leòn;
Bhith fàgail na dùthcha air bàta na smùide,
Bha mo chridhe gu tùrsach cur cùil ris an Stòr.

Nuair bhuaileadh an glagan 's a fhuair i fo astar,
Bu luaineach bha m' aigne a' fantainn air bòrd;
Bha an iùbhrach na deannaibh 's i stiùireadh air Glaschu,
'S mi fàgail a' chala san caidlinn gun bhròn.

Nuair sheinn i an dùdach 's a thòisich an ùpraid,
Bha gual dol na fùirneis is smùid dheth de cheò;
Bu shiùbhlach ri falbh i 's i sgoilteadh na fairge,
'S mo shùil-s' ris an àit' san deach m' àrach 's mi òg.

B' ait leam bhith 'g èirigh san òg-mhadainn Chèitein,
Mi togail na sprèidhe gu bràigh an Uillt Mhòir,
A' fuadach nan caorach a-mach ris an fhaobhar,
Uain òga gach taobh dhìom air raointean is leòid.

Gum b' ait leam bhith 'g èisteachd san òg-mhadainn Chèitean
Ri ceilearadh èibhinn gach creutair sna neòil;

Eòin bheaga nan speuran toirt caismeachd da chèile,
'S a' chuthag 'm bàrr gèige leath' fhèin sa choill' òig.

Nis tha bròn air mo lèireadh ge tràth nì mi èirigh,
Mi an comann luchd Beurla nach èist ri mo sgeòil;
Mo chàirdean bha dìleas gun d' fhàg mi 'm Port Rìgh iad,
'S gur brònach bhios m' inntinn gun till mi nan còir.

Fhir a shireas tìr m' àraich thoir bhuamsa ceud fàilte,
Gu dùthaich nan àrd-bheann a dh'àraich na seòid,
Far an labhrainn a' Ghàidhlig 's am faicinn mo chàirdean;
Mo dhùrachd bhith tàmh ann gach là bhithinn beò.

An Saoġal Eile ann an Rìoġaċd Fìob

Laċlann MacBeaċain

Tha nead na circe-fraoiche
Sa Mhuileann Dubh, sa Mhuileann Dubh,
Tha iomadh rud nach saoil thu
Sa Mhuileann Dubh o Shamhraidh.

On leth a-muigh is maiseach aogas na seann Rìoghachd. Gu h-àrd air a h-uchd tha an dà Chnoc Lòmann, ag èirigh cruinn mar dhà chìch, agus uatha tha an tìr a' tuiteam gu socair sìos gu bruachan Tatha mu thuath, Camas an Fhorcha mu dheas, muir mhòr Lochlainn san àird an ear, agus amhaich a' Chnuic Uasail, no Oichioll, san àird an iar. Tìr thorrach, le iomadh baile beartach na h-iomall, mar a theirear —Fallaing uaine le oir den òr!

Tha Fìobh aithnichte mar dhùthaich ghnìomhach, dhèanadach; a' soirbheachadh le iasgachd, mèinn-ghuail, agus taighean-cèairde; àite saidhbhreach, saoghalta, anns am bheil peacaich lìonmhor agus naoimh ro-ghann!

Seadh, ach seall air ais. Ann an iomadh linn rinn saoghal nas uaisle e fhèin fhoillseachadh ann am Fìobh, an saoghal a ta fìor, buan agus buadhach; dachaigh dhualach an anama, neo-fhaic-sinneach ach miadhail.

Oir aig caochladh àm agus air iomadh dòigh thaisbeanadh an seo cumhachdan nas àirde na an talamh. Le sùil a cholainn sheall an duine o shean a-mach tro cheò an aineolais air fearann fuar, fliuch, fiadhaich, fàsail, gun bhàidh, gun chaidreabh; ach tron t-sealladh ud chunnaic e air uairibh crith-dheàrrsadh iongantach, faileas dùthcha nas eòlaiche, mar gum b' e Fìobh eile, ag èirigh fa chomhair ann an leus an t-solais ud nach fhacas riamh air muir no air tìr. B' e sin a dhlighe mar dhuine, oir

> *Cha b' ann gu lèir an dìochuimhn' dubh,*
> *'S cha b' ann gu tur an lomnochd riamh*
> *Ach b' ann le neòil de ghlòir mun cuairt*
> *A thàinig sinne nuas o Dhia.*

Air cùlaibh an t-saoghail ghairbh seo, a chithear, a chluinnear agus a làimhsichear, fhuair e air uairibh eòlas air seòl spioradail a' chruthachaidh, agus air cuspairean on leth a-muigh—creagan, sruthan, craobhan agus fuaranan—nan samhlan air nithibh domhain dìomhair, air nach eil ainm air thalamh.

Na Clachan Seasaimh ud aig Lundainn, an clachan iad a-mhàin? Chan iad gu dearbh, ach cuid de bhun-inntinn a' chruinne-chè, cuimhne bhalbh o aois cèine an t-saoghail. Na mealla-carraige a tha sgapte thar aodainn Fìobh, fad air seachran on chreig dom buin iad—clach Ghorm a' Chill Rìmhinn, Gorm-chlach Charrail, clach na Ban-draoidh aig Dùn Phàrlain agus Clach an Fhamhair sa Chill Rìmhinn—cha chlachan iad a-mhàin ach cuspairean iongantach, a chaidh a thogail le cumhachdan dìomhair an t-saoghail, agus an giùlan chum nan ceart àitean sam bheil iad a' cumail an-diugh gach buaidh fhalaichte a bhuineas daibh, agus eachdraidh am breith—dùbhlan do àrd-inntinn an duine.

An t-allt ud aig Abar Neidhe a' sruthadh sìos gu abhainn Èirinn, nach e siud cuisle bheò an dè uisge, Neidhe, cumhachd Dhè anns na h-aibhnichean, samhla beatha an t-saoghail, oir tha gach nì saoghalta na shruth. Sanas o shaoghal eile.

Bha tobraichean na tìre seo riamh seunta, oir bhuineadh iad do shaoghal toirbheartach na beatha, uisge na beòshlaint agus fuaranan deònachaidh. Tha a' chuid mhòr diubh fo ainmean nan naomh. Air Innse Mhàigh, aig Baile Luachair, aig Baile Màrnaich, aig Falkland agus aig Cupar, gheibhear fuaranan na

Muire Òigh, ceart mar a tha Tobar na h-Òigh aig Silòam. Aig Linn Dobharan tha Tobar Aindreis; aig Abar Dobhair agus aig Cuid an Uaimh tha fuaranan an Naoimh Fhaolain; aig Baile Màrnaich Tobar Bhrìghde, agus air feadh na ceàrna gu lèir còrr agus deich thar fhichead fuaranan a tha coisrigte o linn nan Draoidhean, a' tairgse slàinte don cholainn, agus don anam, deoch nas luachmhoire na fìon, air a tharraing o dhoimhne far nach ruig cuach thalmhaidh, rùn agus eòlas, smuain agus cuimhne air an t-saoghal ud on d' fhuair gach tobar a bheartan, gràdh an Tì ud a dhealbh agus a dheasaich uisge.

Ach ma bha aon àite seach àite eile anns an d' fhuair an duine o shean e fhèin glè fhaisg air an t-saoghal ud thall, b' ann ann an uamhan nan creag. Tha uamhann anns an fhacal, mac-talla gach nì a ta uabhasach no uaigneach mar an uaigh, agus ann am Fìobh fhuaradh mòran uamhan fuathasach, àitean duaichnidh, a chuireadh gruaim is ruaig air truaghan sam bith. Bha Na h-Uamhan (*The Wemyss*, mar as tric a dh'ainmichear iad) nan àitean-còmhnaidh dìblidh, fada mun d' èirich Caisteal nan Uamh air an cùlaibh. B' iad uamhan àitean breith agus bàis iomadh ginealach den chinne-daoine agus shealladh orra mar chòmhla dorais an dachaigh shìorraidh. Bha Cuid an Uaimh (*Pittenweem*) na àite ro-naomh, agus bha anail naomh mu gach uamh eile. B' ann gu Uamh a' Chluig, fagas air Càir Challtainn (*Kirkcaldy*), is tric a chaidh Mìcheal Sgotach airson deachdadh on t-saoghal ud thall, agus a rèir sgeòil cha rachadh neach sam bith seachad air an ionad ud gun fhaireachadh neònach a bhreithneachadh, agus gaoth fhuar mhì-thalmhaidh mun cuairt da. Innsear gun robh pìobaire a' dol dachaigh on fhèill am beul na h-oidhche agus aig Uamh Chreig a' Chluig bhuail air an osag luaineach ud. Gu grad, ladarna, chuir e am feadan na bheul agus shèid e suas! An duine truagh! Cha do chrìochnaich e riamh am port. Air cho àrd 's a dh'èirich fuaim na doininn b' àirde sgread na pìoba fad na h-oidhche, agus aig beul an latha fhuaradh am pìobaire marbh, 's am feadan na fhiaclan. Gus an latha an-diugh, air gach oidhche ghailleannach, is eòlach am fear-triall air a' cheòl uabhasach siud! Ri ùine bhriseadh sìos an uamh agus chuirte na clachan gu feum ann an taighean-còmhnaidh, ach thathar a' cagar gum bi an dream a tha a' fuireach annta car beag neònach nan inntinn (Gardiner; Farnie).

Is minig a chualas mu uamh thaibhseach anns an robh pìobaire air iomrall ann an slighibh dall fon talamh. Fo Mhanachainn Chuileann Ros agus fo bhruachaibh a' Chaimbeachd 's ann mar sin a tha, agus aig Taigh Mhonaidh Bharran cluinnear am pìobaire sìos fo leac an teinntein! Steach aig bun an teine, guth on t-saoghal eile!

Mar seo fhuaradh ann am Fìobh o shean, tro àitean agus cuspairean àiridh, beantainn ri saoghal dìomhair. Ach ann an ùine chualas aithris air creutairibh do-lèirsinneach le seòrsa toinisg—sìthichean, ùraisgean, eich-uisge—eilthirich air fad am measg chlann-daoine. Na cuireadh e iongantas sam bith oirnn gum bitheadh sluagh ann nach buin do ar teaghlach fhèin. B' e 'n iongnadh mur bitheadh air fad a' chruthachaidh gu lèir neach sam bith ach cloinn Àdhaimh. Ach tha sinn uile an dùil o nach lèir dhuinn iad nach urrainn daibh bhith idir ann! On tha sinne dall chan fhaod bith a bhith acasan. Is e an fhìrinn shocair stuaim gum bheil iomadh bith san t-saoghal mun cuairt duinn nach fhaca sùil duine riamh, ach air an làmh eile chan eil e idir cho cinnteach gum bheil iad den dearbh dhreach a shaoil ar sinnsear.

Bha sgeul acasan air each-uisge ainmeil air Innse Cè, agus toman-sìthich thall 's a-bhos air feadh na mòr-cheàirn. Gheibhear iomradh ann an leabhraichibh gun do ghoid na sìthichean brìgh a' bhainne aig Baile Luachair, agus an leann sa Chill Rìmhinn, ach bha muinntir a' bhaile sin cho ionnsaichte 's gum b' urrainn daibh dìon teine a chur air gach nì. Is iomadh oisean de Fhìobh anns an robh mòr-amharas gun robh na sìthichean a' goid nan naoidheana às a' chreathail. Tha e sgrìobhte gun d' fhalbh iad le mac òg an Ridire Ailean Mortimer gu Tìr na h-Òige, agus gum b' e gnìomh Aba na Manachainn air Innis Choluim fhaotainn air ais le ùrnaigh agus uisge beannaichte —innealan cogaidh an t-saoghail eile. Oir cha tig an saoghal sin faisg oirnn gun chunnart. Air an làimh eile tuigidh sinn o sheann sgeòil ann am Fìobh gun robh na h-ùraisgean ro-fheumail do dhaoine sgìthe an àm a' bhualaidh, agus na mnathan sìthe glè sgiobalta air an t-snìomh.

Chan ann gu buileach an-asgaidh, ach cò a dhiùltadh biadh no deoch airson cobhair chàirdeil o na coimhearsnaich iongantach seo?

A rèir eachdraidh chaidh daoine nas fhaide na sin, oir bu thric leotha a bhith a' fàgail oiseanan den raon gun treabhadh —"croit an duine mhaith" theirte riutha, cuid nan dùl dhìomhair leis am bu toigh riamh an duine fialaidh. Is e a bha an siud aideachadh dhaoine gum bheil anns a' chruthachadh cumhachdan eile nach fhaodar idir a dhìmeas, nithean nas toilltinnich na eadhon caontachd.

Falaichte anns an ùir gheibhear air uairibh ann am Fìobh àitean-adhlaic ar sinnsir, agus am measg duslach an cnàmhan soitheachan crèadha agus sgeadachas umha—tìodhlacan nam beò do na mairbh. Tha na cuachan siud a-nis falamh, ach gidheadh tha iad làn, a' dòirteadh thairis le biadh do ar n-anama-ne cho math ri ìocadh gràidh do na spioradan a dh'fhalbh—manna na fìor chreideimh anns a' bheatha bhuan, gaol neo-bhàsmhor eadar na càirdean a chaidh a-null agus iadsan a dh'fhàgadh san fheòil. Cha robh an saoghal eile riamh gun fhianais ann an Rìoghachd Fìobh.

Mu dheireadh dh'èirich air ar tìr grian a' chreideimh Chrìostail a' cur dreach ùr air gach taisbeanadh on t-saoghal eile, agus a' faotainn ann an nàdar bochd an duine buadhan ris nach robh dùil sam bith. A-nis dh'fhoillsicheadh an dùthaich spioradail mar ionad soilleir agus glan, nas cinntiche agus nas dualaiche don chinne-daonna na an talamh daingeann fo ar cois. Thàinig na Naoimh gu Fìobh.

On Ghrèig thàinig gu Fìobh an Naomh Raoghal, no Regulus, a' tabhairt chugainn mìr cnàimh gàirdein an Abstoil Aindreis. Na dèanadh neach sam bith fanaid air sin, oir ma bha gràdh aig a chàirdean don Abstol seo carson nach leanadh iad ri mìr bheag de a cholainn? Chaidh an long san robh iad a' seòladh a bhriseadh air cladach garbh an Rìgh-mhonaidh,* agus ghabh rìgh nan Cruithneach riutha gu coibhneil na fhàrdach fhèin. Chuala e an Soisgeul—gràdh Dhè do dhaoine, beatha agus bàs Chrìost air ar son, agus saorsa gu bràth on pheacadh agus on

* Nuair a ċogaḋ eaglais an sin ḋ'ainmiċeaḋ i a' Ċill Rìġ-ṁonaiḋ, aċ a ċionn gun roḃ i ro-ṁaireaċ ċa b' ḟaḋa gur am b' e an t-ainm a' Ċill Rìḃinn.

bhàs—agus chuir e mu dhèidhinn eaglais bhrèagha a thogail agus a sgeadachadh le airgead agus òr. On latha sin ghabh sinn ris an Naomh Aindreas mar Fhear-Comaraidh na rìoghachd seo. Co-dhiù tha an eachdraidh gu lèir fìor no nach eil is ro-chinnteach seo, gun tàinig maille ris a' chreideamh ùr mòr-ath-arrachadh air Rìoghachd Fìobh. An dùthaich a bha fàsail fiadhaich, thàinig i a-nis a-mach fo bhlàth, agus chinnich i mar an ròs. Ann an àite sluic agus uamhan oillteil dh'èirich taighean sgiamhach, eaglaisean mòra agus àras foghlaim. Cia às a thàinig iad? Thàinig gu dearbh on t-saoghal eile! Bha dùthaich uasal an anama a' briseadh a-staigh le sonas agus slàinte don t-saoghal thruagh thalmhaidh seo.

Na dhèidh sin thàinig an Naomh Seirbh no Servanas, a' craobh-sgaoileadh an seo eòlas na beatha as àirde. Ghabh e còmhnaidh aig Cuileann Ros far an do shlànaich e an rìgh, Brùide, o throm-tinneas. Aig an Dìseart (*Dysart*) leighis e fear de na bràithrean a bha glè thinn, oir bheannaich e dha uisge an tobair an sin, ga dhèanamh mar fhìon, fo chumhachd ùrnaigh. Is ann san uamh aig an Dìseart a bha deasbaid mhòr aige ri nàmhaid ro-chumhachdach chlann-daoine agus nuair a chuir e fuadach air an droch spiorad sin bhac e dha tighinn gu bràth tuilleadh don àite a chaidh a choisrigeadh leis a' bhuaidh sin. 'S e sin ri ràdh, an uamh; chan e am baile. Aig Tulach-bothain leighis e duine truagh anns an robh droch spiorad cìocrais, nach b' urrainnear idir a shàsachadh le biadh. Oir rinn an naomh aslachadh ri Dia air a shon, a' cur a mheòir air a bheul. Agus nuair a thàinig chuige trì daoine bodhar, trì daoine crùbach agus trì daoine dall, bha e làidir ann an creideamh, agus rinn e ùrnaigh air an son, agus bheannaich e dhaibh fuaran a bha an sin, agus nuair a dh'ionnlaid iad rinneadh iad gu lèir slàn. Oir tha cumhachd Dhè comasach airson na h-eu-slaintibh as eugsamhail.

Anns na làithibh siud rugadh aig Cuileann Ros an naomh ainmeil, Ceann-tighearn, den goirear gu tric Mungo. Bu leanabh caoin e, agus dh'fhàs e suas fo fhasgadh na h-eaglais aig Cuileann Ros. Nuair a bha e na ghille beag, laghach, dh'fheuch e a choibhneas ann a bhith a' toirt air ais gu beatha eun beag, robaidh-ròid, a mharbh droch bhrogaich nan cluich. Na dhèidh sin nuair a bha am bràthair a bha a' deasachadh bìdh na muinntir ro-thinn agus aig dorais bàis, mur robh e cheana marbh, ghuidh an gille còir seo le mòran deura airson a bheatha, agus thàinig anam air ais. Dh'innis an duine fhèin a-rithis gum faca e aisling aingeil a thubhairt ris—"Is tusa an duine airson am bheil Ceann-tighearn ag ùrnaigh. Is fheudar dhuit tilleadh gu do cholainn, agus èirigh gu beatha."

Aithrisear na nithean seo le Ioceline agus ùghdaran eile.

Is ann am Fìobh cuideachd a rugadh an Naomh Faolan a rinn mòran ghnìomhas math mun d' fhàg e an saoghal agus an dèidh sin, oir tha luchd-eachdraidh ag innse dhuinn gun robh cnàmh no cuimhneachan air choireigin a bhuineadh dha aig ceann feachd Alba aig Blàr Allt a' Bhonnaich. Mur robh an Naomh fhèin a' dèanamh cobhair is dòcha gun do chuir sealladh a' chuimhneachain ud spionnadh ùr ann an cridhe a luchd-dùthcha. Bha e na dhuine ro-chràbhach agus aig aon àm nuair a bha e ag adhradh aig Cuid an Uaimh bha solas a' sruthadh o mheòirean.

Ann am Fìobh, thàinig an saoghail eile glè fhaisg ann an Gleann Dhùn Phàrlain nuair a bha a' bhànrigh Mairearad ag ùrnaigh san uamh an sin. Chan aithne dhuinne ciod iad na fearta spioradail a dh'fhaodas leantainn ri nithibh a bhuineadh do dhuine no do bhean chòir, no a bha iad a' caitheamh no a làimhseachadh. Chuala sinn mu aon àm san d' fhairtlich air bata an fhàidh feum a dhèanamh, ach chuala sinn cuideachd mu fhallaing aon fhàidh tuiteam air an fhàidh a lean e, agus ann an leabhraibh ionmhais na rìoghachd seo leughar gus an latha an-diugh mu lèine an Naoimh Mairearad (*camisia beatae Margaretae*) a bhith air a toirt gu bànrigh eile nuair a rugadh a mac, Seumas III, agus gu tè eile nuair a rugadh Seumas V.

Airson Colum Cille, am fìor Ghàidheal sin, cha choltach gun do chuir e a chas riamh ann am Fìobh, ach gu dearbh bha a spiorad an seo. Tha an seann eilean, Aemonia, a' giùlan airson ceudan de bhliadhnachan an t-ainm Innis Coluim, oir thogadh eaglais an siud fo ainm-sa le rìgh a bha taingeil airson tèarmann Choluim Chille. Agus b' e barail nam maraichean Sasannach a bha a' tadhal na mara seo, gum buineadh faobhar-inntinn an

Naoimh seo don t-saoghal a ta an làthair ged a bhuineadh a mhòr-neart don t-saoghal eile.

Chan ann an àl nan naomh a sgrìobhadh an eachdraidh, ach na dhèidh, nuair a chailleadh cuimhne air an dòighean, agus bha ar cinneach a' tuiteam air falbh on teagasg cho fada 's gun robh meas air mìorbhailean nas motha na air dùsgadh an anama. Ach cha b' iad mòr-iongantasan idir fìor obair an luchd-teagaisg ud no eadhon fìor fhianais an t-saoghail eile dan cumhachd. Cha robh annta ach cuimhneachan an siud 's an seo air mòralachd agus luach na h-oibre a rinn iad airson beatha ar sluaigh.

O na làithibh òirdheirc sin gus an latha an-diugh cha do chaill sinn gu lèir ann am Fìobh breithneachadh an t-saoghail eile. Agus chan iad a ghnàth na taisbein a b' uaisle a b' fheàrr mar dhearbhachd. Tha e glè fhìor gur e an teisteas as fheàrr de chumhachd an t-saoghail neo-fhaicsinnich gum bheil beatha spioradail ga feuchainn fhèin ann an giùlan dhaoine; ach is iomadh nì anns am faic sinn ann am Fìobh làthaireachd an t-saoghail a ta a-mhàin buan. Chan ann a-nis le làn-ghlòir nan naomh, ach le iomadh comharra eile, dìblidh ach cinnteach, sanasan agus cagair bheaga on t-saoghal a ta falaichte, ìmp-idhean maith no uilc, beannachd agus deagh rùin no droch rùin agus draoidheachd, aisling agus taisbeanadh. Daonnan thàinig a chumhachd o shaoghal nas àirde, agus on t-saoghal ìosal seo taghadh an fheum a rinneadh leis.

Bu lìonmhor riamh orthagan agus ubagan ann an Rìoghachd Fìobh. Airson bàta a chur fodha b' i a' ghiseag amharc air gu geur le fuath gharg, agus cuach a ruidhleagadh ann am ballan uisge, gus an lìonadh i agus an rachadh i fhèin 's am bàta fon uisge. Airson a bhith a' toirt am bainne on chrodh bu leòr seall-tainn orra le droch shùil. Airson leighis ainmhidhean rinneadh feum de gheug chaorainn. Airson cobhair do mhnathan thugadh daibh neamhnaid, clach-fhuil. Agus airson fios fhaot-ainn o thìr nan spiorad ghabhadh comhairle ri criathar an crochadh air snàth, no ri tionndadh iuchair anns a' Bhìoball. Gheibhear na nithean seo gu ro-phailt ann an leabhraichibh seisein nan eaglaisean. Aig a' Bhorch Nodha bha foirfeach eaglais còir, agus ghoid neach-eigin breacan a mhnaoi. Bhagair e orra gach cùirt agus breitheamh, ach cha tug iad toirt sam bith, ach nuair a mhaoidh e gun rachadh e gu ban-fhiosaiche a chum sgeul fhaotainn air a' ghadaiche, thàinig am breacan air ais an ath latha!

De gach gnè de dh'fhàisneachd bha riamh a cuid fhèin aig Fìobh. B' ainmeil Mìcheal Sgòtach am Baile Mhadhraidh agus fhàidhearachd mu iomadh nì. Nuair a chuir a' Bhaintighearn Seònaid Fa a-mach às na taighean aca muinntir Baile Chlaidh- eimh a chionn gun robh i sgìth dhe bhith gam faicinn a' seinn 's ag ùrnaigh aig na dorsan 's gach feasgar, ro-innis seann bhean ghlic gum biodh an t-uachdaran a-mach à thaigh fhèin mun tigeadh an sèathamh ginealach. Agus mar sin thachair (*Chapman*).

Nuair a chuala uachdaran Chaisteil nan Uamh cuid den chlachaireachd a' tuiteam leis a' bhruthach dh'èigh e "Is duine marbh mi, oir is e seo daonnan an sanas do fhear a' chaisteil." Agus gu luath chaidh a choileanadh (*Lady Munster*).

Nuair a phòsadh Cailean, tritheamh Iarla Bhail' Carrais, dhìochuimhnich e an fhàinne agus fhuair e iasad o charaid. Ach b' e fàinne-bhròin a fhuair e, agus thubhairt a bhean òg gum biodh i marbh fo cheann na bliadhna. Agus bha (*Wood*).

Is iomadh giseag, orthag agus saobh-smuain a tha aig iasg- airean Fìobh, agus is mòr am fiamh ro mhucan agus ghearrain —beathaichean aig am bheil buil neo-thalmhaidh agus mì- shealbhach. Oir is daingeann ann am Fìobh seann chràbhadh na ban-dè, Sealbh, cumhachd àrd nach eil idir furasta a rèiteachadh.

Bha Fìobh riamh glè bheartach ann an sgeulachdan mu thimcheall seallaidhean soilleir fosgailte de luchd-còmhnaidh an t-saoghail eile, agus is iomadh àite an seo sam faicear solasan agus coslasan dhaoine agus mhnathan a dh'fhàg o iom- adh latha an colainnean talmhaidh san ùr. Chan ann an-dè a thòisich seo. Faisg air Ceann Aodainn tha raointean air nach dèan crodh laighe sìos san dorcha, a chionn gur ann an siud a chaidh closaichean nan Ròmanach agus nan Calldaineach a losgadh nuair a thuit iad sa chath (*Small's Roman Antiquities*, is cuid eile). Innsear cuideachd mu charbad drilseanach an Àrd-Easbaig Sharpe a' greasadh air aon oidhche 's gach

bliadhna thar Monadh Mhàgais tro phlathadh soillse na geal-
aich gus a' Chill Rìmhinn. Innsear gum bheil Tòmas Patar, a
mharbh an t-Aba Raibeart air staidhir an àite-cadail, fhathast
a' tadhal an ionad sin. Anns a' Chill Rìmhinn cuideachd
b' fheudar aon aitreabh a thilgeil sìos—an *Novum Hospitium*—a
chionn gun do ghabh taibhse mhì-thoilichte a chòmhnaidh ann.

Am measg àitean-tadhail nan taibhse bha Cuileann Ros
riamh ainmeil. 'S ann an seo a bha Morair Colvil, a chaochail sa
bhliadhna 1728, ga fhoillseachadh fhèin do chuid de a sheirbh-
eisich, leis a' cheart aodach a b' àbhaist da bhith a' caith-
eamh. Aig Muileann Fòrdail chuir saighdearan Chròmbhail mu
dhèidhinn am muillear a chrochadh, ach chuir esan fear eile na
àite, agus a rèir Bhuckner chithear samhla an duine bhochd sin
air uairibh fhathast an crochadh air craobh.

Aig Sloc a' Ghuill, faisg air Cill a' Mhanaidh, tha taibhsear-
achd nas laghaiche, oir bha baintighearnan àraidh a' fuireach
an siud, agus thaitinn an t-àite brèagha riutha cho mòr agus
gum bheil iad fhathast, an dèidh ceud bliadhna, a' tighinn air
ais thuige ann an èideadh gheal (*Fife Herald*).

Innsear aon uirsgeul mar-aon mu Charrail agus a' Bhroch
Nodha, gum bheil banarach bhochd gu tric a' tighinn air ais
agus a' guil:—

> *'S e 'm bainne tana 's tomhas gann*
> *Chuir mise 'n seo air faondraidh fann.*

Nuair a bha Rìgh Seumas VI a' fuireach còmhla ri a Bhàn-
righ Anna, agus an naoidhean aca, Teàrlach, aig Dùn Phàrlain,
dhùisgeadh an rìgh le sgread uabhasach on bhanaltram anns an
ath sheòmar. Leum e a-staigh far an robh i dh'fheuchainn ciod
a dh'èirich di. Thuirt i gun tàinig don t-seòmar coslas seann
duine, fìor olc, agus gun do thilg e earrasaid thar creathal an
leanaibh mar gun sgrìobadh e leis e. "Bu mhath an airidh" ars
an rìgh, "ged a thogadh e air falbh a' chreathal is uile!" Leughar
seo an iomadh eachdraidh.

Is coslach gum bheil an saoghal eile an ceangal ri gach roinn
de dh'Fhìobh, oir chan eil baile sam bith gun sgeul taibhseachd
aige. Mu Chàir Challtainn leughar ann an "Taobh na h-Oidhche
de Nàdar" mu thaibhse saighdeir a thàinig gu cùlaibh taigh

mhòir gu sàmhach, air chor 's gun tug a' chaileag a-staigh an nighe agus gun do leum an cù tron uinneag.

Tha an t-Urr. Seumas Skinner ag innse mu dhuine bochd ann am Baile Ungaraidh a bha na bhantrach, agus nuair a bha e ag altram leanabh beag thàinig a' bhean a chaill e agus sheas i aig taobh na leapa. Chaochail an leanabh.

Ann am Burntisland chunnacas aisling glè fhada mu nighean a chuir ponach beag air falach ann an cuach-chlàr ga cheil o mhortair a mharbh i fhèin (*Weekly Scotsman, 1896*).

Air monadh Chnuic Lòmainn sa bhliadhna 1674 chunnaic mòran sluaigh anns an adhar coslas duine mhòir mar gum biodh e a' dìon buidheann a bha a' cumail coinneimh ùrnaigh san fhraoch. Thàinig saighdearan gan sgapadh, ach cha bheanadh claidheamh no peilear riutha (*Rev. Robert Law: Memorialls, 1638-84*).

Mu thaisbeanadh na Baintighearn Uaine aig Caisteal nan Uamh, chithear sgeulachdan fo làmha na Baintighearn Munster, agus Diùc Earra-Ghàidheil.

Aig Uachdair Tuil chithear aon oidhche sa bhliadhna tìodhlacadh Uachdarain Sgìne, agus aig Uachdar Darain o chionn ghoirid bha brogach beag a' cluich mun teine agus thubhairt e ri a mhàthair "Fhuair m' athair a luirgean briste." An ceann leth-uair thugadh dachaigh fear an taighe le a ghàirdean briste—cha b' e a luirgean (*Dr. Rorie*).

Ach de sgeulachdan dhen t-seòrsa sin chan fhaighear tè idir nas sònraichte na ise a sgrìobh Eòsaph Paton, an Dùn Phàrlain, athair an Ridire Noel Paton, mu aisling ro-shoilleir a chunnaic e mu aircean a bha gu tighinn air teaghlach athar.

Faodar na nithean seo uile, agus mòran tuilleadh, a leughadh ann an leabhraichean eachdraidh. Cha b' iomchaidh a bhith ro chinnteach gum bheil gach facal dhiubh fìor, ach chan urrainn e bhith nach eil bun-stàth air choireigin aca. Agus ma dh'aidichear seo tha e a' leantainn nach eil Rìoghachd Fìobh idir cho glan-dhealaichte on t-saoghal eile 's a tha a-nis coltach.

Nan tuigeadh sinn gach tachartas mar bu chòir dhuinn, cha bhiodh iongnadh oirnn gun d' fhosgladh sùilean dhaoine air àm no dhà do nithibh an t-saoghail spioradail; is ann a bhiodh iongnadh oirnn gun urrainn iad a bhith daonnan dùinte.

Ach ciod e an saoghal eile? Ciod e a fhìor ghnè? Ciod iad a dhòighean ? Is e an saoghal neo-fhaicsinneach dachaigh gach uile mhathais. Is e an saoghal sin a bheir feart agus luach do gach nì a tha againn ann an litreachas agus ealain, ann an innleachdan, an eòlas, agus an seòltachd.

Anns a' chruinne-chè, chan eil nì sam bith nach fhaigh a bhrìgh agus a thairbheachd anns an t-saoghal sin. Is ann an siud a gheibhear cumhachd, oir is e cumhachd neart a chuirear gu buil, agus far am bheil buil, no nì rùnaichte, tha nì spioradail.

A thuilleadh air sin is ann san t-saoghal sin a gheibhear bun na maireannachd. Anns an t-saoghal bhochd seo an làthair chan eil nì buan. Mùthadh agus meathadh anns gach nì mun cuairt duinn chì sinn, ach anns an dùthaich àlainn ud—

Còmhnaichidh samhradh sìorraidh ait,
Is blàthan pailt nach searg.

Seadh, ach càit am bheil crìochan an dà shaoghail? Tha ann an nàdar an duine. Sinne, gach aon againn, tha sinn nar suidhe —fhathast—air an oir eadar dhà shaoghal; ach air an taobh spioradail. Tha againn còig uinneagan trom faigh sinn breith-neachadh air an t-saoghal talmhaidh. Oir is e an saoghal talmh-aidh an saoghal eile dhuinn, agus ma tha sinn glic measaidh sinn gur e. Is iad na h-uinneagan trom faic sinn e—faireachd-ainn, fàileadh, faicinn, blas agus cluinntinn. Is e an spiorad a nì feum de gach aon diubh seo. Agus an lorg na cnuasachd seo chì sinn gum bheil cumhachd an spioraid a ghnàth a' fòirneadh nas motha agus nas motha a-staigh don t-saoghal dhorcha seo. Tha còir an duine anns an tìr ud thall daonnan a' meudachadh agus cruaidh-thalmhaidheachd an t-saoghail seo a' crìonadh. Tha an ùine a' dlùthachadh anns am bi Rìoghachd Fìobh air fad air a drùidheadh agus a' drilseadh ann an solas uasail an t-saoghail a ta sìorraidh.

Lugain Lìn

Dòmhnall Mac na Ceàrdaich

1

Dh'fhàg an Fhèill Aindreis an geamhradh air àrainn a thaighe fhèin, agus bha gart seang agus neul ciar an ràithe air laighe air na gàirdeanan loma cnuacach a bha gan sìneadh fhèin mu thimcheall Bàgh an Eilein. Thall 's a-bhos bha an crodh mu sgaoil air feadh nan croitean 's nan iomairean spiolte, agus na caoirich a' bùrach len crodhanan an làraichean dubha nan goirteanan buntàta air taobh an Rubha Ghlais.

An Caolas an Eilein bha na sgothan fhathast air acaire len croinn nan leth-shìneadh anns na ceallan agus gach tè dhiubh a' sealltainn air seann tìr, 's i mar gum b' ann a' bruadar mu làithean agus mu shiantannan eile. Agus b' fhada mar sin a-nis a bha a' chuid bu mhotha dhiubh, oir is glè bheag falbhain a chaidh iarraidh orra o Fhèill Mìcheil 's a chaidh, an uair a cheil an sgadan air Cuan Alasdair. On là sin fhèin b' ann annamh a chuir na Crìostaidhean ceist air Cuilidh Mhoire mu adhbhar am beòshlainte, oir bu dian a bha turadh agus bàrr ag èigheach air mullach an dìchill.

Am broilleach a' bhannail sgothan ud bha "An Òigh" gu sèimh na cadal, is tonnagan beaga a' chaoil a' maoth-leumnadh ri a broilleach geal mar gum b' ann ag iarraidh a pòige, agus faoileag bhàn na seasamh air gnoban a toisich ag aibhseachadh a faileis fhèin san lighe foidhpe.

Am Port nan Leac bha geòlag na h-"Òighe" na laighe air a cliathaich os cionn an tiùrra agus sgiobadh de ghillean beaga ceann-rùisgte, cas-rùisgte a' leigeil an luingeas a-null 's a-nall tarsainn a' phuirt. Bu shòlasach agus bu leòmach an cridheachan beaga a' feitheamh astair agus giùlain nan iùbhraichean cnaige, ged a b' fhuar na casan agus an lapadh a' crùbadh nam meur. Ach siud an long ris a bheil an stràc ghorm air teubadh a-mach am bàgh! Chualas glaodh nan creach ag èirigh air gach taobh den phort, agus bha pòigeineach beag bàn ag amharc às a dèidh tro dhà shùil neo-choireach a bha a-nis air laomadh le dorran, deòin-bhàidh agus le deòir.

Dh'èirich an sean-duine à ionad a shuidhe far an robh e air gnoban creige a' cur dòighe air beairt na luinge don fhear a bu lugha math den bhuidheann. Bha a cheum tulgach agus mall, ionnan is mar as suaicheanta don dream ud leis nach àill a bhith a' call an saoghail air tìr. Bha a ghnùis ciar-chairtidh agus caithte fo mhèin nan siantan agus nan tràth a dh'fhàg fiamh a shùla glas mar lìth nan tonn, agus a chròidh a rosgan cho dùr mu thimcheall a fhradhairc. B' e a choltas ri fhaicinn aon choltas a dhèanadh teann-tàthadh ri cuimhne gach urra a leag riamh a shùil air, oir b' esan "An t-Eun," seadh, an t-eun sìth —an annlag-mhara. B' e Dòmhnall Mac Eòin a b' ainm dha an uair a bhiodh coigrich na dhàil no ga fhaighneachd, ach b' e "An t-Eun" fhèin an t-ainm a gheibheadh e gu bràth o na dùthchasaich.

Agus b' e sin an t-eun a fhuair trian gràidh gach leanaibh a thàlaidh pògan na màthar-mara a dh'ionnsaigh a beòil am Bàgh an Eilein o chionn còrr is leth-cheud bliadhna. B' e sin an t-eun, mar an lach eile, a thug an teagasg iomchaidh do na h-àil sin agus a rinn cuideachd iomadh èiginn a chur air fhèin às leth am beatha, am mànrain agus am faoin-iarrtasan.

Ach thigeadh sin do Dhòmhnall Mac Eòin mar iarrtas agus mar fhàgail, agus ged a bha leabhar na h-aoise sa Ghearradh Mhòr ag innseadh gum faca e cheana dà bhliadhna air chùl an trì fichead 's a deich, cha d' aidich a chridhe fhèin riamh dha gun robh e na bu shine na na companaich a bha leis air an fheasgar ud a' leigeil luingeas, gan call, agus gan caoidh.

"Bidh i a-nochd an Tìr fo Thuinn," ars am fear beag eadar a

reachdan, is e a' toirt sùla air an t-sean-duine agus an sin às dèidh na tè a bha ga fhàgail. Dh'aithnich Dòmhnall Mac Eòin dias de a churachd fhèin am beul an leanaibh. "Ò cha bhi idir, a luaidh," ars esan is e a' toirt ceum na choinneamh, "chan e sin taobh a bhios luingeas nan òg a' dol idir. 'S ann a tha an long agadsa, a ghaoil, a' seòladh air 'An Òigh'; air an luing agam fhìn." Agus bu nàdarra a thàinig na facail on bheul nach innseadh breug: b' e siud an "long" aigesan gun teagamh. Oir b' ann leis fhèin an spèis agus an urram a bhith na cheann agus na chèile don "Òigh" on là a chaidh a togail an Ceann Phàdraig, agus mar bu mhòr gràdh an leanaibh da chulaidh fhèin; aon ulaidh an t-saoghail, mar sin fhèin bha cridhe gun lochd an t-sean iasgair a' giùlan spèise a b' ionnan gnè agus gile don iùbhraich ghasta agus don obair is don t-saoghal san do chuir e uile ùidh.

Is ro-mhath a leugh Dòmhnall Mac Eòin an iargain, agus an dorran dubh a bha a' lìonadh spioraid a' phàiste le falamhachd ùdlaidh na h-ionndrainn. Nach b' eòlach e fhèin air? Nach ann dha fhèin a bu mhinig èisteachd ri cruitearachd ud an dàin air teudan righte deòin dhìomhair a' chridhe?

Sheas am pàiste ri cois an fhir às an robh earbsa gach cumhachd, comais agus eòlais, agus a' fosgladh a shùilean taise, ceisteannach sheall e an aodann an "Eòin."

"An till i—?" ars esan, "an till an Òigh chugam i mum fàs i dorcha?" Chuir an sean-duine a làmh air ceann an leanaibh agus dh'fhairich e a' chrith a bha air a shiubhal a' gabhail dìreach dhachaigh gu cochall a chridhe fhèin. "A dheòin Dia," 's e a fhreagair e, "tillidh, oir cha do dhiùlt Ise riamh iarrtas dian a' chridhe naoidheanta."

Ach nan robh de thuigse aig a' phàiste mhothaicheadh e neul eile air gnùis an "Eòin," agus ma thuig e o bhlas nam facal nach b' ann ris fhèin a bha an còrr de bhriathran Dhòmhnaill Mhic Eòin, bha e riaraichte leis na thuig e gu ceart, oir bha e cinnteach gum b' fhìor na thubhairt, gum b' fhìor a thilleadh, seadh, a dheòin Dia, a dheòin na h-Òighe.

11

Bha an oidhche air ciaradh mun do ràinig Dòmhnall Mac Eòin a bhothan fhèin air dha na pàistean a bha a' luingeanachd fhaicinn air cheuma an rathaid dhachaigh, gach fear is a "chul-aidh" fhèin aige fo a achlais. Air luirg Dhòmhnaill bha balach beag a' chinn bhàin a' dèanamh a rathaid gu crotach. Na asgall bha e a' giùlan na h-aon tè a chaidh riamh eadar e 's an cadal agus ged a bha i an èis a beairte gu lèir bu shuarach sin ga dhìth-san seach a bodhaig chumadail fhèin 's gun a leithid eile air mhaise is air luaths san t-saoghal uile.

An dràsta 's a-rithist shealladh am fear beag air an ulaidh a bha a' lìonadh achlaise, agus bhogadh e crudha gorm na làimhe eile sìos fo bhann an fhèilidh far an do chuir a mhàthair am pòca dha anns am biodh e a' glèidheadh an achlasain agus gach rud eile a bhiodh feudalach aig a sheòrsa. Bha e bochd agus nochd an cor an t-saoghail, ach bha a chridhe beag saidhbhir agus beairteach; a' cur thairis le buidheachas agus leis a' Charthannas mhòr sin a chuir an strìoch roinne am biadh na bàirniche.

Sheas an t-"Eun" air an stairsich aige fhèin oir cha robh ach astar goirid a-nis aig mac na banntraiche ri dhèanamh gu doras a mhàthar. Chuir am pàiste a-rithist a làmh am bann an fhèilidh agus thug e a-mach a' chnò a làmhraganaich e cho tric on a dh'fhàg e an cladach. "An gabh sibhse siud uamsa?" ars esan, is e ga sìneadh don t-sean-duine. "Gu dè tha sin agad a ghaoil?" ars an t-"Eun," is e a' tionndadh ris an leanabh a bha ga bheannachadh. "Cnò Mhoire," ars am fear beag. "Cnò Mhoire a thug mo sheanmhair dhomh, ach gheall mi dhuibhse i nam faighinn an long." 'S ann na mhòr-annas a rug Dòmhnall Mac Eòin air an t-sìneadas à làimh mic na banntraiche, agus mun d' fhuair e gu ceart a shùil a leagail air bha fear beag a' chinn bhàin a' toirt nam bonn às a-null an cnoc. "Cnò Mhoire," ars an t-iasgair ris fhèin, "cnò nam mòr-bhuadh is nam beann-achd."

An uair a bheannaich an t-"Eun" an taigh fhuair e nach robh neach air àrainn roimhe, agus air dha a dhèanamh cinnteach nach robh aige ach e fhèin shuidh e os coinneamh an teine agus bhuail e air ùrachadh nan leannan smaoin a bu tric a dh'èirich leis riamh san t-suidheachadh cheudna.

A-rithist is a-rithist eile bheireadh e às a phòca a' Chnò Mhoire agus thionndaidheadh e i le abhdan a smaoin eadar a mheòirean. Ann an cridhe a' ghealbhain bha e fhathast a' faicinn na cloinne a' leigeil an luingeas air chuan òir. Thall fo bhonn na Creige Mòire bha "An Òigh" a' tarraing nan lìon sgadain is a' ghrian mhòr chrà-dhearg ag èirigh air oir an t-saoghail. Siod i a-rithist le a h-aodach air a stubadh am bonn a' chroinn is i ga snìomh fhèin am fiaclan nan sean Mhuirigheartaich a' tighinn on Sgeir Mhòir ri là nan seachd sian.

Thug Dòmhnall Mac Eòin cinnichneadh air a ghuailnean, oir bha crith fhuar air siubhal a dhroma. "Nach e Catrìona a tha fada aig a' bhoin a-nochd?" shaoil e ris fhèin agus e ag èirigh a' lasadh an lampa.

III

Riamh on cheil an t-iasg goirid do làimh cha robh Dòmhnall Mac Eòin idir na shunnd no na ro-shlàinte a dh'aindeoin gach àird is aire a bha dìcheall Catrìona Bige a' solar da cèile. Bu bhean agus boireannach ise dom bu dòigh agus gnàths an car deasal a chur de gach gnìomh agus gnothach dom beanadh a làmh an ainm nam beannachdan geala agus ma laigh luchd no lunn riamh air cridhe a companaich cha b' ann gu cinnteach an comain a dùrachd-se. Ach cha b' e cion dòighe no aire a bha na cheann-adhbhair don fhadal agus don ionndrainn a bha a' sìor-tholladh an tuill an cridhe an "Eòin," ach adhbhar no dhà eile air nach do leig e fhèin riamh àileadh an fhacail.

Ach chanadh an fheadhainn a bu gheur-chùisiche de a luchd-eòlais nach robh athair riamh ann a bu dèidheile air a mhac fhèin na bha esan air mac na banntraiche, agus gum bu dubh an sealbh nach do luthaig dha an toileachadh sin a bhith aige dha fhèin. B' fhìor nach robh de theaghlach aige riamh ach an aon nighean, Mòrag, ach bha i sin fhèin a-nis air cheann taighe dhi fhèin. Is tric a thuirt a màthair gum faodteadh an doras a lìonadh le clachan an là a dh'fhalbhadh an t-aona-mhullach, ach ma rinn ise an rud a bha coltach dhi nuair thug i a làmh is a cridhe do Eachann Mhìcheil cha bu mhò a lìon sin doras a h-athar le clachan na leighis e an iargain a bha na aor-abh is na innsgin.

Ged a bha Dòmhnall Mac Eòin riamh gun chuideachadh gun toileachadh mic dha fhèin ghreimich e an aghaidh gach cruadh-aige ri snàithnein san fhiacail a chumail ris an fheadhainn a bha na urrachd, agus ghlèidh e chuige seo a spiorad saor o bhràighdeanas an t-saoghail. Bu tric a theireadh na h-eòlaich gum b' ann air an spiorad sin a bha e a' tighinn beò, agus nach b' ann air a' ghreim a rachadh sa bheul. Agus b' fhìor dhaibh fhèin sin, oir gu dè eile a choisneadh dha an urram a bhith na athair-èisteachd do anamaibh leanaban, agus na cheann-feadhna air luchd-leanmhainn Pheadair an t-Iasgair.

Ach aigesan bha roinn a bharrachd air sin mar lughan lir a bha cho làn de eòlas agus de dhuatharrachd a mhàthar 's a bha an t-ugh den bhiadh. Dhasan bha an tonn a cheart cho dualach 's a bha e do isean an ròin, agus cha robh beò na chuireadh sgaradh eatorra. Ged a chaidh a bhreith air tìr, cha robh tìr dha ach mar chreig an anmoich don eun mhara; cha robh fìor no fìrinneach dha ach saoghal saor a' chuain—guth na mara a bha gach là ag ath-aithris na chluasan iorram agus agallamh a sheanairean. Oir bha ceòl is caithream am beòil-san air chuimhne mhaireann nan tonn a' beathachadh aigne le blas nan làithean mòra a bh' ann, agus ag iùil a spioraid thar cheuma duatharra na slighe a tha a' sìor-ghabhail a-null, is a dheòin fhèin mar dheòin ud eile na lacha air lorga soilleir an gabhail agus an gnàths, oir b' e fhèin, gun amharas, am fear mu dheireadh de 'na daoine.'

Bha Dòmhnall a-rithist air iteig an cridhe a smaoin an uair a thàinig Catrìona Bheag a-staigh agus Eachann Mhìcheil leatha. Bheannaich an sean-duine a chliamhainn le fonn agus flath fialaidh nan seann fhàilte agus bha ceist aige air o nach robh Mòrag na chois. "An-dà," ars Eachann, "cha b' ann air dheòin na h-oidhche a thàinig mi fhìn, ach air ceann turais. 'S ann a thàinig brath feasgar gu Calum Ruairidh gu bheil an sgadan air bualadh san Loch Mhòr."

"San Loch Mhòr?" fhreagair an t-"Eun," is e a' toirt boc às air an t-sèiseig. "B' e mo bheachd fhèin e! Agus mas math a fhuaireas e guma feàrr a gheibhear e, Dia na thoiseach."

Thug Catrìona Bheag sùil fhuadain air Eachann oir bha i a' leughadh na seann siorraig a' lasadh an sùilean an fhir a bha air an t-sèiseig. Agus bu mhath a thuig Eachann fhèin gun robh an sruth lìonaidh an aghaidh gach leisgeil a chruinnich esan air a theangaidh on a dh'fhàg e Mòrag oir b' e an fhìrinn nach robh e idir airson an taighe fhàgail air a' gheamhradh seo. B' e a dhùil nuair a ruigeadh e "Taigh a' Chladaich," mar a theireadh e fhèin ris, gun cuireadh e ìmpidh air a athair-cèile an aghaidh falbh, agus gun cuireadh e air shùilean dha nach robh dà lìon aige slàn a b' urrainn e a chur am bogadh on là a chaidh an sracadh nan sraoitean air a' Bhuaile Uachdraich. Bha leisgeul eile aige gun robh a' bhàthach ri a tughadh agus arbhar ri a bhualadh, ach nan robh de ladarnas an cridhe Eachainn Mhìcheil na chuireadh ceal dha air diùideachd a nàdair dh'aidicheadh e nach robh anns gach car sin ach leisgeul a-mhàin agus gum b' e aire, cùram agus gaol Mòraige an aon ùidh a bha na aigne agus na amharc fad a' chiad gheamhraidh seo dhaibh air an taigheadas fhèin.

"A-màireach ma-tà, a dheòin Dia," ars an t-"Eun," "bidh sinn a' gabhail lorg na lacha. Bheir am brath do chàch an sgiobaidh air do rathad a-nochd." Dh'fheuch Eachann ri a leisgeul a b' fheàrr a thoirt ga chuideachadh, ach le aon sealladh de ghnùis an t-sean-duine dh'fhairich e a chogais a' dìteadh na bha shìos aige air chor is gun do shìolaidh a dheilbhidhean às mar shlathagan sneachda. Chunnaic e gun robh spiorad Dhòmhnaill Mhic Eòin air ghabhail leis an t-seann fhadal agus a rosga laiste le lasan an t-seann iarrtais—iarrtas an eòinmhara gu uchd nan tonn; iarrtas an ròin agus an dòbhrain gu dachaigh iomchaidh an gnè—siorraig cridhe nach d' fhairich beò riamh ach esan a chaidh a bhreith fo gheasa nan cuan.

Dh'èirich Eachann Mhìcheil gu falbh. "An uair a thig là, thig seòl ar comhairle," ars esan, is e a' cromadh a chinn fon àrddoras. "Chì mi sibh sa mhadainn. San àm tha mo chomhairle-sa an cead Mòraige."

Bheannaich an triùir a chèile le math is rath na h-oidhche is fhuair Eachann gu ceum an rathaid-mhòir le leus na h-uinneige. "Lorg na lacha," ars esan ris fhèin, "ach lorga mo dheòinsa an aghaidh an t-sruth."

IV

Air madainn Diluain bha Bàgh an Eilein na làn-dùsgadh. A-mach 's a-staigh bha tosgaireachd nan geòlagan agus ceòl nan gillean a' cur sùird air toiseach an là. Mar mhaighdinn mhaisich air a h-imeachd ri madainn ghrèine à seòmar a sgeadachaidh bha "An Òigh" na h-uidheam agus i mar gum b' eadh a' feitheamh ri tighinn fear na bainnse. A-mach an t-seòlaid bha adharag aighearach a' toirt air àlach òg nan tonn a bhith a' buiceis-dhannsa, agus aghaidh gach eathair san acarsaid ag amharc le spèis agus eud às an dèidh, is iad a' ruigheadh bhallaibh an acairean le deòin an leantail.

Bha an Aifreann air sgaoileadh, agus bha fir is mnathan a' teàrnadh le Cnoc na h-Eaglaise a dh'ionnsaigh an rathaid mhòir. Aig crois an rathaid bha Dòmhnall Mac Eòin agus Eachann Mhìcheil a' feitheamh ri Mòraig agus ri a màthair a bha ceum beag air dheireadh orra. Sheas a' cheathrar an dàil a chèile a ghabhail beannachd an dealachaidh, agus air cheann an t-seanchais nach robh fada bha a h-athair a' breith air làimh air Mòraig. Bu cheart ri ràdh gun do choisinn agus gun d' fhuair ise gràdh agus blàths cridhe mòr a h-athar on chiad là shona a bhuail a shùil oirre, agus bu dòcha gun do rinn a ghaol dhi a bhith gun leth-phàirt ionmhainneachd na h-ulaidh seo aibh-seachadh na chliabh le ceum gach là a bha a' dol oirrese agus a bha a' tighinn dheth fhèin.

Sheall Mòrag an aodann a h-athar, rud nach bu tric a rinn i riamh, agus mun tàinig na facail idir thar a bilean bhuail an t-atach a bha a' laomadh na dà shùil ghuirm saighead an cridhe Dhòmhnaill Mhic Eòin a chuir biorgaidhean coireachaidh agus fèin-dhìtidh gu doimhne anama.

"Agus tha sibh a' brath air a bhith falbh, a m' athair, an dèidh uile," ars ise. "Tha sibh a' falbh, ach chan fhalbh ach tilleadh. Dia na thoiseach. Ach tha adhbhar mo shonais agus mo mhis-niche-sa a' triall leibh." Cha tàinig e riamh fa-near dhasan gun robh cridhe mnatha agus rùintean màthar air chùl aigne a nighinne, oir cha robh innte gu bràth le a shaoiltean-san ach "Mòrag." Cha tàinig e riamh a-staigh air gun do dheoghail i cìoch na màthar a dh'ìobair gach sile de ghràdh a cridhe agus dàn a saoghail an èirig a chomainn, a chaidreibh agus a ghaoil fhèin-san.

Ach thuit sgleò far sùilean an t-sean-duine an iomlaid nam facal a chuala e air chor agus gum b' ann le oidhirp a fhuair e freagairt dhaibh. "A Mhòrag," ars esan, gu h-athaiseach, ciùin, "na saoil gu h-olc dhad athair na tha e a' toirt uat air iasad ged is maoidhteach mo chogais fhèin air mo bheumannan. Ach a Mhòrag, tha an guth gam ghairm; tha mo dheòin gam dhuanadh is mo chor gam ghreasad. Na biodh cùram ortsa, a ghaoil, bidh sinn a' tilleadh dhachaigh gun dàil mura bi dad ga fhaotainn."

"Beannachd Dhia 's Mhoire leibh ma-tà," arsa Mòrag is i a' fàsgadh làimhe cruaidhe a h-athar, "agus cuimhnichibh, a m' athair, gum bi mise a' cunntais nan là is ag àireamh nan oidhche gus an till 'An Òigh.'"

Ghabh Dòmhnall Mac Eòin a chabhag fhèin mar leisgeul a chum imcheist a chridhe a cheiltinn air an atharrach, agus a' dìoladh nam beannachd le tomhas pailt a rùintean dìomhair, thionndaidh e a aghaidh gu cnàimh an rathaid.

Cha tàinig mòran à ceann Dhòmhnaill Mhic Eòin fad an coiseachd gu Taigh a' Chladaich ach is math a dh'aithnich Catrìona Bheag gun tàinig caochladh air fonn a companaich o mhadainn. "An-dà," ars ise, is iad a-nis aig ceann na h-iodhlainne, "cha chreid mi fhìn a Dhòmhnaill gu bheil Mòrag idir airson do Eachann an taigh fhàgail, agus gu dearbh is mise nach eil a' cur a deòin an uimhreachd dhi am dheaghaidh fhèin."

"Chan eil," fhreagair a companach gu h-athaiseach, "ach a bhean, saoil nach dèan aire a màthar agus fasgadh taighe a h-athar a cor agus a cuimhne a thionndadh o shlighe na h-ionndrainn gus an till sinne?" Thuig Catrìona Bheag o fhuaim nam facal nach robh a companach a' tatadh an t-seanchais seo na b' fhaide agus le for is fiosrachadh a leithid thill i a' cheist a bha air bhàrr a teangann air a h-ais gu nead dìomhair a cridhe fhèin.

An dèidh do Dhòmhnall a' bhò a leigeil a-mach agus a fàgail air cheann a h-ionaltraidh am bràighe na croite fhuair e poca na sgothadh làn truiste air a choinneamh, oir 's ann aig an làimh a lìon e riamh a b' fheàrr smaoin agus eòlas air feum agus feabhas gach bad is dad a chaidh cho tric na bhroinn.

A lìon fear is fear thug an t-"Eun" a-nuas na lìn; na sè a b' fheàrr a bha air an fharadh, agus bha e gan cur nan aon tòrr air an ùrlar eadar dhà dhoras. Dh'èalaidh an t-seana-bhean sìos seachad don chùlaiste agus chuir i a làmh fon chluasaig an ceann-adhairt na leapadh. Rùisg an t-iasgair aosta a leadan liath an uair a mhothaich e fianais a mhnatha le adhbhar deas-ghnàth a' Chrìostaidh aice na làimh agus an cois comharradh geal na Croise bhaslaich ise an t-uisge coisrigte on chrotaig air an fhear a bha a' falbh is air na lìn. Chrom an t-iasgair a cheann an aigne iriosal na h-ùrnaigh is air a bhilean orthaidhean tor-aidh na mara is dìona nan gaoltach a' cur snaidhme a bu ro-theinne eadar spiorad an t-seann Ghàidheil agus anamannan na feadhnach a ghlèidh dha is a dh'fhàg aige Dìleab Dè.

Ro cheann leth-uair an uaireadair bha Catrìona Bheag na seasamh san doras 's a làmh os cionn a sùl is i ag amharc a-mach am bàgh. Bha "An Òigh" an dèidh a cead fhaotainn, agus an seòl mòr suas mu leth a' chroinn. Gu a cluais thigeadh srann nam blogaichean, agus bu lèir dhi dhithis iùbhran a' leig-eil an cudrom air calpa na tàirne, agus dithis eile nan con-shuidhe 's iad a' sìneadh an droma a' toirt orra an taoid-frithir. Na sheasamh san toll-dheiridh bha an t-"Eun" fhèin a' frritheal-adh air an stiùir is ailm ghasta na h-iùbhraiche aige ga cniadachadh 's ga clùmhadh na achlais. An-dràsta is a-rithist bheireadh e sùil far a ghuailne rathad an taighe agus an ath shùil air gabhail an t-siùil. Thug na gillean an ionnsaigh mu dheireadh air an tarraing, agus chaidh car den taod ga dhèanamh teann cruaidh mun urracaig. Phut Dòmhnall Mac Eòin uaithe an ailm, agus ghabh an seòl ruadh làn a aodaich den iar-thuathaich a bha a' greasad a cabhaige le dol an là. Thug "An Òigh" sìnteag aotrom aiste, chuir i car beag aigeann-ach na ceann, is i a' togail air a' chrònan ud a thug freagairt bhinn o bheul na bòdhaige a bha na seasamh air Sgeir na h-Ainnire. A lìon tè is tè thog sgothan a' bhaile an crònan ceudna, is leig faoileagan lasagan mulaid is ionndrainn nan dèidh.

Air guala an fhuaraidh air clàr na h-"Òighe" spalc Calum

Bàn am màla fo a achlais agus a' toirt aghaidh don ghaoith lìon e e le deò na mara. Le cluas-chiùil an eileanaich air fhaobhar a gèiread chuir an t-òganach còrdadh air na duis agus dh'fhosgail e dorsan a' chiùil eile: ceòl duatharra nan daoine. Chuala na sgothan eile blas nam pong agus thug gach cridhe beannachd air anam an fhir a chuireadh fo gheasaibh gach eun cho luath is a ghluaiseadh e a lùdag. Sgaoil sgiathan a' chiùil air an adharaig agus thog mnathan air na cnuic na facail o bheul an t-sionnsair:

> *Chunna mise Long nan Daoine*
> *ruith nan tonn air Cuan an t-Saoghail*
> *Ò, ho i o, 's na h-iù rù*
> *Ò, ho i o, 's na h-iù rù*
>
> *Fear na toiseach 's e sìor-chaoineadh,*
> *Fear na deireadh 's e sìor-ghlaodhaich*
> *Ò, ho i o, 's na h-iù rù*
> *Ò, ho i o, 's na h-iù rù.*

Thug am pìobaire tionndadh eile air a' cheòl agus ruigeadh àileadh nam pong claisteachd na feadhnach a bha a' crathadh nam beannachdan on chladach, oir cò aca leis nach b' ionmhainn "Soraidh leis a' Bhàgh."

"Gun luthaigeadh Dia ceòl nam Flathas dhar n-anamannan," arsa Catrìona Bheag is i a' tionndadh a-staigh air an doras, "agus gun glèidheadh E dhuinn na tha air ar n-ionndrainn a-nochd."

Theirig an ceòl air sìneadh an astair agus rinn an tè mu dheireadh de na sgothan falach-cuain. Thill faoileagan fionn air thòrachd an àite-cadail, ach bha ceist air an aithne is iad a' faighneachd da chèile càite an cuireadh iad a-nochd an cinn fo sgèith.

V

Bha a-nis suas ris a' mhìos on là a dh'fhàg na sgothan an t-acaire an Caolas an Eilein. O chionn là no dhà bha an roinn bu mhotha dhiubh air tilleadh agus an ath-oidhche fhèin bu shuilbhir, sona a bhiodh iomadh cridhe agus cagailte sa Ghleann air choinneamh na Nollag.

A-màireach nach iomadh caman ùr, àlainn à Loch Uthairn a bheireadh foghar air ball air an Lèana Mhòir? Agus nach iomadh cridhe beag iteagach agus sùil bheag chaithris-each nach tugadh a-nochd for do chrìonnachd rag, sheannda nan inbheach ach dom biodh gach uair gu mad-ainn mar fhaide an t-saoghail is gun san t-saoghal fhèin dhaibhsan ach aon raon air am biteadh ag iomain le camain ùra agus aon linne air an leigteadh luingeas; luingeas a bhiodh a' tighinn dhachaigh anmoch às na lochan ciana le ath-raichean ionmhainne gu gràdh, caidreabh agus sonas na h-oidhche.

Ach an Taigh a' Chladaich cha robh a-nochd blasad an aoibhneis sin a bha a' lìonadh nan taighean le gàire nan òg, ach 's ann a bha e air a thachdadh le àileadh fuaraidh na h-ionndrainn agus le ana-blas na h-iomagain a bhuineas do fhadal, do ghràdh agus do chruadal.

Air leaba na clòsaide bha Mòrag na sìneadh 's a cluas an claisteachd ris gach fuaim—fuaimean a bha gach mionaid a' cur am fiachaibh oirre gun robh a deòin coileante, gun tàinig "An Òigh." Dh'èirich i air a h-uilinn san leabaidh an uair a chuala i da-rìribh ceum a-staigh an doras, ach air dhi casad a màthar a chluinntinn thuit a fiughair a-rithist gu làr ìochdrach a clèibhe. "Am faca sibh duine, a mhàthair?" ars ise, is i a' feuchainn ris a' mhulad a chleith far a gutha. Bha Catrìona Bheag a' dol a chur fòidean air an teine ach an uair a chuala i guth Mòraige a' bruidhinn chaidh i a-null far an robh i. "Bha mi a' bruidhinn ri Eòin, mo bhràthair," fhreagair a màthair. Stad i tiotan a dh'fhaotainn modh furachail a cainnte. "Bha e ag ràdh gun robh e a' bruidhinn rid athair an-dè, is gun robh dùil aca a bhith a-staigh sa mhadainn."

"Taing do Dhia airson sin," arsa Mòrag, is i a' leigeil a cinn sìos air a' chluasaig.

B' e an fhìrinn gun do chuir Catrìona Bheag car no dhà anns a' bhrath a fhuair i o Eòin, oir bha fhios aice na cridhe fhèin nach robh e gu leas inntinne a h-ighinne nan rachadh innseadh dhi nach fhaca "Reul na Maidne" ri bruidhinn rithe "An Òigh" on là ro iar-bhòn-dè, agus cha mhò na sin a leig i seach dorran a cridhe fhèin nach b' e sonas a rath ach mullach na deòin-bhàidh ri adhbhar a chuideachaidh a thug air Dòmhnall Mac Eòin seòl a dhèanamh air Sgathabhaig an là sin.

Ach is deacair ri bhuain am freumh a ghabhas a bheò o thoil is o dheòin a' chridhe, agus ged a bha am fios sin fhèin am falach air giùlan na seana-mhnatha bha fios eile a b' fhìrinniche leatha na brath gach naidheachd a' cur às a cuimhne briathran a bràthar.

Smàl bean Dhòmhnaill Mhic Eòin an teine an oidhche sin an ainm Moire is a Mic is nan Aingle Freiceadain mar a rinn i gach oidhche on là a chaidh brèid oirre, agus ghabh i mu thàmh fo dhìon Cuairte Dè.

Cha robh i, ar leatha, ach air a sùilean a dhùnadh an uair a chuala i ceum a companaich air an stairsich. A' cuimhneachadh dhi gun do chuir i an claidhean ìosal air an doras leum i às an leabaidh agus le sonas is taingealachd a' lìonadh a h-aigne dh'fhosgail i an doras don fhear a bha air tighinn far ànraidh a' chuain. Ach neach no creutair cha robh ri fhaicinn. Fàisneachd cha robh air falbh no air fèath. Sheas i, sheall i—dh'èist i. Dhùin Catrìona Bheag an doras, agus thill i don chùlaiste, is iteag air a cridhe. "Manadh is math nam beò ort a Dhòmhnaill," ars ise rithe fhèin is i a' tionndadh don leabaidh. "Làmh dheas Dè gad chuideachadh mas eadh 's gu bheil thu a-nochd an dàil d' èiginn, ach is neo-ghnàthach dhuit, eudail nan daoine, d' iarrtas a leigeil an cluais na h-oidhche." Agus bha fàth aig na facail, oir cha b' e seo a' chiad oidhche a chuir òrdagh-oidhche Dhòmhnaill Mhic Eòin a bhean a dh'fhosgladh an dorais dha.

VI

Bha beul na h-oidhche a' cròthadh mu thimcheall oirline Chanaigh is Rùim, agus bha an sgarbh, an duibheanach, agus an langaidh air sgèith chlis an cabhaige 's gun smaoin eile a' stiùireadh an astair ach an t-ionnan 's a bha mar-aon a' laomadh an uchd nan gillean a bha san uair a' saodachadh caithinnich na h-"Òighe" thar cheann Eige. Bha a' ghaoth air beòthachadh on tuath 's an ear-thuath agus ged a bha aithneachadh beag de shìneadh air tighinn san lunn bha de aodach os cionn na sgothadh na bheireadh dhi buaidh a làn-astair a ghlèidheadh gun taing don phluicean. Agus cha bu mhiosa na sin a dh'fhaodadh i a dhèanamh a-nochd nan èireadh a dheòin is a cheàird leis an "Eun."

Bha solas Heisgeir cheana a' priobadh a shùl mar a bha e a' faireachdainn dùbhradh is athadh na h-oidhche a' toirt dheth trian a sheallaidh agus curraicean geala nam beanntan Sgith-eanach. An-dràsta 's a-rithist bha snaoth ghèadh sa ghlogail a' seòladh seachad gu h-àrd 's an amhaichean sìnte don deas agus am bronnaichean geala a' toirt sanais air adhbhar teann an siùdain. San àird a tuath bha neòil stiallach chathach a' cho-thràth a' gealltainn an atharrachaidh a bu tric riamh a rinn aisirean den Chuan Sgìth agus a dh'fhàg gu beachd corra athailt an cuimhne nan daoine.

Cha b' ann gun fhios no gun aire do Dhòmhnall Mac Eòin a bha aon de chomharran Nàdair a' dèanamh frìth nam fios, oir b' ann dha fhèin a b' aithne a leabhar a leughadh gu ceart. B' ann leis-san gun teagamh a bha an t-eòlas agus an tuigse air nach do ruig leabhar a' mhic-lèighinn; eòlas agus tuigse air oidheam nan dùl agus air cridhe sean duatharra na mara. B' esan na aonar de sgiobadh na h-"Òighe" air nach robh fonn nam fiughair oir bu smuaireanach a choltas is e na shuidhe mar a b' àbhaist aig an stiùir. Ach ma bha aon dad a' cur cùraim air an sgiobair is beag for a bha aig Calum Bàn, agus b' fhada o chridhe cùis no cuspair eile air an t-saoghal ach an cuspair a bu rùn don cheòl a bha e a' seinn san toll-thoisich, far an robh e a' fulaist air choinneamh tràth bhìdh an fheasgair. Agus ma bha meur aig Calum air seinn na pìoba cha b' ann dad air dheireadh a bha guth a chinn air na h-òrain, seadh, òrain nach cualas aig neach riamh ach aigesan ged a b' àbhaist leis ainm an ùghdair a chur astar là uaithe fhèin. Ach cha b' e fear nach cualas roimhe a bu mhil na bheul-san aig an àm ach,

> *Bheir mi hò o rò bha hò*
> *Bheir mi hò o rò bha hì*
> *Bheir mi fàil-il èile hò*
> *'S mi tha brònach 's tu 'm dhìth.*

> *Thug mi 'n oidhche fhliuch fhuar*
> *Air a' chuan ri droch shìd'*

Gus na ràinig mi 'n t-àit'
An robh gràdh geal mo chrìdh'.

Thug Dòmhnall Mac Eòin caisleachadh grad air fhèin mar neach air an tigeadh saighead gun fhiosta an uair a chuala e an ceòl agus a sheinn an t-òganach an rann ud a thogadh smaoin agus cuimhneachain an com a bu teirce fàth agus dom bu lugha adhbhar na com an fhir a rinn an co-fhreagradh seo. "Gràdh geal mo chridhe-sa cuideachd," ars esan ris fhèin, "gràdh nam bean agus gràdh nam màthar—gràdh as motha dòrainn na dòrainn na h-oidhche a-nochd, ach a dheòin Dia—a dheòin Dia—."

Nan robh barrachd de sholas an là air fhàgail mhothaicheadh càch gun do laom air dà shùil an fhir a bha aig an stiùir, agus nan robh fios no faireachadh aig Calum Bàn cha do lean e air a' cheòl a dh'ath-bheòthaich do Dhòmhnall Mac Eòin ceann an adhbhair a dh'òrdaich a sheòl à Loch Sgathabhaig sa mhadainn, agus a bha on tràth mhoch sin ag iarraidh luaths na lasrach don "Òigh." Ach is saidhbhir ainfhios a' chruadail, agus is mairg a dh'iarradh cràdh na glè-thuigse do uchd sona na h-òige. Bha fhios aig càch gun robh iad a' tilleadh dhachaigh gun an cor dad na bu chothromaiche na bha e an là a dh'fhàg iad Bàgh an Eilein agus nach robh san oidhirp a rinn iad ach dragh gun tairbhe. Ach cha robh fhios aca nach b' e sin cùram a bha air iarraidh an fhir a bu cheann dhaibh, oir cha b' e eadhon a dheòin-san a dh'iarr an siubhal-sìth don sgothaidh a-nochd. Cha b' e, a ghràidhein, ach òrdugh an naoidhein; iarrtas an leinibh gun bhaisteadh; athchuinge nach do dhiùlt cridhe eileanach riamh agus nach diùltadh idir cridhe Dhòmhnaill Mhic Eòin, oir naisg esan a shaoghal an oidhirp a freagairt, —thug esan bòid a ghlùine, bòid nach fhuasgladh ach cill no coileanadh, an comain aslachaidh nam mògagan maotha, mìne, meala a chunnaic e san togail ga ionnsaigh; an comain glac-lùths a' chaidreibh a chuir a chadal dha air iomrall.

Nochd Calum Bàn a-nuas tron cheal a dh'innseadh gun robh an clàr bìdh deasaichte. "Gabhaidh mi fhìn an stiùir fad 's a bhios sibh shìos," ars esan is e a' tighinn far an robh an t-"Eun." Sheall Dòmhnall Mac Eòin air an fhear a thug an-ceartair biorgadh air a chridhe.

"Seo ma-tà, a mhicein mo ghràidh," ars esan is e a' toirt seachad iomlaid a shuidhe is uallaich, "agus cùm ceann na h-"Òighe" air lorg na lacha gu dachaigh na grèine; air an àite sam bheil gràdh geal gach cridhe." Dh'èalaidh an sean-duine sìos an dèidh chàich, agus dh'fhàg e Calum Bàn fo iongantas a bu doilleire leis na dubhar na h-oidhche.

Bha "An Òigh" a-nis an dèidh Canaigh a chur às a deaghaidh. Thòisich Calum ri cur suas an astair a bha i a' dèanamh agus an astair a bha roimpe. Bha còir aice gum biodh i am Bàgh an Eilean fo cheann thrì uairean an uaireadair. Agus nach ann an sin a bhiodh an oidhche?—Oidhche Nollag! Nach ann an sin a bhiodh an fhothail agus an fhiughair? Bhiodh ùine gu leòr aige Màireag bheag a ghaoil fhaicinn ro Aifrinn a' mheadhain-oidh-che. An sùil inntinn chitheadh e i na seasamh am beul an dorais agus sùil a furachlais agus a fadachd air ceann Orasaigh is air beul na seòlaide. Bu lèir dha cheana an rudhadh a bha a' lasadh na gruaidh is i, ar leatha, a' faicinn seòl na h-"Òighe" a' nochd-adh a-staigh Sgeir na h-Ainnire. Agus siud e fhèin an dèidh a dhol na shàr dheise ghuirm suas an Cnoc Mòr na coinneamh. Gu dè a chanadh i? Gu dè a chanadh e fhèin ris an tè a bha a' lìonadh aisling o chionn mìos fhada gheamhraidh? Chanadh e mar a bha e a-nis a' seinn:—

Ò teann rium a rùin,
Thig dlùth dom chridh' a stòir,
'S èist buille 'n ùird
Air slabhraidh ùir ar bòid.
Ò, m' annsachd is tù!
Ò, m' ulaidh, m' ùbh'l den òr,
M' ionndrainn is m' ùrnaigh,
Mo mhùirneag bheag òg.

Ach bha càch a-nis an dèidh am bìdh, agus ged a bu chruaidh le Calum e, rinn làthaireachd Dhòmhnaill Mhic Eòin crìoch obann a chur air an t-snàthainn fhaoin ud a bha e a' tachras le a leithìd de thlachd agus de shonas-inntinn.

Cha bu luaithe a bha an t-"Eun" air suidhe na ionad àbhaisteach na mhothaich càch dha a' snòtadh na gaoithe. "An-dà 'illean," ars' esan, "seo far a bheil am fear a chaidh air chall oirnn, ach 's ann air chall fhèin as fheudar dha a bhith oirnne a-nochd." Mar a thubhairt b' fhìor. Bu ghann a bha na facail às a bheul na leig muc mòthar aiste is i a' dèanamh car an sgairbh tarsainn ro thoiseach na h-"Òighe" agus a' mhuir na grìosaich-theine a' lasadh is a' dùnadh às a dèidh. "Agus 's ann aice siud a tha fios a bhlais," ars Eachann Mhìcheil, "ach nach minig a bha cothrom seilg aig fear gun ghunna?" Agus nan robh sùil agus cluas a' chleachdaidh aig a' chòrr den sgiobadh mar a bha aig an "Eun" chitheadh agus chluinneadh iad eadhon a-nis fhèin an t-iasg a' goil rompa agus leis orra. Ach 's ann a dhùin deuchainn agus dorran an eòlais seo glas mu bheul gach aoin aca oir bha mullach an cion-rath agus am mì-bhuaidh air am foighidinn fheuchainn agus a ruighinn gu goirt. Ach cò a bhreithnicheadh dhaibh comhairle an leas? Nach bu bhochd dhaibh, shaoileadh fear aca ris fhèin, a bhith a-nochd a' tilleadh dhachaigh an dèidh mìos a chosg a' ruith an fhortain nach d' fhuaras ach a mhanadh, agus iad a' nis a' diùltadh na bha Cuilidh Mhoire a' tabhann orra le gean cho fialaidh? Dhèanadh uair an uaireadair dhaibh na bha a dhìth orra, shaoil fear eile, agus cha chuireadh an dàil sin às an àm no às an gabhail iad. Cha robh an oidhche, gun teagamh, gealltanach, dh'aidich Eachann Mhìcheil fo a shuim fhèin, ach is docha nach robh an t-atharrachadh cho faisg air a beul 's a bha a choltas.

Ach do Dhòmhnall Mac Eòin cha robh de ionntas aig cuart-aig a' chuain na bheireadh fuasgladh dhasan on cheangal a rinn e, agus cha robh san domhain mhòr guth eile air an tugadh e an fheairt a bha e a' tabhairt, a dheòin Dia, air guth an naoidhein.

Mhàirnealaich esan màs dubh nan speur a-rithist agus leugh e am brath nach do choisinn a mholadh—no a chàineadh. Bha nimh na h-oidhche air tighinn air faobhar na gaoithe agus bha ceann na h-"Òighe" a' teannadh ri èirigh a dh'aindheoin leòr a h-aodaich. Ach co-dhiù bu chall no bu bhuannachd e rompa no nan dèidh cha do chuir Dòmhnall Mac Eòin tuilleadh cainnte air a bharail dhaibh, agus a' fàgail cùraim na sgothadh air a chliamhainn dh'imich e sìos don toiseach far an do shìn e e fhèin air a leabaidh chruaidh, chumhaing ron chrann.

VII

Bha coltas bagarrach air an fheasgar earraich is Dòmhnall Mac Eòin, a bhean is Mòrag a' fàgail Bàgh Chòrnaig leis an sgoth dhuibh is i làn feamainn. Mar bu ghnàth le sannt an seòrsa chuir na mnathan a leithid de lìonadh san eathar is gur gann a dh'fhàg iad iomas an iomraidh don dà ràmh. Bha an todhar na chruaich air gach taobh den tobhtaidh-mheadhain agus giobagan dheth a' dol am bogadh thar a beòil, oir cha robh a bheag is rèis de a bòrd os cionn an uisge. Air Caolas na Sgeire bha am pluicean ag èirigh an aghaidh an lìonaidh a chuir fiamhachd air cridhe nam ban, agus a ghluais eadhon cuisle an "Eòin" le iteag cùraim. A-mach sa Chaolas Chumhang bha sgaoth de na faoileagan a' goilearaich is iad a' tumadh air an t-sìolaig. "A m' athair," arsa Mòrag, is i a' seòladh a làimhe a-mach an caolas, "gu dè an t-eun neònach a chaidh seachad oirnn an siud?" Sheall a h-athair mar a dh'iarr i agus mar gun rachadh urchair na fheòil, "A Dhia dìon sinn!" ghrìos e, is e a' saoradh nan ràmh. "An annlag!—an annlag-mhara!"

Leum Dòmhnall Mac Eòin às an leabaidh le graide nach bu choltach ri aois. Mhothaich e gun robh an toiseach dall, dorcha; an crann na shìneadh sa cheal agus an doras dùinte.

Bha "An Òigh" a' tulgadh 's a' carachadh agus ga snìomh fhèin mar neach am mullach fiabhrais. Dh'fheuch Dòmhnall Mac Eòin ris an doras fhosgladh, ach sin cha robh na chomas oir bha cudrom air a chùl agus friog, frag aig an sgadan bheò air a' chòmhlaidh. Os cionn an anfhaidh agus na breisliche chluinneadh e fiaclan na "caillich" iarainn a' faoisgneadh fo spàirn. Chuala e guth Eachainn Mhìcheil ag èigheach, "Tha gu leòr mhòr innte 'illean." "Nach eil Thu a Dhia gam fhaicinn!" arsa Dòmhnall Mac Eòin le ainteas inntinn, is e ga dhinneadh fhèin suas an ceal air muin a' chroinn.

Le togail de a cheann thilg e am bòrd den t-sloc. Dhòirt cithe sneachda a-nuas ma aodann is ma ghuaillean. Air an ath sgobadh bha a chas air a clàr-uachdair. Bha clàr na sgothadh geal, ach bha an saoghal an taobh a-muigh dheth sin mar uamha nam fuath, agus uilebheistean an domhain air chuthach dhearg na misge a' reubaladh air a feadh.

Am priobadh na sùla leugh Dòmhnall Mac Eòin na bha os a choinneamh. Leugh e an dubh is an geal. Thàinig blas a' chruadail air an t-seile nach rachadh sìos dha. Rinn an sean-duine greim air an stagh a b' fhaisge dha is e a' faireachdainn tuaineal na cheann.

Mhothaich an fheadhainn a bha shìos san deireadh dha is e ga leigeil fhèin na shuidhe far an robh e. Leum Eachann Mhìcheil on "chaillich" suas far an robh athair-cèile. "A bheil dad ceàrr?" dh'fhaighnichd e is e a' càradh a bhoise air bathais an fhir a bha na leth-shìneadh an tacsa a' chroinn. Bha fuar-fhallas a' lòchradh air aghaidh Dhòmhnaill Mhic Eòin, ach smid de fhreagairt cha tàinig às a cheann. Rug Eachann Mhìcheil air dòrnan sneachda agus shuath e sin na fhuachd ri aodann. Thog an t-"Eun" a cheann an sin agus b' e a' chiad fhacal dha "Dia is Moire a bhith leinn a-nochd!"

Dh'èigh Eachann don fheadhainn a bha a' tarraing an còrr de na lìn fhàgail far an robh iad. "An tuagh orra!—an tuagh orra!" arsa Dòmhnall Mac Eòin anns a' ghuth a b' fheàrr a thigeadh leis. "A-nochd, a-nochd 'illean gràidh os cionn gach oidhche—os cionn gach an-oidhirp a thig no thàinig—gu dè a rinn sibh mar seo orm?"

Thòisich Eachann Mhìcheil ri leisgeul a dhèanamh airson an t-saoghaltais a thug orra gèilleadh don bhuaireadh a thàinig orra agus ghabh e sàr-chothrom air gach facal a dh'fhaodadh e a chum an cionta a lùghdachadh agus am buannachd aibhseachadh an sùilean athar-cèile. Ach cha tuirt Dòmhnall Mac Eòin ach an dà fhacal—facail a chuir le iargail an seagh ain-leatrom a pheacaidh an cruth is an cèill mhaoidhtich da chliamhainn.

Dhìrich Calum às an toiseach leis an tuaigh agus mun cunnteadh aon bha na còig lìn deug a bha fhathast a-muigh a-nis a' sìoladh, fo mharbh-chudrom an cuir, sìos an craos ìotaidh na mara. Ach bha cheana barrachd is a chòir an corp na h-"Òighe" eadhon is gun robh i air uairean a' toirt a-staigh steallan air a deireadh, agus a gluasad air fàs trom, lunndach sa mhuir.

Chan fhaca Eachann Mhìcheil, nas mò na chunnaic càch eile a b' òige na e, e fhèin riamh na lethid eile de chàs is a bha e a-nis ga fhaicinn fhèin. Ach gu dè math dha a-nis crìonnachd a leughadh? An dèanadh i Canaigh fhèin dheth eadhon ga ruith dìreach air a druim? Nam faigheadh iad am beò don acarsaid is dòigh gum faodadh e luath-sgeul a chur dhachaigh. Seadh,—ach càite an robh Canaigh? Càite an do chuir iad, agus gu dè an taobh a bha an sruth gan tarraing? Cuin a dh'atharraich a' ghaoth, agus dè a' cho-bhuil a bhiodh aig sruth is gaoith air an gabhail? Sin ceistean a bha a' laomadh an inntinn Eachainn Mhìcheil—ceistean do nach bu mhath a gheibheadh e freagairt fuasglaidh oir cha robh air doille an t-saoghail a-nis ach an dà thaobh; an taobh às an robh an stoirm a' buain an t-sneachda, agus an taobh eile don robh ceann na h-"Òighe" ga leantainn air dhronn nam mòthar gulmach.

"An dèan i Canaigh dhuinn an nochd?" dh'fhaighnichd e le guth a bha càirdeach do theagmhachd da athair-cèile a bha a-nis air e fhèin a thughadh na dheise-mhara. Sheall an t-"Eun" air a chliamhainn sùil mun t-sròin. "Canaigh?" ars' esan, is a shùilean a' deàrrsadh an solas an lainnteir a bha crochte ris an trostan. "Canaigh chan fhaic Dòmhnall Mac Eòin a-nochd mura reòth an Cuan Sgìth."

Dhùisg spiorad an eòin-mhara. Bha a ghuth air chrith na cheann le ainmein iarnaidh na h-an-oidhirp agus na h-ionnsaigh. Oir thionndaidh cruas nan càs cridhe an t-sean-duine gu stàilinn a bha cho glas ri sean chridhe na mara fhèin. "A bheil fhios agad?" ars esan, "a bheil fhios agaibh air fad gu bheil mise fo bhòid agus fo cheangal anama Bàgh an Eilein a thoirt a-mach a-nochd? Ghabh sibh ur comhairle fhèin chuige seo, agus faic a bhuil, ach a-nis gabhaidh 'An Òigh' comhairle fir na stiùrach, agus gabhaidh mise comhairle an naoidhein."

Bha na gillean, ge h-an-dùilte, an dèidh an crann a chur air a chois, agus chuir sin sìneadh a b' fhaide an luasgadh na sgothadh. Thug "An Òigh" a-staigh taom eile air a sliasaid a sgol na bha de sgadan air uachdar a clàir a-mach na shad air an taobh eile. "Seo, seo, 'illean!" arsa Dòmhnall Mac Eòin; bha e a' togail a ghutha, a dhìoladh misniche dhaibh, os cionn an anfhaidh, "tha sinn an uair làmh a chur ri gnìomh agus dòrn air thapadh,—rithe e san dàrna cuimse as àirde, am bonn a' chroinn!" "Am bonn a' chroinn?" cheistnich Eachann Mhìcheil mar neach am breislich. "An e gu bheil sinn a' dol a chothachadh deich mìle fichead mara an aghaidh nan cumhachdan dearga, am fiaclan a' bhàis, le eathar a tha cho trom 's nach cùm i a clàr tioram de chrann rùisgte—na leigeadh Dia! Na leigeadh Dia!" "Mura leig agus mura luthaig Esan, chan eil," fhreagair an sean-duine, "ach mas deòin Leis—thà. Chan eil mi ag iarraidh oirbh ach an seòl a chur rithe mar a tha mi ag òrdachadh; am bonn a' chroinn, agus fo làimh an Fhreastail nì mise an còrr."

Chunnaic Eachann nach robh ann dhaibh ach ùmhlachadh do fhor-òrdachadh an dàin, agus nach robh an dol a-nis an aghaidh toil agus rùn suidhichte an fhir anns na chuir e riamh earbsa ach uan eile a bu duibhe na a mhàthair.

Beag air bheag fhuair "An Òigh" a guala an sùil na h-ionnraise. Bha a clàr sleamhainn leis an t-sneachda ionnan is mar a bha bòtainnean nam fear le slìth an èisg, agus eadar sin agus tulgadh cas an eathair san dorcha fhuair na gillean tàir agus anastachd mun deachaidh aca air a h-aodach, ge bu bheag e, a dhèanamh air èiginn. Ghabh Eachann Mhìcheil de chùram air fhèin an luchd agus na lìn a bha san toll fhastadh gu teann, cruaidh le maidean frithealaidh air dhòigh is nach caraicheadh iad air a balg. A' gabhail an fhàth mar a thigeadh leotha ghabh na gillean aig gach toll roimpe is às a dèidh. Chaidh gach ràmh is spàrr a cheangal le slabhraidhean ion is gun robh a h-uachdar a-nis mar an leac chruaidh chladaich an dàil ri bristeadh na tuinne.

Thug "An Òigh" ghasta a' chiad roid aiste an aghaidh na h-aibheise. Stob a ceann an uchd na bòc-thuinne, agus ràinig an steall a thug i a-staigh air slinnein an fhuaraidh tobhta a' chroinn bhig. Ach ma chuir a choimeas giorag no fiamh riamh air cridhe feòla, cha b' ann den ghnè sin cridhe an fhir a bha nis ga cheangal fhèin an greim dùbhlain ri ailm a leannain.

"Fosgail domh an combaiste," ars esan ri Calum Bàn, a bha na chrùban aig a chasan, an uair a thraoigh an lighe. Thog Calum a cheann agus ri leus an lainnteir rinn e an car mar a dh'iarradh. "Nì sin an gnothach an-dràst'," arsa Dòmhnall Mac Eòin an uair a leugh Calum cuimse na strìche-droma dha a dh'ionnsaigh an aithneachaidh a bu lugha. "Bheiridh sinn ruith leth-uair dhi air an laighe seo. Faigh an log sin crochte san taobhan aig do ghlùin. Gabh beachd air an innse a th' aice, agus air an uair, agus leig a-mach i." B' e seo òrdugh agus ciall a chuir am fiachaibh do Chalum Bàn gun robh eòlas-mara an "Eòin" fo chruaidh-dheuchainn, agus a dhùisg teagamh agus geilt na inntinn. An robh fhios aig an "Eun" idir càite an robh iad? An robh fhios aige cho trom 's a bha an sgoth—seadh, agus cho sean 's a bha i? Nach robh gach maothan a bha na corp a' fuasgladh? Nach robh gach ball bodhaige agus beairte dhi air chrith cho luath ris an duilleach air a' chraoibh? Ach seo an log. Bu dòcha gum b' fheàrr a-muigh na a-staigh i ma bha an taod a bha aiste làidir gu leòr. Phlùch Calum e fhèin a-mach às fhaiche agus leig e an spàl-astair far a slèisne cho cùramach ri mnaoi a' leigeil a-mach beairt dhubhain.

Cha bu luaithe a fhuair Calum air ais da ghoraig fhèin na chuala e, ar leis, an cuan a' dòrtadh air a' mhuin agus "An Òigh" a' bristeadh na dà leth. A' dèanamh greim bàis air casan an fhir a shaoil leis nach robh an còrr dheth ann, thug e duibh-leum às an coinneamh na sìorrachd.

Glac greim iarnaidh e air ghualainn, agus dh'fhairich e is chuala e faoisgneadh chnàimhean a' pronnadh. "Cà'l thu dol?" dh'fhaighnichd an guth. Dh'fhosgail Calum a shùilean agus spùt e an sàile reòthta às a bheul. Bha Dòmhnall Mac Eòin a' sileadh mar an t-allt. Leig e às a ghreim air gualainn a' bhalaich, ach an deàrna a làimhe bha a' Chnò Mhoire, is i na monasg.

Mhothaich Calum nach robh a-nis na sheasamh ach aon chrann; an crann mòr. "Taing do Dhia!" ars esan is e a' sparradh a dhà làimhe mu amhaich an t-sean-duine, "Tha sibh beò! Tha sibh agam! An do ghoirticheadh sibh? Gu dè mar a shàbhail sibh air a' chrann?" "Taing do Mhàthair nan Dòrainnean," fhreagair an t-"Eun," "a luthaig faide saoghail dhomhsa. Cha do ghoirtich, cha do ghoirtich, a ghràidh, ach bhrist mi, —bhrist mi mo Chnò Mhoire."

Bha blas na h-ùrnaigh air teanga an iasgair, ach cha chuala an fheadhainn a leum a-nuas far clàr uachdair a toisich ach: "A Neart nan Lag-chùiseach—a Chobhair nan Deòiridh—a Thaice nan Crìostaidhean."

Thàinig rùsgadh air an t-saoghal eadar dhà fhrois. Bha solas Bheàrnaraigh a' bìgearachd mar shùileig de ghròm am broilleach dubh iargalta a' chuain san iar-dheas. Bha solas Heisgeir a-nis ag innseadh ionad a bhunachais fhèin. Dh'èirich tonn èibhinn an cridhe an "Eòin," agus a' leasachadh a dheagh bheachd fhèin o adhbhair sin na cinnteachd, thill e ceann na h-"Òighe" air an ath laighe gu tuath.

VIII

Cha rachadh priobadh air sùil a-nochd, Oidhche Nollag, air clàr dùthcha nan Innse Sona. Timcheall Bàgh an Eilein agus suas an gleann bha sùileagan lìonmhora solais mar leugan beòtha a' deàrrsadh an uchd mìn-gheal an t-sneachda. Cha robh uinneag nach robh a' caitheadh gath aoibhinn a coinnle fhèin, agus eadhon an taigh na banntraiche bha lampa dubh agus coinneal a' lìonadh an dà leòsain a bu shùil sholais is shoillse ri là do bhothan beag an dà cheangail. Bha an oidhche a-muigh fuar, feannach le gaoith is cathadh-làir. Bha an cur a-nis air teirigsinn agus bha an saoghal a' teannadh ri fàs soill-eir da chionn. Bhiodh cùl seann-solais ag èirigh mu mheadhan-oidhche. Ach bha an saoghal dha chionn sin gu lèir geal; geal le gile an t-sneachda a chaidh a bhuain à cridhe na glinne, agus le gile an aoibhneis a rinn a dhachaigh riamh an cridhe nan daoine —nam pàistean sona air nach laigh aois no ìre nan làithean a bheir iad gu inbhe sheanairean agus leadana liatha. A-nochd bha a' chlann sin fhèin air mhànran ait an deòine ag iomairt nan cleas a bhuineadh do ghnè mhic-meanmna nan daoine. Bha cuid eile dhiubh ri ceòl, cuid eile a-rithist ri ionnsachadh nan duan, is cuid eile fhathast ri breith buidheachais agus ri ùrnaigh.

Ri taobh teine beag na banntraiche bha neo-choireach a' chinn bhàin na shuidhe air an fhurm; a shùil air làr na cagailte ach aigne air astar nan cian. Làmh ris bha an long-chnaige na h-uidheam is i na seasamh ri fàd mòna, agus air an ùrlar an caman briste nach èireadh leis a chàradh.

"A mhàthair," ars esan, is e a' bruidhinn às a thul-tàmh, "am faic Ìosagan ged a bhiodh i dorcha?" "Chì, a ghaoil, chì a h-uile uair," fhreagair a mhàthair mar as àbhaist do mhàthraichean sin a dhèanamh, gun umhail gun uimhreachd. Bha a' bhann-trach ga dèanamh fhèin deiseil airson na h-eaglaise. "Agus bheir E feairt air a mhàthair fhèin mar a bheir mise oirbhse?" lean ceist an fhir bhig. "Bheiridh, a ghràidhein mo chridhe, bheiridh" fhreagair a' bhanntrach ga chinnteachadh, is i a-nis a' toirt for a h-aire don phàiste. "Ma-tà, a mhàthair," ars esan a-rithist, "bheir Ìosagan dhachaigh an t-"Eun" leis 'An Òigh' a-nochd; agus gheibh mise an caman a gheall e a thoirt chugam." Chniadaich a' bhanntrach ceann molach, bàn an leinibh a bha a' dèanamh na fàisneachd agus ars ise, is i ga chaidrich ri a h-uchd, "An-dà, a shùigh mo chridhe, 's e mo dhòchas-sa gun tabhair ged nach fhaigheadh mo mhacan-sa an caman idir ri linn sin."

Thog am fear beag an long agus chuir e i os coinneamh a shùla air a' bhòrd bheag. "Tha bhuat a bhith faighinn deiseil, a ghaoil," ars a mhàthair, "tha an t-àm dhuinn a bhith a' togail oirnn." Chuir mac na banntraiche air na brògan nach toireadh de leas dha ach blàths na lighe a chumadh iad mu a chois, agus a' fàgail nan solas san uinneag a dhèanamh an rathaid dhaibh, tharraing iad an doras às an dèidh.

Bha athaiseachadh math air a' ghaoith a bha a-nis air tionndadh na b' fhaide ris an deas, agus bha corra rionnag a' fìgearachd tro sgaradh nan neul os cionn na Beinne Brice. Sìos an rathad mòr bha starraman chas anns an t-sneachda, agus lainntearan a' siùdan a-null 's a-nall a' sìneadh fhaileasan fada nan cas air uachdar na gile.

Fo Chnoc na h-Eaglaise bha fir nan seasamh is iad a' màirnealachadh dol nan sian agus na h-oidhche. Sìos chuca bha a' bhanntrach a' taghadh a ceuma is fear beag a' chinn bhàin is greim aige air chirb de a còta a' lapragan-choiseachd ri a taobh. Uair no dhà shaoil a mhàthair nach robh e airson a dhol na b' fhaide. An seo sheas e. "A mhàthair," ars esan, is e a' cumail analach mar gum biodh e ri claisteachd, "stadaibh!—tha mi a' cluinntinn pìoba—pìoba a' seinn!" Sheas a' bhanntrach air a' cheum. "Nach eil a-nis?" ars esan. "Nach e ceòl pìoba th' ann, a mhàthair?" Bha cluas a mhàthar a' togail nam pong. "Leabhra 's e, a ghaoil, sin a th' ann," fhreagair i tro cheò a suime.

"Agus, a Rìgh nan Dùl, saoileam gun cuala mi meur nam pong ud roimhe."

"Tha i seo air tighinn," arsa guth is e a' dol seachad. "Tha an

t-"Eun" air tighinn leis an fhearra-luing." B' fhìor na thubhairt.
Bha "long" Dhòmhnaill Mhic Eòin a-staigh cùl an eilein. "Bidh
dùil ri beul stuaidhe," thuirt a' bhanntrach rithe fhèin. "Taing
do Dhia a bheir dhachaigh beatha nan gaoltach."

Air guala na h-"Òighe" bha Calum a' chiùil a' gearradh nam
ponga soilleir anns an robh spiorad na buaidhe a' co-mheasg-
adh ri blas aoibhinn nam fàilte. Dhùisg faoileagan às an cadal
air sgeirean Cùl a' Bhaile agus fhreagair iad a' chaithream nan
gnàths ionmhainn fhèin.

Bhuail clag na h-eaglaise a' gairm nan creideach—gan cuir-
eadh gu Teach an Naoidhein agus ghluais am poball suas an
cnoc is ceòl is fàilte eile a' tathaich an anamaibh. Rinn "An
Òigh" lom is dìreach air laimrig na h-Àirde Glaise. Cha
bhuileach a bha na buill air an ceangal air tìr na dh'fhàg na
h-iasgairean an cuid is an cùram saoghalta an sin fhèin mar
ghnothach anns nach robh tlachd no luach dhaibh tuilleadh.

Os cionn a' chladaich rug a' bhanntrach air làimh air
Eachann Mhìcheil a' toirt fàilte a bheò agus a bheatha gu dach-
aigh, dùthaich—agus daoine. "Agus theirig dhachaigh thuice, a
luaidh, is na dèan maille," chuir i mar fhiachaibh air—"gum
meal agus gun glèidh sibh fhèin e."

Do Dhòmhnall Mac Eòin dh'innis a' bhanntrach an naidh-
eachd nach robh ùr do eòlas dìomhair a chridhe—an naidh-
eachd a chuir luaths a aignidh an ceum Eachainn Mhìcheil air a
rathad gu Taigh a' Chladaich, is uaill, àgh, is gràdh cèile agus
athar air ghabhail na chliabh; naidheachd fòs a rinn tuinn èibh-
inn den t-sneachda bhog fo chasan Dhòmhnaill Mhic Eòin
—uair a chuidhtich dha dòrainn agus cruadal na h-an-oidhirp
agus a choilean dha mu dheireadh deòin shiorraigeach a
shaoghail.

Dh'èirich an oirfeid air sgèith na gaoithe, agus bhrùchd e
a-nuas le Cnoc na h-Eaglaise an coinneamh an fhir a bha a'
fiaradh an leothaid. Thàinig guth na còisridh leis an fhonn:

> *Adeste, fidéles,*
> *Laeti triumphàntes*
> *Venìte, venìte in Bethlehem.*

"Tha mi a' tighinn. Tha mi a' tighinn Gad ionnsaigh, Ùghdair na Sìorrachd,—Ìosagain,—A Naoidhein do Mhàthar," fhreagair spiorad lughain a' chuain ged nach b' ann dha fhèin a b' eòl cainnt nam facal a bha a' tighinn leis a' cheòl.

Dh'fhairich Dòmhnall Mac Eòin làmh bheag fhuar a' dol na làimh fhèin. Sheall e ri taobh, agus 's ann an sin a mhothaich e fhèin do fhear beag a' chinn bhàin ged a bu tric roimhe sin a rinn an leanabh oidhirp air a làthaireachd a chur am faireachadh dha. Ghlac an sean-duine làmh a' phàiste an greim a làimhe fhèin, oir cha robh aig aon den dithis ud a b' ionnan anam, toil, deòin, agus gràdh comas air an t-snaidhm san robh a aigne fhuasgladh. Dh'èirich an t-seirm a-rithist, is an dithis sin aig stairsich na h-eaglaise:

Mo ghaol, mo ghràdh, is m' eudail thu!
M' ionntas ùr is m' èibhneas thu!
Mo Mhacan àlainn, ciatach thu!
Chan fhiù mi fhèin bhith 'd dhàil.

Ge mòr an t-adhbhar cliù dhomh e,
'S mòr an t-adhbhar cùraim e,
'S mòr an t-adhbhar ùmhlachd e,—
Rìgh nan Dùl bhith 'm làimh.

Is cò an cridhe a sheasadh ris? Cò an cridhe nach leaghadh le blàth-dhaonnachd is seunas spioradail an fhuinn? Cò an cridhe eile a b' ionnan is cridhe an "Eòin" nach biodh air rathad leaghaidh na thuil dheura gràidh? Ach theannaich esan a ghreim air an làimh bhig a bha na ghlaic.

Bha Seirbheiseach Mhic Dè na chulaidh ghlè-ghil air an altair a' dèanamh na h-Aifrinne. Dh'inntrig am fear liath agus an leanabh; an dara fear na dheise-mhara is a bhòtainnean lainnireach le lann an sgadain, agus am fear eile leis a' chaman air na chuimhnich Calum dha aige fo achlais, agus slupragan fliuch na bhrògan.

Lùb an dithis ghliocasairean an glùn an cùl an dorais agus dh'fhuasgail iad mu seach is mar-aon don Naoidhean an aigne, aignidhean a rùisg anamaibh geala an lom-nochdas an àilleachd, ag adhradh, ag atach agus a' breith buidheachais.

Bhuail an clag na trì buillean mar dhà uair is Coileach na h-Aifrinne a' gairm na Teachdaireachd.

Sgaoil fuaim a' chluig air sgèith na h-oidhche thar thuinne is thar thìr. Thug eunlaith na mara an cinn à achlais an sgèithe, agus fhreagair a' bhòdhag bheannaichte, "Sìth! Sìth!"

Chrom Eachann Mhìcheil os cionn a leinibh mic fhèin a bha a' clùmhadh ri broilleach a màthar. "Bheir sinn ainm a sheanar air," thuirt e an cagar, "ainm an fhir mu dheireadh de na daoine." "Mar sin fhèin, bitheadh," arsa Mòrag, is snodha a' dùsgadh air a bilean.

Éiṛe aguṛ Alba i Meaṛʒ Páipéaṛ Stáite na Róiṁe

Páoṛaiʒ E. Mac Finn

Séard ba mhìan liom a dhéanamh ann seo ná cúnntas do thabhairt ar roinnt sgríbhinn, as a dtuigtear an dlúth-cheangailt a bhi idir Gaedhealaibh Eireann agus a mbráithre Gaedheal i n-Albain 'sa sémhadh agus 'sa seachtadh céad déag. Na sgríbhinní go léir atá i gceist agam, 'sa Róimh a coiméadtar iad, agus an chuid is mó díobh ní dóigh liom go bhfuilid le fáil i gcló.

'Sa sémhadh céad déag bhí a fhios go maith ag Iodáileachaibh go mba dh' é an teanga-chéadna beagnach a bhí i nGaeltacht Alban agus i n-Eirinn. A mbliain a 1557, ar bhfilleadh dhó ó Shasannaibh, thug an t-ambasadóir Vénetach i Lúndan cúnntas don tSeanaid Vénetach ar Shasannaibh agus ar Albain.* Cuireann se síos ar na teangachaibh atá 'san oileán. Trí teangacha atá i Sasannaibh, deir sé, an Béarla, an Bhreatainis agus an Chornualais. "Is cóir," deir sé annsin, "dá shaghas eile teanga do chur leó-san, a labhrann muíntir na h-àite 'sa gcuid deireannach d'Albain, ceann aca mar an gcéadna le Gaedhilg na h-Eireann, ceann eile go h-éagsamhail ar fad" ("... *due altre sorti di lingue, che nella parte ultima della Scotia parlano gli*

---

* Tá ṛoinnt cóip ven ċúnntaṛ ṛeo i meaṛʒ na láiṁṛʒṛíbinn i Leabṛaʒán an Vatican, maṛ ṛompla, *Ott. Lat. 3185 f. 377 agus Ott. Lat. 2695* ʒan von toṛaċ.

habitatori l'una conforme, con l'Irlandese, l'altra totalmente diuersa.")

Go deimhin, is féidir gur smaoin na Iodáiligh fé na Gaedhealaibh 'san dá thír amhail fé aon chine amháin, agus go dtiubhradh síad "Eireannaigh" ortha go léir. Míneóchadh sé sin an tuairim atá ag Tasso, go bhfuil na Eireannaigh níos goire do thuaiscirt an domhain ná mar tá na Sasannaigh.[*]

Smuaineann daoine go minic gur chuir lucht na h-Eaglaise 'sa Róimh i gcoinnibh na Gaedhilge i n-Eirinn, toisg nach bhfacadar i gcatoilicibh na h-Eireann ach uirlís chun muíntir Shasanna d'iompú ar ais chun na h-Eaglaise. Sin, mar shompla, mar adeir Séamus ó Connghaile—ar dheis Dé go raibh a anam —i "Labour in Irish History." 'Sé a mhalairt de thuairim, ámh, a gheibhtear ós na scríbhinnibh 'sa Róimh. Buidheachas le Dia, tá tír eile láimh le Eirinn seachas Sasanna, agus thuig lucht na Rómha go maith go mba chabhair an Ghaedhealg chun Gaedhil Eireann agus Gaedhil Alban do chur ag cabhrú le chéile i n-aghaidh an Ghaill, agus go mba chabhair Gaedhilgeóirí na h-Eireann chun obair na h-Eaglaise do choinneál ar siubhal i n-Albain na nGaedheal.

Cuireann Eoin MacNéill síos ar an gcabhair a thug na "Gallóglaigh" as oileánaibh Alban do thaoiseachaibh na nGaedheal chun comhacht na Normannach do chur ar chúl.[†] An chabhair sin ó Albain bhí sé ag teacht fós le linn na Bain-ríoghna Eilise. I litreachaibh do scríobh an Nunzio 'sa bhFrainnc go dtí an Róimh an uair sin tá tagairt do "redshanks" agus *"Scozzesi selvatichi"* do bhí i n-arm an *"Conte d'Esmont"* (.i. Iarla Deasmumhan).

Tà aon litir amhàin go h-áirithe, do scrìobhadh 'san aimsir

---

[*] *Gerusalemme Liberata*, Canto I. stanza 44:—

> *"Sono gl' Inglesi sagittari, ed hanno*
> *Gente con lor ch' è più vicina al polo.*
> *Questi dall' alte selve irsuti manda*
> *La divisa dal mondo ultima Irlanda."*

Taġṛann Scott ḋon ġioṫa ṛeo inṛ na gluaiṛeannaiḃ ḋo "Count Robert of Paris."

[†] Phases of Irish History. "The Irish Rally," p. 325 sq.

sin, a chuireann i gcéill dùinn an dlúth-bhaint a bhí idir an dá thír. Pádraig ó h-Eilighthe O.F.M., Easbog Mhuigheó, a scríobh ón bhFrainnc í, agus é ag iarraidh Cárdional Chómó 'sa Róimh do ghríosadh chun cabhair dfáil ón Phápa fa choinne Shéamuis Mhic Muirís 'sa slí go mba féidir leis long dfáil le teacht go h-Eireann. O Pháris, Márta 31, 1578 do scríobhadh í agus tá sí le fáil anois i n-Archiv an Vatican, Francia, Vol, xiii./12 p. 99/78 sq. Deir sé go mba feall ar uaislibh na h-Eireann gan an chabhair do thabhairt. "Agus fós," deir sé, "ní beag an seans atá againn anois chun an beart do dhéanamh, óir na Albanaigh go léir a bhfuil an teanga chéadna aca a's atá againn-ne, a's atá ceangailte linn i gconnradh agus i gcaradas, táid fé arm agus dúthracht mór ionnta" ("... *quia Scoti omnes, qui communi nobiscum idiomate utuntur, quique nobiscum sunt foedere et amicitia iuncti, in armis et commotione maxima sunt.*")

Tamall i n-a dhiaidh sin tosnuigheann gearán fé ghanntachas sagart i n-Albain, agus ceaptar amhail leigheas ar an sgéal sagairt Eireannaigh do chur annsin. Cuireadh i gcló 'sa *Miscellanea Vaticano-Hibernica* 'san *Archivium Hibernicum* (Iml. III. leathanach a 318) sgríbhinn den seachtmadh céad déag a bhaineann leis a gceist seo. Seo mar a deirtear ann:—

"... Chun freastala ar na Catoilicibh a bhíonn 'sa gcuid sin d'Albain nach labhartar ach an Ghaedhealg amháin innti (*nelle parti di Scotia dove si parla solamente Ibernese*), níl Gaedhilgeóirí sagart aca (*non hanno sacerdoti periti di questa lingua*) chun na sacraméid do thabhairt dóibh (etc.) . . . . Dubhradh leis an bPápa go bhfuil 'sa bhFlóndras a lán sagart de bhràithribh bochta San Froinséis, a dhéanfadh a leithéid de dhea'-obair agus fáilte, agus a bhfuil an teanga sin go maith aca ... agus go mba mhaith an rud é mar sin sgríobh chugat-sa chun an sgéal do shocrú le n-a gcuid nachtarán ... chun na bráithre reumhráidhte do chur go dti an dúithche sin, agus Barún Marandal, Albanach, mar treóruidhe aca." Ta giotaí den saghas céadna i n-aiteachaibh 'sa mbailiú cèadna sgríbhinn (*Archivium Hibernicum*, III. p. 316 agus giota eile fós p. 318).

I mbliain a 1626 agus i n-a dhiaidh sin, gheibhimíd a lán fé'n obair seo i measg sgríbhinn an Phropaganda.

I measg na sgríbhinn, mar shompla, ar a dtugtar "*Lettere*

Antiche" i leabhar-chisde an Phropaganda, i n-Imleabhar a 101, leathanach a 27 (bliain a 1626) gheibhimíd ainmneacha roinnte taoiseach Gaedheal i n-Alban, a raibh na sagairt Eireannaigh ag obair i n-a measg. Seo mar tugtar na ainmneacha: "Mackoodius Harta, Dominus de Calathuin, dominus an Barra Bru, Collanus, Cithioch Mac Domnaill, Dominus Laci flavi, familia Donaldaeorum Cintiriae."

Arís 'sa leabhar céadna, leathanach a 95, tá trácht fé shagartaibh Proinseascánaigh, missiúnóirí i sléibhtibh agus i n-oileánaibh na h-Alban. Ag leathanach a 109 tá trácht fé ministéar óg Albanach darbh ainm "Reginaldo Magdonel." Deirtear ann go ndearna Eireannach Catoiliceach de agus go bhfuil sé anois "'sa gcoláiste cléire nua Eireannach" (*nel novo seminario Hibernese*) agus coinne go rachaidh sé ar ais go h-Alban, óir "níl sagart ar bith againn gur Gaedheal é de réir bunaidh agus gur rugadh i n-Albain é." (*d'origine, e nascimento Scoto montano*). Arís i n-imleabhar a 102, leathanach a 20 etc., tá cainnt fé Ghaedhealaibh Alban agus fé na Proinseascánachaibh Eireannaigh i n-a measg.

I gcuimhneachán a mbliain a 1626 (*Lettere Antiche*, Vol. 386 f. 530) as Laidin, gheibhimíd tuille fé oideachas Gaedheal Alban i gcoláistibh na n-Eireannach.

"Ba chóir," deirtear ann, "Gaedhilgeóirí (*hibernoticam linguam callentes*) do chur ar scoil i gcoláiste fé leith, nó áiteacha do shocrú do dháréag aca ar a laighead, chun go mbéidh lucht oibre in Gaeltacht Alban (*Montana Scotiae*), pé aca sagairt nó bráithre iad.

"Tugann se mar fáth nach bhfuil sagart ar bith 'san dúithche sin, dúthchasach ná cóigcríochach. Fós, ní cóir an áit do shocrú i gcoláistibh Sasannaigh ná Albanaigh (*in collegiis anglicanis vel Scotorum*), óir bíonn fuath nimhneach ag Sasunnachaibh Shasanna agus Alban do Ghaedhealaibh Alban (*quia Angli et Angloscoti odio amarissimo prosequuntur Hibernoscotos*), agus ní féidir go nglacfaí isteach iad i gcoláistibh Sasannach Shasanna nó Alban" (*vel in anglicis vel in angloscoticis collegiis*).

I ndeire na litire seo deirtear taisí naomh nó rudaí do bheannuigh an Pápa do chur chuca i gcóir na ndaoine atá tar éis iompuighthe chun na h-Eaglaise. I ngluais i láimh rúnaire an Phropaganda, Ingoli, deirtear gur thug an t-Athair fíoroirmhidneach Sanctacrucius an athchuinge seo isteach, agus athchuingí eile 'san am céadna, agus go bhfuil tuille fútha i n-"Acta" an Phropaganda.

'Sa mbliain céadna, 1626 (*Lettere Antiche*, Vol. 386 f. 265) gheibhimíd tuille fé na Proinseascánachaibh:—

"Coláiste San Isidóir Bráthair Bocht Righeachta na h-Eireann"—sin mar deír scríobhnóir na litire seo don Phropaganda —"do chuir ár dTiarna Urban a h-8 ar bun ag Capo-le-Case chun an Creideamh do chraobhsgaoileadh agus do choimead i righeachtaibh Shasanna, Alban, Eireann agus na n-oileán i n-aice leó, a bhfuil a dteangacha go maith ag na Aithreachaibh reumhráidhte, cuireann os bhúr gcomhair, a Uaisle, an chéad cuid den toradh níos mò a bhfúil súil aici a thabhairt gach bliain i seirbhís na h-Eaglaise Naomhtha. ..." I measg na sagart do chuaidh amach an uair sin, do chuaidh duine amháin, ar a laighead, go h-Alban, óir tá gluais fé'n litir i láimh Ingoli; i ndáta Meitheamh 16, 1626: "D'aithnìgh an Códháil Naomhtha litreacha paiteana an mhissiúin don Bhráthair Peadar ó Braonáin (*Fratri Petro Brenano*) Eireannach, Bráthair Bocht Minúr, do mhol an Bráthair Lúcás, Rectóir Choláiste San Isidóir 'sa Róimh, le dul go h-Alban. ..." I mbliain a 1628 (*Lettere Antiche*, Vol. 388 f. 176) tá cainnt arís fé Choláiste San Isidóir agus "an eolas a bhíonn ag na Eireannachaibh ar theangachaibh na dtír reumhráidhte."

Ba ghnáth leis na sagartaibh sin a gcuid litreach do sgríobh as Gaedhilg. Tímpal bliana a 1627 gheibhimíd ins na *Lettere Antiche* céadna (Vol. 129 f. 154) cúnntas "as litir an Athar Conchubhair Mhic an Bháird (*Patris Cornelii Vardaei*), missiúnóir Aspolda in nGaeltachd Alban (*in Scotia montana*) do scríobhadh i n-Ath Cliath, Samhain 20, ó Athair Guardian Choláiste San Antoine i Louvain, scríobhtha as Gaedhilg le comharthaibh seicréideacha" (*hibernice per occultas notas scriptis*). Is suimiùil Louvain d'fheiceáil amhail lár-phunc don obair. Bhí coláiste ann fé'n bPropaganda i gcóir diadhaire Eireannach ó bhliain a 1623,[*] agus teach ag Eireannachaibh

____

[*] Histoire Generale des Pais-Bas. Brusselle, 1743 (Delices des Pais-Bas). Tome I. p. 166.

d'Ord San Doimnic.[*] Maidir leis an gcoláiste seo San Antoine a bhfuil trácht faoi 'sa litir reumhráidhte deir Bean Stopford Green 'sa gcúnntas a thugann sí faoi,[+] go ndearnadh de "the centre of the most intense national feeling, and as it seemed the last refuge of Irish learning." Ní misde a rá go bhfuil Gaedhil ó Eirinn i Louvain fós (bíodh a's go bhfuil deire le fada leis an gcoláiste Eireannach ann), agus gasra bríoghmhar den Fháinne ar siubhal ag na daoinibh atá ann fé láthair.

Samhluigheann an sgéal nach iad na "dubh-chróin" amháin a gcuireann an Ghaedhealg droch-amhras ortha, óir do b'ionann cás do Nunzio áirithe. Seo mar scríobhtar faoi a mbliain a 1628 (Lettere Antiche, Vol. 102, ad f. 69):—

"Ba mhian leis an dTiarna Nunzio dá rud do cheangailt ar na missiúnóiribh a bhéadh go baolach dóibh féin agus dos na daoinibh iompuigheann chun an Chreidimh. Ar an gcéad dul, go bhfanaidis i gcomhnuidhe i n-Albain, gan seal do chaitheamh choidhche 'sna dùithchibh cógharaigh i n-Eirinn, rud a bhéadh go h-ana-bhaolach dóibh toisg síor-oirchill na n-eiriceach. 'San dara áit, go mba as Laidin a scríobhfaí i gcomhnuidhe na litreacha agus na cúnntais go léir. Sin rud freisean a bhéadh go h-ana-dheacair. Ba bhaolach é da mbéarfaoi ar na litreachaibh agus dá sgéithfí ar na bràithribh agus ar na daoinibh d'iompuigh chun an Chreidimh gur éigean labhairt fútha uaireannta. Ní bhíonn baol ann riamh beagnach, má bheirtear féin ar na litreachaibh, má scríobhtar as Gaedhilg iad, oir is fír-bheagán des na Sasannachaibh nó des na Albanachaibh a chomhnuidheann láimh le Sasannaibh a labhrann an Ghaedhealg agus níl fiú duine aca a léighrann ná a scríobhann í. Ní mar sin, ámh, don Laidin. I ngach baile beag bíonn lucht labhartha, scríobhtha agus léighte na Laidne. Annsin is cuma don Chódháil naomhtha, óir, má's finnsgéalta nó bréaga atá i gceist, bhéadh sé chó furas dúinn iad do mhealladh as Laidin agus bhéadh sé as Gaedhilg." Scríobhadh an litir sin "Lovanii in collegio S. Antonii a Padua 10 augusti 1628" agus "Fr. Franciscus MacDonel Hibernus" an t-ainm atá fé n-a bun.

---

[*] Ibid. p. 173. Cf. Timthiridh Chroidhe Neamhtha Iosa Iml. X. Uimh I. 1920 leathanaigh 9-12.

[+] Green, Alice Stopford. The Making of Ireland and its Undoing.

Ní h-iad na Proinseascánaigh amháin a bhí ag obair i nGaeltacht Alban. Tá cúnntas freisean ar shaothar Uird Doimnic innti. A mbliain a 1633 (Lettere Antiche, Vol. 393, f. 72) tá litir ó Cheannphort Uird Doimnic. Ar dtuigsint dó, deir sé, go bhfuil ganntachas sagart i n-Albain, is mian leis, an t-Athair Doimnic de Burgo, Eireannach, lector diadhachta, agus triúr eile, do chur annsin. Labhrann an sagart seo, deir se, "an dá theanga a chleachduigheann na Albanaigh .i. an Béarla agus an Ghaedhealg." Tá gluais i láimh Ingoli: "Tugadh don Oifig Naomhtha é, Meadhon Fómhair 19, 1633." Ag leathanach a 75 den leabhar tá an Doimnic seo ar lorg cómhacht eaglaiseamhail agus é ar tí imtheachta.

A mbliain a 1635 i n-"Acta" an Phropaganda ta scríobhtha gur thug an Códháil Naomhtha, ar thairisgint an Chárdionail Pamphili "missiún do cheathrar Dominicánach Eireannach chun dul go Gaeltacht Alban, áit a mbíonn an Ghaedhealg ann, agus i gcuid dí nach mbéidh na Proinseascánaigh ann rómpa" (*ad montana Scotiae, ubi est usus hibernicae linguae, et Patres Franciscani non erunt*).

Arís a mbliain a 1637 (Lettere Antiche, Vol. 397, f. 417) ta litir adeir: "Ar gcríochnú a choda stúidéar dó i gcoláiste coinbhinte Muire *super Minervam* 'sa Róimh, tá fé an mBráthair Theodorus de Pietate O.P., as dúthracht chun an Creideamh do chraobhsgaoileadh agus anamnacha do shábháil, dul go h-Alban; chuige sin tá a dhóthain den dá theanga aige, agus is gann ar fad an lucht oibre i bhfíonghort an Tiarna annsin." As leathanach a 541, tuigtear gur aontuigheadh don athchuinge sin, agus iarrtar cómhacht eaglaiseamhail i gcoir an duine chéadna.

'San am sin go léir is soiléir fós as na ainmneachaibh a bhíonn ortha 'sa Laidin agus 'san Iodáilis an dlúth-bhaint a bhí idir Gaedhealaibh Eireann agus Alban. Gheibhimíd de ghnáth i sgríbhinnibh an Phropaganda na ainmneacha "Hibernoscoti" agus "Hiberno-Scotia" i gcóir Gaedheal agus Gaedhealtacha Alban (mar shompla, Lettere Antiche, Vol. 104, f. 62 agus Vol. 105 f. 9, bliain a 1635—tuille cainnte fé na missiúnaibh úd atá ann). Mar an gcéadna, i measg "Avvisi" (sórt páipéar nuaidheachta) i leabhragán an Vatican is soiléir an dlúth-bhaint idir an dá thír le linn chogaidh Chromwell. As Venetia, Samhain 25, 1651 (Ott. Lat. 2459, pars 3 f. 730) tugtar ráfla ó Lúndan "nach bhfuil an misneach caillte ar fad ag Albanachaibh agus ag Eireannachaibh," ach go bhfuilid ag bailiú saighdiúr 'san dá righeacht fé Mharcaois Airir Gaedheal (*Marchese d'Argile*)—(Tá tuille fé'n gcó-chabhrú seo ag Ott. Lat. 2458 III. f. 583 etc.) As Anuersa, Deire Fómhair 7, 1653 deirtear go bhfuil naoi dún glacta ag na "*Scozzesi Irlandesi*" (Ott. Lat. 2458 pars III. f. 287). 'Sa leabhar céadna ag leathanach a 603, as Colonia, Deire Fómhair 20, 1653 ta tràcht fé "*li Scozzesi d'Iglanda*"; leathanach a 648, as Brusselles, Samhain 22, 1653, "*abitatori delle montagne di Scotia*"; leathanach a 659 "*Highlandesi*"; leathanach a 571, as Colonia Meadhon Fómhair 271, 1653 "*li Scozzesi d'Irlanda*" agus is soiléir gur ionann an "Albanaigh na h-Eireann" seo 'san am agus 'san áit i n-a bhfuil sé agus "Gaedhil Alban."

Cinnte, na "Avvisi" seo, ni úghdarás iad ar thír-eolas (ná ar aon rud eile). Mar shompla, i n-Ott. Lat. 2459 Pars. I. f. 69, as Venetia, Márta 5, 1650, labhartar fé "Oileán Jersey i n-Albain," agus 'sa leabhar céadna f. 27, as Anuersa, Eanair 7, 1649, labhartar fé "Oileán Jersey i n-Eirinn". Ach fiú an measgadh seo a déantar idir Eirinn agus Albain, chítear dom go dtaisbeánann sé an dlúth-bhaint a bhí idir an dá thír.

Chuir daoine móra suim i n-obair na n-Eireannach i n-Albain. 'Sa ngiota "don leughthoir" do scríobh Froinsias ó Maolmhuaidh mar brollach do "Lóchrann na gCreid-mheach," deir sé gur scríobh sé an leabhar sin "do thabhairt soluis don chuid dhEire agus dAlbain reumhràidhte" i nach mbíonn ach an Ghaedhealg. Fós bhí ceaptha aige agus é n-a shean-fhear dul "n-a mhissiúnóir go h-Eireann, go h-Alban etc," óir sin mar deirtear i n-athchuinge uaidh don Phrop-aganda (Scritture Riferite nei Congressi—Irlanda Vol, I. f. 215) a bhfuil gluais ar an druim de: "Tá sé i ndiaidh bháis."

Bhí a lán baint ag Oliver Beannuighthe Pluincéad leis an obair freisean. Ta cúnntas fé a ndearna sé, agus scríbinní eile (nár thugas annseo) le fáil i gcaibidiol a XV. des na "Memoirs of the Most Rev. Oliver Plunkett" do scríobh an Cárdional ó

Móráin (Dublin 1861), agus arís i dTimthiridh Chroidhe Neamhtha Iosa Iml. X. Uimh. II. 1920.

Is lór a ndúbhras, sílim, chun breis bheag soluis do chur ar an seana-ghaol agus an seana-charadas a bhí idir Gaedhealaibh an dá thír ó aimsir Chuilm Cille i leith. I ndeire na h-ochtmhadh céad déag, nuair bhí Gaedhil Eireann agus Alban fé chois tar éis Chulloden, thug Sasannach cliúmhail cuairt ar I Chuilm Cille. Ní raibh ach beirt duine ar an oileán a raibh aon Bhéarla aca. "Béidir" ar seisean, "amach annseo go mbéidh I arís 'n-a lár-phúnc do léigheann an Iarthair."* Béidir le Dia gur goire dhúinn anois an lá sin.

---

* Johnson, Samuel: *A Journey to the Western Isles of Scotland*, 1775.

An Dealachadh mu Dheireadh

Dòmhnall Mac a' Phì

"A ghlinn ud shìos, a ghlinn ud shìos,
A ghlinn as ciataich' dreach,
A' tionndadh uait dhol thar do shliabh,
Mo bheannachd shìorraidh leat."

"Mo shoraidh leis gach cuairteig,
Leis gach bruachaig agus còs,
Mun tric an robh mi cluaineis
'N àm bhith buachailleachd nam bò."

Chuala Tormod Mac Alasdair a' ghairm a dhùisg aigne iomadh fleasgach foghainteach air feadh na Gàidhealtachd gu còmhraig às leth a dhùthcha, a bha a-nis a' teannadh dlùth ri uchd a' chunnairt. Bha na Gearmailtich air bhoil le mire-chatha. Bha an claidhnean rùisgte cheana, faobharaichte gu cur às don Fhraing, is do Bhelgium, ron Là san leagadh iad sàil air Breatann. Cha b' àm diùltaidh a' bhliadhna ud (1914), ged a bha siaradh cridhe na lùib. Mar bu dual, chaidh gillean òga nan gleann nan uidheam mar a chaidh mìltean air feadh Albainn. Nam measg bha Tormod; cha tàinig obadh a-staigh air a smuain-san an uair a bha slighe dleasanais fosgailte ma choinneimh.

*   *   *   *   *

Air feasgar ciùin Luain ghabh e ceum, air a shocair, sìos gu ìochdar an Lag Bhuidhe; a dhà làimh am pòcan na briogais, agus e ag imeachd mar gum biodh e a' tomhas nan ceumannan. Sìos ghabh e air fhiaradh, tarsaing air buaile nan gamhna, gus an do ràinig e sgòr creige mu choinneimh Loch A——. Shuidh e air oir na creige mar a rinn e iomadh uair beagan bhliadhnachan roimhe seo. Ach cha b' ionann air an fheasgar ud agus a shuidheachadh anns na làithean a thrèig len aoibhneas nan cois. B' ann ri taobh a' cheart loch a fhuair e an gealladh dìomhair ud dom bu chrìoch an "snaidhm a dh'fhanas, 's nach trèig." Ach mo thruaighe! Thàinig an t-Aog an rathad tuilleadh is luath, agus a-nis bha a thasgaidh na sìneadh "an ciste chumhaing chaoil" fon fhòd sa chill ud thall agus a h-aon naoidhean maoth ri taobh. On àm ud thàinig tuar eile air an t-saoghal, 's na bha ann, am beachd Thormoid. Dh'fhalbh ionmhas ron àm, agus bha mar gum b' eadh glas is iuchair air an t-seòmar ud na chridhe air an do ghabh Ise seilbh, mar gun robh eagal air gun cailleadh e a h-ìomhaigh. Cha tuig neach nach robh riamh fo throm-phràmh, no nach deach tron àmhainn, na faireachdainnean a bha a' ruith a chèile an inntinn Thormoid. Air an adhbhar sin, cha ruigear a leas a bhith a' leudachadh orra, eadhon ged a b' ann agamsa—rud nach ann—a bhiodh an deachdadh inntinn a chuireadh dreach air sin le taghadh fhacal. An uair a thachras bristeadh-cridhe, is gann gum bi leigheas air a shon. Gu tric cumaidh an inntinn an lot fosgailte, agus thig am fàsgadh an uair nach bi dùil ris.

*　　*　　*　　*　　*

Shuidh e mar seo; uilnean air a ghlùnaibh, agus a dhà dhòrn mar gum biodh iad a' cur taice ri dhà lethcheann.

"Bha cudrom air a chliabh." Bha a smuain cho dian air aon chuspair, 's nach do ghabh e suim de cheilearadh binn na còisir a bha a' cluich a' phuirt a b' àill leotha air bàrr gach gèig mun rachadh iad mu thàmh anns na preasan. Mun tug e fa-near càite an robh e, bha an t-anmoch a' ciaradh timcheall air—an uair sin anns am bi an là a' dol am falach am broinn na h-oidhche, no mar a theireadh na sean Ghàidheil fhèin, cho brìoghmhor, eadar dà sholas. Dh'èirich e gu grad; sheall e mun cuairt;

bha an gleann uile fo thàmh. Cha chluinnte ach geum no dhà bho chrodh Sheumais Bhàin, agus tè de na caileagan a' tàladh na bà ruaidhe le "pruisi, pruisi bheag"—facail a tha a' toirt nar cuimhne an t-sean chàirdeis a bha eadar Albainn agus an Fhraing, mòran bhliadhnachan roimhe seo. Chan eil anns an fhacal "pruisi" ach atharrach air an fhacal Fhrangach "*approchez*," a' ciallachadh thig air adhart. Ach ciod am fios a bh' aig Tormod air an t-seagh sin, ged a bha an Fhlandrais ag èigheach ris air mhodh eile, "thig air adhart." Is e bha a' dol tro inntinn gum b' ann aig a' cheart àm ann an làithean eile—eadar dà sholas—agus anns a' cheart bhad a b' àbhaist da fhèin agus Seònaid a bhith a' coinneachadh a chèile, agus a' beadradh mar gum fanadh grian an t-sòlais an-còmhnaidh air an iarmailt acasan, gun aon neul a' snàmh tarsainn oirre.

*   *   *   *   *

Air sealltainn mun cuairt da, 's ann a shaoil leis gum faca e ìomhaigh Sheònaid eadar e 's a leus! An uair a bhios mac-meanmna a' Ghàidheil air a ghleusadh teann, agus an t-srian lasaichte, is iomadh rud a chruthaicheas an inntinn,—rudan nach bi idir ann, gu h-àraidh an dubhar beul na h-oidhche. Thig faoin-bheachdan is samhlaidhean nan ruith às dèidh a chèile air chor agus gum fàs gaiste fraoich, no bun craoibhe, na nàdar de bhòcan, no theagamh rudeigin bhon t-saoghal eile. Ma bheir thu barrachd srèine dod mheanmna, bheir e a chreidsinn ort nach eil ann an srann nan cuileagan, is meanbh-bhiastagan eile, ach an gliong a tha na sìthichean a' dèanamh am measg na rainich am feadh a bhios iad ri fleadh cuirme. Chan eil mise ag ràdh gun tàinig Tormod gu faoin-smuain den t-seòrsa, ach mur faca e cruth Seònaid gu corporra, bha a dealbh cho riochdail na inntinn agus ged a bhiodh i ma choinneimh san fheòil. Is mìorbhaileach feartan na h-inntinn; is grinn an inntinn Cheilteach. Cò thuig fhathast an toiseach no an deireadh?

*   *   *   *   *

Ach bha sac eile air inntinn Thormoid. B' e seo am feasgar mu dheireadh a bha an dàn da a chaitheamh ri taobh an loch; ri

402

taobh nam bruachan, 's nan sgoran mu thimcheall an robh e a'
cleasachd an uair a bha e na bhrogach. A-màireach dh'fheumte
togail air gu Galltachd, oir ghabh e an t-saighdearachd mar a
ghabh gillean tapaidh eile. Cha bu ghealtaire idir e, ach bha a
chridhe ga fhàsgadh leis na bha a' dol tro inntinn. An robh e a'
dealachadh gu bràth ri chàirdean taobh thall na h-aibhne? Am
b' e seo an sealladh mu dheireadh air an ionad far an do thairg e
fhèin agus Seònaid am bòidean da chèile?—an t-ionad a rinn a'
bhòid ud coisrigte. A thuilleadh air sin, bha e a' dol a dh'fhàgail
na dachaigh far an do rugadh 's a thogadh e anns a' ghleann san
robh e òg. Bochd is mar a bha a' chroit, bha a dhachaigh oirre.
Dh'obraich e gu dìcheallach a' strì ri teachd-an-tìr chuibheas-
ach a chosnadh aiste. Cha ghabhadh e dèanamh. B' iongnadh
nan gabhadh. Bha gnothaichean a' fàs na bu mhiosa is na bu
mhiosa. Ged a bha an t-uachdaran coibhneil ris, bha amharas
aig Tormod gun robh rud eile na shùil, nan gabhadh e dèanamh
gun trioblaid a thogail. Bha clòimhe a' dol an daoiread, agus
nan cuirte fearann Thormoid ri Paire a' Chlèirich, air dòigh
laghail, bhiodh rùm ann do thuilleadh chaorach. Ach bha an
ùine ro gheàrr gu còrdadh mun chùis.

*   *   *   *   *

Bha gillean eile a' ghlinne air togail orra seachdain roimhe
seo, agus air an fheasgar mu dheireadh, cha robh aig Tormod
ach a chead a ghabhail de chàirdean agus de luchd-dàimh.
Bhiodh sin searbh gu leòr, gun fhios an tilleadh e tuilleadh, ach
a bhith a' call seallaidh air a' bhadan uaine far an robh Ise;
sin far an robh an dòrainn. Nach fìor an ràdh gur e a bhith a'
cuimhneachadh, 's a' meòrachadh air sonas a chaidh às, agus
nach till, am bròn a tha os cionn gach bròin. Air an fheasgar ud
bha dùrachd bhlàth gach neach air a thaomadh air Tormod,
agus cha chluinnteadh am beul gach aoin ach "slàn gun till thu."
Bha am mulad a thuit air a' ghleann falaichte o athair is a
mhàthair, a bha o chionn bhliadhnachan a' cnàmh anns an ùir.
Bha e deònach gu leòr seasamh ris an dleasanas a chreid e a bha
mar fhiachaibh air a choileanadh; ach b' e an dealachadh, agus
na bha fillte ann, a bha a' cur dragha air. Aon oidhche eile fo na
sean chabair; beagan uairean fhathast na shìneadh anns an

403

t-seann leabaidh! Thilg se e fhèin air uachdar a' chuibhrige, ach cha tigeadh norra cadail. Ciamar a thigeadh? agus cuibhlichean na h-inntinn nan deannaibh! Bha e air a chois mu mheadhan-oidhche, deas airson an turais gus a' phuirt om biodh bàta na toite a' leigeil mu sgaoil, tràth sa mhadainn. Mach a ghabh e, agus rinn e dìreach air an loch, mar gum biodh cumhachd dìomhair ga thàladh, no ga threòrachadh thuige. Bha sin ann, is dòcha—Seònaid! Dh'fhan e mu na bruachan, agus mu na preasan, gus a' chamhanaich. Dh'fhaodadh e, nan togradh e, ceum a thoirt a-nunn far an robh Seònaid na sìneadh fo dhubhar na craoibh-fheàrna, oir cha robh an t-astar ach goirid. Ach cha robh feum air, oir cha bhiodh ann ach a bhith a' dèanamh a mhulaid na bu truime. Cha sgar astar no tìm an ceangal a rinn an dà spiorad ud mar aon, oir tha e nas treise na an uaigh fhèin. Bha rud eile na shùil. Bha e a' dol a ghabhail a chead den loch!—an cead deireannach, ged nach do shaoil e sin. Agus nach robh an t-ionad coisrigte le boladh cùbhraidh a' chuimhneachain ag èaladh mun cuairt? Am b' iongnadh ged a thàinig smuairean air inntinn; gun robh e fo nàdar de bhreis-lich? Bha an oidhche ciùin; bha an loch cho mìn is ged a bhiodh e air iarnaigeadh. Bha an cruthachadh nàdair uile aig fois ach —Tormod fhèin. Shuidh e ag amharc mar gum b' ann air rud a bha fada bhuaithe, a' feitheamh air bristeadh na fàire. Mu dheireadh thòisich sgàile na h-oidhche ri sìoladh air falbh, agus bha soilleireachd a' brùchdadh suas mean air mhean air cùl nan cnoc. Dh'fhairich e àileadh de dheò gaoithe a' crith duilleach nam preasan. Chuala e bìog lag o ribheid eòin air choreigin, mar gun robh e anacrach na nead; an sin thuit tost air gach nì a-rithist. Ach cha do mhair e fada. Thàinig osag a thug crith air an duilleach. Bha Nàdar na leth-dhùisg a-nis. An ceann tiotain thàinig snuadh eile air aodann an loch le osnadh na h-òg-mhadainn. Bha an t-soilleireachd a' fàs, agus thòisich na neòil air sgapadh ro èirigh na grèine. Dhùisg ceòlraidh nam preasan, agus sheinn iad òran-molaidh don mhadainn le gàirdeachas, mar gum biodh iad a' toirt buidheachais don Tì a dh'ullaich lòn air an son. Shaoileadh tu gun robh an iarmailt air chrith len ceilearadh. Dh'èirich a' ghrian fhèin na glòir, agus chuir i rudhadh air na cnuic mun cuairt. Fhuair Tormod faochadh spioraid, agus cha mhòr nach do ghlaodh e a-mach le toil-inntinn, oir bha a spiorad gu tric an co-chomann ri Nàdar. Cha b' iongnadh sin, oir bha an gleann anabarrach maiseach le uillt, is cnocan àrda, is doireachan, le luibhean a bha ga chòmh-dachadh mar bhrat àillidh o thaobh gu taobh. Dheoghail e, mar gum b' eadh, tomhas mòr den dìomhaireachd nach cleith Nàdar air an neach a nochdas ùidh di. A thuilleadh air sin, bha meas aige air bàrdachd Ghàidhealach, agus bha a mheomhair cho geur, 's gun aithriseadh e earrannan de shaothair nam bàrd gun chuideachadh leabhair, ged a leughadh e sin gu deas.

* * * * *

Ach bha Tormod mu choinneimh an loch. Thàinig gath grèine mar phlathadh tarsaing air an uisge. Dh'amhairc e air, agus ar leis gun robh e coltach ri claidheamh a bha ga òr-dachadh togail air, agus a bhith a' falbh. Dh'èirich e gu grad. Nan dèanadh e dàil, thigeadh, 's dòcha, cunnart na h-iargain. Chan eil fios ciod a thachradh, agus an loch ma choinneimh. Bha an t-àm ann a bhith a' bogadh nan gad. Sìos gu oir an loch ghabh e; chaidh e air a leth-ghlùn; bhuin e ris an uisge le bhilean; chuir e boiseag air a bhathais. Suas am bruthach ghabh e gun amharc na dhèidh, gus an do ràinig e lùb den rathad. Nan rachadh e na b' fhaide, chailleadh e sealladh air an loch, agus an t-ionad san robh Seònaid 's an naoidhean nan sìneadh. Thionndaidh e air a shàil. Bha an loch an siud, sàmhach, bòidh-each fo lainnir na grèine; bha na h-eòin a' sìor-cheilearadh, a' leum 's a' bèiceil am measg nam preasan, mar gum biodh iad a' strì ri aoibhneas a nochdadh do chlann nan daoine air madainn cho grinn. Shaoil leis gun robh boladh nan lusan, 's nan craobh, na bu chùbhraidhe fon driùchd a bha an crochadh ris na geugan a bha a-nis a' deàrrsadh mar chluigeanan airgid, no òir, a rèir 's mar a thuiteadh gath grèine oirre. Bha sàmhchair a' riaghladh mun cuairt 's a' còmhdach a' ghlinne mar fhallaing. Bha esan, mo thruaighe, a' fàgail ionad na sàmhchair, 's a' chàirdeis, gu raointean fuilteach an uabhais.

Bha an t-àm a-nis gu math seachad air gairm choileach, agus cha dhèanadh dàil na b' fhaide ri taobh an loch an gnothach. Thog Tormod a làmh, agus chrath e i mar gum biodh e ag ràdh;

"Slàn leat a loch mo chridhe, mo mhìle beannachd leat." An sin laigh a shùil air ionad eile—an t-ionad far an robh ionmhas a chridhe an tasgadh. Sheas e car tiotain, shiab e a bhois air a shocair tarsainn air a shùilean; is gann gum bu "lèir dha am bealach le sileadh nan deur." Is e an ceathramh a leanas a bhuail air inntinn:—

> *"Tha do leaba lom fuaraidh;*
> *'S trom do chadal, 's ro-bhuan e;*
> *Chaoidh chan èist thu rim luaidh-sa,*
> *'S cha ghluais thu rim cheòl."*

Ghabh e a chead deireannach den loch. Ghabh e beannachd leis an dithis a bha fon fhòd; cha b' ann mar neach gun dòchas, ach rè tamaill, gus an coinnicheadh iad a chèile thall.

*   *   *   *   *

Air madainn àraidh, bha rèisimeid Loch Iall am bad nan Gearmailteach. Sheas na Gàidheil mar bu dual, ach chaidh mòran a leòn, no a mharbhadh, air gach taobh. Am measg nan curaidhean calma a leagadh gu làr bha Tormod. Bha luchd-giùlain nan sìneadairean trang gan tional gu àite tèarainte fo chùram nan lighichean. Chualas sanas gun robh Tormod air a dhroch-leòn, agus bha a chompanaich anns a' champa làn mulaid. Cha b' iongnadh sin oir bha e cho duineil, 's cho uasal na dhòigh, 's gun robh moit orra a leithid a bhith nam measg. Bha eadhon na h-oifigich fhèin a' gabhail beachd air Gàidheal cho gramail. An uair a sheas an lighiche ri thaobh, 's a chrath e a cheann, dh'aithnich càch gun robh a shuidheachadh cunnartach. Bha bean-eiridnidh an-còmhnaidh a' frithealadh ri taobh a leapa. Bu bhan-Ghàidheal i, agus leig i fhaicinn am blàths dùthchasach a bha na com, oir uair sam bith a thionndadh i a cùlaibh ris an leaba, 's a chromadh i gu rudeigin a thogail, bhiodh a sùilean lìonta leis na deòir. Bha i a' tuigsinn gun robh deireadh na rèise dlùth. Rinneadh gach nì a b' urrainn sgil a dhèanamh airson Thormoid, mar a rinneadh airson iomadh saighdear eile, ach bha e a' sìoladh às. Tiotan mun do tharraing e an anail mu dheireadh, dhùin e a dhà dhòrn; sheas a dhà shùil na cheann; bha e mar gum biodh e a' faicinn rud-

406

eigin. Bha a' bhean-eiridnidh na seasamh, 's a h-aodann cho bàn ris an anart. Bha a ghnùis mar gum biodh i air a cruth-ath-arrachadh. Leis a' bheagan anail a bha na chom, is fiamh an aoibhneis air, ghlaodh e, "A Sheònaid!" Cha robh an còrr ann; ghearradh snàithnean na beatha. Nach faca e i? Chunnaic!

Long nam Buillean

Le Bàrd nach maireann

Sèist—
'S e Alasdair a fhuair an ulaidh,
'S ann air Alasdair bha bhuaidh,
Siud am fear a fhuair an ulaidh,
Lorg nam buillean bh' aig Rob Ruadh.

'S ann an ìochdar creig Mhic Rainich
Bha i tèarainte bhon fhuachd,
Bho gach doineann, uisg' is dìle,
'S cha do chaill i riamh a snuadh.
    Sèist—*'S e Alasdair, etc.*

An latha bha sinn aig an fhaghaid,
Cluinnear a gleadhraich is a fuaim,
Dh'fhuadaich i na coilich-choille,
Às gach doire a bha mun cuairt.
    Sèist—*'S e Alasdair, etc.*

An lorg a bh' aig Rob Ruadh MacGriogair,
Leis do bhris e iomadh cnuac,
B' àill leis i na sleagh is targaid
A chur na dearganaich gu ruaig.
    Sèist—*'S e Alasdair, etc.*

Tha i air cumadh a' chroinn-speala,
'S i ro-ghramail ann am bruaich,

Rìgh! bu mhath i falbh nan stucan,
’S chumadh i fear bacach suas.
    Sèist—’S e Alasdair, etc.

’S e dh’fhàg an lorg cho lùbach snìomhach,
I bhith giùlan fèidh Rob Ruaidh
Is dh’fhàg e lag le ghualainn dheis innt’,
Nach tèid aiste gu Là Luain.
    Sèist—’S e Alasdair, etc.

Ged tha lot na leth thoisgeil,
Chan eil i sgoilte mun cuairt,
Is i gun ghiamh gun ghoid gun chnac innt’
ach an tacaid tha na cnuaic.
    Sèist—’S e Alasdair, etc.

An lorg dhearbhte caraichte daingeann,
Làidir fhallain le car tuathal,
Gun bheag na com ach dearg an daraich,
Is bheirteadh srad à carraig chruaidh.
    Sèist—’S e Alasdair, etc.

Siud an lorg mun robh an eachdraidh
Phill i a chreach chaidh thoirt gu tuath,
Dh’fhàg i sìnte fir Chinn Tàile
Air an àraich, ’s iad nan suain.
    Sèist—’S e Alasdair, etc.

Nuair chaidh Diùc Athaill gu Sròin Bharra
’n dùil gun caradh e Rob Ruadh,
Fhuair e ’n lorg an clàr na bathais,
Is theich e dhachaigh is gaoir na chluais.
    Sèist—’S e Alasdair, etc.

Chan eil duine ’n seo nì stuth leath’,
On bhàsaich seann Rob Ruadh,
’S ann bheir sinn i do Gharraidh Baldaidh,
Gus na rìghrean thoirt fo bhuaidh.
    Sèist—’S e Alasdair, etc.

An Dèid Langside is Ròime

Q. E. D.

Air an 13mh là den Chèitean 1568, chaidh blàr a chur eadar Màiri is Moireibh aig Langside faisg air Glaschu, agus chaill Màiri an là. Theich i air falbh on bhlàr cho luath 's a bheireadh a casan i, no co-dhiù casan an eich air an robh ise a' marcachd, is air an treas là na dhèidh sin, aig Port Màiri, chaidh i air bòrd coite bheag, anns an do rinn i an t-aiseag goirid eadar Albainn is Sasann.

Trì nithean a thèid oirnn gun sireadh gun iarraidh air bith, is iad sin, a rèir an t-seanfhacail, gaol, eud, agus eagal; is air uairibh ar leam gu bheil còir againn air gliocas a chur ris an trianaid seo, a' cuimhneachadh "ged a dh'èignichear an seanfhacal cha bhreugnaichear e." Bha trèigsinn Albann le Màiri, an dèidh Langside, na rud cho faoin gòrach 's a rinn i riamh, is, air gaol Dhè, nach b' iomadh sin! Is ann gu tur gun sireadh gun iarraidh a thèid oirnn a leithid sin de cho-dhùnadh. Is beag cliù a th' aig an t-saoghal air gliocas nach tig gu ìre ach an dèidh làimh, agus tha sin ceart; ach a thaobh Màiri agus na comhairle a lean i, air an fhàth a thuirt mi tha a mòr-amadanachd so-fhaicsinneach, is soilleir do gach neach a ruitheas.

Mas miann leinn beachd cothromach a bhith againn mu ghiùlan is mu dhèanadas Màiri, tha dà nì ann dom feumar mòraire a thoirt. An toiseach, feumaidh sinn nàdar na ban-righinn fhèin a thuigsinn ceart; agus, san dara àite, feumaidh sinn a bhith ann an làn *report* ri nàdar is ri eachdraidh nan aimsir san robh i beò. A chum nan crìochan seo, thàinig gu fortanach a-nuas thugainn air sruth nam bliadhna pailteas mòr de theisteas is de chòmhdach den ghnè as fheàrr. Mar sin, chan eil a bheag de leisgeul airson neach sam bith a bhith gun tuigsinn cheart air nàdar Màiri, no neo-fhiosrail aineolach air spiorad nan àm anns an do thachair di bhith air a breith.

Cha robh ann am Màiri ach toradh riochdail air an linn a bh' ann; agus ma chuimhnicheas sinn gur e boireannach, is barrachd air sin boireannach air leth briosg anamanta is dreachmhor na pearsa, a bh' inntese, bheir sin cobhair nach beag oirnn ann a bhith a' strì ri eachdraidh-beatha na ban-righinn ainmeil ach ro-mhì-fhortanaich seo a thuigsinn ceart.

Sa bhliadhna 1548, sheòl Màiri à Cluaidh gu Roscoff. An ath dheich bliadhna de a saoghal air thalamh chaith i anns an Fhraing, aig cùirt an rìgh; agus tha cuid a' dèanamh a-mach gur e seo a bu mhàthair-adhbhar do gach driod-fhortan a thachair di, is, cuideachd, do gach lochd is fàillinn a bh' innte, mar bhan-riaghlair air Albainn; ach is beachd leam fhèin nach eil ann an seo ach an fhaoineis, mur ann a th' ann an dubh-cheilgearachd. Dona coirbte ge an robh a' chùirt Fhrangach aig an àm ud, gidheadh cha bu mhiosa i na càch.

Bha an linn e fhèin dona coirbte ach gann thar choimeas; is ma bha sin mar seo—an rud a bha—tha e soirbh ri thuigsinn gun robh gach uile chùirt a bh' ann air an tearradh leis an aona pheallan, is mar sin, nach robh roghainn ri thogail dan taobh. Gu dearbh, cha b' iad naoimh a bha air ceann chùisean ann an Albainn fhèin aig an àm ud; is chan fhios dhomh fhèin gur e nead aingeal a bha ann an cùirt Shasainn. Cha mhò na sin as urrainn duinn a ràdh le fìrinn gun robh cùirt na h-Easpàinne, cùirt na Ròimhe, no cùirt na h-Ìmpireachd ainmeil airson an gaoil air deagh-bheusaibh, ri linn don bhan-righinn òig a bhith fo stiùireadh mhaighstirean. Air an làimh eile, is cinnteach an gnothach gun deachaidh cùram sònraichte a ghabhail den bhan-righinn òig aig cùirt na Frainge. Fhuair i an sin deagh ionnsachadh di fhèin—seadh, an t-ionnsachadh a b' fheàrr a bha a' dol san Eòrpa aig an àm—is mur tug i deagh-fheum às an sin, a' rianachadh a giùlain is ag òrdachadh a dèanadais a rèir is mar a chaidh earalachadh oirre gum biodh ise gan rianachadh a chum a buannachd fhèin is àrdachadh a dùthcha, cò e bu choireach airson sin ach Màiri i fhèin?

Ar leam fhèin gu bheil càileigin de chealgaireachd measgte leis na thatar a' cur às leth nan Guiseach anns an dòigh seo. Nam b' e cùirt Phròstanach a bh' anns an tè gus an do chuireadh Màiri, is nam b' iad Pròstanaich a bh' anns an fheadhainn a bha ri ionnsachadh a thoirt di, is dòcha gur beag gearain a bhiodh sinn a' cluinntinn mu "choirbteachd" is mu "mhòr-aingidheachd" na cùirte Frangaich, nach robh na bu mhiosa na càch, neo-ar-thaing gun robh i gu mòr nas beòchanta is nas fheàrr uidheam a thaobh dhaoine barraichte.

Ach, biodh sin mar a dh'fhaodas e bhith, is cinnteach an gnothach gun d' fhuair Màiri di fhèin cuid mhath den eòlas a b' fheàrr a bha a' dol aig an àm. Cha do sgrìobh Fénelon fhathast an *Télémarque* aige fa chomhair oighre ciatach na Frainge, Diùc Bhurgandi; ach, gun a bhith a' tighinn air na dearbhanaibh (cuid dhiubh gun teagamh math gu leòr, ach cuid eile dhiubh anabarrach dona is cumta a chum coirbteachd) aig Machiavelli, bha pailteas mòr de dheagh-ionnsachadh ann freagarrach do luchd-riaghlaidh, sean is òg. Bha na daoine a bh' ann anabarrach tìtheach air comhairle den t-seòrsa a bhiodh Quintilian a' cur a-mach na là fhèin, agus maille ris-san bha iad den bheachd nach b' urrainn na h-òigridh ionnsachadh tuilleadh is tràth. Don cheist a chaidh a chur air Quintilian: "Ciod e an t-àm iomchaidh, saoil tu, balach a chur a dh'ionnsaigh an Oilthigh?" fhreagair esan air ball, *"Cum poterit"*; agus b' ann a rèir na comhairle seo a thug e a rinn an sè linn deug, gu h-àraid a thaobh na feadhnach sin a bha an dùil ri ionadaibh àrda san t-saoghal seo a lìonadh. Mar sin, chan eil a bheag de choire ri fhaighinn don ghnè ionnsachaidh a fhuair Màiri fhad 's a bha i fo stiùireadh a càirdean comasach na Guisich; is gun deachaidh cùram sònraichte a ghabhail di san dòigh seo tha sin cinnteach leis cho oileanaichte 's a bha i anns gach ealain agus eòlas as còir a phlanntachadh gu tràth is gu domhain na leithid sin de urra. Bha dà nì ann a thàinig ri chèile air an deireadh thall gus an ruaig a chur air an deagh-ionnsachadh a fhuair Màiri; is b' iad sin, a nàdar fhèin, is nàdar nan aimsir san robh i beò. Fòghnaidh sin, tha mi den bheachd, gus sgeulachd thiamhaidh Màiri bhochd a dhèanamh rèidh so-thuigsinneach do neach sam bith nach eil gun suim gun toirt do ghuth na h-eachdraidh.

A rèir coltais, is fìor bheag de nàdar na ban-stàite a bha am Màiri; agus is tric a bhiodh i a' breugnachadh le a dèanadais gach deagh-chomhairle agus sgoile feumail a chaidh a phlannt-achadh innte ri àm a leanabais. Cha mhò na sin, a rèir coltais, a bha croisean agus driod-fhortan (a thàinig oirre, mo thruaighe, nan tuil-bheum) a chum feum sam bith di gus an aomadh tilgte a bh' oirre gu droch-chomhairle is amadanachd den a h-uile seòrsa a cheartachadh no a chur fo èis. Mar bhan-stàite, cò e a chuireas Màiri ann an coimeas ri leithid Ealasaid Shasainn, Iseabal à Castille, a màthair fhèin, Màiri a' bhan-Ghuiseach no, abair, eadhon Catrìona de Medici, mun do leugh mi leabhar taitneach an là roimhe ag innseadh nach robh ri fhaicinn innte-se a bheag idir de ghnàths is de spiorad na fìor bhan-stàite? An uair a dhealbh Màiri sgrios Hunndaidh, rinn i a' mhearachd bu mhò a rinn i riamh; is an uair a ghlac i Moireibh gu a broilleach, is cinnteach an gnothach gun robh i buileach dall, no co-dhiù air a cur fo sheun a thaobh-eigin nach robh idir den t-saoghal sam biodh Machiavelli is na Guisich a' creidsinn!

B' adhbhar-èise nach beag do Mhàiri nach robh deagh-sheirbheisich riamh aice. A rèir coltais, is e Rizzio, am Pied-montach, am fear a b' fheàrr den ghrunnan ud air fad, agus chan fhaodar a ràdh le fìrinn nach do sheirbheisich esan Màiri le dìlse agus tuigse. Thàinig an duine comasach seo gu Albainn an tùs ann an cuideachd fhoirmeil Diùc Shabhoidh, is chaidh a mholadh don bhan-righinn leis a' cheart neach, is gu dearbh cha b' ann gun adhbhar gun reusan a rinn e sin air Màiri, oir fhad 's a bha Rizzio air ceann chùisean ann an Albainn, is a' bhan-righinn umhail strìochdail don chomhairle a thug e seachad di, chaidh gach nì air adhart gu math is gu ro-mhath, air chor is gur e seo, air an deireadh thall, a ghiorraich a bheatha do Rizzio. Dh'innis Morton agus Ruadhainn (a bha air ceann na feall-chomhairle an aghaidh Rizzio) do Checil gur e a b' adhbhar do mhurt an Eadailtich gun robh an truaghan sin cho ro-dhìleas do Mhàiri, is cuideachd, gun robh eagal orra ro a chuid chuilbheartan, leis cho seòltach dòigheil tuigseach 's a bha e anns gach nì a thug i os làimh gus uachdaranachd na banrighinn a chumail gun bhriseadh, is an aidmheil Chaitligeach a dhìon don rìoghachd. Ach, a rèir coltais cha robh do Mhàiri ann an stiùireadh, is, na dhèidh sin, ann am murt Rizzio ach a-mhàin an dearbh fhaoineis, a shiubhail seachad oirre gun a bheag de lorg fhàgail na cois, is gun robh an gnothach dèanta! Coma co-dhiù, cha ghabh e àicheadh nach do rinn Màiri gradthilleadh gu ro-iongantach gu a dòigh is gu a rian amadanach gogaideach fhèin an dèidh mhurt Rizzio. B' e "an t-aon spot soilleir" a dh'fhiosraich Màiri riamh mar bhan-righinn Albann stiùireadh Rizzio; agus is cùis-iongnaidh nach beag leam cho suarach 's a thatar a' glèidheadh an duine chomasaich sin, is cho beag suim 's a tha luchd-eachdraidh a' gabhail, am bitheantas, den riaghladh aige. Airson na ban-righinn i fhèin, a rèir coltais cha robh de eòlas is de fhiosrachadh aice na dh'fhòghnadh gus àrd-luach a leithid de sheirbheiseach a dhèanamh soilleir di, air neo, an àite a bhith ga chaoidh is ga chaoineadh gu caoin-shuarach rè là no dhà—mar a rinn i—is ann daonnan ri gul is ri bas-bhualadh air a shon a bhiodh ise rè na còrr de a làithibh air talamh. "Our hopes sank as he declined, and died when he expired," arsa Bolingbroke, is e a' sgrìobhadh mu na Seumasaich is Louis XIV. Air a' cheart dòigh, faodar a ràdh le fìrinn gun do theann adhbhar Màiri ri dol am mùthadh is ri seargadh às on là a chaidh an fheall-chomhairle an aghaidh Rizzio a chur air bonn; agus gur ann am fuil an truaghain sin a chaidh a bhàthadh.

Ach, ciod i a' chuileag-phuinnsein a theum Màiri gu dol an cor Ealasaid Shasainn an dèidh Langside, chan eil fhios, saor bho seo, gun robh i gu tur às a ciall aig an àm—na creich mhuladaich gun rian aig a nàdar gogaideach neo-sheasrach fhèin, a rinn an dunaidh oirre cho ro-thric ro siud, a dh'aindeoin gach deagh-ionnsachaidh is comhairle mhaith a fhuair i gu seòl a b' fheàrr a leanail. Cha bhiodh ach duine às a chiall anns an neach sin a ruitheadh a dh'ionnsaigh dubh-nàmhaid airson dìon is teasraiginn, is an duine gun fhaicill sin an cunnart a bheatha aig an àm. Ach siud an dearbh nì a rinn a' bhan-righinn an dèidh Langside; is cuimhnichibh nach e duine maol-aigneach clod-cheannach a bha am Màiri ach *boireannach* is, barrachd air sin, boireannach dom bu mhath a b' aithne (mas fìor na chaidh a sgrìobhadh ma dhèidhinn) nàdar is aigne a gnè fhèin. Bha nàdar an dithis bhan-righinn cho fad air falbh bho chèile 's a tha na rionnagan togte os cionn na talmhainn—Ealasaid, is ise cho fuar ri cluigean-eighe; cho carach ris an t-sionnach; cho uaill-mhiannach ri Luisifar; cho trusach is cho farmadach ri seann spìocaire; an tràth nach robh i ach òg cho speachanta eudmhor ri sean-mhaighdeann, is cho dìoghaltach na h-uile dhòigh ri fiadh-bheathach an fhàsaich. Air an làimh eile, feuch Màiri, ban-righinn nan Albannach—boireannach cho còir sùgach teò-chridheach fialaidh laghach 's a chaith crùn dùthcha riamh, ach a dh'aon àm, mo thruaighe, cho gogaideach mùithteach luasganach, is cho buailteach air comhairle gun rian gun fhiù a cridhe fhèin a leanail le braise agus neo-shuim 's a tha ri tachairt air ann an eachdraidh uile ar seòrsa-ne. Mas e *"una trista"** a bha an Ealasaid, bu bheag a b' fhiach eòlas Màiri air gnothach an fhir-stàite làimh ri eòlas na ban-thruaghain sin air an nì cheudna. Mar sin, cò e aig nach biodh dùil ri gleac is cruaidh-chath uabhasach nan tachradh do dhithis nàdar cho tur ao-coltach ri chèile sa bha Màiri is Ealasaid dol an co-strì, is ri co-fharpais mu rudeigin air an robh an dithis bhan aig ar-amach? Agus thachair sin, ged nach do choinnich Màiri is Ealasaid riamh san fheòil.

> *Hey, monnie, monnie, but love is bonnie*
> *A little while, when it is new;*
> *But when it's auld, it waxes cauld,*
> *And fades away like morning dew.*

A rèir coltais, b' e an gaol a dhùisg an toiseach an nàimhdeas searbh bith-bhuan eadar an dithis nach tàinig gu crìch ach le bàs Màiri, mura do mhair e na dhèidh sin, cho fad 's a bha Ealasaid air a gabhail a-staigh, eadhon gus an taobh thall den uaigh. Bha farmad nach beag aig Ealasaid ri Màiri, a chionn gun robh ban-righinn nan Albannach gu mòr nas bòidhche dreachaile na pearsa na i fhèin, is do bhrìgh gun robh de

---

* Griogair XIII.

shuirgheachaibh aice nach tàinig an leithid aon chuid a thaobh àireamh no inbhe riamh ann an cor nighinn gun mhaise an ochdamh rìgh Eanraig. Bu leòr sin, tha mi a' dèanamh dheth, gus nàimhdeas nach searg a dhùsgadh eadar an dithis; is gur ann air stuth den t-seòrsa am bitheantas a bhios trod is cur a-mach am measg nam ban gan dèanamh suas. Ach taobh a-mach gu buileach dheth seo, thachair gun robh adhbhar nàimhdeis cruaidh eile ann eadar an dithis; agus chan fhaodar a ràdh le fìrinn nach do tharraing Màiri seo oirre fhèin le a giùlan is le a briathraibh, a bha cho neo-ghlic neo-fhaicilleach da taobh fhèin 's a bha e làn tàir agus tàmailt do Ealasaid. Tha mi a' ciallachadh le seo caitheamh follaiseach an t-suaich-eantais rìoghail aig Sasann le Màiri mun àm san robh i pòsta air an Dauphin. B' e tàmailt dùbailte a thug i seachad mar seo do Ealasaid; oir, le bhith a' dèanamh mar a rinn i, nochd i gu soill-eir don t-saoghal ciod e am beachd a bh' aice mu bhreith Eal-asaid, agus a-rithis, leig i fhaicinn don a h-uile neach aig a' cheart àm gun robh i den bheachd gur ann aice fhèin a bha còir le dlighe air crùn Shasainn, is nach ann idir aig Ealasaid. Bu mhòr am beud nach do chuimhnich Màiri bhochd air gach nì dheth seo a rinn i an àm di dol fo uidheam gus Albainn fhàgail; ach mas ceart mo bharail fhèin mun rud, is gun robh i às a rian aig an àm, gun teagamh cha robh air no dheth ach ceum an t-siabaire a ghabhail, is Albainn fhàgail.

Gus Màiri a bhacadh o bhith a' dèanamh mar a bha de rùn oirre a chur an gnìomh, agus Albainn a thrèigsinn, thatar ag ràdh gun do chleachd Àrd-easbaig Chill Rìmhinn, agus feadhainn eile bha an cuideachd na ban-righinn aig an àm, iomadh earail is deagh-argamaid air an tarraing bho shean eachdraidh an dùthcha, le sùil ri rùn Màiri a thoirt gu neoni is an sgleò a sgapadh far a sùilean. Ach riuthasan, cha robh Màiri idir toileach èisteachd a ghabhail. Bha a h-inntinn suidhichte, mar as gnàth le aiteam den t-seòrsa dom buineadh a' bhan-righinn am mèin is an toil fhèin a shuidheachadh, is iad fo ìmpis an eagail aig an àm. Agus a dh'innseadh na fìrinne, feumar aideachadh nach robh Màiri a dh'easbhaidh leisgeul no deagh-adhbhair airson gach droch-sheallaidh is cruth uabhas-aich a bhiodh a h-inntinn bheòthail fhèin a' cur an riochd di, an àm di feitheamh ri cur an òrdugh a' bhàta a bha ris an aiseag a dhèanamh di eadar Albainn is Sasann. Den iomadh smuain brònach agus eagalach a bhiodh a' dòmhlachadh a-staigh nam mìltibh air a h-inntinn aig a leithid sin de àm bha gun teagamh cuid dhiubh barraichte thar càch airson dèisinneachd is amhasachd gu ro-ghoirt nan gnìomh sin ris an robh iad ceangailte na meomhair, mar tha tachairtean mì-chiatach (is iad cho làn diomb agus tàir do gach fìor Chaitligeach) na bliadhna 1560; a coinneamh is a co-luadar fhèin ri Iain a' Chnuic, agus an droch ghiullachd a fhuair i on chreutair cheann-làidir reasgach ud; grad-fhuarachadh a' ghaoil a thug Darnley di, agus an cur a-mach air a chèile an lorg sin; murt Rizzio; bàs uabhasach a fir-pòsta fhèin, agus na fathainn sgreataidh da taobh fhèin don tug an dèanadas oillteil sin èirigh am measg mhòr-chuid den t-sluagh; suirghe Bhothwell, is an neach sin fo amharas làidir aig an àm gun robh làmh aige ann am bàs Dharnlaidh; a glacadh (co-dhiù a b' ann le a deòin no na h-aghaidh is coma sin) le Bothwell, is a pòsadh gun rath air a' cheart pheacach; Cnoc Charberidh, is a ruagadh leis a' phràbar feadh shràidean cinn-bhaile a dùthcha goirid na dhèidh sin; a cur a-mach à dreuchd mar bhan-righinn leis na h-uaislibh a bha fo airm na h-aghaidh, agus a prìosanachadh ann an tùr nan Dùghlasach air Loch Leamhna; agus a-nis, mar cheann-fìnid is mar àrd-chrùn de gach driod-fhortan is cruaidh-chàs a thug ceum air thoiseach air an sin, Langside, agus na chois an teicheadh tilgte tàmailteach seo gu Sasann. Gun teagamh, cha b' e ròsarnach a bha an Albainn aig an àm ud; cha mhò na sin as e co-chruinn-eachadh de Dhamonaibh, còmhla ri an cuid bhan-chomp-anach, a bha an luchd-àiteachaidh na dùthcha; agus, mur b' e an uilebheist bheucach ud a bha na rathad, Ealasaid, ma dh'fhaodte nach robh Màiri bhochd cho buileach ceàrr na breith an uair a rinn i suas a h-inntinn a bhith cuidhte is Albainn gu sìorraidh.

Ach, biodh sin mar a bhitheas e, 's e an fhìrinn mun chùis nam b' fheàrr a b' aithne do Mhàiri a dùthaich fhèin, cha do thrèig i riamh i, a chionn nach robh fìor adhbhar air. Taobh a-mach de dhòrlach de bhailtibh air Galltachd na dùthcha cha robh càirdean an Ath-leasachaidh aon chuid lìonmhor no

cumhachdach san tìr.[*] Is fìor an nì gun robh cuid de na h-uais-
libh is iad den inbhe a b' fhaide bha ri fhaotainn san dùthaich
aig an àm anns an Ath-leasachadh, is an aghaidh Màiri, cuid
dhiubh, gun teagamh, do bhrìgh gun robh iad a' creidsinn gu
fìor is gu làidir ann am prionnsabalaibh an Ath-leasachaidh;
ach a' mhòr-chuid dhiubh, is mòr as eagal leam, air am
beòthachadh is air an gluasad anns a' ghnothach sin le tograibh
agus miannaibh nach seasadh solas là car aon mhionaid. Chan
eil teagamh nach robh seo na adhbhar laigse nach beag do
Mhàiri; is, mar sin, feumar suim sònraichte is gu ro-chùramach
a ghabhail dheth ann a bhith a' tighinn air giùlan na ban-
righinn mar-aon an dèidh Langside is roimhe. B' iad na h-uais-
lean a bhris spiorad a h-athar,[+] agus, len cuid cheannairc agus
fheall gun àireamh a chuir an rìoghachd uile ann an cunnart is
ann an teann-chàs an dèidh teann-chàis. Mar an ceudna, mur
deòin leis na h-uaislibh èirigh, cha mhò na sin a bhiodh am
poball toileach èirigh, gun an stiùireadh is gun an iùl-san. Bu

---

[*] "Sagart, tha sinn faotainn am measg an t-sluaigh àireamh mòr de
Caitligich, agus tha seo fìor eadhon a thaobh nan uaisle. Airson nan
eiriceach, is beag an àireamh agus is bochd an cumhachd-san." Nicolas de
Gouda de Comann Ìosa gu Seumas Layne, Ceann don Comann ceudna,
Mayence 1562—*Narratives of Scottish Catholics.*

[+] "In the autumn of 1542, the old Duke of Norfolk was sent to the border with
twenty thousand men, and gave to the flames two towns and twenty villages;
but the left wing of the invading force was defeated near Jedburgh by the Earl
of Huntly, and partly from this cause, partly from want of supplies, Norfolk
was soon compelled to retreat. It was in vain that James urged his nobles to
follow him in a counter invasion; they refused to cross the border, asserting
that they were not bound by their allegiance to leave their native country...
Threats and persuasions were equally useless. James, stung with vexation,
returned home, and ordered the troops to be disbanded. It was to no purpose
that he afterwards with a smaller army attempted the invasion of Cumberland.
At Solway Moss the soldiers not only refused to obey the leader he had
appointed to command them, but, without striking a blow, laid down their
arms to a small English force. Thousands of men, with twenty-four pieces of
artillery, being the whole of the royal train, fell into the hands of the enemy.
This last disaster broke James's gallant heart. A slow fever wasted his strength;
he sank into a long stupor, and refusing all comfort, died in December, 1542,
leaving the crown to his infant daughter, the Mary Stuart of later history."—
Narratives of Scottish Catholics.

dualach seo do na Ceiltich aig an àm a dh'ainmich mi, agus cha chreid mi fhèin nach eil iad fhathast gu làidir fon cheart bhuaidh. "A nation," arsa Sir George Cornewall Lewis,[*] "does not change the form of its government with the same facility that a man changes his coat. A nation in general only changes the form of its government by means of a violent revolution." Tha seo uile fìor, agus tha e a cheart uimhir cho fìor sin nach atharraich nàisean aidmheil gun mhùthadh mòr a bhith ann. Bha a' mhòr-chuid den t-sluagh Albannach fhathast dìleas don t-sean chreideamh, agus deas gu èirigh air a shon, air cho cuimhneach 's a dh'fhaodadh iad a bhith air bàs Hunndaidh, agus air an làimh a thug a' bhan-righinn fhèin anns an tachartas sin, a bha cho làn truaighe is calltachd da cùis fhèin 's a bha e mar sin do adhbhar na h-Eaglaise. Mar an ceudna, bha Gàidhealtachd na h-Albann fo shìth is fo rian aig an àm, is na cinn-cinnidh uile ach beag gu buileach den aon chreideamh ri Màiri fhèin, is deas gu èirigh airson nan "English lords" fhuadachadh le tàir às an dùthaich, ceart mar a rinneadh orra uair no dhà ro siud. Carson, ma-tà, nach do ghabh Màiri cuid a h-eagail, is gun iarr i air na Gàidheil iad a thighinn na leisgeul gus a crùn a ghlèidheadh di, agus càirdean nan Sasannach an Albainn a thilgeil bonn os cionn, nì a bhiodh dise, is dòcha, gu mòr nas soirbhe a chur an gnìomh na bha e dhaibhsan a bhuineadh don aon teaghlach rithe fhèin a thàinig na dèidh, agus a dh'èirich gu biùthas agus gu cumhachd nach searg am feast air guala leathann làidir nan Gàidheal,

Sibh a rinn fo làimh na Trianaid,
Mis' a dhìon o mhì-rùn chàich;
Mo dhearg-nàimhdean neartmhor lìonmhor
Chuir an lìon feadh ghleann is àrd.
A mheud 's a thaisbean sibh dur dìlseachd
'S còir nach dìochuimhnich gu bràth;
A bhàrr, gur sibh as luaithe shìn rium,
Toic air tìr san talamh-àrd.

Ach Màiri, chuir ise cùl ri dùthaich a breith is a h-àraich, is theich i le luaths na h-earba na casaibh a dh'ionnsaigh a dearg-

---

nàmhaid, gun ach aon bhuille bheag a bhualadh air a son fhèin, is às leth an adhbhair ris an robh i ceangailte. Gu dearbh, bu nàrach sin, mur e boireannach a bh' innte; ach on as e dìreach sin a bh' innte, fàgamaid an gnothach aig an sin, a' leigeil duinn leisgeul fhaighinn air a son a gheibh gabhail ris aig an fheadhainn sin don fheàrr as aithne nàdar nam ban.

"Mas ann a bha rìoghachd agam ri peanasachadh," thuirt Frederic Mòr nan Gearmailteach uair, "bheirinn seachad i gu bhith air a riaghladh le feallsanaich." Biodh no nach biodh an ràdh sin ceart, chan eil cinnt nach do chaill Màiri bhochd a crùn is na dhèidh sin a beatha do bhrìgh nach robh innte dad idir de spiorad is de aigne an fheallsanaich.

Am Boċan Tuġaıḋ

Niall MacIlleSeaċanaiċ

"**Am Fear Ciùil**"

Tha mi a' creidsinn gu bheil mo cheann-teagaisg a' cur iongnaidh oirbh. Tha mi an dòchas gu bheil, agus gun treòraich e bhur smuain air sgiath leamsa don dùthaich sin anns an d' fhuair sinn ar breith agus ar n-àrach. Nach iomadh smuain dhìomhair a dhùisgeas seo ann ar n-inntinnean air fad!

Tha e dualach dhuinn mar shluagh aig am bheil faireachdainnean domhain agus mac-meanmna làidir a bhith a' sealltainn air ais air na làithean a thrèig. Tha maise ar dùthcha air a cumail ùrail dhuinn le a bhith a' cluinntinn nan dàn air an robh sinn eòlach an-dràsta agus a-rithist aig coinneamhan caidreach anns a' bhaile mhòr. Na bàird a' bruidhinn rinn anns an t-seana chànain, agus sin gun truailleadh, gun ghaoid, gun ghalar; ach mar fhìor-uisg nam beann, agus mar an osag chaoin a chrathas am braon far riasg is chanach.

Tha sinn a' faicinn an siud am bun na creige, bothan tugh-aidh: tha gàirich nan tonn a' dùsgadh Mhic-Talla; tha iad le nuallan trom a' bualadh air an tràigh.

> *"Tha luasgan na mara sa chaol,*
> *Is gearan nan craobh san tòrr;*
> *Trom-osna nan allt air an raon*
> *Toirt manaidh na gaoith' nar còir."*

Chì sinn an fhaoileag a' laighe 's ag èirigh, 's a' marcachd nan steud-each geala; chluinnte gulag a' bhrìd-eòin ann an geodha fasgach 's e a' cur àird air dèanamh maorach ri tràigh: na sgairbh mar fhreiceadain dhubha air na sgorran biorach. Bidh an t-adharcan 's an guilbneach a' freagairt a chèile air an oitir.

Tha, mar gum b' eadh, saoghal eile a' cuartachadh a' bhothain a tha shuas an iomall a' mhonaidh. An aite gàirich nan tonn tha torman nan allt. Tha tùchan a' choilich ruaidh agus dùrdail a' choilich dhuibh ri chluinntinn air gach taobh. Na h-aimsir fhèin bidh an uiseag a' lìonadh an adhair le ceòl, agus bidh còisir leadanach gu ro-cheilearach am measg nam preas 's nan tom.

An taobh a-staigh nam bothan seo gheibh sinn teine mòr mòna air teis-meadhan an ùrlair, agus an toit na chuartagan glasa ag èirigh a dh'ionnsaigh na h-iarmailte tro mhullach an taighe. Tha dèile no dhà air an cur tarsainn nan diostaidhean a dhèanamh seòrsa faraidh. Gach lànan, taobhan is cabar-droma is neul na sùithe air a leth-cheann. An siud agus an seo chith-eadh tu sgroth eadar na taobhanan, agus ri aimsir fhliuch chluinnte cnig-cnag aig an t-snighe dhubh. Tro stuaidh an taighe chluinnte a' Chaisfhionn ga tachas fhèin ris na stèicean, agus an laogh a' mire-leum na chrò. Cearcan calmanach is badanach a' sgiathalaich mu na dorsan, agus chluinnte bean an taighe ag ràdh ri eireag na bliadhna uiridh: "Cha do rug thu fhathast ged as dearg do chìrean!"

Chaidh làithean ar leanabais seachad, agus cha bu bheag an càs e an uair a dh'fhalbh sinn air làimh don sgoil. B' e seo da-rìreadh ar ciad dhol a-mach don t-saoghal, agus eadhon aig beagan mhìltean a dh'astar bha iarrtas beò nar cridheachan teicheadh dhachaigh. Bhon chiad uair a dh'fhosgail sinn leabhar beag na h-aibideil bha sinn a' faicinn bheanntan mòra ann an slighe ar beatha a bha a' cur eagail oirnn; beanntan a dh'fhaodas mi a ràdh nach deach a chur an dara taobh gus an latha an-diugh. Nam biodh aig òigridh a' bhaile mhòir ri àireamh mhìltean a choiseachd air ais agus air aghaidh mar a bha sinne a' dèanamh anns a' Ghàidhealtachd, theireadh iad riut gun robh iad aig inbhe dhaoine, agus a' dèanamh an deagh obair latha. Dhèanamaid-ne obair latha an dèidh tilleadh dhachaigh! Bha am bàthaich ri chur an òrdugh; uisge ri thoirt às an tobair; cùil na mòna ri lìonadh airson na h-oidhche, agus iomadh dleasnas mar sin a chuideachadh bean an taighe.

Bu tric leis na maighstirean-sgoile a bhith nan daoine teann, cruaidh air an treud bheag a bha fon cùram. Chuireadh iad don choille chaoil thu a bhuain shlat ga do sgiùrsadh fhèin! Nan dèanadh tu dearmad air da fhòid mòna a thoirt leat fod achlais anns a' mhadainn chan fhaigheadh do shròn am fagas don teine ged an robh an sneachd na chuitheachan ri stuaidh an taighe. An dèidh sin 's air fad cia lìon iadsan a dh'oileanaicheadh mar seo a dh'èirich gu inbhe àird agus chliùitich am measg nan Gall? Bha iad nan cliù dhaibh fhèin; nan urram dam pàrantan agus dan dùthaich.

Is iomadh gnè oibre a tha mar fhiachaibh air gille agus nighean Ghàidhealach an làmhan a chur ris rè nam bliadhnaibh sin eadar fàgail na sgoile agus togail gu cosnadh ceart. An uair a thig na reothairtean mòra anns an Earrach tha gach beag is mòr a' togail orra don tràigh roc. An fheamainn dubh ga buain leis na corrain; ga luchdachadh am bàtan mòra is beaga, cho trom agus gur culaidh-chunnairt e gus am bheil iad sàbhailte aig an lamraig. An sin giùlainidh iad an fheamainn ann an clèibh air an druim a dh'ionnsaigh an iomaire àitich.

Is e latha mòr e latha cur a' bhuntàta! Ma tha seisreach an greim cha bhi gille no nighean nach bi air an achadh. Na cailleachan a' sgoltadh a' bhuntàta, na caileagan ga leigeil anns an sgrìob, agus na gillean a' tilgeil na h-innearach agus na feamann air uachdar.

An dèidh cur a' bhuntàta tha a' mhòine ri bhuain, is cha b' e sin cleas a bu lugha oirnn; a' dubhadh 's a' clodadh a chèile eadar nan sgràilleadh a thigeadh mar cluasan bhon fhear a bha cùl an toireisgin. Chan iarramaid na b' fheàrr na an uair a chitheamaid bean an taighe a' tighinn trom-luchdaichte le bonnaich bheaga choirce 's caise agus taoman math de bhainne. B' i sin a' chuirm-chnuic! Nar suidhe air brat de fhraoch meallach, mìn. Srann an t-seillein ruaidh a' tighinn 's a' falbh mar fhuaim ciùil fad-às. An riabhag dhonn os ar cionn, agus bu bhinn lurach a ceilear a' teàrnadh oirnn bho na speuran a-nuas.

Ann an seachdain no dhà tha a' mhòine deas ga togail na caisteil bheaga, ach san ùine sin tha am buntàta ri ghart-ghlanadh agus ri togail uime.

Gheibheadh na gillean òga beagan cosnaidh aig rùsgadh nan caorach seasg. Cha bu bheag oirnn an obair sin idir. Tha nì-eigin anabarrach togarrach, toilichte ann an cois na cìobaireachd. Ciod as toil-inntinniche na èirigh moch-thràth madainn Shamhraidh 's do chù a ghairm gud shàil agus do cheum a thogail ri monadh? A' dìreadh ri beinn àrd gheibh thu an sealladh àlainn sin, a' ghrian ag èirigh. Chan eil sealladh air an t-saoghal ri choimeas ris. Na reultan a' fàs fann agus a' leaghadh às do shealladh. An àird an ear gu dearg, lainnearach mar fhùirneis mhòir, agus gathan na grèine a' deàrrsadh air chùl fànais a' spùtadh lainnir deas is tuath. An uair a chì thu cirb na grèine a' brùchdadh a-nìos air chùl an fhearainn Ghallta is e a their thu riut fhèin: "Ciod an t-iongnadh a-nis na treubhan sin a tha fhathast gun eòlas an t-soisgeil a bhith gan sleuchdadh fhèin sìos agus ag adhradh don ghrèin?" Tha an sealladh cho òirdheirc agus a' buadhachadh cho mòr air ar breithneachadh agus gu bheil sinn a' gabhail a-staigh ann an tomhas as motha ùghdarras a' chumhachd sin a tha a' toirt dhuinn gach tarraing analach, agus a tha a' riaghladh cùrsa na grèine thairis air an t-saoghal gu lèir, a' sgaoileadh a gathan caoine air duine is ainmhidh, gach coille 's blàth-lus maoth. Ar leat gu bheil a' chòisir sgiathach fhèin a' tabhairt adhraidh dha. Gheibh sinn anns an duan seo "Madainn Shamhraidh," le Niall MacLeòid nach maireann, earrannan a tha fìor-fhreagarrach, agus a chuireas snas nach beag air a' chuid seo den òraid.

Tha doineann nan speur air sèideadh thairis,
Tha nèamh is talamh nan glòir;
Tha gathan na grèine ag èirigh thall ud
Cur sgèimh air beannaibh a' cheò;
Tha eunlaith na coill a' seinn le caithream
Air roinn nam meanganan òg,
Toirt moladh don Tì thug dhuinn gach beannachd
'S a dhìon tron ghaillinn iad beò.

Gach doir' agus bruach len tuar cho fallain
'S an gruag air lasadh mar òr;
Fo shileadh an driùchd tha smùid na meala
Cho cùbhraidh bho anail nan ròs;
Tha chuthag a' leum feadh gheug a' bharraich
'S an sprèidh cho mear aig a' chrò;
'S na cruinneagan suairce, guanach, banail,
Len cuachan bainne nan dòrn.

Cha chuimhne leamsa an uair a bhiodh iad a' dol gu àirigh
leis a' chrodh ach leugh is chuala mi mòran mun cuairt air a'
chleachdadh sin, agus is cinnteach gum faighear am measg
luchd-leughaidh na h-òraid seo aon no dhà a bha aig an àirigh.
An uair a bhiodh am bàrr anns an talamh dh'iomaineadh iad an
sprèidh gu cluainibh gorma, fasgach astar math bhon bhaile.
Bhiodh bothain air an cur suas airson nam banarach, agus
bhiodh na guanagan laghach sin a' giùlan air aghaidh gach uile
dhleasnas co-cheangailte ri an dreuchd—a' dèanamh ime 's
càise. Cha bhiodh iad air dheireadh airson luchd-cèilidh agus
suirghean—thèid an dà nì an cuideachd a chèile gu gasta!

Tha sgeul no dhà againn bho bheul-aithris nan daoine a bha
romhainn gum biodh iad a' faicinn agus a' cluinntinn, an cuid a
dh'àitean, nithean nach buineadh don t-saoghal seo idir. Chan
eil teagamh nach robh e na b' fhasa leotha creideas a thabhairt
do thannasgan aig an àm ud na tha e an-diugh; ach fhathast
gheibh thu fir agus mnathan a their riut nach eil iad a' creidsinn
ann am bòcain, agus cha tèid cas dhiubh don tobar an dèidh
bheul na h-oidhche!

Air taobh an iar eilean Dhiùra tha gleann bòidheach, feur-
ach, mèineil; allt mòr a' ruith troimhe agus monaidhean àrda

air gach taobh dheth. Tha Beinn an Òir a' sealltainn a-sìos bho bhràighe gu ìochdar. Goirid bho bheul na h-aibhne seo agus glè fhaisg air a' chladach tha uaimh mhòr. Bhiodh luchd na h-àirigh a' tadhal na h-uamha seo, ach bha iad a ghnàth a' gearan air na bhàtar a' cluinntinn agus a' mothachdainn innte air an oidhche. Bha mise mi fhèin tric gu leòr aig an uaimh seo ri solas latha ach, chan eil mi a' dol ga àicheadh oirbh, b' fheàrr leam laighe air an raon agus clach-mheallain chruaidh an Fhaoiltich a' toirt mhìrean às an talamh na fasgadh iarraidh anns an Uaimh Dhearg leam fhèin air an oidhche!

Bha maighstir-sgoile an coimhearsnachd muinntir na h-àirigh a bha na dhuine fìor-stèidheil, seadh, na dhuine diadhaidh. Cha robh esan a' creidsinn gu robh dad mì-shaoghalta san uaimh, agus thuirt e gun cuireadh esan oidhche seachad anns an Uaimh Dhearg. Air feasgar bòidheach ciùin thog e air, agus cha do rinn e dearmad air a' Bhìoball a thoirt leis. A rèir coltais rinn e an t-adhradh àbhaisteach, agus ghabh e mu thàmh. Mun do ghoir an coileach bha e air ais an Cnoc Crom, is cha do dh'innis e do dhuine riamh gu dè chunnaic no chuala e ach nach comhairlicheadh e air duine beò dèanamh mar a rinn esan. Is dòcha gun robh seo a' toirt dùbhlan do chumhachd as àirde na sinne, agus theagamh an dèidh na h-uile car gu bheil fìrinn anns an rann—

> *An uair sin eadar oidhche 's lò*
> *An t-àm bu chòir dhuit a bhith steach,*
> *Is cumhachd sin nach eil san fheòil*
> *Bhith tagairt còir air na tha mach.*

Is math nach robh na h-àirighean uile air am fiosrachadh mar a bha an Uaimh Dhearg. Bha àbhachd gun ghrabadh a' dol air aghaidh ann am bothan na h-àirigh. Is e a thubhairt pìobaire Fear Ghlinn Alladail,

> *Thug mi 'n oidhche raoir san àirigh,*
> *Thug mi 'n oidhche raoir san àirigh*
> *Chaith mi 'n oidhche cridheil, coibhneil,*
> *Mar ri maighdeannan na h-àirigh.*

Bha Rob Donn e fhèin a' tadhal na h-àirigh, agus an uair a

chunnaic e a chiad-ghràdh an cuideachd an t-saoir bhàin ghabh
e gu ro-throm e, agus sheinn e,

> *Is trom leam an àirigh*
> *'S a' ghàir a tha innt'*
> *Gun a' phàirt sin a b' àbhaist*
> *Bhith 'n dràst' air mo chinn;*
> *Anna chaol-mhalach, chìoch-chorrach,*
> *Shlìob-cheannach, ghrinn,*
> *Is Iseabal a' bheòil mhilis*
> *Mhànranaich bhinn,*
> *Heich! mar a bha air mo chinn,*
> *'S e dh'fhàg mi cho cràiteach*
> *'S gun stàth dhomh bhith ag inns',*
> *Heich! mar a bha.*

Is ann ainmig a chithear bean le corran a' buain an arbhair
nar latha-ne. Ged nach freagradh sin ach dona air na tuath-
anaich aig am bheil an roinn as motha agus as fheàrr den
fhearann àitich an-diugh is e mòran oibre a dhèanadh na bana-
bhuanaichean roimhe seo ann an latha, agus bu bhòidheach
chothromach a bhiodh na h-uile sguab air an ceangal, gun dias
nan dèidh, agus na h-adagan cho rèidh òrdail, nan sreath
dhìreach air an achadh.

B' e an cleachdadh an cuid a dh'àitean a bhith a' toirt beagan
làithean an àm fogharaidh don uachdaran a bha a' seasadh air-
son màil no umhlaidh air choreigin. Theireadh iad a'
bhòrlanachd ris an cuid a dh'àitean. Bhiodh mòran feòir ga
dhèanamh anns na glinn fa chomhair geamhrachadh nan damh
's a' chruidh sheasg. An t-àireach agus a chuid ghillean a' tarr-
aing a-mach ro bheul an latha a dh'ionnsaigh nan cruachan a
dhèanamh cheannag, agus an sin gan giùlan nan eallachan
troma gu ruig a' bhuaile.

Cha luaithe bhiodh an cròthadh seachad is na mulain air an
tughadh na dh'fheumte toiseachd air togail a' bhuntàta. Obair
fhuaraidh shalach nach robh spèis agam riamh dhith! Ach chan
fhaodar diùltadh, agus b' e sin na gillean sona an uair a bhiodh
na sgrothan air a' phollag mu dheireadh. Gheibheamaid an sin
latha saorsa agus thogamaid oirnn don choille challtainn a

thrusadh chnò, is sinn mar na feòragan a' streap nan craobh a' strì cò gheibheadh am mogal bu mhotha.

Bha an òigridh a' dèanamh barrachd othail ri oidhche Shamhna na bha daoine eile a' dèanamh ris an Nollaig. Tha an t-seana chleachdadh seo air a ghiùlan a-mach fhathast, ach ann an tomhas beag ath-leasaichte agus dh'fhaodte nach ann gu mhath. Co-dhiù, ma bha gàrradh càil math aig fear gun phòsadh dh'fhaodadh e bhith deimhinn às gum biodh iarraidh fhada air toradh a shaothrach sa mhadainn. Mar a bu mhotha a leudaicheadh 's a mheudaicheadh esan air lagh na dùthcha agus air briseadh na h-ochdamh àithne, agus roinn den deicheamh, is ann a bu mhotha a challtachd an ath uair. Bha tumadh airson nan ùbhlan na spòrs chiatach, agus neo-ar-thaing an uair a thòisicheadh na h-igheanan air losgadh chnò. A-rithist dh'fheumadh iad, tè mu seach, dol a-mach don ioth-lainn, agus trì chuairt dheiseil a chur air mulan agus an dèidh sin dias a tharraing agus èigheach air a leannan. Ma b' fhìor b' e a' chiad fhear a thachradh oirre na dhèidh sin a bhiodh aice mar chèile! Chuireadh bean an taighe poit nan trì cas air meadhan an ùrlair 's i loma-làn buntàta pronn, agus suaicheantas beag no dhà innte. Air an armachadh le spàinean adhairc chruinnicheadh iad mun cuairt na poite mar fheitheid thun na cairbh a dh'fheuch cò gheibheadh am fàinne.

Ged a bha an obair seachad aig an òigridh cha b' e sin e do fhear an taighe. Bheireadh e latha no dhà a' spìonadh fraoich, agus ri latha fliuch chitheadh thu e na shuidhe anns an t-sabhal, sguab mhòr den fhraoch aig a làimh, agus mar a shnìomhadh e an sìoman bha e ga chur mun cuairt an fhuirm air an robh e na shuidhe gus am biodh aige ceirsle sgoinneil. Bha tughadh nan taighean agus gailleann a' Gheamhraidh a' cur ìomagain airsan ged nach robh air a' chuideachd òg.

Tha dithis dhaoine eile nach eil math dhuinn an dearmad, agus is iadsan an greusaiche agus an tàillear. Chuala sibh ceud greusaiche gun bhith breugach, agus ceud tàillear gun bhith crùbach. Is i mo bharail fhèin gun robh na tàillearan cho teòma air na breugan ris na greusaichean fhèin. Tha fios agam air an seo co-dhiù. Nam bu chuimhne leamsa na h-uirsgeulan a chuala mi bhon Tàillear Mhòr mu Loch a' Bhaile-mhargaidh agus na h-eich-uisge nach b' e Bothan Tughaidh a bu cheann-teagaisg dhomh an-dràsta.

Bhiodh na daoine còire seo a' dol bho theaghlach gu teaghlach a' dèanamh bhròg is eudaich, ach thugaibh fa-near, cha bhiodh iad anns an aon taigh ag obair còmhla idir. Bu leòr aon seanchaidh a bhith fo chromadh an taighe aig an aon àm. Chruinnicheadh na sgonna-bhalaich a dh'èisteachd nan sgeulachdan, agus bhiodh an cridhe am bun an t-slugain aig pàirt dhiubh an uair a thigeadh orra falbh!

Chuireadh na bodaich seo dhiubh tughadh 's raineach mu na chunnaic agus na chuala iad fhèin. Chunnaic an greusaiche, ma b' fhìor, cù mòr dubh aig a leithid seo de dh'àite, agus chaidh riochd duine ann an craiceann caorach seachad air an tàillear aig a leithid seo de bhealach, no thachair tìodhlacadh air aig a' mheadhan-oidhche, agus dh'aithnich e na daoine a bha leis a' ghiùlan. A-nis bha fios aig gach neach a bha a-staigh nach biodh a h-aon den phaidhir air an rathad mhòr leotha fhèin air a' mheadhan-oidhche ged a chuirte na coin riutha às a' bhaile! Ach b' e seo a thàinig sinn a-mach a dh'èisteachd, agus chuala sinn e; agus dhrùidh e oirnn cho mòr, ged nach do chreid sinn e, agus nach leigeadh an t-eagal leinn dol dhachaigh. Mo bheannachd leis na greusaichean 's na tàillearan. Dh'fhalbh iad 's bu laghach iad!

Feumar beagan iomraidh a dhèanamh air a' chèilidh an dèidh na thubhairt mi mu na daoine còire leis an do ghabh sinn ar cead. Nach bu ghasta an còmhlan de ghillean 's de nigheanan a bhiodh nan suidhe mun cuairt an teine mhòir mhòna agus na cabair bheithe a' spreadadh 's a' spreadhadh mu na lurgan aca; am bodach air a dhruim dìreach anns an leaba, is bean an taighe na suidhe air fuirm ris a' bheingidh. Dh'fheumadh na gillean a chluinntinn mar a thugadh an car às a' ghàidsear 's a chuir iad am falach am buideal 's a' phoit dhubh. Seadh agus mar a theireadh na saor-shealgairean dhachaigh na fèidh 's a shailleadh 's a dh'itheadh siad iad agus na forsairean a-mach 's a-staigh mu na dorsan aca. Dh'fheumadh na h-igheanan Suirghe Lachainn Bhàin a chluinntinn a-rithist agus gun fhios nach cuireadh an sealbh mairiste nan rathad-san air a' mhodh cheudna. Rachadh an sin na tòimhseachain mun cuairt, agus sgeulachdan beaga faoine gun ghò. Gach aon cho toilichte is gun do dhìochuimhnich iad a' mhin a chur air poit a' bhrochain!

Tha sinn uile an comain na muinntir sin a chum beò na sgeulachdan sin. Chan iad idir as lugha a chuidich còir na Gàidhlig. Ma shaoileas cuid nach robh annta ach sgeulachdan faoine gun seagh, gun bhrìgh, chan eil iad mar sin don Ghàidheal cheart. Dhasan tha iad a' ceangal na seann aimsir le bannaibh daingeann ris an aimsir a tha an làthair.

An uair a bhiodh a' ghealach aig a h-àirde bhiodh cleas is fealla-dhà a-mach air an raon is air a' mhachair. "Dallan-Dà," "Crìoch a' Bhodaich" agus "Spiod an fheannaig ghòraich!" Nach b' aotrom guanach gach aon againn, gun chùram saoghalta, gun uallach inntinn.

Rachadh na h-oidhchean seachad gu cridheil caidreach mar sin gu Nollaig. Latha no dhà ron a' Challainn dh'fhalbhadh fear an taighe, no dh'fhaodte bean an taighe, a shireadh pige na Nollaige. Chan fheumadh an taigh a bhith gun dileag ann aig an àm sin. B' e cùis-thàmailt eagalach e mura rachadh aca air glainne a thoirt seachad latha Nollaig, agus seachdain na dèidh.

Bha allaban gu leòr aig luchd-iarraidh a' phige. A' siubhal thar monaidh fiadhaich gun cheum rathaid a b' airidh an t-ainm, agus ged nach tòiseachadh iad air an Nollaig gus an tilleadh iad, rud nach robh ach ainmig, cha b' fhurasta an rathad a dhèanamh dhachaigh anns an dorcha.

Innsidh mi dhuibh sgeul bheag fhìor mu dhèidhinn bean a chaidh air tòir pige na Nollaige. Bha trì mìle aice ri choiseachd thar a' mhonaidh, agus ràinig i a ceann-uidhe gu spèideil. Rinn i a gnothach, is fhuair i aoigheachd fhialaidh bho a càirdean, agus na dhèidh sin thog i ri monadh a-rithist. Cha robh i fada air an t-slighe dhachaigh an uair a thòisich cur sneachda. Chum i ceum ann mar a b' fheàrr a bha na comas, ach gu cinnteach cha b' fhurasta do bhean mòran spèid a dhèanamh ri leithid de shìde. Bha gaoth làidir a' sèideadh na h-aghaidh, agus na cleiteagan a' reòthadh mar a bha iad a' tuiteam oirre. A rèir coltais thug i thairis le fuachd is sgìos, agus theagamh an t-acras, cò aige tha fios? Laigh i sìos ann an àite neo-fhasgach bràighe nan Laganan Gorma, agus fhuaradh a corp taobh a' cheum rathaid an làrna-mhàireach, mar mhìle da dachaigh. Tha càrn beag chlach a' comharrachadh a-mach an àite san d' fhuaradh i, agus tha mi a' smuaineachadh gun do chuir mi fhèin clach air a' chàrn sin iomadh bliadhna an dèidh dha seo tachairt.

Cha tric do sgeul mar a dh'aithris mi a bhith air a h-innseadh an co-cheangal ri turas Nollaige. Tha iad am bitheantas mar seo. Chuala sinn bho na seann daoine aig a' chèilidh e, agus leugh sinn ann an leabhraichean e. Air gabhail tuilleadh 's a bha math dha, fhuair fear a' phige e fhèin feadh nam bacaidean mòna, is e mar dhamh ann an ceò. Chuir e cuairt is cuairt, uair a fodha is uair an uachdar. Air faotainn air talamh cruaidh thug e na buinn dhi gu sgiobalta, agus fhuair se e fhèin, chan ann aig a dhachaigh, ach far an d' fhuair e am pige!

Air oidhche na Callainne dh'fhalbhadh buidheann de ghillean, agus chan fhàgadh iad taigh anns a' bhaile nach buaileadh iad aig an doras, ag aithris rann (no duan) Callainne a fhreagairt do chòir bean an taighe.

> *"Mise nochd a' dol air Challainn,*
> *'G inns' a mhnathan a' bhaile*
> *Gur e màireach Latha Nollaig:*
> *Gillean bochda dol a dholaidh*
> *Gun ìm, gun chàise, gun aran,*
> *Freastal cnapan den bhuntàta,*
> *'S droch càl an dèidh a phrannadh;*
> *'S còir am miosgan a ghearradh,*
> *'S còir am miosgan a ghearradh,*
> *'S mura gearrar air chòir e,*
> *Thèid òrdag air sgòrnan na caillich."*

Bheireadh mnathan còire dhaibh bonnach beag is toll ann no rudeigin ach na cailleachan spìocach nach cuireadh uimhir agus fàilte orra, cha b' i a' bheannachd a b' fheàrr a rachadh fhàgail aca!

Latha Nollaig chruinnicheadh sean is òg, beag is mòr, air a' mhachair a chluich leis na camain. Is ann an sin a bhiodh an iolach 's an èigheach. "Buaileam ort" a-bhos agus "Buail a-mach" thall! B' e cromadh na grèine a sgaoileadh a' chuideachd, agus rachadh iad an sin dhachaigh a dh'ionnsaigh na cuirme 's an dannsaidh. Bu mhoiteil a dh'innseadh na seann laoich a liuthad Bliadhn' Ùr a bha iad a' camanachd air an dearbh mhachair ud.

Cha chreid mi a-nis nach tug mi dhuibh earrann às gach ràithe, ach tha aon nì fhathast a dh'fheumas àite fhaotainn, agus àite urramach am measg chàich. Is e sin, coimhead na Sàbaid.

Tha mi a' creidsinn nach robh cinneach air uachdair fuinn a bha a' coimhead na Sàbaid mar a bha na Gàidheil.

B' e Disathairne an là bu trainge den t-seachdain. Bha uisge ri thoirt a-staigh a chuireadh thairis an t-Sàbaid, agus bha buntàta agus goireasan mar sin ri uidheamachadh fa chomhair an latha naoimh. Dh'fheumadh an uimhir seo cheannag a thoirt às a' chruaich fheòir agus an uimhir seo sguab a bhualadh san t-sabhal. Ged an robh a' mhòine aig ceann an taighe dh'fheum-adh a' chùileag a bha cùl an dorais a lìonadh cuideachd. Cha robh bròg ri ghlanadh no feusag ri bhearradh. Cha bu lugha na obair na h-èiginn 's na tròcair, no searmoin, a bheireadh thar na stairsnich thu Didòmhnaich.

Gach feasgar is madainn bha an sean-duine a' gabhail an Leabhair Naoimh, agus na bha taobh a-staigh a gheatachaibh a' cruinneachadh mun bhòrd. An coigreach a bhiodh a' gabhail seachad, sheasadh e a dh'èisteachd nan Salm. Ar leis nach cuala e riamh modh ciùil cho freagarrach gu bhith a' moladh an Tigh-earna na am fonn trom cràbhach sin a bha ag èirigh mar thùis suas às a' bhothan bheag sin taobh an rathaid. Chan ann idir mar chleachdadh a bha na seann daoine, no airson a bhith anns an fhasan, ach leis gach uile dhùrachd spioradail. Bha an teagasg seo air a ghiùlan a-mach leis na h-athraichean nan caitheamh-beatha gu h-iomlan. Bhiodh e na rudha-gruaidh do fhear-teaghlaich anns a' Ghàidhealtachd mur rachadh aige air facal a chur suas anns a' choinneamh air iarrtais an fhir-theagaisg.

Bha oilean nan athraichean ri fhaicinn gu soilleir ann an giùlan na cloinne a fhuair e aig a' bhaile agus bhon bhaile. Bha e na chuideachadh mòr dhaibh airson cathachadh an aghaidh iomadh buaireadh agus ceap-tuisleadh anns an t-saoghal an dèidh làimh. Ach bha a chaochladh ri fhaicinn ann am fàs agus an caitheamh-beatha na cloinne nach d' fhuair an t-oileanachadh sin mun chagailt.

> *Thusa fhuair d' eòlas mun chagailt*
> *Gach oidhch' agus madainn air glùn;*
> *Rinn d' athair a dhleasnas mar riut,*
> *'S na tilg a bheannachd air chùl.*
> *Biodh a theagasg mar lòchran romhad,*
> *A ghnàth fa chomhair do shùil;*
> *Gus am faigh thu do chas air a' charraig,*
> *Tha seasmhach, daingeann is dlùth.*

Aig an àm bha na dleasnasan a dh'ainmich mi glè chruaidh rin giùlan a-mach le balaich is caileagan a bha a' faicinn a leithid de shubhachas is de shòlas air a thairgse dhaibh, gun airgead is gun luach, air feadh an t-saoghail; ach cha deach mòran bhliadhnachan de allaban thar an cinn an uair a chunnaic iad, agus sin gu toinisgeil, an t-adhbhar mun robh na seann daoine cho dian a' sparradh gliocais nan claiginn. Is ann an uair a dh'fhàgas sinn fasgadh a' bhothain a chì sinn na neòil dhorcha agus na beanntan mòra. Às eugmhais teagasg fìor-ghlan, cho math ri eisimpleir ionmholta, cha toir sinn buaidh air nàmhaid na h-òige.

Gabhaidh sinn a-nis ar cead den Bhothan Thughaidh. Is iomadh latha sona a chuir sinn seachad ann, agus is iomadh oidhche a rinn a' chraobh-chaorainn, a' luasgan fo neart na gaoithe, ar tàladh a chadal. Ar leinn a-nis gu robh a crònan na shanas air ar cuid is ar crannchur anns an t-saoghal.

Tha am Bothan Tughaidh a-nis na làraich luim, agus a' chraobh-chaorainn air tuiteam thairis air.

> *Thig an t-Earrach ann na ùine*
> *'S bidh na flùraichean a' fàs,*
> *Bidh an sòbhrach is an neòinean*
> *'S iad a' còmhdachadh a' bhlàir;*
> *Bidh an duilleach air a' choill*
> *Is gach craoibh is i fo bhlàth,*
> *Ach tha an gleann àillidh nis na fhàsaich*
> *Far am b' àbhaist bhith na sàir.*

An uair a dhìreas mi na tulaich
Is na mullaichean as àird',
Bheir mi sùil thar na linne,
Chì mi luingeis nan siùil bhàn';
Chì mi eilid an t-sùil bhioraich,
Chì mi 'n iolaire dol àrd,
Dè chan fhaic mi 'n cìobair uallach
A' cur cuairt air caoraich bhàn'.

Bidh an uiseag anns na speuraibh
'S i gu h-èibhinn gabhail ceòl,
Is binn a guth air madainn Chèitein
Nuair a dh'èireas i sna neòil:
Bidh a' chuachag anns an doire,
Tha chòisir choille air a bonn,
Dè cha chluinn mi guth nan gruagach
Tighinn on bhuail' le cuachan trom'.

Bidh an coileach ruadh ri tùchan,
Is an druid le sunnd san tom,
Bidh an smeòrach is an lòn-dubh
'S iad gu ceòlmhor togail fonn;
Tha gach eunlaith anns an iarmailt,
'S feadh an t-sliabh gach creutair beò,
'G aidmheil taingealachd len dròiceam,
Còisir bhinn nan iomadh ceòl.

Chì mi bothan anns a' ghleannan,
'S fuaraidh, falamh e gun cheò,
Seadh, gun tugha, sgroth no chabar,
Sguab a' ghailleann dheth gach seòrs';
Chinn an fheanntag thar na stairsnich,
Chòmhdaich leacan leis a' chòs,
Càite nis a bheil na gaisgich
A chaidh altram mu a bhòrd?

Cuid dhiubh thriall air turais fhada
Do dh'Astràilia an òir;

Cuid a fhuair am miann de bheartas,
Cuid chaidh acrach fon fhòd;
'S tric bha an smuain thar chuan a' tighinn
Dh'ionnsaigh ghlinne 'n robh iad òg,
Smuain thog osna throm bhon cridhe
'S an sùil a' sileadh frasan dheòir.

Is bochd an càramh e sa Ghàidhealtachd
Far an d' àraicheadh na seòid,
Bhith gam fuadach do gach ceàrna
Dhèanamh àite do luchd-spòrs;
Ach thig an là gun dàil mun cuairt
A gheibh sluagh nan gleann an còir,
'S bidh na màthraichean 's gach fàrdaich
Teagasg Gàidhlig don chloinn òig.

Na Ceithir Calmain

Ruaraidh Arascain is Mhàrr

B’ aithne dhomh uair feallsanach àraid aig an robh de theaghlach triùir mhac agus nighean. Là de na làithibh thachair gun d’ iarr am feallsanach air a’ chloinn aige tighinn na làthair, agus an uair a bha iad uile cruinn far an robh e is ann car mar seo a rinn e labhairt riutha.

"A chlann mo ghaoil," ars esan, "tha an t-àm duibh a-nis an fhàrdach ghrinn seo fhàgail anns an d’ fhuair sibh ur n-àrach is ur n-ionnsachadh riamh gus an seo, agus ur fortan a shireadh air an t-saoghal mhòr. Ach, thoiribh gu math an aire nach e maoin agus beairteas, ’s e sin fortan mar a ta an nì sin ga chunntadh le daoine saoghalta fèinealach coirbte, a ta mise miannach gum biodh sibhse a’ sireadh air an t-saoghal mhòr, ach deagh fhoghlam agus gliocas, is gur iad sin, am bheachd-sa, na nithean as mò as fhiach iarraidh agus a shealbhachadh anns a’ bheatha seo. Air an adhbhar seo, dh’iarrainn gu teann is gu dùrachdach air gach aon fa leth agaibh is còmhla dol an tòir an fhortain; ach sin a dhèanamh chan ann idir mar a bhios clann an t-saoghail choirbte seo a’ dèanamh am bitheantas ach mar fheallsanaich is mar mhuinntir leis an caomh na deagh-bheusan, is a ta air am beò-ghluasad anns gach nì a bhios sibh a’ toirt os làimh le mòr-dhèidh air foghlam agus spèis anabarrach de ghliocas. Duitse, am mac gaolach as sine agam, mholainn a bhith a' faighinn a-mach suim iomlan de eòlas an duine; agus ceart mheud an eòlais sin a chur an cèill duit fhèin is dhomhsa. Is e an cuspair a mholainn mar chùis-rannsachaidh don dara mac agam, am Bàs; agus duitse, a nighean mo chridhe, an Gaol, oir sin gnothach a ta daonnan na laighe glè dhlùth do chridhe is nàdar nam ban. Rachaibh ma-tà uile a chum an t-saoghail, a chlann mo ghaoil, is ge b' e fios air bith mu dhèidhinn air na caochladh chuspair seo a thionaileas sibh duibh fhèin rè àm ar dealachaidh, thoiribh air ais thugam e an ceann seachd bliadhna, is gur e eòlas den nàdar sin an aon ghnè fhortain as aithne dhomh as fhiach iarraidh agus a shealbhachadh air a shon fhèin. Imichibh a-nis an sìth; gabhaibh mo bheannachd-sa; is, mas beò sinne, gum bi coinneachadh eile againn uile an ceann nan seachd bliadhna a dh'ainmich mi."

Seo roinn bheag den iomradh aig a' mhac a bu shine, agus a leig e fhaicinn da athair, air dha tilleadh far a thurais an ceann nan seachd bliadhna a chaidh a shònrachadh fa chomhair sin.

Am bheachd-sa, is i an dòigh cheart air a bhith a' cur air mheidh suim agus luach eòlas iomlan an duine fidreachadh gu cùramach a-staigh an toiseach do bhrìgh agus nàdar an eòlais sin; agus, an dèidh duinn seo a dhèanamh, mar gum b' eadh ceum a tharraing air ar n-ais, a chum is gum biodh cead agus cothrom mar sin gan leigeil duinn air suim is luach an fhoghlaim a chaidh a thional leinn a thoirt fon aon sgrùdadh mhòr againn, air los breith cheart ma dhèidhinn a chur air dhòigh. Coma co-dhiù, sin an dòigh air a bhith a' coileanadh an dleas shònraichte a chaidh a chur an earbsa rium a chuir mise an gnìomh; ach mar a dh'èirich dhomh sa ghnothach ud (is e sin, co-dhiù a b' ann ri math no ri olc a rinn mi), feumaidh mi an rud sin fhèin a leigeil gu ràdh nan uile, on as e mise mi fhèin a b' ùghdar don t-seòl a lean mi.

'S e a' chiad nì a rinn mi an dèidh dhomh mo dhachaigh fhàgail tadhal, aon an dèidh aoin, air gach mòr-ionad foghlaim sgapte feadh an t-saoghail, is a h-uile leabharlann (biodh iad beag no mòr, fo iùl aig an stàit no an làmhaibh dìomhair) toinnte suas ris na h-ionadaibh foghlaim sin a thadhal is a rannsachadh gu ro-chùramach teann faicilleach. Thug mi mar seo ceithir bliadhna. B' e an ath rud a rinn mi turas a ghabhail feadh cuid de dhùthchannaibh nach robh an ainm idir comharraichte san dòigh seo, a dh'fheuchainn am b' urrainn dhomh ionnsachadh bhuapasan rudeigin feumail agus stàthmhor don iarraidh air an robh mi nach robh ri thional bho na ceàrnaibh ud eile a dh'ainmich mi. Ris a' ghnothach seo chaith mi dà bhliadhna. A' bhliadhna mu dheireadh den ùine bha agam ri choisrigeadh don rud a chaidh a chur an earbsadh rium chaith mi ann a bhith a' rèiteachadh is a' cur air mheidh gach mìr eòlais a fhuair mi rè nam bliadhna a chaidh seachad, is ann a bhith a' cnuasachadh is a' meòrachadh air na dh'ionnsaich mi rè àm mo thurais air tòir an fhortain spioradail. . . . .

Is e an co-dhùnadh gus an tàinig mi mun ghnothach seo, gu bheil mise air an aon chomhairle ma dhèidhinn ri Goethe. Thuirt Goethe uair: "Cha do rugadh an duine idir a dh'aon ghnothach airson is gum biodh e a' fuasgladh cruaidh-chàsan na beatha seo; ach gus am biodh e a' faighinn a-mach is a' tuigsinn nam fìor chrìochan a chaidh a shònrachadh fa chomhair nan cruaidh-chàsan sin. Fòs, chan fhuilear dha e fhèin a chumail daonnan an taobh-a-staigh de na crìochaibh aig na rudaibh sin a ghabhas mìneachadh, agus a ta so-thuigsinneach nan nàdar fhèin, is gun e bhith a' dol air seachran thar nan crìochan sin." Tha mi cinnteach gur i seo an fheallsanachd as mò brìgh agus stàth dhuinn a thugadh riamh seachad; agus faodaidh mi a ràdh san dol seachad gu bheil m' fhiosrachadh is m' eòlas fhèin ga làn-dhearbhadh anns gach car. Is iomadh rian agus modh-smuaineachaidh a chuir na feallsanaich air dhòigh roimhe seo, le sùil ri caitheamh-beatha agus cuspair-aidmheile nach gabh fàilneachadh a sholar don duine; ach feumail agus ciatach ged tha cuid nach beag den chomhairle seo a chuir na feallsanaich ri chèile air ar son, gidheadh chan eil uiread agus aon de na rianan-smuaineachaidh sin mun urrainn sinn a ràdh le fìrinn gun tug iad riamh a-mach an ceann-uidhe freagarrach fhèin ann am fuasgladh agus ann an sàbhaladh anam an duine. Anns gach rian den t-seòrsa chaidh riamh a dhealbhadh, tha ri fhaicinn annta tinne no dhà an siud 's an seo nach seas am feast trom-uallach nan iomadh deuchainn a thatar a' leigeadh air na rianaibh sin, air los neart agus cumhachd nan uile thinne a

th' annta a dhearbhadh mar as còir; agus tha seo gam fhàgail
fhèin car amharasach an-earbsach, chan ann gu dearbh à fogh-
lam agus à tapachd nam feallsanach iad fhèin, ach às na
h-oidhirpibh a ta iad a' sìor-dhèanamh air los dìomhaireachd
lìonmhor beatha agus bàis a mhìneachadh don duine, is
caitheamh-beatha iomchaidh is nach gabh fàilneachadh a
sholar dha. Na h-inntinnean as àirde comas a chaidh riamh a
phlanntachadh an com an duine; am murrachas is am modh-
reusanachaidh as gèire agus as soilleire chaidh riamh a chur gu
feum airson àrdachadh an fhoghlaim; an t-eòlas as doimhne
agus as farsainge ghabhas faighinn air feadh an t-saoghail uile;
an suairceas is an treibhdhireas cridhe as mò a thug de sgèimh
is de urram do nàdar ar seòrsa-ne—is ann air feallsanachd, a
roghainn air gach gnè sgoile eile a th' ann a chaidh na buadhan
agus na mòr-chomasan sin a bhuileachadh air dhòigh cho ro-
phailt fhoghainteach, eadhon bho chamhanaich an fhoghlaim
cian nan cian air ais gus an là an-diugh; ach sin mo thruaighe!
le cho beag soirbheis a bhith nan cois is gun saoileadh tu nach
eil ann am feallsanachd, an dèidh a h-uile rud, ach bruadar
faoin, no roisgeul gun bhun, taitneach gu leòr don fheadhainn a
nì èisteachd ris, ach air glè bheag feum don duine air dhòigh
sam bith eile.

> *"Luchd-foghlaim theagaisg dhomh gach nì fon ghrèin*
> *'S thug mi gun teagamh leam na b' eòl daibh fhèin,*
> *Ach brìgh an iomlain dhomh den eòlas bhaoth—*
> *Mar uisge thàinig mi, is thèid mar ghaoth."*

Chan eil cùis-smuaineachaidh no prionnsabal-giùlain air am
bheil sinne eòlach air nach robh làn-aithne cuideachd aig ar
n-athrachaibh o shean. B' iadsan a shuidhich na prionnsabalan
sin an tùs, agus an ceumaibh na feadhnach a shuidhich
iad chan eil againn ach a bhith gan dlùth-leanail, is a' coinne
riutha, mar as fheàrr as urrainn sinn. Ach, ged tha seo mar seo,
gidheadh tha aig dream an linn a th' ann aon nì comharraichte
co-dhiù nach robh aig an fheadhainn a thug ceum air thoiseach
oirnn anns an t-saoghal seo; agus is e an nì comharraichte sin
mòr-mheud ar n-eòlais-ne, làmh ri suim iomlan an eòlais-san,
mu ghiùlan is mu nàdar an duine. Sa char seo, is air an dòigh

seo, is oighreachan da-rìreadh sinne air na linntibh gun chunntas a thug toiseach air an fhear a th' ann; agus an oighreachd ghlòrmhor sin a dh'fhàgadh againn leis an fheadhainn a dh'fhalbh romhainn, tha i sin a' co-sheasamh air stòras mòr de fhiosrachadh is de ionnsachadh mu nàdar is mu aigne an duine, còmhla ri co-chruinneachadh mòr de ghnìomhaibh is de bheachdaibh den t-seòrsa as àirde luach mu aorabh is mu thriall an duine feadh an t-saoghail seo; is gach fios is eòlas feumail den t-seòrsa air an tarraing bho iomadh ceàrn, is à mòran ghlùn, is le mòr-shaothair. Mar sin, mas math leinn deagh-fheum a thoirt às an ionnsachadh a fhuair sinn, is stòras ar n-eòlais mu nàdar an duine a chur am meud, seo againn an dearbh cheàrn anns am mò a nì de fheum an fheadhainn sin a bhios ri treabhadh ann le faicill, le cunbhalachd, agus le crìonn-achd; ach airson a' chòrr den ghnothach, tha mi gu làidir den bheachd gur beag luach a th' air suim iomlan eòlas an duine, is mar sin nach fhuilear duinn a chur an suarachas is a sheall-tainn sìos air, ach a-mhàin mar chomharradh is mar thomhas cinnteach duinn air meud is air farsaingeachd ar n-aineolais.

*　　*　　*　　*　　*

Seo pàirt de na sgrìobh an dara mac aig mo charaid am feallsanach.

An uair a thuigear gu ceart aorabh is nàdar duine, tuigear a dh'aon àm mòr-lìonmhorachd nan caitheamh-beatha a thatar a' gnàthachadh anns a' bheatha seo. A rèir coltas tha mar gum b' eadh toll ann fa chomhair gach sionnaich, is cuspair airson gach miann; ach am fiù no nach fiù don duine na caochladh chaitheamh-beatha sin a ghnàthachadh, is gnothach làn aig is amharais, am bheachd-sa, e sin.

A rèir coltais, is e a bhith a' cosnadh beòshlainte dha fhèin is don a' mhuirichinn aige fìor chrìoch an duine san t-saoghal seo, nam measamaid an creutair sin a rèir is mar a ta e fhèin de ghnàth a' breithneachadh agus a' dèanamh. Na bheachd-san, is fheudar dha tighinn beò air seòl no dòigh a thaobh-eigin; agus iadsan a thilgeadh air a' chreud làidir seo a th' anns an duine nach lèir daibh fhèin feum sam bith den t-seòrsa, is beag feairt a bhiodh iad a' faotainn bho chàch; oir is lagh nàdair e don duine cho math is do gach creutair talmhaidh eile cothachadh a dhèanamh airson am beòshlainte.

Is ann tro mhalairt agus chèird a bhios a' mhòr-chuid de ar seòrsa a' tighinn beò, agus a' strì (cuid nach beag dhiubh co-dhiù) ri fortan math saoghalta a chosnadh. Tha seo na adhbhar mòr air cuid den daonnachd a bhith a' sìor-chosnadh air a' phàirt sin dith nach eil cho tapaidh comasach rithe fhèin, agus, fòs, air bochdainn, àmhghar, is fìor dhroch chaitheamh-beatha a thogail gu pailt nar measg. Ma ghabhas sinn beachd air urrachaibh mòra an t-saoghail seo, is orrasan cuideachd nach eil an cothrom no an ana-cothrom; ach a ta gu math dheth a thaobh inbhe is cuid, chì sinn nach eil a' ghnè chaitheimh-bheatha a ta an seòrsa seo a' gnàthachadh cho bochd dona mì-chiatach, ge b' e air bith cho faoin gòrach 's a dh'fhaodas i a bhith an sùilibh tuigseach an fhìor fheallsanaich. Ach ma ghabhas tu bràth agus a mhùthas tu cuspair do shùl-sa rud beag, a' beachdachadh car tamaill air cor aimsireil is spioradail na pàirt sin den daonnachd nach eil ach nan tràill gun smior gun rath aig a' chuid eile dhith, an sin dè chì tu anns gach ceàrn a sheallas tu ach bochdainn agus salachar, àmhghar, bròn, aineolas, agus truailleachd de gach seòrsa as duaichnidh na chèile? Mholainn gu làidir do neach sam bith leis an rùn ag no amharas a thilgeil air an ràdh seo agam dol agus dèanamh mar a rinn mise rè àm na h-iarraidh a thug mi os làimh, is e sin togail air agus a phàillean fhèin a shuidheachadh am measg chaol-shràidean nan cathair is nam baile sin far am bheil ri fhaicinn comharraidhean gun àireamh air ro-shearbhachd a' chruaidh-ghleac eadar Saothair is Earras. A thaobh cuid agus caitheamh-beatha, eadar spioradail agus saoghalta, chan fheàrr a bheag, am bheachd-sa, a' mhòr-chuid de na truaghaibh seo na brùid-ibh nam machair. . . . .

Is ionann òige agus gaol a thaobh aon rud co-dhiù, agus 's e sin gu bheil iad le chèile dall agus bodhar. An uair a ta sinn òg, comas lèirsinn gu ceart chan eil againn; agus an uair a ta sinn air fàs sean, agus, theagamh, glic, is beag comais a th' againn air gnàthachadh is air cur an gnìomh na bhios feabhas ar lèirsinn a' cur mar coinneimh, agus a' moladh duinn. Is e àm ar n-òige àm ar daorsa, is gur ann an sin a bhios sinn gar cur fhèin fo bhràighdeanas do-fhuasgladh ach gann aig nòs is àbhaist, agus a' càrnadh suas air ar son fhèin cheangal is gheimheal de gach seòrsa às nach urrainn sinn fuasgladh fhaighinn ach theagamh le crìch ar saoghail air talamh. A rèir coltais, is lagh no reachd nàdair e seo, agus mar sin chan eil atharrach air; agus theagamh nach biodh aig ar seòrsa-ne a bhith beò idir, gun a leithid sin de lagh a bhith ann, gus sgleò a chur air shùilibh na h-òige. Ach, biodh sin mar a bhios e, chan eil cinnt nach eil a' chùis seo ceart mar a thug mi fa-near i; is gur i a' chaitheamh-beatha sin air an d' rinn sinn roghainn ri àm ar n-òige, no a chaidh a sparradh oirnn leis an atharraich ri linn ar leanabanachd, an tè a dh'fheumas sinn a ghnàthachadh gus an tig am bàs.

Ach, ged tha seo mar seo a thaobh na codach gu mòr as pailte dhinn, gidheadh daonnan bha is tha is, a rèir coltais, bidh grunnan beag de dhaoine ann leis nach deòin am feast gèill a thoirt don dàn, agus beachdan neo-abaich àm an òige a chumail air mhaireann nan caitheamh-beatha, an dèidh daibh tighinn gu làn-ghliocas. Fa chomhair a leithid bharraichte seo de fheadhainn faodar a ràdh gu bheil dà sheòl air leth ann leis am faodadh iad caitheamh-beatha a bhios a dh'aon àm taitneach don spiorad is airidh air an duine mar dhuine a ruigheachd. Ris a' chiad sheòl den fheadhainn a ta am bheachd canaidh mi (mar as gnàth le muinntir eile a dhèanamh) "A' Chaitheamh-beatha Neo-fhillte"; agus ris an tè eile "A' Chaitheamh-beatha Oileanaichte." Anns an dàn eireachdail ud a ta a' tòiseachadh mar seo,

> *"Ò càiribh mi ri taobh nan allt*
> *A shiùbhlas mall le ceumaibh ciùin;*
> *Fo sgàil a' bharraich leig mo cheann,*
> *'S bi thus' Ò ghrian ro-chàirdeil rium";*

is ris an canar Miann a' Bhàird Aosta, tha ri fhaicinn sealladh no dealbh air "a' Chaitheamh-bheatha Neo-fhillte" cho grinn taitneach riochdail agus a ta ri tachairt tarsainn air ann an uile chùrsa ar litreachais. Mar sin, mholainn do gach neach leis an caomh aghaidh Nàdar is gach sòlas sìmplidh is soighneas slàinteil toinnte suas ris an sin an dàn laghach ud a leughadh gu cùramach, agus chan ann a leughadh gu cùramach aon uair ach iomadh uair, gus na tha de bhrìgh ann a sgrùdadh às, is a cheangal ris fhèin; is fios is cinnteachd agam nach eil dàn eile ann da sheòrsa as fhiach a chur an coimeas ris a thaobh grinneas a theachdaireachd agus binneas anabarrach nam briathar a ta air an cleachdadh ann. . . . .

A thaobh na dòighe eile air a bhith a' caitheamh ar n-ùine a-bhos an seo, theirinn san dol seachad gur iad, am bheachd-sa, Cràbhadh agus Foghlam an dà nì as mò luach agus as motha stàth dhuinn air an t-saoghal seo; is mar sin gu bheil a bhith gan toirt gu feum a chum glòir Dhè, ar leasachadh fhèin, agus leas an atharraich na ghnothach cho àrd urramach agus as urrainn duinn a thoirt os làimh. Anns a' bhliadhna 1348, thachair gun do sgrìobh Petrarch litir chaidreach a dh'ionnsaigh dhithis charaid aige—Mainardo Accursio agus Luca Cristiano mar ainm —ag iarraidh orra le chèile iad a bheachdachadh le nàistinn agus cùram air dreach no dealbh air caitheamh-beatha a chuir e fhèin ri chèile, is aig an robh san amharc a' cheart chleamhnas seo eadar Cràbhadh agus Foghlam a ta am bheachd a thoirt a-mach, fo riochd is fo dhìon cuideachd no comainn a bha ri bhith air a dhèanamh suas air àireamh de dhaoine tuigseach spioradail a bhiodh air an aon inntinn agus air an aon chomhairle ris fhèin mu chaitheamh-beatha an duine a-bhos an seo, agus mu chiall ar turais ghoirid tro ghleann seo nan deur. Is creutair companta an duine a thaobh Nàdar; agus, am bitheantas, is ealamh a nì e comaidh riuthasan on d' fhuair e cuireadh cridheil gu sin a dhèanamh. Uime sin, mar as glice bhios na h-aoighean, is mar as uaisle am fleadh, is ann as àirde bhios "a' Chaitheamh-beatha Oileanaichte" a' dol am miadh is am meas leothasan uile aig am bheil an cridhe is aig am bheil an inntinn chumta a chum sin le nàdar is le oilean. Cuspair cho taitneach don t-sùil is cho ait don inntinn 's a tha ri fhaicinn air aghaidh talmhainn, is e sin *senex divinus*, 's e sin seann duine stòlda diadhaidh làn eòlais agus gliocais, a dh'ionnsaich tro àmhghar, bhuaireas, agus chruaidh-fhortan a nàdar fhèin a rianachadh mar as còir, agus caitheamh-beatha a bheir sìth da anam, is sgèimh da uile ghnìomh, a ghnàthachadh.

*　　*　　*　　*　　*

Seo againn tarraing no dhà às an iomradh a dheas-aich am mac a b' òige fa chomhair a athar.

Fada fada mun do thog mi orm idir, agus a chuir mi an saoghal mòr mum cheann ann an co-chòrdadh ris an fhacal a fhuair mi bhuaibhse, Athair ghaolaich, bu mhath a b' aithne dhomh nach robh feum dhomh idir sireadh ri buain far nach do chuir aon duine riamh romham pòr. Fhathast tha am bàs cho fada na dhìomhaireachd is na chruaidh-cheist don duine 's a bha e an tùs a là, is gun neach beò no marbh ann, a rèir coltais, comasach air a' cheangal sin fhuasgladh duinn.

"'S cruaidh-cheist seo o thùs an rè,
'S a liuthad inntinn gheur 's a ghleac rith',
C' às a thàinig? Càit an tèid?
Chan fhios 's cha lèir do aon den fheachd sin."

Sgapte feadh an t-saoghail seo, tha mòran litreachais toinnte suas air aon dhòigh no air sheòl eile ris a' bhàs; ach, a dh'aindeoin sin, duinne is dìomhaireachd agus cruaidh-cheist am bàs fhathast. Fhathast, cha do thill riamh neach on uaigh dar n-ionnsaigh-ne gus fios cinnteach a leigeil duinn mun bheatha a thig an dèidh an aoig. Chan eil anns gach leabhar is sgrìobhadh eile a chaidh riamh a chur ri chèile mun bhàs ach sgleò agus obair-thuaireim gun bhun gun bhàrr. Is tric a thachras nach eil anns an fheadhainn a bhios a' gleac ris a' chruaidh-cheist a dh'ainmich mi, air los solas a thilgeil air an dorchadas a ta mun cuairt oirnn, ach *iniqui et absurdi rerum judices*.

Is ann neo-dhìreach, is tur coimeasach nan nàdar, a ta gach fios is beachd a th' againn mu Dhia. Mas e Dia mar gum b' eadh prìomh àite-còmhnaidh ar n-uile thogradh agus mhiann spior-adail, amhail mar a ta an fhailmheachd, a rèir Malbranche, na prìomh àite-còmhnaidh aig gach cruth corporra th' ann, is lèir an gnothach nach b' urrainn duinn am feast ruigheachd air a leithid sin de fhiosrachadh gun chobhair a' mhodh-reusanachaidh sin aig am bheil a bhrìgh is aig am bheil a cheann-adhbhar an coslas no an samhladh. Agus air dhomh seo a thuigsinn ceart, air ball chuir mi romham cùl buileach a chur ri ionnsachadh dhaoine, co-dhiù mar a ta an nì sin ga leigeil fhaicinn duinn anns an litreachas a bhuineas don bhàs, agus, san iarraidh a chaidh òrdachadh dhomh, m' uile dhòchas is earbsa a chur à Nàdar, is às a' mhodh-reusanachaidh sin aig am bheil a bhrìgh is aig am bheil a cheann-adhbhar an coslas, no an samhladh.

Is dìomhaireachd gun teagamh a' bheatha, agus is amhail gun ag am bàs; ach, an dèidh seo is gu lèir, saoilidh mi fhèin nach ann gu tur gun seòl gun mheadhan air fuasgladh duinn fhèin an dà chruaidh-shnaidhme seo a ta sinn, agus, cuideachd, gur e toil Dhè gum biodh sinn a' feuchainn ris an sin. An uair a chruthaich Dia an domhan mòr, chruthaich e a dh'aon àm air ar son, ta mi den bheachd, seòlaidhean agus meadhanan a bha ri bhith a chum stàth dhuinn ann a bhith a' strì ri thuigsinn a mheud sin da rùn is da aigne nèamhaidh agus a bu toil leis a leigeil ris duinn, agus a bhiodh feumail duinn gus ar sàbhaladh. Is fìor an nì nach bu rud le Dia seo a dhèanamh anns a' mhodh sin ris am bheil dùil aig cuid againn, agus a bhiodh taitneach (gun ag) do mhòran dhinn. Ach, ciod e dheth sin? Is gann a ruigear leas a ràdh nach e rathad Dhè slighe ar seòrsa-ne, is gur e ar cuid is ar dleas-ne sa chùis ùmhlachd a thoirt do Dhia anns gach nì, is gun a bhith a' tabhairt breith, no sgoltadh bharail, mu rudaibh nach tuig am feast gu ceart ach inntinn neo-chrìochnaichte uile-chumhachdach. . . . .

An uair a chruthaich Dia an duine na ìomhaigh fhèin, thug e seachad dha, a dh'aon àm, sgàthan, is air chùl an sgàthain sin bha am facal seo sgrìobhte gu ro-rèidh shoilleir, "Nàdar." Ach, mu fhàth is rùn an tìodhlaic seo a leigeadh leinn, cha do dh'innseadh a bheag idir leis an Neach a chuir an làimh an duine e; dh'fhàgadh aige fhèin ri fhaighinn a-mach air a shon fhèin gach feum is luach a th' air, ceart mar a bha a' chùis a thaobh gach tìodhlac prìseil eile a fhuair an duine o làimh fhialaidh Rìgh nan Dùl. Mar sin, bha e air fhàgail le Dia ann am mèin an duine fhèin co-dhiù as e deagh-fheum no droch-bhuil a bhiodh e a' toirt às an sgàthan a fhuair e, is gur e rud a ta gu tur an earbsa ris an duine fhèin co-dhiù as e nì math a bhios an toil an duine no a chaochladh. Mar sin, chan ann aig Dia tha a' choire, a bhuilich cho mòran oirnn, ma nithear dearmad air na tìodhlacaibh aige, no ma thèid am mì-ghnàthachadh, no an cur gu crìochaibh do nach còir an cur am feast, ach aig mic an duine, a ta am bitheantas cho tur dall dan taobh, is cho tìtheach air an olc a leanail a roghainn air a' mhath. . . . .

Là a bha siud, dh'èirich mi om leaba gu ro-mhoch sa mhadainn, is streap mi ri beinn àrd chreagaich a bha dlùth don àite far an robh mi a' tàmh. Is e a bha am bheachd air "a' mhadainn chùbhraidh Chèit" a bha siud sràid a ghabhail leam fhèin a-mach air an dùthaich mum biodh gin air bith eile den teaghlach agam air dùsgadh, agus briseadh na fàire fhaicinn na làn-ghlòir. Theann mi ris a' bheinn a streapadh, agus feuch, an uair a bha mi mu leth an astair eadar bun na beinne is a fìor mhullach, bhris a' chamhanaich.

> *"Tha Phoebus fhèin le lòchran àigh,*
> *Ag òradh àrd nam beanntaichean,*
> *'S a' taomadh nuas a ghathan tlàth,*
> *Cur dreach air blàth nan gleanntanan;*
> *Gach innseag 's gach coirean fraoich*
> *A' tarraing faoilt' na Bealltainn air;*
> *Gach fireach, gach talach, 's gach tom*
> *Le foirm cur fuinn an t-samhraidh orr'"*

Sin mar a sheinn am bàrd Leòdhasach; agus b' ann car mar sin a thog mo chridhe fhèin a ghuth air a' mhadainn thaitnich ud, air dhomh faicinn neòil dubha ghruamach na h-oidhche

> *"A' snàmh air falbh gu sàmhach balbh,"*

thar rèidhlean loinneil na h-àrd-iarmailt, is iad air an dian-ruagadh às an sin le gath-grèine òr-luchdaichte na camhanaich. Bha m' anam is m' inntinn air shìth; is cha b' iongnadh sin, leis na bha de shàmhchair is de òirdheirceas nàdair a' riaghladh gu pailt mun cuairt orm, gach sàr-mhiann is àrd-thogradh leis an robh mi air mo bheò-ghluasad aig an àm gan cur fhèin ann an làn-cho-òrdugh ri mòralachd is ri àilleachd gun choimeas aghaidh Nàdair, a bha a-nis air ùr-èirigh o leaba dhriùchd-dhealrach na h-oidhche. "Nach ann mar seo (arsa mise rium fhèin) a dh'èireas duinn uile aig crìch ar beatha air talamh. Gearraidh sìos am bàs sinne, agus thairis air gach aon againn, biodh iad sean no òg, thèid uisgeachan searbh na Leite as gruaime coslas. Glacaidh am bàs na fhuar-ghreim cruaidh sinne, agus air a chur às da car seala bidh gach lòchran soill-seach a ta air giùlan gach uile mhic an duine." Ach, mar nach mair an oidhche am feast, is amhail dòigh nach mair am bàs gu sìorraidh. Le briseadh na fàire thèid gluasad beòthail am measg nan cnàmhan tiorama a dh'fhàg an là a dh'fhalbh na dhèidh, agus oirnne thig ath-bheatha còmhla ri solas gun chrìch nan tuil-bheum, a' lìonadh ar n-anama le stuadh nach traogh na h-aiseirigh bith-bhuain, agus a' dubhadh a-mach duinn às ar cuimhne gach bròn is àmhghar trom b' èiginn duinn siubhal ri linn ar n-aimsir a-bhos an seo. . . . .

Ciod e bhuannaicheas an duine ged a leughas e Bergson air fad, ach, an dèidh sin, gun a bheag de eòlas a bhith aige mu agh-aidh Nàdair—an nì sin a ta na sgàthan dha, air los le sealltainn ann le nàistinn agus ciall gum biodh aige càileigin de bhràth is de thuigse air ciod e as rùn sònraichte don inntinn nèamhaidh a chuir an cruinne-cè uile fo chruth an tùs? Ach Bergson, bheireadh esan a chreidsinn ort nach e an inntinn idir as ùgh-dar do fhaireachdainnibh an duine ach (mas fìor e fhèin) rudeigin gun chruth gun ainm air ar leth a-mach. A rèir coltais, is nì faoin le Bergson Sgàthan Nàdair, is, leis gu bheil, cha deòin leis idir an cleamhnas riochdail eadar inntinn an duine is innt-inn a Chruthadair aideachadh, ach a-mhàin, theagamh, san dòigh neo-dhìreach mheataich leth-cheilte a thug mi fa-near a-shuas. Ach, a dh'aindeoin sin, theirinn san dol seachad, mas ann a ta aon nì seasrach cinnteach air an t-saoghal seo, gur i Inntinn an aon nì dearbhte sin, is, na lùib, rùn is toil is gnìomh, còmhla ri gach buadh foghainteach eile air an dèan an spiorad feum gus lànachd a cheannais thairis air a' chòrr den chruitheachd a chur an cèill duinn, agus a thoirt gu gnìomh. Mar sin, mas e rùn is inntinn, is nach e tuiteamas no an Sealbh, a ta air chùl an domhain mhòir, agus a thug riochd mar-aon

agus rian don chruitheachd air fad, is ann anns an Sgàthan a
dh'ainmich mi, is nach ann air an rud gun chruth gun ainm aig
Bergson, as còir duinn sealladh, mas miann leinn oidhirp a
dhèanamh air cruaidh-chàs beatha is bàis fhuasgladh duinn
fhèin, is sinn fhèin a chur an co-chomann ri Dia, is ri a thoil
nèamhaidh-san. Is leòr Sgàthan Nàdair, ma thèid a chur gu
feum gu ceart, gus a h-uile dhìth a th' air an duine, mar chul-
aidh spioradail a sholar dha. Amhairc air mar as còir, agus
gheibh thu iuchair na beatha. Seall ann le nàistinn agus ciall,
agus feuch, gheibh thu mìneachadh air a' bhàs. Dearc air le
tuigse, agus chì thu an sin mìorbhailean is mìorailtean gun àir-
eamh nach eil an leithidean ri am faicinn anns an leabhar as
àirde meanmna a dh'fhàg riamh làmh mhic an duine. Mar an
ceudna, am fear a ghabhas iolla ris an Sgàthan seo san dòigh
cheirt, chan aibhseachadh e ri ràdh gun dèan ach aon sealladh
beag siùbhlach dheth fàidh is feallsanach den neach sin; oir is
ann a th' ann suim iomlan nan uile ghliocas.....

Cho pailt lìonmhor ri tonnaibh na fairge tha àireamh gun
chunntas nan camhanaich a bhris riamh air an t-saoghal seo,
aon an dèidh aoin, on chèin-là fad-às ud san tugadh obair mhòr
na cruitheachd gu crìch, is gun robh an domhan dèanta. "Biodh
solas ann!" agus, feuch, solas, san uair gun robh ann, is sin,
faodar a bhith cinnteach, chan ann a-mhàin a chum is gum
biodh toil an Dè mhòir air a làn-choileanadh ann an obair
Nàdair; ach, cuideachd, gus am biodh againn solas a thoirt seòl
dar n-inntinn, is leus a thabhairt iùil dar reusan. Brisidh a'
chamhanaich gach là; ach gach là is e atharrach dreach a bhios
air gach uile chamhanaich a dh'èireas air sgiath na h-iarmailt
bho uaigh na h-oidhche. Cùbhraidh mar bholadh an ròsa tha
anail na camhanaich, is cho tur fìor-ghlan ùr is ged nach
d' fhuair an là roimhe bàs idir. Mar sin, is comharradh cinnt-
each duinn a' chamhanaich nach faigh an duine bàs; ach gum
mair a anam beò gu cian nan cian; is gur e sin an gealladh mòr a
ta Rìgh nan Dùl a' cur air shùilibh duinn, gach uile là, san àird
an ear. Mar là a shiùbhlas gu luath seachad, agus, aig ceann a
rèise goirid, a bheir suas an deò an uchd na h-oidhche, mar sin
cromaidh beatha an duine a dh'ionnsaigh na h-uaighe, seadh
bho uair a bhreith eadhon gu ruig là a bhàis. Ach le briseadh na

fàire don duine fhuair bàs, thig aiseirigh; agus an sin cuirear air teicheadh gu sìorraidh le gath-grèine ait na h-ath-bheatha gach sgàil agus duibhre a bha a' neulachadh anama.

"Caochladh beatha th' ann, 's cha bhàs,
Le beannachadh gràsmhor buan;
Gach neach a nì a' chuid as fheàrr,
'S math an t-àite am faigh e dhuais,
Cha bhi an t-anam ann an càs,
Ged tha an corp a' tàmh san uaigh
Gus an là 'n tig am Bràth,
'S an èirich sliochd Àdhaimh suas.

*   *   *   *   *

Chan eil bean no duine beò,
No lànan pòsta nach dealaich;
Bha iad lìonmhor, sean is òg,
Ar luchd-eòlais nach eil maireann;
Cha b' e sin an t-adhbhar bròin
Bhith gan cur fon fhòid am falach,
Nam biodh am bàs na bhàs glan,
Cha bu chàs talamh air thalamh."

*   *   *   *   *

A-nis, a thaobh na nighinn aig mo charaid am feallsanach, bhuaipese cha d' fhuaradh riamh a bheag idir de iomradh mun ghnothach a chaidh a chur an earbsa rithe; ach a-mhàin, an ceann nan seachd bliadhna, litir ghoirid, ag innseadh gun robh i pòsta ann an cèin-thìr air duine àraid, is gun robh teaghlach aice. San litir a chuir ise air triall a dh'ionnsaigh a h-athar, cha robh aice smid no iomradh sam bith mun Ghaol, ach a-mhàin, am broinn na litreach ud, na nithean seo a leanas, 's e sin, Snàithnean, Bior, agus Fàinne Òir.

Taiġ an Lèiġ-ḟiacaill

Ruaraiḋ Ararcain ir Màrr

Dh'fhosgladh an doras dhomh, agus dh'iarr seirbheis-each orm tighinn a-steach.

"Gabhaibh ceum an rathad seo, mas e ur toil e," ars an duine, agus dhlùth-lean mi e.

Bha "an rathad seo" a' ciallachadh seòmar mòr farsaing le bòrd a' seasamh na theis-meadhan air an robh nan laighe àir-eamh mhòr de phàipearaibh is de mhìosachaibh de gach seòrsa. Thug mi sùil is faicear nach robh gin air bith romham san t-seòmar ach boireannach òg ceanalta a bha na suidhe ann an oisinn leatha fhèin, is i a' tionndadh le neo-shuim dhuilleag pàipeir a bha na làimh.

Cha robh a bheag de fhonn orm fhèin leughadh aig an àm, is mar sin theann mise ris an t-seòmar spaistearachd air mo shocair. Bha àireamh de dhealbhaibh, cuid dhiubh air an dèanamh le dath-uisge is cuid eile le ola, an crochadh ris na ballaibh, is an tràth seo 's a-rithist is ann orrasan a bhithinn-sa a' dearcadh le sùil fhaicillich an dealbh-ghràdhaiche; ach a rèir coltais cha robh siud a' dol a bhith a chum mòran stàth dhomh, leis cho bochd cearbach 's a chaidh na dealbhan a tharraing. Chaidh grabadh a chur air an sgrùdadh seo a bha mi ris leis a' bhoireannach òg, nach tuirt smid rium gus an seo.

"Tha mi ag iarraidh mathanais oirbh," ars ise gu h-obann, "ach an e Mgr. MacFhearchair a ta sibh miannach air a bhith a' faicinn?"

"Chan e," fhreagair mise, "ach Mgr. Mac na Ceàrdadh. 'S ann ris-san a ta mo ghnothach-sa an-diugh."

Rinn am boireannach osann trom, is i, a rèir coltais, fo fhurtachd inntinn nach robh beag air bith a leithid sin de naidheachd a chluinntinn bhuam.

"Is math sin," ars ise. "Tha mise a' feitheamh an seo o cheann leth-uair a dh'ùine 's a bharrachd, 's tuilleadh dàlach cha bhiodh idir gu mo riar-sa, is mi air mo chlaoidh gu goirt leis an fhiacaill seo a ta gam phianadh gu cruaidh a là 's a dh'oidh-che."

Mum b' urrainn domh freagairt iomchaidh a thoirt don ghearan aig a' bhoireannach òg, dh'fhosgladh an doras, agus thàinig an t-aon seirbheiseach a chunnaic mi roimhe a-steach don t-seòmar. Dh'iarr e orm esan a leanail, is rinn mi sin.

An uair a ràinig mi seòmar dìomhair an lèigh-fhiacaill, fhuair mi romhainn, barrachd air an neach sin e fhèin, an dotair a bha ris an gas a thoirt dhomh.

"An do ghabh sibh an gas riamh roimhe seo?" ars esan.

"Ma-tà, ghabh, uair no dhà mar-thà," fhreagair mise, "ach chan fhaod mi ràdh gu bheil mòran ciataich agam den cheart stuth."

"Chan eil sibhse air sin ach mar a ta chòrr dhinn," arsa an dotair le snodha-gàire. "Ach, nì socair an gnothach: air sgàth no deifir chan eil feum no adhbhar." Is gun tuilleadh a ràdh, chum e air a bhith dripeil le a chuid ullachadh.

Chaidh ceap na beairte a rèiteachadh ri mo ghnùis-sa, agus b' e an ath rud a dh'fhairich mi an gas a' tòiseachadh ri mo chom-sa a lìonadh. An sin, thàinig seòrsa de thuainealaich am cheann, agus thug an gas air mo dhà chluais a bhith ri cròn-anaich gu h-eagalach.

"Feuch," ars an dotair, is e a' dèanamh mar a bha e a' can-tainn rium, "tha mi a' dol a-nis a thogail a' chip seo far ur gnùis-se car tamaill. Seo, seo,—nach gasta a ta an t-àileadh ùr a' taitinn leibhse!"

Ach an ath mhionaid chaidh an ceap ath-rèiteachadh far an robh e roimhe. Chaidh an gas gu luath feadh mo chuim-sa. Choisinn a' chrònanaich a bha am dhà chluais orm gu fuathasach. Thrèig mo chiall-sa saoghal nan ceudfath, is, feuch, bha mo spiorad air falbh.

*　　*　　*　　*　　*

Mar chop air bàrr tuinne no iteag air siubhal ro ghaoth an fhàsaich, eadhon mar sin chaidh mo ghiùlan gu luath air falbh —air falbh a dh'ionnsaigh rìoghachd nan duibhre is nan dubh-sgàile, aig am bheil an tùs am bàs. Bu bhinn mhilis thar innseadh gach smuain agus faireachdainn a dh'fhiosraich mi, fhad 's a bhithinn mar seo a' sireadh gu cladach cèin na failmh-eachd a b' àirde a-mach. Ri èibhneas do-thuigsinn bha mi a' snàmh gu teann: an aoibhneas do-labhairt bha mo spiorad-sa a' gàirdeachadh, is shaoil leam gur e eun air iteig a bha am anam. Seadh, suigeart, sòlas, aighear, àrd-shonas gun chrìch gun choimeas—sin mo chuid-sa a-nis, is subhachas do-innseadh mo spioraid-sa daonnan a' dol am meud mar bu luaithe is mar a b' àirde bhithinn ag itealaich mo rathaid a dh'ionnsaigh speur nach dubh a-chaoidh is grian air nach tig neul no spot am feast.

Cia fhad a dh'fhanainn mar sin nam maireadh triall m' anama chan fhios domh; ach a-nis bha deò na colainne a' dol na h-èiginn, agus b' fheudar tilleadh. Don eun bheag ud a bha a' siubhal na failmheachd le sgiath an àigh as àirde smuain, b' fheudar teàrnadh aon uair eile gu cladach fuar na talmhainn seo. Ach, nach caol lag fìnealta an snàth a ta gar ceangal ris a' bheatha; agus cia binn an smuain nach eil ri dhèanamh an uair a thig an t-àm ach siubhal gu sèimh air falbh bho thaigh ar daorsa seo air talamh gu teach ar saorsa os cionn nan speur. Gu tràth no gu h-anmoch ri àm ar beatha, tha againn uile ri cidhis a' ghalair a chaitheamh, is gas a' bhàis a ghabhail; ach, ge-tà, cha mhair tachdadh no tuainealaich no crònanaich ach goirid, agus, le triall às duinn, thig fuasgladh, còmhla ri mòr-ghàirdeachas.

Cogair Nàiseanta

Dòmhnall Mac na Ceàrdaich

Aigne nan Gàidheal

Èiridh an cridhe gach neach smaointean a bhuineas da chor. Èiridh mar an ceudna an aigne pobaill ceistean a bhuineas dan crannchur mar shluagh, mar chinneach, no mar nàisean; agus chan eil e ach dleasnach agus eadhon mar fhiachaibh is mar èiginn oirnne mar dhream cunbhalach ceannta gum bitheamaid ri far-sùla, ri eirmeas, agus ri màirnealachadh dàn ar saoghail fhèin. Mas sluagh adhartach sinn is dùth dhuinn a bhith ri geur-bheachdachadh agus ri forfhais; agus cha fhreagair e dhuinn a bhith caoin-shuarach no dearmadach ann a bhith a' gabhail làmh is pàirt an gluasadan ionraice gu ceann mathais is leasa ar daoine, dachaigh, agus dùthcha. Is dùth dhuinn a bhith daonnan nar dùsgadh, seadh, nar làn-dùsgadh mas àill leinn feum a thoirt às na cothroman a chuireas am Freastal nar rathad, air chor is gun toir sinn buil agus tairbhe agus toradh ion-tiomnaidh à turas diombuan ar saoghail, agus gun tèid againn air comain bheag air choreigin a nasgadh gu leas ar sliochd.

Oir le fìrinne is sluagh sinne, Gàidheil Alba, a bha riamh buailteach air a bhith a' cur cùraim chàich air thoiseach air ar cùram fhèin; riamh air thoiseach san strì, ach air dheireadh san t-sìth—seadh, air dheireadh air alt is gum beireadh a' bhiast oirnn, mar as tric a rinn i. Is sluagh sinn a bha riamh, chan ann eadhon sìmplidh ach similidh, diùid, agus ach beag, ioncheacharra air chùl tagraidh; air chùl ionnsaigh gu ar còir agus ar leas fhèin—sluagh fo gheasaibh agus fo dhraoidheachd is eadh sinn, gun ro-chùram gun chuimhne. Cia ar n-eachdraidh? Chan eil an eachdraidh a' Ghàidheil ach tiomnadh a' bhròin, an arrabain agus an allabain; leabhar anns a bheil gach duilleag breacte le deòir cinnich air a reubadh: cuimhneachan dubh air eire, creach, agus geuragan, breisleach thruagh a' mhic-ànraidh ag ana-caitheamh a anama agus a chuirp fo fhùdchas, fo bhràighdeanas, agus fo aintighearnas an daoidh.

Cor nan Gàideal

Chan eil e gu bonn feuma a bhith a' cur sìoda air uachdar fraoich. Chan eil e gu leas ar càraidh a bhith a' deilbh dhuinn fhèin às an leabhar ud saidhbhreas nach eil idir ann. Chan eil e cèillidh no toinisgeil a bhith a' leigeil ar tacsa ri faileasan ionann is mar nach eil e gu bonn stàth a bhith a' crochadh ar n-uaille ri ainmeachas nan euchd a stuadhar ri ar daoine, an uair a tha gaoir nam bochd, nan anfhann, agus nan dìlleachdan ag iarraidh tionacaidh aig doras bodhar na failmhe. An uair a tha fàsalachd nan tobhtaichean briste a' luchdachadh osaige a' cho-thràth le cianalas agus le ionndrainn nan gaoltach anns gach gleann agus clachan. An uair a tha gruaidhean nam beann fianaise fliuch le deòir a tha fo nàire-bhrat na h-oidhche a' sruthladh gu dubhach gu cuan, agus tuinn sin na mara gam bualadh fhèin ri spuac-chreagan gnuatha nan cladaichean dìobarach ag iarraidh furtachd agus dìochuimhne air am bròn.

Bròn agus mulad—cò airson? A ghràidh nan daoine, nach dìomhain a' cheist! Nach dìomhain a bhith a' faighneachd de mhac a' Ghàidheil gu dè as coireach; gu dè as ceann-adhbhair don iargain, don t-siorraig ud a tha de ghnàth ag iadhadh ma chridhe—am beò-bhruadar ud a tha gu bràth a' lìonadh fradhairc a mhic-meanmna agus a' rùsgadh soillse agus dubhair mu seach air clàr anama.

Ach iadsan aig a bheil an t-eòlas leughaidh iad am fàth agus an t-adhbhar, beachdaichidh iad air làithean eile len adhar searbh (làithean as annsa le muinntir gun suim a thilgeadh le sloc na dìochuimhne), meòraichidh iad air Ceartas, air Onair agus air Fìrinn, chan ann a rèir toile no taom an t-saoghail ach a rèir an t-Solais Shìorraidh—a rèir nan teistean sin nach caochail am mèin air àilgheas dhaoine. Ach is cràidhteach air cridhe am meòrachadh sin. Air raon na h-iomaineach is aigh-earach, iollagach an luchd-spòrsa ach nach dòlasach, dèistinneach, truagh cor a' bhuill!

Oir air raon ud eile nan linntean chì sinn sàr nan daoine agus uchd-mhac nàdair air a shàrachadh, air a thoirmeasg agus air a dhìobradh o a chòir, o dhlighe, o dhachaigh, agus o dhùthaich, chan ann a chionn is gun robh rosad sònraichte sam bith air, ach de thoradh is gun robh e fo mhaighistir don robh e ro-dhìleas agus ro-bhog, ach tuilleadh is lag-chùiseach air chùl a cheart-chòirichean fhèin.

Là na Dunaidh

An làithean eile chunnacas long nan daor-eilthireach a' toirt aibheis an Tabha agus uamhaltas na h-oidhche fo a ceann. Chualas nuallan pìoba an allabanaich a' cur an ìre nach tilleadh esan tuilleadh ach gun robh aige taisgte na bhroilleach; am broilleach a lèine, dòrnan den ùir a chuirte fo a cheann an uaigh choimhich. An làithean eile chunnacas èideadh a' Ghàidheil air a thoirmeasg mar bhroinneig bhaoith, mhallaichte; a cheòl ga riochdachadh ri sgreuchail thamhasg, agus a chànain air a dìmeas mar chainnt bhuirb neo-oileanta agus ana-beusach. An làithean eile chunnacas am Feòladair Mòr a' toirt an sannt o chonaibh le sgreat ro a ghnìomhan agus glinn nan Gàidheal a' grìosad air na beanntan tòirleum nan làr a dh'fhalach an cràidh agus a nàire. Ach fhathast, an làithean eile fhathast, chunnacas long mhòr nan eilthireach a' tilleadh—a' tilleadh gu crìochan Alba. Chualas ceòl pìoba air ghuailnean nan gaoth, ach cha bu chumha sin na chualas, ach gairm-chatha nan clann-cinnidh a' fiathachadh airm-ionnrais an domhain le ìotadh an t-seann ìotaidh—le dìlseachd na seann dìlse.

Nan gruaidhean laiste bha blàth nan daoine ged nach robh blàth nan deur a shil na daoine sin. Man leasan bha a' cheart èideadh ud a chaidh a thoirmeasg air uair ach a bha a-nis na shùil-fharmaid don t-saoghal. O ghleanntan iomallach agus o innisean dìobarach na h-Albann, chunnacas sliochd nam fear fuighleach a' tional nan ceann; a' tional fhathast—aon uair eile, a sheasamh às leth—seadh, às leth gu dè?

Ceirt gun Fhreagairt

Seadh, seo a' cheist do nach d' fhuaras fhathast làn-fhreagairt. Is dòigh leinn a ràdh gun do sheas iad às leth an dùthcha, ach gus am faigh sinn an dearbhadh gur leothasan an dùthaich sin chan fhaod sinn a bhith a' cleachdadh barra-chainnt den t-seòrsa. Sheas na Gàidheil, mar as tric a rinn iad, às leth an ainme gun an tairbhe. Sheas iad mar nach do sheas sluagh eile fon ghrèin às leth na dùthcha a bha air a h-ainm-eachas a-mhàin dhaibh, ach tha fios a-nochd aig a' chomh-achaig, agus brath aig an dòbhran far an d' fhuair iad an àrach, agus fios a' chràidh aig an fheadhainn gus nach till iad tuilleadh.

Dàn na Feadhnaċ a Thill

Agus tha fios againne gu dè as cor don fheadhainn a thill. Fhuair iad barra-bhasachd gu leòr; seadh, ann an dubh air pàipear. Fhuair iad mòran den teangaidh mhilis; seadh, o dhaoine mòra, còire an dèidh an sàr dhìnnearach, ach thuirt ar sinnsear nach do lìon beannachd brù. Chualas fathann air co-leasachadh, ath-leasachadh, agus iomadh deasachadh, air mathas, air pailteas obrach agus mòran flaitheis is fialachd. 'S e facail ghasta ghaothmhor a th' anns na facail seo, ach nas fhaide na na facail fhèin agus an cuid gaoithe cha deachaidh leasachadh no cuideachadh a chur an cèill airson nan Gàidheal; na Gàidheil mun do mhilleadh na h-uiread de ghlòir, is den dubh. Ach fòs, tha long nan eilthireach a' dol fo a h-uidheam; fòs tha gadhar na h-èiginne a' cròthadh fearr-mhac a' Ghàidh-eil ga h-ionnsaigh, agus fòs tha Innse Brìde fo lathadh an an-moich a' gal, ag ionndrainn, agus ag ùrnaigh. Fhathast tha Alba a' leigeil fala a cridhe an comain nan sochairean mòra sin a choisinn i am fuil-eabar na h-Eòrpa. Ò, foighidinn,—fad-fhulangas ar sluaigh! Ò, athaiseachd, socharachd, agus simil-idheachd na h-Albann!

An Cogadh Mòr

Fada mun tàinig crìoch air a' chogadh sgreamhail ud a bh' ann bha na trì rìoghachdan seo againn a' caitheadh mun cuairt air ochd millean punnd Sasannach san là; cha b' ann, a nàile, ga chaitheadh ach ga sgrios air sgàth sgrios agus domail, agus tha mi a' creidsinn ged robh an teugmhail ud fhathast gun chrìochnachadh gum faigheadh an gunna a pheilear airgid, agus am peilear fhèin a leaba aognaidh an aoraibh truaghain air choreigin.

Ochd milleanan san là! Nan robh ochd milleanan airson aon là fhèin aig Bòrd an Àiteachaidh no aig Bòrd an Iasgaich, an àite na cochaire truaighe a tha iad a' faotainn eatorra sa bhliadhna, saoil am bu bheag an tairbhe sin gu sonas agus sòlas a thogail an àite gach donais agus dòlais a tha a' duanadh ar dùthcha?

Rè a' Chogaidh Mhòir chaidh luach nam milleanan airgid de eathraichean agus de acainn iasgaich a dholaidh air cladaichean Alba fad is a bha a cuid mharaichean, den deòin no den aindeoin, a' cur dùirne ri tapadh air sgàth na chuirte am fiachaibh dhaibh aig an àm. Is athar air sin an-diugh gun deachaidh dìolacha-dèirce a dhèanamh de mhìltean de ar sluagh, agus gun tug airc an càraidh an càil agus an cridhe on àl aig an robh deòn-bhàidh ri am bun a chur san iasgach. Chan eil ri fhaicinn nar là ach an "cùl" den t-sochair a chunnacas ri uair a' tighinn à cuilidh a' chuain gu mathas ar sluaigh. Ach fòs tha tràlairean Shasainn a' goid is a' criomadh a' "chearcaill airgid" mun cualas seann seanchas ar n-athraichean, agus eadhon muinntir de ar fuil fhèin a chaill gu beachd an cliù agus an nàire am brot a' bhrosgail ag èigheach dhaibh—siùthdaibh! siùthdaibh!—ach tuilleadh brot, tuilleadh eile de na muragan ud!

Chan ann idir a' tagradh roinn an aona mhic a tha mi don dream air an fheàrr m' eòlas, ach saoileam gu bheil e eadhon do-sheachnaidh riatanach do aon Stàit sam bith, ionann is mar ann an teaghlach an duine bhochd, gun cumadh i timcheall oirre fhèin, cho fad 's as urrainn i sin a dhèanamh, an t-urrachuidiche, an t-urra-bheathaiche agus an t-urra-dhìon. Chan ann gu mathas Alba e,—airson Shasainn tha i cearta coma cò aca—gum biodh a tuath agus a tacsa a' togail air falbh uaithe. Chan ann nas motha gu a leas e gum biodh a clann a' plùchadh a chèile na bailtean mòra is an greim as motha am beul an fhir as treise, agus na siantannan a-mhàin ri fiadh-àiteach a cuid ghleann; chan eil an sin, mar a thuirt na daoine, ach "galar fada is eug na bhun."

Chan ann air chùl fiosrachaidh a tha mi gu bheil aignidhean agus ìmpidhean eile a' tighinn eadar cuid de òigridh an là an-diugh agus obair fearainn, ach co-chothrom ri sin tha dearbhaidhean soilleire againn gu bheil mòran sluaigh an geall air fearann de nach fhaigh iad ploc gus am bris iad "an lagh."

"Lagh is Riaghailt"

Gus am bris iad "Lagh is Riaghailt" Shasainn chan fhaighnich Sasann am bheil beul orra; seadh, nas lugha na tha cogadh air a h-aire; nas lugha na tha a h-Ìmpireachd an cunnart. Oir gu dè a tha an Alba co-dhiù ach Tuath-Bhreatann—iomall grànda gun diù, agus gu dè a' Ghàidhealtachd leathase ach cnoc spòirs as t-samhradh; àite anns nach eil duine idir a' fuireach sa gheamhradh! Is e aigne poilitigeach an t-Sasannaich os coinneamh an t-saoghail nach eil duine air uachdar coltach ris fhèin. An neach nach aontaich leis nì e gàire magaidh na aodann ion is ga chur gun diù mar amadan, agus an neach a dh'aontaicheas leis is èiginn dha cuideachd, air a' chairt mu dheireadh, gèilleadh dha mar mhaighstir.

Gach lagh a thatar a' deilbh an Lunnainn, am Pàrlamaid Shasainn, le Sasannaich (oir chan fhiach e an t-saothair a bhith ag ainmeachadh dòrnan choigreach an aghaidh an tromlaich an Taigh nan Cumantan) is ann a rèir gnè-mheanmna agus mac-ùidhe an t-Sasannaich a tha iad. Bu neònach nam b' e a chaochladh dhaibh. Chan fhaic mise coimeas as riochdaile agus as fìrinniche don t-suidheachadh phoilitigeach anns a bheil an t-Albannach an-diugh na dalta gun rath na spailleach àmhghair agus na chulaidh-bhualaidh an taobh taighe na tè sin den gairm e muime. Cha lìon muime am feasta ionad màthar, agus cha mhotha a gheibh dalta urram mic. Cho fada 's a bhios Albannach na Albannach no Gàidheal na Ghàidheal chan fhaigh e urram mic no gràdh màthar o Phàrlamaid Shasainn. Chan urrainn thu sin a chur an uimhreachd dhi: oir tha ise, mar a tha mise, a' faireachdainn agus ag aideachadh na cridhe fhèin nach buin sinn ann am fuil da chèile. Agus cha mhotha na sin a bhuineas sinn da chèile am meanmna no an cultar, gun tighinn idir air caitheamh-beatha no air suidheachadh nàdarra gach dùthcha air an dà thaobh.

Nàireantas

Tha cuid am beachd gun tèid againn air adhartas nàiseanta a dhèanamh eadhon san t-suidheachadh seo, ach nam bheachd fhèin cha tig an là agus cha chian na tràithean a nì sinn adhartas a rèir ar gnè cinneachail no a rèir ar feumalachd shaoghalta mar Ghàidheil cho fada 's a bhios sinn mar a tha sinn. Oir tha a' chùis gu tur an aghaidh nàdair a thuilleadh air a bhith cho neònach; seadh, cho neo-ghnàthach, ri circ-ghuir air cheann leth-ghur chearc is leth-ghur thunnag. 'S e suaicheantas comharraichte gach cinnich an cànain. Mar nì beò agus fàsmhor sam bith eile, cha mhair cànain beò agus chan fhàs i gun a freumhan a bhith a' tarraing sùigh agus beatha às an fhonn.

A' leantainn na cosalachd seo, tha corra sheòrsa fuinn ann às an toir cànain a beatha, ach 's iad an dà sheòrsa as torraiche na càch, nàiseantachd agus aidmheil. Chuir mi nàiseantachd air thoiseach oir gun teagamh sam bith 's e nàiseantachd cìoch-altraim gach cànaine ged a tha na h-Iùdhaich a' toirt fianaise dhuinn air an fhonn eile.

Beatha agus Fàs na Gàidhlig

Gu dè ma-tà am fonn às a bheil ar cànain-ne a' toirt, no a' dol a thoirt, a beatha agus a fàs? An ceartair fhèin tha i, ar leamsa, a' toirt na tha aice às "a' mhath a bha"; seadh, às na choisinn i de fheum, de luach, de urram agus de ghràdh fada ron là an-diugh. Tha i, mar gum b' eadh, beò air na chuir i mu seach. Cha mhair nì fon ghrèin a tha air an dol sin. Agus a cheart cho cinnteach sin cha mhair cànain a tha air a sgaradh, mar a tha ar cànain-ne, o chùisean nàiseantachd, oir cha lèir dhomh gu bheil aon mhàthair altraim eile aice san àm a mhaireas dhi mar fhonn coitcheann.

Ann am bharail-sa chan eil ann ach amaideachd a bhith a' feuchainn ri cànain sam bith altram mar theanga sluaigh gun a bhith aig a' cheart àm ag aidmheil agus a' tagradh agus a' cothachadh don t-sluagh sin gach puing a tha an comharrachadh teangann sin a' riochdachadh dhaibh, eadhon nàiseantachd. Às aonais fala cridhe nàiseantachd, no a dhearbh-leithid eile, chan eil ann an cànain idir ach cuspair gun anam de a bheil àileadh aognaidh na h-uaighe. Chan eil ann a bhith a' ceiltinn na fìrinne sin ach cleas a' chladhaire. Chan eil ann a bhith ag eatamachd—a' cumail o dhol bàs—cànaine gun nàiseantachd mar chìch dhi ach breugadh chloinne bige; rud nach tig ro-ghasta do shluagh feardha.

Cho fada 's a bhios Gàidheil na h-Alba riaraichte agus làn-bhuidheach a bhith a-mhàin nam "Breatannaich" no eadhon nan "Sasannaich" (mar as tric a mheasar iad le nàiseanan coigreach) cha tig, ar leam, rath no àgh air an dùthaich no air an sliochd mar chinneach air leth.

Am "Breatannaic" no An "Sarannaic" Sinne?

Is dòcha gun saoil cuid dem luchd-leughaidh gu bheil mi mar seo a' cur an cèill tuilleadh is a chòir. Ach cuiridh mi sìos beachd no dhà an seo airson na codach sin, air achd is gun tuig iad nach eil mi a' cur an cèill leth na dh'fhaodainn. Anns a' chiad àite gabh am beachd, "nàiseantachd." Ma tha nàiseantachd agad air leth on Fhrangach, on Turcach, on Teacha-Slòbhacach agus on t-Sasannach cia do theisteanas dhaibh sin gu lèir? Cuimhnich nach tuigear thu ma chanas tu "Breatannach" an uair bu chòir dhut "Sasannach" a ràdh. Cuimhnich nach eil an Sasannach a' cleachdadh an fhacail "Breatann" no "Breatannach" idir nas lugha na tha e a' bruidhinn riutsa fhèin. Air an làimh eile cha tric leis an Albannach a ainm riochdail a ghabhail air fhèin idir. Gu dè cho tric is a chunna tu riamh "made in Scotland" air aon rud sam bith, agus cho liuthad uair is a chunna tu "made in England?" Is e an fhìrinn gum faca tu "made in Great Britain" air an rud nach deachaidh a dhèanamh an àite eile ach an Alba. Gu dè cho tric is a chunna tu stampa an Gàidhlig air rud a rinneadh air clàr na Gàidhealtachd? Gu dè as coireach gu bheil na h-uiread de ainmean "obraichean" is eile air feadh Alba a tha a' tòiseachadh le "British" no "North British"—agus feuch am faca tu riamh am facal "South British"? Tha "mil" gu leòr an sin fhèin ri a dheoghal dhuit.

An Dùthaich Fèin 'S I An Culaidh-chùraim ar Motha

Gabh a-rithist cor nitheil agus saoghalta do dhùthcha. Ma thug thu an aire dha, chunna tu nad linn fhèin iomain agus imrich gun abhsadh air gach ceann gnothaich as feudalaiche na chèile o àrainn na h-Alba gu ruige Sasann; gu h-àraid do Lunnainn. Chunnacas bancannan Albannach air an glaimseadh suas a dh'aon slugadh an craos farsaing nam "fear-mòra" mu dheas. Chunnacas rathaidean iarainn na h-Alba a' dèanamh "Pòsadh ceàird" agus a' dol air thaigheadas do Shasann. Mar an ceudna chaidh obraichean gu leòr o àm a' chogaidh air imrich thar na crìche, agus o nach eil ùidh no aigne nàiseanta air shiubhal nan Albannach aig an robh corrag mhilis anns na muragan agus pòca domhain airson nan tarragan ud chaill ar dùthaich roinn nach bu bheag de adhbhar a leasa agus de a meas mar chinneach nàiseantail agus teòma.

O chionn ghoirid chunnacas Sgeama "Nàiseanta" na h-Ealaigtrise a bhith ga deilbh an Lunnainn. Fon sgeama sin chan eil an Alba ri bhith air ealaigtreachadh ach an ceann a deas; a' Ghalltachd, a-mhàin. Chan eil coltas air mathachadh cor na Gàidhealtachd a bhith san amharc, ach airson sgeama ud eile Loch Abar chan eil còir againn leas-làmhadh mòr no nàiseanta iarraidh air muinntir an almain a chuir fo acainn ar n-usgraichean gu am buannachd nitheil fhèin. Agus air chùl sin uile abram gun deachaidh, ach beag, gach smod de bheairt, de innealraidh, agus de adhbhar ealaigtriseach an sgeama ud a thionnsgnadh agus a dhèanamh an Sasann. An Èirinn agus an Danmhairg chì sinn sealladh fada, farsaing, nàiseanta air chùl sgoinn a chur air àiteachas agus eile le a bhith a' craobhsgaoileadh puthar na h-ealaigtrise gu làimh gach tuathanaich agus fear-ceàirde anns gach ceàrna den dùthaich, ach chan fhaic sinn fhathast tuar air beachd den t-seòrsa sin an aigne ar maighstirean-ne.

Seall, eadhon, air eilean beag Mhanainn aig a bheil, a dheòin no a dh'aindeoin chàich, roinn de a chead agus de a thoil fhèin an cùisean dùthchail, agus faic na tha e a' cur ri a leas fhèin de thoradh a' chomais sin.

Thigeadh e dhuinn sùil a thoirt a-mach thar bhunacha-baca nan còrsaichean seo againn agus umhail a thoirt do bheò-bheatha agus do bheachd an t-saoghail mhòir mun cuairt dhinn, oir tha sinn buailteach—ro-bhuailteach—air a bhith fo bheul na h-aona phoite bige ud a tha mu cheann Iain Bhuidhe fhèin is esan, ar leis, fon chrùn-sholais sin mar Mhacan Mòr eile a' riaghladh an domhain le ùghdarras na Suirche Sìorraidh. Ach tuigeamaid agus, a dheòin an àigh mothaicheamaid, nach ann an ceann na Beurla no am beul na Beurla a-mhàin a tha tuigse, gliocas, agus eòlas ionmholta an t-saoghail. Oir tha sluaigh eile ann aig nach eil dad idir de dhragh no de iarraidh, seadh, no de eisimeil ri cultar no ri cànain no ri creudam an t-Sasannaich; sluaigh a tha fòs ainmeil an eòlas, an oilean, agus an adhartas, ged nach toir iad umhail no unnlagh da mhòrachd mhòrchuiseach-san no idir do choingheall na h-Ìmpireachd air nach laigh grian.

Ach mar a tha sinn cho fada fo chìs agus fo chasan nam foireignichean; cho fada an urrachd ri gean ar maighstirean, is ann a tha sinn air fàs gollach; ion is a bhith coltach ris-san a chreid mu dheireadh nach b' e e fhèin a bh' ann idir. Chaith, shearg agus mheath ar meanmna mar chinneach; cinneach a bha ri là eile aigeannach, feardha, ainmeineach. Dh'òl sinn na h-uiread de leann-cadail na ceacharrachd ion is nach èirich ar spiorad os cionn inbhe na dèirce agus duais an doill.

Cogais nàiseanta! Ma tha a leithid idir de bhuaidh dualach dhuinn 's e rùn an sgrìobhadair sin a bhrodachadh, oir mur brodaichear teine na àm chan eil feum sam bith sin a dhèanamh an uair thèid an èibhleag mu dheireadh às. Agus gun chogais nàiseanta Albannach, Ghàidhealach, Cheilteach, cha bhi sinn beò an riochd cinnich, agus chan eil anns gach buille a nì sinn ach fuaim fàs.

An Comann Mòr-Cheilteach

Aonghas MacEanruig

1

Neach air thalamh a bheir dhuinn eachdraidh shoilleir mu dhèanadas a' Chomainn seo on chiad latha san deachaidh e an uidheam—am bheil a leithid ann? Is i mo bharail nach eil; oir eadar long is laimrig, chaill e a sgioba cho minig is nach eil neach ri fhaighinn a bha trì turais aig a chuibhill mar a bha e a' seòladh mun cuairt do na rubhachan agus do na h-eileanan. Is deacair iad, da-rìreadh, a chunnaic e trì uairean air sàile idir, agus ged a chitheadh, bu glè bheag fiosrachaidh a gheibheadh iad mu a ghnìomharan no a shiubhal. Tha e cho frithillidh na nàdar agus cho àrdanach na chleachdadh is nach àill leis cuideachd a chumail ri buidhinn sam bith ach e fhèin, no làmh na rèite a shìneadh a-mach do dhream sam bith a chuireas dorran air.

Mar anns an tìm a chaidh seachad, mar sin air an latha diugh —tha e an-còmhnaidh am piollaid air choreigin a thaobh a choimhearsnaich, agus tha a thogradh gu minig an aghaidh bharailean a th' air an altram gu coitcheann le comainn eile a tha a' saothrachadh gu dìleas am fìon-lios na Ceilteachd. Bheir mi seachad comharradh no dhà air na nithean seo air am bheil mi a' toirt tarraing.

11

An òg-mhadainn ar n-eachdraidh bha slòigh nan Eileanan seo air an roinn nan dà chuideachd, Gàidheil agus Cuimrich. B' iad na Gàidheil bu shine, agus shìolaich iad gu h-iongantach gus an do chòmhdaich iad an tìr uile. Cas nan dèidh thàinig na Cuimrich, den aon fhreumh gun teagamh, ach eadar-dhealaichte om bràithrean a bha rompa ann am mòran de an gnàthan agus de am beachdan. Dh'fhàs an dà chinneach—mar a dh'fhaodar a ràdh riutha—a-suas taobh ri taobh. Bha iad a' labhairt chànainean a bha an dlùth-dhàimh, agus a thàinig, a rèir gach dearbhaidh, às an aon mhòlltair agus às an aon ghlamradh. Ach dhealaich iad gu buileach nan cruth agus nan gleus, agus a-nuas o na ciad linnean den Chreideamh Chrìostail cha tuigeadh an t-aon mheur den phoball a' mheur eile.

Nan àbhaistean agus nan dòighean-riaghlaidh bha na Gàidheil agus na Cuimrich daonnan mar shlòigh air leth o chèile, an dara aon àrd-bheachdail, calma, danarra, agus an t-aon eile frithillidh, sgàthach, agus furasta a shàrachadh le feachdan coimheach. Chathaich na Gàidheil gu treun sgairteil an aghaidh nan Ròmanach spailpearra, agus chaidh aca air an còirichean fhèin a dhìon. A-nuas tro na linnean, chum iad an cliù gun mhilleadh a thaobh misnich agus tapachd an aghaidh nàimhdean. Cheannsaich iad na Cruithnich, is thug iad a' bhuille-mhuineil do na Lochlannaich, cho fad 's a bha an cuairt an Albainn air a gabhail a-staigh. An uair a theann na Sasannaich ri an sgiathan a sgaoileadh gu tuath cho math is gu deas, chuir na Gàidheil rompa an cumail o thìr nam monaidhean, agus sin rinn iad gun mhòran dragha, ged a ràinig Eideard nan Creach—Òrd-spealgaidh na h-Alba—gu ruig na ceàrnachan a b' iomallaiche den tìr seo, uair an dèidh uair. An dèidh a sgiùrsadh a-mach às an crìochan, b' èiginn dhaibh tighinn agus cuideachadh a dhèanamh len càirdean air a' Ghalltachd a chum Mac an Ùird agus a chuid fheachdan a ruagadh dhachaigh, gun chomas, gun dòchas an còrr dragh a chur air Albainn le armailtean mòrchuiseach. Ma chaidh iad fhèin a-rithist fhuadach mar chiomaich do chirbean leibideach na h-Àird a Tuath agus nan Eileanan, thachair sin a chionn gun robh iad air am mealladh agus air am milleadh len uaislean agus lem flathan fhèin. B' iad na nàimhdean on taobh a-staigh a rinn an cron, agus cha b' iad luchd-gamhlais on taobh a-mach.

Am feadh 's a bha na nithean seo a' tachairt am measg nan Gàidheal, ciamar a bha na Cuimrich gan giùlan fhèin? Cha do rinn iadsan mòran strì no saothair riamh a chum nàimhdean coimheach a chumail on crìochan. Theich iad à Albainn gun fhios carson, agus, an uair a dh'fhàs na Sasannaich draghail dhaibh mu dheas, rinn mòran dhiubh imrich thairis don Fhraing, far an do thuinich iad gu math agus am bheil an sliochd gus an latha an-diugh—mar shluagh gu tur air leth. An fheadhainn a dh'fhuirich dhiubh, thug iad orra, ach beag gun bhuille, gun urchair do chùiltean falaich air taobh an iar Shasainn. Cha robh an sgairt no an t-uabhar annta a bha anns na Gàidheil, agus cha d' èirich a-suas riamh nam measg ceannardan smearail uasal coltach ris na Gàidheil iomraiteach, Galcacus, Calum Cille, Coinneach Mac Ailpein agus Uilleam Uallas.

Eadhon anns na linntean deireannach seo th' againn, tha na Gàidheil nas fhasa a bhrosnachadh gu mire-chath a thaobh chùisean a bhuineas dan sìth agus dan sonas mar shluagh eadar-dhealaichte o gach sluagh eile; agus chan eil ach glè bheag bhliadhnachan air dol seachad on fhuair Gàidheil na h-Èireann saor gu buileach o chuing nan Sasannach, ceart mar fhuair an càirdean an Albainn, an 1886, an làmh an uachdar air tighearnan-fearainn neo-mheasarra a bha gan creachadh. Chathaich iad airson fuasglaidh agus bha a' bhuaidh leotha. Chum Gàidheil Mhanainn iad fhèin o dhol fo chìos do chinnich eile air feadh nan linntean. Tha na Cuimrich ro cheacharra an gnothaichean den t-seòrsa seo, agus tha an roinn dhiubh don ainm na Còrnaich gun ainm, gun chliù, gun chuimhne, a thaobh chùisean nàiseanta.

Carson nach eil barrachd càirdeis eadar na meuran Ceilteach seo na tha iad fhathast a' nochdadh? Tha a chionn gum bheil iad air an cumail o chèile le cleasachd mhuinntir eile aig nach eil nì san amharc ach an cumhachd fhèin a chumail gun mhilleadh agus an ùghdarras fhèin a mheudachadh thar tomhais. Tha an Sasannach a' faicinn ma bhios na Ceiltich air an sgaradh o chèile gum bi esan ann an suidheachadh gu cothrom a ghabhail orra uile agus gan cumail nan ìochdarain agus nan ciomaich, deas agus riaraichte gus gach nì a shirear orra a dhèanamh. Mheall e riamh iad, agus tha e gam mealladh fhathast, chan ann a chionn gum bheil e nas miosa no nas cruaidhe cridhe na muinntir eile, ach a chionn gun d' fhuair e an smachd o chianaibh, agus gur e a thlachd 's a mhiann a ghlèidheadh. Cho fad 's a bhios iseanan a' gheòidh a' fuireach an uisge-tàimh cha chuir an gèadh dragh no campar orra; agus, air a' mhodh cheudna, cho fad 's a bhios na Ceiltich maol, socharach, gun fhacal às an cinn ach moladh am maighstir, chan fhaigh an nàbaidh nodha a' choire as lugha dhaibh.

Tha fios aig na Gàidheil agus aig na Cuimrich air seo, agus tha strì eatorra a dh'fheuchainn cò as sìobhalta a dh'fhanas am fianais an t-Sasannaich. Tha eadhon an t-Èireannach, ged as geur a chaidh a sgiùrsadh o chionn ùine gun a bhith fada, a' cur uile bhuadhan an cleachdadh a chum duais a' bhrathadair a chosnadh—deagh-ghean agus suairceas an fhir ud a bha ga bhualadh agus ga bhioradh a-nuas gu 1922. Is e seo adhbhar na mì-shuaimhneis a tha eadar truaghain na h-Èireann, na Cuimrigh agus na h-Alba gach uair a thig iad gu riochdail an dàil a chèile a chum luaidh a dhèanamh air an sean eachdraidhean fa leth, agus bratach a thogail air taobh an nòsan eagnaidh agus an còirichean laghail an rathad tìr agus teanga.

III

An uair a thòisich an Comann Mòr-Cheilteach an toiseach ri pàirt a ghabhail anns an dùsgadh rathail a bh' air fhiosrachadh a thaobh na Gàidhlig agus na Cuimrich, bha fiughair gun toireadh e cuideachadh nach bu bheag don ghluasad ùr agus gun tàirngeadh e ri chèile na slòigh aosta a chum a bhith a' cur an cèill eireachdas an dòighean agus a bhith a' feuchainn ri cainnt an athraichean a chumail gun dol na b' fhaide am mùthadh, agus, nam bu chomasach e, a toirt air ais aon uair eile gu nì-eigin de mhiadh agus de urram. Dè a rinn e anns a' char seo, no an car feumail sam bith eile air am bheil e comasach dhomh iomradh a thoirt? Is e ceist nach faigh ach a gheàrr-fhreagairt —cha do rinn dad!

466

An Albainn, an Èirinn agus sa Chuimrigh tha comainn ghasta a tha ri mòran oibre an rathad a bhith a' cumail taice ri cànainean nan dùthchanna sin. Chan eil teagamh nach eil mòran de dheagh bhuaidh air an saothair agus nach eil a' Ghàidhlig agus a' chainnt Chuimreach an inbhe nas àirde an-diugh air feadh an t-saoghail na bhiodh iad mur tàinig na comainn seo idir gu bith. Nan robh na Mòr-Cheiltich a' dèanamh an dleasnais, bu mhòr an cuideachadh a dh'fhaodadh iad a thoirt don adhbhar nàiseanta anns na Trì Rìoghachdan; ach, an àite còmhnadh a thoirt, is ann a tha iad a' cur ceap-tuislidh an rathad gach neach agus buidhinn aig am bheil leas an cànain anns an amharc. Bheir mi seachad comharradh no dhà air seo, agus m' fhacal fìrinneach gum bheil iad ceart agus beachdail.

An 1929, thàinig a' Chuideachd Mhòr-Cheilteach do Ghlaschu agus shuidh i an sin fad dlùth do sheachdain. Bha saor-dhaoine nam fineachan uile an làthair, gu sònraichte iadsan aig an robh an tàmh ann am bailtean-margaidh—an Glaschu, an Dùn Èideann, am Baile Àtha Cliath, agus mar sin air aghaidh. Às na ceàrnachan dùthchail cha robh na h-uiread ri fhaicinn, ach is ann mar sin a tha a' chùis daonnan—tha luchd nam bailtean air thoiseach an uair a tha cliù no urram a' phobaill ri bhith air an cumail a suas. Cha robh mòran de àrd-sgoilearan an làthair à àite sam bith ach a-mhàin à Èirinn, agus cha deachaidh nì a dhèanamh a thug anabarr misnich no fiosrachaidh do dhream sam bith. Chaidh mòran de phàipearan a leughadh, ach cha robh nì air a thoirt am follais annta nach gabhadh faighinn an còig mionaidean anns a' Mhitchell Library, uidhe bheag on àite-cruinneachaidh. An aon fhacal, a-mach o dheiseachan maiseach de sgàrlaid is de bhreacan agus ceilearadh sònraichte taitneach aig òighean agus fleasgaich, cha robh nì ri fhaicinn no ri chluinntinn a ghluaiseadh an spiorad no a bhuaireadh an cridhe o chùisean bruailleanach na beatha. Bha uaislean a' feitheamh, agus flathan is maithean, ach bu bheag a chuala no a chunnaic iad air nach robh iad roimhe eòlach.

IV

Gu dol air ais beagan bhliadhnachan, bheir mi seachad eisimpleir eile air mì-sgoinn agus cion toinisg a' Chomainn Mhòr-Cheiltich. Bliadhna no dhà ro chrìch a' chogaidh, chruinnich e anns a' Chuimrigh—an Neath, dlùth do Swansea. Bha mòran an làthair às gach ceàrn sam bheil Ceiltich a' tuineachadh—à Albainn, à Èirinn, à Lunnainn, à Manainn, às a' Chòrn, à Breatainn na Frainge agus, gu sònraichte, às gach cùil is oisinn den Chuimrigh. Dè a thachair? Bha gach cànain air an cur gu riochdail air taobh a-mach na stairsnich ach tè na dùthcha anns an robh sinn a' fantainn, agus bha na Gàidheil uile air an cumail às na cathraichean a b' àirde agus air an sguabadh, gun mheachainn, a chum nan suidheachan a b' ìsle. An uair a thàinig àm a bhith labhairt, chaidh Cuimreach an dèidh Cuimreach a chuireadh le sodan a dh'ionnsaigh an sgàlain, agus b' e sin cuireadh nach deachaidh a dhiùltadh cho fad 's a bha mise san talla. Dh'fhàs mi seachd searbh dhiubh, —agus a h-uile fear cho foirmeil, ùr-labhrach nam b' fhìor e fhèin!

Cha b' iongnadh cuid againn a thoirt bòid is briathar nach rachamaid gu coinneamh den t-seòrsa ud gu bràth tuilleadh, —co-dhiù air fòid na Cuimrighe. Ar leam gun d' fhuair an t-Ollamh MacAoidh beagan a ràdh às leth na h-Alba uaireigin eile. Chaidh na h-Èireannaich a chumail cho bìth ri luchan an glais, ach a-mhàin dà bhoireannach aig nach robh dad de ghnothach ris na ceistean cudromach a bha, an uair ud, a' togail mòran buaireis eadar an sluagh sin agus na Sasannaich. Bha sinn uile coimheach riutha, ach gu h-àraid na Cuimrich, a bha, aig caochladh amanna, a' toirt oilbheum dhaibh gu follaiseach.

Aon sealladh eile air na làithean a dh'aom agus tha mi deas dhiubh gu bràth tuilleadh. Bha sinn cruinn an Dùn Èideann, a dhèanamh ullachadh air cheann a' Chomainn Mhòr-Cheiltich a thighinn don bhaile sin. Thachair seo bliadhna no dhà an dèidh don chogadh sgur. Bha sinn rèidh, riaraichte am measg a' chèile gus an tàinig dà Chuimreach a-steach don t-seòmar—an t-àrd-cheann-suidhe agus an t-àrd-rùn-chlèireach. On mhionaid a thàinig iadsan, bha an ceòl air feadh na fìdhle. Thug an t-àrd-cheann-suidhe litir a-mach à phòca agus thòisich e air a leughadh. Bha i o charaid ro-mheasail a b' aithne dhuinn uile, agus, air m' fhacal, chaidh e fad an aghaidh a' chuilg leinn a bhith a' cluinntinn a' Chuimrich seo ga chàineadh air tàillibh na litreach seo a sgrìobh e agus anns nach robh nì ach fìrinn agus maise mur biodh i air a cìreadh a-mach às a brìgh agus a seadh. Thachair gun robh facal no dhà innte a bha a' tagradh deagh-ghean agus cothrom do na h-aoighean Èireannach, oir, aig an àm, bha Èirinn fhathast fo smàig aig Sasann agus, mar sin, fo bhinn achmhasain aig gach Gàidheal is eile leis am bu mhiann a cumail anns an t-suidheachadh neo-eireachdail sin. Leugh an ceann-suidhe an litir ud a-rithist agus a-rithist, a' cur a-staigh bhriathran sgallaiseach gu minig an aghaidh an fhir a sgrìobh i. Chaidh dà uair an uaireadair a chaitheamh anns a' chneadalan thàcharanach seo, agus an sin thug neach-eigin (cha b' e fear na cathrach) fa-near gun robh an deasbad riaslach a-mach à riaghailt a chionn nach deachaidh iarraidh air a' Chuimreach an litir a thoirt air lom idir agus gum b' ann thuige fhèin a bha i air a cur is nach b' ann a chum na coinneimh. Chaidh gabhail ris a' bharail seo gu h-obann, agus goirid na dhèidh sin sgaoil a' chuideachd gun obair sam bith a chrìoch-nachadh.

An còrr chan abair mi mu thimcheall mì-dhèanadais nan Cuimreach ach seo—gum bheil e coltach gur ainneamh a chòrdas iad fhèin agus Gàidheil na h-Alba air an aon làimh agus Gàidheil na h-Èireann air an làimh eile mu cheist sam bith a bhuineas do dhual is do shinnsre, agus gur duilich da-rìreadh an cumail an dlùth-cheangal. Chan eil mi ag ràdh nach eil na Cuimrich, an iomadh rathad, cho math rinn fhèin agus, an cuid de dhòighean, beagan nas fheàrr, mar anns a' chleachdadh òirdheirc a th' aca a bhith a' labhairt an cànain dhligheach aig gach bealach agus còmhdhail, agus, mar sin, a bhith ga cumail beò, fallain. Ach their mi, gun ag, gu bheil iad fad air dheireadh oirnn an rathad a bhith a' toirt an aon chothrom riutha fhèin do fhineachan eile a bhios a' suidhe leotha mun aon bhòrd. Gus an caill iad an cleachdadh mì-shealbhach a bhith ag amharc orra fhèin a-mhàin mar shalann na talmhainn is faoin don Chomann Mhòr-Cheilteach a bhith a' sgaoileadh a bhrataich an-dràsta 's a-rithist, oir chan eil i a' riochdachadh ach laigse agus caitheamh tìm. Tha a leithid de ùine air dol seachad on dhealaich na Gàidheil is na "Breatannaich" (no na Cuimrich) mar dhà mheur den chraoibh mhòir Cheiltich is gur beag samhlaidh a tha eatorra ach a-mhàin nam mac-meanmna agus nan càbhadh. Nan àbhaistean uile chan eil barrachd tuaileis eatorra na tha eadar Tiutonaich Shasainn agus an co-bhràith-rean sa Ghearmailt.

V

Ach an rud a dh'fhalbhas chan e a dh'fhòghnas, agus, air an adhbhar sin, bheir sinn ar n-aghaidh air an tìm a tha romhainn, agus cha ghabh sinn an còrr gnothaich ris na bheil nar dèidh. Is i a' cheist a dh'fheumas sinn a chumail far comhair: An gabh an Comann Mòr-Cheilteach cumail gun dol aog? Ma shaoileas sinn gun gabh bidh e iomchaidh fharraid a-rithist dè an dòigh as fheàrr air a chumail beò, agus dè na meadhanan as còir a chleachdadh a chum a dhèanamh torrach an deagh oibre.

Is còir a chumail beò, gun teagamh, oir tha iomadh nì ri dhèanamh sa Ghluasad Cheilteach nach gabh cur air aghaidh gu ro-mhath às eugmhais buidhinn den t-seòrsa seo. Bheir mi iomradh air aon no dhà de na ceistean dom feumar aire a thoirt an ùine gun a bhith fada, agus a ghabhadh fuasgladh na b' fhasa nan robh na Trì Rìoghachdan timcheall orra.

Anns a' chiad àite tha cùis nan cànainean ri cur air bhonn sgoinneil, oir, an ceartair, tha i na culaidh-bhùird agus na h-adhbhar-maslaidh. Tha e soilleir nach urrainn aon rìoghachd sam bith a' cheist seo a shocrachadh, oir tha na cumhachdan a tha na h-aghaidh seòlta agus nimheil. Ma tha a dhìth oirnn a' Ghàidhlig fhaighinn air a tàladh air a h-ais o bhruaich an lèirsgrios, thig e dhuinn dol an dlùth-dhàimh ri muinn-tir na h-Èireann agus na h-aon mheadhanan a ghnàth-achadh riuthasan a chum am beum-teasairginn a thoirt mun cuairt. Chan fhoghain buidheann an siud is buidheann an seo a bhith ag obrachadh às leth an ceàrnachan sònraichte fhèin. Feumar gach iarann a chur san teine agus oidhirp threun, aon-spèirideach a thoirt a chum a' chuid as fheàrr fhaighinn de na feachdan a tha nar n-aghaidh. Nas lugha na seo cha dèan an gnothach, agus an còrr cha ruigear leas a shireadh.

Cò a threòraicheas sinn anns an ionnsaigh thàbhachdach a tha mar fhiachaibh oirnn a thoirt anns a' chùis seo? Chan fhoghain aon fhear-iùil—feumar amharc a-mach airson triùir, a h-aon mu choinneamh gach rìoghachd fa leth. Tha Èirinn saidhbhir an ceannardan sgileil, foghlaimte, agus, mar an ceudna, a' Chuimrigh, ach tha Gàidhealtachd na h-Alba air ais ann am muinntir a tha ro-fhada air thoiseach air càch an tàlantan stiùiridh agus an ceannsalachd. Tha am pailteas againn de fhir is de mhnathan a tha àrd an sgoilearachd, ach tha iad ach beag gu buileach a dh'easbhaidh dad de chomasan stiùiridh. Air an làimh eile, is aithne dhuinn fear is fear a tha smearail, smachdail an deasbad agus an riaghladh ach nach do chomharraich iad fhèin riamh mar sgoilearan no luchd-pinn. Cha fhreagair gin den aon seòrsa no den t-seòrsa eile. Tha e iomchaidh don fhear-iùil a bhith ceannsgalach an tagradh agus aig a' cheart àm foghlaimte a thaobh gach nì a bhuineas do eachdraidh, do chleachdaidhean agus do ealainean ar cinnich, agus eòlach, fiosrach a thaobh chinneach eile. Èiridh e a-suas ri ùine, ach, ar leam, nach tàinig e fhathast am follais. Aig an àm a tha an làthair, is e dleasnas nan Trì Rìoghachdan seasamh mar aon bhuidhinn a chum spor a thoirt do adhbhar nan cànainean, agus chan urrainn iad sin a dhèanamh air mhodh as fheàrr na tro mheadhan air choreigin coltach ris a' Chomann Mhòr-Cheilteach.

Is e an dara nì dom feumar smuain a thoirt cor nan tìrean beaga an coimeas ri an coimhearsnach mòr, beartach—Sasann. Chan eil teagamh nach eil eadhon Èirinn, ged a fhuair i fuasgladh comharraichte o chionn dheich bliadhna, a' fulang fhathast am pailteas de anacothrom air tàillibh a bann-còrdaidh ris a' chòrr de na h-Eileanan seo. A thaobh Albainn agus na Cuimrigh, tha an cor cho fada o bhith subhailceach 's a tha e ro-fhurasta dha a bhith. Chan eil latha sa bhliadhna nach eil iad ag iarraidh nì nach faigh iad ged as e an còir le dlighe is ceartas—is e sin, an roinn laghail de ionmhas na dùthcha. Tha sin air a dhiùltadh dhaibh a-muigh 's a-mach, ach na àite tha iad a' faighinn cuid den spruilleach a tha a' tuiteam o bhòrd an nàbaidh. Eadhon seo, chan fhaigh iad ach gu neo-chinnteach, agus gu minig thèid a spioladh uatha mun gann a gheibh iad nan làmhan e. Bha seo ri fhaicinn gu soilleir anns a' ghnìomh fhoilleil a rinneadh an co-cheangal ri Rosyth goirid an dèidh crìch a' chogaidh. Chuireadh stad air gach obair a bha a' dol air aghaidh an sin, chaidh mòran a chur a-mach à cosnadh, agus chaill na mìltean am maoin 's an stòras air tàillibh taighean a bhith air am fàgail falamh, bùthan a bha air an ùr-fhosgladh a bhith air an dùnadh le cion luchd-ceannaich agus rathaidean a bhith air an dèanamh far nach robh na b' fhaide feum orra. Ach cha robh an seo ach a' chuid bu lugha den chall. Chaill Albainn an latha ud, a bharrachd air gach nì dhiubh siud agus na ficheadan eile den t-seòrsa—chaill i, mar an ceudna, cead agus còir air nì a thagradh an rathad malairt na Stàite ach a-mhàin a' chuid sin dhith nach gabh tarraing air falbh gu deas thairis air a' Chrìch Shasannaich. Chaill i modh nan rìoghachdan eile, agus, nì bu bhrònaiche air fad, chaill i còir air a cuid cloinne fhèin a theagasg anns an dòigh a bhiodh iomchaidh na barail fhèin.

An treasamh rathad sam faodadh an Comann Mòr-Cheilteach a bhith na mheadhan air neartachadh susbainneach a thoirt do mhuinntir na Gàidhlig agus na cainnt Cuimrich is e le bhith ag ùrachadh miann agus dùrachd, aig an taigh agus on taigh, a thaobh chùisean ealain a tha Ceilteach agus eagnaidh nan gnè agus nan eachdraidh. Tha dearmad mòr air a dhèanamh daonnan air a' chuid seo de ar seann nòsan. Chan eil rìoghachd as fheàrr na rìoghachd anns an t-seagh seo (cho fad 's a tha na fineachan againne air an gabhail a-staigh), agus chan aithne dhomh aon Cheilteach a thug bàrr air càch uile an obair snaidhidh no an obair tarraing. Tha againn na h-uiread de bhàird, tha ar n-ùghdair eile glè lìonmhor, ach chan eil ar luchd-ealain ach anabarrach tearc. B' fhurasta cunntas air meuran na h-aon làimhe na th' aig gach rìoghachd fa leth den t-seòrsa seo de mhuinntir, agus tha a' ghainne seo a' cur dorrain agus campar air mòran de ar cuid sluaigh.

VI

Dè an dòigh sam b' urrainn don Chomann Mhòr-Cheilteach cuideachadh anns a' ghnothach seo? B' urrainn da sin a dhèanamh le bhith a' tairgse dhuaisean airson a bhith **(1)** a' tarraing **(A)** le dathan agus **(B)** gun dathan, **(2)** a' snaidheadh agus **(3)** a' deilbh nithean rìomhach a bhuineadh do èideadh no do àirneis an cloich, am miotailt, no an leathar. Seo car anns nach urrainn aon rìoghachd sam bith, ge mòr a h-innleachdan agus a tàlantan, cothrom a thoirt dhi fhèin no do a luchd-ealain anns an tomhas agus air a' mhodh sam biodh e iomchaidh dhi sin a dhèanamh. Is cubhaidh don "Trì" dol cuideachd anns an adhbhar seo. Ma nì iad uile an culaidh-mhathais chan fhada gus am bi beartan is ealaidhean nan Ceilteach air am meas airidh air àite beag no mòr air choreigin an uair a bhios obraichean den t-seòrsa sin air an toirt am follais agus air am meas airidh air sàr-bheachd an t-sluaigh. Chan eil mi ag ràdh idir gur còir cumail ris na seann chruthan ann a bhith a' cum-adh dhealbhan no eile an cloich no air canabhas. Tha sinn a' fàs sgìth de cheann na nathrach, den chìr, den sgàthan, de na cromagan ceithir-oisinneach agus leth-chruinn agus den luingeis neònaich leis an sgioba neònach, mar a thoirear cho tric fo ar comhair air an latha an-diugh. Thoireamaid oidhirp air imeachd leis na tìmeanna a th' ann, agus riochdaicheamaid nithean mar a tha iad is chan ann mar a bha iad am beachd mhuinntir eile anns na linntean a dh'fhalbh.

Tha trì nithean fuaighte ris a' chuspair seo a dh'fheumar a thoirt gu soilleir fa-near: an toiseach gum bheil strì feumail ma tha fiughair ri buaidh thairis air uabhar is tarcais nan cumh-achdan a tha nar n-aghaidh, eadhon ealainean agus fèin-aithn-eachadh Shasainn; a-rithist, eòlas a bhith air a thoirt don phoball a thaobh brìgh agus eachdraidh ar n-ealain, agus anns an treasamh àite, luchd-teagaisg smearail, sgoinneil a bhith air an cur air leth a chum a bhith a' cur a' chuspair seo gu h-eag-naidh fa chomhair na cloinne anns gach aon de àrd-sgoilean na Gàidhealtachd.

A-nise, tha mi ullamh den chuid seo dem cheann-teagaisg. B' fheàrr leam gun robh barrachd ùine agus rùim agam gu dol a-staigh ann nas faide. Ach, their mi seo anns a' chrìoch-nachadh: gum bheil e ro-fhreagarrach atharrachadh mionaideach a dhèanamh air na riaghailtean a bhuineas don Chomann Mhòr-Cheilteach agus do na fo-chomainn a tha ga chumail air dòigh.

VI

Is còir aon riaghailt ùr a chruthachadh leis am bi na fo-chomainn air an dèanamh a-suas de àireamh shònraichte de bhuill às na h-uile rìoghachd fa leth, a rèir lìonmhorachd a sluaigh agus chan ann a thaobh lìonmhorachd a sgoilearan. Cho fad 's a bhios an dara fine a' faighinn barrachd cothruim 's a gheibh fine eile nach eil dad air dheireadh an cliù no an àireamh pobaill, chan ion fiughair a bhith ri dad ach tnùth, farmad agus tomhas àraidh de mhì-rùn, agus cha bhi buaidh no sonas air saothair a' Chomainn. Cothrom a h-aon a tha na fineachan a' sireadh, agus leis nas lugha na sin cha bhi gin dhiubh toilichte.

Riaghailt eile a dh'fheumar a dheilbh, agus is i sin gum bi nas lugha de chirceilis aig na còmhdhailean bhliadhnail—nas lugha de shùgradh agus de iomairt agus am barrachd ùine air a tabhairt do chùisean cudromach ar pobaill.

Their mi a-rithist nach eil e dligheach ceistean a bhuineas do shìth nam fineachan a thaobh an ceangal ris an Stàit a bhith air an cumail gu buileach às an rathad, mar nithean gun snas agus gun tairbhe. Tha Albainn agus a' Chuimrigh fhathast às eugmhais cumhachd Fèin-riaghlaidh anns an tomhas as lugha; agus gus am faigh iad sin, chan urrainn mòran de mheas no de rath a bhith air ar n-ealain Cheiltich. Bidh i leth-choltach ri coinnlear anns an do chaith a' choinneal gus an deachaidh i às agus anns nach faodar coinneal ùr a chur do bhrìgh nach eil còrdadh no suaimhneas am measg mhuinntir an taighe. Tha cuideigin on taobh a-muigh a' cur breislich orra le bhith a' gealltainn dhaibh coinnlear airgid air chùmhnanta nach cuir iad ann am feasta ach coinneal ghallta a cheannaicheas iad uaithe fhèin.

Tilgeamaid dhinn breisleach an t-Sasannaich, agus gabhamaid thugainn sgiath a' chreideimh leis am faigh sinn buaidh thairis air uabhar agus mì-chneastachd ar nàbaidh. Dùisgeadh an Comann Mòr-Cheilteach às a chadal, agus chì e gu h-aithghearr beartan mòra agus iongantach air an toirt gu crìch, chan e a-mhàin am piseach an t-sluaigh a thaobh an teachd-an-tìr ach, mar an ceudna, a thaobh gach subhailc agus grinneas a bhuineas dhaibh mar fhineachan Ceilteach.

Sliġe nan Seann Seun

Dòṁnall Mac na Ceàpoaiċ

Saidhbhir sìth nan sian a-nochd air Tìr an Àigh,
Is ciùine ciùil nam fèath ag iadhadh Innse Gràidh,
Is èasgaidh gach sgiath air fianlach dian an Dàin
Is slighe nan seann seun a' siaradh siar gun tàmh.

Saidhbhir com nan cruach le cuimhne làithean aost',
Sona gnùis nan cuan am bruadair uair a dh'aom;
Soillseach gach uair an aigne suaimhneach ghaoth—
Ò, làithean mo luaidh, ur n-uaill, ur n-uails', ur gaol!

Ò, làithean geala gràidh le 'r gnàthan glana còir',
Ò, aimsirean an àigh le 'r gàire, gean, is ceòl—
Ò, shaoghail nan gràs nan gathan aithne 's eòil,
Cuime thrèig 's nach d' fhàg ach àilte àin ur glòir'?

An iongnadh deòin is dùil bhith dol a-null nar dèidh,
Ri ionndrainn nan rùn a lìon ur sgùird le spèis?
An iongnadh ceòl nan dùl bhith seinn air cliù ur rèim'
Is fabhra crom gach sùl' bhith tais fo dhùbhradh leug?

A làithean sin a thriall le ial-luchd àis mo shluaigh,
Cuime thàr ur miann gach dias a b' fhiachmhor buaidh?
An iongnadh an iarmailt shiar bhith nochd fo shnuadh,
'S ur n-àrasan an cian bhith laist' le leus bith-bhuan?

An iongnadh lom gach làir bhith luaidh air làn ur sgeòil?
An iongnadh cnuic is ràdh a chomha-thràth nam beòil?

An iongnadh cruit nan dàn bhith bìth fo sgàil' a neòil—
Is ealaidh-ghuth nam bàrd gun seun, gun sàire seòil?

Cha neònach cill mo shluaigh an cois nan cuan bhith balbh,
Chan iongnadh uchd nan tuam bhith 'n tòic le luach na dh'fhalbh,
Ò, shaoghail, is truagh nach till aon uair a shearg,
'S nach tàr mo dheòin, ge buan, aon fhios à suain nam marbh!

Virgil

Niall Ros

Mar a shoillsicheas taigh solais an dorchadas na h-oidhche, sin mar a tha Virgil a' dealradh tro na ginealaich. Tha a-nis dà mhìle bliadhna o rugadh e; gidheadh tha ainm an-diugh cho iomraiteach 's a bha e riamh. Anns gach ceàrn a dh'ionnsaigh an tàinig oilean nan Ròmanach tha cuimhne ri chumail aig an àm seo air Publius Vergilius Maro, a rugadh dlùth air Mantua, air a' chòigeamh latha deug den Dàmhair, trì fichead bliadhna 's a deich ro àm ar Slànaigheir.

Bha athair a' bhàird na thuathanach, aig an robh treabhachas dha fhèin, saor à grunnd. Air don tuathanach bhith cothromach an crannchur, bha comas aige air deagh fhoghlam a thabhairt da mhac. Chaidh Virgil oideachadh an sgoilean Chremona agus Mhilan. Bha na sean bhailtean sin, eadhon cho tràth siud, fada air an aghaidh am fiosrachadh. An dèidh sin chuireadh an t-òganach mu dheas gu Naples, far an d' fhuair e eòlas farsaing air cainnt is litreachas nan Greugach. Tha an eachdraidh ag innse gun deachaidh e mu dheireadh gu baile mòr na Ròimhe fhèin, agus gun tug e dearbhadh air neart a bhuadhan, le eòlas labhraidh agus feallsanachd. Bha am muineadh eagnaidh seo na dheagh ullachadh airson na h-obair shònraichte a bha gu ainm Virgil a dhèanamh aithnichte agus maireannach.

Mar a dh'fhaodas muinntir a thuigsinn tha gach aon a fhuair a bheag de eòlas air Laideann fo chomain mhòir do Virgil. Ach tha adhbhar gum biodh luchd-labhairt na Gàidhlig gu h-àraidh a' nochdadh spèis dha, a chionn 's gur e Ceilteach a bha anns a' bhàrd e fhèin. A rèir nan cunntas bhuineadh a chuideachd do chinneadh nan Galli, a chuir ceann a tuath na h-Eadailt fo chìs fada ro latha Virgil.

Dh'fhuirich na Ceiltich anns an dùthaich thorraich agus mhaisich ud ris an abradh daoine Gallia Cisalpina. Lean cainnt is cleachdaidhean nan Galli anns an dùthaich sin fad iomadh linn. Is tric a mhothaich sgoilearan gu bheil feart no dhà an saothair Virgil, a tha ga chur air leth leis fhèin seach bàird Ròmanach eile. Tha sin nàdarrach gu leòr ma tha esan de threubh eile. Anns an oidhirp seo bu mhiann leam cuid de na nithean sin a chomharrachadh anns a bheil Virgil eadar-dhealaichte o sgrìobhaichean Ròmanach, agus anns a bheil coltas aig a chuid saothair ri gnè agus gluasad na h-inntinn Cheiltich.

Their cuid gu bheil Virgil ag aithris air feadhainn de na bàird Ghreugach. Bha a leithid sin fasanta aig an àm. Bha e mar chleachdadh aig na bàird Ròmanach a bhith a' leagail càradh an cuid dhàn air eisimpleir nan ùghdar Greugach. Bha iad ag amharc le meas air sgrìobhaichean ainmeil na Grèige. Thachair nì-eigin coltach ri sin an Sasainn. An dèidh ath-dhùsgadh an fhoghlaim an Sasainn bha e mar riaghailt aig na sgoilearan a bhith a' leantainn dòigh nam Frangach is nan Eadailteach. Sin mar an ceudna mar a thachair anns an Ròimh, an uair a bha litreachas na Laidinn a' fàs suas. Is gann gu bheil ùghdar sònraichte anns an Laideann nach eil a shaothair air a cumadh a rèir samhail Ghreugach. Tha Horace ag aithris air Alcaeus; tha Lucretius a' leantainn Empedocleis; tha taobh aig Terence ri Menander; agus ghlac Propertius an dòigh aig Callimachus. Mar sin bu nòs do dhaoine tàlantach a bha a' sgrìobhadh anns an Laideann, gun sònraicheadh iad Greugach ainmeil, agus gun dealbhadh iad an obair fhèin air innleachd sgrìobhaidh an fhir sin. Is ann air a' bhonn seo a tha cuid den bheachd, gu bheil Virgil anns na h-Eclogaes a' togail dòigh Theocrituis; gu bheil suaithealas aig na Georgics ri bàrdachd Hesioid; agus gu bheil an Aeneid fhèin air a suidheachadh a rèir rian is ranntachd na h-Iliad aig Hòmair.

Ged tha co-cheangal eadar Virgil is feadhainn de na Greugaich, gidheadh is còir dhuinn rabhadh a thairgse nach eil sin a' ciallachadh gu bheil cion geur-chùis no gainne bhriathran air Virgil. Is dearbhadh air a chomas gum b' aithne dha aithris air trì dòighean Greugach. Bhiodh e comasach, ma dh'fhaodte, aithris air dòigh no dhà eile, nam biodh feum air. Tha cinnich a' gabhail iasaid o chèile an nithean eile, cho math ri dòigh sgrìobhaidh. Cuimhnich air togail thaighean is aitreabhan, air teampaill adhraidh is air lùchairtean. Tha gach cinneach a' meudachadh an iasaid, a' cur an earrann fhèin ris. Chan eil àicheadh nach eil buaidh aithnichte air Virgil, gu bhith a' tàladh na h-inntinn, is a' gluasad nan aignidhean. Chan eil anns an iasad a ghabh e o na Greugaich ach cèis, anns a bheil a chuid neamhnaidean loinnireach fhèin air an càradh.

Tha e fortanach gun robh Virgil measail aig uaislean a bha nan companaich leis ag ionnsachadh anns an Ròimh. Fhuair aon diubh sin gu àrd-inbhe mar uachdaran air Gallia Cisalpina. Mar thoradh air a' Chogadh Shìobhalta bha Virgil an cunnart gun cailleadh e seilbh air a chuid fearainn, dlùth air Cremona. Ach bha an t-uachdaran seo comasach air a dhìon; agus mar an ceudna air cothrom a thabhairt do Virgil gu eòlas fhaotainn air an Ìmpire Augustus, nì a bha na chuideachadh is na mhis- neachadh mòr don bhàrd. Tha e air innse gun do ghabh an t-Ìmpire tlachd dheth. Tha e coltach gu robh buaidh-tharraing air leth an nàdar Virgil; gun robh e gasta flathail na ghluasad; gun robh a dhòigh ciùin agus cùirteil gun a bhith idir brosgalach; gun robh e caomh gun uaill amaidich; agus mar sin gun robh e mùirneach aig ìslean is uaislean. Is minig a chithear farmad eadar bàird a tha beò agus ainmeil aig an aon àm còmhla. Ach cha robh fuath no farmad an inntinn Virgil. Bha e cho iriosal ri leanabh. Bha gràdh mòr aig Horace air Virgil; agus tha e coltach gun robh sgrìobhaichean eile a cheart cho dèidheil air. An uair a thàinig am bàs air Virgil aig aois leth-cheud bliadhna, bha caoidh is bròn anns an tìr nach fhacas ach tearc a leithid. Is ann aig Naples a fhuair e bàs; agus is ann sa bhaile sin a chaidh adhlacadh.

Is iad na h-Eclogaes a' chiad chuid de shaothair Virgil. Tha na deich duain sin an cruth còmhraidh, mar gum b' ann eadar maighdeannan is òganaich air an dùthaich, agus iad ri banarachas is buachailleachd. Tha an òigridh a' beadradh ri chèile, le ionracas is cridhealas. Tha iad a' seinn is a' cluich le sunnd is ceòl-gàire. Tha spiorad ìnntinneach anns na duain ainmeil seo. Tha iad a' coimeas sìmplidheachd beatha na dùthcha ri grinneas is gleadhar a' bhaile mhòir. Is coltach gun do dhealbh Milton an duan aig Lycidas air ìomhaigh nan Eclogaes aig Virgil, dìreach mar a rinn an Ròmanach fhèin aithris air na duain Ghreugach aig Theocritus, a bha beò dà cheud bliadhna roimhe sin. Ach tha eadar-dhealachadh mòr eadar an Greugach agus an Ròmanach. Tha an Greugach cosail ri Burns —tha e fhèin am measg na cuideachda, a' sgrìobhadh an cainnt na h-àirigh, air chor gu bheil an dealbh fìor gu litireil. Ach air an làimh eile is ann a tha Virgil a' sgrìobhadh le cainnt shnaidhte is le inntinn sgoileir, mu chor sìmplidh iriosal na h-àirigh, gu bhith ga aithris aig cùirt an rìgh is an caisteil nan uaislean.

Tha an ceathramh duan de na h-Eclogaes ainmeil airson an leth-bhreac iongantach a tha am bàrd a' dèanamh air linn an àigh—cuspair air a bheil na seann bhàird Cheilteach dèidheil. Anns an t-seagh sin tha Virgil mar neach a chunnaic sealladh a dh'fhosgail a mhac-meanma. Chan fhaighear a leithid eile de leth-bhreac anns na h-ùghdair Ròmanach. Chan eil Gàidheal no Cuimreach a leughas an ceathramh Eclogae nach aithnich an sin iarrtas dìomhair a' chridhe Cheiltich air nithean as àirde na tha aig clann nan daoine anns an staid a tha an làthair. Is e Pollio as ainm don leanabh mhìorbhaileach aig am bi an riaghladh anns na làithean sona, an uair a thèid cionta an t-sluaigh a dhubhadh a-mach. Teichidh geilt is eagal, agus còmhlaichidh gaisgich is diathan ri chèile. Bheir an talamh a thoradh gun saothair an fhir-àiteachaidh. Fàsaidh na dearcan air an fhìonan gun obair làmh. Bithidh am buar is an sprèidh mar a mhiannaicheas cridhe an tuathanaich. Cha tig puinnsean à lus a dh'fhàsas às an talamh; agus caillidh gath na nathrach a nimh.

Is ann mu àiteach an fhearainn a tha Virgil a' seinn anns na Georgics. Bha innleachd a' bhàird den ghnè sin a chuireas loinn air cuspair sam bith as àill leis. An àite nam briathran a bhith a' tarraing maise bho thaitneas a' chuspair, is ann a tha an cuspair fhèin ga chòmhdach ann an rìomhadh as ùr o mhaise is loinn nam briathran. Tha Virgil a' cur annas nuadh mu sgrìob a' chruinn air an achadh. Tha an leughadair no an luchd-èisteachd a' beachdachadh le cùram is aire nuaidh don t-sìol-adair a' cur an t-sìl. Le grinneas cainnte a tha mar cheòl binn tha am bàrd a' tilgeadh eireachdais air gach gnìomh a tha feum-ail gus am fonn àiteach; mu gach cor anns am faighear an toradh as fheàrr. Tha stiùireadh is comhairle le chèile gan tairgsinn, an cainnt a tha còmhnard agus maiseach. Is e maise nam briathran an gnothach sònraichte; agus is sin a' cheart mhaise mun do sgrìobh Arnold a thaobh bàrdachd nan Ceilt-each; a' bhuaidh-inntinn a chuireas loinn neo-thalmhaidh air nithean a tha annta fhèin cumanta.

Nach mionaideach an cunntas a thug Virgil air an t-seillean, anns a' cheathramh leabhar de na Georgics! Tha e gan coimeas ri sluagh a tha umhail do lagh, agus a' tàmh am bailtean a thog an làmhan fhèin. Mar as trice tha bàird eile riaraichte le earail is modhannan a tharraing o dhìcheall an t-seillein; mar a shiùbhlas e le srann o bheinn gu tràigh, o mhoch gu anmoch, fad finn-fhuineach nan làithean sona samhraidh. Gheibh iad teagasg gu leòr o chosalachd an t-seillein, a' trusadh na meala o gach lus, agus a' caomhnadh lòin fa chomhair latha na h-èiginn. Ach chan e sin dòigh Virgil. Agus chan e sin dòigh Mhic Mhaighstir Alasdair. An Allt an t-Siùcair tha am bàrd a' cumail air falbh o theagasg, agus a' tionndadh aire gu h-iomlan gu maise nàdair mar chrìch innte fhèin a tha airidh a bhith na cuspair aoibhneis:

> *"Mil-dheocladh sheillean srianach,*
> *Le crònan 's fiata srann,*
> *Nan dìthibh baglach riabhach,*
> *Mud bhlàthaibh grianach chrann;*
> *Stràibh-dhriùchdain dhonna thèachdaidh*
> *Fo shinean cìochan d'fheòir,*
> *Gun teachd-an-tìr no bhiadh ac'*
> *Ach fàileadh ciatach ròs."*

Tha Virgil agus Mac Mhaighstir Alasdair a' fàgail an teagaisg aig na bàird as lugha. Is e tha a mhiann air Virgil a bhith a' nochdadh maise na cùise, saor o earail ach earail na maise fhèin. Bha mil nan seillean a' dèanamh suas earrann de bhiadh an t-sluaigh anns an Eadailt. Mar sin bha cùram nan seillean coitcheann, agus bha am bàrd mion-eòlach air dòighean a' chreutair iongantaich seo. Ann a bhith ag innse mu ghnàths an t-seillein na dhol a-mach gu gnìomh, agus a' gluasad air uairibh an òrdugh mar fheachd, tha an t-ùghdar a' faotainn cothrom air maise nàdair a chur an cèill air mhodh barraichte. Mar sin tha e a' brosnachadh cridhe, agus a' fosgladh sùilean dhaoine, gu bhith a' beachdachadh nas gèire air òirdheirceas na cruitheachd.

Is i an Aeneid prìomh-obair Virgil, ged a fhuair e bàs gun snas deireannach a thabhairt don dà leabhar dheug anns a bheil an Aeneid air a roinn. Aig an àm ud bha an Ròimh an àrd-chumhachd. Bha gach Ròmanach mòr às a dhùthaich. Bha an luchd-riaghlaidh an ionad mòrchuiseach. Bha e cubhaidh gum biodh sgeul na Ròimhe air a h-innse as ùr, agus sin le alt, agus le greadhnachas bhriathran. Bha dìlseachd do a dhùthaich daingeann an cridhe Virgil; agus is e gràdh dùthcha a tha mar spionnadh is mar dheachdadh dìomhair do dhàn mòr na h-Aeneid. Bha faireachaidhean Virgil tais agus domhain; agus tha nì-eigin tiamhaidh na nàdar, a tha a' dèan-amh a bhàrdachd drùidhteach. Tha comas aige gu deòir a ghluasad le nithibh muladach. Ach air an làimh eile tha e a cheart cho comasach air eagal no iongnadh a dhùsgadh le nithibh uabhasach. Chaidh sgeul na h-Aeneid a chur an Gàidhlig o chionn còig ceud bliadhna is còrr, mar chithear an aon de na leabhraichean aig Comann nan Sgrìobhaidhean Gàidhlig.

Tha eadar dhealachadh eadar gaisgeach na h-Aeneid agus gaisgich an latha an-diugh. Thug dà mhìle bliadhna mùthadh mòr air beachdan a' chinne-daonda. Tha cuid an dùil gu bheil Virgil neo-bhàidheil airson an dòigh anns do nochd e Aeneas na ghiùlan a thaobh na bànrigh Dido. Ach tha na breitheamhan a' dìochuimhneachadh gu robh Virgil a' creidsinn gu treibhdhir-each an toil nan diathan; agus gu robh rùn nan diathan borb gu leòr mar bu trice. Faodaidh na beachdan sin an-diugh a bhith faoin ann ar barail-ne; ach bha uair a bha iad glè fhìor do na Ròmanaich. Bha e an dàn gum fàgadh Aeneas Dido às a dhèidh. Bha sin an dàn a chionn gun robh gnothach mòr aige ri sheasamh, agus dleastanas àrd ri choileanadh, eadhon gun

togadh e baile na Ròimhe, agus gun stèidhicheadh e a cumh-
achd air an talamh.

Chithear an inntinn Cheilteach gu sònraichte anns an
t-sèathamh leabhar den Aeneid, far a bheil Virgil gar
treòrachadh gu saoghal nan spiorad. Is cuimhne leinn gun do
thagh Dante a' cheart fhear-stiùiridh air an turas cheudna. Tha
an Elysium aig Virgil glè choltach ri Tìr nan Òg. Bha an dùth-
aich gun bhròn mar ionad fois do spioraid nan Ceilteach. Tha
muinntir na dùthcha sin air an dealachadh o phian is olc na
beatha bhàsmhoir. Tha na buadhan seo air fad air an Elysium a
tha Virgil a' lorgachadh. Ach tha nì eile ri ainmeachadh a tha a'
nochdadh gun d' fhuair Virgil a' chuid seo den bheachd o
chreideamh a mhuinntir fhèin, eadhon na Ceiltich. An
litreachas nan Gàidheal tha luchd-turais a' tighinn à Tìr nan
Òg. Tha sin mar gum biodh iad a' fàgail na dùthcha ud, gu bhith
a' tighinn air chuairt am beatha don t-saoghal, agus a' tilleadh
air an ais a dh'ionnsaigh na tìre on tàinig iad. Is ann mar sin tha
an Elysium aig Virgil. Chunnaic Aeneas an spiorad aig athair
fhèin; agus chunnaic e cuideachd spioraid na feadhnach a bha
gu bhith mòr an Ìmpireachd na Ròimhe anns na linntean ri
teachd.

Sgrìobh Virgil a' chuid as mò da chuid bàrdachd an rann-
tachd shè-chasach na gaisge, a bha air a cumadh le Hòmair,
ochd ceud bliadhna roimhe sin. Is e Virgil a thug an cruth bàrd-
achd seo gu inbhe choileanta anns an Eadailt. Bha e comasach
air nithean ciùine coibhneil a luaidh innte, cho math ri nithean
gaisgeil. Is ann mar fhear ealain cainnte gun choimeas a tha
Virgil iomraiteach. Rinn e an Laideann na h-inneal gu fair-
eachaidhean caomha a chur an cèill. A chionn gun robh buaidh
is tlachd na bhriathran, thug luchd-teagaisg na cànain
Laideann iomadh mìr o Virgil mar mhìneachadh air riaghailt-
ean gràmair. Mar as trice is i an Aeneid a' chiad bhàrdachd
Laideann a chuirear an làimh na h-òigridh. Is lìonmhor sgoileir
a fhuair a' chiad bhlas air maise stàtail na seann chànain
Laideann, o bhith a' leughadh na h-Aeneid. Anns an ranntachd
ghaisgeil tha beòthalachd iongantach, ged a tha na sreathan
tomadach, le dà shiolla dheug anns gach sreath. Tha a' Ghàidh-
lig, mar chainnt aosmhor, fada fada air thoiseach air a' Bheurla,

gu bhith a' cleachdadh ranntachd Virgil. Tairgidh mi fa dheòigh
mar eisimpleir air an ranntachd sin sreath no dhà o dhuan ris
an canar An Oidhche, a chuir mi ri chèile mar oidhirp, o chionn
còrr is deich bliadhna fichead:—

Taitneach mar roghainn nan ceòl no aisling air òran nan
aingeal,
Dhaibhsan uile tha sgìth tha tìodhlacan ùrail na h-oidhche;
Bànrigh nan sochairean sèimh don dream a tha claoidhte
le cruadal,
Sochairean milis a' chadail, mar dhealt an tiormachd
an t-Samhraidh.
Dùinidh an ròs a dhuilleagan, paisgear pleatan an neònain;
Builichear treòir as ùr le fois air beatha gach creutair;
Caidlidh am fiadh sa bheinn, 's an t-eun sa choill gus am
faicear
Dealradh daoimein an driùchd ann an greadhnachas
glòrmhor na maidne.

Sgeul Neònach

Eachann MacDùgaill

O chionn ghoirid, fhuair mi naidheachd bho sheann duine a mhuinntir Thiridhe, is mar iomradh air creideas anns na sìthichean, tha mi an dùil gu bheil i air naidheachd cho annasach 's a chuala mise no aon eile riamh. Tha an duine a thug dhomh i an-diugh fhathast beò, slàn, is dh'fhaodadh e fhèin a' cheart iomradh 's a tha mise am beachd a thoirt dhuibh a thoirt do aon air bith agaibh le a bhilean fhèin, is e sin mura bheil sibh ga mo chreidsinn-sa gun cuala mi aige i, no ma tha sibh a' smuaintinn gur e mi fhèin a rinn suas i. An ceartair cha tèid mi nas fhaide na a chiad ainm a thoirt seachad, ach dh'fhaodainn a làn-ainm a thoirt dhuibh, oir chan eil mi an dùil gum biodh nì aige fhèin na aghaidh ged a dhèanainn sin a thoirt seachad. Co-dhiù, innsidh mi dhuibh gur e Iain a' chiad ainm a tha air, agus aon sam bith a bhios a' dol rathad nan ceidheachan, is dòcha gun tachair e air no oirre, uair no uaireigin, is e na shuidhe aig braidseal teine ag aire rud no rudeigin a bhios na fheum sin rè na h-oidhche shìos mu Abhainn Chluaidh. Tha e an-diugh, mun tubhairt an Salmaidh e, os cionn nan "trì fichead bliadhna 's a deich," agus is cinnteach nach aois fhreagarrach sin gu teannadh ri innseadh nan tula-bhreug.

"An uair a bha mise nam ghille òg," thòisich mo charaid, "shiubhail cailin ghrinn, a bha glè dhlùth air m' aois fhèin—car mu naoi bliadhna deug—a bha a' tàmh anns an ath bhaile rinn.

"Tha fios agad fhèin a-nis, mar a bha e na chleachdadh anns na h-eileanan anns an àm sin, mar a tha e eadhon fhathast, a bhith a' caithris nam marbh. Ach an uair ud bhiodh an taigh anns am biodh am marbh làn bho bhalla gu balla, agus glè thric, feumaidh sinn aideachadh, cha b' e am bròn a bhiodh a' tighinn fa-near don luchd-caithris, gu sònraichte nam b' e seann duine a bhiodh air an eisling; ach co-dhiù, chan eil gnothach aige sin ris an sgeòil, nas fhaide na gur ann air an rathad gu taigh na caithris a bha sinn an uair a dh'èirich nì cho neònach dhomhsa 's a chualas a dh'èirich do dhuine riamh.

"Dh'fhàg mi fhèin agus gille òg eile tuaiream air an aon aois rium am baile againn fhèin gu dol a chaithris don taigh anns an robh a' chailin marbh. Dh'fhàg sinn an taigh againn fhèin car mu naoi uairean, is an t-àm den bhliadhna a bha ann bha an oidhche cho dorcha 's a bhitheadh i an uair sin. Bha an oidhche brèagha; cha robh gealach ann, ach an ealtainn còmhdaichte le reultan, is Sgrìob Chloinn Uisne mar bhàbhan de chobhar reòthta a' sgoilteadh na speur na dà leth. Ghabh sinn rathad na machrach a bha eadar an dà bhaile, agus an uair a bha sinn a-nunn mu oir nam bacannan gainmhich a' tarraing ri Cill Choinnich, dh'fhuasgail barrall mo bhròige fhèin, is stad mi tiota gus an ceanglainn i. 'Bidh mi agad an ceartair,' thubhairt mi ri mo chompanach, is lean esan air. Cha robh mi fada a' ceangal mo bhròige, mar a thuigeas sibh, is an uair a dhìrich mi mo dhruim, ged a chaill mi sealladh air mo chompanach, bha mi a' cluinntinn fuaim a chas air thoiseach orm a-nunn am machair. Ach cha bu bhuileach a tharraing mise ris an astar a-rithis ma dh'fhairich mi an aon fhuachd sin a' tighinn mum thimcheall, is mar gum biodh meall de cheò—no nì-eigin na bu mhiosa—na chois. Chaill mi sealladh air na reultan; bha an dorchadas a dh'iadh mun cuairt orm cho tur 's cho iomlan is gun robh e ion is ga mo cheangal is ga mo sgeinneadh ris an talamh; bha e mar chudrom orm nach gabhadh crathadh dhìom, is e a' drùdhadh a-steach eadhon air mo smior! Ach cha do lean mi fada mar sin, is a thiota dh'fhairich mi mi fhèin ga mo thogail suas bhon talamh, is mar gum biodh cumhachd a thaobh-eigin gam iomain tron adhar le astar nach b' urrainn dhomh a chuimseachadh no a thomhas. Bha an aon fhuachd

mun cuairt orm, eadhon fuachd nach d' fhiosraich mi riamh a
leithid, ach a' gheilt a bha na mo chrè cha b' urrainn dhomh aon
chuid àireamh no innseadh.

"Chan fhios domh ciod cho fada 's a lean sin," arsa Iain, "ach
ri ùine dh'fhairich mi mi fhèin mar gum bithinn a' tighinn gu
talamh, is gun dàil fhuair mi mi fhèin air mo leagail gu socrach
na mo shuidhe, is càit an robh mi air mo leagail ach air cnap
creige, is sin cho rèidh, socrach, is ged a bhithinn air suidhe air
furm aig an teine. Dh'fhan mi mar a bha mi, gun làmh no cas a
ghluasad, is dh'èist mi. Bha an aon dorchadas mun cuairt orm,
is an aon fhuachd gam mheileachadh, mar chumhachd nach
gabhadh tilgeadh dhìom, is mi an dùil gun robh fuil bhlàth mo
chridhe an impis reòthadh ann am chuislean. Seadh, dh'èist mi;
is ciod a b' iongnadh leam na sorthuinn na mara a chluinntinn
mun cuairt orm. Chuir seo mi gu meòrachadh, ach an aon
phriobadh solais gu buadhan mo chinn a chuideachadh cha
robh ri fhaicinn: eadhon an aon leus air adhar, air speur no air
fonn cha robh lèirsinneach don t-sùil. Mu dheireadh dh'èirich
mi gu rèidh, athaiseach, is a' tomhas gach òirleach le bonnaibh
mo chas, rinn mi air a' bhristeadh-mhara a bha mi a' cluinn-
tinn. Fhuair mi an fhairge, is le leantainn gu snàgach,
cùramach, am bil na tuinne, thuig mi gur ann air eilean beag a
bha mi. Is e a bhuail nam inntinn a-nis gur ann air eilean beag
air a' chladach a tuath ris an abrar Còmhsalam a bha mi, is an
sin fhèin chuimhnich mi gun robh trì cuiseagan ruadha a' fàs à
fìor mhullach Chòmhsalaim an sgoraig bhig a bha an sin, is
shuidhich mi m' inntinn air feuchainn ri màgaran suas gu mull-
ach an eilein feuch am faighinn iad is an dearbhainn mar sin an
ann air Còmhsalam da-rìreadh a bha mi no nach b' ann. Nam
faighinn na trì cuiseagan bhithinn dlùth air a bhith cinnteach às
an ionad iomallach a bha an seo air an d' fhàgadh mi, agus a
bhàrr air sin, bha fios agam an uair a thigeadh e gu leathach-
tràghaidh gun rachadh agam air grunnachadh thar a' chaolais
bhig a bha eadar e fhèin is tìr. Fhuair mi streap gu mullach an
eilein, ach a dh'aindeoin mar a rùraichinn chan fhaighinn ach
an aona chuiseag ruadh! B' ann de na h-uiread sin fhèin, is
theagamh, shaoil mi, gun do spìonadh na dhà eile le duine no
an dòigh air choreigin; co-dhiù, dh'fhaodadh e bhith gur ann an

Còmhsalam a bha mi, ged nach robh na comharraidhean air fad no gu h-uile agam, is leis a' bheachd sin an taice rim inntinn bhreithnich mi mo shuidheachadh as ùr. An uair a bha mi an dùil gum bu chòir don làn a bhith anns an t-suidheachadh a bhiodh freagarrach, rinn mi air a' ghnob a bha mi an dùil a bu dlùithe air tìr, is ghabh mi a-mach air a' mhuir. Bha an sàile fuar, ach b' e am faochadh e seach am fuachd a bha na mo chnàmhaibh-sa bhon a thogadh far na machrach an toiseach mi; ach bha mi a' dol fodha is a' dol fodha, agus cha robh a choltas orm a bhith a' teannadh ris an tanalach a bha mo shùil rithe air taobh tìre den chaolas: cha robh agam mar seo ach tilleadh. A rèir gach coltais, bha mi air eilean mara gun teagamh, ach ma bha cha b' e Còmhsalam e, agus cha b' eilean eile e air an d' fhuair mise fiosrachadh riamh na mo chuairt air feadh an t-saoghail.

"Is e a rinn mi a-nis," lean mo charaid air, "gurraban a dhèanamh dhìom fhèin an taic creige, is mi an dùil feitheamh gu foighidinneach gus an tigeadh gairm choileach no solas latha is am faicinn càit an robh mi. Air dhomh mi fhèin a shocrachadh anns a' bheachd seo, is mi a' smuaineachadh rium fhèin ciod idir an staing seo anns an do thuit mi no an do chuireadh mi, dh'fhairich mi an ceart chumhachd ceudna a thog mi air a' chiad chrathadh-rithe gam thogail air an dòigh cheudna bho thaic na creige aig an robh mi nam shuidhe, is air falbh a bha mi mar a' ghaoth a-rithist gun fhios càite. Bha an aon astar fodham, ach fhathast gun mi a' faicinn leus; gu ruig seo, an aon leus chan fhaca mi, beag no mòr, bhon a dhìrich mi mo dhruim an dèidh barrall mo bhròige a cheangal air Machair Chill Choinnich! Dh'fhairich mi an seo, an dèidh dhomh a bhith a' siubhal adhair rè ùine air nach robh tomhas no cuimse agam, mi fhèin a' tighinn a-bhàn, is an uair seo cha b' ann gun fhios dhomh a thàinig mi gu talamh! Leis an t-sad a thug mo bhonnan air an làr, ged as ann am baca gainmhich a thuit mi, cha mhòr nach deach mo shlèistean tro na cruachain, is chaidh mi fodha anns a' bhaca gu ruig na glùinean. B' e mo bheachd na dhèidh sin gum feum gun do ghoir an coileach aig a' cheart mhionaid sin, ged nach cuala mise e, is gur e sin a chuir gu talamh cho ealamh mi. Thug mi greis far an do thuit mi is gun chomas agam air gluasad leis a' chriothnachadh 's a' chais-leachadh a fhuair mi, ach mu dheireadh thug mi fa-near gun d' fhalbh am fuachd anabarrach a bha gam cheangal, is bha na rionnagan a' priobadh os mo chionn mar a bha iad aig toiseach na h-oidhche. An uair a bheachdaich mi air càite an robh mi, thuig mi nach b' ionad eile e ach a' cheart mhachair bhon do thogadh mi, is mi an sàthadh anns a' ghainmhich tuaiream air fichead slat bhon cheart bhad air an robh mi nam sheasamh a' ceangal mo bhròige.

"Le èigeannas dh'èirich mi nam sheasamh is dh'èalaidh mi air mo shocair fhèin gu taigh na caithris. An uair a chaidh mi a-steach bha mo chompanach na shuidhe an siud còmhla ris a' chòrr, is thug e sùil orm le iongnadh. Sheall mi fhèin air na bha a-staigh, is sheall mi an sin air a' chlog a bha an crochadh ris a' bhalla: bha e dìreach deich mionaidean an dèidh trì uairean sa mhadainn, is bha leis an sin suas ri sè uairean an uaireadair bhon a thàinig an ùpraid a bha an siud mum cheann.

"'Càite air an t-saoghal an robh thu?' arsa mo chompanach, is e gam shìor-fheitheamh, oir tha mi cinnteach gun robh e a' faicinn coltas iargalta air mo ghnùis. Cha tug mi dad de fhreagairt dha aig an àm, ach an uair a fhuair mi cothrom dh'innis mi dha mar a dh'èirich dhomh. Cha robh mi air mhiann gum biodh an nì a thachair dhomh air a chur an cluais gach neach, ach cha b' fhada gus an do ruith an sgeul air na bha a-staigh. Bha cuid a bha ga creidsinn, is cuid a theann ri magadh orm, ach bhon a fhuair iad an sgeul co-dhiù, thairg mi fhèin dhaibh mu dheireadh thall tighinn leam cho luath 's a thigeadh latha feuch an dearbhadh na lorgan a bha air a' mhachair nì sam bith den iomradh a thug mi dhaibh. Is e sin a rinn cuid aca, agus chunnaic iad ann an siud far an do thuit mi fhèin a-nuas às na neòil, no ciod air bith cia às, don bhaca ghainmhich, an dà tholl a rinn mo chasan cho comharraichte 's a ghabhadh iad a bhith, is gun lorg no ceum ach na lorgan a bha a' falbh bhuapa ri am faicinn. Fhuair sinn an sin am bil na gainmhich am bad mu dheireadh air an do sheas mo chas an uair a thogadh mi, a cheart cho comharraichte is ged a bhiodh an nì mar a thachair e air fhaicinn ga dhèanamh fa chomhair ar sùil. Cha robh lorg eile mun cuairt ach lorgan mo chompanaich a' leantainn gu rèidh a' cheart rathad a ghabh e a' dèanamh air taigh na caithris. Chuir seo ag anns an teagamh a bha aig cuid san sgeòil an toiseach, ach bha cuid dhiubh nach robh ro chinnteach às a' chùis fhathast."

Ach cha b' e seo idir deireadh na sgeòil a thug mo charaid dhomh, is lean e oirre gu a co-dhùnadh mar seo:—

"A-nis," arsa esan, "bha an nì a bha ann a' cur mòr-iongantas orm, is mi a' beachd-smuaineachadh air, cha mhòr a latha 's a dh'oidhche. Dà oidhche na dhèidh sin bhruadair mi, no theagamh na bu dòcha, oir cha bu bhruadar e uile gu lèir, fhuair mi taisbeanadh neònach. Bha mi air mo leabaidh, is bha fios agam gu gasta gur ann an sin a bha mi, agus thàinig boir-eannach òg a-staigh is sheas i air an ùrlar. Saoilidh mi gu bheil mi ga feitheamh fhathast, ged a tha iomad bliadhna bhon oidh-che ud: boireannach, nì faoin, na b' àirde na an cumantas, i air a deagh-dheilbh, aghaidh chruinn ruiteach aice is sùilean donna na gnùis a bha ag amharc is a' sìor-amharc orm fhèin an clàr an aodainn. Ar leam gun do bhruidhinn i; tha mi ion is cinnteach gun robh mi nam dhùsgadh, is gun cuala mi i le mo dhà chluais, cho cinnteach 's a chuala mi am facal mu dheireadh a thubhairt thusa. 'Tha e a' cur iongantais ort', ars ise, 'càit an robh thu an oidhche roimhe.'

"Cha robh fios agam ciod an fhreagairt a bheirinn oirre —'Bha mi a' smaointinn gur ann an Còmhsamal a bha mi,' arsa mi fhèin, dìreach airson rudeigin a ràdh, seach an sealladh a bha na sùilean a dhol tromham buileach. 'Chan ann'; arsa ise, 'bha thu ann an eilean beag shuas air cladach Dhùthaich Mhic-Aoidh, ach thèid thusa a-nunn far a bheil Ruaraidh MacFhion-ghain, an saor, is innsidh e dhuit gach nì an dà chuid mun cuairt ormsa is air an eilean, oir bha e shuas an Dùthaich MhicAoidh a' togail bhàtaichean, agus is aithne dha gu math an t-eilean.' Gun an còrr a ràdh dh'fhàg i a-mach an taigh.

"Bha mi a-nis is gun fhios agam ciod an ath nì a bha a' dol a thachairt; ach an làrna-mhàireach, no an latha sin fhèin mar bu chòir dhomh a ràdh, oir is i a' mhadainn a bha ann an uair a fhuair mi an taisbeanadh neònach seo, ghabh mi air mo shocair fhèin a-nunn far an robh an saor. Chuala esan mun nì neònach a dh'èirich dhomh an oidhche a bha mi a' dol a dh'ionnsaigh na caithris, is bha e a' feòraich dhìom mu dheidhinn. Dh'innis mi dha gach nì mar a thachair dhomh, is an uair a chuir mi crìoch air an sgeòil, arsa mise—ach am bruadar a chunnaic mi an-raoir, tha e nas iongantaiche leam air fad. Dh'innis mi an sin dha mun aisling, no ciod air bith a their mi ris an nì a chunna mi, mun bhoireannach—cha d' innis mi an toiseach dha a coltas —is mar a dh'iarr i orm tighinn far an robh esan, oir gum b' aithne dha an t-eilean air an robh mi. Thug e tacan na thost. 'Ciod a coltas?' ars esan an sin, 'boireannach leth-char àrd, air a deagh-dhèanamh, aghaidh làn ruiteach aice, is sùilean donna, dùrachdach, na ceann?' 'A' cheart thè,' arsa mise. 'Agus a falt donn mu a cluasan,' arsa esan. 'Chan eil mi ro chinnteach,' arsa mi fhèin, 'às an sin, oir ghabh mi de chlisgeadh às an tais-beanadh a fhuair mi is gun deach mi car nam bhreislich.'

"'Is i a' cheart tè a bha ann,' arsa esan. 'Sin agad boireann-ach a chaidh a bhàthadh an Dùthaich MhicAoidh san àm an robh mise anns an àite sin bho chionn bhliadhnachan a' togail bhàtaichean; agus sin agad an dà làimh (is e a' sgaoileadh a-mach a ghàirdeanan) a thog i às an lòn anns an d' fhuair sinn a corp, is a thog i a-suas gu mullach a' cheart eilein sin air an robh thusa, gus an d' fhuair sinn dòigh air a toirt dhachaigh. B' eòlach anns an eilean sin mi, is cuiseag ruadh, mar a tha thu ag ràdh, a' fàs na mhullach.'"

Sin agaibh a-nis an sgeul mar a dh'innis an duine fhèin dhomhsa i. Chan eil mi a' dol a dh'iarraidh oirbh a creidsinn, oir chan eil dearbhadh agam oirre ach mar a dh'innis an duine e fhèin dhomh i.

Chan eil soillearachadh agam air ciod a b' adhbhar don nì seo, agus cha mhò a bha sin aig an duine e fhèin. A rèir coltais, cha do leig am boireannach ris gun robh nì a' cur dragha oirre a bha i air mhiann a cheartachadh, mar a gheibhear am bitheantas an naidheachdan den t-seòrsa seo. Tha nì eile anns an sgeòil seo, ged nach tug an seann duine a dh'innis dhomhsa fa-near e. Tha dà bheachd a tha daonnan eadar-dhealaichte bho chèile an creideas an nithean os-nàdarra a' tighinn a-staigh cuideachd innte: tha mi a' ciallachadh creideas anns na sìthichean is iad a bhith a' togail dhaoine, agus an ath-thilleadh nam marbh do shaoghal daonda. Chan aithne dhomh sgeul eile anns a bheil an dà bheachd seo air an ceangal ri chèile an dòigh cho eagnaidh. Co-dhiù, sin mar a fhuair mise i; mas breug bhuam i, is breug thugam i, agus fàgam a-nis agaibhse i gu a cnuasachadh mar as fheàrr a dh'fhaodas sibh.

An Guth

Donnchadh MacIain, Ìle

Rinn mi na rannan seo air dhomh tilleadh dhachaigh o chogadh mòr na h-Eòrpa, agus mi aon latha a' dol seachad air Taigh-sgoil na h-Àirde Bige, far an d'fhuair mi aona bheagan sgoil a th' agam. Cha b' urrainn dhomh gun bhith tùrsach, muladach, nuair a thug mi fa-near gun robh gach companach laghach, suairce, a bh' agam an làithean m' òige, a-nis air an sgapadh air muir 's air tìr, agus cuid eile dhiubh nan cadal sèimh maille ris na seann daoine còire ann an Cill Neachdainn, fada shìos ri taobh na tràgha.

Air cruachan faoin ri taobh an rathaid
Tha lùbadh suas tron ghleann,
Cuartaichte le craobhan àrd,
Tha an taigh as mùirneach leam.
Co-cheangailt' ris tha àbhachd m' òig';
'S gun aithn' air bròn san àm,
Is maighstir-sgoil—seann duine còir,—
Cur eòlas glic am cheann.

Bhrùchd trom aigne iomadh smaoin.
Bha mo shùilean fliuch le deòir.
A' gluasad air na cluaintibh caoin,
Len trusgain chùbhraidh fheòir.
'S mi faicinn air a' chnoc ud thall,
An fhàrdrach—fàth mo sgeòil,—

494

Le cuimhneachan dhomhsa anns gach ball,
Air àbhachd làithean m' òig'.

'S ann shuidh mi sìos air torran mìn.
Bha m' inntinn triall mar cheò.
'S mi faireachdainn gun robh mi rìs,
An toiseach grinn mo lò,
Mhothaich mi cumhachd trom am chrìdh'.
Geasan, seun no sgleò.
Bha labhairt rium le briathran sìth,—
"Feuch! aisling ait na h-òig'."

Thar leam gum faic mi nis a' chlann,
'S an sgoil air dol mu sgaoil,
A' ruith gu iollagach tron ghleann,
'S gun chùram dhuinn san t-saoghal.
Mi ruigheachd m' athair aig a' chrann,
'S mo mhàthair chaomh ri thaobh,
'S i ag ràdh,—"an tu mo luaidh a th' ann,
A bhalachain bhig mo ghaoil?"

Agus chunnaic mis' an còmhlan cruinn.
A' chuideachd bheag gun ghò,
Gu sòlasach air feadh an tuim,
Sa choill a' trusadh chnò,
No leum gu luath le gean is suim,
A thional uan don chrò,
'S ri guanail bheag a' seinn an fhuinn,
'N àm buachailleachd nam bò.

Labhair an guth a-rìs am chom,—
"Cia às ma-tà do bhròn?
Cuim' tha thusa tùrsach, trom,
'S fad chomhair 'Dealbh na h-Òig'?
'N e gu bheil do ghuaillean crom,
A' freagairt dhomh an sgeòil?
Dh'fhiosraich thu tuireadh anns gach fonn,
'S gath an lùib gach ròs."

Cho-fhreagair mi,—"Ò 's fìor am beachd!
'S lìonmhor acaid th' anns an 'Dealbh'.
Tha smal na h-aois' gun truas a' teachd,
'S trian den mhaise triall air falbh,
Gach nì fon ghrèin toirt gèill don reachd.
Air crannchur thruagh tha sinn an seilbh,
Rinn cumha nan laoch rim anam gleac,
Fàth mo leòin! 's e dh'fhàg mi searbh."

"Tha cuid diubh fuar sna breacain suaint',
A thuit nan suain sa bhàs,
Is glaodh a' bhuaidh le gaoir nan cluas',
Measg oillt is uabhas càs.
Cuid eile dhiubh an grunnd a' chuain,
Fo chuibhreach chruaidh an sàs,
Bu mhùirneach màthraichean aon uair,
Gan coimhead suas a' fàs."

"Tha càch sa chill ud shìos a' cnàmh,
'S eòl dhomh fhèin gach uaigh.
Far an caoin na dàimh 's nach saltair nàmh,
'S nach freumhaich beud no truaigh',
A' mhuinntir ghràidh san robh am bàigh,
Nan cadal sèimh 's cha ghluais,
Is onfhadh tràigh gun dàil ag ràdh,—
'Ò càit a' bhàis do dhuais?'"

Fhreagair an guth gu ciùin is sèimh,—
"Na fàg do sgeul san uaigh.
Is meadhan i a dhol gu Nèamh,
Tro fhreastail Dhè nam buaidh,
Faic is cluinn; tuig is leugh,
Gach comharra seunt' mun cuairt,
'S gach aon diubh ag innseadh dhuit gu geur,
Nach sguir do rèis san uaigh."

"Tha ghrian tha tumadh sìos don chuan,
'S ag òradh fraoch nam beann,
Toirt fianais fhìor nach mair thu buan,
Thig crìoch do chuairt aig àm,

Mar sgàil nan neul a’ rèis san uair,
Air brat na speur gu teann,
Tha ginealach mu seach gu luath,
A’ ruith a chèil’ nan deann.”

“Thig caochladh gnùis air fonn ’s air sruth,
Gach nì is neach a rèir an gnè,
Cha robh sìon an dè mar tha e ’n-diugh,
’S e prìomh reachd Nàdair è.
Am pong nan coill gun cluinn thu guth,
Le rabhadh dhuit de ghnàth,—
‘Ged ’s àlainn am baile seo na chruth,
Cha bhaile mhaireas è’.”

“Bi-sa, ma-tà, led lòchran laist’,
’S biodh dòchas àrd ad chliabh,
Tha doilgheasan mar mhìribh brist’,
Gad aiseag thun an Triath,
Failc thu fhèin le fuil an Uain,
A thaomadh air an t-sliabh,
Creid! Chan eil na mairbh ach nan suain,
Dhìol Crìost le ghaol gach fiach!”

Chuala mi ràn air creachann thall,
Ghrad chlisg mi suas le leum,
Bha an laogh an dèidh a mhàthair a chall,
Cho-fhreagair iad len geum,
Theich an Aisling ’s cha b’ ann mall,
Air a’ bhrìgh rinn mise grèim,
Carson a bhithinn-sa tuilleadh dall?
’S ìocshlaint ann chum m’ fheum.

Tìr nan Òg

Ruaraidh Arascain is Mhàrr

Am measg iomadh iomradh eile den cheart seagh agus bhrìgh gheibhear ann an *Introduction Generale à la Philosophie* aig M. Jacques Maritain am beachd àraidh seo a leanas. "Chan e 'gliocas' na aonar a th' anns an teallsanachd," ars esan; "nì mò as e as crìoch di sin seòl no dòigh a sholar duinn air a bhith a' fàgail ar giùlain agus ar caitheamh-beatha ionraic beusach ann an sùilean ar coimhearsnaich; ach is e a th' innte gliocas a tha a fhreumh-san suidhichte ann an cruth-dhearbhas mu gach adhbhar agus cuspair foghlaim a thèid fa-near duinn anns an rian nàdarra."

"Tha thu ag ràdh rium," deir 'An Teallsanach',[*] "gur èiginn duit a bhith ri teallsanachadh. Air an adhbhar sin is èiginn duit sin a dhèanamh. Ach, is ann a tha thu a' cantainn rium nach bu chòir duit teallsanachadh idir. Air an adhbhar sin, a chum is gum biodh ann dearbhadh cinnteach air seo, is èiginn duit teallsanachadh. Mar sin, chì tu gur èiginn duit teallsanachadh a dheòin no a dh'aindeoin." Ach ged a tha sin mar sin, gidheadh chan ionnan dòigh anns am bi an fheadhainn a bh' ann o chian, agus teallsanaich an là an-diugh, a' dol an ceann teallsanachaidh.

Gu dè a b' adhbhar don sgaradh mhòr agus bhunailteach a dh'èirich a-mach o chionn ùine eadar an seann sheòl air a bhith a' teallsanachadh agus an dòigh a thàtar a' cleachdadh aig an

---

* Seo an t-ainm a ba aig na sean Ghàidheil air Aristotle.

àm? Nì mi mo dhìcheall air seo a mhìneachadh mar as còir ann am fìor bheagan bhriathran.

An tùs ma-tà cha robh adhbhar fon ghrèin aig an teallsanach air a bhith a' dèanamh na inntinn, is mar sin na obair, a bheag de sgaradh eadar an teallsanachd i fhèin agus na caochladh eòlasan eile a bh' ann an uair sin; ach le cinntinn suas agus dol am meud nan caochladh eòlasan sin thàinig mùthadh mòr a-staigh air a' chùis, agus riamh bho sin a-mach cha robh an teallsanachd uile gu lèir mar bha a nàdar-se mun do thachair siud.

Ach gu dè bha na foghlamaich a bh' ann o shean de ghnàth a' ciallachadh leis an fhacal "teallsanachd"? Chan fhuilear duinn seo a dhèanamh soilleir mar as còir mun tèid againn air feuchainn ri tuilleadh mìneachaidh a chur air a' chùis. An tùs ma-tà is e *Sapientia* a theireadh foghlamaich ann an co-itcheann ris a' ghnè eòlais seo; agus bho seo cha b' e ach ceum goirid don aona mhuinntir gu bhith a' saoilsinn agus a' creidsinn gur co-ionnan teallsanachd agus gach seòrsa foghlaim eile a bha a' dol; ach, gu seachd sònraichte, gur e a bu chrìoch 's bu cheann-fàth don teallsanach mar theallsanach, beachd-smuaineachadh air beatha an duine a-bhos an seo, le sùil ri toirt air an duine e bhith a' leanail gu dlùth ri a chomh-airle-san, agus na beusan gu lèir a shìor-chleachdadh.

A-nis mhair an dòigh shònraichte seo air a bhith a' seall-tainn air an teallsanachd, agus ga cur an cleachdadh às leth an duine, gus an tàinig Descartes a-staigh air an t-saoghal, rud a thachair, mar as aithne do na h-uile neach, anns an t-seachd-amh linn deug. B' e am mùthadh a rinn esan—agus gu dearbh bu mhòr am mùthadh e sin—suidheachadh agus cur an cèill a' bheachd gur e a bh' anns an teallsanachd coithional no co-chruinneachadh de gach seòrsa eòlais a bha a' dol, agus, mar sin, nach robh gnothach aice ri aon chuspair-foghlaim seach a chèile, ach gur e a gnothach-se gach uile ghnè eòlais a bha a' dol a dhèanamh rèidh soilleir do mhic an duine.

Ach, cha b' e seo barail air am b' àbhaist do Auguste Comte a bhith a' sealltainn le meas agus co-chòrdadh. Cha mhò a chòrd i sin ris an fheadhainn a bha a' dlùth-leanail ri a eisimpleir-san ann a bhith a' teallsanachadh. An àite sin, 's e a rinn an dà chuid dhiubh oidhirp a dhèanamh air an teallsanachd a tharr-aing is a chur ann am mèin, agus ann an eisimeil, ri gach seòrsa foghlaim eile a bh' ann, a' cumail a-mach nach robh innte ach a-mhàin meadhan eagarra air seòrsa de "rianachadh" no co-òrdachadh a thoirt a-mach 's a shuidheachadh a thaobh gach uile ghnè eòlais dom bheil inntinn an duine buailteach, ach mum bheil e am bitheantas, is mòr as eagal leam, car suarach dearmadach.

A-nis, cha bhi de dhànadas orm fhèin an seo feuchainn ri fhaighinn a-mach agus a shocrachadh cò e a bha ceart no cò e bha ceàrr anns a' chonnspaid sheirbh agus bhriathraich a dh'èirich a-mach an sin eadar na deisciobail aig Descartes air an aon taobh agus an fheadhainn a thug smuain còmhla ri Comte air an fhear eile; ach mar cho mòr domhain 's a tha an teallsanachd a bhàtar a' cleachdadh o shean, agus an teallsan-achd a thàtar a' cleachdadh aig an àm, a' dealachadh bho a chèile a thaobh cuspair, susbaint, spiorad, agus cruth—sin gnothach, tha mi a' meas, a nì an *De Consolatione Philosophae* aig Boëthius rèidh soilleir gu lèir do gach aon a bheir tarraing air an leabhar a thuirt mi, agus a leughas e ann an coimheart ris a' mhòr-chuid de na thàtar a' foillseachadh aig an àm ann an rathad a' cheart sgoil agus eòlais.

Ach, fhathast tha gnothach cudromach eile ann air an còir duinn sealltainn agus leudachadh car ghreis an seo. Is glè fhada a-nis—mur e gu dearbh a th' ann àm cho fad air ais ris na "cianaibh fhèin"—on a sguir na Beachdan aig Platon de bhith nan cùis-rannsachaidh agus nan culaidh-chonnsachaidh aig teallsanaich ann an coitcheann. Chaidh na ceart Bheachdan a throm-dhìteadh le Jacques Maritain—gu bhith a' togail fhian-ais-san mar eisimpleir air fianais chàich—"do bhrìgh," ars esan, "nach eil na Beachdan aig Platon, is mar sin a chuid smuain-tean fhèin man dèidhinn, a' còrdadh, no an co-sheasamh idir, ri cruth-dhearbhas." Agus, mar as aithne do na h-uile neach, is beag saoghail dha fhèin aig an àm a gheibh rud sam bith as cùis foghlaim aig na teallsanaich nach toir air an deireadh thall làn-rèiteachadh ri cruth-dhearbhas—coma co-dhiù, ri cruth-dhearbhas a rèir is mar a mheasar e sin leis na teallsanaich iad fhèin.

Is fìor an nì gu bheil Remy de Gourmont, (fear eile de na teallsanaich aig na Frangaich), car muladach deurach na chainnt air dì-chrùnadh agus às-shìoladh nam Beachdan ro-ràidhte aig Platon. Anns an leabhar air a bheil *La Culture des Idées* mar ainm chì sinn e gan ionndrainn is gan caoidh car mar bhiodh bàrd a' dèanamh, is e a' tuireadh làithean a dh'aom, no neach a chaochail a b' fhìor-ionmhainn leis. Ach a dh'aon àm agus anns an aon àite, faicear e a' dol gu a dhìcheall mar fhàidh, mar seo. "An-diugh," ars esan, "agus an dèidh daibh a bhith fo amharas is fo dhì-mheas nach beag aig mòran fad ùine mhòir, chì sinn na Beachdan aig Platon a' dol an greim air an t-saoghal fhoghlaimte aon uair eile, agus a' teannadh ris an iùl 's an àrd-achadh a b' àbhaist a bhith aca an sin a mhealtainn a-rithist." Ach a thaobh seo, agus a thaobh tuilleadh mòr eile aig a' cheart neach den aon seagh agus bhrìgh, tha amharas agam gu bheil de Gourmont a' labhairt mar seo ceart mar a dhèanadh bàrd, seach mar theallsanach; oir, mar tha Maritain a' reusanachadh mun aon chùis, chan eil, agus, a rèir gach coltais, cha bhi am feast de chruth-dhearbhas mu na Beachdan aig Platon na dh'fhòghnadh duinn gu fìor chuspair fiosrachaidh—an goirid gu fìor cheudfath sgoil—a dhèanamh dhiubh.

Tha mi a' saoilsinn nach ruig mi idir a leas dol an ceann reusanachaidh an seo a dh'fheuchainn an dubh 's an geal mar gum b' eadh ciod e mar a bha na Beachdan aig Platon a' ciall-achadh ann an rathad teallsanachd. Air an adhbhar sin fògh-naidh duinn a ràdh san dol seachad gun robh e a' creidsinn agus a' cumail a-mach gun robh bith air leth aig gach fear de na Beachdan a bha e a' samhlachadh aige fhèin, is, os bàrr seo uile, gun robh aig an duine fhèin comas a thaobh-eigin air co-phàirteachadh a ghabhail nam bith-san, e bhith air a cheadachadh gu sin a dhèanamh—oir is ann mar a seo a bha Platon a' làn-chreidsinn agus a' reusanachadh—do bhrìgh gu bheil a nàdar fhèin agus nàdar nan Àrd-Bheachdan co-ionann ri chèile ann an dòigh is ann an seagh ro-àraidh. "Saorsa," "Ceartas," "Fìrinn," "Maise"; seo againn ainmean cuid de na Beachdan air an do rinn Platon feum mar às-tharraingean anns an dòigh smuaineachaidh a chuir esan air bonn, agus a bhios aithnichte anns gach ceàrn, is dòcha, fo ainm-san, cho fad 's a

mhaireas eòlas an teallsanaich idir. Agus 's e a dh'iarrainn-sa
an seo: cò e an neach aig a bheil sùilean a chum faicinn, agus
inntinn a chum reusanachaidh, nach bi gu làidir den bharail
gur ionann smuain agus beachd saoghal mòr nam Beachdan aig
Platon agus an ionnsaigh bheachdail ud fhèin a bh' aig ar
sinnsearan don ainm Tìr nan Òg?

Chan eil cinnt nach eil Tìr nan Òg air beachd cho foghain-
teach eireachdail bòidheach stuthmhor agus a thàinig riamh
a-mach à com torrach inntinn mhic-an-duine; ach aig an àm is
mòr as eagal leam gu bheil aomadh làidir oirnn gu lèir gu bhith
car dearmadach, seadh eadhon caoin-shuarach, ma dhèidhinn
—an goirid a bhith, an tomhas beag no mòr, seachnach air, an
àite dol gu ar dìcheall a chum na tha de bhrìgh ann a sgrùdadh
às, agus gach maise agus loinneas spioradail dlùth-fhillte suas
leis a chur gu h-iomchaidh an cèill. Is i pàirt de phrìomh-eòlas
spioradail nan Gàidheal a th' againn ann an Tìr nan Òg; ach on
a dh'fhalbh a-nis an uiread là agus linn on a bhàtar a' creidsinn
na leithid, chan iongnadh, theagamh, (air achd is gu bheil na
tha fada on t-sùil a' cheart cho fada, mar as bitheanta, on
chridhe), gu bheil a' chuid as pailte dhinn air fàs car suarach
dearmadach neo-shuimeil ma dhèidhinn. Mar sin, tha a' chuid
as pailte dhinn a' sealltainn air Tìr nan Òg mar nach biodh ann
ach faoin-sgeul den t-seòrsa a thèid innseadh le a mhuime do
leanabh beag, a roghainn air beachdachadh air fhèin agus a
leithidean mar chòmhdach eagnaidh agus riochdail air mòr-
chomas ar sinnsearan air a bhith a' smuaineachadh agus a'
reusanachadh mar a rinn na teallsanaich a b' fheàrr a bh' ann o
shean.

Is math a rinn na sean Ghàidheil an uair a thug iad tughadh
air an òige gu bhith a' samhlachadh aca fhèin, agus a' cur an
cèill do na cinnidh gu lèir, na bha iad a' creidsinn ann an rathad
Pàrrais no Flaitheas a bhiodh co-fhreagarrach ri an uile thoil
agus mhiann. Am bitheantas, 's e àm subhachais, àm nam mòr-
aoibhneas, a th' anns an òige—àm, mun tubhairt Dòmhnall
MacEachairn nach maireann e, "anns am bi craobh ar beatha fo
ùr-bhlàth, agus a' gealltainn toradh trom a thoirt a-mach na
h-aimsir." Mar sin, mas ann a bha e ceadaichte duinn idir a
bhith sona, eadhon mar "chraoibh fo bhlàth," ann an gleann

dubh seo nan iomadh cràdh agus deur, is e àm ar n-òige, àm ar neo-chiontais tuir, a bheir duinn cothrom air blasad car ùine air a leithid sin de bheannachadh: air fiosrachadh, fad uair no dhà, a leithid sin de shonas aimsireil agus de shocair-inntinn, seach an leanabas, no meadhan-aois, no na làithean deireannach sin anns nach urrainnear a bheag idir a dhèanamh ach suidhe sìos, cumail ri faire, agus feitheamh, "le grian ar geamhraidh a' cromadh san iar."

Mar sin, chì sinn gu bheil tuilleadh mòr ann an Tìr nan Òg na thèid againn, is dòcha, air a bhith a' tuigsinn air a' chiad aiteal riamh a gheibh sùil ar n-inntinn dhith. Is ann a th' innte ann an ceart da-rìreadh, chan e ùr- no faoin-sgeul idir no naidheachd gun bhonn, gun bhàrr, gun bhrìgh, mar tha cuid againn a' saoilsinn, agus a' toirt le an cainnt cheacharra air feadhainn eile gu bhith a' làn-chreidsinn, ach taisbeanadh riochdail agus dealbhach air spiorad nan làithean a dh'aom, seadh, taisbeanadh riochdail air an dòigh air a bhith a' dol an ceann teallsanachaidh a b' àbhaist a bhith ann, ach a-nis a tha air tuiteam fo dhì-mheas aig mòran. 'S e doras òrach agus sulchair a tha ann an Tìr nan Òg, agus fosglar a dheòin e ro gach neach a shireas le purp agus eòlas siubhal troimhesan air tòir Maise, Fìrinn, Ceartas, Suaimhneas, agus Sìth. "Bàs no buaireadh," deir bàrd fileanta a bha, a rèir coltais, e fhèin uair an sin 's a chunnaic, "cha d' fhairich neach riamh a fhuair ga ionnsaigh; ach gach tràth de a shaoghail a' sìor-lìonadh a shonais, agus a' mòr-laomadh a sholais." Agus ann am pàirt eile den aon earrainn-sgrìobhaidh on tug mi tarraing a-shuas is ann mar seo a tha am filidh comasach ceudna a' toirt luaidh air Tìr fo Thuinn, tìr is i sin as co-ionnan ann an seagh ro-àraidh ri Tìr nan Òg.

> *Ò 's aoibhinn bhith beò air dheò na maise gach là:*
> *Ò, 's sona bhith òg an glòir nach teirig a tràth:*
> *Is geal a bhith beò ri solas a mhaireas gu bràth*
> *An Tìr seo fo Thuinn, 's gun chuimhn' air uireas no*
> *cràdh.*

Gun chuimhne air truas ach cluas ri anail nan ceòl,
Gun duibhre, gun ghruaim, ach suaimhneas soilleir fo
neòil,
Is tuinn bheag' a' chuain gu buan ag iomairt nam pòg
An Tìr seo fo Thuinn 's fo aoibh a shonais nach tràigh.

Mar sin, chì sinn gu bheil coimeas dlùth agus taitneach eadar Tìr nan Òg agus lios no gàrradh mòr brèagha iomadathach, trom faod sinn siubhal mar as toil leinn, is air ar socair fhèin, bho aon mhaise eadhon gu maise eile, agus an cuid fhèin de gheasachd is de dhìomhaireachd na beatha seo aig gach cuspair ait agus culaidh-iongantais a tha cho pailt an sin.

A' gabhail beachd air na Beachdan aig Platon, tha fear eile de na teallsanaich as mò a tha fo mheas aig an àm ag àicheadh a-muigh 's a-mach gun gabh uiread agus aon dhiubh seo cur an cèill agus glacadh no tuigsinn leinn mar fhìor cheudfath eòlais. Faodaidh sin a bhith; oir, ann an seagh, is ann den aon stuth samhlach agus neo-chorporra air a bheil na bruadair fhèin air an dèanamh suas a tha na Beachdan aig Platon, cho math ris an t-saoghal annasach ach do-fhaicsinneach a shamhlaich esan aige fhèin air an son; is mar sin cha phàirt idir de 'chruth-dhearbhas' nan teallsanach an dà chuid. Ach, mun tubhairt Lucan còir e fada fada roimhe seo, tha *orbis alius* ann, saoghal nach lugha brìgh agus meas, ma dh'fhaodte, na a mhac-samhail fhèin a-bhos an seo, agus a tha air a shuidheachadh far nach urrainn do "chruth-dhearbhas" de sheòrsa air bith beirsinn air no beanail ris, is far nach eil de "laghannaibh" ann ach a-mhàin an aon riaghailt sin a tha daonnan ag iarraidh air spiorad an duine èirigh suas air treun-sgiath a mhic-mheanmna a dh'ionnsaigh saoghal mòr ion-ghràdh iol-dhealbhach nan dàn agus nan àrd-bheachdan.

Duan an Dòṁnaiċ

le Maiġrtin Ailean, Èirirgeiġ

air a ḃearaċaḋ aig Dòṁnall Mac na Ceàrðaiċ

An lùib phàipearan agus làmh-sgrìobhaidhean Mhaigh-stir Ailein, Èirisgeigh, (an t-Athair urramach an Dia Ailean MacDhòmhnaill nach maireann) fhuaras an dàn seo shìos.

Tha dà dheachdadh den dàn seo air faotainn; an t-aon as giorra agus as luime (ar leam) an làimh Mhaighstir Ailein fhèin, agus an deachdadh eile seo a leanas an làimh nach ion-ann; air m' amharas, làmh an Ollaimh MhicIlleMhìcheil nach motha as maireann. Tha an dàn air fhoillseachadh mar a fhuaras e, gun atharrachadh idir no gun leasachadh litreachaidh seach glè-bheagan air sgàth ceirt agus còire.

A rèir còmhdaich an Duain fhèin tha e aosta mar a tha e, a chionn dearmaid beòileachais, briste agus, is dòcha, thar a cheart ruighe; ach an dèidh sin is gu lèir is airidh e air umhail agus aire mar ghuth dàimhe ar daoine, loma-làn de chàil an anama. 'S e mo bheachd gur airidh a' chuid mu dheireadh den dàn seo air aire shònraichte, oir tha seagh domhain air chùl an sgàth-lainn dhuatharra a tha a' còmhdach aignidh an ùghdair.

Duan Dòmhnaich an Dè ghil,
Fìrinn fo cheart Chrìost' a chòmhnadh.

Didòmhnaich rugadh an Òigh Muire,
Màthair Chrìost' an òr-fhuilt bhuidhe:
Didòmhnaich rugadh Crìosta

Mar onair dhuinne.

Didòmhnaich an seachdamh latha
Dh'òrdaich Dia gu fois a ghabhail,
Gun sguireadh gach aon da shaothair,
Gum faochadh gach neach da anail
Mar shamhla suaimh na beatha maireann.

Gun feum a thoirt à damh no duine,
No à marc mar dh'òrdaich Muire,
Gun snìomh mìr lìn no olainn nas mò,
Gun mhiaradh mìr cìoba no còrc,
Gun leasachadh làmha, gun chàramh leòis,
Gun fhuaigheal lèine, gun ghrèiseadh greòis,
Gun chuspachd, gun chathachd, gun chliarachd,
Gun iomairt, gun iomarain, gun iasgach,
Gun dol mach moch dhan t-sliabh sheilg,
Gun tuaighe deilgne Didòmhnaich.

Gun chartadh bàthach, gun fhroiseadh, gun bhualadh,
Gun tràghadh, gun toinneadh, gun tuairneadh,
Gun ghearradh, gun spealadh, gun bhuanadh,
Gun dol tuathal san Dòmhnach.

Gun treabhadh, gun treachadh, gun taomadh,
Gun tòdhradh, gun mhath'chadh, gun aolach,
Gun tìoradh, gun mhìreadh, gun mhaoladh,
Gun bhadadh, gun chaobadh san Dòmhnach.

Gun deargnadh, gun churachd, gun chliathadh,
Gun fhasgnadh, gun chàthadh, gun chriathradh,
Gun dol faireadh no fiaradh san Dòmhnach.

Ge b' e chumadh an Dòmhnach,
Bu chòmhnard dàsan 's bu bhuan;
Bho dhol fodha grèine Disathairne,
Gu èirigh grèine Diluain.

Gheobhadh e duais da chionn,
Toradh an dèidh nan crann,
Meas air bharra gach gèig,
Fèich uile shìol Àdhaimh.

Gun èisteachd ri gleadhraich nan Gall,
No ri sgall sgeilearachd choitchinn;
Gun chnuasachd minne no minnsich,
Nach buineadh dhan rìgh anns a' bhladh.

Lèigh ga thoirt gu galar gargaidh,
Gart ga ghlèidheadh air cnoc arbhair;
Bò chur gu tarbh treun na tàna,
Falbh le beòthach gu cuidhidh,
Fada no fagas an ceum.

Feumaidh gach creutair umhail,
Eathar a leigeil fo brèid-shiùil bho thìr
Bho thìr a h-iùil gu dùthaich niùil a h-aineoil.
Ge b' e mheòraicheadh mo dhuan,
'S a ghabhadh e gach oidhch' a shluagh;
Bhiodh rath Mhìcheil air a cheann
'S a-chaoidh cha bu teann da ifreann.

Gal an Dòmhnaich gu ro-luath,
Bean ga dhèanamh an an-uair:
Guileadh i gu moch Diluain,
Ach na guileadh i uair san Dòmhnach.

Fiodh an Dòmhnaich gu ro-luath
Anns an linne, leam is truagh,
Ged thuiteadh a cheann na ghual
Bhiodh e gu Diluain na chadal.

Fiodh an Dòmhnaich gu ro-luath,
Mar dh'èirich am fiodh an-luath
Anns na coillte cualta meadhain:
Fiodh an Dòmhnaich shìos, mo nuar,
Ann an inne Mhara Ruaidh,
Cha chuir e an ruadh-cheann deth,
Bithidh e gu Diluain na chadal.

Na fagairt mi mu mo dhèidh
Sgrìob thoirt air sgeula mo chuimireachd.

Mu thràth-nòine Diluain
Èiridh am fiodh gu ro-luath;

'S air an dìle mhòir a-muigh
Is ann an sin bu chòir a losgadh.

Iasg air abhainn fìorghlan sàla
Sàr iasg an inbhir gach abhainn.

Uisg' an Dòmhnaich tlàth mar mhil,
Ge b' e thràghadh e mar dhibh,
Gheobhadh e slàinte gun chion,
Bho gach cràdhadh a bhiodh air,
Uisg' an Dòmhnaich blàth mar bhainne,
Ge b' e dh'òladh e 's a ghabhadh,
Gheobhadh e sòlas gun cheannach
Bho gach dòlas bhiodh na charaibh.

Abhainn slèibhe fìor-bhlasta
A' sìor-iadhladh gu Iòrdan;
Is ro-mhath a chùm i càin:
Didòmhnaich ge làn a tuil
Cha ruith braon, ge glan a h-uisge,
An inne na Mara Ruaidh.

Cor na Gàidhealtachd An-diugh

Aonghas MacEanraig

Chan eil neach nach aidich gum bheil cor na Gàidh-ealtachd a' dol am feabhas, agus sin gu sònraichte o chrìch a' Chogaidh Mhòir. Cò dha as còir a bhuidh-eachas seo a thoirt? Agus dè a dh'adhbharaich a thoirt mun cuairt? Seo ceistean as fiach a chur agus a fhreagairt, agus feuchaidh mi ri a mhìneachadh am briathran aithghearr mar a thàinig soirbheachadh is sonas a-staigh do ar dùthaich.

An toiseach, seallamaid air gnè an atharrachaidh bheann-aichte a tha air àite a ghabhail am measg ar pobaill araon air tìr-mòr agus an lìonmhorachd ar n-Eileanan. O chionn fhich-ead bliadhna bha na cèarnachan seo a' fulang gu minig le cion teachd-an-tìr. Bha biadh is annlan air uairibh gann orra, agus bha an taighean suarach, a dh'easbhaidh uaisle agus grinneis. An uair a rachadh an t-iasgach ceàrr orra, no an uair a dh'fhàil-nicheadh am pòr buntàta, bha an tur-acras a' farclais aig na dorsan, agus bhiodh maithean Ghlaschu agus bhailtean mòra eile a' cur an cinn ri chèile an-dràsta 's a-rithist a dh'fheuchainn an robh an t-àm air tighinn a chum dèirce a thional às leth nam fineachan Gàidhealach.

Dh'fhalbh na làithean dòrainneach sin, agus nan àite tha air tighinn sìth agus pailteas, cofhurtachd agus àgh. Chan eil mi ag ràdh gum bheil gach nì mar bu mhath leinn fhathast no dad

coltach ris; ach, an coimeas ri an suidheachadh ro linn a' chog-
aidh, tha na Gàidheil nan daoine-uaisle an àite bhith nan
truaghain. Tha taighean-bhochd air an druideadh a chionn
nach eil nas fhaide feum orra, tha airgead-bhochd air bheag
miadh airson an adhbhair cheudna, agus tha eadhon "pension
Lloyd George" (mar a theirear ris fhathast) air a dhiùltadh gu
minig do bhrìgh gum bheil na h-uiread den phoball a' faighinn
thairis air an ana-cothrom. Càite am bheil ceàrn eile anns na
Trì Rìoghachdan sam faighear àireamh cho lìonmhor làn-
chomasach air solar air an son fhèin gun dragh a chur air Clèir
no air Stàit? Chan eil sgillinn de phension gan ruigheachd ach
a-mhàin "pension Lloyd George" agus am beagan a th' air a
phàigheadh thairis dhaibhsan a chaill cas no làmh anns a'
chogadh. Ma bhios iad a-mach à cosnadh, no dìomhanach air-
son adhbhar sam bith, feumaidh iad gabhail ris an
fhiosrachadh sin, agus chan fhaigh iad bonn-a-sè à sporan nan
rìoghachdan, dè ar bith cho fad 's a bhios iad nan tàmh.

Ann a bhith a' feòraich dè a dh'adhbharaich an t-atharr-
achadh seo, tha mi a' buntainn ri cuspairean a tha cudromach
agus iongantach. Chan ann ri aon latha no ri aon bhliadhna a
dh'fhalbh ainnis agus a thàinig feabhais crannchuir a-steach na
h-àite. Mun tàinig am bàs air Mgr. Gladstone bha a' Ghàidh-
ealtachd a' faireachdainn beagan de bhlàths agus de mheach-
ainn ga ruigheachd o cheann-bhaile Shasainn, far am bheil
cùisean na h-Alba air an rannsachadh agus air an cur am
beairt. Ged a chuir esan luingeis-chogaidh gu tuath a chum cur
às don mhonmhar a bha am measg an t-sluaigh a thaobh mì-
ghiullachd nan uachdaran, gidheadh chuir e, mar an ceudna,
Achd air ghleus a bha subhailceach agus tuigseach, agus a chuir
Sliochd nan Garbh-chrìoch is nan Eileanan air "goirtean a'
chothruim," cho fad 's a bha fèin-riaghladh agus neo-ar-thaing-
ealachd air an gabhail a-steach.

On latha chaidh an t-Achd ud a chur an tùs an cleachdadh
thàinig an tuath agus na h-uachdarain gu bhith mar aon duine
—ciallach, gràdhach, mùirneach mu chàch a chèile. Ma thig an
t-eug air aon de na flathan tha na clachain uile fo bhròn, chan
ann, mar bu nòs, air ghaol sodail ach air ghaol meas, urraim,
agus deagh choimhearsnachd. Tha na h-uaislean, air an làimh

eile, freastalach don t-sluagh agus a' dol leotha gu minig an uair a bhios ceistean duilich ri shocrachadh, no cothroman sònraichte ri thoirt a-mach a chum leas na dùthcha no na sgìreachd. Chaidh gach adhbhar buaireis a thoirt às an rathad, agus tha càirdeas far an robh gamhlas. Mar seo thàinig e mun cuairt gun do theannadh ri dà ghualainn a chur ri roth an fhortain an àite a h-aon; agus, an àite an tuath a bhith ag obrachadh an aghaidh nan tighearnan agus na tighearnan an aghaidh na tuatha, thàinig iad gu h-urramach an coinneamh a chèile, agus, mar a thuirt mi, tha sìth agus rèite nam measg. Tha a' chuibheall, a-nis, a' dol an aon rathad, agus chan eil car deas is car ceàrr aice aig uair sam bith.

Dè tha na h-uachdarain a' dèanamh a chum cuideachadh leis an t-sluagh? Is mòr sin agus cha bheag e—a' cheart uiread 's a tha an sluagh a' dèanamh ris na h-uachdarain ach ann a bhith a' pàigheadh màil. Tha iad a' dol leotha anns gach uile h-oidhirp a tha iad a' toirt gu an cor a chur air bhonn nas seasmhaiche agus nas tlachdmhoire a thaobh theachd-an-tìr agus taigheadais. Tha iad leotha a thaobh rathaidean-mòra a dhèanamh nas rèidhe agus nas lìonmhoire, agus bàtaichean-smùide agus carbadan-ola a dhèanamh nan goireasan a tha a' tighinn faisg do na h-uile. Tha iad leotha, mar an ceudna, an uair a tha iad a' strì gu an cainnt a chumail gun mhilleadh; agus tha Diùc Earra-Ghàidheal, Diùc Athaill, agus eadhon an Diùc Catach agus Moraire Mhic Shimidh nam postachan soilleir agus inich an teampall na Gàidhlig. Tha na flathan uile furanach anns a' ghnothach seo; agus cha ruig mi an ceartair leas ainmeachadh, a thuilleadh air na thuirt mi, ach an t-Onorach Ruaraidh Arascain is Mhàrr, a phàigh 's a dhìol barrachd às leth na Gàidhlig na neach a tha an-diugh air mhaireann no a bha riamh air mhaireann.

Fàgaidh mi an taobh seo den chùis, agus bheir mi tarraing air blàths is ceanal nan Gàidheal gasta aig an taigh agus thairis a tha a' cuideachadh gun lasachadh le an càirdean anns na seann dachaighean. Tha na feartan ionmholta seo a' fàs an cleachdadh is an neart; agus, an àite nan linntean òga a bhith nas neo-mhothachaile a thaobh coibhneis is deagh dhùrachd, is ann a tha iad a' dol nas deòthasaiche is nas togarraiche an coinneamh nan dleastanasan a tha a' feitheamh orra mar chloinn agus mar luchd-dàimh. Is e an spiorad gasta seo a chuidich na h-uiread den atharrachadh shealbhach air am bheil sinn, a-nis, a' dèanamh luaidh, agus, gu sònraichte, a ghluais àireamh cho mòr de chroitearan gu taighean ùra thogail an àite nam fàrdaichean suarach anns an robh iad roimhe seo a' cur a-suas. Chan eil mi a' dol a dh'fharraid co-diù a tha e ceart no ceàrr do phàrantan an cuid cloinne a chreachadh a chum iad fhèin a chur an seilbh air sochairean agus air cofhurt-achd don robh iad thuige seo nan coigrich, ach their mi gum b' e seo àbhaist nan Gàidheal o chianaibh, agus nach do bhac sin riamh iad o èirigh an inbhe, agus, gu minig, am beartas am measg an coimpirean air feadh na h-Alba. Anns a' char seo, tha e coltach nach dèan fialaidheachd coire cho fad is nach ruith i gu struidheas.

Bheir mi oidhirp air a dhèanamh soilleir mar a tha na Gàidheil a' beartachadh an carbadan a chum dealbh na h-onair a chur air an gnothaichean uile, agus iad fhèin a chumail neo-lochdach am fianais an t-saoghail. Thoireamaid fa-near mar a tha ar n-òigridh gan uidheamachadh fhèin airson saothair na beatha le bhith a' frithealadh air sgoiltean freagarrach agus le bhith a' dol a dh'ionnsachadh chèirdean is ealainean a bhios a' tighinn rin càil. Mas fìor gach iomradh, chan eil sluagh air thalamh a tha a' cur, a rèir an àireamh, uiread de an nigheanan agus de an gillean tro chùrsa Oilthighean ri Clanna nan Gàidh-eal, agus chan eil sluagh sam bith eile a tha nas oidhirpiche no nas dìcheallaiche na iadsan ann an togail an teaghlaichean gu grinn, speisealta, gun dragh a chur air muinntir eile.

Cò bhuaithe a thug iad an spiorad treubhach, gasta seo? Agus cò dha ionnsaigh a tha e gan treòrachadh? Thug iad e o Chalum Cille, o Oisean, agus o na prìomh fhir thaghta a thàinig air an cinneadh is air an ainm a-nuas tro na linntean Ceilteach agus eadhon gus an latha an-diugh. Cha robh an sùil riamh ri duais a' bhrathadair; agus, ma thàinig inisg orra aig àm sam bith, cha b' ann an lorg cion treibhdhireis no cion tapachd ach cion smachdalachd an dèidh deagh buaidh a chosnadh.

Nochd iad am breamas seo an dèidh Blàr Allt a' Bhonnaich, Blàr Chùil Fhodair (oir bu leotha glòir a' chatha sin ged a sgapadh iad gu dona) agus, eadhon, an dèidh an ratreut a chuir iad air Gladstone, ionnas gun tug e dhaibh Achd an Fhearainn (1886). Bha iad bòstail às na h-euchdan seo, ach an dèidh a h-uile nì a thachair aig na h-amanna sin, leig iad le coimhich a bhith gan treòrachadh, gus an d' fhuair iad a-mach air an cost nach robh a bhith a' cur muinghin an dream eile ach amaid-eachd.

An-diugh tha iad a' faighinn thairis air an ana-cothrom do bhrìgh gum bheil iad ag earbsa gu buileach às an gleustachd, an crìontachd agus an tuigse fhèin. Dh'fhalbh an latha san dèanadh spionnadh corporra, gu lèir, an gnothach. Feumar, a-nis, gèire inntinn, mar an ceudna, agus deagh ionnsachadh, agus tha iad sin aca, o thuath gu tighearna, an tomhas a tha fiachail agus pailt. Dh'fhalbh an taighean-bhochd an àite no dhà, dh'fhalbh an airgead-bhochd an tomhas comharraichte agus sheachain iad gu ruig seo an t-airgead mosach ud ris an abair ar coimhearsnaich an *dole*.

Tha an dachaighean air an togail gu grinn, snasail le cloich is aol, tha an sprèidh agus am feudail a' dol am feabhas air tàillibh deagh ghiullachd, agus tha an achaidhean nas maisiche agus nas torraiche na bha iad riamh roimhe a chionn gum bheilear gan leasachadh air mhodh nas coileanta agus nas toirteile na chleachd an sinnsre a dhèanamh. Tha an sporain nas làine na b' àbhaist dhaibh a bhith, agus a thaobh bìdh is aodaich, chan eil an cion orra idir. Tha iad, mar an ceudna, air èirigh am meas agus am mùirn am measg an coimpirean air feadh na dùthcha; agus, an àite bhith ag amharc orra mar phoball leth-oireach, tha iad, a-nis, air ar càramh gu minig am broilleach na cuideachd.

Tha gaoth an t-sonais gan leantainn a h-uile taobh gun gabh iad. Tha, eadhon, na sgoilean a' toirt àite inich do an cànain, nì nach faigheadh i idir mur biodh iad air èirigh gu riochdail às na h-uisgeachan. Tha mìle rathad eile sam bheil a' bhuaidh a tha iad a' faighinn air a dèanamh aithnichte, ach chan fheith mi ri an ainmeachadh uile aig an àm. Is e mo dhùrachd 's mo thogradh gum bi a' Ghàidhealtachd fhathast mar a bha—air a h-àiteachadh le sluagh bàidheil, ceanalta, aig nach bi nì san amharc ach an lòn a sholar gu smearail, math an dùthcha a

chur air aghaidh, agus urram a thoirt dhaibhsan dom bheil
urram dligheach. Taing do Dhia, tha sinn fhathast air ar gluas-
ad le aignidhean seirceil a thaobh na muinntir a chuireadh
thairis oirnn an nithean naomha; agus, ged nach eil sinn idir
den aon aidmheil no den aon Eaglais, tha sinn nas caomhaile ri
càch a chèile na bha sinn aig aon uair. An aon fhacal, tha Tìr
nam Fineachan air èirigh air a h-uilinn, agus is duilich sluagh
fhaighinn as cofhurtaile agus as toilichte na a' mhuinntir a tha i
ag àrach. Is ceàrr an nì i gum biodh nàire oirnn aiste—no gun
toireamaid air dream eile a bhith a' smaointeachadh gum bheil
i faoin nar sùilean.

Tha aon dòigh, co-dhiù, sam bheil i a' tighinn geàrr air an
inbhe àird a bu chòir dhi a bhith a' sealbhachadh am measg
dhùthchanna ainmeil an t-saoghail. Maille ri Albainn uile, tha i
air a druideadh a-mach o chomann nan cumhachdan neo-ar-
thaingeil, agus chan fhaod i a guth a thogail a thaobh sìth no
cogaidh no nì sam bith eile a tha a chum luaths no maille an
adhartas an t-sluaigh. Tha i air lomhainn aig an t-Sasannach,
agus chan eil dha ach am facal a ràdh agus iomairidh a h-òig-
ridh tarraing, theagamh gu ceann eile an domhain, a dhèanamh
cogadh ri cinnich nach do rinn riamh a bheag de choire dhaibh.
Bha seo air a leigeadh ris gu soilleir an 1914, an uair a chaidh
taghairm na dunach—"Kitchener wants you"—a chur le luaths
an dealain is cruas na trompaid dheireannaich o bhaile gu baile
is o theallaich gu teallaich, mun cuairt do na rubhachan agus
a-suas mu na mullaichean.

Cha chuala iad nì ceàrr an aghaidh nan Gearmailteach; ach
an lorg na dàimh iongantaich a bha eadar iad fhèin agus na Sas-
annaich, cha robh dòigh air fuireach, oir cha robh iad nam
maighstirean eadhon air am beatha fhèin. Nam fanadh iad aig
an taigh dh'fhaodte an iomain air falbh air bhàrr bèigneid, agus,
ged nach deachaidh sin a ghiùlan a-mach ach ainneamh, bha
cumhachd aig Sasann gu a dhèanamh nan togradh i. A bharr-
achd air sin, bha e na comas an cìosnachadh le peanas mur
biodh iad umhail agus deas gu teannadh air falbh cho luath 's a
fhuair iad rabhadh. Bha fios aig na gillean air seo, agus cha do
rinn ach gann gin dhiubh fuireach. Feumar ionnsaigh ghramail
a thoirt gu h-ealamh air breisleach an t-Sasannaich a thilgeadh

dhinn. Cha do bhuadhaich e riamh tharainn air blàr no faiche, ach mheall e sinn gu dona le cleasan agus seòltachd ionnas gun do bhuin e uainn ar saorsa agus ar cunbhalachd mar chinneach. An uair a gheibh sinn ar saorsa o chuing ar coimhearsnaich bidh sinn saor da-rìreadh.

Feumar na Gàidheil a tharraing a-staigh don ghluasad a tha a chum fuasgladh a thoirt do Albainn. Chliùthaich iad gu math an iomadh còmhraig a chuir iad às leth an t-Sasannaich. Carson nach cathaich iad le sùrd agus ainteas às leth an luchd-dùthcha fhèin? Is iadsan a dhèanadh sin nan d' fhuair iad an cothrom, ach gu ruig seo cha deachaidh a shireadh orra. Cha robh iad riamh air dheireadh an uair a bhiodh gnìomh foghainteach ri dhèanamh. Bheir mi m' fhacal nach do chaill iad glòir an latha riamh ri uchd feachda,—ach a-mhàin aig blàr dòbhaidh Chùil Fhodair; agus, ma chaill iad i an sin, cha b' ann le cion misnich ach le gnìomh ciorramach agus maslach nam measg fhèin. Nan robh iadsan an comhair an gean—mar a bhiodh iad, gun teagamh, mur b' i coirean dhaoine eile—bhiodh na Sasannaich an cùil chumhaing, agus cha bhiodh na fineachan air an sgapadh is air an lannadh às, mar a bha iad.

Thig mi gu co-dhùnadh. Ma tha na Gàidheil air "goirtean a' chothruim" an-diugh is còir dhaibh a bhuidheachas sin a thoirt air Iain MacMhuirich, Sir Dòmhnall MacPhàrlain, Alasdair MacChoinnich, Eanraig MacIlleBhàin agus iomadh sàr-fhear eile a chathaich gu neo-sgàthach às an leth o chionn dhà fhichead no leth-cheud bliadhna. Roimhe siud bha am poball an suidheachadh dòrainneach, daonnan air chloich an turramain, an eisimeil nan uachdaran aig a h-uile bealach, agus gun fhios dè an latha a gheibheadh iad a' bhàirlinn. Dh'fhalbh na tìmean sgaireabach ud, agus tha fèath nan eun a-nis far an robh stoirmean, buaireas is ciorram o chionn ùine nach eil ro fhada air ais.

Fàilte air latha nan Gàidheal—latha an àigh agus a' bheannachaidh! Ma tha Dia leinn, cò dh'fhaodas a bhith nar n-aghaidh, —agus tha E air a bhith leinn gu comharraichte o àm a' chogaidh mu dheireadh agus beagan bhliadhnachan roimhe sin. Bidh E leinn san aimsir a tha ri tighinn mar a chumas sinn air a bhith a' dèanamh ceart mar a rinn sinn ri linn na h-iorghail sin

—ar làmh a chur ris a' chuibhill mar a thèid a shireadh oirnn, ach gun sgillinn ruadh a ghabhail an rathad buannachd shalaich. Am feadh a bha muinntir eile ri airgead na mheallan, bha Clanna nan Gàidheal mar dhream a thug na ràimh agus na bacan; ach, an-diugh, tha luchd nan slabhraidhean òir is nan carbadan mòra, rìomhach gun tastan nam pòca air am faod iad còir a ghabhail am feadh a tha dìobraich nan Eileanan agus nam monaidhean tuathach air faighinn an uachdar air an uireasbhaidhean ach beag gu buileach.

Latha an àigh, latha na slàinte, latha an t-subhachais! Cò ach Dia na Glòire as urrainn sòlas a thoirt à mulad, buaidh agus iolach à irioslachd, is rudha-gruaidhe, ceòl agus luathghaire à cruadal agus ainniseachd? Is Esan a rinn agus a tha fhathast a' dèanamh nithean iongantach às leth na Gàidhealtachd!

An Gleann Mòr Muileach

Iain MacCormaic

Chan fhacas leam nas annsa,
Air madainn shamhraidh chiùin
’S na h-eòin air gèig ’s gach crann-lios
Gu greannmhor len cruit-chiùil,
Na ’n gleann tha ruith mar chabhsair,
Tro Mhuile thranns’ is shliabh:
Bho chaol nan luingeas rìomhach
Gu Ceann Loch Sgrìodain siar.

B’ e siud an sealladh cùbhraidh,
Is sunnd air feadh nan sian,
Mìn-cheò geal a’ tùirling
Mud stùcan mùgach ciar,
Gu sèimh a’ tighinn nan lùban
Mun chùil san laigh am fiadh,
’S am faigh an eilid dhiùide
Cead ionaltradh gun fhiamh.

Ged ’s creagach, clachach, d’ aonach
Tha brìgh is sùgh ad fhonn,
Bho ìochdar gu bàrr crùlaist,
Tha cleòca dlùth mud chom
De ghrunnasg, chìob is mhilltich,
’S den chanach mhìn-gheal chrom,
Is iomadh lus nam mìltean,
Nach gabhar innseadh leam.

Cur ciatach an cliath-sgrìodain
Tha ruith a-sìos gu gleann,
Is miolaran aig an fhìor-uisg'
Am measg nam mìn-chlach donn:
Thig eilid, damh, is minnean,
Gu faiteach giùgach crom,
Is caisgidh iad an ìota
Am bainne cìoch nam beann.

Chan iongnadh bian mar shìoda,
Bhith cinntinn air an sprèidh
A dh'òlas deoch à d' fhìon-uillt,
'S nì teachd-an-tìr ded fheur:
Chan iongnadh an damh lìontaidh
Bhith siubhal fhrìth le ghrèigh,
A rùrach leaba-dhìdean,
'S a chnàmh an cìr leoth' fhèin.

Is culaidh-aiseag slàinte
Don anais bhàn gun tuar,
Bhith ag imeachd air feadh an t-àrainn,
Measg fàileadh lus do chluan:
Gach toman dhiubh fo bhàrr-guc,
'S an lìth cho àillidh snuadh,
'S ged chleachdte feart a' ghàirnealair,
Gan tàladh às gach bruaich.

Thig anail ùr do chrùlaist,
Gu cùbhraidh thar do shlèibh:
Is glan fhuair i grùdadh,
Sa bhriuthas cùl nam beurr:
'S cha bhi freumh no maoth-lus,
Air 'n d' rinn an dùdlachd beud
Nach bòrc a-mach gu h-ùrail,
A chur an ùidh sa ghrèin.

'S ball-seirc air aghaidh dùthcha,
Gach crùlaist tha gad dhìon,
Slìom, leòmach, binneach, ùr-ghlan,
Mar òighean lùchairt rìgh,

Thig badan de cheò sgùm-gheal,
Mar shròl rin cùl a-sìos,
Is chithear anns an lùth-chleas
Dreach ùrladh òg-bhean ghrinn.

Beinn Reapadail 's Beinn Bhàrnach
'S gach màm tha deas is tuath,
Gu h-inich sleaghach, àllail,
'S am bàrr a ghnàth san fhuachd:
'S ged bhios gach srath mar àmhainn,
Is luisridh stràcadh chluan,
Bidh ailbheag gheal mar bhrà leinn
Mu bhràghad nam beann fuar.

'S e 'n ceòl as binne chualas
Bùraich bhuar an cùidh,
Glagail bhog a' chluarain
Ga luasgadh anns a' ghaoith,
Crònan d' easan srùthlach
Le muing-gheal tighinn far stùc,
Is cneadail bheag na maoislich
'S an damh ga h-ùdladh dlùth.

Bidh siubhal aig àm gnàthaichte
An àl air muir 's air tìr,
A rèir na gnè 's na fàgail
A chuir Nàdar anns gach nì.
Thig bradan mear on t-sàile
'N èideadh airgid grinn
A chladh 's gach sruthan sèimh-ruith
Am faigh e gainmheach mhìn.

B' e siud an iomairt shunndach
A chuireadh sùrd is càil
Am fearaibh sgairteil lùthach,
A' siubhal bhùrn le àbh:
Gach eas 's gach glumag phlùmbach
A' ruith mar lùimlinn bhàin,
Gu plubach, gaoilteach, sgùm-gheal,
'S iasg mear ri lùth-leum àrd.

Gu minig ri àm faoiltich,
Is caochladh feadh nan sian,
Laighidh eòin nan sgaothan
Air do raointean a chum dìon
On ghaillinn reòthtaich, ghaoth-fhuair,
A shaodaich iad on tuath,
Is gheibh iad fasgadh 's faoilidh,
Am fraon 's air lochan fuar.

B' e siud an sealladh ciatach,
Nach iarradh neach na b' fhèarr,
Bhith faicinn nan eun fiadhaich,
Cho rianail 'n àird nan speur.
Tha teagasg ann 's chan fhaoin e
Don chinneadh-daonn' gu lèir,
An rian 's san dleas 's san fhàgail
A chuir nàdair anns gach crè.

Thig geòidh ghlas nan ceudan
Gu h-òrdail, rianail, rèidh,
Gach ealtainn dhiubh mar thriantan,
A' freagradh rian nan speur,
'S a rèir na fògail dhìomhair,
Tha cur gach gnìomh an gleus,
Le cinnt cliath-ràmh air bìrlinn,
Bidh cinnt am buille-sgèith.

Tha tàchdar seilg gun àireamh,
Feadh d' àileanan 's do chluan:
Bhon damh chabrach làirceach,
Gun mhaghaich thàrr-ghil luath,
An coileach-dubh 's an tàrmach
Is àl a' choilich-ruaidh,
Is easag na clùimh sgiamhaich,
Cho grinn 's cho srianach com.

Nuair thigeadh àm na fiadhachd
Bu chiatach an co-long
A bhiodh a' fianlach d' àrainn
'S a' falbh gu fàilidh crom:

’S nuair chluinnte fuaim nan làmhach,
Nìor fàilinn bhiodh an glonn
’S bhiodh gainnead mar a b’ àbhaist
An àireamh nan damh donn.

Nuair dh’fhosgladh beul an anmoich
Air garbhlaich is air stùc:
An reann-fheasgair, mìogach, dealrach,
’S am failmhe glan gun smùirn,
Theàrnadh gearrain cheann-chromach,
Le ceum neo-chearbach dlùth,
Len saic de ghnìomh nan sealgairean
’S fir mheanmnach air an cùl.

Gach oidhche ’n dèidh na fiadhachd
Bhiodh cuideachd fhialaidh chòir
Ri fleadhachas san fhian-bhùth
’S bu phailt ann biadh is còrn:
Bhiodh maithean òg ’s ban-tighearnan
Gu rianail mar bu nòs
A’ gearradh phong nan lùth-chas
Le sùrd air ùrlar bhòrd.

Tha eachdraidh beòil is sgrìobhte
Toirt cinnt dhuinn an ùr-chainnt,
Gu robh d’ abhainn na h-allt-crìche
A’ sgaradh rìoghachd aig àm,
’S gum biodh feachdan rìghrean
Nan cathan mhìltean sonn,
Ri slatraich air do fhrìthean
Len claidhean lìomhte lom.

Nis sguiridh mi de sgrìobhadh,
’S de chur a-sìos mud mhaoil,
’S mu iomadh fionn-sgeul dhìomhair
Tha sgrìobhte ad dhà thaobh
Mu euchdan laoch is rìghrean
A fhuair dìdean ann ad fhraoin,
Bhon Chreig gu ruig an Innsribh
’S gu crìochan an t-Srath Chaoil.

Muinntir a' Baile Againn Fèin

Iain N. MacLeòid

Tha mise a' fuireach aig an àm ann am baile beag ris an can iad Breacleit an eilean Bheàrnaraigh a laigheas gu sàmhach am Bàgh Locha Ròg, mar a thuirt an deagh bhàrd còir nach maireann, Aonghas Chaluim an Tàilleir. Tha sinn a chòmhnaidh ann an eilean a tha air a dhìon le tonnan uaibhreach a' Chuain an Iar air gach taobh, agus nach bu mhath don t-saoghal gur h-ann an àite mar sin a thuit ar lìon, a chionn gun do chuir sinn a-mach air feadh an t-saoghail iomadh seòladair treun a rinn dìon agus furtachd air ar rìoghachd araon an àm cogaidh agus sìthe. Bidh cuid againn air uairibh ag ùrnaigh riutha fhèin nach biodh fairge ann nas motha, mar a chunnaic Eòin an Diadhair san fhoillseachadh nèamhaidh an eilean Phatmois, ach air mo shon fhèin dheth, tha mi a' làn-chreidsinn nach ann idir air thuairmse a thug Dia ar crannchur dhuinn an eilean mar seo, eadhon ged a bhiodh iomadh mì-ghoireas againn ri ghiùlan, gus an tèid eathar Chaluim Sheòrais a-null air a' chaolas gu Breascleit.

Bhon as e "mi fhèin" a tha an-còmhnaidh air thoiseach anns a' Ghàidhlig, tòisichidh mi againn fhèin ann a bhith a' dèanamh iomraidh air muinntir a' bhaile againn. Tha mi fhèin agus Sìne, bean an taighe, ma-thà, a' fuireach anns a' bhothan dhubh anns a bheil mi a' sgrìobhadh seo. Tha sinn le chèile seachad air aois a' pheinnsein, agus mar a chanas Sìne gu tric, nach e Dia mòr fhèin a tha tròcaireach do na mìltean de sheann daoine andiugh an uair a tha e a' cur fichead tastan nam bois gach madainn Dihaoine mar a thig, agus gun saothair air an talamh againn mun chùis ach a dhol suas ga iarraidh gu Oifis an Tàilleir. Chan e gu bheil mise a' dol ga iarraidh ach dìreach an uair a bheir an dubh-èiginn air Sìne nach fhaigh i fhèin ann. 'S e Dihaoine latha Sìne am Breacleit a cheart cho cinnteach 's gur h-e Dihaoine latha nam bodach aig àm nan òrduighean. Falbhaidh i tràth sa mhadainn, agus gu dearbh cha chum Dòmhnall an Tàilleir fada i gun a peinnsean a bhith aice air a bois, ach nach fheum i a dhol air chèilidh air Oighrig, bean Dhòmhnaill, agus tì is goileam a bhith aice an sin, 's bidh banntrach Thormoid Òig a-muigh aig ceann an taighe an uair a bhios i a' falbh bho Oighrig, 's cha ghabh banntrach Thormoid diùltadh bho dhuine an uair a bhios tì a' dol, agus sin tì eile agus tuilleadh còmhraidh aig Sìne an sin. Tachraidh Bean Bhill rithe aig Tobar Ceann a' Mhorghain, agus cha dèan e an gnothach dhi gun seasamh a-staigh san taigh sin, ach 's ann a shuidheas Sìne air a' bheinge, agus tòisichidh i fhèin agus Bean Bhill a' bruidhinn mu na h-eaglaisean, 's bheir meud a' chòmhraidh a bhios Sìne a' dèanamh am pathadh oirre, agus 's ann a nì Bean Bhill tì. Chan fheum Sìne dol seachad air Calum Sheòrais. Bidh esan a' faighinn làn clèibh de phàipearan-naidheachd gach latha leis a' phosta, 's tha Sìne cho dèidheil an-còmhnaidh air eachdraidh na Pàrlamaid fhaighinn, agus i a cheart cho beag tuairmse air dè an seòrsa rud a th' anns a' Phàrlamaid riumsa agus, a charaid, fòghnaidh sin. Eadar na h-uile cèilidh a bhios ann, bidh seachd dùirn den fheasgar ann mum bi Sìne dhachaigh aig a teine fhèin leis a' pheinnsean, ach brònag, chan eil mise gun teagamh trom oirre: 's glè thoigh leam fhèin sgonn cèilidh agus toit no dhà às a' phìob a bhith agam corr' uair còmhla ri Calum Sheòrais.

Chan eil dà sheana chreutair an Leòdhas as fheàrr dheth na mi fhèin agus Sìne. Tha Peigi, an nighean againn, pòsta aig aon de cheannardan nan sìth-mhaor an Glaschu agus tha i cho math dheth agus a tha an latha cho fada. Gu dearbh 's e siud am mullach a tha gu math dhuinne. Chan eil biadh no deoch no annas air an smaoinich duine nach eil a' tighinn don taigh seo am bocsaichean mòra troma a tha Calum Sheòrais còir ag aiseag gach mìos ann an Reult na Mara, agus airson aodaichean is brògan tha i a' cur thugainn dhiubh sin na chuireadh tughadh air an taigh againn agus air an t-sabhal cuideachd. Sguir i a chur deisichean rìomhach gam ionnsaigh-sa; cha chuir mise stiall air mo dhruim ach an clò Bucach a bhithinn a' caitheamh an uair a bha mi a' dol a dh'ionnsaigh an iasgaich. Ach airson Sìne dheth, 's ann a tha fìor eagal ormsa gun dèan Peigi faoineas mòr a chur an ceann a màthar na sean aois; nach do chuir i fèileadh de thartan Chlann Dòmhnaill thuice, 's tha mise a' creidsinn nach do cheannaich trì puinnd Shasannach e, agus brògan buidhe le sàilean a tha ceithir òirlich air àirde co-dhiù, agus stocainnean de shìoda Frangach air dhath a craicinn, agus chaidh Sìne don eaglais latha Sàbaid nan òrduighean anns an trusgan sin. Smaoinich. A bharrachd air sin chuir Peigi greis labhrais agus bocsa-ciùil ga h-ionnsaigh, còmhla ri clàir-òrain Ruairidh MhicLeòid, agus gu dearbh abradh sibhse gur h-iom-adh oidhche thoilichte a chuir an dithis againn seachad ag èisteachd òrain Ruairidh. Chuir i sanas-adhair thugainn toiseach an earraich, 's chan eil feasgar Sàbaid nach cluinn sinn searmonan à Lunnainn a cheart cho cothromach agus ged a bhiodh sinn nar suidhe fo chrannaig a' mhinisteir a bhios a' labhairt. Chan iarrainn fhèin ach a bhith ag èisteachd ris na searmonan ud agus seinn cho àlainn ann cuideachd, le organ mòr làidir, rud nach fhaca 's nach fhaic sinne. 'S ann air uairibh a bhios Sìne toileach a bhith ag èisteachd ri searmon à adharc mar siud. "Dè 'n fhios againne," ars ise rium an oidhche roimhe, "nach robh am ministear ris a bheil thu ag èisteachd agus a fhallas ga dhalladh air an làr-dhannsa oidhche Shath-airne ged a tha e a' toirt dhuit searmoin a' phàipeir a-nochd." "Ma bha, Shìne, ma thogair," arsa mi fhèin; "tha an soisgeul glan aige." "'S e aon rud a chanas mise co-dhiù," arsa Sìne, "ma tha ministear sam bith ri dannsa, 's ann sa cheann cheàrr dheth a chaidh am foghlam." Ach siud agaibh Sìne.

Chan eil aon duine sa bhaile againne cho acainneach dealas-ach ri mo nàbaidh bun na h-ursann, Calum Sheòrais. Ged a shiùbhladh sibh na seachd siorrachdan chan fhaigheadh sibh duine cho làmhchair ris. Nì e saoirsneachd 's nì e clachair-eachd, 's nì e goibhneachd, ged nach d' ionnsaich e na cèairdean sin riamh nas motha na rinn mise. Phàipearaich e gach seòmar beag is mòr an taigh Chaluim Ruaidh, agus chuir e a-staigh dà leòsan an uinneag na bùtha aige. Bha uaireadair Màiri Mhurchaidh na stad airson còir agus leth-bhliadhna, agus i a' feitheamh gus an tigeadh Jackson mòr, an t-Iùdhach timcheall; ach thachair do Chalum Sheòrais a dhol air chèilidh air Màiri aon oidhche, agus thòisich i air gearan air cion na h-uarach. Thug Calum leis an t-uaireadair aice: thug e gach cuibhle 's snìomhaire a bha na bhroinn às agus ghlan e iad uile agus chuir e gach cuibhle agus tarrag an eagaibh a chèile agus tha uair-eadair Màiri Mhurchaidh a-nise a' dol a cheart cho siùbhlach ri uaireadair mòr Taigh na Pàrlamaid an Lunnainn.

Ach ged nach eil guth brèige anns an inneas a rinn mise air Calum Sheòrais mar dhuine gnìomhach, 's ann a fhuair e an t-urram mar mharaiche nan seachd cuantan. Tha na Leòdhas-aich uile nam maraichean cròdha làidir, agus ciamar nach bi? Nach ann an uchd a' Chuain an Iar a rugadh iad uile? Ach an dèidh sin 's na dhèidh, thug muinntir an eilein againn fhèin, na mo bheachd-sa, bàrr-urram air seòladairean Leòdhais air fad, ged a thuirt fear Ùige an latha roimhe gun robh cus de nàdar a' ghiomaich am muinntir Bheàrnaraigh—gum bu chaomh leotha a bhith a' sgrìobadh ris na creagan. 'S math nach robh mise san èisteachd aig an àm; nam biodh, bha esan air beagan a chluinn-tinn mu mharaichean sgìre Ùige. Cha b' ann san aon pholl-mhònadh a gheibhte fear Ùige agus fear Bheàrnaraigh idir an uair a thigeadh a' chùis gu seòladh eathair ri sìde nan seachd sian. Siud Calum Sheòrais ma tha rogha agus taghadh maraichean Leòdhais an-diugh, agus 's fhada agus cian bhon dhleas e an inbhe àrd sin an toiseach. Chan eil sòlas sa bheatha seo as motha bheir de thoil-inntinn dha na bhith na shuidhe an deireadh Reult na Mara agus e ag iomairt na cuibhle le tùr agus lèirsinn. Chan eil òb no caolas no rubha timcheall air eilean Leòdhais air nach eil e cho eòlach ri radan, agus 's e mo bheachd fhèin ged a bhuaileadh doille Calum Sheòrais a-màir-each gun stiùireadh e Reult na Mara gu cala, ge b' e taobh a bhiodh i a' seòladh. Tha e a' dol do na h-Eileanan Flannach trì uairean sa bhliadhna a dh'iarraidh chaorach, agus tha mise ag ràdh ribh nach e an sùgradh idir eathar fosgailte a stiùireadh le sàbhailteachd a dh'ionnsaigh nan eileanan sin, ach 's e an turas ud a chòrdas ri Calum Sheòrais, agus cha tàinig sgiorradh no èiginn na lùib, ged as iomadh uair a rinn e an turas ri aimsir chunnartach. 'S i Reult na Mara, eathar Chaluim Sheòrais, am bàta-aiseig a tha againn anns a' bhaile seo, agus chan eil cunntas an eachdraidh Bheàrnaraigh gun do dhiùlt an sgiobair aice aiseag riamh do dhiùc no do cheàrd, agus sin gun airgead no gun luach. Nam biodh punnd Sasannach aig Calum Sheòrais mu choinneamh gach aiseig a rinn e a-null air a' Chaolas gu Càrlabhagh agus gu Breascleit, bhiodh e a cheart cho beartach ris an rìgh, ach tha nas fheàrr aige: tha aghaidh an t-sluaigh air, agus bithidh; 's esan a dhleas sin.

'S ann aig Calum Sheòrais fhèin a tha an lìon as annasaiche a chunnaic mi riamh na mo bheatha, ged as iomadh mìle lìon de gach seòrsa a chaidh tro mo làmhan rè an fhichead bliadhna a bhithinn a' dol a dh'ionnsaigh iasgach na h-àird an ear. Tha mogaill de gach seòrsa meudachd innte air chor 's gun glac i gach seòrsa èisg a tha anns a' chuan. Feumaidh gur h-e innleachd ùr a tha an dealbh an lìn seo a chionn nach eil duine air druim eilean Bheàrnaraigh a chunnaic a samhail riamh roimhe. Chaidh Sìne suas an oidhche roimhe ga h-amharc agus i sgaoilte aig Calum air a' Chreagan Fhraoich. Bha Tom ann is Murchadh Knox agus Iain Fhearchair agus iad uile ga rannsachadh. "Dè ur beachd air an lìon, a Shìne?" arsa Calum Sheòrais. "Nì mi iasgairean air daoine dhibh," arsa Sìne: "sin an Fhìrinn a bhruidhinn rium an uair a bhuail mo shùil oirre." Tha teanga aig Tom cho geur ris an lannsa air a gleusadh seachd uairean, agus 's ann a thuirt e às a thomad-tàmh, "Ma-thà, Shìne, ma 's e seann chrogaichean dhe do sheòrsa-sa a bhitheas Calum a' glacadh anns an lìon seo bidh deireadh an t-saoghail ann mum pàigh i dha." Siud an seòrsa buathaim a bheir Tom às an-còmhnaidh. Le drip an àitich cha d' fhuair sinn a-mach leatha fhathast, ach nuair a gheibh, cha ghann nach bi na taighean againn gu tuiteam le meud an èisg a gheibh sinn.

Chan eil neach sam bith a bhitheas a' bruidhinn air muinntir a' bhaile againn fhèin, nach toir tarraing air mo bhana-charaid

Bean Bhill, boireannach cho feumail 's a bha am Beàrnaraigh riamh. Tha i snasail dealasach air a làmhan agus fad iomadh bliadhna 's i a bha a' teagasg fuaigheal an sgoil Bheàrnaraigh, ach ged a dhèanadh i sin gu math 's gu ro-mhath 's ann a tha Bean Bhill ainmeil air feadh Leòdhais air fad airson cur nam ballan, agus 's lìonmhor iad a thàinig ga h-ionnsaigh air dà bhata airson an leigheas seo a chleachdadh airson na siataig, no an greim-lòinidh, agus dh'fhàg iad na bataichean far an robh iad an uair a chuir Bean Bhill ballan orra cho tric agus a bha meud an eucail ag agradh. 'S fhada bho bhithinn fhèin agus Sìne fo na fòidean fuara an cladh Bhòstadh mura biodh ballan Bean Bhill, agus tha iomadh neach thall agus a-bhos an eilean riabhach Leòdhais a bheir an aon teisteanas air a leigheas. Chan eil fhios agam air an talamh co-dhiù tha an Dotair Grannd agus an Dotair Padruig an Càrlabhagh a' creidsinn ann an leigheas a' bhallain gus nach eil, ach 's iomadh neach don do rinn e feum agus nach e sin an dearbhadh air foghainteachd ìocshlaint sam bith. Tha fhios agam gun tàinig an Dotair Dòmhnallach, Fear Ghiosladh, a dh'aon sgrìob à Ùige airson eòlas a chur air a' bhallan, agus cha mhisd' e fios a bhith aige air a shon fhèin air leigheas Bean Bhill. Chan eil breug san fhìrinn mar a thuirt an seanfhacal, agus tha trì uairean aice a-nise air an druim goirt agam fhèin a leigheas le mo chur air mo bheul fodham air an ùrlar agus i a' coiseachd trì uairean a-null agus a-nall air mo dhruim. Tha fhios agam gur h-i a leighis mi, agus tha i fhèin beò slàn fhathast airson fianais a thoirt air sin.

Bu chòir dhomh a bhith air modh na h-aoise a thoirt do Thormod Tàillear, agus iomradh a dhèanamh air ro seo. Tha e a-nise seachad air a' cheithir fichead agus 's e as sine tha anns a' bhaile againn. Duine ciatach ciùin socair a tha anns an Tàillear agus is e fhèin a dh'fhaodadh a ràdh nach do chuir e seachad a bheatha ann an dìomhanas. Dh'ionnsaich e an tàillearachd an uair a bha e òg, agus 's iomadh ceud uair a choisich e bho a dhachaigh an Càrlabhagh gu Steòrnabhagh, agus a obair-latha an urra ris an dèidh sin. Bha e aig iasgach na h-àird an ear iomadh bliadhna mar a bha mi fhèin, agus cha robh aon dòigh air sgillinn onarach a dhèanamh nach d' fheuch e. 'S e fear de na ciad fheadhainn a thog taigh geal am Breacleit agus bu dìcheallach e fhèin an ceann na h-obrach sin. Tha e mion-eòlach san Sgriobtar, agus chan eil e gu diofar dè an earrann a bheir thu dha tha beachd eagnaidh aige air a' chaibideil agus an rann far am faighear e. Cha chuala mi mòran aig a bheil beachd cho fallain soisgeulach air teagasg an taghaidh agus a tha aig Tormod Tàillear, agus cha chreid mise nam biodh mòran de na tha a' sgrìobhadh leabhraichean troma mun chuspair ud greis an còmhradh an tàilleir nach fhaigheadh iad puingean uaithe a chuireadh gu smaoineachadh iad. Mar a thuirt e fhèin rium iomadh uair, chan eil leabhar mìneachaidh as fheàrr air an Sgriobtar na an Sgriobtar fhèin. Cha bhi neach fada an còmhradh an tàilleir gun eòlas a chur as ùr air mòran den Sgriobtar.

Tha Sìne agus Màiri Mhurchaidh an-còmhnaidh cho rèidh ri dà cheann eich. Co-dhiù cha chuala mise nàdar argamaid aca riamh ach an uair a thòisicheas iad air na h-eaglaisean. 'S ann den fhìor Eaglais Shaor a tha Sìne, agus tha gràin an aoig aice air na "U.P.'s" dìreach a chionn nach eil i gan tuigsinn. Bha mi fhèin a' dèanamh cliabh-ghiomach air an t-seachdain seo chaidh, agus cò thigeadh air chèilidh ach Màiri, agus thòisich an còmhradh mu na h-eaglaisean. "Dè nì thu fhèin de na U.P.'s, a Mhàiri, ach 'up'?" arsa Sìne "facal Beurla a dh'ionnsaich mi an sgoil Taigh a' Chnuic. 'S beag orm fhèin eaglais sam bith nach toir an ainm ceart seachad." Cha leig Màiri dad oirre ge b' e dè cho fada agus a thèid Sìne, agus ged bu bhuidhe buidhe leatha, feumaidh i sgur. Chan e sin a-mhàin ach 's ann a tha mi dhuibh air cho gleusta agus a tha Màiri airson an t-sìth a chumail ri Sìne an uair a thèid an tèile air a h-each mòr mu na h-eaglaisean. Tha Beurla uabhasach math aig Màiri, ach chan eil dad aig Sìne bhochd ach "yes" agus "no," agus an uair a bhios an argamaid aig a h-àirde eadar an dithis thig Màiri a-mach le struthan de Bheurla chruaidh Shasainn, agus cuiridh siud a' ghlas-ghuib air Sìne agus tha fhios agam fhèin gu bheil farmad a cridhe aice ri Màiri airson cho fileanta agus a tha i anns a' Bheurla. Nach robh còmhradh fada aig Màiri ris a' Mhorair Leverhulme a' chiad uair a thàinig e air tìr an eilean Bheàrnaraigh, agus 's e fhèin a mhol am buntàta ùr a bha i a' togail an uair a bha e a' còmhradh rithe. 'S ann gasta iriosal a fhuair sinne an duine còir am beagan eòlais a bha againn air, agus tha mi fhèin a' creidsinn gun robh e air Gàidhlig Leòdhais ionnsachadh nan robh sìneadh saoghail air a dheònachadh dha.

Tha Mairearad Ruadh làn de sheann òrain, agus tha mi am beachd gun d' fhuair a' bhean-uasal chòir, NicCuaraig Friseal seann fhuinn uaithe an uair a bha i air chuairt an Tobson còmhla ri Bean Chaluim Ruaidh. Tha seanchas air Cailleach Barney aice cuideachd, agus ged nach eil ro-fhada idir bhon a bha am boireannach Èireannach sin a' dol mun cuairt sa cheàrnaidh seo le ceannachd, 's e beagan den òigridh aig a bheil fios air an eachdraidh aice. Tha bràthair aig Mairearad an Glaschu, Dòmhnall Bheàrnaraigh mar a chanas sinn ris, bàrd cho math agus a tha againn san eilean seo an-diugh.

Chan eil romham mòran de eachdraidh a dhèanamh air òigridh a' bhaile againn, a chionn gu bheil latha an àigh rompasan fhathast agus gum faod mòran aca a bhith gu math ainmeil mum bi iad a' cladhach anns an trì fichead—tha e gun teagamh soirbh do òigridh an latha an-diugh a bhith ainmeil seach mar a bha cùisean na mo latha fhèin, agus latha Sìne, ach dè math a bhith a' gearan? 'S glè thoigh leam fhèin a bhith greis an còmhradh Mina. 'S e ban-sgoilear a bh' inntese agus chuir i seachad cuid de a beatha thall an Vancouver an dèidh dhi pòsadh, agus nam biodh fhios agaibhse air na seanchasan a bhios i a' dèanamh dhomhsa air na nàbaidhnean neònach a bha aice thall san dùthaich ud—"daoine dubha 's daoine buidhe 's muinntir Shìona, agus na daoine tha fada thall," mar a bhiodh aig Eòghainn MacAonghais anns an ùrnaigh aige. Sinn bu chòir a bhith taingeil am Breacleit 's gun eagal oirnn ro ar nàbaidh an uair a thèid sinn a-mach an doras, ged nach biodh sgadan mòr a' Ghalain againn idir leis a' bhuntàta. Tha mo charaid Aonghas Tàillear air pòsadh agus gu dearbh guma h-àighe dha gach latha. 'S e bhios a' tàillearachd a' chlò Bhucaich dhomhsa agus 's ann glè mholtach a bha mi fhèin riamh air obair a làimhe, agus cha mhi nam aonar a bheir an teiste sin air: chan e na h-uile tàillear a nì obair ghrinn den chlò Bhucach idir. Bha Aonghas fada san taobh deas agus mar sin tha e eòlach air an t-saoghal ùr—rud nach eil mi fhèin agus Sìne—agus ciamar a bhiodh? Tha inntinn mhath mhath aige airson argamaid agus 's ann dha fhèin bu dual—'s fhada a shiùbhladh neach mun tachradh e air leithid a athar Tormod Òg, duine aig an robh inntinn dhomhain thùrail a bhiodh an-còmhnaidh a' cnuasachadh air cuspair air choreigin. 'S iomadh bliadhna thug Tormod an imcheist mhòir mu Mhelchisedec, cò bh' ann no an e Crìosta fhèin a bh' ann, "duine gun athair gun mhàthair, gun tùs làithean gun deireadh bhliadhnaichean agus sagart an Dè as ro-àirde." 'S e clachan a' bhalla a chluinneadh dè am beachd a bha aige air gach mìneachadh, a bha e a' faighinn timcheall air an rùn-dìomhair a bha a' cuartachadh an t-sagairt ud.

Cò th' aig an taigh ach Marsaili Dhonn an-dràsta? Tha ise ann an taigh mòr an Kelvinside anns am bheil dusan searbhanta, agus gu dearbh 's i thog oirre, bhon d' fhàg i Beàrnaraigh ceithir bliadhna an ama seo. Bha i air chèilidh oirnn a-raoir, agus 's ann ri Sìne a chòrd gach naidheachd a bha i a' dèanamh mu Ghlaschu. A dhuine chridhe, nach ann sa bhaile mhòr ud fhèin a tha na goireasan seach mar a tha sinne san eilean iomallach seo. Bha i ag ràdh ri Sìne nach robh aice ach "Hello!" a ràdh ann an adhairc ri fear na bùtha a tha an ceann eile a' bhaile seadh mar gum biodh e thall anns na Daile Beaga, agus mum biodh na poitean aca ceart air an nighe gum bi balach piollach aig an doras le iasg agus feòil agus cearcan agus gach itheanaich a chuireas iad nam beul eadar dà cheann na seachdaineach. "Bidh dusan seòrsa bìdh aca air an dìnneir gach oidhche," ars ise, ri Sìne. "Ochan, ochan, a Mharsaili," arsa Sine, "nach ann aca tha an stamag nach eil agam fhèin. Chan urrainn mise mìr arain ithe còmhla ris an tì a ghabhas mi an dèidh a' bhuntàta 's an sgadain, agus 's ann rium a chòrdas e ged as liath mo dhosan." "Am bi thu a' cur pùdar air d' aodann, a Mharsaili?" "Air uairibh," arsa Marsaili, "ach chan fheum mi a chur nam àrainn an oidhche bhios mi a-muigh còmhla ri Aonghas Iain, à Bràdhagair: tha sinn a' ruith a chèile a-nise bho chionn dà bhliadhna." "Mac an deagh athar," arsa Sìne, "'s ma gheibh thu esan air do chluasaig, chan aithreach leat, a Mharsaili, latha do bhainnse. Ach dè am feum a th' agadsa, nighean bhrèagha dhreachmhor mar a tha thu, air pùdar Shasainn a bhith a' falach craiceann glan snuadhmhor mar a th' ort fhèin? Mo shùilean pill mun amhairc mi air dìomhanas gun stàth, mar a thuirt Daibhidh còir—sin an ùrnaigh a bu chòir a bhith agadsa, a Mharsaili, an uair a bhios am bocsa pùdair gad bhuaireadh."

Tha Niall Chaluim Sheòrais na phìobaire ainnidh math agus 's e fhèin aig a bheil an t-alt fileanta oirre. Cuiridh e ceòl ann an Sìne fhèin, agus ged nach dàn' leatha ceum no dhà san ruidhle a dhèanamh le eagal na clèire, bithidh na spàgan aice a' cumail tìde ris a' cheòl aige ge b' e àite san cluinn i e. Nam bithinn fhèin beartach, rud nach bi, bheirinn suim mhòr airgid seachad airson gum biodh gach balach am Beàrnaraigh na phìobaire dèanta, agus 's iad a dhèanadh na deagh phìobairean. Tha ceòl annta gu nàdarrach, agus sgamhanan làidir aig gach aon aca airson gaoth a chumail ri màl.

Earbaid Nuadh:
Eòl-Chuairt Gàidhlig

Lachlann MacBeatain

Bu chiatach an gnothach nan cuireadh Gàidheil deagh-rùnach, tapaidh, comasach (ma tha an leithid ann) mu dhèidhinn enciclopaidia (no eòl-chuairt) Gàidhlig a chur ri chèile airson ar sluaigh, le foghlam agus ùghdarras, gu bhith dhuinn na threòraiche anns gach roinn de litreachas agus beatha ar cinnich.

Bhitheadh sin na oidhirp ghaisgeil ann an ceàrnaidh ùr, agus bheireadh e sàsachadh do fheum a tha cumanta gu leòr an-diugh. Oir is tric tric a dh'èireas do dhuine ceistean mu iomadh gnothach Gàidhealach, agus chan eil am fiosrachadh a ghnàth aig làimh, no ùine gu dol ga shireadh. Tha an seo cothrom do Eòl-chuairt no giorradan iomlan an eòlais.

A rèir gach coslais tha an uireasbhaidh seo air fhaireachadh nas motha agus nas motha nar measg-ne, ach bha e a ghnàth dualach don duine. Innsear dhuinn le sean eachdraidh gun robh e na easbhaidh am measg dhaoine o chionn dà mhìle bliadhna co-dhiù. Thubhairt Aristotel nì no dhà mu dhèidhinn, agus mun cuairt do 30 R.C. sgrìobh Terentius naoi leabh-raichean airson a leithid. B' e seo rùn Philinius (bu shine) eadar 23 agus 79 A.D. nuair a sgrìobh e leabhraichean mu dhian-fhiosrachadh an t-saoghail fhaicsinneach. Theagamh gun tàinig an dèidh seo air tùs o na Greugaich—agus am facal cuideachd.

Chuir na h-Arabaich a-mach leabhar mòr den t-seòrsa seo vann am Bagdad san deicheamh linn. Ann an 1538 chuir Sir Tòmas Eliot a-mach leabhar air "Cuibhle no Cùrsa na h-uile Teagasg." Trì bliadhna na dhèidh sin bha Rengelberg anns a' Ghearmailt a' clò-bhualadh a' chiad leabhair a fhuair an t-ainm "Cyclopaedia," no ioma-chuairt. Aig an àm is ann a tha na h-Eadailtich an dèidh crìoch a chur air eòl-chuairt nàiseanta gu sònraichte grinn. Tha e deàrr-làn de dhealbhan, agus chaidh mòran saothair agus tàlant a chosgadh ris.

Ann an Alba san ochdamh linn deug chuireadh an òrdugh an Encyclopaedia Britannica, agus mun àm cheudna bha na Sìonaich ann am Peacin a' clò-bhualadh leabhar mòr den ghnè cheudna, a ràinig 5020 pasgan.

Mar seo tha iomadh ball-sampaill romhainn, ann an dùthchanna fagas agus cèin, ann an linntean fad o chèile, gu ar treòrachadh san obair seo.

Ach cha smuainich sinn an tràth-sa air còig mìle pasgan, no idir air còig. Anns a' chiad dol a-mach is leòr aon phasgan. Ma gheibh sinn leabhar deas, làimhseachail, eireachdail, neo-chostail, bithidh sinn ro-thoilichte. Ach feumar àite fhaotainn san leabhar airson earrainnean pongail, air an sgrìobhadh leis na daoine as comasaiche a th' againn, air na h-uile gnoth-aichean a tha dàimheil duinn uile. Anns na leabhraichean bliadhnail agus ràitheil, sean agus ùr, gheibhear mòr-leas-achadh airson an ealantais ioma-ghnèitheil bu mhath leinn fhaotainn anns an Eòl-chuairt Ghàidhlig; agus anns an leabh-ran bheag ris an abrar Cò e cò nan Ceilteach ("Celtic Who's Who"), gheibhear àireamh mhòr de ùghdaran a tha a' làimh-seachadh mòr-stòras de nithibh a bhuineas do inntinn nan Gàidheal.

Chan eil àite agam an seo, agus cha bhitheadh e freagarrach co-dhiù, oidhirp sam bith a dhèanamh air a bhith a' taghadh no ag ainmeachadh nan nithibh a bu chòir a chur an cèill ann an co-chruinneachadh den t-seòrsa seo; ach nam measg gheibh-eadh sinn na leanas—agus mòran eile—cunntasan air:—

Ainmean àitean
Àirneis taighe

Aodaichean agus deisean
Bailtean na h-Alba
Bàrdachd agus Bàird
Cànainean nan Ceilteach
Ceàirdean, sean agus ùra
Cè-eòlas nan Gàidheal
Ceòl nan Gàidheal
Comanna nan Gàidheal
Cràbhachdan
Dàin chluich
Dàin Oisein
Eachdraidh nan Gàidheal
Ealaidhean
Ealantachd ar sinnseir
Eòl-chogaidh agus airm
Fineachan nan Gàidheal
Foghlam ann an Alba
Faclairean
Gnè-eòlas
Innealan Ciùil
Laoidhean naomha
Leabhraichean Gàidhlig
Leabhraichean Ràitheil Gàidhealach
Lagh am measg nan Gàidheal
Lighichean Gàidhealach
Luibh-eòlas
Litreachas nan Gàidheal
Marsantachd
Naoimh an Alba 's an Èirinn
Òranan agus ceòl seinn
Reul-eòlas
Riaghladh agus uachdranachd
Rosg Ghàidhlig
Saothaireachd agus dreuchdan
Seanchas
Sgìrean na h-Alba
Sgoilean agus Ionnsachadh
Tìrean nan Ceilteach

Tuathnachas
Uirsgeulan
Ùghdaran Gàidhealach

Tha mòr-mhisneach ann an cridhe ar cineil; cha thionndaidh iad an cùl air doirbheachd, ach am bheil e idir nan comas an euchd seo a rùnachadh gu soilleir, agus a chur an gnìomh ann am modh a chuireas urram air ar n-ainm? Gu dearbh tha. Tha againn daoine teòma eòlach foghainteach a tha ceart-chomasach airson seo.

Ach bu mhath gum bitheadh an dleasnas seo air earbsa ri foghlam agus deagh-thuigse nan daoine as fheàrr a gheibhear air fad agus leud nan tìrean a tha fhathast a' toirt breith agus bith do Ghàidheil. Chan fhaod eud no claon-bhàidh eadraiginn sam bith a dhèanamh san nì seo, nì motha as e seo gnothach aon duine. Bithidh feum air àireamh de na daoine as comas-aiche as urrainn duinn a shireadh a-mach gu bhith an ceann na h-oibre.

Faodar gur e comann mòr làidir coltach ris a' Chomann Ghàidhealach a bu chòir an nì seo a ghabhail os làimh, agus nan cuireadh iadsan cuideachd bheag de na teallsanaich as fheàrr gu bhith an ceann gach roinn den chùis cha bhitheadh e idir duilich no ann an teagamh. Do aon duine bhitheadh an t-eall-ach ro throm, ach le neart agus deagh-bhreithneachadh a' sruthadh o gach àirde theagamh gum faigh sinn nì a bhitheas gu dearbh luachmhor, agus nas fheàrr na ar dòchas.

Duan nan Gillean-Cullaig

Maolcalum MacAongais

Thàinig sinne seo a' Chullaig
Dh'ionnsaigh tulaichean a' choibhneis,
Giùlan dùrachd na bliadhn' ùire—
Sibh bhith subhach, sunndach, aoibhneach:
Ma is math tha sibh an-dràsta,
Guma feàrr ur slàint' 's ur saidhbhreas
Rè a h-uile latha chì sibh;
'S chan eil nì sin ach na thoill sibh.

Tha an t-seana bhliadhn' air tigh'nn gu deireadh:
Tha i teireachdainn na deann-ruith,
Cha bhi duin' againn ga h-ionndrainn—
H-uile tionndadh dhi thar labhraidh.
Bha i crainntidh, fuar as t-earrach,
'S gaoth an ear ann fad an t-samhraidh.
Theab nach beireadh cearc sa bhaile,
'S gailleann ann mar dhùbhlachd geamhraidh.

Tha an sgadan air ar trèigsinn,
Cha dèan feum a bhith ga rànaich.
Faodar sgoth chur air an teine,
Tha na lìn a' dìon bhuntàta.
Thuit a' phrìs air crodh 's air caoraich:
'S truagh an t-saothair bhith gan àrach.
Cha dèan damh na chaidh na bhroinn,
Chan eil faighneachd air bò-dhàra.

536

Chan eil cosnadh 'n-diugh ri fhaotainn:
Tha cus dhaoine anns gach ceàrna.
Chan eil car an gàrradh iarainn:
Tha iad dìomhain, falamh, sàmhach.
Chan eil sgillinn aig duin'-uasal;
Chan eil tuathanas a' pàigheadh:
Tha iad uile ann an cruaidh-chàs:
Chan eil buachaill' bhuap' no aireach.

Dh'èirich buileach dhuinn an tubaist—
Bhuail an dubhadh am buntàta.
Mu shamhain chaidh an crodh an diosg,
'S chan eil rian air ìm no càise.
Nì chan fhaigh sinn leis an tì
Mur eil sgrìobadh às an tràigh ann.
Is mus ruig sinn aois a' pheinnsein
'S math an seans gun tig am bàs oirnn.

Tha bean an taigh' air tigh'nn a-nuas
A chluinnteil duan nan gillean-Cullaig;
Tha i ag èisteachd cùl na còmhla,
'S bonnach còir aice air fhuine.
Fosglar doras farsaing, fialaidh,
'S gheibh sinn riarachadh an urra—
Aran 's luchd de dh'ìm 's de chàis' air
Ghluaiseas càil mu ithe-chlugain.

Chan eil fad' againn ri fuireach,
Is a h-uile taigh ri bhualadh:
Mharbh Catrìona Mhòr an coileach,
Is bu toigh leinn bhith mun cuairt da.
Tha marag-dhubh aig Seònaid Ùisdein,
'S bidh sinn bùrach innt' gar cluasan;
'S ma bhios tart oirnn, air ar sàrach',
Caisgidh Pàdraig e le uachdar.

Dùbailt' bonnag! Fosgail seo!

Mùramall

Iain MacCormaic

Tha Eilean Mhùsamaill air cladach Earra-Ghàidheal. Cha ruigear a leas an còrr de leudachadh a dhèanamh air a shuidheachadh ach sin. 'S e eilean brèagha torrach a th' ann. Bha mòran sluaigh ann o shean, agus iad glè mhath dheth, cuideachd; oir bha muir is monadh a' cur teachd-an-tìr gun teinteanan. Chan eil crioman den Ghàidhealtachd as fheàrr grunnd na Mùsamall, agus an uair a bha sluagh lìonmhor ann, 's an talamh air àiteachadh 's air a ghiullachd a rèir gnè an deagh thuathanachais, bha bàrr de gach seòrsa saidhbhir ann. Glè thric, nuair a bhiodh droch fhoghar ann, agus bàrr gann an àiteannan eile, bhiodh saibhlean is iodhlannan Mhùsamaill làn. Nuair a thigeadh Sgrìob Liath an Earraich 's nach fhaicteadh an eilean eile no air tìr-mòr ach làrach nam mulan an iodhlainn, no làrach nam pollag an achadh, b' ann air Mùsamall a bheireadh gach neach aghaidh a chum pòr an Earraich fhaotainn. B' ann à Mùsamall, cuideachd, a gheibhteadh an crodh, 's na caoraich, 's na h-eich a b' fheàrr a chìteadh air margadh; oir bha a raointean 's a mhonaidhean—eadhon a' chuid a b' àirde da mhonaidhean—air leth a chum feuraich is ionaltraidh. Gun ghuth air a sheilg no air iasgach a chuid aibh-nichean is loch, a bha a' cur rorum gun ghrabadh air bùird a shluaigh; oir bha a' mhaigheach 's an coineanach lìonmhor air a raointean àrd-fheurach, 's na mhonaidhean fraochach; 's bha a choilltean dlùth-chraobhach a' dèanamh dachaighean fasgach

538

don choileach-dhubh 's don liath-chirc, is bha an cuan mòr a bha mun cuairt Mhùsamaill làn de gach gnè de dh'iasg mòr.

B' e cosnadh an t-sluaigh, leis an sin, iasgach is tuath-anachas.

Ach chuireadh Mùsamall dheth de gach seòrsa bìdh mòran barrachd air easbhaidhean a shluaigh shaothrachail. Bha an t-iomall air a chur gu margaidhean na Galltachd aig amannan sònraichte de gach bliadhna. Bha cabhlach smathagaichean aig Mùsamall da fhèin, agus bu tric a dh'fhàgadh iad a bhàghan fasgach, 's iad a-sìos gun stràc àrd le toradh an eilein: iasg 's buntàta, 's uighean is feòil; agus gach neach a bhiodh ri malairt a' falbh an cois a chodach fhèin.

B' e cor Mhùsamaill mu na h-amannan ud, cor taobh an iar na Gàidhealtachd air fad. Bha na sean chleachdaidhean air an cumail suas bho linn gu linn mar a bha iad aig an sinnsearachd o chian. Cha b' ann a chionn 's gun robh na sean chleachdaidh-ean na b' fheàrr, no an sluagh na bu chumhainge nam beachd, ach a chionn nach tàinig fhathast atharrachadh on leth a-muigh den t-saoghal a dh'adhbharachadh atharrachadh chleachdaidhean an àitean iomallach mar a bha Mùsamall fhèin. Bha fhathast crònan aig cuibhil, is ràc aig càrd anns gach taigh bho mhoch gu dubh, agus seirm nan òran a' dèanamh còisir ealanta le fuaim nan inneal. Bha fhathast a' chlann a' dol don sgoil le caman san dara h-achlais agus dà fhòid mhòna san achlais eile. Bha fhathast an sean mhaighstir sgoile a' sgrìobhadh cheann-shamhlaidhean le peann ite, agus a' nochd-adh làmh-sgrìobhaidh a dhèanadh tàir air obair chlàir-umha. Agus cha d' fhalbh fhathast an latha air an leigeadh e an sgoil mu sgaoil, nuair a bhiodh dreap Earraich no Foghair ann.

Bha Mùsamall mar àiteannan eile a thaobh làithean-fèille; agus cha robh ann na chuireadh seachad na làithean subhach sin le barrachd toileachaidh no barrachd àbhachdais na muinn-tir Mhùsamaill. Bha Samhain is Nollaig is Cèitean nan làithean sònraichte, agus an cleachdaidhean fhèin nan cois. Ach is gann nach faodar a ràdh gum b' e falbh is tighinn nam buanaichean rud cho mòr 's a bha a' cur gluasaid air feadh Mhùsamaill. Bha, an uair sin, mòran den òigridh a' fàgail na dùthcha; agus bhiodh fiughair ro-mhòr air sluagh Mhùsamaill rin teachd air an ais le

gach sgeul thaitneach air gach nì a thachair am measg a' chom-
ainn rè an siubhail air machraichean brèagha na Galltachd;
agus le gach gnothach rìomhach a cheannaicheadh iad sna bail-
tean mòra mu dheas. A bhàrr air sin bhiodh daonnan gillean is
nigheanan a bhiodh bliadhnachan gan cosnadh air Galltachd a'
gabhail cothruim air an aiseag a ghabhail leis na buanaichean a
chum làithean saora a chur seachad fad a' gheamhraidh sna
seann dachaighean am Mùsamall.

Caibideil II

B' uachdaran Mhùsamaill an sàr Coinneach Camshron mun
àm air an do thòisich adhbhar an sgeòil seo air freumhachadh.
Bha an sàr Coinneach de dh'fhìor sheann sliochd. Bha e sin a
rèir beul-aithris muinntir Mhùsamaill fhèin; ach chuir na
seanchaidhean a shinnsearachd cho fad air ais an ceò na h-àrs-
aidheachd 's gun saoileadh neach gun robh co-cheangal eadar
Mùsamall is gàrradh Edein. Bha an sàr Coinneach glè ònrachd-
anach na shean aois. Dh'fhalbh a bhean 's a theaghlach iomadh
bliadhna roimhe fhèin, agus cha robh a-nis beò de a shliochd
ach aon ogha dha: Coinneach òg, mac mic da; agus cha robh fìor
chinnt an robh am fear sin fhèin beò. Cha robh gaotharan
riamh air an t-saoghal a bu mhò na Coinneach òg. Air bàs athar
bha e gun athair gun mhàthair, gun phiuthar gun bhràthair;
agus chaidh e a dh'fhuireach do lùchairt mhòr a sheanar; oir
b' e fhèin a-nis oighre dligheach Mhùsamaill. Cha robh a
choimpire fhèin san eilean; ach ged nach robh, rinn e coimp-
irean da cho-aoisean am measg na tuatha air fad, gu sònraichte
clann nan coimhearsnach a bu dlùithe don chaisteal. Bha e na
nàdar cho beag gò ri balach san dùthaich. Ach, gun a bhith uair
air bith a' cur roimhe bhith cronail, cha robh sìon air an
toirteadh ciorram mar ainm, nach biodh e an sàs ann; 's chan
fhaiceadh e uair air bith an cron gus am biodh an cron dèante.
Bu tric a theireadh a sheanair fhèin nach robh eanchainn idir
ann; agus gum bu choma dha cò an ceann a bhiodh fodha
dheth. Cha robh stalla am Mùsamall nach dìreadh e, a
chreachadh nead; agus mar bu chunnartaiche an gnìomh b' ann
a bu luaithe thuige se. Mun tubhairt an cùbair e: "Faodaidh an

fheannag an car a thoirt às an speireig, 's às an t-seabhaig; ach feuch thusa an toir i an car às Coinneach òg."

Ach, co-dhiù, thàinig an t-àm air am feumadh Coinneach òg dol don sgoil don Ghalltachd a chum ionnsachadh duine-uasail fhaotainn—ged a theireadh muinntir Mhùsamaill nach ruigeadh e a leas an làrach san robh e fhàgail, a chionn nach cuireadh an Fhèinn fhèin sgoil na chlaigeann. Co-dhiù, dh'fhalbh Coinneach; ach ma dh'fhalbh, an ceann glè bheagan mhìosan thill e. Cha tug a' Ghalltachd no a cleachdainnean mìn fìnealta, àiteachadh às. Bha e mar eun an eunadair, agus a' call nan itean a' clapadh a sgiathan ri ballachan a phrìosain. Bha e ag ionndrainn chnoc is raointean is saorsa Mhùsamaill, 's a' chuain a bha mun cuairt air, cho mòr 's nach biodh e beò am measg sràidean cumhang a' bhaile mhòir.

Nuair a shuidheadh e aig a' bhòrd san oidhche, a cheann eadar a dhà bhois, 's a leabhar Laidinn no Greugais fosgailte fo shùil, an àite bhith a' cnuasachd, 's ann a ghiùlaineadh a mhac-meanmna e gu Mùsamall. Gheibheadh se e fhèin an sin san fhireach, a ghunna na achlais, 's coin sheanga air fàileadh na seilg. No, ma dh'fhaodteadh, air druim a' chuain a bha ag iadhadh mun cuairt an eilein air am b' oighre e, an iùbhrach fo thrì sreathan, a bheul mòr san uisge, 's i a' cur gu dùbhlan na gaoithe a bha a' trusadh a muilchinnean san àird an iar a chum dòilich a dhèanamh. Dhùin e an leabhar le glag: chan fhuilingeadh e na b' fhaide e. Reic e aodach 's gach leabhar a bh' aige, is thug e ceann an rathaid air, 's gun na chuideachd no mu chom, ach deise fhuadain a fhuair e saor.

Bha làn-aighear gu leòr am Mùsamall an latha a ràinig e; agus cha b' e a shean seanair a bu lugha rinn de ghàireachdaich nuair a chunnaic e ogha agus oighre, san sgeadachadh san robh e. Bha còta fada dubh air, a-sìos gu shàiltean, agus filleadh air na muilchinnean; ad bhog dhubh, trì fillidhean air a bhriogais, agus a h-uile bad a bh' air, dà thrian tuilleadh is mòr da.

"Am bheil, a laochain, duine leat?" ars an cùbair ris; oir bha muinntir an eilein cho dàna 's cho eòlach air 's gun abradh iad rud sam bith ris.

"Chan eil. Nach eil thu a' faicinn nach eil duine leam?" ars esan gu socharach, neo-chiontach.

"A-hà!" ghàir an cùbair. "Nach faodadh do leithid eile fhèin a bhith leat anns an sgeadach a th' ort! Agus na brògan! Nan robh iad dìonach gu leòr, dh'fhaodadh tu coiseachd gu sgiobalta thar Caol Mhùsamaill. A-hà! Nach tu nach ruigeadh a leas a bhith 'n eisimeil bàta!"

Ach ciod air bith am fealla-dhà a dhèanadh iad air, chan abradh esan uair air bith ach "Hoch!" 's e a' tionndadh a chinn air falbh.

A' snàgan a-nuas a dh'ionnsaigh na cuideachd, 's i a' figheadh stocaidh, bha Peigi bhàn, agus bu bheag a bheireadh air Coinneach an rathad fhàgail nam b' urrainn e, gun nochdadh gur ann ro Pheigi a bha e a' teicheadh.

Bha Peigi na banaltraim an taigh athar. 'S i a dh'altraim Coinneach òg bhon a bha e na leanabh. Rinn i, an seagh, àite màthar dha; agus 's gann a bhiodh barrachd gràidh aig màthair da mac na bh' aicese do Choinneach; agus is gann a ghoirticheadh gòraiche mic cridhe màthar na bu mhò na bha gòraiche is amaideachd Choinnich a' goirteachadh a cridhe-se.

Chunnacas riamh gun robh an dàimh a bhiodh eadar seann bhanaltraim 's a daltachan a cheart cho daingeann, diongmhalta, ri dàimh na fala a tha a' ruith sna cuislean.

Thàinig Peigi bhàn do Mhùsamall na h-ighinn òig an cuideachd màthair Choinnich. Ri ùine phòs i san eilean, agus ged nach do bhuilicheadh teaghlach oirre, dh'fhan i le cuideachd a fir gu dleasnach an dèidh a bhàis, mar a dh'fhan Rut le Naomi.

"A Choinnich, a ghaoil!" ars ise nuair a ràinig i far an robh Coinneach, agus grunnan fhear is bhalach ri fearas-chuideachd, "Ciod e tha an seo?"

"Hoch!"

"Nach tusa a chuir an sgeul 's an seanchas am beul na dùthcha! Nach tusa, a Choinnich, a chaidh tur an deachamh, mar nach deach duine de na daoine on tàinig thu. Ciod e as ciall duit?"

"Hoch!"

"Am bheil thu a' brath cridhe do sheanar a bhriseadh?"

"Hoch!"

"Nach gasta an caitheamh-beatha seo do dh'oighre

Mhùsamaill: sìol nan uaislean! Nach gasta an sgeadachadh anns an tàinig thu am measg tuath do shinnsearachd!"

"Hoch!"

"Ud, 's e 'Hoch'!"

"Tha mi ag ràdh riut, a Pheigi, gum biodh e mòr leam dol a-mach, eadhon oidhche Shamhna, leis an deise a th' air," ars an cùbair. "Agus, gu dearbh, a Choinnich òig, a shìol nan sonn, ged a thubhairt an sean fhear 'gum mill dànadas modh', chan ann leis an dànadas a mhilleas modh, ach leis an dànadas a bhrùchdas à deagh dhùrachd, a their mi riut gum bheil feum an t-àm 'an bhliadhna th' ann, neo bha thu air do thogail aig na feannagan. Leabhra! Nam b' e an t- Earrach a bh' ann, bhiodh iall dhìot anns a h-uile nead san stalla mhòir."

Shnìomh a' chuideachd iad fhèin a' gàireachdaich. Ach cha do rinn Coinneach ach tionndadh mun cuairt agus "Hoch!" a ràdh.

Bha Peigi bhàn agus "gliog, gliog" aice air na deilg; agus ged a bha a sùilean làn, cha b' urrainn i fiamh a' ghàire a chumail air falbh nuair a chuala i àbhachdas a' chùbair. Ach, mu dheireadh, sgioblaich i na lùban air na deilg, phaisg i an stocaidh na h-aparsaid, agus labhair i ri Coinneach gu smachdail.

"An cluinn thu, Choinnich?" ars ise. "Thalla leamsa air a' mhionaid far am bheil do sheanair."

"Hoch!"

"Hoch no heich! Cha leig mi leat idir. Coisich a-nis," 's i a' beirsinn air ghualainn air.

Cho eutrom 's gun robh Coinneach an aon dòigh, bha e an dòigh eile cho soirbh ri cat, mar a their iad; agus, glè bhitheanta, gheibhear caora dhubh gach teaghlaich mar seo, agus fo mhòr-mheas aig daoine eile, ged a bhitheas iad a' briseadh cridh-eachan an cuideachd leis an fhaoineas 's leis an amaideachd.

Nuair a chaidh Coinneach is Peigi an làthair an t-seanair cha do rinn e ach a cheann liath a chromadh 's a chrathadh.

"Ciod i do bharail air an ogha th' agam an seo, a Pheigi?" ars an sàr Coinneach.

"Chan eil, gu cead duibhse, ach a' bharail a bh' aig a' bhroc air a ladhran: barail bhochd, barail na truaighe."

"Cha mhòr nach robh e cho math leam e bhith na Ismael

fhèin, ri bhith na mhac stròidheil. Bhiodh rudeigin de spraic ann, co-dhiù. Ach, a Choinnich, ogha, their mi riut mar a thubhairt Fionn ri Osgar, is sinn anns a' cheart dàimh da chèile: 'Lean gu dlùth ri cliù do shinnsir, 's na dìobair bhith mar iad-san'."

"'S e sin giùlan as fheàrr a bhith aige na bhith mar a thubhairt Donnchadh Bàn ri Iain Faochaig: ''S tu 'n t-eun a chaidh an deachamh; 's an nead creachte an deach d' fhàgail'," arsa Peigi, "agus 's ann creachte a bhios nead Mhùsamaill ma leanas ruith Choinnich air a ruaig. Sgioblaich thu fhèin cho luath 's a nì tàillear freastal duit, agus bi air falbh gud ghnoth-ach seachdain on Mhàirt seo tighinn le bàta Eòghainn 'ic Dhùghaill. Nach nàrach maslach gum biodh oighre Mhùsamaill san t-suidheachadh sam bheil thu, agus a' cur cràidh air seann chridhe do sheanar. Thoir an aire air do sgoil 's air d' ionns-achadh, agus gabh don arm coltach ris na daoine on tàinig thu, a h-uile taobh gun tàinig thu, cuideachd. Nach bu ghasta dhuit, le èiginn, gum biodh am posta a' toirt thugad litrichean agus 'An Còirneal Camshron,' air a sgrìobhadh oirre."

Am feadh a bha Peigi a' toirt seachad na h-òraid seo is gann gum b' urrainn an sean sàr cumail air fhèin leis a' ghàireachd-aich. Bha Coinneach òg fhèin a' cumail a leth-oir rithe, 's e sa cheart shuidheachadh, agus a' cagnadh muilchinn a chòta.

"Tha thu ceart gu leòr, a Pheigi. B' àill leam gun robh barr-achd spraic ann, 's gun leigeadh e fhaicinn 'gun tèid dùthchas an aodann nan creag'," arsa an sàr Coinneach 's a shùilean làn-dearg, ag èisteachd ri Peigi.

"Seadh! Nach e sin a tha gam leòn," arsa Peigi. "Cha chualas creutair riamh nach tèid ri ghnè, ach an aon chreutair seo. Car-son, a laochain, nach gabhadh tu eisimpleir de Chailean Thormoid? Tha esan a' cur roimhe a bhith na mhinistear fhathast. Sin fear a tha toil aige 'clach a chur os cionn clach MhicLeòid,' fear nach robh duine de a dhaoine riamh ach a' bùrach am Mùsamall. Tha e nis gu gleusta ag ionnsachadh Laidinn is Ceusar, is Astronomi, is Nabhigèisean. Tha aithne aige air a h-uile rionnaig anns an speur, is innsidh e ciod e an t-astar a tha eatorra, 's a h-uile sìon. Sin agad duine! Is còir do dhuine daonnan a bhith a' feuchainn ri faotainn a-suas."

Caibideil III

Cha robh an losgadh a thug Peigi do Choinneach idir gun fheum. Thòisich e air cur mu rèir gu tilleadh don sgoil sa mhionaid, agus mun robh an t-seachdain na taigh bha e an èideadh 's an caiseirt ùir: agus cha bu lugha na fheum. Bha a sheanair an dòchas gun tigeadh e gu rathad is gum biodh e fhathast na urram da; oir bha e riamh gun mòran sùla às a dhèidh, agus a shrian ma chluasan.

Co-dhiù, dh'fhalbh e gu toileach le bàta Eòghainn 'ic Dhùghaill, agus air cho eutrom 's gun robh e, cha robh duine am Mùsamall nach robh a bheannachd na chuideachd.

Rinn an Rolbheirsion turas sgiobalta dheth gu Glaschu; agus cha b' fhada gus an robh Coinneach òg crom os cionn a leabhraichean aon uair eile.

B' e an Rolbheirsion ainm bàta Eòghainn 'ic Dhùghaill; co-dhiù, b' ann mar sin a bhaist muinntir Mhùsamaill i. Ach b' e Ralph Emerson a h-ainm ceart. Cheannaich Eòghann i o fhear gallta an Àird Rosain. Thug e iomadh bliadhna aig muir a' seòladh feadh cuantan an t-saoghail; agus, nuair a rinn e beagan airgid, smaointich e gun tòisicheadh e air a làimh fhèin. Sin mar a thàinig an Rolbheirsion do Mhùsamall. 'S i a bu mhò de bhàtaichean Mhùsamaill air fad; agus bha a toll-toisich cho seasgair, cofhurtail ri iomadh taigh.

Air an t-slighe do Ghlaschu bha Coinneach òg cho saor ris na h-eòin a bha a' snàmh air a' chuan mun cuairt, no ag itealaich anns na speuran os a chionn. Bha an t-sìde cho math, 's a' ghaoth cho fàbharach 's gun robh sgonn math den sgòd a-mach a' chuid bu mhò den turas. Bhiodh e fhèin is Eòghann a' chuid bu mhò den latha 's den oidhche, gu àm cadail, a' cnacaireachd san toll-thoisich, agus Eòghann ag innseadh a dhriodfhortan fhèin fad iomadh bliadhna aig muir, am feadh a bhiodh e, math dh'fhaodteadh, a' fuineadh bhonnach coirce, 's gan cur air an oir ris an teine gan grèidheadh. Bhiodh Coinneach fhèin ga gharadh, 's e ag èisteachd gu toilichte.

"Ciod e nis an ùine a bhiodh sibh à sealladh fearainn air uairean?" dh'fharraideadh Coinneach, 's e a' gabhail tlachd à bhith a' cluinntinn sgeòil-mhara bho sheann seòladair a bha rè a latha anns gach ceàrn anns an tadhaileadh long, a thàinig tro h-uile seòrsa gàbhaidh, agus aig an robh eòlas air na siantan anns gach dòigh air an tig iad feadh na cruinne.

"Ò, ghràidh, bhitheamaid iomadh uair sè mìosan gun sealladh air fearann; gu sònraichte nam bitheamaid a' dol mun cuairt na h-Adhairc. Dhèanamaid toileachadh mòr nam faiceamaid dùradan aig bun an speur, ged nach bu mhò e na mo dhòrn."

Stadadh Eòghann de dh'fhuineadh a' bhonnaich, is dhùineadh e a dhòrn chruaidh, a leudachadh na sgeòil do Choinneach.

"'S e gnothach mòr a th' ann, a ghràidh; 's e gnothach mòr a th' ann na tha na seòladairean bochda a' tighinn troimhe a thoirt dachaigh à tìrean cèin gach seòrsa de bhathar coimheach a tha ga reic am bailtean mòra na dùthcha seo. 'S e, ghràidh, 's e."

An sin thionndaidheadh e bonnach ris an teine agus bheireadh an teas air sgailc de bhois a thoirt air a ghlùin.

"Chan eil fios aig feadhainn nach d' fhàg an dùthaich riamh ciod as ciall don t-saoghal. Chan eil, a ghràidh; chan eil. Bhitheamaid air turasan glè olc dheth a thaobh bìdh is dibhe. Cha bhiodh againn ach briosgaidean cho cruaidh 's gun gann a bhriseadh tu air innean gobhainn iad, 's iad air fàs làn de dh'fhìneagan. Bhiodh an fheòil air dol a dholaidh, cuideachd. Agus an t-uisge! Ged a bhiodh am pathadh ort 's gann gun dùraigeadh tu òl. 'S gann, a ghràidh; 's gann. Bhiodh e dìreach na bu mhiosa na 'n t-uisge liath a chì thu sa pholl-mhòna nuair a tha sìd' thioram theth ann. Bhitheadh, a ghràidh; bhitheadh."

Am feadh a bha Eòghann a' liubhairt na h-eachdraidh, bha e eadar am bòrd 's an teine, a' fuineadh 's a' grèidheadh aig an aon àm, mar a bhiodh na mnathan aig an taigh. Bha dòigh anabarrach thaitneach aige air naidheachd innseadh, is dhaingnicheadh e roinnean sònraichte le "bhitheadh, a ghràidh; bhitheadh" no "bha, a ghràidh, bha" a rèir an nì a bhiodh toil aige a dhaingneachadh. Ged a b' ann air druim a' chuain a tha e, 's an Rolbheirsion a-null 's a-nall gu socrach leis an lunn, cha robh aig Coinneach air ach mar gum biodh e air chèilidh aig an taigh, agus naidheachdan Eòghainn a' sàsachadh ana-miannan a chridhe; agus b' e sin eachdraidh a bhiodh air a breacadh le driodfhortain is fòirneart is cunnartan. Bha e de ghnè eutrom gu nàdarra, agus cha robh nì a chòrdadh ris cho math ri caitheamh-beatha shaor, fhuasgailte, far am biodh e mar am fiadh am frìth.

"Chan ionnan a bhith seòladh thairis, a ghràidh, 's a bhith seòladh eadar Mùsamall is Glaschu. Chan ionnan, a ghràidh; chan ionnan."

An sin sheasadh e a ràdh a' chòrr le barrachd dùrachd. "'S iomadh uair a chunnaic mise mi a' dùnadh mo shùl nuair a bhithinn a' cur mo spàine am bheul aig tràth bìdh. Saoil nach robh sin dona gu leòr."

"Am biodh sibh, a-nis, a' faotainn droch stoirmean corr' uairean?" theireadh Coinneach.

"Stoirmean, a ghràidh! 'S ann sna h-àiteannan teth ud a bha na stoirmean; agus thig iad ort mar gun tigeadh iad à beul gunna mhòir. Tha seòrs' ann ris an abair iad am Beurla daimh-fèin, agus nuair a chithear an iarmailt a' dubhadh mun tig i, thatar a' tòiseachadh air sgioblachadh nan seòl; agus mum fàgar na crannagan, tha i air a' chiad sgailc a thoirt; agus, ma dh'fhaodteadh, an long air ceannaibh a tobhtachan mar gum biodh ann bàta seileastair air lòn am Mùsamall. Chunnaic mise, a Choinnich, uair no dhà gum b' fheàrr na croinn a leigeil far na cliathaich a chum gun tigeadh an soitheach air a druim. Cha bhiodh againne, an uair ud, ach a bhith dol mar a chuireadh a' ghaoth sinn. Ciod i do bharail air an sin?"

"Tha sin uabhasach," arsa Coinneach. "Chan eil fios aig maraichean Mhùsamaill gun do rugadh iad."

"Maraichean Mhùsamaill! Chan eil, a ghràidh; chan eil. Ach air uairean eile bhitheamaid air ar stobadh fad seachdain ann am fèath geal nan eun, agus an teas cho mòr 's gum biodh an teàrr a' curacail anns a' chlàr-uachdair, cha bhitheamaid ach a' falbh feadh an t-soithich cas-rùisgte le sùil ri fionnachd, agus a' dòrtadh bucaidean uisge air a' chlàr-uachdair. Anns an oidhche, a-rithis, b' ann air a' chlàr-uachdair a chaidleamaid. Ach neo-ar-thaing mura robh sinn sunndach! Tha an cuan ud làn den iasg sgiathach, agus bhiodh iad a' tuiteam air a' chlàr-uachdair nam ficheadan. Falbhaidh iad anns an adhar mar gum biodh sgaoth eun; ach chan itealaich iad fad' idir. Thatar ag ràdh, aon uair 's gun tioramaich an sgiathan gun tuit iad."

"Seadh; seadh! Ma-tà; ma-tà!" arsa Coinneach, 's na sgeulachdan a' toirt air an fhuil a bhith a' breabadh na chuislean leis cho math 's a bha iad a' còrdadh ris.

"Tha sin cho fìor 's a tha Coinneach ort," dh'abradh Eòghann.

"Nach ann leam bu ghasta a bhith nam sheòladair" arsa Coinneach, 's e a' turramanaich air an àite-suidhe, 's a làmhan glasta ma ghlùin. "Nach e duine a gheibheadh an sealladh air an t-saoghal!"

"Gheibheadh, a ghràidh; gheibheadh," arsa Eòghann; "Ach chan eil aig an fhear a th' aig muir ach beatha bhochd; beatha bhochd, a Ghràidh. 'S e 'n t- arm as còir dhuitse a leantainn. 'S ann san arm a bha do chuideachd riamh; agus bha iad nan còirnealan 's nan seanalairean. Lean thusa an t-arm, a ghràidh, is dèan ainm duit fhèin mar a rinn do dhaoine."

"Nach b' fheàrr dhuibh fhèin a bhith seòladh thairis fhathast na bhith a' plubail an cois a' chladaich leis an Rolbheirsion?" arsa Coinneach.

"Cha b' fheàrr, a ghràidh; cha b' fheàrr. Tha mi a-nis aig an taigh nuair a tha mi a' fàs a-suas am bliadhnachan. Ciod sam bith àite am bi duine tha e daonnan an rùn a làithean deireannach a chur seachad aig an taigh. Bha mi riamh a' cur romham, nam bithinn beò, gun rachadh mo thìodhlacadh an ùir m' athraichean am Mùsamall."

"Nam biodh sibh beò!" arsa Coinneach le triotan gàire.

"Seadh, a ghràidh; seadh," arsa Eòghann; "agus ged nach eil annam ach duine bochd fhèin, ma dh'fhaodteadh, nan deach mi don arm an àite dol gu muir, nach ruiginn a leas a bhith plubail an dòigh air bith. Seall cho math dheth 's a tha na seann pheinnseanairean aig an taigh. Gabh ealla riutha sin."

"Tha i air tighinn na glag fèath, Eòghainn. Tha coltas atharrachaidh oirre."

B' e a h-aon de na gillean a bh' air bòrd a labhair bho dhoras an tuill-thoisich.

Chaidh Eòghann is Coinneach a-suas. Bha an Rolbheirsion air Ìle fhàgail crioman math na dèidh, agus i a' dèanamh air a'

Mhaoil. Bha a cuid sheòl a' clapadh ris a' chrann aon taobh gun tigeadh àileadh gaoithe. Bha na h-eòin dhubha 's na sgairbh a' dol fodha 's a' tighinn an uachdar air gach taobh; 's air uairean a' sgiathalaich mun cuairt mar gum biodh iad a' cluich, 's a' dèanamh toileachaidh ris an fheasgar bhrèagha.

"Ciod e thig às an siud?" arsa fear eile, 's e a' cocadh a chorraig ris na strìocan glasa a bha na neòil eutrom a' dèanamh anns an àird an iar.

"Ma-tà," arsa Eòghann, 's e a' beachdachadh; "Chan abrainn nach cuir i às an sin e a-nochd fhathast. Seall mar a tha na sgairbh a' dèanamh gaoith an iar," agus thug e ùine air sealltainn mar a bha na h-eòin ag èirigh nan suidhe air an earbaill 's a' clapadh an sgiathan, 's an aghaidh air an àird an iar.

"Chan eil mi ag ràdh nach cuir," arsa h-aon de chàch; "'s bhiodh e cho math gun earbsa a chur à sròn na Maoile a-nochd."

Bha Eòghann Mac Dhùghaill, is cutag phìoba na phluic, a làmhan am pòcannan na briogais, 's e a' sealltainn fo na mùgan san àird an iar.

"Tha mi den cheart bheachd," ars esan; "agus 's e nì sinn ar n-aghaidh a thoirt air Giogha, 's an oidhche chur seachad ann. Is fheàrr rathad fada glan na rathad goirid salach."

Thàinig fèathachan eutrom aig laighe grèine a thug gu Giogha iad, agus, anns a' bhàgh bhòidheach far an robh na taighean gu seasgair os cionn a' chladaich, chuireadh seachad an oidhche. Bha acarsaid mhath an Giogha, agus ri an-shìde bu tric a bhiodh smathagaichean às gach ceàrn den Ghàidhealtachd a' dol fo dhìon innte. Bhiodh na sgiobaichean a' dol air chèilidh air a chèile, no, ma dh'fhaodteadh, agus mar bu bhitheanta, a' dol air tìr agus a' dol air chèilidh feadh nan taighean. Thòisicheadh an sin na naidheachdan; gach fear ag innseadh sgeòil air a cheann-dùthcha fhèin. Bu toileachadh mòr do luchd-siubhail mara a bhith a' tachairt air a chèile mar seo; agus, nuair a chìteadh seòl air cuan, bhitheadh iad a' dèanamh a-mach cò an seòl a bhiodh ann; oir bu tric a thachradh bàtaichean gach àite sa Ghàidhealtachd air a chèile an caladh air choreigin.

"Saoil cò tha an siud," ars Eòghann Mac Dhùghaill, 's e a'

sealltainn fo na mùgan, le sùil bhiorach an t-seòladair, air smathaig a bha a' dèanamh air Giogha mar bha iad fhèin.

"An abair thu rium nach i am Pearl à Muile a th' ann?" ars esan, 's e a' leantainn.

"Ma-tà, chan eil mi ag ràdh nach i." arsa Alasdair Ruadh, fear den sgioba. "Chì mi gum bheil seòl-toisich gun chairteadh oirre, agus bha Gilleasbuig bàn ri seòl-toisich ùr a dhèanamh dhi."

Thug Eòghann sùil an eòlais mun cuairt na h-iarmailte.

"Cha chreid mi," ars esan, "gum bheil dad mòr sam bith oirre; ach co-dhiù, mas e dol mun cuairt na Maoile e a-màireach, tha mi toilichte fhaicinn gum bi cuideachd againn."

"Ach stad ort," arsa Alasdair Ruadh. "Dè 'n geall a chuireas tu nach i 'n Ramalair a th' ann? 'S e a cumadh tha an sin agus a seòl-meadhain, cuideachd; agus ma tha i mar a b' àbhaist di, chaidh an Linne Tharsainn trì uairean troimhpe cheana. Chunnaic mi sa Chrìonan an-uiridh i; agus bha cho math dhuit criathar a chur gu muir rithe."

"'S annamh a chunna mi riamh air atharrach i," arsa Eòghann. "Tha an Ramalair cho math air òl ri maighstir. Bheil cuimhn' agad an geamhradh a thug sinn sè seachd-ainean air ar reòthadh anns a' Chrìonan. Cha robh Eachann Dubh ach ga calcadh le criadh ruaidh 's le còinnteach, agus chosg e anns na siolachan na dhèanadh deagh bhàta den Ramalair."

"Tha cuimhn' agam" ars Alasdair; "Sin an trò a dh'ith iad ìm smiùraidh Fear na Coille agus min Dhòmhnaill Mharsanta."

"Ù!" arsa Eòghann; "'S iomadh uair a b' fheudar dhuinn sin a dhèanamh air fad nam bitheamaid fada ri port. Chunna mise sinn a' dol don dail bhuntàta le gràpa an tuathanaich fhèin. 'S iomadh rud a dh'fheumas maraichean a dhèanamh an àm na h-èiginn. Saoil ciod e thàinig ri Peata Dhòmhnaill Bhàin, ach a thogail le tè-eigin a bha dol seachad."

Bha an còmhradh seo a' còrdadh ri Coinneach gu gasta, 's e na sheasamh san deireadh còmhla ri càch; agus rinn e snodha-gàire nuair a chuala e iomradh air peata Dhòmhnaill Bhàin a thog a leithid de loneachairt am measg muinntir Mhùsamaill.

Thachair gum b' i an Ramalair a bha an seo; agus thàinig i

fhèin 's an Rolbheirsion gu acair taobh ri taobh an acarsaid Ghiogha.

B' e ainmeannan Beurla, mar bu bhitheanta, a bh' air smath-agaichean na Gaidhealtachd; agus bha an sluagh fhèin a' toirt blas na Gàidhlig orra. Cleas na Rolbheirsion fhèin, rinn iad Ramalair de Rambler.

Chithear bho na chaidh seachad an caitheamh-beatha a bh' aig maraichean na h-àirde an iar nuair a bhiodh iad air an turasan eadar a' Ghàidhealtachd is Cluaidh. Co-dhiù bhiodh iad ri port an siud no an seo, no air an stobadh am fèath air a' chuan —agus thachradh an dà chuid gu tric—bha an ùine a' dol seachad gu sunndach aoibheil. Aig muir dhèanteadh togradh ri seòl a chìteadh fad air falbh, is bhiteadh a' tomhas cò an seòl a bhiodh ann. Am baile-puirt ri an-shìde chruinnicheadh iad an tuill-thoisich a chèile, 's cha robh cèilidh riamh bu toilichte an clachan no an gleann. Rachadh mòr-thìrich is eileanaich an lùib sgeul, is dh'fhoghlaimeadh iad cleachdainnean is sgeòil bho chèile. A-muigh air cuan bhiodh a' ghaoth a' bùraich 's a' mhuir le tonnan muingeach gàireach a' rànaich is mar thairbh fhiadh-aich gan spadadh fhèin air cladach nan sgor 's nan glomhas, air nach robh fiamh ron teachd. Anns a' bhàgh shàmhach, air a chuartachadh leis na cnuic mhaola a bha a' cur fasgaidh air, bha na smathagaichean a' beadradh rin acraichean 's a' dèanamh am bèic ris an lunn a thigeadh gu claoidhte sàraichte bhon bhuirbe a bha a-muigh, agus iad a' falbh gu socrach fann a ghabhail air tràigh nan sligean 's a' mhuil. Nan tuill-thoisich bhiodh fir chruaidhe ri sgeòil 's ri òrain 's ri còmhradh. Bhiodh iad nan sìneadh gu seasgair anns na leapannan, agus cuid air na suidheachain; oir bhiodh a' chèilidh a' lìonadh gach oisinn den bhruigh bhig. Bhiodh fead aig a' ghaoith am measg nam ball, bhiodh a' chlach-mheallain a' dannsadh air a' chlàr-uachdair, is gailleann san iarmailt; ach bhiodh am fàrdach air bhog gu seasgair blàth le teas na mòna 's a' chrùisgein. Ma bha àmh-gharan an cois na linn ud, bha toil-inntinn na cois, cuideachd; agus dh'altramaich i sluagh treun, is beusach, is measail.

Caibideil IV

Mar a chaidh a ràdh bha Coinneach òg aon uair eile dlùth aig a leabhraichean. Bha, ach b' ann greis. Dh'fhàs a chuid litrichean na b' ainneimhe 's na b' ainneimhe gus, mu dheireadh, an do sguir iad air fad. Bha an seann sàr fo iomagain mu dhèidhinn an ogha ris an robh dùil aige a chum an t-sean chraobh-ghineil a ghlèidheadh a freumhan an lios a shìlidh fhèin. Chaidh forfhais dhìcheallach a dhèanamh; ach cha robh fios no fàth aig neach ciod i a' chùil san deach Coinneach, no ciod e an taobh a thug e aghaidh, no an leum-taoibh a thug e.

Mu dheireadh, fhuaradh a lorg, agus dhearbhadh le cinnt gun d' fhalbh e ron chrann air luing à Grianaig. Chaidh e an luing a dh'Ameireaga—do Chuibeig—agus an sin dh'fhàg Coinneach agus caigeann eile i. Na dhèidh sin cha robh sgeul air a' chomann; ach bha an naidheachd a fhuaradh diongmhalta; oir fhuaradh i o fhear de sgioba an t-soithich nuair a thill i.

Chaidh còrr agus fichead bliadhna seachad. Bha gach nì am Mùsamall a' dol air an aghaidh mar bu ghnàth. Chaidh Coinneach òg air dìochuimhne, ach am measg na bha beò den t-sean àl. Bha air am fàgail diubh sin na bha a' cumail snàth-riaghailt an eachdraidh Mhùsamaill. Bha Seumas Eachainn fhathast a' glèidheadh na sgoil-shàbaid 's ag innseadh don chloinn mu Shamson 's mu na Filipstinich. Nuair a thigeadh ministear ùr gun chomanachadh bhiodh Seònaid mhòr ag innseadh gun robh an ceann-teagaisg anns a' Ghnocal no sna Coruinnianach. Bha Peigi bhàn air fàs sean, 's i a' fuireach leatha fhèin san t-seann taigh. Cha d' fhuair i a miann: litrichean a bhith a' tighinn gun "Chòirneal Chamshron." Bha an cùbair an làthair fhathast, cuideachd; ach bha an acainn leis am biodh e a' dèanamh nan cnatachan 's nam measraichean 's nan cuach an làmhan fir eile; ach a dh'aindeoin sin, bha e cho àbhachdach 's a bha e roimhe.

Bha an Rolbheirsion a' dol gu muir mar a bha i riamh; ach bha làmhan ùra ga seòladh. Cha robh Eòghann Mac Dhùghaill agus gach aon a bha beò de na sean mharaichean ach a' dol mun cuairt, agus a' bruidhinn air seann chuimhneachain. Bha cabhlach Mhùsamaill air fàs tana; agus mòran diubh air dol nan clàir am bràigh a' chladaich, far am biodh a' chlann a' cluich man crannsaichean. Cha robh uair a thigeadh na seann laoich an rathad nach toireadh na seann chrannsaichean seann driod-fhortain nan cuimhne; agus shuidheadh iad air creagan na tràghad a' bruidhinn air na seann làithean 's air na h-euchdan mòra a rinn iad. Bha a-nis iùbhrach ùr air teachd a reubadh a' chuain, agus i a' bagairt iùbhrach nan seòl a chur air chùil. B' e sin bàta na smùide. Cha robh muinntir Mhùsamaill a' gabhail ris an inneil ùir idir; agus b' ann le uabhas agus crathadh cheann a shealladh iad air a' Mhaighdinn Latharnaich, nuair a thigeadh i tron chaol a' maistreadh na fairge le a cuibhlean dearga, agus a' spùtadh toite agus teine tron luidhear iarainn.

"Coma leam i! Coma leam i!" theireadh an cùbair a' chiad uair a chunnaic e a' Mhaighdeann a' tighinn tron Chaol. "Coma leam idir i, an creutair neo-chneasta, mhì-nàdarra a chuireas gun dùbhlain sruth is gaoth an Fhreastail. Coma leam i! Coma leam i! 'S ann a shaoileas mi gur e ceàrdach Iain Ghobhainn a th' innte, 's i an dèidh sgaoim a ghabhail."

Ach bha atharrachadh beachd aig na sean mharaichean air bàta na smùide. Chunnaic iad an Comet air Cluaidh, is thuig iad gum b' i innleachd adhartach a bha am bàta na smùide.

Thàinig atharrachadh eile do Mhùsamall. Sguir an seann mhaighstir-sgoile air teagasg "Nabhigèiseon" mun tubhairt Peigi Bhàn e; agus dh'fhàgadh an dreuchd sin aig fear eile. 'S iomadh bliadhna a thug an sean mhaighstir-sgoile a' teagasg clann Mhùsamaill, agus 's iomadh ceàrn den t-saoghal an do rinn cuid de a sgoilearan deagh bhuil den ionnsachadh a fhuair iad fo na seann chabair a tha a' giùlan nan sgrath 's na trobhaidh a th' air an t-seann taigh-sgoile.

Ach thàinig atharrachadh a bu mhò na gin a chaidh ainm-eachadh. Chaidh an seann sàr, Coinneach Camshron, don chill, far an robh athraichean nan laighe. Mun do shiubhail e chuir e an oighreachd fo chileadairean agus thug e àithne dhaibh gach rannsachadh is forach a dhèanamh a chum ogha, no a shliochd, fhaotainn a-mach, ma bha iad ann, mun toirteadh an oighreachd seachad don òganach a bu dlùithe do dh'fhuil teaghlach Mhùsamaill.

Chaidh rannsachadh a dhèanamh feadh an t-saoghail; ach

forfhais cha d' fhuaradh air Coinneach òg. Rè na h-ùine sin dh'èirich iomadh agarach a-suas, agus gach fear a' cumail a-mach gum b' e an t-oighre. Bha cuid mhath diubh a bhuineadh don chraoibh-ghineil, is cuid a rinn craobh-ghineil dhaibh fhèin. Ach le dearbhadh math bho mhuinntir Mhùsamaill thagh na cileadairean an t-agarach ceart ma b' eadh 's nach togadh an t-oighre dligheach ceann.

Mun gabhadh an oighreachd a buileachadh air dh'fheumteadh ceum sònraichte a ghabhail san lagh. Thàinig e mu dheireadh cho dlùth do dh'oighreachd Mhùsamaill a bhith air a buileachadh air glùin eile den chraoibh-ghineil 's gun deach "barail-bàis" a thoirt air Coinneach òg an Taigh na Cùirte. An trì seachdainean bhiodh a' "bharail" diongmhalta a rèir lagh na rìoghachd. Ach gu h-iongantach leis an t-saoghal air fad, cho math ri muinntir Mhùsamaill, 's ris na cileadairean, thàinig an t-oighre dligheach air lom. Bha an rud na annas mòr, a chionn cha robh duine am beachd gun robh Coinneach òg an tìr nam beò o chionn iomadh bliadhna. Cha robh broilleach am Mùsamall anns nach robh cuspair ùr ga dheasbad. Cha robh cèilidh nach b' e bu mhàthair-seanchais; agus ged a bha muinntir Mhùsamaill diombach à Coinneach òg a bhith cho neo-dhleasannach da sheanair, bha iad toilichte e a thilleadh; agus bha fadal mòr orra gus am faiceadh iad an t-allaban.

Rinn Coinneach e fhèin aithnichte do na cileadairean; ach cha ghabhadh iad ris gus an tugadh e dhaibh dearbhaidhean soilleir cothromach, a chum 's gun gabhadh a chòir a tagradh air modh laghail, 's gum biodh agartas air a dhèanamh diongmhalta le lagh na rìoghachd.

Anns an t-suidheachadh a bh' ann cha robh ach an aon dòigh air an dearbhadh e gum b' e Coinneach òg, oighre dligheach Mhùsamaill. B' e sin e fhèin 's an luchd-lagha a dhol an làthair muinntir Mhùsamaill, agus, an sin, eadar comharran-cuim agus eòlas air rudan a dh'fhaodadh tachairt san eilean ri linn, agus a rachadh aige air an cur an cuimhne a shean luchd-eòlais, chìteadh am b' e an t-oighre dligheach. Bha an t-agarach a dh'èirich suas bhon ath ghlùin de theaghlach Mhùsamaill a' freiceadan na cùise gu geur-shùileach, geurchluasach, agus dh'fheumadh gach nì a bhith cho coileanta 's nach faigheadh an lagh am meang a bu lugha ann.

Bha latha mòr am Mùsamall an latha thàinig Coinneach 's an luchd-lagha don eilean. Choinnich sluagh mòr aig a' chladach iad, agus, a' chuid bu mhotha, cha do rugadh iad nuair a dh'fhalbh an t-allaban air slighe chlaon na h-amaideachd. Chuir na seann daoine air fad fàilte chridheil air; ach nuair a shealladh iad na aodann an àm a làmh a chrathadh chìteadh fiamh gàire na fàilte a' mùchadh 's a' searg, nuair a bhiodh iad a' beachdachadh an eadar-dhealachaidh mhòir a bha eadar an Coinneach a bh' ann 's an Coinneach air an robh iad eòlach na bhalach.

Chaidh a' Chùirt a ghlèidheadh aig ceann taigh Peigi bhàin. Fhuair Peigi fhèin, bhon a b' i a dh'altramaich Coinneach, a' chiad chothrom air aithne a chur air a dalta. Thàinig i a-mach am measg na cuideachd gu fàilidh, fiata. Bha a làmhan anns an t-suidheachadh an tric am faicear sean bhean an uair a cho-chruinnicheas i a buadhan a chum beachdaireachd. Bha uileann na làimhe deise air bois na làimhe clì, 's a meòir air a bilean. Rug Coinneach air làimh gu càirdeil oirre.

"Ciod e mar a tha sibh a Pheigi? Tha fios gun aithnich sibhse mi co-dhiù, a h-uile h-atharrachadh gun tug siantan coimheach orm," ars esan.

Sheas Peigi ma choinneimh, a làmhan mar a bha iad roimhe, sùil fhiar aice air, agus fiamh nàrach oirre, uiread agus ag ràdh gun robh teagamh aice ann.

"Ma-tà," ars ise air a socair fhèin; "Chan aithnichinn gum faca mi riamh sibh. Chan eil mìr den aogasg oirbh a bha ur coltas nur balach a' gealltainn. Chan eil sibh coltach ri duine de ur daoine aon taobh gun tàinig sibh."

Cha do rinn Coinneach ach gàire ris an seo. Bha seanairean an eilein a' sràidimeachd am measg a chèile air an ais 's air an aghaidh, 's ag èisteadh.

"Ù! Ge-tà, a Pheigi," ars an cùbair, "ged a chaill e aogasg a' bhalaich nach fhaod e bhith glè choltach ri cuideigin a bhuineadh dha nach faca thusa na sinne riamh?"; 's rinn e triotan gàire.

"Tha sin glè cheart" arsa Eòghann Mac Dhùghaill. "'S iomadh atharrachadh a thig air duine fad fichead bliadhna. Tha e 'n dara uair coltach ri cuideigin a bhuineas da, agus, ma dh'fhaodteadh, an ceann còig bhliadhna gum bithear ga choltachadh ri cuideigin eile."

"Seadh dìreach" ars an cùbair, 's e a' dol seachad air Eòghann anns an àm. "Nach tric a chualas na cailleachan a' coltachadh duine a bhiodh na shìneadh air eislinn ri cuideigin a bhuineadh dha ris nach do choltaicheadh riamh e nuair a bha e beò."

Bha seanchas nam bodach cho aighearach 's gun robh Coinneach agus an luchd-lagha an impis dol às an dromannan leis a' ghàireachdaich.

"Ach co-dhiù," arsa fear de na h-uaislean ri Peigi, "am bheil cuimhn' agaibh air comharra cinn sam bith a bhith air Coinneach òg?"

"Tha," ars ise, "ma chì mi gum bheil pleàd odhar air cumadh bàrr duilleige sheilisteir air a ghàirdean deas—tha dùil 'am gur e 'n gàirdean deas—agus miann sùbh-craobh air a bhroilleach, creididh mi gur e Coinneach òg a th' agam."

"'S gann a b' urrainn na comharran sin a bhith air neach eile: tha iad cho annamh." ars ise, 's i a' sealltainn fiar anns an adhar; agus dh'aithnichteadh air a h-aodann an strì a bh' oirre a chum tighinn gu cuimhne.

"An aithnich sibh sin, a Pheigi?" arsa Coinneach 's e a' rùsgadh a ghàirdein.

"Aithnichidh" arsa Peigi," 's a seann sùilean a' blàithteachadh ris.

"'S an aithnich sibh sin?" ars esan 's e a' leigeil ris a bhroillich.

"Aithnichidh, a ghaoil: miann sùbh-craobh cnocan a' ghlinne. Is Coinneach òg leam a-nis thu. Ach Ò! Cho beag coltais 's a th' aig ur n-aodann ribh fhèin."

Nuair a chunnacas seo cha robh teagamh aig neach a bha an làthair nach b' e Coinneach òg a bh' ann a dh'aindeoin 's cho eucoltach 's a bha a chruth ris.

"Ach," arsa fear den luchd-lagha a bha air taobh an agaraich air am bu chòir an oighreachd tighinn mura tionndaidheadh Coinneach a-suas. "Beireadh fear agaibh iomradh air rudeigin sònraichte air am bu chòir fios a bhith aig Coinneach, gus am faicear ciod e an t-eòlas a th' aige air nithean a thachair nur measg ri linn fhèin."

"Ma-tà," arsa Eòghann Mac Dhùghaill, "ged nach eil teagamh agam nach e Coinneach a th' ann, faighnichidh mi fhèin deth cò am bàta leis an d' fhalbh e do Ghlaschu an uair mu dheireadh a dh'fhalbh e."

"Dh'fhalbh mi leis an Rolbheirsion," arsa Coinneach.

"Ha hà!" ghair Eòghann; "an do ghlèidh sibh cuimhne air a' chèilidh a bh' agam san toll-thoisich?"

"Ghlèidh" arsa Coinneach; "agus bha mi a' cur sùil-aithne oirbh cho luath 's a chunnaic mi an-diugh sibh; agus cuiridh mise, a-nis, ceist oirbhse. Am bheil cuimhn' agaibh an tarraing a thug sibh air reithe maol Dhòmhnaill Bhàin?"

"Ha hà!" ars Eòghann"; 'S math a tha. Cha do dhìochuimhn-ich duin' againn peata Dhòmhnaill Bhàin riamh."

"Seadh," arsa Coinneach; "innsidh mise dhuibh, ma-tà, rud mu dhèidhinn a' pheata nach robh fios agaibh riamh air. Bha sibhse uile a' tagradh dhaoin' eile gun do ghoid iad e; ach cha do ghoid duin' e. Mharbh mis' e le tuiteamas. Loisg mi air, 's e san dail bhuntàta, an dùil gum b' e coineanach a bh' ann; agus thìodhlaic mi a chlosach."

"Ma-tà; ma-tà!" ars a h-uile duine a bha an làthair. Tha an sin rud nach robh fios againn riamh air."

Bha call a' pheata na sheanchas mòr san àm; oir bha a leithid de rud cho ainneamh anns an eilean. Chuir an t-iom-radh a thug Coinneach air a' chùis soillearachadh ùr oirre. Chan e sin a-mhàin; ach chuir e an gràinne-mullaich air agartas fhèin. Ma bha teagamh aig duine nach b' e Coinneach a bh' ann, cha robh duine ann aig an robh teagamh a-nis; agus bha an rathad glan dìreach a chum a chòir air Mùsamall a bhith air a daingneachadh le lagh na rìoghachd.

Caibideil V

B' e Coinneach òg a bu chuspair am Mùsamall fad ùine. Ach air feasgar an latha air an robh e air beulaibh breitheamhan an eilein bha gach taigh air goil thairis le goileam. Cha robh iong-nadh ann; a chionn thachair nì a chuireadh annas air sluagh nach robh cho iomallach leth-oireach ri muinntir Mhùsamaill, agus a bha na bu chleachdte ri nithean annasach a thachairt nam measg.

Nuair a sgaoil an comann an latha ud, bha sean is òg mar gum biodh fadal orra a chum tachairt air a chèile san fheasgar a dheasbad 's a bhruidhinn thall 's a-bhos mun chùis. Thachair na bodaich air a chèile fear an dèidh fir an taigh a' ghreusaiche; ach cha robh iad cruinn gus an tàinig an cùbair. Bha an cùbair na dhuine cho da-rìreadh aighearach 's ged nach biodh aig duine ach aon ghàire a bhiodh e a' glèidheadh mu choinneimh ama shònraichte air choreigin eile bheireadh an cùbair air an gàire sin fhèin a dhèanamh.

"Seadh, a Nèill," ars an greusaiche nuair a thàinig an cùbair a-steach, "tha uachdaran ùr gu bhith againn a-nis: an Sàr Coinneach òg."

"Tha, gu dearbh" ars an cùbair; "'s cha robh dùil agam gum faicinn a leithid de rud nas mò na gum faicinn an Roblheirsion aig Eòghann Mac Dhùghaill a' dol an aghaidh srutha is gaoithe gun stiall rithe, coltach ris a' Mhaighdinn Latharnaich."

"An dearbha, cha robh," arsa Eòghann. "Ach nach fhad on chuala tu an seanfhacal: 'Bithidh dùil ri fear feachd; cha bhi ri fear feart.' Ach nan robh e caigeann eile de làithean air deireadh chan eil fios 'am nach biodh a leòr ri dhèanamh aige a chòir a thagradh, agus nì eile air a' chrùn."

"Chan eil teagamh ann," ars an cùbair. "Dh'fheumadh e breitheamhan a b' àirde na breitheamhan Mhùsamaill a dh'fhuasgladh na snaidhm da. Droch fàs air; 's ann a bha an gnothach a bh' againn an-diugh a' toirt 'am chuimhne a bhith aig fang a' taghadh mo chuid chaorach fhèin à caoraich nan coimhearsnach."

"Ach dìreach nach robh comharra cluaise agad ri sealltainn air," arsa Eòghann.

"Ma-tà," ars an greusaiche; "Chan eil fios 'am nach e an comharra cluaise a dhèanadh cobhair air air a' cheann mu dheireadh mur bhith gun do thachair e gun robh an fhianais cho soilleir air a thaobh. Am bheil cuimhn' agaibh air an sgailc a fhuair e cùl na cluaise air an tràigh-iomanach bho chaman Iain bhig—ged nach robh àrach aig Iain bochd air. Ach dh'fhàg e lag an cùl cluas Choinnich anns an laigheadh cudainn. Am bheil cuimhn' agad air an siud?"

"Gu dearbh, tha," arsa na bha a-steach, à beòil a chèile.

"An dearbha; thug thu 'n rud às mo bheul," arsa bean a' ghreusaiche. "Nach robh Peigi bhàn ga eiridinn fad mìos na dhèidh. Fhuair e droch bhuille, thèid mis' an urras."

"Ma-tà; tha sibh ceart. Tha cuimhn' agam gu gasta air an lag a bha an cùl a chluaise; agus bu mhath an comharra sin fhèin air," arsa Eòghann.

"Tha mi 'm barail gum b' eadh," ars an cùbair; "ach bha de chomharran na chuideachd na rinn an gnothach da. Ach stad ort, Eòghainn. Bhon as e duine falbhaiteach fiosrach a th' annad, an urrainn duit innseadh dhuinn ciod e tha "barail bàis" a' ciallachadh. Tha coltach gum bheil e na chleachdadh "barail bàis" a thoirt air oighre a bhios air chall; agus chaidh barail bàis a thoirt air Coinneach òg. Ciod e a tha sin a' ciallachadh?"

Sheall Eòghann am mullach an taighe 's e a' suathadh a smigid le bhois mar neach a' geur-smaointinn; agus an sin air a shocair fhèin ars esan: "Tha—seadh—mar gun abradh tu —dìreach—'Barail bàis'."

"Seadh; seadh!" ars an cùbair, 's gach duine a bha a-staigh a' gàireachdaich; "ach ciod e tha e a' ciallachadh?"

Aig an seo cò thàinig a' plubail a-steach ach an seann Mhaighstir-sgoile. Nuair a shuidh e chaidh a' cheist a chur ris. Thug am Maighstir-sgoile brìgh nam facal seachad gu pongail. Thionndaidh an greusaiche fhèin air oir a dh'èisteachd, 's an t-sreang-ròsaid leis an robh e a' fuaigheal bonn bròige na duail ma dhùirn.

"Tha fios agaibh, nuair tha oighre air chall, 's gun sgeul bheò air rè cunntas bhliadhnachan, chan fhaodar an oighreachd a bhuileachadh air an agarach as mò còir, gus an toir an siorram 'barail' an cùirt lagha nach robh an t-oighre dligheach beò air latha sònraichte de mhìos sònraichte, agus de bhliadhna shòn-raichte. Ùine shònraichte an dèidh sin tha an t-agarach as motha còir air a chur an seilbh. Oir, a rèir an lagha, tha an t-oighre dligheach marbh."

"Ach stad oirbh, a Mhaighstir-sgoile," ars an cùbair. "Nach

faodadh an t-oighre dligheach an dèidh a h-uile rud a bhith beò slàn an àiteigin, mar a theabadh èirigh do Choinneach òg fhèin. Agus ciod e a dh'èireadh a-mach nan togadh e ceann an ceann bhliadhnachan?"

"Dh'fheumadh an lagh a' chùis a rèiteachadh a-rithis, agus a' chòir a bhuileachadh air," ars am Maighstir sgoile.

"Seadh; seadh!" ars an cùbair, 's a h-uile duine a bha a-staigh ag èisteachd lem beòil 's len cluasan, 's an greusaiche fhèin na shuidheadh fiar air an fhuirm, 's a mhinidh na stad am bonn na bròige. "Dh'fheumteadh an sin 'barail bheò' a thoirt air; agus gus an tigeadh sin air nach faodadh e cron sam bith a thogradh e a dhèanamh, 's cha b' urrainn an lagh corrag a chur air, a chionn bha e marbh. Ò, dhuine chridhe; dhuine chridhe! Nach e 'n t-amadan an lagh?" Agus rinn e fhèin glag mòr gàire, 's e a' bualadh a dhà bhois chruaidh air a chèile.

Bha an sean Mhaighstir-sgoile fhèin, is uchd air cromaig a bhata, 's a ghuaillean air chrith, a' triotan.

"Ma-tà," ars Eòghann Mac Dhùghaill, "bha fios 'am gur e rudeigin mar a thuirt am Maighstir-sgoile a tha 'barail bàis' a' ciallachadh; ach cha b' urrainn mi cainnt a chur air."

"Ù! An siud agad nabhaigèision an lagha. Ha, hà! Tha nabhaigèision agadsa dhuit fhèin a sheòladh na Rolbheirsion gu sàbhailte eadar Mùsamall is Glaschu; 's chan urrainn duit aon fhacal cainnt a chur air an ealain mar a tha e sna leabhraichean."

Cha robh duine a-staigh nach robh ga shnìomh fhèin leis a' ghàireachdaich, leis cho èibhinn 's a bha an cùbair air cho sean 's gun robh e; 's bha na bodaich eile, a choimpirean fhèin, a cheart cho cridheil ris an fheadhainn a b' òige a bha a-staigh.

An teis-meadhan a' chridhealais cò a thàinig a-steach ach Peigi bhàn, 's i a' sgiathalaich le a làmhan mar gum biodh i a' gearradh rathaid di fhèin, ged a bha an crùisgean glè dhreòsach air stob sa bhalla, làmh ris a' ghreusaiche. Anns an tighinn a bh' aice thàinig i tarsainn air a' Mhaighstir-sgoile, 's e faisg air doras na cadha.

"Tuds!" ars ise; "An e Eòghann Mac Dhùghaill a th' agam an seo?"

"Ubh, ubh, a Pheigi! Tha dùil 'am fhèin gum bheil dallta nan cearc ort san oidhche," ars an cùbair.

"Thigibh mar seo, a Pheigi," arsa bean a' ghreusaiche, 's i ga seòladh a dh'ionnsaigh cathrach.

"Eudail is fheara!" arsa Peigi. "'S gann as lèir dhomhsa leus aon uair 's gun tig an oidhche, mur bi mo bhrògan orm."

"Do bhrògan!" ars an greusaiche. "'S e speuclairean a bhios daoin' eile cur orra. Ha hà!"

"Mo speuclairean a b' àill leam a ràdh, gun chiatamh ort," arsa Peigi. "Ach 's ann a dh'iarraidh mo bhròg a thàinig mi a-steach."

"Tha cleas Mhàrtainn a' Ghlinne ort, a Pheigi. Nuair nach b' urrainn da dol a tharraing na mòna dhomh a chionn gun do chaill a' chruidh ghlas an dà each choisich. Ha, hà!"

Ghàir a' chuideachd a-rithis nuair a chuala iad seo, 's iad uile cho eòlach air mar a bhiodh Màrtainn a' cur nam facal cas mu seach leis an t-sruthladh-bhruidhne a bhiodh air. Agus dh'innis an sin an cùbair mar a thairg an clachair mòr a bha a' togail nan gàrraidhean ceithir tastain san latha do Mhàrtainn an àite trì nuair a bha e fhèin 's an t-each glas a' tarraing nan clach le càrn, agus mar a dhiùlt Màrtainn e, a chionn nan cailleadh e dà latha oibre aig ceithir tastain san latha, gun cailleadh e ochd tastain, 's aig trì tastain, nach cailleadh e ach sè. "Saoil nach b' e 'n cunntair e!" ars an cùbair fhèin 's a' chuideachd air fad a' lachanaich gus an robh iad dubh.

Sguir an greusaiche de tharraing na sreinge gun an greim a theannachadh, is car na lethcheann ris a' bhalla an trom-smaointinn is cha b' ann bu lugha a chaidh a' ghàireachdaich nuair a thionndaidh e mun cuairt 's a thubhairt e gun robh Màrtainn, an dòigh, ceart, a chionn gun cailleadh esan a dhà uimhir air paidhir bhròg a bhiodh deich tastain seach paidhir a bhiodh crùn mura faigheadh e pàigheadh annta.

"Ma-tà, Pheigi," ars an cùbair, "fhuair sinn gàire air tàilleibh do bhròg. Tha mi 'n dòchas nach tug cion nam bròg air do shùilean breug a dhèanamh duit an àm breithneachaidh air comharran cuim Choinnich òig: an Sàr Coinneach mar a th' ann a-nis."

"Ù! Chan eil eagal da sin," arsa Peigi, 's i a' cnagail a coise air

an ùrlar an dòigh a bhitear glè thric a' daingneachadh neo-eis-
imeileachd.

"Ma-tà, ghalad, chan eil fhios 'am idir nach do chuir thu
Jacob an àite Esau—Japog mun tubhairt Seumas Eachainn e."

"Ma rinn mo shùilean breugan domhsa, nach eil e coltach
gun d' rinn ar cluasan breugan duibh fhèin," arsa Peigi.

"Ma-tà," arsa Eòghann Mac Dhùghaill, "mura bhith a
chomharran a bhith na chuideachd, an dà chuid na chom 's na
chuimhne, cha ghabhainn idir ris."

"Ach cuimhnich thusa, Eòghainn, gum bheil còrr agus
fichead bliadhna on chunnaic thusa Coinneach òg," ars an
cùbair. "A-nis is iomadh atharrachadh a thig air duine san ùine
sin. Nam bitheamaid ga fhaicinn daonnan cha chuireamaid
umhail sam bith air; ach dar thig e ort a dh'aon phlub, mar thuit
an lànan air Iain Beag an dèidh a h-uile atharrachaidh a thàinig
air, tha e dìreach gad chur ad bhlàth-cheò, mar a rinn gobhar
an tàilleir air Seònaid Mhòir an oidhche a thàinig i a-steach gun
fhios di, 's a thug i purrag sa chruachan di, 's i na suidhe a'
càrdadh."

"Nach coma dhuinne cò ris a tha e coltach; ma thèid e ri
dhaoine, nì e uachdaran math," ars an greusaiche, is aonach air
a' tarraing na sreinge. "Ach seo rud a their mi: gur bochd nach
tug e barrachd toileachaidh da sheanair, 's e cho moiteil uime."

"Tha sin mar sin," arsa Peigi. "Ach dè bha an sin uile ach
amaideachd na h-òige. Agus nach lìonmhor a sheòrsa, 's a
thàinig gu tùr is gliocas air a' cheann mu dheireadh. Air an dol
cheudna do Choinneach òg."

Caibideil VI

Chaidh trì bliadhna thairis air cinn muinntir Mhùsamaill
bhon a bha a' chèilidh air an deach iomradh a thoirt sa chaib-
ideil mu dheireadh, an taigh a' ghreusaiche. Bha an Sàr
Coinneach òg Camshron mar mheangan ùr a' snodhadh air
craobh-ghineil athraichean. Bha e a' glèidheadh na còrach, mar
gum b' eadh; ach ma bha, cha robh e a' lìonadh aodach nan
sonn a chaidh roimhe na bheantainn ris an t-sluagh. Cha robh e
fada na uachdaran nuair a dh'àrdaich e màl. Rè ùine thug e
dachaigh bean òg. Beagan an dèidh sin thog e am màl a-rithis.

An taobh a-staigh de na trì bliadhna dh'àrdaich e an treas uair e, gus an robh muinntir Mhùsamaill ion 's air an togail iad fhèin. Cha robh feum a bhith a' gearan. Cha robh a chridhe aig duine a ràdh gum b' olc, ach fulang san t-sàmhchair. Bha an t-slat 's an t-srian an làmh na peucaig a bu mhnaoi do Choinneach; agus ge b' e air bith a' bhàidh nàdarra a dh'fhaodadh a bhith aigesan don t-sluagh a chinn san aon lios ri shinnsearachd, 's a bha fad cheudan bliadhna nam mèin, cha robh bàidh idir aicese. Bhatar a' cur oirre gum b' i a bu choireach don aintighearnas nach do chleachdadh riamh am Mùsamall roimhe.

Thàinig atharrachadh air an t-sluagh fhèin. Cha robh uimhir toileachaidh aca nan obair lathail 's a b' àbhaist; oir is gann nach robh gach sgillinn a choisneadh iad gu saothrachail a' dol do threabhailt an uachdarain ùir ga struidheadh am pròis 's an rìomhadh air nach robh teaghlach Mhùsamaill eòlach aon linn gum buineadh iad. Cruinneachaidhean eireachdail an àm na seilg; fleadhachas air nach dèanadh a choimeas am brugh rìoghail tàir, agus anns am biodh srann aig sìoda agus gliostradh aig daoimean; cluicheachd anns an robh sluagh Mhùsamaill fhèin a' gabhail cuid, agus a bheireadh an cuimhne duine làithean fonnmhor na Fèinne, no an uair a bhiodh famhairean a' strì le cabar 's le cloich. Sin uile agus siubhal eachraidh air nach toireadh foireann Chù Chulainn bàrr, nuair a bhiodh eich bheaga ghruilleamach sgairteil a' beadradh air na rathaidean mòra, marcaichean deiseil uaibhreach a' làimhseachadh shriantan grinne, is mill de chobhair ghil a' falbh o bheul nan steud luaineach nuair a theannaicheadh an cabastar stàilinn air deud-lag.

Bha teachd-a-steach Mhùsamaill uile ri fhaicinn an àilleachd lùchairt an uachdarain anns an dòigh am faicear sùgh is brìgh a' ghàrraidh uile an duilleagan na craoibh-dharaich 's na luibhean as laige a' seargadh. Air achadh buana, no air blàrmòna no a' togail a' ghàrraidh-droma, nuair a bhiodh am bàrr san talamh b' e an teanntachd a thàinig nan lùib a bu chùisbhruidhne daibh. Cha robh toll 's nach fheumteadh tumadh a thoirt a chum am màl nach robh riamh na dhragh dhaibh, a chruinneachadh.

Ach bha muinntir Mhùsamaill treun, saothrachail, is bheireadh iad an cuid à muir 's à monadh. Bha an cuan mòr a' sgaoileadh mun cuairt orra cho fad 's a rachadh an sealladh; agus chuireadh iad le cosnadh nan lìon-mòra, truisg is langaichean gu leòr, air an deagh-liodairt, do mhargaidhean na Galltachd leis an Rolbheirsion 's leis a h-uile smathaig a bha fhathast air sàile.

Agus na buanaichean! Cha robh foghar nach biodh muinntir Mhùsamaill, gach fear is bean, gach gille is nighean a thigeadh Mùsamaill às eugmhais, a' falbh a dh'ionnsaigh an fhoghair gu Galltachd. A' tòiseachadh an siorramachd Inbhir Àir, leanadh iad rompa bho fhearann gu fearann, a rèir mar a bha am foghar a' teachd air aghaidh, 's am bàrr ag abachadh anns gach àite, gus an ruigeadh iad an dùthaich mun cuairt Dhùn Èideann. An sin bhiodh iad gu h-àbhachdach ri cleas chorran is speal fhad 's bu là e, agus chuireadh iad seachad an oidhche gu àm cadail ri ceòl 's ri dannsadh.

Ma bha àmhgharan nach do chleachd iad aig an taigh aca, bha iad gan dìochuimhneachadh air machraichean na Galltachd, far an robh an ùine a' dol seachad le sunnd 's le cridhealas gus an sìneadh siad iad fhèin air na leapannan cofhurtail, a bha oir ri oir air gach taobh den t-sabhal mhòr —taobh do na fir agus taobh do na mnathan.

Thàinig cruaidh-chàs an rathad Mhàsamaill; ach mun tubhairt an cùbair e; "Na bithibh a' gearan idir, a chlann, fhad 's a leanas e leis an t-siosar gar rùsgadh; oir chan eil fios againn gum bheil sinn beò gus an tòisich e leis an sgian-phinn air ar feannadh; agus mar a leanas an ruith air an ruaig, leanaidh am feannadh an rùsgadh."

"Cha ghabhainn iongnadh," ars Eòghann Mac Dhùghaill. "Ach an toir sibhse an aire an tuairisgeul bhrèagha a tha an Sàr Coinneach a' toirt air Canada."

"An Sàr Coinneach!" ars an cùbair. "Nach olc a fhreagras an t-urram air! Nach esan an t-srathair an àite na dìollaid, gu dearbh! An Sàr! Gu dearbh!"

"Ach 's e bha mi dol a ràdh," ars Eòghann, 's e a' leantainn; "Saoil sibhse am bheil e 'm beachd cartadh a dhèanamh à Mùsamall. Cuiridh a' pheucag ud rud sam bith na cheann; 's nì esan, leis an t-sochar, rud sam bith a dh'iarras i air."

"Cha mhillear math ri olc eatorra," ars an cùbair. "Chan eil an t-uachdaran—am bheil fhios agaibh, a dhaoine, chan urrainn mi 'Coinneach' a ràdh ris: tha a ghiùlan cho neo-fhreagarrach ri ainm nan daoine còire—ach 's e bha mi dol a ràdh nach eil an t-uachdaran an eisimeil neach air leth a thaobh comhairle, agus, gu sònraichte, droch chomhairle. Tha mòran ri iarraidh san uachdaran, 's cha ghabhainn iongantas ged a chitheadh cuideigin—ged, ma dh'fhaodteadh, nach fhaic mise no sibhs' e—latha air nach cluinnteadh sgread aig cloich ri corran, no buille aig sùiste air ùrlar-bualaidh am Mùsamaill. An cluinn sibh sin?"

"Fhuaras agad e," arsa Eòghann. "Chan eil an Sàr Coinn——"

"Tuds! Coma leam am facal sin," ars an cùbair an dòigh a thug air a' chuideachd a bhith a' gàireachdainn.

"'S e bha mi dol a ràdh," arsa Eòghann, 's e a' leantainn, "nach eil e cumail taobh math idir ris an tè a dh'altraim e na leanabh. Nach eil sin fhèin a' leigeil fhaicinn cho neo-ghnèitheil 's a tha e?"

"Tha," ars an cùbair, "agus a h-uile car eile tha e cur dheth. Cha deach a thogail am Mùsamall an aon ùine a bha e nar measg-ne no fo rian a chuideachd. Cha robh aige ach caitheamh-beatha riasgail an Canada am measg a h-uile seòrsa dhaoine nach robh aig a' chuid bu mhotha dhiubh ach cosg mar a gheibh agus gheibh mar a dh'fhòghnas. Ged nach biodh anns an sporan ach an dà bhonn odhar tachraidh iad air a chèile; agus faodaidh tu a bhith cinnteach ma bha bonn odhar an Canada gun tachradh an t-uachdaran air—chan abair mi 'Coinneach' ris."

"Ach nach neònach leatsa, ge-tà, nach biodh suaip air chor-eigin aige ri dhaoine," arsa Eòghann Mac Dhùghaill.

Cha tubhairt an cùbair dad car tacain, ach a' feitheamh a-sìos an tràigh far an robh an tuinne a' teachd a-steach le caithtean bòidheach an lìonaidh, 's a' ghainmheach mhìn a' snàmh air uachdar an uisge.

"An cluinn thusa seo, Eòghainn?" ars an cùbair. "Tha gnè is giùlan duine a rèir na laipheid anns an do thogadh e. Sin mar a dh'èirich don uachdaran; agus, mun tubhairt an seanair e, an car a thèid san t-seana mhaide, bidh e doirbh a thoirt às. Nam biodh stiùireadh math air an uachdaran le deagh mhnaoi bhiodh a' chùis mar nach b' olc; ach tha iad le chèile a' dol os cionn an gabhalach. Tha e cheana a' dol eadar am bogha 's an t-sreang dhaibh lùchairt na h-irisleachd, mar a bu dual di uaireigin, a chumail suas an rian na pròis 's an uabhair. Agus cò tha fulang a thaobh sin ach mise is thusa 's ar seòrsa? Tha an teas a tha an grìosach a' chidsin a' ruigheachd a h-uile taigh am Mùsamall, gus an cuir e a-mach air na dorsan sinn. Sin agaibh, a chuideachd, mar tha."

Bha an cùbair a' sràidimeachd air ais 's air aghaidh am feadh a bha e a' tighinn a-mach leis a' chorranach seo. Bha càch, cuid nan suidhe 's cuid nan sìneadh air a' mhuran a bha a' grèiseadh nam bruach os cionn na tràghad, ag èisteachd gu socrach, sàmhach. B' iad seanairean an eilein, 's iad air fàs crom aosta, agus bha iad an siud, mun tubhairt na seann sgeulachdan e, air cùl gaoithe 's ri aodann grèine, a' gabhail tlachd ann a bhith a' coinneachadh a chèile, far an robh crannsaichean nan iùbhraichean a bha aon uair mar chuid de Mhùsamall, mar a tha an sluagh fhèin, no eadhon na cnuic 's na machraichean a' cnàmh air an tràigh. Ionnan 's iad fhèin, bha iad a' sìoladh às, agus bha a bhith a' sealltainn orra a' toirt làithean a dh'aom nan cuimhne. A-nis, agus cas air chalpa ri sean aois, thàinig atharr-achadh air eilean an gràidh a bha a' toirt orra a bhith a' caoidh na sean aimsire air alt 's gun robh an cùbair fhèin a b' àbhaist a bhith cho aighearach sunndach, air dol corr' uairean fo phràmh, agus air mùchadh mar sholas a' chrùisgein nuair a tha an t-ùilleadh air cosg.

Bha Eòghann Mac Dhùghaill na shìneadh ag èisteachd ris a' chùbair, a làmhan paisgte fo cheann, 's e a' cagnadh sop murain. Nuair a sguir an cùbair dh'èirich Eòghann na shuidhe, 's le làmhan paisgte ma ghlùinean, ars esan 's e a' leantainn a' chòmhraidh, "Glè choltach; glè choltach. Ach cha lean an sionnach air a shìor-ruith: bithidh e sgìth dheth uaireigin. Agus cha chreid mise, ma leudaicheas sinn a' chùis don uachdaran —bho nach faod mi 'Coinneach' a ràdh—gu colgarra, dùbh-lanach, nach tig e gu làimh. 'S e gèinn deth fhèin a sgoltas an darach."

"'S e," ars an cùbair. "Ach 's tric a thig fàillinn sa ghèinn fhèin an toiseach; agus do ar leithid-ne a dhol an gruaig an uachdarain mar gum b' eadh, cha bhiodh ann ach mireag a' mheasain ris a' mhialchu."

Caibideil VII

Beagan ùine an dèidh na chaidh a ràdh anns a' chaibideil mu dheireadh thàinig am foghar. Na chois thachair rud a thug cuspair-còmhraidh eile do Mhuinntir Mhùsamaill.

Bha sùil daonnan ris an deireadh-fhoghair am Mùsamall. Chan ann a-mhàin a chionn 's gum biodh oidhcheannan sùrdail gan glèidheadh an siud 's an seo air feadh an eilein aig deireadh bhuana, ach gum biodh na buanaichean a' tighinn dachaigh. Bha tighinn dachaigh nam buanaichean ag ath-bheòthachadh nan eileanach. Bha e ag ath-bheòthachadh am mac-meanmna 's ag ath-nuadhachadh am buadhan; oir bha e na ùrachadh dhaibh uimhir den cuideachd a bhith a' tilleadh dachaigh còmhla leis gach naidheachd ùr a bheireadh iad à Galltachd, agus gach rìomhadh a cheannaicheadh iad anns na bailtean mòra mu dheas. Bhiodh daonnan cosnaichean a' tighinn a chur seachad a' gheamhraidh aig an taigh; agus, ma dh'fhaodteadh gum biodh coigreach nan cuideachd a' gabhail cuairt air feadh na dùthcha, a chur seachad greis ag iasgach 's a' sealgaireachd. Nuair thachradh muinntir Mhùsamaill an taigh na cèilidh, no sa cheàrdaich, no an uair a chruinnicheadh iad aig ceann taighe, nuair a chuireadh latha fliuch grabadh am buain no an cròthadh—an seòrsa latha foghair mun abradh iad o shean: "Mur dèan i latha-buana nì i latha buain nan cnò," bhiodh iad ri beachdaireachd air an àm a dh'fhàgadh na buanaichean agus cuin a ruigeadh iad Mùsamall.

Thachair a' cheart nì an uair seo. Am feadh a bha iadsan a' deasbaireachd aig ceann taigh Peigi bhàin, ma dh'fhaodteadh, bhon a bha e faisg air ceann gach rathaid, bha dà smathaig bhig a' cur mu rèir an long-lann shàmhach Ghrianaig. A-nuas am baile bha grunnan an siud, 's grunnan an seo a dh'fhir 's de mhnathan a' dèanamh air an laimhrig. Bha eallaichean air cuid is ultaichean aig cuid. Dh'aithnichteadh air curraicean nam ban 's air clò nam fear gum bu Ghàidheil iad. Ach cha robh sin na iongnadh sam bith do mhuinntir Ghrianaig a shìolaidh gu mòr bho na beanntan mòra gorma a bha ag èirigh gu binneanach ris na neòil air taobh thall Chluaidh. Buidheann an dèidh buidhne, ràinig iad an long-lann, a' dol air bòrd nam bàtaichean le sùrd 's le gàire 's le làn-aighear. Bha uallaichean gan sgioblachadh is àiteannan-suidhe gan deasachadh air feadh nan iùbhrach, is chluinnteadh fonn òrain an siud 's an seo. Thàinig a' bhuidheann mu dheireadh air bòrd. Thòisicheadh air rèiteachadh nan seòl, chaidh na buill a thoirt air bòrd, 's bha a' chabhlach deas a chum dol a-mach do dh'fharsaingeachd na h-aibhne. Ach a-nuas an ceidhe bha fear a' tighinn na fhuil 's na fhallas. Bha màileid bhuidhe aige, 's e ga h-atharrachadh bho làimh gu làimh, 's a' suathadh a ghnùise leis an làimh a bha an dèidh faotainn mu sgaoil. Bha a bhrògan, is osain na briogais, buidhe le criadh an rathaid, agus ag innseadh gun do choisich e astar math an latha ud. Ràinig e an laimhrig. Bha sùil gach aoin a bh' air bòrd nan smathagaichean air a' choigreach a bh' air a dheagh-chur uime. A' leigeil às na màileid 's e a' suathadh an fhallais far a bhathais, ghlaodh e: "Am bheil aon de na h-eathraichean sin a' dol do Mhùsamall?"

"Tha iad a' dol ann le chèile," fhreagair Seumas an Fhàinne, 's e na sheasamh an deireadh na Siaraich.

"Bhithinn nur comain nan toireadh sibh an t-aiseag dhomh," ars an coigreach.

"Suarach oirnn sin," arsa Seumas, 's e a' brodadh cutag phìoba leis a' phrìne bhuidhe a bha an crochadh rithe. "Chan annamh leinn triallair a bhith nar cuideachd a' dol mu thuath. Thigibh air bòrd."

Thàinig an coigreach air bòrd na Siaraich, 's na fir 's na mnathan anns gach bàta a' sealltainn 's a' cagartaich ri chèile feuch cò bhiodh ann, no cò às a thàinig e, is ciod ainm a bh' air no ciod e bha ga thoirt do Mhùsamall: ceistean a bha nàdarra a dh'èireadh suas am broillichean sluaigh a bh' air an togail an àiteannan iomallach, far am biodh e na annas leotha gnùis nach b' aithne dhaibh a thighinn nam measg.

Chaidh dòirneagan nan ràmh a chur ris a' cheidhe, 's chaidh na bàtaichean a phutadh a-mach às an long-lainn. Bha gliogail aig ulaidean is chluinnteadh "Hì-o-ho" nam fear fad air astar an àm cur suas nan seòl ruadha.

Bha grian bhuidhe an deireadh-fhoghair a' siaradh, is gaoth an fheasgair air teannachadh bhon àird an ear, 's a' tighinn a-nuas an abhainn gu geur glan. Air teachd a-mach às an long-lainn chaidh ailm an crois is thug gach iùbhrach len triallairean àbhachdach a h-aghaidh air farsaingeachd, le crònan siùbhlach, is sgòid a-mach.

"Cha robh ann ach dìreach gun do rug sibh oirnn, a charaid. Tha fios gun tug sibh a' choiseachd sgonn math à Grianaig!" arsa Seumas an Fhàinne nuair a fhuair se e fhèin air a shocrachadh aig an stiùir 's an ailm chrom na achlais.

"Ma-thà, thug," ars an coigreach. "Thàinig mi air an turas-sa à Glaschu. Chan mo charaid an sin rium gum biodh na h-eathraichean seo a' seòladh an-diugh, agus gum bithinn di-beathte faotainn leotha nam beirinn orra. Agus tha mi toilichte bhith an àm."

"Ach, gabhaibh mo leisgeul, a charaid; càit an d' ionnsaich sibh a' Ghàidhlig? Cha b' ann am Mùsamall, co-dhiù, tha mi faicinn," arsa Seumas.

"Tà! Dh'ionnsaich mi 'n caochladh àiteannan i; ach dh'ionnsaich mi 'n trian bu mhotha dhith an Canada," ars an coigreach.

"An Canada!" arsa Seumas. "Nach neònach sin! 'S i chainnt thuathach a th' agaibh; co-dhiù, is motha th' agaibh cainnt Leòdhais."

"Ceamar a tha sibh ag aithneachadh sin?" ars an coigreach

"Tha air na facail. Chan abair sinne an Earra-Ghàidheal 'can' no 'eathar' no 'di-beathte' idir. Buinidh na facail sin don Taobh Tuath," arsa Seumas.

"Tà!" ars an coigreach; "Tha sin iongantach, cuideachd. Chuir mi a' chuid bu mhotha dem bheatha seachad am measg Leòdhasach an Canada, le 'Comann nam Bian' an Hudson Bay. 'S iad Leòdhasaich as motha tha an seirbheis a' Chomainn, agus is dòcha gur ann mar sin a thog mi a' Ghàidhlig thuathach, ged is ann a dh'fhuil Earra-Ghàidheal a tha mi fhèin."

Bha na bh' air bòrd, eadar fir is mnathan ag èisteachd gu dùrachdach ris a' chòmhradh, is annas mòr aca den choigreach. Cha robh a h-aon diubh nach robh cuid de chuideachd an Canada, agus bha blàths mòr aca ris an dùthaich ùir. A bhàrr air an sin bha e na iongnadh leotha cànain an dùthcha fhèin a bhith cho reachdmhor cumanta an dùthaich chèin fada thall air cùl a' chuain mhòir.

"Ma-tà, a ghràidh, tha ur n-eachdraidh a' còrdadh rinn gu gasta" arsa Seumas. "Am bi e mìomhail domh, a-nis, fharraid dibh ciod ainm a th' oirbh?"

Cha do rinn an coigreach ach a cheann a chromadh agus snodha beag gàire a dhèanamh. Chuala e iomadh uair cho farraideach 's a tha muinntir eileanan iomallach na Gàidhealtachd nuair a thigeadh coigreach nam measg, agus 's e a thug gàire air e fhèin a thighinn uchd ri uchd ris an fhàgail a bh' aca. Thuig e aig an àm cheudna nach b' ann bho dhroch thogail no bho aineolas air dòigh air bith a dh'èirich an fhàgail, ach bho rùn eòlas is fiosrachadh fhaotainn air cor an t-saoghail taobh a-mach den crìochan cumhang fhèin. Thug e fa-near, cuideachd, gun robh coibhneas is tlusalachd is nàdar blàth bog-chridheach, nam peathraichean 's nam bràithrean, don fhàgail a bha an uchdan cho beusach seirceil. Le faireachdainn ris a' ghnè nàdarra sin fhreagair an coigreach gu sìobhalta: "Cha bhi. Tha orm Coinneach: Coinneach Camshron."

Cha robh duine air bòrd a' bhàta nach do ghluais air a shuidheachan nuair a chuala iad seo, 's iad a' sealltainn air a chèile le fiamh gàire.

"Ma-tà, 's e ainm annasach leinne tha an 'Coinneach Camshron.' 'S e ainm an uachdarain againn e," arsa Seumas, "agus gu dearbh fhèin 's e nach eil ga mholadh a thaobh na dòigh a thàinig e air. Chan eil fios 'am nach buin sibh fhèin don uachdaran?"

"Cha bhuin," arsa Coinneach—on as e a dh'fheumar a thoirt air a' choigreach tuilleadh. "Chan fhiosrach mi gum bheil boinne dem fhuil ann, ge b' e air bith ciod e mar a tha mi thaobh mo chuid de mhuinntir Mhùsamaill."

"Chan eil fios nach buin sibh fhèin don eilean" arsa Seumas, 's a' chuideachd uile air fàs bior-chluasach, feuch an aithnicheadh iad an robh càirdeas eadar Coinneach 's iad fhèin on a bha mòran den cuideachd an Canada.

"Tha mi creidsinn gum buin," arsa Coinneach; "Ach 's aithne dhomh cus de mhuinntir na dùthcha air fad an Canada."

Bha cuid den chuideachd a' meòrachadh gun robh Coinneach duilich a tharraing, 's gun robh e a' cur sgleò air na freagairtean a bha e a' toirt seachad.

Thòisich am feasgar air ciaradh 's air fàs fuar, is thòisich a' chuideachd air iad fhèin a chrùbadh ri chèile. Thòisich sgeulachdan is òrain a chur seachad na h-ùine, 's an dà bhàta a' cumail an astar goireasach da chèile. Bha iad a' dèanamh astair mhaith, 's a' cur Chluaidh às an dèidh glè sgiobalta. Bha Coinneach a' gabhail beachd sònraichte air an dùthaich air gach làimh dheth, far an robh Cluaidh a' sgaradh na Gàidhealtachd bhon Ghalltachd. Air an dara làimh bha fearann ìosal gorm. Air an làimh eile bha slèibhtean mòra, lem bruthaichean cas coillteach a' crìochnachadh nam binneanan bioracha glasa air an robh neòil throma na h-oidhche-fhoghair gan acrachadh fhèin. Bha glinn dhorcha nuagach, is coireachan farsaing, abhainneach gan snìomh fhèin mu bhun nam beann; agus bha nàdar fhèin a' nochdadh a mhìorbhailean òirdheirc san dealbh anns an robh oillt is àilleachd a' tuiteam le gràdh air muineil a chèile.

Ach thuit an oidhche, is chuir a sgiathan sgàil air an t-sealladh. Cha robh an t-Siarach ach mar gum biodh frìd air druim cuain 's an dorcha a' dèanamh cearcaill mun cuairt oirre. Dh'fhàs cinn na cuideachd trom. Dh'fhàs an cridhealas fann, 's bha an t-sàmhchair a thig ron chadal air mòran den chomann, 's an deidh an adhraidh a bha riamh na chleachdadh eadhon air druim a' chuain mar seo, chaidh iad uile gu fois ach dithis fhear-freiceadain.

Caibideil VIII

Bha feasgar bòidheach ann nuair a ràinig an dà bhàta Mùsamall an làrna-mhàireach.

Mar bu dual bha an t-eilean air a' chladach rompa. Cha robh duine dhiubh nach robh iarraidh an tè de na smathagaichean, agus bha fiughair mhòr riutha, oir b' e tilleadh nam buanaichean aon latha de làithean Mhùsamaill.

Ach ciod e mun choigreach? Cha robh sa chomann a fhuair fàilte na b' aoibheile. Chan e sin a-mhàin, ach bhatar ga thoirt bho chèile a chum aoigheachd. B' e a bheatha 's a chuid, dà cheann gach taighe am Mùsamall, ach b' e taigh Eòghainn mhic Dhùghaill a fhuair an t-urram.

Fad na ciad sheachdain bha Coinneach Camshron ri sealg 's ri iasgach, 's a' tadhal anns gach taigh am Mùsamall. Theireadh cuid gun robh e an dòigh, dùinte; ach gheibheadh iad àile naidheachdan taitneach air Canada, air cor an càirdean an tìr nan coilltean dòmhail, air an gnè oibre gach àm den bhliadhna, air a' mhodh thuathanachais a bha iad a' cleachdadh, 's air sealg nam fiadh-bheathach, an dreuchd a chleachd Coinneach fhèin.

Bha an oidhche aig an àm seo den bhliadhna air fàs fada, 's cha robh taigh am biodh Coinneach nach biodh a' cur a-mach air an doras le luchd-cèilidh. Bha a naidheachdan cho annasach, 's an t-eòlas a bha iad a' faotainn air an dùthaich ùir an robh dachaighean mòrain a b' aithne dhaibh, 's bho nach robh ach sgeul ainneamh a' tighinn cho taitneach 's nach iarradh iad crìoch a thighinn air an oidhche idir.

Air uairean ghabhadh an coigreach sgrìob leis fhèin air feadh nan cnoc. Air uairean eile ghabhadh e sràid fhada air an rathad mhòr a bha a' dol tron eilean. Aon latha air an t-sràid mhòir sin thionndaidh e air an rathad a bha a' dol a dh'ionnsaigh lùchairt bhrèagha an uachdarain. Chaidh e tron gheata is lean e air a shocair fhèin an ceum grinnealach mìn a bha a' dol a dh'ionnsaigh an dorais mhòir. Air gach taobh dheth bha craobhan mòra garbha, a chuir ceudan bliadhna nan dèidh, a' sgaoileadh a-mach an geugan meanglanach, loma, agus a' dùnadh ri chèile os a chionn. Ràinig e an doras. Tharraing e an clag. Dh'fhosgail òganach an èideadh grinn putanach an doras. Dh'iarr e an Sàr Coinneach Camshron fhaicinn. Chaidh a thoirt a-steach do sheòmar rìomhach. An ceann greis thàinig an Sàr a-steach. Sheas an dithis air an ùrlar mu choinneimh a chèile gun ghuth a ràdh. Bha an Sàr Coinneach mar gum biodh e air reòthadh air a chasan. Bha a dhà shùil a' deàrrsadh na cheann, sgraing an uilc na aodann is fhiaclan geala a' gliostradh eadar a bhilean. Bha e mar nach biodh fios aige ciod e an craiceann a bu chòir da chur air; co-dhiù a labhradh e sìobhalta no gu fuar uaibhreach. Ach bha am fiamh neo-eisimeileach a bha an aodann a' choigrich ga ghrinneachadh, agus comas an dìolaidh cho soilleir dha 's nach b' urrainn da a dhùrachd a cheiltinn.

Mu dheireadh labhair Coinneach: "Tha thu an seo, a chealgair, agus a mhealltair. Shaoil thu gun do chuir thu às domhsa, agus led thratan 's led innleachdan, nach robh agad ach suidhe a-sìos gu socrach an lùchairt m' athraichean leis a' cheilg 's leis an t-slaightearachd. Ach tha mise beò fhathast; agus cho cinnteach 's as e Iain Stiùbhart d' ainm, leigidh mise fhaicinn duit gum faigh thu duais na cealgaireachd."

Shìolaidh an Sàr Coinneach a-sìos beagan, agus mar gun smaointicheadh e gum b' fheàrr àicheadh math na droch phàigheadh, fhreagair e gu sìobhalta stuama—ged nach robh sin a' cur sgleò air a cheilg.

"Bhithinn toilichte," ars esan, "nam biodh fios 'am cò tha bruidhinn ruim, no ciod e tha thu ciallachadh?"

"Mun tig am muir-làn dà uair eile air an tràigh ud shìos, bidh fios agad an dà chuid cò tha bruidhinn, agus ciod e tha e ciallachadh; seadh; on tha do chuimhne cho dona." ars an coigreach.

"Bidh mi nad chomaine ma thèid thu a-mach," ars an Sàr Coinneach.

"Thèid mi a-mach," ars an coigreach; "ach 's ann air mo dhoras fhèin, gus an toir an lagh, a leig leatsa tuiteam air do chasan cho socrach air m' ùrlar-sa, do dhà chois bhuait. Chan fhada thuige sin, tuilleadh, agus gus an sin, beannachd leat."

Le sin a ràdh thionndaidh Coinneach òg Camshron—on a dh'fhaodar a leigeil a thuigsinn a-nis gur e a bh' ann—air a shàil agus dh'fhalbh e.

Cha robh fios aig an uachdaran ciod i an làmh air an tionndaidheadh e. Thàinig an t-oighre dligheach eadar e 's an oighreachd a choisinn e leis a' cheilg, mar gun tuiteadh beithir à speur gorm, gun uimhir is leud na boise de neul, eadhon air a' chuid a b' ìsle dheth. Bha e eadar dà "theine Bhèil," mun tubhairt iad e. Cha b' e a' chiad uair a bha e an sin; ach an uair seo bha a' chùis na bu mhiosa. Bha e an uair seo an inbhe na b' àirde na bha e riamh, agus air a' mhodh cheudna bhiodh a thuiteam na bu mhotha, cuideachd. Ach, co-dhiù, chuir e roimhe a dhruim a chur ris a' chreig gus an tigeadh latha na faghaid, luath no mall gun tigeadh e.

Thàinig e, cuideachd; ach cha b' ann mall. Shocraich Coinneach a' chùis an Dùn Èideann iomadh latha mun tàinig e do Mhùsamall. A chum barrachd iongnaidh a chur air a sheann chàirdean 's a luchd-eòlais aig àm sònraichte, cha do leig se e fhèin riamh ris daibh. Eadhon an dèidh doras a' phrìosain a nochdadh don uachdaran cha do ghabh e dad air. Ach an ceann beagan làithean thogadh am brat.

Thàinig luchd-lagha is earraidean air tìr am Mùsamall. Chaidh na seanairean a ghairm còmhla aon uair eile, agus thòisich an rùsgadh. Cha robh fios aig muinntir Mhùsamaill fon ghrèin ciod a bha an cruinneachadh a' ciallachadh. Bha an t-uachdaran an làthair, cuideachd; ach air cho ladarna 's gun robh a ghiùlan, bha e a' fàilneachadh air an cùram a bha na chliabh a chleith. Chaidh a losgadh le càl teth uair no dhà roimhe; ach bha a' cheilg bu mhotha a rinn e riamh an impis a leigeil am follais a-nis, an làthair nan tuath a mhiabhaich e, an làthair na mnà a mheall e, agus an làthair nan uaislean measail dhan tug e nàire.

A chur soillearachadh air a' chùis a-nis, faodar a ràdh gum b' ann air Canada a thug Coinneach aghaidh nuair a thug e a chùl ri Mùsamall 's ri chàirdean. An sin thachair fear, Iain Stiùbhart air. Bha Iain Stiùbhart san àm an dèidh còig bliadhna prìosain a chur seachad airson airgead a thogail le feall-sgrìobhadh. Thuig e sa mhionaid cò a bh' aige ann an Coinneach agus rinn e buil mhath de eòlas air Mùsamall 's air a shluagh. Dheoghail e gach nì a b' urrainn e à Coinneach bochd an-amharasach, agus an uair a thàinig a' chluip gu abachadh, dh'fhiach e cur às do Choinneach, le bàta san robh e fhèin is dithis eile a' leigeil air fuadach le stoirm gaoithe is sneachda. Ach bhuail am bàta cladach fada fada air falbh on cheàrn dom buineadh an sgioba—Hudson Bay, oir sin far an d' fhuair Coinneach fraon an toiseach. Theasairginn na h-Eskimaux iad agus ri ùine thug iad a-mach Hudson Bay a-rithist. 'S ann bliadhn-achan an dèidh sin a bhuail e an ceann Choinnich gum b' ann de thratan Iain Stiùbhart an còrr foill a chluich. Thill e do Mhùsamall mar a chunnaic sinn agus fhuair e Iain Stiubhart anns a' cheart suidheachadh ris an robh sùil aige: na àite fhèin mar uachdaran air Mùsamall, agus mun tuirt cuid de mhuinn-tir Mhùsamaill fhèin e "b' e an droch shrathair an àite na deagh dhìollaid."

Ach ma bha Coinneach faoin na òige, dh'fhàg e sinn fada às a dhèidh. Chuir e mu rèir a chum athraichean a thoirt a-mach. Chaidh a' chùis a dheasbad an Dùn Èideann mu choinneamh nam Morairean Dearga agus 's e a thàinig às gun d' fhuair Iain Stiùbhart fichead bliadhna prìosain, an èirig a chealgaireachd. Thill Coinneach dachaigh do Mhùsamall far an deach ion 's a "chrùnadh" leis an t-sluagh.

Cùir-uabair

Sgeul ainron na Cloinne

U. M. P.

Latha de na làithean nuair a bha mi nam chnapach balaich mu thrì bliadhna deug a dh'aois thachair gun do chuir mo mhàthair mi don chlachan air cheann gnothaich gu bùth a' cheannaiche mhòir. Choisich mi air mo shocair na ceithir mìle a bha eadar mo dhachaigh agus an clachan, ach an uair a ràinig mi a' bhùth 's ann a bha an doras glaiste. An dèidh dhomh greis a thoirt air lorgachadh a' cheannaiche mhòir fhuair mi mu dheireadh e gu h-àrd am bràighe na croite aige a' buain a' bhuntàta. Cha robh cabhag sam bith air an duine chòir gu tighinn a fhrithealadh ormsa, agus leis a h-uile h-èis a bha orm 's e a bh' ann gun robh an t-anmoch air tighinn mun gann a dh'fhàg mi an clachan. Thuit an oidhche dhubh dhorcha orm mun robh mi leth na slighe dachaigh, ach 's beag cùram a chuir sin orm oir cha b' e seo a' chiad uair a ghabh mi an rathad ceudna an dèidh tuiteam oidhche.

Bha am frith-rathad air an robh mi a' ruith an cois na mara tro thalamh garbh creagach; monadh gruamach cas ag èirigh air an dara taobh, agus a' mhuir a' bualadh le gaoir mhì-aoibhnich air creagan a' chladaich air an taobh eile. Bha an rathad air leth aonaranach cianail air an oidhche bha seo. Bha gruaim air an speur, agus bha ceann-dubh air a' ghealaich, 's cha do nochd i i fhèin fhathast thar mullach nan sgolb-bheann air taobh thall

576

an locha. Ged nach robh sgaoim orm ro bhòcain feumaidh mi aideachadh nach robh sgeulachd fhaoin a chuala mi riamh mu thannasg, maighdeann-mhara, no sìthiche nach robh a' ruith trom inntinn muin air mhuin.

Nuair a chluinninn tonn a' dèanamh nuallan ann an còs creige theirinn rium fhèin: "Siud a' bhean-nighe!" Dh'èireadh corra-ghritheach às an fheamainn le sgreuch oillteil, agus bheireadh mo chridhe clisgeadh às. Ghluaiseadh an earba gu faramach tro na pris taobh an rathaid; leigeadh a' chomhachag iolach aiste anns an doire, agus bheireadh gach aon diubh ormsa mo cheum a ghreasad.

Chaidh mi seachad le ceum fìor-sgiobalta air cloich mhòir a bha faisg air an rathad oir thàinig e a-staigh orm gun cuala mi gun deachaidh fògarrach truagh air choreigin a bhàth e fhèin a thìodhlaiceadh air a cùl. Tha e coltach gun robh sluagh aig an àm den bheachd nan rachadh fear a chuireadh às da fhèin san dòigh seo a thìodhlaiceadh an sealladh na mara nach tigeadh ceann sgadain a-staigh don loch gu bràth tuilleadh.

Coma co-dhiù, fhuair mi seachad air a' chloich mhòir, ach shaoil leam cinnteach gun cuala mi a' phlub a rinn an duine bochd an uair a thilg e e fhèin de rinn na sgeire, ach, ma dh'fhaodteadh, nach robh ann ach bèist-dubh 's i às dèidh èisg.

Bha mi a-nis—taing don t-sealbh—a' dlùthachadh air mo dhachaigh, ach mun ruiginn i bha agam ri dhol tro ghlaic uaine anns an robh seann tobhta taighe far an deachaidh iomadh sonn àrach agus iomadh ceann a chur an curraic rè nan làithean a dh'aom: far an robh a' chreathal agus a' chrà-leabaidh a' ruith a chèile tro iomadh linn. Ach chuir an t-eug tost air gach guth; bha an làrach, a-nis, fàs, agus a' chagailt fuar. Cha robh nì ri chluinntinn ach torman a' chaochain uillt a bha a' ruith a-nuas aig ceann an taighe. Bha an t-àite anabarrach uaigneach dòlasach, agus is gann a bha de mhisneach agam sùil a thoirt air na seana bhallachan anns an dol seachad; agus tha cuimhne agam fhathast gun do fhliuch mi mo chasan gu h-olc anns an allt leis mar a bha mi nam dheann gus an t-àite fhàgail às mo dhèidh. Cha bu luaithe chuir mi an t-allt seachad na stad mi a cheart cho grad is ged a bhuaileadh peilear mi.

"Rìgh glèidh mi!" arsa mise, is mi air chrith. Chaill mo

chasan an lùth, sheas a h-uile gaoisnean fuilt a bha air mo cheann cho dìreach ri snàthaid, agus bhrùchd fuar-fhallas a-mach tro gach pòr de mo cholainn. Shuas air mullach creagain ri slios tuim, mu fhichead slait bhuam, seall ri ceann-fàth mo gheilt. Bha an rud a bh' ann mu mheudachd agus cruth duine, agus e liath-gheal an dath bho bhonn gu mullach, 's e a' gluasad a-null 's a-nall, agus, ar leam, a' smèideadh orm mi a dhol far an robh e. Ach, a shìorraidh, b' fhada sin bho mo smuain aig a' cheart àm. An àite a dhol na b' fhaisge air a' chùis-uabhais 's ann a thàr mi às dachaigh, 's cha bu ruith leam ach leum: mi gam fhaireachadh fhèin cho aotrom 's gun saoilinn nach robh mo chasan ach gann a' beantainn don talamh.

Nuair a ràinig mi an taigh shiab mi a-staigh, 's cha do leig mi dad orm; ach cho luath 's a fhuair mi cothrom bruidhne air mo bhràthair (a bha trì no ceithir a bhliadhnachan na bu shine na mise) dh'innis mi dha mun bhòcan, ach 's ann a thòisich e air sgeig 's air fanaid orm, agus cha toireadh e feart idir orm anns a' chiad dol a-mach. "Cho cinnteach ris a' bhàs," arsa mise, 's mi a' call m' fhoighidinn. "Tiugainn ma-tà," ars esan, "'s am faic sinn am bheil e ann fhathast."

Cha robh iarraidh sam bith agamsa air a dhol air m' ais a dh'fhaicinn co-dhiù bha e ann fhathast gus nach robh; ach, cha robh rian air diùltadh, agus 's e a bh' ann gun d' fhalbh sinn le chèile, agus "Fraochan" an t-abhag an cùl ar coise.

Bha a' ghealach an àirde an adhair, 's an oidhche cho soilleir ris a' mheadhan-latha nuair a thàinig sinn am fradharc a' chreagain far am faca mi an cruth a theab mo chur às cochall mo chridhe leis an eagal, agus gun teagamh sam bith bha e an siud anns a' cheart àite san d' fhàg mi e. Cho luath 's a chunnaic mi e rug mi air sgòid air mo bhràthair agus stad sinn. Ach cha b' e stad a rinn "Fraochan": 's ann a ghabh esan air adhart na ruith, agus thòisich e air tabhann 's air comhartaich. Thug seo misneach dhuinn, agus chaidh sinn na b' fhaisge ceum air cheum gus, mu dheireadh, gun do rinn sinn a-mach nach bu rud mì-shaoghalta idir a bh' anns a' chulaidh-eagail, ach damh fèidh, agus e an crochadh air a chasan-deiridh eadar thalamh is adhar—a cheann ri làr 's a cheir san adhar, agus a thàrr 's a bhroilleach a' cheart cho geal ri lèine-mhairbh.

Bha callaid iarainn a' dol seachad ri slios an tuim airson cumail nam fiadh a-mach den talamh àitich, agus tha e coltach an uair a bha an damh a' feuchainn ris a' challaid a leum gun deachaidh na casan-deiridh aige an sàs anns na cruaidh-theudan a b' àirde den challaid. Thoinn na cruaidh-theudan mu na casan aige cho teann agus gun deachaidh a chumail na chrochadh ris a' challaid.

Bha an deò anns a' bhrùid bhochd fhathast, ach 's e glè bheag truais a bh' againne ris, oir bha fhios againn gur h-iomadh bileag arbhair agus bàrr brèagha buntàta a mhill a' cheart diùl-nach oirnn rè an t-samhraidh, 's an fhoghair a chaidh seachad.

"Dè," arsa mise "nì sinn ris?"

"Dè," arsa mo bhràthair, 's e a' dèanamh gàire, "ach an fhuil a leigeil às, agus a thoirt dachaigh." Agus rinneadh sin!

www.ingramcontent.com/pod-product-compliance
Lightning Source LLC
Chambersburg PA
CBHW061046210726
48294CB00001B/42